管理信息系统

张劲松　李超锋　毕达宇　杨单　编著

清华大学出版社
北京

内 容 简 介

本书从信息系统与企业管理和企业战略之间的关系、管理信息系统的相关技术、典型应用、建设与管理、若干拓展5方面,系统介绍了管理信息系统相关内容。除了传统知识体系,本书特别阐述了新技术背景下信息系统给管理和商业带来的影响和创新。

全书共分五篇:第一篇为基础篇(第1~4章),着重介绍管理信息系统基本概念和基础理论;第二篇为技术篇(第5~7章),着重讨论管理信息系统技术基础,包括数据库与数据仓库、数据挖掘与大数据分析;第三篇为应用篇(第8~10章),介绍ERP/SCM/CRM、电子商务与电子政务及决策支持系统等典型信息系统应用;第四篇为建设篇(第11~13章),主要介绍信息系统开发建设的相关内容;第五篇为拓展篇(第14~16章),主要介绍信息系统驱动的商业模式创新和信息系统研究基础等内容。为方便任课教师开展课程思政教学,每章附有课程思政融入点。

本书适合作为高等院校管理科学与工程、工商管理、公共管理专业本科生、研究生的教材或教学参考书,同时也可供MBA和MPA及其他相关专业人员和社会读者阅读参考。

图书在版编目(CIP)数据

管理信息系统/张劲松等编著. —北京:清华大学出版社,2022.12(2024.8重印)
ISBN 978-7-302-61953-6

Ⅰ.①管… Ⅱ.①张… Ⅲ.①管理信息系统 Ⅳ.①C931.6

中国版本图书馆CIP数据核字(2022)第178934号

责任编辑:刘向威
封面设计:文 静
责任校对:李建庄
责任印制:沈 露

出版发行:清华大学出版社
    网 址:https://www.tup.com.cn,https://www.wqxuetang.com
    地 址:北京清华大学学研大厦A座 邮 编:100084
    社 总 机:010-83470000 邮 购:010-62786544
    投稿与读者服务:010-62776969,c-service@tup.tsinghua.edu.cn
    质量反馈:010-62772015,zhiliang@tup.tsinghua.edu.cn
    课件下载:https://www.tup.com.cn,010-83470236
印 装 者:大厂回族自治县彩虹印刷有限公司
经 销:全国新华书店
开 本:185mm×260mm 印 张:27.5 字 数:635千字
版 次:2022年12月第1版 印 次:2024年8月第2次印刷
印 数:1501~2300
定 价:79.00元

产品编号:095324-01

前　言

　　20 世纪 60 年代，美国明尼苏达大学的 Gordon B. Davis 教授首次开设了"管理信息系统"课程，此后，国内外许多大学相继开展了管理信息系统的教学和研究。随着管理科学、信息科学、计算机技术的不断发展，信息管理与信息系统已经成为融合管理学、信息科学、经济学等领域知识的新兴交叉学科。"管理信息系统"课程是管理科学与工程一级学科各本科专业的基础课，同时也是工商管理类、公共管理类各本科专业的必修课。"管理信息系统"将现代管理理论与先进的信息技术有机结合，同时融入系统科学、行为科学、经济学、运筹学、统计学等诸多学科的核心内容，已经成为现代企业运营与管理不可或缺的基础平台。在实践效益与应用潜力的推动下，"管理信息系统"的教学与科研工作一直在高校管理类学科专业建设中处于重要地位，并受到广泛关注。

　　当前教育部正在推进的"新文科"建设，主要思路是突破传统的文科思维，强调跨学科交叉融合，培养具有高度社会责任感、创新意识和实践能力的高素质复合型管理人才。作为培养优秀管理人才的重要阵地，高等院校管理类各专业必须主动响应"新文科"建设战略要求，在人才培养中融入"新文科"建设的精神实质，侧重于培养能用信息技术手段解决实际管理问题并具有终身学习能力的复合型专门人才。作为一门多学科交叉融合的综合性课程，"管理信息系统"旨在培养学生运用信息技术分析和解决管理问题的基本技能，以及运用信息技术进行管理创新的能力。该课程定位符合"新文科"建设对人才培养的相关要求。

　　鉴于"管理信息系统"课程在管理类本科专业教学中的重要地位，国内外近年来出版了多种"管理信息系统"系列教材，这些教材各有所长，为"管理信息系统"的教学提供了很好的支持和帮助。作者作为长期从事"管理信息系统"及其相关课程教学的高校教师，所在教学团队成员在教学过程中逐渐积累教学经验和成果，在超星"学银在线"平台建立了"管理信息系统"在线课程。特别值得一提的是，本校"管理信息系统"课程入选2021 年教育部"课程思政示范课程"。在此背景下，我们决定编写这本教材，将我们对"管理信息系统"课程的理解以及"新文科"战略的相关理念体现到教材中，以便更好地服务于"管理信息系统"课程教学。

　　本书共分 16 章。第 1 章介绍了信息系统与管理信息系统的基本概念和内涵，对管理信息系统的结构进行了划分，同时介绍了信息系统的学科范畴；第 2 章介绍了信息系统与企业管理之间的关系，介绍了企业中的不同信息系统，从职能维度、层次维度、领域维度等多个维度对信息系统进行分类；第 3 章介绍了信息系统与企业战略之间的关系，包括信息系统与企业战略的匹配及对企业战略的支持；第 4 章介绍了信息系统的伦理、安全策略与法律法规；第 5 章从计算机硬件、软件和网络 3 方面介绍了信息系统的技术基础；第 6 章主要介绍数据库技术的发展和数据库系统涉及的基本概念，包括数据模型、数据库系统、数据库管理系统等；第 7 章介绍了数据挖掘与大数据分析相关技术，特别讲解了大数据分析的主要应用场景；第 8 章介绍了企业资源计划系统、供应链管理系统、客户关系管理系统、知识管理系统、业财税审综合一体化系统等；第 9 章介绍了与电子商务、电子政务相关的管理信息系统；第 10 章介绍了决策支持系统及其分类，并对人工智能及其相关应用进行了探讨；第 11 章介绍了信息系统规划的常用模型与方法，包括企业系统规划法、关键成功因素法以及战略目标集转化法；第 12 章介绍了信息系统的开发过程，包括系统规划、分析、设计、实施等几个步骤；第 13 章主要介绍了信息系统的维护和评价；第 14 章主要介绍了信息系统驱动的商业模式创新，概述了商业模式创新基本理论，特别是对平台经济与平台企业治理进行了讨论；第 15 章从管理信息系统研究的角度，介绍了信息系统的两个研究视角、研究主题、研究方法及相关理论；第 16 章介绍了管理信息系统的若干发展趋势。为方便任课教师开展课程思政教学，每章附有课程思政融入点。

全书由张劲松拟定篇章结构并负责统稿工作，张劲松、李超锋、毕达宇和杨单共同负责全书文稿的审定。本书的编写过程历时三年，前后有张劲松、李超锋、毕达宇、杨单、杨斌、张宇、苏亚民、王梅源、陈传红、金亚男、马林茂、于同洋、杜文华、叶娟、杨健、胡丹丹、刘雯琪等 17 位老师参与，可以说是集体智慧的结晶。编写分工如下：马林茂负责第 1、11 章；金亚男负责第 2、6、8 章；于同洋负责第 3、16 章；毕达宇负责第 4、12、14 章；杨单负责第 5、7、13 章；陈传红和于同洋共同负责第 9 章；张劲松负责第 10、15 章。其余几位老师负责对章节进行调整、校对和修订。王梅源对本书的编写提出了很多有益的建议，黄华、张楷东、阮丹阳、王飙、鲁琰玛、何彬等研究生全程参与了部分书稿的资料收集和文字处理工作。特别需要说明的是，"管理信息系统"课程教学团队原负责人郑双怡教授多年来从事"管理信息系统"的课程教学和研究工作，为本书编写奠定了重要基础。在此表示特别的感谢和敬意。

本书编写时力图在内容上全面涵盖传统管理信息系统的相关内容，同时讨论了新技术给商业及管理带来的影响，包括商业情境下的信息伦理、信息系统驱动下的商业模式创新等，并对思政元素如何融入"管理信息系统"课程教学提出若干建议。本书编写过程中参考了国内外管理信息系统的相关教材和著作，特别是国内外的最新研究成果和文献资料，在此对这些资料的作者一并表示诚挚的谢意。由于作者水平有限，书中错误和不足之处在所难免，欢迎广大同行和读者批评指正。

作　者

2022 年 4 月

目 录

CONTENTS

第一篇 基 础 篇

第1章 管理信息系统概述 ……………………………………………………… 3

1.1 现代管理的新环境 ………………………………………………… 3

1.1.1 新技术环境 ………………………………………………… 3

1.1.2 新管理环境 ………………………………………………… 4

1.1.3 信息系统对传统商业活动的影响 ……………………… 5

1.2 信息 …………………………………………………………………… 6

1.2.1 信息时代 …………………………………………………… 6

1.2.2 信息化与信息社会 ……………………………………… 6

1.2.3 数据、信息与知识 ………………………………………… 7

1.3 信息系统 ……………………………………………………………… 9

1.3.1 系统的概念 ………………………………………………… 9

1.3.2 信息系统的概念 ………………………………………… 10

1.3.3 信息系统的内涵 ………………………………………… 11

1.4 管理信息系统 ………………………………………………………… 13

1.4.1 管理信息的概念 ………………………………………… 13

1.4.2 管理信息系统的定义 …………………………………… 15

1.4.3 管理信息系统的功能 …………………………………… 16

1.4.4 管理信息系统的结构 …………………………………… 16

1.5 管理信息系统的学科范畴 ………………………………………… 18

1.5.1 管理信息系统相关学科 ………………………………… 18

1.5.2 管理信息系统学科内涵 ………………………………… 19

章节要点 …………………………………………………………………… 20

课程思政融入点 …………………………………………………………… 20

思考题 ……………………………………………………………………… 21

第 2 章 信息系统与企业管理 ·· 23

2.1 企业管理与企业流程 ·· 23

2.1.1 企业管理 ·· 23

2.1.2 企业流程 ·· 24

2.1.3 企业流程识别 ·· 25

2.1.4 企业流程表述 ·· 26

2.2 信息系统对企业管理模式的影响 ·· 30

2.2.1 企业管理模式对信息系统的要求 ·· 30

2.2.2 信息系统对企业管理模式的支持 ·· 33

2.3 信息系统对业务流程的影响 ·· 35

2.3.1 流程的改进 ·· 35

2.3.2 业务流程再造 ·· 37

2.3.3 业务流程与管理信息系统的关系 ·· 39

2.4 企业管理中信息系统的类型 ·· 40

2.4.1 职能维度信息系统 ·· 42

2.4.2 层次维度信息系统 ·· 44

2.4.3 领域维度信息系统 ·· 47

章节要点 ·· 48

课程思政融入点 ·· 48

思考题 ·· 48

第 3 章 信息系统与企业战略 ·· 49

3.1 企业战略概述 ·· 49

3.1.1 企业战略的概念与内容 ·· 49

3.1.2 企业战略的要素与层次 ·· 50

3.1.3 IT 时代的企业战略实施 ·· 51

3.2 信息系统在企业中的战略价值 ·· 53

3.2.1 信息系统在企业中的战略意义 ·· 53

3.2.2 信息系统在企业中的战略目标 ·· 53

3.2.3 信息系统在企业中的战略定位 ·· 54

3.3 信息系统与企业战略的匹配 ·· 56

3.3.1 企业战略对信息系统的影响 ·· 56

3.3.2 信息系统与企业战略的融合 ·· 57

3.3.3 信息系统与企业战略匹配模型 ·· 58

3.4 信息系统对企业战略的支持 ·· 60

3.4.1 五种竞争力模型 ·· 60

3.4.2 企业竞争战略 ·· 61

3.4.3 价值链模型 ·· 62

　　　3.4.4　大数据与企业战略 ･･････････････････････････ 64
　章节要点 ･･ 66
　课程思政融入点 ･･････････････････････････････････････ 66
　思考题 ･･･ 66

第 4 章　信息系统的伦理、安全策略与法律法规 ･･････････ 67

　4.1　信息系统引发的伦理问题 ･･･････････････････････ 67
　　　4.1.1　信息伦理的概念 ･････････････････････････ 67
　　　4.1.2　信息超载与信息污染 ･････････････････････ 68
　　　4.1.3　信息孤岛与信息茧房 ･････････････････････ 69
　　　4.1.4　信息隐私与信息泄露 ･････････････････････ 72
　　　4.1.5　信息滥用与网络暴力 ･････････････････････ 74
　4.2　信息系统的安全策略 ･･･････････････････････････ 75
　　　4.2.1　信息系统安全策略的意义 ･････････････････ 75
　　　4.2.2　信息系统安全策略的目标 ･････････････････ 76
　　　4.2.3　信息系统安全策略的内容 ･････････････････ 77
　　　4.2.4　信息系统安全策略的实现路径 ･････････････ 79
　4.3　信息系统的相关法律法规 ･･･････････････････････ 83
　　　4.3.1　信息隐私法律 ･･･････････････････････････ 83
　　　4.3.2　信息安全法律法规 ･･･････････････････････ 85
　章节要点 ･･ 90
　课程思政融入点 ･･････････････････････････････････････ 91
　思考题 ･･･ 91

第二篇　技　术　篇

第 5 章　信息系统的技术基础 ･･････････････････････････ 95

　5.1　计算机系统与硬件 ･････････････････････････････ 95
　　　5.1.1　计算机的发展 ･･･････････････････････････ 95
　　　5.1.2　计算机运算基础 ･････････････････････････ 97
　　　5.1.3　计算机硬件系统 ･････････････････････････ 98
　5.2　计算机软件基础 ･･･････････････････････････････ 100
　　　5.2.1　软件的概念和分类 ･･･････････････････････ 100
　　　5.2.2　系统软件 ･････････････････････････････ 100
　　　5.2.3　应用软件 ･････････････････････････････ 103
　　　5.2.4　程序设计语言及工具 ･････････････････････ 104
　5.3　计算机网络基础 ･･･････････････････････････････ 105
　　　5.3.1　计算机网络的组成与功能 ･････････････････ 105
　　　5.3.2　计算机网络的分类 ･･･････････････････････ 107

      5.3.3　计算机网络结构和协议 ···························· 110

      5.3.4　计算机网络技术应用 ···························· 115

  章节要点 ·· 118

  课程思政融入点 ·· 118

  思考题 ·· 119

第 6 章　数据库技术 ·· 121

  6.1　基本概念 ·· 121

      6.1.1　数据管理相关概念 ·························· 121

      6.1.2　数据管理技术的发展 ························ 123

  6.2　数据模型 ·· 125

      6.2.1　数据模型概述 ······························· 125

      6.2.2　概念模型 ···································· 127

      6.2.3　关系数据模型 ······························· 131

      6.2.4　概念模型向关系模型的转换 ·················· 133

      6.2.5　数据库范式 ·································· 135

  6.3　数据库管理系统 ·· 138

      6.3.1　数据库系统的组成 ·························· 138

      6.3.2　数据库管理系统的工作模式 ·················· 140

      6.3.3　数据库管理系统的主要功能 ·················· 140

      6.3.4　常用数据库管理系统简介 ···················· 141

  6.4　非关系型数据库(NoSQL) ······································ 142

      6.4.1　非关系型数据库简介 ························ 143

      6.4.2　与关系型数据库的比较 ······················ 144

      6.4.3　非关系型数据库的分类 ······················ 145

      6.4.4　非关系型数据库的应用 ······················ 147

      6.4.5　从非关系型数据库到 NewSQL 数据库 ········· 148

  章节要点 ·· 148

  课程思政融入点 ·· 149

  思考题 ·· 149

第 7 章　数据挖掘与大数据分析 ···································· 151

  7.1　数据挖掘概述 ·· 151

      7.1.1　数据挖掘的产生背景 ························ 151

      7.1.2　数据挖掘的概念 ···························· 151

      7.1.3　数据挖掘的步骤 ···························· 152

  7.2　大数据概述 ·· 153

      7.2.1　大数据的概念 ······························· 153

      7.2.2　大数据的影响 ······························· 154

7.2.3 大数据的应用 ……………………………………………… 157

7.3 大数据关键技术 ………………………………………………………… 158
    7.3.1 大数据存储技术 ……………………………………………… 158
    7.3.2 分布式计算技术 ……………………………………………… 159
    7.3.3 数据可视化技术 ……………………………………………… 160
    7.3.4 数据挖掘算法 ………………………………………………… 161

7.4 大数据处理的主要方式 ………………………………………………… 164
    7.4.1 批处理计算 …………………………………………………… 164
    7.4.2 流计算 ………………………………………………………… 164
    7.4.3 图计算 ………………………………………………………… 165
    7.4.4 查询分析计算 ………………………………………………… 165

7.5 大数据分析的应用场景 ………………………………………………… 166
    7.5.1 推荐系统 ……………………………………………………… 166
    7.5.2 异常检测 ……………………………………………………… 168
    7.5.3 客户流失预测 ………………………………………………… 170
    7.5.4 客户细分 ……………………………………………………… 173
    7.5.5 疾病预测 ……………………………………………………… 173
    7.5.6 情感分析 ……………………………………………………… 174

章节要点 ………………………………………………………………………… 176

课程思政融入点 ………………………………………………………………… 176

思考题 …………………………………………………………………………… 177

第三篇　应　用　篇

第8章　典型的管理信息系统 ……………………………………………………… 181

8.1 企业资源计划系统 ……………………………………………………… 181
    8.1.1 企业资源计划系统概述 ……………………………………… 181
    8.1.2 企业资源计划的发展 ………………………………………… 182
    8.1.3 企业资源计划系统的主要模块 ……………………………… 185
    8.1.4 企业资源计划系统的实施 …………………………………… 186

8.2 供应链管理系统 ………………………………………………………… 187
    8.2.1 供应链管理 …………………………………………………… 187
    8.2.2 供应链管理系统功能 ………………………………………… 189
    8.2.3 供应链管理系统应用 ………………………………………… 191

8.3 客户关系管理系统 ……………………………………………………… 193
    8.3.1 客户关系管理系统概述 ……………………………………… 193
    8.3.2 客户关系管理系统原理 ……………………………………… 194
    8.3.3 客户关系管理系统的主要模块 ……………………………… 197
    8.3.4 客户关系管理系统的应用 …………………………………… 198

8.4 知识管理系统 ……………………………………………………… 199

　8.4.1 知识管理系统概述 ………………………………………… 199

　8.4.2 知识管理系统的原理 ……………………………………… 200

　8.4.3 知识管理系统的应用 ……………………………………… 202

8.5 业财税审一体化系统 ………………………………………………… 202

　8.5.1 业财税审一体化系统概述 ………………………………… 202

　8.5.2 业财税审一体化系统的原理 ……………………………… 204

　8.5.3 业财税审一体化系统的应用 ……………………………… 207

章节要点 ……………………………………………………………………… 209

课程思政融入点 …………………………………………………………… 209

思考题 ……………………………………………………………………… 209

第9章　电子商务与电子政务 …………………………………………… 211

9.1 电子商务概述 ………………………………………………………… 211

　9.1.1 电子商务的含义 …………………………………………… 211

　9.1.2 电子商务支持技术 ………………………………………… 212

　9.1.3 电子商务运作模式 ………………………………………… 213

　9.1.4 电子商务新业态 …………………………………………… 215

9.2 电子商务信息系统 …………………………………………………… 216

　9.2.1 用户管理系统 ……………………………………………… 217

　9.2.2 在线支付系统 ……………………………………………… 218

　9.2.3 物流配送系统 ……………………………………………… 219

　9.2.4 在线评价系统 ……………………………………………… 220

　9.2.5 产品推荐系统 ……………………………………………… 222

9.3 电子政务概述 ………………………………………………………… 224

　9.3.1 电子政务的定义和功能 …………………………………… 224

　9.3.2 电子政务支持技术 ………………………………………… 225

　9.3.3 电子政务运作模式 ………………………………………… 226

　9.3.4 电子政务新发展 …………………………………………… 227

9.4 电子政务信息系统 …………………………………………………… 229

　9.4.1 政务发布系统 ……………………………………………… 229

　9.4.2 政务办公系统 ……………………………………………… 230

　9.4.3 政府采购系统 ……………………………………………… 233

　9.4.4 政务服务系统 ……………………………………………… 235

　9.4.5 政府决策系统 ……………………………………………… 236

章节要点 ……………………………………………………………………… 237

课程思政融入点 …………………………………………………………… 238

思考题 ……………………………………………………………………… 238

第 10 章　决策支持系统与人工智能 ·············· 239

10.1　决策及其过程 ·············· 239

　　10.1.1　决策的定义 ·············· 239

　　10.1.2　决策的过程 ·············· 239

　　10.1.3　决策的类型 ·············· 240

　　10.1.4　决策分析方法 ·············· 241

10.2　决策支持系统 ·············· 244

　　10.2.1　决策支持系统的定义 ·············· 244

　　10.2.2　决策支持系统的核心组件 ·············· 245

　　10.2.3　决策支持系统与运筹学的关系 ·············· 246

　　10.2.4　决策支持系统与管理信息系统的关系 ·············· 247

10.3　决策支持系统结构分类 ·············· 248

　　10.3.1　决策支持系统结构 ·············· 248

　　10.3.2　模型驱动的决策支持系统 ·············· 250

　　10.3.3　数据驱动的决策支持系统 ·············· 252

　　10.3.4　知识驱动的决策支持系统 ·············· 254

　　10.3.5　协作驱动的决策支持系统 ·············· 255

10.4　人工智能及应用 ·············· 256

　　10.4.1　人工智能的概念 ·············· 257

　　10.4.2　专家系统 ·············· 257

　　10.4.3　遗传算法 ·············· 261

　　10.4.4　智能代理 ·············· 264

　　10.4.5　神经网络 ·············· 265

　　10.4.6　机器学习 ·············· 267

10.5　智能决策支持系统 ·············· 267

　　10.5.1　智能决策支持系统的概念 ·············· 267

　　10.5.2　智能决策支持系统的结构 ·············· 268

　　10.5.3　专家系统与决策支持系统的集成 ·············· 268

章节要点 ·············· 269

课程思政融入点 ·············· 270

思考题 ·············· 270

第四篇　建　设　篇

第 11 章　信息系统规划 ·············· 273

11.1　信息系统规划概述 ·············· 273

　　11.1.1　几种信息技术规划之间的关系 ·············· 273

　　11.1.2　信息系统规划的作用 ·············· 273

11.2 信息系统规划的工作内容 ·· 274
11.2.1 信息系统规划的组织 ·· 274
11.2.2 系统调查 ··· 275
11.2.3 信息系统规划可行性分析报告 ······························ 275
11.2.4 信息系统规划报告 ·· 276
11.3 信息系统规划框架 ··· 277
11.3.1 诺兰阶段模型 ··· 277
11.3.2 Zachman 信息系统规划框架 ································ 279
11.4 信息系统规划常用方法 ·· 281
11.4.1 企业系统规划法 ·· 281
11.4.2 关键成功因素法 ·· 286
11.4.3 战略目标集转化法 ·· 289
11.4.4 三种系统规划方法的比较 ····································· 291
11.5 基于业务流程再造的信息系统规划 ······························ 291
11.5.1 BPR 与信息系统规划的关系 ································ 291
11.5.2 基于 BPR 的信息系统规划方法 ··························· 292
11.5.3 BPR 规划与信息系统规划的集成 ························ 295
章节要点 ··· 295
课程思政融入点 ··· 296
思考题 ·· 296

第 12 章 信息系统开发过程 ·· 297

12.1 信息系统的开发方法与开发方式 ·································· 297
12.1.1 信息系统的开发方法 ·· 297
12.1.2 信息系统的开发方式 ·· 298
12.2 系统分析阶段 ·· 299
12.2.1 系统详细调查 ··· 300
12.2.2 组织结构与功能分析 ·· 301
12.2.3 业务流程分析 ··· 303
12.2.4 数据流图 ·· 304
12.2.5 数据字典 ·· 308
12.2.6 描述处理逻辑的方法 ·· 311
12.2.7 建立新系统逻辑模型 ·· 312
12.2.8 系统分析报告 ··· 313
12.3 系统设计 ··· 315
12.3.1 总体设计过程 ··· 315
12.3.2 总体设计原理 ··· 318
12.3.3 模块结构图的导出 ·· 319
12.3.4 系统详细设计 ··· 321

　　　　12.3.5　系统设计报告 ··· 324

　12.4　系统实施 ·· 325

　　　　12.4.1　程序设计 ··· 325

　　　　12.4.2　系统测试 ··· 326

　12.5　信息系统开发项目管理 ·· 328

　　　　12.5.1　信息系统开发项目管理的特点 ································· 328

　　　　12.5.2　信息系统开发项目管理的内容 ································· 328

　　　　12.5.3　信息系统开发项目管理的关键因素 ····························· 330

　章节要点 ··· 330

　课程思政融入点 ··· 330

　思考题 ··· 331

第 13 章　信息系统维护与评价 ··· 333

　13.1　信息系统的切换方法 ·· 333

　13.2　信息系统的运行维护 ·· 335

　　　　13.2.1　信息系统组织结构 ·· 335

　　　　13.2.2　信息系统运行环境维护 ······································· 336

　　　　13.2.3　信息系统运行维护内容 ······································· 336

　13.3　信息系统的安全维护 ·· 338

　　　　13.3.1　信息系统可靠性与安全性 ····································· 338

　　　　13.3.2　信息系统安全保证体系 ······································· 339

　　　　13.3.3　信息系统安全维护措施 ······································· 340

　13.4　信息系统的评价 ·· 341

　　　　13.4.1　信息系统评价的目的和内容 ··································· 342

　　　　13.4.2　信息系统评价指标体系 ······································· 342

　　　　13.4.3　信息系统评价方法 ·· 343

　章节要点 ··· 348

　课程思政融入点 ··· 348

　思考题 ··· 348

第五篇　拓　展　篇

第 14 章　信息系统驱动的商业模式创新 ····································· 351

　14.1　商业模式概述 ·· 351

　　　　14.1.1　商业模式的定义 ·· 351

　　　　14.1.2　商业模式的六要素 ·· 352

　　　　14.1.3　传统商业模式的问题与挑战 ··································· 353

　　　　14.1.4　传统商业模式的变革措施 ····································· 354

　14.2　商业模式创新 ·· 355

14.2.1 商业模式创新的定义及特性 ⋯⋯⋯⋯⋯⋯⋯⋯ 355

14.2.2 商业模式创新的关键要素 ⋯⋯⋯⋯⋯⋯⋯⋯ 356

14.2.3 大数据时代的商业模式创新 ⋯⋯⋯⋯⋯⋯⋯ 358

14.3 互联网商业模式创新相关理论 ⋯⋯⋯⋯⋯⋯⋯⋯⋯ 361

14.3.1 网络效应 ⋯⋯⋯⋯⋯⋯⋯⋯⋯⋯⋯⋯⋯ 361

14.3.2 网络外部性 ⋯⋯⋯⋯⋯⋯⋯⋯⋯⋯⋯⋯ 362

14.3.3 双边市场理论 ⋯⋯⋯⋯⋯⋯⋯⋯⋯⋯⋯ 363

14.3.4 长尾理论 ⋯⋯⋯⋯⋯⋯⋯⋯⋯⋯⋯⋯⋯ 363

14.4 信息系统驱动下的新型商业模式 ⋯⋯⋯⋯⋯⋯⋯⋯⋯ 364

14.4.1 "互联网＋"新型商业模式 ⋯⋯⋯⋯⋯⋯⋯⋯ 364

14.4.2 自媒体新型商业模式 ⋯⋯⋯⋯⋯⋯⋯⋯⋯ 368

14.4.3 平台型商业模式 ⋯⋯⋯⋯⋯⋯⋯⋯⋯⋯⋯ 369

章节要点 ⋯⋯⋯⋯⋯⋯⋯⋯⋯⋯⋯⋯⋯⋯⋯⋯⋯⋯⋯ 373

课程思政融入点 ⋯⋯⋯⋯⋯⋯⋯⋯⋯⋯⋯⋯⋯⋯⋯⋯ 373

思考题 ⋯⋯⋯⋯⋯⋯⋯⋯⋯⋯⋯⋯⋯⋯⋯⋯⋯⋯⋯⋯ 373

第 15 章 管理信息系统研究基础 ⋯⋯⋯⋯⋯⋯⋯⋯⋯⋯⋯⋯⋯ 375

15.1 研究相关概念与研究问题 ⋯⋯⋯⋯⋯⋯⋯⋯⋯⋯⋯ 375

15.1.1 研究相关概念 ⋯⋯⋯⋯⋯⋯⋯⋯⋯⋯⋯⋯ 375

15.1.2 研究问题与选题 ⋯⋯⋯⋯⋯⋯⋯⋯⋯⋯⋯ 378

15.2 信息系统的两个研究视角 ⋯⋯⋯⋯⋯⋯⋯⋯⋯⋯⋯ 381

15.2.1 技术视角下的研究 ⋯⋯⋯⋯⋯⋯⋯⋯⋯⋯ 381

15.2.2 行为视角下的研究 ⋯⋯⋯⋯⋯⋯⋯⋯⋯⋯ 384

15.3 信息系统研究主题与范式 ⋯⋯⋯⋯⋯⋯⋯⋯⋯⋯⋯ 386

15.3.1 管理信息系统研究主题 ⋯⋯⋯⋯⋯⋯⋯⋯⋯ 386

15.3.2 管理信息系统研究趋势 ⋯⋯⋯⋯⋯⋯⋯⋯⋯ 388

15.3.3 管理信息系统研究范式 ⋯⋯⋯⋯⋯⋯⋯⋯⋯ 390

15.4 信息系统研究过程 ⋯⋯⋯⋯⋯⋯⋯⋯⋯⋯⋯⋯⋯⋯ 392

15.4.1 研究方案设计 ⋯⋯⋯⋯⋯⋯⋯⋯⋯⋯⋯⋯ 392

15.4.2 一般研究过程 ⋯⋯⋯⋯⋯⋯⋯⋯⋯⋯⋯⋯ 393

15.5 信息系统研究相关理论 ⋯⋯⋯⋯⋯⋯⋯⋯⋯⋯⋯⋯ 395

15.5.1 管理学相关理论 ⋯⋯⋯⋯⋯⋯⋯⋯⋯⋯⋯ 395

15.5.2 经济学相关理论 ⋯⋯⋯⋯⋯⋯⋯⋯⋯⋯⋯ 396

15.5.3 社会学相关理论 ⋯⋯⋯⋯⋯⋯⋯⋯⋯⋯⋯ 398

15.5.4 行为学相关理论 ⋯⋯⋯⋯⋯⋯⋯⋯⋯⋯⋯ 399

15.5.5 认知心理学相关理论 ⋯⋯⋯⋯⋯⋯⋯⋯⋯⋯ 400

15.6 研究案例：移动新闻 App 持续使用的影响因素研究 ⋯⋯⋯ 403

15.6.1 研究背景 ⋯⋯⋯⋯⋯⋯⋯⋯⋯⋯⋯⋯⋯⋯ 403

15.6.2 研究设计 ⋯⋯⋯⋯⋯⋯⋯⋯⋯⋯⋯⋯⋯⋯ 403

15.6.3　数据收集 ……………………………………………… 404

15.6.4　数据分析 ……………………………………………… 405

15.6.5　结论与讨论 …………………………………………… 405

章节要点 …………………………………………………………… 406

课程思政融入点 …………………………………………………… 406

思考题 ……………………………………………………………… 406

第 16 章　管理信息系统的发展趋势 …………………………… 407

16.1　基于云计算的管理信息系统 ……………………………… 407

16.1.1　云计算环境下的管理信息系统 ……………………… 407

16.1.2　云环境下管理信息系统的趋势与挑战 ……………… 409

16.2　基于物联网的管理信息系统 ……………………………… 410

16.2.1　物联网技术 …………………………………………… 410

16.2.2　物联网应用 …………………………………………… 410

16.3　基于区块链的管理信息系统 ……………………………… 411

16.3.1　区块链技术概述 ……………………………………… 411

16.3.2　区块链下的管理信息系统 …………………………… 412

16.4　人工智能背景下的管理信息系统 ………………………… 414

16.4.1　图像识别 ……………………………………………… 414

16.4.2　智能语音 ……………………………………………… 415

16.4.3　文本识别 ……………………………………………… 415

章节要点 …………………………………………………………… 416

课程思政融入点 …………………………………………………… 416

思考题 ……………………………………………………………… 417

参考文献 ………………………………………………………… 418

第一篇

基础篇

第 1 章　管理信息系统概述

第 2 章　信息系统与企业管理

第 3 章　信息系统与企业战略

第 4 章　信息系统的伦理、安全策略与法律法规

第 1 章

管理信息系统概述

各类信息系统在现代社会已经无处不在,其重要性不言而喻。信息系统的发展与普及归因于企业对信息的重视和信息技术的高速发展。在信息爆炸式增长的环境中,企业引进信息系统可以及时洞察与应对外界环境的变化,最终使企业竞争力得到提高。

1.1 现代管理的新环境

改革开放以来,我国企业发展的宏观环境和管理模式都发生了根本性的改变。在经历了计划经济时期的"生产管理"时代,计划经济与市场经济相结合时期的"混合管理"时代后,企业管理从 20 世纪 90 年代末进入全面建设社会主义市场经济的"新管理"时代。新管理时代的中国企业管理以建立竞争优势、提高企业竞争力为核心。在市场竞争日益激烈、用户需求不断趋向多样化、企业间关联程度越来越密切的今天,企业必须行动快捷、灵敏,在管理的思想观念和方式方法上不断创新。企业必须借助当代信息技术,充分利用管理信息,优化和加强企业的运营和管理。

1.1.1 新技术环境

20 世纪 40—50 年代计算机的诞生和逐步普及,把信息对整个社会的影响提高到重要的地位。信息量、信息传输速度、信息处理速度及应用信息的程度等都呈几何级数增长。计算机性价比的提高,存储价格的下降,利用通用服务器对大量数据进行高速处理的软件技术 Hadoop 的诞生,以及云计算的兴起,使企业无须自行搭建大规模数据环境。新的技术环境大幅度提高了企业应用数据和信息资源辅助提升运营绩效的能力。

1. 计算机性价比的提高

承担数据处理任务的计算机,其处理能力遵循摩尔定律,一直在不断提高。所谓摩尔定律,是美国英特尔公司共同创始人之一的戈登·摩尔(Gordon Moore)于 1965 年提出的一个观点,即"半导体芯片的集成度,大约每 18 个月会翻一番"。从家电卖场中所陈列的计算机规格指标就可以一目了然,现在计算机的处理能力和当年同等价位的产品不可同日而语。

2. 硬件价格的下降

除了 CPU 性能的提高,硬盘等存储器(数据的存储装置)的价格也明显下降。2000

年,硬盘驱动器平均每 GB 容量的单价约为 18 美元,而现在却只有 3 美分,相当于下降到了 20 年前的 1/600。换算成人民币,就相当于四、五角钱。变化的不仅仅是价格,存储器在重量方面也有了极大的优化。1982 年,日立最早开发的超 1GB 级硬盘驱动器(容量为 1.2GB),重量约为 113kg。而现在 32GB 的微型 SD 卡重量却只有 0.5g 左右,技术进步的速度真是相当惊人。

3. 人工智能/大数据技术的广泛应用

以人工智能、大数据为代表的新兴科技逐步被推广和应用,并使各行业产生深刻变革;企业信息化也已进入大数据时代。大数据的深度应用对企业管理信息系统中数据的采集、存储、检索、分析和表示提出了各种挑战。企业只有采取高效快捷的措施,才能在大数据时代化挑战为机遇,将大数据的优势放大,并充分利用大数据技术为企业创造价值。

1.1.2 新管理环境

信息技术是经济发展和社会进步的使能器,高效的信息处理技术能帮助企业提高效益和效率,获得战略优势,从而促进国家经济繁荣发展,增加社会整体福利。信息系统对企业管理的影响主要体现在以下几方面。

1. 对运营管理的影响

管理信息系统对运营管理的影响主要体现在提高效率方面,即减少人力和提高劳动生产率。在生产计划执行过程中,若情况发生了变化,需要对计划进行一些调整,用信息系统可以实现即时调整和优化,这就增强了企业管理的灵活性。用管理信息系统来提高计划效率的好处不只在于节省人力、加快速度,还体现在可以多做出几个方案,从中选择一个最优方案,使有限的资源得到有效利用。

2. 对管理者行为的影响

对管理行为影响的主要体现是管理的科学化。事实上,推行管理信息系统就要求对管理工作本身规范化,也就是首先实现"没有计算机的计算机管理"。要求管理的流程、程序、步骤标准化,要求工序清楚,工时、定额合理准确,就导致了管理的科学化,也就促使管理者更加相信科学、学习科学、依靠科学、推行科学。管理的科学化在管理者的思想、观念、行为、举止等方面产生深远的影响,使管理者中一些落后的观念得到改进。

对管理者行为影响的另一方面表现为管理者决策习惯的改变。科学的决策过程一般是首先调查研究、收集资料,然后分析、提出方案,再进行方案比较,选出较好方案,最后是验证和执行,这是当代的系统决策方式。推行管理信息系统或者借助管理信息系统进行决策都要遵循这一流程。而管理者如果过去还有一点"拍脑袋"的决策习惯的话,现在就要改变为科学的、系统的决策方式。决策方式的改变也是对管理者行为影响的一个重要方面。现代管理者遇到了重要的管理问题时,不是先下结论,而是先收集信息,然后依靠管理信息系统和有关专家进行分析,或者邀请外界的咨询公司辅助分析,最后才是研究方案、得出结论、制定决策。所以说,遇到问题以科学的方式应对,借助管理信息系统收集并分析现有信息,成为现代管理者解决遇到问题时的一种习惯,也就是一种重要的行为影响。

3. 对组织的影响

管理信息系统对组织形式的影响主要是扁平化,这也是当代管理组织发展的方向。扁平化就是减少管理的层次,扩大管理的幅度,从而简化管理。扁平化的条件如下。

(1) 减少管理层次。此时上级所要面对的下级数量会增加。如果管理模式不做改变,管理者可能会力不从心。

(2) 下级主动决策。在扁平化的组织中,下级的主动进取是很重要的。敢于决策,就是在自己权限范围内尽可能做正确的决策。

(3) 基于信息的协同。在业务流程中,下一个活动的需求信息就是对上一个活动的命令。

扁平化组织是一种自适应的组织。自适应创造了复杂性,使得组织越来越复杂,成为复杂系统。组织中的成员主要以横向联系为主,其联系则是按成员数的二次方增长。对于这样复杂的组织,要想控制和运行得好,只有依靠信息。扁平化组织应是信息量充足的组织。过去由于信息技术的落后,管理信息系统的不发达,导致许多企图实现扁平化管理的尝试失败。

1.1.3 信息系统对传统商业活动的影响

传统商业过程注重物流而忽视了信息流,其经营管理方法的致命弱点就是信息反馈不及时。管理者在进行经营决策时,在很大程度上依赖主观经验。同时,市场需求瞬息万变,商品、资金和信息的流通越来越快,带来的管理问题也越来越复杂,依赖经验的传统商业管理方法已无所适从。企业数据或信息已经成为一种重要资源,信息系统对传统商业活动产生了重要影响。

1. 社会化的价值创造

随着社会信息产生与传播方式的变化,企业与消费者间的关系趋向平等、互动和相互影响。由互联网用户创造的信息和数据形成了互联网海量数据的重要来源。同时,以往"闭门造车"式的管理模式正在被摒弃。企业通过与网民群体的密切互动,主动引导网民群体参与其业务流程管理中的创意、设计、生产、质量保证、市场推广、销售和客户关系管理的关键环节,并根据网民群体的互动反馈完成产品优化与创新,实现企业与网民群体的协同发展。

2. 网络化的企业运作

企业的运作及其生态正日益走向网络化和动态化。现代企业的生产管理与商务决策在很大程度上依赖于社会媒体、网民群体、上下游合作企业以及竞争对手所构成的"网络生态系统",并逐渐呈现出纵向整合和横向联合的两种新发展趋势。在纵向整合方面,大规模企业群体以供应链为纽带紧密联系起来,分工协作、互利共生,从而实现供应链向价值链、向网络生态链的转变;在横向联合方面,网络化商务模式改变了企业组织之间的竞争模式,使得地理上异地分布、组织上平等独立的多个企业,在谈判协商的基础上能够建立密切合作关系,形成动态的"虚拟企业"或"企业联盟"。这种新型组织形式能够实现企业资源的优化、动态组合与共享。

3. 实时化的市场洞察

企业理解市场和洞察需求的能力正日益走向实时化和精准化。快速积累的海量数据或信息为企业营销带来前所未有的机遇。在网络条件下,企业能够记录或搜集顾客在各个渠道(如社会化、移动化的媒体与渠道)、生命周期各个阶段(顾客产品感知、品牌参与、产品购买、购买后的口碑和社会互动)的行为数据,从而设计出高度精准、绩效可高度定量化的营销策略。随着时代的发展,消费者的异质性也在不断增大,这种异质性体现在消费者购物、交友、阅读等方面的兴趣偏好的不同。广泛的数据资源为个性化商业应用提供了充足的养分和可持续发展的沃土。基于交叉融合后的可流转性数据以及清晰可见的消费者个体行为与偏好数据,未来的商业可以精准地根据每一位消费者的兴趣与偏好,为他们提供专属的个性化产品和服务。

4. 商业模式创新与机遇

信息时代,企业的价值链在不断延伸的同时,也将在数据的指导下向着更符合客户需求的方向发展。企业的盈利一定要依靠为客户提供更多的价值来实现。在现代数据处理技术下,关于商业模式的内涵也正由经济、运营层次向战略层次延伸,强调商业模式要能在特定的市场上创造可持续竞争优势。大数据技术的发展给商业模式创新带来了机遇,企业商业模式变革将围绕数据的获取、存储、分析、使用等过程展开。商业模式创新目标包含产品创新、过程创新、营销创新及组织创新。

1.2 信息

信息是信息系统的重要组成部分。信息系统能起多大作用,对管理做出多大贡献,都取决于信息的质量,而能否得到高质量的信息又取决于工作人员对信息的认识。信息技术的发展能够帮助人们更加迅速地获取信息,对信息进行加工、处理,最后得到企业需要的高质量信息。

1.2.1 信息时代

信息时代从工业时代进化而来,而工业时代的前身是农业时代。在农业时代,土地是首要的资源,人们靠土地生存,并保护土地资源。人们最初生产产品的方式,也是由一个人完成整个产品生产的过程。工业时代则普遍采用了大规模生产的方式,由不同的人利用机器设备来生产产品的不同部分,除了人力之外,资本变成了关键的战略资源。在信息时代,信息和知识变成了企业成功的关键因素,信息也成为战略性的资源。人们通过信息来了解市场的需求,支持产品的开发,调节和控制着企业的发展方向。同时,信息时代的个人与组织都要为信息服务支付费用,包括在线订阅的报纸、分析师的行业分析报告和警示信息、针对潜在客户推销产品的营销数据库等。企业要想在激烈的商业竞争中存活下来,必须比以往更多地利用信息以获得竞争优势,保持自身的竞争力。

1.2.2 信息化与信息社会

融合了基础设施、计算机与通信技术,信息网络的功能不断增强,大力推动全球信息化进程。随着社会信息化程度的不断提高,信息网络正在改变整个世界的面貌,体现在如下几方面。

1. 生产方式、经济结构的变化

在信息技术的推动下,经济与产业发展从工业化向信息化转变,信息产业增加值占国民生产总值(GDP)的比重进一步提高。虚拟企业、网络工厂的出现使得现有生产结构发生了重大变化。由许多小型的、高度专门化的工厂(生产单位)在网络上组建"工厂",当这一产品的市场生命周期完结时,该"工厂"就解体,从而为某一新的产品再组建新的"网络工厂"。这种"网络工厂"极具竞争力、生命力。随着"网络工厂"的普及,一个国家乃至世界的生产结构和经济结构将发生重大变化,世界经济将逐渐一体化。

2. 人们工作、生活与交流方式的改变

人们的工作与生活方式随着信息网络的介入呈现出翻天覆地的变化。电视、电话、数据传输通道的合一,计算机、电视、电话三合一装置的普遍应用,多媒体、交互式信息交流方式的实现,将极大地改变现有的人际交流方式和大众媒体传播方式。家庭办公、视频会议、外卖快递、社区团购等已经在日常工作、生活中广泛普及,正在逐渐改变人们的生活和工作方式;在"网络社会",人们可以方便地浏览各种信息资源,参加学术会议、论坛,进行信息咨询和休闲活动等。这一切将改变现存的人文环境,逐步地改变人们现有的思维方式、交流方式、文化氛围,产生一种新的"网络文化"。

3. 商品信息化的改变

随着商品经济的发展,人们在进行各种现实产品和服务交换时,逐渐把属于自身的、物品的和社会的各种信息也用来进行交换。信息作为商品与物质和服务作为商品相比有其特殊性质,在于信息具有非一次性转移的特性。因此信息作为商品交换时,可以由商家出售给尽可能多的消费者。

1.2.3　数据、信息与知识

信息时代是一个"知识就是力量"的时代,信息被当成一种重要的资源。信息究竟是什么? 信息和数据、知识有什么区别和联系? 区分这些术语以及了解它们之间的关系对于我们了解企业信息管理的性质,以及有效地管理信息都非常重要。

1. 数据

数据是对客观事物的符号表示,是用于表示客观事物的未经加工的原始素材,如图形符号、数字、字母等。或者说,数据是通过物理观察得到的事实和概念,是关于现实世界中的地点、事件、其他对象或概念的描述。它是可识别的、抽象的符号,可以是数字、文字、图像,也可以是计算机代码。

数据的类型非常丰富,随着计算机技术的发展,数据已无所不包。数据可分为数值数据和非数值数据两大类。数值数据一般认为是可以直接进行科学运算的数字或字母。例如,本书有 500 页,定价为 30 元,这里的 500 和 30 就是数值数据。非数值数据包括除了数值数据以外的其他数据,例如图片、表单、声音、图像等。数值数据使得客观世界严谨有序。非数值数据使得客观世界丰富多彩,给我们更加直观和生动的印象。

2. 信息

不同的学科,由于其研究的内容不同,对信息有不同的解释。信息论奠基人香农(Shannon)认为"信息是用来消除随机不确定性的东西"。控制论创始人维纳(Wiener)认为"信息是人们在适应外部世界,并使这种适应反作用于外部世界的过程中,同外部世界进行互相交换的内容和名称"。信息还可以定义为实体、属性、值所构成的三元组,即信息=实体(属性1:值1;属性2:值2;…;属性n:值n)。

信息是经过加工的、有意义的数据,是一种资源,因而也有价值。一般而言,信息具有如下重要特征:事实性是信息的中心价值,不符合事实的信息不仅没有价值,其价值还可能为负。不真实的信息有害而无利。完整性是指包括所有重要事实的信息,不完整的信息容易给决策带来偏差。例如,只了解经济发达地区经济发展状况对国家的宏观调控并无裨益。同时,信息具有时效性,过了时效就毫无价值。扩散性也是信息的本质特征。信息的扩散存在两面性,一方面有利于信息的传播,另一方面则可能造成信息的贬值。共享性是信息的重要性质,即信息可以被共同接收、共同占有及共同享用。

3. 知识

从广义上讲,知识是一种用符号表示的信息,其中信息是知识的内涵与实体,而数据是信息的外延与形式。知识作为一种特殊的信息,具备更多的附加特征。在计算机中能表示的知识必须满足统一的结构模式、有限一致的符号和构成一个合理的体系,它是用"概念—事实—规则"所表示的3级知识体系,一般可分为3个层次:概念知识、事实知识和规则知识。知识的属性表现为真理性、相对性、不完全性、模糊性和不精确性、可表示性、可存储性、可处理性、可相容性等。

经济合作与发展组织(Organization for Economic Co-operation and Development,OECD)在1996年的年度报告《以知识为基础的经济》中将知识分为四大类:知道是什么的知识(know-what,属于事实方面的知识)、知道为什么的知识(know-why,事物的客观原理和规律性方面的知识,属于科学方面的知识)、知道怎样做的知识(know-how,技巧、技艺、能力方面的知识,属于技术方面的知识)和知道是谁的知识(know-who,特定的社会关系、社会分工和知识拥有者的特长与水平,属于经验与判断方面的知识)。前两种类型的知识和第3种类型的知识的一部分属于可编码化的知识,一般较易获得,第3种类型的知识的另一部分和第4种类型的知识一般属于隐含性知识与判断类知识,即"意会知识",一般难以获得和掌握。

4. 数据、信息和知识三者的关系

"知识"是可以区分出层次和等级的。有学者把"知识框架"从低到高分为4个等级:数据、信息、知识与智慧(如图1.1所示),知识再经过分析和演绎则会形成人类智慧。数据是原始素材;信息是可以对比且具有相关背景资料的数据;知识是可用于指导行动的信息;智慧是为达到特定目标而运用知识的能力。

对于客观对象原始素材,通过一定的技术手段采集整理形成数据,对应数据管理。数据经过一定的加工,对决策者有一定的影响,从而发生增值,转化为信息,相对应的是信息管理。一般从管理层与技术层相结合的角度进行信息管理。从信息到知识的转换,需要知识获取的方法与管理领域知识相结合进行知识创新,对应的是知识管理。

图 1.1 数据、信息与知识的关系

数据、信息与知识之间的关系可以概括如下。

数据是大量事实、测量结果和统计值的集合。数据一般是孤立、零散的,对于决策者没有特定的含义。数据是使用约定俗成的关键词,对客观事物的数量、属性、位置及其相互关系进行的抽象表示,以适合在这个领域中用人工或自然的方式进行保存、传递和处理。

信息是有条理的或者加工过的数据,是熵的负增加。作为知识层次中的中间层,信息往往是依托于数据之上并高于数据的。信息是具有时效性的、有一定含义的、有逻辑、经过加工处理、对决策有价值的数据流。信息的重要意义在于它能够影响接收方的理解、判断和行为。信息和数据的主要区别是信息具有相关性和目的性。

知识是对信息的提取和整理,是人们在社会实践活动中得到的认识和经验的总和。具体地说,知识就是人们对客观世界的规律性的认识。

1.3 信息系统

信息技术的发展是信息系统的外在推动力,而企业对信息的重视,是促进信息系统发展的内在动力。因为企业管理过程的实质就是对信息的处理过程,所以,为了保证信息的收集、加工、输出等环节的顺利进行,建立一个信息系统是非常必要的。

1.3.1 系统的概念

系统是人类日常使用较多的一个概念,它是由一些相互关联的部分组合起来的,如财务系统、军事系统、卫生系统、金融系统、技术系统、呼吸系统、计算机系统及软件系统等。

1. 系统的含义

系统是由相互联系和相互影响的若干部分结合为具有特定目标和特定功能,并处于一定环境之中的有机整体。系统有一定的形态和目的,即系统的目标。例如,教育系统的目标是培养人才,计算机系统的目标是从事信息处理。为了实现系统的目标,系统应该具有一定的能力和效用,这就是系统的功能。系统的功能由系统的目标所确定。系统由多个部分所构成,不存在只有单个元素的系统。

构成系统的各部分之间具有确定的关系,这就是系统的结构。系统的结构和系统的功能是两位一体的关系,结构发生变化时系统的功能也会变化。系统的结构具有不同的模式,层次性是系统所具有的共性结构模式。系统从一定角度来描述事物的整体性,人们通过这个概念来整体地把握事物,以及事物的构成及关系。系统存在于一定的环境之中,环境在支撑和制约着系统,并与系统发生密切的联系,不存在没有环境的系统。在分析一个系统时,除了分析系统的目标、功能、组成和结构之外,还需要分析系统所赖以存在的环境。

2. 系统的特性

一般来说,系统具有以下 4 种特性。

1)整体性

为了实现系统的目标,系统的各个部分必须构成一个有机的整体,各部分之间相互协调,共同完成系统的目标。系统的整体功能并不是各个部分的简单叠加,而是部分功能的有机结合。整体具有部分所没有的性质。例如,计算机系统对数据的加工处理能力是由计算机系统的各个部分密切协调形成的一个整体完成的。把计算机系统的各个组成部分分割开来,任何一个部分都不能独立地进行数据处理。

2)关联性

系统的关联性是指构成系统的各个部分之间互相联系、互相依存,从而构成整体系统。在系统中不存在不与其他部分发生任何关系的元素。关联性是系统整体性的保证。正因为系统中各构成要素之间存在着密切的关联关系,才形成了系统的整体。如果各个构成要素之间不存在任何关系,就像一盘散沙,也就构不成整体系统,系统的整体性也就无从表现。

3)层次性

系统的层次性是指系统的一种共性结构模式。具体的表现是系统的结构可以按纵向的层次关系划分。一个系统可以分解为多个相对简单的子系统,对每一个子系统又可以进行分解。这样,按照抽象程度,系统就表现出由抽象到具体的分层结构。例如,一个企业系统是由计划、生产、财务、人事、供应、销售、科技及质量等子系统构成的,而财务子系统又由账目处理、成本核算及工资核算等更小的子系统构成。

4)适应性

任何一个系统都存在于确定的环境之中,与环境存在着密切联系。环境支撑着系统的存在及系统的运转,系统与环境构成一个和谐的整体。事物都是变化和运动的,环境发生变化,系统也必须跟着变化,以适应环境的改变。

1.3.2 信息系统的概念

当代信息系统是由于计算机的出现而产生的。人类自进入文明社会以来一直从事信息处理工作,但计算机的诞生改变了几千年来的传统观念,促使人们去进一步研究信息处理、信息系统、信息资源利用的规律性。这正是当代信息系统作为一门学科诞生的基础。

1. 信息系统的定义

信息系统(information system,IS)是基于计算机技术、网络互联技术、现代通信技术和各种软件技术,集各种理论和方法于一体,提供信息服务的人机系统,最终功能是支持组织内的决策与控制。信息系统中包含了与组织内、外部环境中重要的人员、地点和事物相关的信息。信息系统的基本逻辑结构如图1.2所示。

图1.2　信息系统的基本逻辑结构

2. 信息系统的组成

从信息系统的组成元素来看,信息系统离不开计算机硬件、软件、通信、操作人员及操作流程等的支持,信息系统是这些元素的统一整体。计算机硬件包括服务器、个人计算机、工作站、打印机及其他附属设施,是信息系统赖以生存的物质基础。计算机软件包括系统软件、数据库软件、业务软件、工具软件以及其他软件,是计算机硬件发挥作用的基础、是信息处理工作自动化的载体。通信包括计算机网络、电话等多种沟通方式,是关联信息系统各个组成元素、有效实现信息系统功能的手段。在信息系统中,无论是数据采集,还是信息使用,都离不开人员的参与。因此,在信息系统中必须考虑操作人员的作用,包括如何使其操作方式更加清晰简便、如何为其提供更加有效的信息等。操作流程包括三方面的含义:一是对信息系统处理数据过程的规定和描述,二是对操作人员操作信息系统的过程和方式的约定和描述,三是定义计算机完成的功能和操作人员完成的功能的边界。

3. 信息系统的功能

信息系统的功能包括数据输入、数据存储、数据处理、数据输出和反馈(如图1.3所示)。数据的输入是信息系统的首要功能,它将客观存在的信息以数据的形式输入信息系统中,是信息系统其他功能的起点。数据的存储是指将采集到信息系统中的数据以某种形式存储,以供进一步的加工和使用。数据的处理是信息系统按照用户的要求,以事先确定好的程序和方式对采集到的数据进行加工的过程,是将初始数据转换为有价值的信息的关键环节。数据的输出是指将已经处理好的且对用户有价值的数据展现出来,如生成各种报表。反馈是指信息使用者将使用过的信息标注使用意见之后反馈给信息源的过程,其目的提高输入系统中的数据质量和修正数据加工的方式。数据输入、数据处理、数据输出和反馈是信息系统最基本的功能。

1.3.3　信息系统的内涵

信息系统是一个复杂的概念。从技术角度来说,信息系统是一组相互关联、相互作用、相互配合的部件,是一个整体,能够收集、存储、处理、传输和使用数据,并可以提供完成特定任务所需的信息。例如,顺丰速运大数据中心系统会对快递包裹信息进行实时监控及管理,实现物流、信息流、人流及现金流的无缝对接和快速周转。当客户下单时,顺丰的客服人员就已经将客户的订单需求录入信息系统;紧接着,收派员会将客户填好的订单信息录入信息系统,而该地区的分部以及深圳总部的系统中都将同步更新

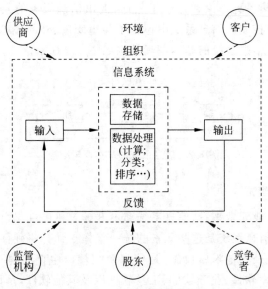

图 1.3　信息系统的功能

关于该订单的详细信息；随后，系统会生成一份快件运单，并自动传入快递信息系统，而客户的快件将被带到分站点进行分拣。

　　企业应用管理信息系统的最终目的是改善绩效与创造利润。以企业的角度来看，信息系统是帮助企业创造价值的重要工具。信息系统可以在许多方面为企业带来价值，例如支持管理决策的制定，提高企业流程的执行力等。企业的信息流动，即收集、记录、存储、传递、汇总、报告这一连串的信息行为，形成了一条信息价值链（information value chain）。每一个企业都有一条信息价值链，该链条上各环节信息传递的快捷流畅则是实现企业整个价值链管理的有力保证。如图 1.4 所示，在这条价值链里，原始的信息会被系统地获取，并在不同的阶段进行转换，以增加信息的价值。

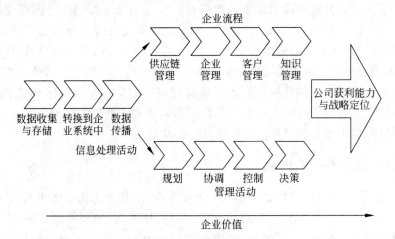

图 1.4　企业信息价值链

　　企业将注意力放在信息系统的组织与管理本质上。信息系统是企业为了应对外部环境的挑战，基于信息技术而建立的组织与管理方面的商业解决方案。该方案要求企业管理者从组织、管理及技术三个维度来认识信息系统(如图 1.5 所示)。管理者需要有从系统层面了解企业组织、管理和信息技术,以及应用信息系统解决企业所面临的问题与挑战的能力。

1. 组织维度

组织的关键要素是员工、结构、作业程序、政治与文化。组织包含不同的层级与特定的功能。这些功能是由组织所执行的专门化工作,包括销售和营销、制造、财务、会计及人力资源。标准作业程序是组织长久以来为完成任务所发展出来的规则。许多企业的流程与标准

图 1.5　信息系统的三个维度

作业程序都已并入信息系统的管理范畴内。组织需要各式各样的人员与技能。除了管理者,还包括知识工作者、数据工作者、生产或服务人员。每个组织有自己独特的文化背景、基本假设、价值观与行事风格,而且是被大部分成员所接受的。而组织文化常常是可以在信息系统中体现的,例如顺丰快递的包裹追踪信息系统,蕴含其客户至上的服务理念。

2. 管理维度

管理者要了解组织所面对的众多情况,做出决策并规划行动方案来解决问题。组织中各层级的管理角色与决策不尽相同。高层主管负责公司产品与服务的长远战略规划,中层管理者负责执行高层主管的计划,而作业管理者则负责监控公司的日常运作。不论哪一级的管理者都应具有创意,能够以创新的方案解决问题。同时,每一层级的管理者也有其特定的信息及信息系统需求。

3. 技术维度

信息技术是管理者应对改变的众多工具之一。技术维度重点关注信息系统的技术解决方案,关注对象包括计算机软硬件、存储技术和通信技术等。计算机硬件包括计算机处理器、各类输入输出与存储设备,以及将这些设备连接在一起的各式媒介。计算机软件指的是详细且程序化的指令,用以控制与协调信息系统中的计算机硬件组件。存储技术指的是用来存储数据的各式媒介,以及管理这些媒介内部数据结构的软件。通信技术包括实体设备与软件,可以连接不同的硬件,并可以在两地之间传送数据。

1.4　管理信息系统

1.4.1　管理信息的概念

信息时代的企业将信息视为与人、财、物一样的重要资源。企业运营和管理决策离不开信息,信息在管理的全过程中起基础性的作用。管理活动是管理者向管理对象施加影响,以及管理对象向管理者做出反应的两个相互联系过程的统一体,而整个活动是在一定的管理环境中进行的。如果缺少管理者、管理对象、管理环境以及管理活动的有关信息,任何管理都是无法进行的。

1. 管理信息的定义

一般将管理信息定义为在企业生产经营活动中收集的,经过加工处理、给予分析解

释、明确意义后,对企业经营管理活动产生影响的数据。以控制论的角度看,管理过程就是信息的收集、传递、加工、判断和决策的过程。以一般工业企业为例,其全部的活动可以概括为两大类:一类为生产活动,输入原材料和其他资源,工人根据加工程序在机器设备上进行操作处理,输出满足人们需要的产品;一类为管理活动,围绕和伴随着一系列生产活动,执行的是决策、计划和调节职能,以保证生产有序、高效地进行。可见伴随着生产活动的是物流,而伴随着管理活动的是信息流。物流的顺畅与否很大程度上依赖于信息管理的水平和质量,信息流在企业生产经营中起着主导的作用。

2. 管理信息的特点

(1) 原始数据来源的离散性。管理信息的来源为企业中各生产环节和有关职能管理部门,信息的收集、整理、传递、存储、加工和分配送发具有不同的频率和周期,这就决定了数据收集工作的复杂性和繁重性。

(2) 信息资源的非消耗性。管理信息一经收集,就可以多次使用。信息用户越多,使用越广泛,花费在收集、检查、存储、加工数据上的费用就可分摊到大量的输出信息单位上,因而可降低信息的单位费用。

(3) 信息处理方法的多样性。信息处理的绝大部分工作是逻辑处理,主要有检索、核对、分类、合并、总计、转录等,方法比较简单,但很多是重复进行的。另外还有算术运算。随着企业管理水平的提高,必然要应用现代数学方法,采用一些比较复杂的优化模型,如网络优化模型、线性规划模型等进行业务优化处理。

(4) 信息量大。管理活动中要接触、处理的信息十分庞杂。企业产品或商品的种类、数量,生产用的物资、设备、工具,企业职工的情况,以及财务、供应、销售、协作单位状况等都是管理部门必需的信息。

(5) 信息的时空不一致性。产品的生产相关信息产生在车间,信息加工一般在职能科室或信息处理中心进行,而信息的使用者则是职能科室,有关部门领导和上级机关。在时间上,对于不同的信息,信息收集和传递的次数、加工的次数和周期、使用的频率等也各不相同,使信息处理工作更加复杂化。

3. 管理信息的分类

(1) 按信息稳定性分类。分为固定信息和流动信息两类。固定信息指具有相对稳定性的信息,一段时间内可以在各项管理任务中重复使用,不发生质的变化。它是企业一切计划和组织工作的重要依据。流动信息又称为作业统计信息,它反映生产经营活动中的实际进程和设计状态。它随着生产经营活动的进展不断更新,因此时效性较强。企业管理信息系统的工作质量很大程度上取决于固定信息的组织。无论是现行管理系统的整顿工作,还是应用现代化手段的电子计算机管理系统的建立,一般都是从组织和建立固定信息文件开始的。

(2) 按决策层次分类。分为战略信息、战术信息和业务信息三类。信息是决策的依据,没有信息,决策就是空中楼阁。由于企业管理是分层次的,不同层次需要不同的信息,决策层次与信息的关系和特点如图1.6所示。战略信息提供给企业高级管理者,用于进行战略决策。战略信息的概括性、综合性强,表现形式不规范,大部分来自企业外部,信息量小。战术信息提供给企业中层管理人员,用于完成大量计划编制、资金周转、资源分配等。战术信息内容不完全定型,处理方法也不完全定性,信息来源于企业内部和企业外部。业务信息提供给企业基层管理人员,用于执行已制订的计划,组织生产或服务活动。具体业务决策一般是定期重复进行的,所处理的信息内容具体,形式规范,来源明确;信息大部分来自企业内部,信息量大,对信息的处理方法很有规律。

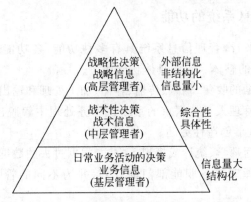

图 1.6　决策层次与信息的关系和特点

1.4.2　管理信息系统的定义

广义地说,管理信息系统(management information system,MIS)是用系统论创建起来的,以计算机为信息处理载体,以现代通信设备为基本传输工具,能为管理决策者提供信息服务的人机系统。狭义地说,管理信息系统是一个由人和计算机组成的,能进行数据的收集、传递、存储、加工、维护和使用的系统,具有事务和数据处理、计划、预测、控制和辅助决策等功能。以下是一些学者的定义。

瓦尔特·肯尼万(Walter T. Kennevan)最早的定义为:以书面或口头的形式,在合适的时间向经理、职员及外界人员提供过去的、现在的、未来可预测的有关企业内部及其环境的信息,以帮助他们进行决策。

戈登·戴维斯(Gordon B. Davis)认为管理信息系统是一个利用计算机硬件和软件,手工作业、分析、计划、控制和决策模型,以及数据库的用户-机器系统。它能提供信息,支持企业或组织的运行、管理和决策功能。

肯尼思·劳顿(Kenneth C. Laudon)认为管理信息系统是一个基于计算机的信息系统。它通过收集、处理、存储和扩散信息来支持组织的管理、决策、合作、控制、分析活动,并使之可视化。

薛华成等相关学者给管理信息系统的定义是:管理信息系统是一个由人和计算机组成的,能够进行信息的收集、传递、储存、加工、维护和使用的系统,能实测企业的各种运行情况;利用过去的数据预测未来;从企业全局出发辅助企业进行决策;利用信息控制企业的行为;帮助企业实现其规划目标。

毛基业教授认为:管理信息系统是一个以人为主导的,以计算机硬件、软件、通信网络及其他办公设备为基本信息处理手段和传输工具,进行管理信息的收集、传递、加工、存储、使用、更新和维护,为企业高层决策、中层控制、基层运作提供信息服务的人机系统。

综上所述,可为管理信息系统作如下定义:管理信息系统是一个以人为主导,利用计算机硬件、软件、网络通信设备及其他办公设备,进行信息的收集、传输、加工、存储、更新和维护,以企业获得竞争优势、提高效益和效率为目的,支持企业高层决策、中层控制、基层运作的集成化人机系统。

1.4.3 管理信息系统的功能

从使用者的角度来看,管理信息系统具有多种功能,各功能之间通过信息建立联系,形成一个有机结合的整体。它的具体功能如下。

- 数据处理:数据的收集、输入、传输、存储、加工处理和输出。
- 事务处理:将管理人员从繁重的重复性事务处理中解脱出来,用更多的精力思考管理问题,从事创造性劳动。
- 预测功能:运用数学、统计或模拟等方法,根据过去的数据预测未来的情况。
- 计划功能:合理安排各职能部门的计划,并为不同的管理层提供相应的计划报告。
- 控制功能:对计划的执行情况进行监测、检查,比较执行情况与计划的差异,并分析其原因,辅助管理人员及时用各种方法加以控制。
- 辅助决策功能:运用数学模型,及时推导出有关问题的最优解,辅助各级管理人员进行决策。

1.4.4 管理信息系统的结构

总体上看,管理信息系统可以看作由图 1.7 所示的应用系统、计算机系统、数据库系统、通信与网络系统、用户和系统管理人员 6 部分有机地构成。

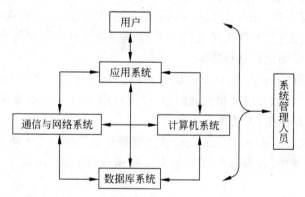

图 1.7 管理信息系统的一般结构图

1. 应用系统

应用系统是管理信息系统的核心和实质性构件,由一系列实现管理职能和支持管理职能的应用软件构成,一般安装于应用服务器或客户端计算机。人们平时所说的需要开发或购置,在计算机上使用的信息系统,实质上就是应用系统。应用系统一般有两个主要来源:一是根据企业的具体情况与需求做专门的开发,二是从软件供应商那里购买,这两种方法各有利弊。应用系统种类繁多,规模大小不一,一般多以具有某一专门管理职能项或业务项的功能模块或子系统为相对完整、独立的单元,例如订单管理模块、销售管理模块、账务处理模块等。若干模块的整合可以构成较大的应用系统,如财务管理系统包括账务处理、会计报表和财务分析等功能模块。一个应用系统,无论其功能项是多还是少,都共享统一的数据库系统。各模块之间通过信息交互和某种规程进行相互配合的运作。

2. 计算机系统

计算机系统是管理信息系统的工具构件,负责具体解释和执行应用系统的程序指令。计算机系统的构成主要包括计算机硬件和系统软件,大多通过购置方式获得。目前流行的计算机系统的结构主要有客户端/服务器(client/server,C/S)、浏览器/服务器(browser/server,B/S)等结构。对于 C/S 结构,应用系统主要安装在由用户直接使用的客户端计算机上,也有部分安装在后台的服务器上。共享的数据库系统基本都安装在数据服务器上。B/S 结构是目前比较流行的形式。这种模式下,客户端计算机只安装 IE 等常用浏览器,应用系统和共享的数据库系统被安装在服务器上。现在越来越多地采用数据库系统和应用系统分层的配置形式,及所谓的"客户端+应用服务器+数据库服务器"的三层结构。

3. 数据库系统

数据库系统通常由数据库管理系统、数据库和数据管理员组成。数据库由数据库管理系统统一管理,数据的插入、修改和检索均要通过数据库管理系统进行。数据管理员负责创建、监控和维护整个数据库,使数据能被任何获授权人员有效使用。数据库管理员一般由业务水平较高、资历较深的人员担任。数据库系统是存储、管理、提供与维护系统数据或信息的基础性构件,一般安装于数据库服务器。企业的数据或信息是重要的资源,在应用系统中共享给各管理部门和员工,因此数据库的数据在结构上和组织上必须统一规划设计。

4. 通信与网络系统

通信与网络系统是企业信息化的基础设施,两者与计算机系统结合构成计算机网络系统。企业一般以租用公用通信线路的方式连接分布于异地的计算机,以构建自己的企业内部网;与供应商和客户的计算机系统连接则能构建合作伙伴之间的企业外部网,以此开展商务活动。通信与网络系统需要配置通信设备、网络设备及相关的软件。对跨地区的计算机网络系统还配有 Web 服务器、邮件服务器、防火墙等安全控制服务器。

5. 用户和系统管理人员

管理信息系统是一个人机系统,"人"包括用户和系统管理人员。用户之所以包括在系统中,一是因为系统的许多功能由用户与机器交互运作,不同的用户会产生不同的应用效果和不同的结果;二是一些目前还无法由计算机实现的管理和业务工作必须由人来完成,尤其是比较复杂和高度非结构化的决策工作,而这些工作与系统的功能密切关联。将用户纳入管理信息系统也意味着机器不可能完全替代人,用户的经验和能力永远是企业最为重要的资源。系统管理人员负责系统的管理和维护,保证系统的正常运行和适时更新。

现代企业一般都设有信息管理部门。不同的企业中该部门规模大小不等,有些直属总经理领导,有些则从属于某部门,承担管理信息系统的规划、建设、管理和维护等工作。信息管理部门是向企业其他部门提供信息服务的机构,由于掌管着几乎全部的数据和信息资源,在企业中具有重要的地位和作用。该部门设立称为首席信息官(chief information officer,CIO)的信息主管职位,全面负责企业的 IT 应用和信息管理工作。

1.5 管理信息系统的学科范畴

管理信息系统属于跨学科领域,没有单一的理论或者观点占据主导地位。该领域涉及了计算机科学、运筹学、社会学、经济学、心理学及管理学相关学科的理论及方法。

1.5.1 管理信息系统相关学科

1. 技术视角的相关学科

信息系统的技术视角除了强调信息技术和系统的正式功能以外,还强调基于数学模型来探讨信息系统。技术视角主要从计算机科学、管理科学和运筹学等方面来认识管理信息系统。

计算机科学为管理信息系统提供了最有力的技术手段。面对现代化管理活动中大量的、复杂的数据,没有现代技术手段的支持,难以完成数据的加工处理,进而对管理进行预测、控制和辅助决策。计算机技术的成熟为管理信息系统的发展创造了良好的条件,如果没有计算机相关知识,则很难设计出高质量的管理信息系统。

管理科学强调的是管理理论的研究,决策模型的开发以及管理实践的总结,其中涉及的管理理论是指导管理信息系统设计开发的基本原则,只有提升对相关管理理论的研究才能从根本上保证管理信息规划和设计的合理性;管理科学中对管理决策模型及决策过程的研究同样是信息系统功能设计需要考虑的问题,实际决策过程中对于各职能部门权限的限制也应在信息处理过程中得到完全体现。管理信息系统的产生及发展动力直接来源于管理科学的发展。管理科学是管理信息系统的重要学科基础,不了解管理科学,管理信息系统建设将缺乏明确的目标和基本的评价原则。

运筹学研究的重点即是用科学合理的数学模型解决日常管理活动中的复杂问题。在现代计算机理论及技术得到充分发展后,复杂数学模型有了实现的软硬件条件,也使得运筹学中各种决策模型在管理活动中的应用变得越来越普及。通过在管理信息系统嵌入运筹学所研究的各种成熟的数学模型,为各层次管理者提供多种决策方法,可以保证企业管理活动高效率运行,并且避免复杂环境下由决策者知识体系及个人认知导致的决策失误。较为成熟的运筹学数学模型可以给决策者提供现有资源限制下的最优决策方法,如库存控制模型、车间排班及物料运输等问题。

2. 行为视角的相关学科

管理信息系统领域的一个重要组成部分是伴随着信息系统开发与维护而出现的行

为问题。行为问题一般难以采用技术方法中的模型进行解决,而需要采用其他行为科学中的理论和方法。

社会学是一门利用多种研究方式系统地研究社会行为与人类群体的学科,涉及一套有关人类社会结构及活动的知识体系,其研究内容中对群体和组织的研究与管理信息系统的发展息息相关。社会学家研究信息系统,主要关注群体和组织如何影响信息系统开发,以及信息系统如何影响个人、群体和组织。

心理学与管理科学有着深远的联系,管理既包括事务性管理活动,也包括对人的管理,既然涉及对人的管理,就必然需要了解人类心理现象及其影响下的行为活动的成因。心理学家研究信息系统,主要关注决策者如何感知和使用正式的信息。心理学研究表明,相同境遇下,风险偏好不同的人会有不同的决策,在管理活动中则表现为面对相同决策信息,不同决策者会做出不同管理决策。管理信息系统在功能设计中需要对企业信息进行适当处理,引导决策者做出更加客观、更加符合实际情况的决策。

经济学家研究信息系统,主要关注数字化商品的生产、数字市场的动态变化,以及新的信息系统如何改变公司内部的控制和成本结构。数字化产品包括音频、视频、电子图书、行业数据等一切虚拟形式的商品,其生产及销售都是以无实物形式进行,这类商品的生产过程更加需要信息系统的辅助;在大数据环境下,快速准确的数据处理能力对于数字经济的发展更是不可或缺。经济学家关注于此,重点研究数字商品的销售能为企业带来的收益,同时也会研究在不同成本下引入新的信息系统或者增加新的功能模块以提升企业的盈利能力。

1.5.2　管理信息系统学科内涵

管理信息系统是一门相对较新的交叉复合型学科或课程。它以管理科学和系统论等为主要理论基础,综合运用信息技术、计算机及网络技术和数学方法,同时也将其他一些新兴的学科,如心理学、人工智能、决策理论、协同论、耗散论等的研究成果结合进来,融合提炼组成一套新的体系和方法,从而为企业的信息管理、信息系统的开发设计及应用,提供理论上和方法上的指导。

1. 从开发过程看管理信息系统学科内涵

管理信息系统研究的主要对象是工商企业中的信息管理工作。管理信息系统是现代工商企业系统组成中不可或缺的重要部分。为了开发符合企业实际情况,能够最大限度提高管理工作效率,提高企业竞争力的管理信息系统,开发人员必须了解企业具体的信息管理状况。为构建新的管理信息系统,需从系统的角度出发,以最新的管理科学为基础,采用先进的信息技术及计算机技术,对现有管理工作进行优化,并且遵从软件工程的原则,开发运行稳定、质量可靠、互动性好的软件系统,配置合适的硬件环境。从开发过程看,涉及的学科除了管理信息系统以外,还有计算机科学中的硬件技术、软件技术、网络技术、数据库技术和管理开发过程的项目管理、质量管理和网络技术。

一个管理信息系统项目的成功开发,离不开好的项目管理。项目管理贯穿于项目开发的全过程,狭义的项目管理偏重于项目开发计划、进度、成本控制和资源配置,广义的项目管理还包括配置管理、质量管理和人力资源管理等。管理信息系统项目开发进程中所遇到的问题都属于项目管理的范畴。在项目规划阶段分段进行可行性研究,涉及技术经济学方面的知识,如投资分析。在分析阶段涉及管理信息系统、系统论、管理学、组织行为学等方面的知识。在设计阶段涉及管理信息系统论、管理学和通信网络技术。在实施阶段涉及软件技术、数据库技术、网络技术和配置管理、测试管理等。整个开发过程涉及技术类学科和管理类学科,并且管理与技术相互交织。

2. 从应用推广看管理信息系统学科内涵

以计算机技术为基础的管理信息系统的最初应用,始于电子计算机发明后的几年时间内。美国 IBM 公司于 20 世纪 50 年代中期开始,用计算机进行员工工资的管理。这仅仅是管理信息系统在单项管理业务上的简单应用。随着管理科学、运筹学,特别是计算机科学及信息技术的飞速发展,管理信息系统的应用范围逐渐扩展至多项管理业务的应用,整个企业管理工作的综合应用,以及企业连锁组织跨国集团公司的广泛使用。20 世纪 90 年代以来,随着国际互联网信息高速公路的兴起,现代企业制度的普及掀起了管理信息系统的新一轮应用高潮。管理信息系统的学科体系包括管理科学、数学、运筹学、系统论、信息技术、计算机科学及网络技术、软件工程等,都在系统的形成阶段对系统产生影响。在系统交付用户后的应用阶段开展环境研究,目的是为系统创造一个良好的运营环境,使系统在企业生根、开花、结果。在这个阶段涉及的主要学科是环境研究,以及推广中的咨询、监理和服务等。环境研究主要研究企业体制、制度、企业文化、管理理念、管理基础和流程、组织等,构筑适应管理信息系统运行的整体环境。在必要时需要研究中外管理文化的异同。环境研究较为宏观,推广研究较为微观,但无论宏观还是微观都是研究管理。从管理信息系统的推广情况看,主要学科还是管理,但分支较多。

章节要点

信息是经过加工后的数据,它能对接收者的行为产生影响,对接收者的决策具有价值。管理信息是对企业生产经营活动中收集的数据经过加工处理,给予分析解释、明确意义后,对企业经营管理活动产生影响的数据。管理信息系统通过处理管理信息,支持企业高层决策、中层控制及基层运作管理。管理信息系统是用系统思想建立起来的,以计算机为基本信息处理手段,以现代通信设备为基本传输工具,且能为管理决策提供信息服务的人机系统。

课程思政融入点

通过介绍管理信息系统相关概念,深刻理解信息系统或信息技术的进步对社会发展的重要性,让学生明白信息资源是重要的生产要素和社会财富。通过我国信息化或数字化建设的伟大成就,引导学生树立强烈自信心;同时强调在当前国际竞争形势下,我国高科技企业及相关信息产业发展受到制裁和阻挠。作为新时代大学生应有历史责任感和使命感,为我国数字化与信息化建设做出贡献。

思考题

1. 什么是数据？什么是信息？什么是知识？三者之间有何区别？
2. 信息的基本特征是什么？
3. 系统所具备的条件有哪些？
4. 简述管理信息系统对企业商业活动的影响。
5. 管理信息系统有哪些特点？
6. 简述不同层次管理信息的特点。
7. 如何理解管理信息系统是人机系统？
8. 如何理解管理信息系统的学科内涵？

第2章

信息系统与企业管理

社会信息化作为一场深刻的革命,在许多领域对传统的生产、生活和思维方式产生着巨大冲击,不断推动经济社会高速发展。在信息化的大势所趋下,管理信息系统的完善与发展越来越受到普遍关注,成为企业高质量发展的一条必由之路。信息系统在管理现代化中起着举足轻重的作用,它不仅是实现管理现代化的有效途径,也推动了企业管理走向现代化的进程。

2.1 企业管理与企业流程

2.1.1 企业管理

1. 企业的概念

企业是指从事生产、流通或服务等活动,为满足社会需要进行自主经营、自负盈亏、承担风险、实行独立核算,具有法人资格的基本经济单位。企业必须具备以下基本要素。

- 拥有一定数量、一定技术水平的生产设备及资金;
- 拥有可开展一定规模的生产和经营活动的场所;
- 拥有掌握一定技能的、一定数量的生产者和经营管理者;
- 从事社会商品的生产、流通等经济活动;
- 进行自主经营,独立核算,并具有法人地位;
- 生产经营活动的目的是获取利润。

在经济社会数字化转型的大背景下,企业为提高经营管理效率、提升市场竞争优势,需要进行企业管理的信息化。企业信息化实质上是将企业的生产过程、物料移动、事务处理、现金流动、客户交互等业务过程数字化,通过管理信息系统向各层次的管理者提供企业运营过程中的相关信息,以做出有利于生产要素组合优化的决策,合理配置企业资源,使企业能适应瞬息万变的市场经济竞争环境,从而获取最大的经济效益。

2. 企业管理的概念

所谓企业管理,就是由企业经理人员或经理机构对企业的经济活动过程进行计划、组织、指挥、协调、控制,以提高经济效益,实现盈利目的的活动的总称。企业的生产经营活动包括两大部分,一部分是企业内部的活动,即以生产为中心的基本生产过程、辅助生产过程以及产前的技术准备过程和产后的服务过程,对这些过程的管理统称为生产管理。另一部分是企业外部的活动,关系到社会经济的流通、分配、消费等过程,包括物资供应、产品销售、市场预测与市场调查、用户服务等。对这些过程的管理统称为经营管理,它是生产管理的延伸。

3. 企业管理的任务

企业管理的任务包括合理组织生产力,维护并不断改善社会生产关系。

1）合理组织生产力

合理组织生产力是企业管理最基本的任务。合理组织生产力有两方面的含义。①使企业现有的生产要素得到合理配置与有效利用。具体来说,就是要把企业现有的劳动资料、劳动对象、劳动者和科学技术等生产要素合理地组织在一起,恰当地协调各要素之间的关系和比例,使企业生产组织合理化,从而实现物尽其用,人尽其才。②不断开发新的生产力。不断改进劳动资料,并采用新的更先进的劳动资料;不断改进生产技术,并采用新技术改造生产工艺、流程;不断发现新的原材料或原有原材料的新用途;不断对职工进行技术培训,并引进优秀科技人员与管理人员。

2）维护并不断改善社会生产关系

一定的社会生产关系是企业管理的基础,它从根本上决定着企业管理的社会属性,从全局上制约着企业管理的基本过程。一方面,企业管理的重要任务之一是维护其赖以产生、存在的社会关系。另一方面,由于生产关系具有相对稳定性,而生产力却是非常活跃、不断变革的因素,必然会与原有的生产关系在某些环节、某些方面发生矛盾。为了保证生产力的不断发展,完全有必要在保持现有生产关系的基本性质不变的前提下,通过改进企业管理的手段与方法,对生产关系的某些环节、某些方面进行调整、改善,以适应生产力不断发展的需要。

2.1.2 企业流程

企业流程管理是企业管理的重要组成部分。企业流程包括业务流程、管理流程、经营过程和制造过程等,是企业各种流程的统称。

1. 企业流程的概念

企业流程是指企业为了完成某一项目标或任务而进行的跨越时间和空间、逻辑相关的一系列活动的有序集合。它由组织结构、人员、管理原则、管理技术、管理信息和管理方法等部分组成,具有以下特征。

- 每个企业流程都有输入与输出;
- 每个企业流程都有客户;
- 每个企业流程都有一个核心的处理对象;
- 企业流程往往是跨职能部门的;
- 企业流程有目标和绩效。

简单地说,企业流程就是企业完成其经营活动,为客户创造有效的价值和服务并获得利润的各种有序的活动过程。

2. 企业流程的四要素

企业流程的四要素为活动、活动间的逻辑关系、活动的承担者、活动的实现方式。

1）活动

企业流程是由活动组成的,活动是流程最基本的要素。活动是一种变换,它包含几方面的要素,即活动=｛输入,活动目标,处理规则,处理手段,资源,输出(反馈)｝。企业活动接收某种输入,在某种规则的控制下,利用某种手段和凭借一定的方法,通过变换转化为一定的输出,如图 2.1 所示。

2) 活动间的逻辑关系

企业流程是逻辑上相关的一系列活动的有序集合。活动间不同的逻辑关系,可以导致不同的结果。活动间的逻辑关系是流程的关键要素,反映了活动发生的先后顺序与活动间的相互关系。流程活动间的逻辑关系可以分为串行关系、并行关系和反馈关系。假设有 A 和 B 两个活动,其共同作用的结果是 O,则 A 和 B 之间的逻辑关系如图 2.2 所示。图 2.2 表示活动间逻辑关系的类型,企业中的活动就是通过以下的关系构建企业流程的。企业流程的改变必将导致其中活动间逻辑关系的改变。

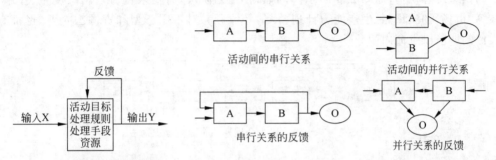

图 2.1　流程活动包含的要素　　　　　图 2.2　流程活动间的逻辑关系

3) 活动的承担者

活动的承担者指完成部分或全部活动的部门或人。分工使由一个人完成的工作变成由若干个人共同从事的活动。同一项工作由不同的活动承担者承担时,可以构成不同的企业流程。

4) 活动的实现方式

活动的实现方式即所采用的技术手段和管理模式。技术手段不同会导致分工不同,从而形成不同的企业流程。例如,信息技术会改变活动完成的方式和输入输出的流向。

2.1.3　企业流程识别

企业流程识别是企业流程管理的首要工作。企业流程的识别有许多方法,例如,基于时间维度的企业流程识别法、基于四阶段生命周期的企业流程识别法、逆推判别法、信息载体跟踪法、基于价值链的企业流程识别法、基于供应链的企业流程识别法等。下面主要介绍前 4 种方法。

1. 基于时间维度的企业流程识别法

企业的许多工作从时间上可以分为 3 个阶段:事前、事中、事后。事前要做计划,事中要组织和执行计划,事后要统计和分析总结。因此,可以根据工作完成的时间识别企业流程,如图 2.3 所示。例如,利用本方法识别物料管理的流程:事前包括物料计划(需求计划、采购计划)、签订采购合同等活动;事中包括物料采购、物料存储等活动;事后包括物料结账、物料统计等活动。

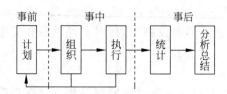

图 2.3　基于时间维度的企业流程识别法

2. 基于四阶段生命周期的企业流程识别法

现实社会中的企业大体可归类为产品制造型、服务型或资源型。这几种类型企业的运作周期可以分为计划、获得、保管和处理 4 个阶段，每一个阶段都有典型的流程或活动供管理者识别，如图 2.4 所示。例如，在计划阶段，有需求调查、设计、度量、控制、核算、市场研究、预测、生产能力计划、评估等流程。对于服务型和资源型企业，也都有类似的四阶段生命周期。

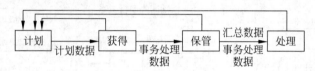

图 2.4　基于四阶段生命周期的企业流程识别法

3. 逆推判别法

对于企业流程的识别，逆推判别法是比较常用的一种方法，即通过时间的逆行进行识别。具体地说，就是在试图识别企业流程时首先确认该流程运行的结果是什么，并找出与该结果直接相关的事件或人，即寻找流程的终点，然后再根据输入和输出的相应关系，逆向寻找和识别相应的流程。

4. 信息载体跟踪法

信息是企业流程的重要组成要素。伴随企业流程中的物流或管理过程，将不断产生各种信息载体（如表单、账本等）。载体上的信息逐步被流程中的活动处理或加工，产生二次信息、三次信息，完成从数据到信息的演变，最终为流程用户输出有价值的信息。跟踪信息载体的行进路线，便可以识别企业流程。利用信息载体跟踪法识别的企业流程常常用数据流程图、信息视图等表示，省略了企业流程中的物质流和资金流。对于复杂的信息载体，如果所确定的活动粒度太粗，则可以根据需要细化或分解该活动的下层流程。

2.1.4　企业流程表述

1. 企业流程的表示方法

企业流程的表示方法可以简单分为文字表示法和图示法。文字表示法的结构化程度低，直观性不强，进行信息系统开发时不易于被直接利用和转化。通常只有在用企业流程图表述不清楚时，才用文字对其进行补充说明。图示法是企业流程最常用的表示方法。它利用工程绘图方法，用标准化的图表对企业流程进行结构化的描述，直观性强，便于推广和接受，能够方便地对核心流程进行识别和改进。用图示法所绘制的企业流程图既反映了每个流程中各活动之间的关系，也反映了各流程之间的关系。因此，企业流程图是分析企业流程的一种通用语言。企业流程图是在业务调查和企业流程识别的基础上,对具体的活动进行整理、抽象、概括、核对,最终绘制而成的。其中,业务调查是最重要的一项工作。

企业流程图包括业务流程图、管理流程图和作业流程图。常用的企业流程图表示方法有 3 种:工艺视图、信息视图和系统视图,下面分别介绍。

1) 工艺视图

企业流程的工艺视图是按照时间的先后顺序或依次安排的活动步骤,用标准化的图形形式表示的企业流程图。图 2.5(a)所示为国家标准《中华人民共和国国家标准——信息处理　数据流程图、程序流程图、系统流程图、程序网络图和系统资源图的文件编制符号及约定(GB1526—89)》规定的符号,其特点是形象、直观,易于理解。图 2.5(b)所示为某配送中心送货作业流程的工艺视图描述。

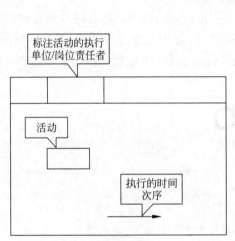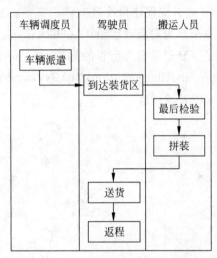

(a) 工艺视图符号　　　　　　　　(b) 配送中心送货作业流程的工艺视图描述

图 2.5　工艺视图

2) 信息视图

信息视图从信息的角度表示企业流程。信息是企业流程处理的主要对象,企业流程的信息视图着重刻画了企业流程中信息流的处理和变化过程。图 2.6 所示的是用信息视图绘制标准描述的产品入库处理流程。

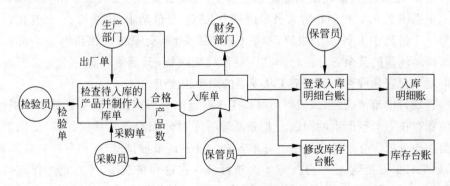

图 2.6　产品入库处理流程图

3）系统视图

系统视图利用系统论的思想、方法和术语分析和表达企业的流程。它用系统的观点来看待企业，关注的是企业流程的活动、活动间的结构和企业流程的状态变化等。

2. 企业流程建模

工艺视图、信息视图通常只表示单体流程，描述流程中活动与活动间的关系。如果要描述企业的全部流程及流程间的关系，则需要进行企业流程建模。模型是人们对现实世界原型的一种模拟、抽象和简化，企业流程模型反映了企业运行的整体结构，向全体员工展示了企业流程的内涵及流程间的关系，是认识、理解、分析、评价企业流程的基础。目前有多种流程建模方法，包括数据流程图建模法、Petri 网建模法、业务流程建模标记法等。下面重点介绍业务流程领域的业务流程建模标记法。

1）业务流程建模符号

一个名为对象管理组织（object management group，OMG）的软件行业标准化组织创建了一套记录业务流程的标准术语和图形符号，称为业务流程建模标记法（business process modeling notation，BPMN），记录在 www.bpmn.org 中。图 2.7 总结了一些基础的 BPMN 符号。

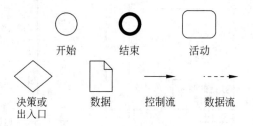

图 2.7 业务流程建模符号

2）订单处理流程举例

图 2.8 中展示了审核客户订单的三个活动流程。其中每一个活动都是整个流程的子流程，用含有"＋"标志的方框表示，一般会在另一个图表中详细描述。此图表以泳道布局（swimlane layout）来展示，企业流程的每个角色都被分配一条属于它自己的泳道。图中共有 5 条角色，因此有 5 个泳道。一个角色的所有活动都在其泳道中展示。图中有两种箭头，虚线箭头描述了消息流和数据流，实线箭头描述了流程中活动的流动或者顺序。根据图 2.8，客户向销售人员发送一个 RFQ（报价请求，虚线箭头）。这位销售人员在第一个活动中准备一个报价，然后（虚线箭头）提交报价反馈给客户。可以按照图 2.8 所示流程的其余部分进行操作。菱形代表决策，其通常包含一个可以回答是或否的问题。代表是或否的流程箭头从菱形的两个顶点引出。

一旦现行模型被确定，该模型便可以用于问题的分析或改进机会的分析。例如，图中的流程存在一个很严重的问题。业务经理将库存分配给已处理的订单，信用审查经理将信用得分依次分配给流程中的订单客户。只要订单被接受，这些分配就是正确的。但是，如果订单被拒绝，这些分配则不会被释放。在这种情况下，库存仍然保留给了被拒绝的订单，而对于那些没有被处理的订单，其客户的信用额度则会扩大。上述问题的一种解决方法(可行的方法有很多)是为"拒绝订单"定义一个独立的流程(即在图 2.8 中的"拒绝订单"活动中放置一个带方框的"+"号),然后设计"拒绝订单"子流程来释放分配的资源。

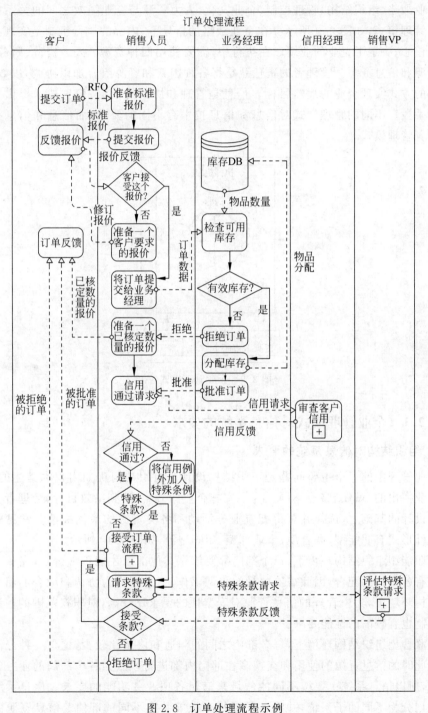

图 2.8　订单处理流程示例

2.2 信息系统对企业管理模式的影响

企业战略、组织结构、管理控制、企业文化、人力资源与企业绩效之间的关系构成了企业的管理模式,如图 2.9 所示。在企业战略的指导下,内部的执行机制是实现战略的基础和核心,决定了企业的业绩。在执行中,需要使用四种资源:人力资源、财务资源、物质资源和信息资源。管理者的责任就是将各种因素和资源组合加以协调,以效率高、效果好的方式实现企业的战略目标。信息是管理和协调的依据,信息技术提供了有效的管理手段。不同的管理模式对信息和信息技术有不同的要求,而信息和信息技术也在影响着管理模式。

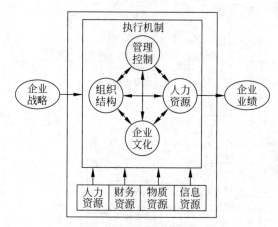

图 2.9 企业管理模式

2.2.1 企业管理模式对信息系统的要求

1. 组织结构对信息系统的要求

企业管理中的一个主要问题是组织结构设计。组织结构犹如用积木搭建的城堡,每个企业搭出的"城堡"特点不同。为了实施企业的战略,达到绩效目标,管理者要在组织结构设计的基础上,选择并获得配置业务活动和各类资源的最优决策。常见的组织结构设计形式有职能型、联合型、事业部型、矩阵型等,如图 2.10 所示。

在职能型组织结构环境下,每个部门都要依靠其他部门才能正常运营,完成一项任务必须有各部门的配合,因此需要大量的协调工作,信息则成为协调和配合的纽带。在这种结构环境下,集中管理的信息资源对安全性的要求比较高,对职权范围的控制和流程的控制也有较高的性能要求。

在联合型组织结构环境下,每个部门之间的沟通和协调比较少,这是一种分散管理方式。此时的信息资源的使用和交换多在部门内部进行。因为各个部门的业务领域有所不同,所以信息系统也要按不同的领域来满足各项业务功能的要求。信息系统可以按领域划分为不同的子系统,并将各子系统分散安装在不同的部门。信息资源的安全性和信息系统的性能只要满足各部门的要求即可。

在事业部型组织结构环境下,生产特定产品或服务的关键职能属于一个有自主权

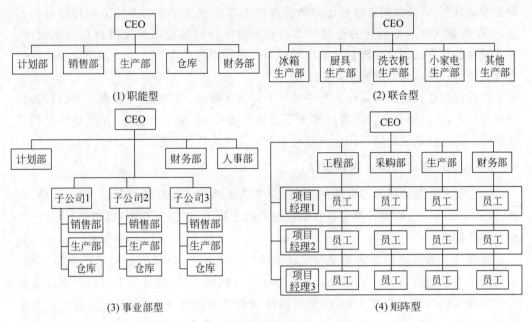

图 2.10 常见的组织结构模式

的部门(或称子公司),每个子公司在不同的领域运作,其余职能集中在总部。事业部型组织结构既有独立运作的需求,又有协调和共享资源的要求。信息资源的管理方式可以是集中与分散管理相结合的模式,对信息系统的要求也是集中处理和分散处理相结合的模式。

在矩阵型组织结构环境下,首先是划分职能型部门,然后决定项目管理方式。根据项目的要求,从各职能部门中抽调适合的人员组成项目团队,集中负责项目的全程开发工作,但项目团队成员的职能部门身份仍然保留,一旦项目工作完成,团队成员又各自回到原来的职能部门中。在这种组织结构环境下,信息系统首先要满足项目管理的功能要求,并具备灵活的项目管理功能;其次要满足项目团队与职能部门之间的信息交互功能。

2. 管理控制对信息系统的要求

一个能够有效运行的组织结构奠定了企业发展的基础,而在企业目标指引下的管理控制系统则是企业发展的另一个成功要素。管理控制的本质就是按照标准和规则把各种因素控制在一定范围之内,使企业能够按照战略和目标的要求前进。管理控制的目标是使企业适应内外部环境的变化,应对运营复杂性,优化成本。企业的管理控制包括运营控制、财务控制、结构控制和战略控制等内容。

实现管理控制的基础是标准和绩效的度量及表达方式。例如,餐厅为提高服务质量,为服务员制定了如下工作标准:(1)至少有 95% 的顾客在到达餐厅后 3 分钟之内得到服务;(2)座位空出后 5 分钟内必须清理干净。若借助信息技术或信息系统手段实现餐厅服务管理控制过程,则可以考虑为每位餐厅服务员配备必要的手持设备。门口的引导员在指引顾客入座的同时,按下手持设备按钮,记录顾客到达时间及座位;餐厅服务员利用手持设备点菜并记录点菜时间;在顾客起身离开餐厅时,餐厅服务员按下手持设备按钮,记录离开时间;而餐厅服务员在完成座席清理任务后再按下手持设备的按钮,于是顾客从到达至离开的全过程都可以通过手持设备记入餐厅管理信息系统中。餐厅管理信息系统的绩效度量功能便可按照工作标准进行考核。由此便可以提出手持设备和餐厅管理信息系统的功能需求。

管理控制过程的关键是标准与考核过程必须可量化、可视化、可实现。手持设备因为投入较大,又需要有完善的餐厅管理信息系统支撑,会被一些餐厅,尤其是中低档餐厅拒绝。因此信息系统的采用一定要与企业的管理现状相匹配。

3. 人力资源对信息系统的要求

人力资源管理包括人力资源的规划,人才的招聘、选拔、培训与发展,绩效评估、薪酬、福利等内容。这些事务都可以在信息技术的支持下,以信息系统和数据库为基础实现全面的管理。

现以员工考核流程为例来说明信息系统的功能需求,以及信息技术的支持作用。企业员工考核流程分为两大部分:一是制定考核标准,二是进行员工考核。上述企业流程涉及大量的信息处理工作,如果采用传统的纸质管理方式,毫无疑问会产生大量的资料汇总、整理、保存等工作。工作效率主要取决于人力资源部员工的熟练程度以及各部门之间的协作。对于信息技术支持的员工考核,则需要对使用哪些技术进行论证。

首先,各种信息的存储以及企业流程的处理过程毫无疑问需要使用数据库和信息系统。数据库中可以保留考核标准信息、员工信息、岗位信息、员工考核结果信息、员工岗位变动信息,也可以将考核标准与考核结果的审批过程信息记录在数据库中,以备将来查询和审计。其次,考虑考勤方式的选择。考勤是员工考核的一部分,考勤系统必须要与信息系统对接,因此在考勤设备的选型方面要探讨两者之间连接的可行性,否则整个员工考核流程将在设备的约束下被分解为两个独立的子系统,而不能发挥整体作用。这就是在企业流程设计中对信息系统和信息技术提出的要求。最后,要在员工考核流程的信息系统实现过程中提出实现方式的具体要求,比如考核周期的控制要求、考核审批流程的控制要求、考勤数据的存储周期要求等。考核方法发生变化,势必要求信息系统的功能也随之而改变,因此对信息系统的可修改性也提出了较高的要求。

4. 企业文化对信息系统的要求

企业文化是由价值观、信念、仪式、符号、处事方式等构成的企业特有的文化形象。它在长期的实践活动中形成,并被企业或组织的成员普遍认可和遵循。

企业文化对企业的很多层面都会产生很大的影响。与信息系统建设最密切相关的是对组织变革的影响,因为信息系统的建设对于企业来说是一种管理变革,会影响到诸如流程再设计、工作再设计、权责再分配等问题。企业成员对于变革的接受程度是信息系统建设成功与否的关键,而接受程度归根到底是由个体所处的企业文化所决定的。企业中管理信息系统的建设不能只强调硬件性能的先进性和软件功能的完整性,而必须结合企业的战略与目标,考虑企业文化的影响,对信息化进行整体、科学的规划。同时,信息化要融合当代的企业管理思想与经营理念以培养先进的企业文化。

2.2.2　信息系统对企业管理模式的支持

在工业革命之前,一些小业主以手工作坊的生产方式为每位客户提供个性化的产品和服务,生产效率十分低下。工业革命时期,为提高生产效率而出现了劳动分工,每个劳动者专门从事生产过程中的某一部分工作,能够非常熟练地完成具体任务;加之企业引入更专业化的机器设备来完成精度更高的工作,因而可以获得更高的产出。在信息时代,出现了计算机辅助设计、计算机辅助制造、计算机信息管理等新技术,产生了柔性制造流程,使企业既可以大批量地生产制造,又可以逐一满足单独客户的个性化需求。上述三个时期体现了螺旋式上升的发展过程。信息技术的发展和运用引发了继农业文明、工业文明之后的第三次浪潮——信息化,给企业和组织的变革带来了新的契机,为社会的发展提供了新的动力。

1. 信息系统带来的管理变革

管理信息系统给企业带来的变革体现在以下几方面。

(1) 企业流程的优化。管理信息系统的开发给企业创造了重新认识自身组织结构、重新审视企业流程的契机。同时,扁平化管理、供应链管理、电子商务、大数据、云计算等新的思想和理念层出不穷,进而导致企业内部结构进行大调整。

(2) 管理过程的改善。一套运转良好的管理信息系统,能够帮助管理者随时掌握每个客户的信息、订单信息、供应商信息,也可以帮助管理者掌握每个部门的工作状况,及时了解订单的生产情况、生产效率,分析各业务环节中出现的问题及原因,及时而有效地进行管理和控制。

(3) 运营方式的柔性化。计算机网络的发展使企业能够以更加快捷、多样化的方式为客户提供服务;信息技术为大批量定制服务提供手段和保障,使敏捷制造、灵活制造、快速供货成为可能;在管理信息系统的支持下,企业处理信息的能力极大地提高,帮助企业与客户、供应商等保持密切的联系。这些都使企业能够以更加灵活的方式运营。

(4) 协作程度的提高。管理信息系统及网络系统使得企业内部各部门之间、企业与外部单位之间的协作程度得以提高。企业间的密切协作形成了虚拟公司,从而创造出任何一个企业单独运作都不可能实现的竞争力。

(5) 工作地点的灵活化。建立在网络基础之上的管理信息系统能够让决策者和管理者实现远程管理和控制。外出的业务人员可以用系统及时地把得到的信息(如订单信息、客户需求信息等)发回到企业总部的数据库中。企业内部的相关人员可立即对这些信息进行处理。

(6) 员工行为的改变。管理信息系统的运行直接改变了员工的工作方式和行为方式。例如,信息存储方式发生了改变,所有的客户信息都被集中存储在数据库中,企业并不会因某个销售人员的离职而损失客户信息。企业的各种信息被有效地组织在一起,提高了信息的利用率,使信息真正成为企业的重要资源。

2. 数据库技术和网络技术支持下的信息资源开发与利用

信息是企业业务执行状况的可视化表达,是产品或服务性能、质量的描述,是管理控制和决策分析的基础和依据,因此是企业的重要资源。企业需要技术的支持来实现对信息的组织、采集、存储、传输、加工,其中数据库技术和网络技术是首选。企业内大量的业务数据应该被有效地组织起来,存放在数据库中,利用计算机网络实现数据的传输和信息的共享,让信息不再是某个人或者某个部门独享的资源,而成为全企业共有的资源。

数据库管理系统是数据库管理工具,利用它可以建立数据库,把企业内的各种业务数据存储起来,然后企业的业务人员、管理者、决策者及企业的客户借助其他应用系统(如生产管理系统、库存管理系统、销售管理系统、财务管理系统、人事管理系统、客户管理系统等),按照特定的规则向数据库输入数据或者从数据库中获取信息。图 2.11 说明了在数据库管理系统、应用系统支持下的操作层、管理层、决策层应用系统对企业的生产、管理和决策的支持。

3. 数据分析工具支持下的量化分析

信息资源的开发与利用通常会借助若干量化分析工具,包括查询与报表工具、数据分析工具、统计工具、数据挖掘工具等。在各种数据分析与挖掘工具的支持下,对综合数据库及数据仓库中的数据进行处理,可支持宏观的、高层的决策分析、商业竞争分析、综合信息查询、数据统计分析等,如图 2.11 所示。

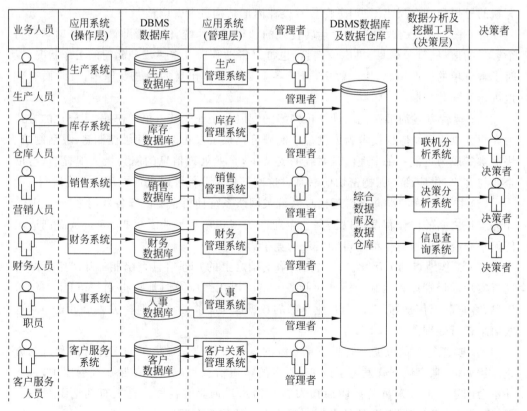

图 2.11　基于数据库技术的企业管理职能

数据挖掘是从存储着海量数据的数据仓库中提取隐含在其中的有用信息和知识的过程。它可以帮助企业对数据进行微观、中观乃至宏观的统计、分析、综合和推理,从而利用已有数据预测未来,帮助企业赢得竞争优势。例如,利用数据挖掘可以对企业的海量数据进行客户分析,包括客户类型、各类客户的需求倾向、贷款偿还预测和客户信用政策分析、客户流失分析等;利用数据挖掘可以进行市场研究,包括商品市场占有率预测、市场拓展计划仿真;可以进行经营策略研究,包括经营成本与收入分析、风险控制、欺诈行为甄别等。

　　"啤酒与尿布"的故事是营销界的经典神话,它产生于 20 世纪 90 年代的美国沃尔玛超市中。沃尔玛超市在分析销售数据时发现了一个令人难以理解的现象:在某些特定的情况下,"啤酒"与"尿布"两种看似无关的商品经常会出现在同一个购物篮中。这种独特的现象引起了管理者的注意。经过后续调查发现,这种现象出现在年轻的父亲身上。在美国有婴儿的家庭中,一般是母亲在家中照看婴儿,年轻的父亲去超市购买婴儿尿布。父亲在购买尿布时往往会顺便为自己购买啤酒,这两种看似不相干的商品便出现在同一个购物篮中。沃尔玛发现了这一独特现象后,开始在卖场尝试将啤酒与尿布摆放在相同的区域,让年轻的父亲可以同时获得这两种商品,并很快地完成购物;超市则采用一定的促销策略让客户一次购买两种商品,从而获得更好的销售收入。这个故事的技术支持便是数据仓库及数据挖掘,通过挖掘工具在存有海量数据的数据仓库之中找到商品之间的关联关系,根据这一关系分析客户的购买行为,再根据购买行为制定相应的销售策略。"啤酒与尿布"的故事实际上揭示了要用全新的理念来分析和挖掘隐藏在各种业务数据之中、还未被人们认识的、关于事物之间关联的知识,并运用这些知识为企业获得竞争优势。

2.3　信息系统对业务流程的影响

　　企业运营需要处理各种与供应商、客户及产品和服务等相关的信息,并通过利用这些信息组织开展各项工作,从而达到实现高效运营和提高企业整体绩效的目的。信息系统的应用使企业能够管理所有各类信息,做出更好的决策,提高业务流程的执行效率。

2.3.1　流程的改进

　　流程是组织的构成要素,人们通过流程执行活动以实现组织的目标。流程的质量决定了组织的成功,因而是极其重要的。

　　流程质量的两个维度分别是效率和效用。流程效率是流程输出与输入之比的度量。如图 2.12 所示,如果有一个替代流程能够以较低的成本完成同样的订单审批或退货,或者以同样的成本完成更多的审批或退货,那就说明该替代流程非常有效率。流程效用是衡量流程实现组织战略的程度。如果一个组织的流程效用差异化体现在客户服务的质量上,并且图 2.12 中的订单请求的流程时间是 5 天,那么超过这个时间,流程就是无效用的。

　　组织可以通过流程结构变革、流程资源变革、流程结构和资源变革 3 种方法中的某一种来提高流程质量(效率或效用)。

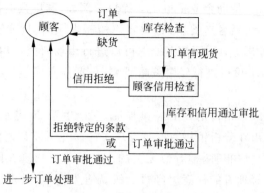

图 2.12　3 个活动的流程

1. 流程改进方式

流程可以通过以下 3 种方式改进：流程结构变革、流程资源变革、流程结构和资源变革。

（1）流程结构变革。在一些案例中，仅通过流程结构变革就能改变流程质量。在图 2.12 中，如果先核实客户信用，再检查库存，就会节约"用户信用审查未通过但检查了库存"的活动成本，所以订单审批的流程更加有效。

（2）流程资源变革。企业流程活动是通过人和信息系统共同完成的，提升流程质量的方法之一就是改变资源的配置。如果图 2.12 中的流程由于执行时间过长而不具有效性，就需要识别其延迟的原因并增加资源。如果延迟是因为客户信用审查活动，那么就需要在该活动中增加人员以提升效率。增加人员可以降低延迟，但也会增加成本，因此组织需要在效率和效果之间进行权衡。另外一个缩短信用审查流程时间的方法是采用信息系统来执行该流程，这取决于新系统的开发和运营成本。

（3）流程结构和资源变革。可以通过流程结构和资源的同时变革来提升流程质量。事实上，除非一个流程的变革只是任务的简单排序，否则变革流程结构通常都会涉及资源的变革。

2. 信息系统提升企业流程质量的方式

信息系统可以通过以下 3 种方式提升流程质量：业务活动自动化、增强人员执行活动的能力、控制数据质量和业务流。

（1）业务活动自动化。信息系统能够执行一套完整的业务流程活动。例如，在图 2.12 中，信用审查活动是能完全实现自动化的。当顾客在线上零售网站购物时，一旦交易开始进行便可以通过信息系统审查信用。

（2）增强人员执行活动的能力。这是信息系统提升流程质量的第二种方式。例如在医院管理患者的预约流程中，为了安排预约，患者可以呼叫医生工作室并与使用预约信息系统的接待人员交谈，这就强化了预约的功能。

（3）控制数据质量和业务流。信息系统的主要优势之一在于能够控制数据质量。信息系统不仅能保证输入数据的正确性，而且能确保流程持续执行中信息的完整性。最经济的方式是在源头就纠正数据的错误，可以由此避免在流程活动进行中由于信息不完整性而带来的诸多问题。信息系统在业务流程控制中同样重要。就图 2.12 中的订单审批流程而言,如果该流程是销售人员手动控制的,在他因故暂停此项工作几天,或者流程中某个活动被拖延的情况下,就有可能造成该订单的丢失或不必要的审批延迟。

2.3.2　业务流程再造

业务流程再造(business process reengineering,BPR)的基本思想是通过不间断的思考,重新认识并打破当前运作不佳的业务流程背后具体的、深层次的、过时的设计理念和规则,对业务流程进行根本的再思考和彻底的再设计。业务流程再造强调摆脱传统思想和组织界限的束缚,利用信息技术使企业实现由职能导向到流程导向的根本转变,而不是仅仅利用信息技术实现业务流程自动化。

1. 业务流程再造的原则

业务流程再造体现了一种积极创新、高风险的企业管理革新态度,代表了一种全新的管理信息系统建设理念:关注顾客需求,充分发挥信息技术的优势,在彻底改良现有流程的基础上,打造卓有成效的管理信息系统,从而增强企业应变能力,实现可持续发展。具体实施原则如下。

(1)"一把手"原则。业务流程再造会引发多种变革,不仅仅是流程本身,与其相关的工作设计、组织结构和管理体系都必须重新设计并实施集成。由于涉及范围广,"一把手"必须全力投入,并且富有远见。"一把手"必须亲自带领整个管理队伍共同应对企业内外压力。

(2)价值创新原则。业务流程再造意味着需要对流程进行全新思考,制定新规则,即创新。价值创新以顾客需求为导向,强调从源头获取信息,围绕输出组织流程,在设计过程中注重将分散在各处的资源加以集中;尽可能将信息处理工作归入产生该信息的流程,使整个流程执行过程对用户透明;联结平行活动,而不仅是把活动结果合并;尽可能采用灵活、扁平的组织结构,快速适应市场变化。

(3)团队作业原则。业务流程再造要求企业从跨职能的角度审视企业基础流程。由于跨越多个职能,因此必须团队作业,要求团队成员来自新流程涉及的所有职能单元。团队作业时,应不断反复自问或互问"是什么? 为什么?""如果……那么……""是必需的吗?"等问题。应分辨哪些是基本流程,哪些是附属流程,每个流程设计的基本原则应该是什么。

(4)信息技术赋能原则。信息技术为业务流程再造提供了契机。必须清醒地认识到,引进信息技术的目的不是使现有流程自动化,而是解决企业内部信息不对称引发的不良信息问题,帮助企业摆脱传统思想和职能界限的束缚,实现由职能导向到流程导向的根本转变。

2. 业务流程再造的基本步骤

现在很多企业都想用信息技术改进业务流程。有一些组织需要进行渐进式流程变革,而另一些则需要更深层次的业务流程再造。业务流程再造包括如下步骤。

(1)确定需变革的流程。企业最重要的战略决策不是决定如何使用 IT 技术来改进业务流程,而是确定哪些业务流程需要改进。企业在使用信息系统加强错误的商业模式或流程时,会在不应该做的事情上浪费时间。考虑到企业可能会花费大量的时间和成本投入在对企业效益影响很小的业务流程上,管理者需要决定哪些业务流程是最重要的,以及如何改进这些流程可以提高企业绩效。

(2) 分析现有流程。现有的业务流程应该被固化和文档化,注明输入、输出、资源和活动之间的顺序。流程重组团队应识别出冗余步骤、瓶颈和其他低效率的环节。如图 2.13 所示,为顾客在实体书店和在线书店购书流程的对比。

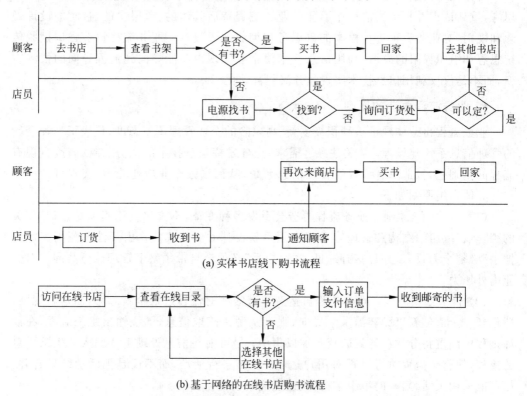

(a) 实体书店线下购书流程

(b) 基于网络的在线书店购书流程

图 2.13 实体书店购书的原有流程和在线书店购书新流程

图 2.13(a)显示了从实体书店购书的原有流程。想象一下顾客在一家实体书店的书架间找书的情形。如果顾客找到了想要的书,他会拿着那本书到收银台付款。如果顾客找不到想要的书,便会向店员求助,店员通过查看书架和书店的存货清单来确认是否有货。如果店员查到了顾客需要的书,顾客即可购买并离开。如果书店里没有此书,店员会询问顾客是否需要为其订书。店员可以从仓库、经销商或者出版商处为顾客订书,书到达后,再通知顾客到书店来取书。如果店员不能为顾客订到书,或者顾客不需要店员为其订书,那么顾客可以尝试前往另一家书店购书。我们可以看到,这个流程步骤很多,而且顾客有可能要多次前往书店。

(3) 重新设计流程。现有流程绘制完毕后,要从时间和成本角度进行衡量。流程设计小组将尝试设计一个新的流程,以达到改进的目的。新的简化流程将会被记录和建模,以便与旧的业务流程进行比较。图 2.13(b)利用网络重新对图书购买流程进行了设计,形成了线上购书流程。顾客通过网络访问在线书店,利用书店的目录查找想要的图书。如果书店有库存,顾客便可以在线订书、付款和填写收货地址,接下来由书店将书寄给顾客。如果书店无此书的库存,顾客便可以选择另一家在线书店查找图书。这一新流程比在实体书店买书减少了多个步骤,对顾客而言,节省了时间和体力;对书店来说,需要较少的销售人员就可以完成工作。因此,新的流程更高效,更节省时间。

(4)实施新流程。新的流程建模和分析完成后,企业便可采用一系列新的程序和工作规则。为了支持新流程,企业需要使用新的信息系统或者提升现有系统功能。新的业务流程及其支持系统将在企业中推广。开始使用新流程后,企业可以发现并处理流程中存在的一些问题,员工也可能提出相应的改进意见。

(5)持续评估。一旦流程得以实施和优化,企业需要对流程持续进行评估。这是因为当员工退而采用旧的工作方法时,新流程可能会随着时间的推移而不适用。甚至如果企业业务经历其他变革,新流程可能会失效。

尽管很多业务流程的改进是持续的、渐进的,但是有时也需要进行彻底的变革。前面提到的实体书店重新设计图书购买流程,使得图书购买可以在线进行,是一个带来彻底、深远变革的例子。重新设计的流程在正确实施后,将带来生产率和效率的快速增长,有时甚至会改变业务运行方式。在很多情况下,流程重组带来的可能是"范式转移",可能会改变企业自身业务的本质。

2.3.3 业务流程与管理信息系统的关系

企业要紧跟世界经济发展潮流。从经营战略到业务流程,以至信息系统,都必须具有足够的灵活性。业务流程再造作为一种具体的业务流程管理理念,要求对业务流程进行彻底的重新设计。

1. 管理信息系统建设以业务流程为导向

企业信息化过程中存在两个明显的趋势:一是管理顾问努力向企业推荐以流程为导向的企业架构,力求使企业组织结构扁平化、业务流程灵活化,以快速应对市场变化;二是软件提供商努力使其产品的架构和平台完全以流程为导向。这两种趋势都标志着业务流程导向管理时代的到来。管理信息系统必须顺应趋势,以业务流程为导向,才能更好地与企业战略、业务流程相融合,从而更好地服务于管理者。

2. 管理信息系统提升业务流程再造效率

企业战略、业务流程必须参照市场变化进行相应调整。由于业务流程再造实现了业务流程管理的系统化、透明化,当市场环境发生变化时,企业可以通过管理信息系统提供的信息快速发现企业面临的问题、机遇和挑战。通过管理信息系统可以及时分析、设计新的业务流程,并把这种新的业务流程模型转换为新的应用系统模型。管理信息系统可以使业务流程再造变得更有效率,因为重组过程的信息化可以让原来忙于收集业务数据、制作报表、进行流程管理的员工腾出手来,有更多的时间思考业务问题和管理问题。

业务流程再造的一个经典案例是福特汽车公司的采购流程再造。再造前后的采购流程分别如图 2.14(a)和图 2.14(b)所示。福特公司进行业务流程再造,其管理信息系统建设即以业务流程为导向,目的是使得流程灵活化,得以快速应对市场变化。

在经过再造的福特汽车公司采购流程中,财会部的对账工作不再需要发票,需要核实的数据从原来的 14 项减为 3 项:零部件名称、数量和供应商代码。采购部和接收部

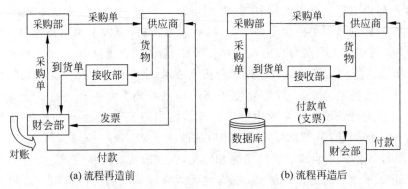

(a) 流程再造前　　　　　　　　　　　(b) 流程再造后

图 2.14　福特汽车公司流程再造前后的采购流程对比图

分别将采购单和到货单信息输入数据库,由信息系统的程序进行电子数据匹配,核对无误后自动打印付款单,财会部按照付款单付款。通过采购流程再造,福特汽车公司用于支付供应商货款业务的人员从 500 人减少到 125 人,工作效率却大大提高。

　　福特汽车公司的业务流程再造说明,业务流程再造不能仅仅面向单一部门,而应着眼于企业全局的业务处理流程。倘若福特公司仅仅再造财务部门的流程,将徒劳无功。将注意力放在物料获取的全流程上(其中涉及采购、接收和财务部门),以业务流程为导向,才能获得绩效的显著改善。另外,业务流程再造只有借助于网络化管理信息系统的建立,实现数据的高度共享,才能保证再造流程的成功运作。

2.4　企业管理中信息系统的类型

　　企业可能采用各种各样的信息系统,应用于企业的方方面面。对企业信息系统进行概念清晰的分类非常重要。企业信息系统的重要分类维度有职能维度、层次维度、领域维度,还有流程维度、技术维度、智力维度等。当然还有其他的分类方式,如按地域大小来分、按用户是个人还是群体来分等,所以说,是在 n 维空间中进行分类。信息系统概念空间的多维模型如图 2.15 所示。

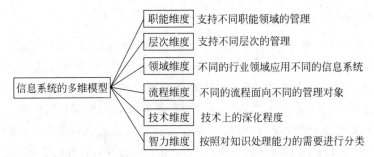

图 2.15　信息系统概念空间的多维模型

　　用图形表达一个 n 维空间比较困难,通常只能采用二维或三维做示意性表达,其他的维度采用单独描述的方式。图 2.16 从层次和职能两个维度表达对信息系统的分类,这就是众所周知的金字塔结构。

　　职能是企业管理工作的分工。一般来说,企业的职能主要有市场、生产、财会、人力

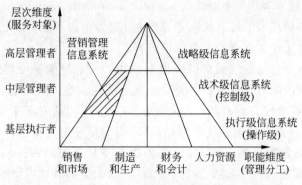

图 2.16 二维的金字塔结构

资源等,通常由各相应的职能部门负责。支持这些职能的信息系统分别是市场信息系统、生产信息系统、财会信息系统、人力资源信息系统等。

层次是指企业中高层、中层和基层的管理团队。通常高层管理者负责战略级的管理任务,支持高层管理团队的信息系统为高层信息系统,如经理支持系统(executive support system,ESS)。中层管理者负责战术级的管理任务,支持中层管理团队的信息系统为中层信息系统,如管理信息系统(management information system,MIS)。基层管理者负责执行级的管理任务,支持基层管理团队的信息系统为基层信息系统,如事务处理系统(transaction processing system,TPS)。企业中面向某个职能领域的某一层次信息系统的应用非常普遍,例如,市场营销职能部门中层管理者所采用的信息系统就可能是如图 2.16 所示阴影线位置的营销管理信息系统。

图 2.17 从层次、职能和领域三个维度描述对信息系统的分类,也就是在图 2.16 二维的基础上增加一个领域维度。领域是指整个企业所属的行业。不同的行业所用的信息系统有明显不同,但在职能和层次的细分上是相通的,如制造业、金融业、服务业,或者政府、学校和商店等。实际上,任何一个应用系统均表现为分类空间中的一个单元。例如,制造业财务部门基层管理者所采用的低层信息系统就可能是处在阴影线所示小立方体位置的制造业财务事务处理系统。

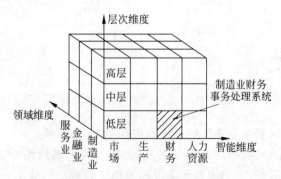

图 2.17 信息系统三维分类空间

流程维度是根据流程的先后顺序来衡量系统的,一般分为上游、中游、下游。对企业来说,上游是供应商,中游是企业本身,下游是顾客。它们所对应的系统是供应链管理(supply chain management,SCM)系统、企业资源计划(enterprise resources planning,ERP)系统和客户关系管理(customer relationship management,CRM)系统。

技术维度是按照技术的特点来衡量系统的,例如单机系统、主机终端系统、网络系统等。该部分内容不作为本章的重点学习内容。

智力维度是按照信息系统的智能程度来分类的。低智能者处理知识的能力较低,高智能者处理知识的能力较强。初级智能系统是那些主要按照固定规则进行业务处理的系统,即结构化程度较高的系统,如事务处理系统,也包括专家系统(expert system, ES)。中级智能系统通常包括一些模型,可以求得满足一定约束条件的最优解,即能辅助处理半结构化决策问题的系统,如传统的决策支持系统(decision support system, DSS)。高级智能系统具有学习和选择模型的能力,能辅助处理半结构化甚至非结构化决策问题,如智能决策支持系统(intelligent decision support system, IDSS)。

本章下面对职能维度信息系统、层次维度信息系统、领域维度信息系统等进行简要介绍。另外,流程维度所涵盖的企业资源计划系统、客户关系管理系统、供应链管理系统等详见第 8 章。智力维度信息系统所涵盖的专家系统、决策支持系统、智能决策支持系统等详见第 10 章。

2.4.1 职能维度信息系统

1. 市场信息系统

市场营销的主要职能为 4P,即产品(product)、价格(price)、渠道(place)和促销(promotion)。市场信息系统主要处理这 4 个方面的信息。市场信息系统也包括战略层、战术层和执行层 3 个层次,各级市场信息系统的主要功能如图 2.18 所示。

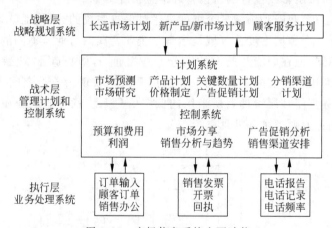

图 2.18　市场信息系统主要功能

从职能角度看,市场信息系统的总体框架如图 2.19 所示。

其中市场情报子系统、市场预测子系统、市场研究子系统均为输入子系统,而产品子系统、广告促销子系统、分销渠道子系统和价格子系统均为输出子系统。销售管理子系统主要是针对市场业务层次中有关销售信息的管理。另外,市场信息系统与市场高层信息系统的接口是市场决策子系统,它与一般决策支持系统的功能相似,用于帮助高层管理者收集信息、提高工作效率、辅助决策等。

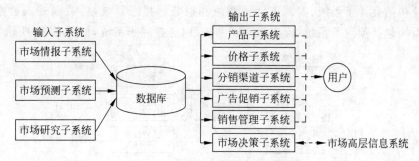

图 2.19 市场信息系统总体框架

2. 生产信息系统

这里所说的生产指广义的生产,对生产产品的企业来说就是制造,对于服务业来说就是服务运营。生产管理中最困难、最复杂的是制造业的生产管理,下面就以制造业为例来介绍生产信息系统。制造信息系统可以分为两大类,一类是通过技术实现产品生产的系统,另一类是通过管理实现生产的系统。

技术系统包括:
- 计算机辅助设计(computer aided design,CAD);
- 计算机辅助工艺设计(computer aided process planning,CAPP);
- 计算机辅助制造(computer aided manufacturing,CAM);
- 计算机数字控制(computer numeric control,CNC);
- 产品数据管理(product data management,PDM)。

管理系统包括:
- 物料需求计划(material requirement planning,MRP);
- 制造资源计划(manufacturing resources planning,MRPⅡ);
- 计算机辅助质量控制(computer-aided quality control,CAQC);
- 企业资源计划(enterprises resources planning,ERP)。

将技术系统和管理系统相结合的系统包括:
- 计算机集成制造系统(computer integrated manufacturing system,CIMS)。

3. 财会信息系统

财会信息系统包括财务和会计两大部分。两者之间有很多共同点,但又有明显的区别。会计的功能主要是记账,使资金的运作不发生差错,如收入、支出、存款、现金等。财务的功能主要是管理资金的运作,使其产生效益,如筹资、融资、投资,以及资金的分配等。

1) 会计信息系统

会计主要涉及历史数据,根据数据产生会计报表。会计系统最成熟最固定的部分是记账部分,各企业几乎相同。会计记账系统的主要功能包括订单管理、库存管理、会计应收管理、会计应付管理、工资管理、总账管理、财务报告管理。

2) 财务信息系统

财务的总目标是有效利用资金以及对剩余资金进行最优投资。财务信息系统的输入子系统包括会计子系统、内部审计子系统和财务情报子系统,将数据输入数据库中;输出子系统包括预测子系统、资金管理子系统、财务控制子系统,如图 2.20 所示。

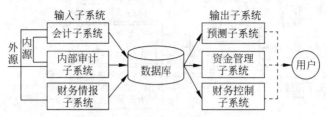

图 2.20 财务信息系统概念图

4. 人力资源信息系统

人力资源管理部门的职能主要包括:①招聘、选择和雇用;②人事档案维护;③岗位设置;④业绩评价;⑤晋升;⑥员工酬劳分析;⑦调整工资;⑧培养和发展;⑨健康、安保和保密。

人力资源信息系统(human resource information system,HRIS)是支持人力资源管理的系统,主要由输入系统和输出系统两大部分组成。输入系统包括记账子系统、人力资源研究子系统、人力资源情报子系统。输出系统包括人力计划子系统、人才招聘子系统、人力管理子系统、酬劳管理子系统、津贴管理子系统、环境报告子系统等。人力资源信息系统的结构如图 2.21 所示。

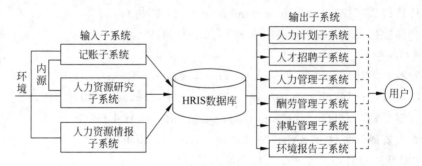

图 2.21 人力资源信息系统结构

2.4.2 层次维度信息系统

管理层次一般分为三层:高层、中层和基层。高层的主要任务是制定企业的战略规划,企业的重大投资、组织、技术、人事等方面的决策。中层的主要任务是管理控制,即根据企业的战略规划制定详细的执行计划,发布并实施计划,并控制计划的执行。基层的主要任务是执行计划。

1. 事务处理系统

在基层,支持个人和群体的信息系统均为事务处理系统。基层组织中的业务人员用该系统进行日常业务处理,如订单输入、饭店预约、工资计算、员工档案登记、运输调度等。在基层,任务、资源和目标是预定的、高度结构化的。事务处理系统中的事务,又称业务,是某种工作程序的集合。例如,在银行办理一位客户的存款;在企业接受一笔订货等。事务处理系统就是处理这些事务的信息系统。事务处理过程也称为事务处理周期,它包括 5 个步骤:数据输入、事务处理、数据库维护、文件和报告生成、查询处理,如图 2.22 所示。

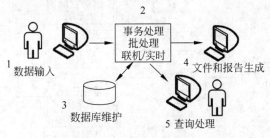

图 2.22 事务处理过程

事务处理系统中的数据处理系统是企业非常核心的系统。它将企业所有生产经营管理活动产生的数据都如实记录下来,包括对数据的输入、处理和存储等。它不仅是企业基础数据的核心,而且是其他所有信息系统的数据源泉。因此,事务处理系统(TPS)在企业管理信息系统体系中占有重要的地位。

2. 中层信息系统

中层人员是企业中计算机操作水平最高的人员,也是使用信息系统最多、最深入、时间最长的人。中层人员根据战略层的战略规划要求,在目标和约束条件的指导下,制订可执行的计划,并控制计划的执行。在战略实施过程中,中层人员也需要进行一些战术决策。因此,中层人员一般要从事务处理系统中收集数据,用计划与控制信息系统处理数据,用决策支持系统辅助计划的制订,用办公自动化系统(office automatic system,OAS)辅助办公。其中计划与控制信息系统主要是指狭义的管理信息系统(MIS)。另外,中层人员所使用的终端用户系统也可称为知识工作系统(knowledge worker's system,KWS)。

狭义管理信息系统(下面统称管理信息系统,不再区分)主要用于解决在中层管理中遇到的关于计划、控制等方面的半结构化决策问题。从图 2.23 中可看出,它利用 TPS 产生的信息生成对管理决策有用的信息报表。其中,定期报表包括预先确定范围的信息,是以固定的时间间隔定期生成的报表,包括常规报表、关键指标报表和进度报表等;需求报表是按照用户需要生成的报表;异常报表是那些与事先确定的条件或结果不相符的一系列事务报表。

管理信息系统(MIS)与事务处理系统(TPS)之间的关系非常密切。TPS 是 MIS 的数据来源,TPS 处理业务层日常经营活动的数据,并将数据存入数据库。MIS 对数据库中的数据进行筛选、提炼和分析,得到管理者所需要的报告或报表。如果说 TPS 是面向数据、以处理数据为核心,那么 MIS 则是面向信息、以生成有用信息为核心。TPS 只是针对某一种职能,而 MIS 则涉及各个职能部门以及综合职能。

3. 经理支持系统

经理支持系统(ESS)是支持高层管理者个人的信息系统,其基础信息来源于中层信

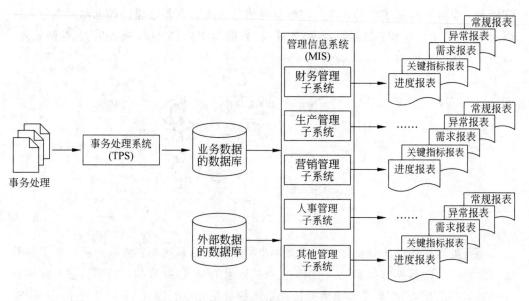

图 2.23　管理信息系统(MIS)的功能

息系统和基层信息系统,各层信息系统之间通过系统整合实现。ESS 可为高层管理者提供决策所需要的信息,还有助于提高高层管理者的工作效率。

　　ESS 服务于战略层,辅助高层管理者进行决策。由于战略性决策通常都是非结构化的,不能用公认的公式或程序依靠计算机求得答案,而是主要依靠个人的知识、判断、评价和洞察力来解决问题,因此,ESS 的主要作用在于为高层管理者提供决策所需的依据或参考,如企业外部的数据,包括政策动向、市场变化、竞争者动态等;还有企业内部数据,主要是从事务处理系统、管理信息系统、决策支持系统等各种信息系统中所提取的汇总数据。ESS 将这些数据提取、再处理、过滤、压缩,对关键数据进行跟踪报告,并将最重要的数据传递给高层管理者。ESS 不是用来解决专业化问题的,所以较少使用分析模型。与决策支持系统强大的模型分析能力不同,ESS 具备通用的计算模型和通信能力。高层管理者可以针对不同的问题选择不同的组合,寻找解决问题的方法。

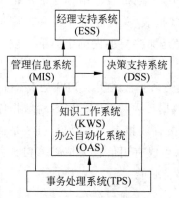

图 2.24　层次维度信息系统
之间的关系示意图

　　层次维度信息系统之间的相互关系如图 2.24 所示。

　　从图 2.24 可看出,TPS 是所有信息系统的数据来源,基层管理者通过 TPS 为管理信息系统、决策支持系统、知识工作系统、办公自动化系统提供数据支持;中层知识工作者应用知识工作系统和办公自动化系统对来自 TPS 的数据进行处理,通过管理信息系统和决策支持系统为中层管理者的管理决策提供数据支持;高层管理者根据管理信息系统和决策支持系统的分析结果,通过经理支持系统得到战略决策方案所需要的数据和信息。

2.4.3 领域维度信息系统

不同的组织有不同的管理要求,因而也需要使用不同的信息系统,如企业的信息系统与政府的不同,服务业的信息系统与制造业的不同。下面以制造业、零售业、电子政务等应用领域为例简要介绍。

1. 制造业信息系统

制造业信息系统主要指基于信息技术的现代制造信息管理系统。现代制造信息管理系统是在信息时代的带动下,伴随着信息技术的形成与发展,由不断进步的信息技术在制造领域逐步深入应用而形成的独具特色的学科门类和软件产业。它来源于信息技术,属于信息系统的范畴,但又与常规以管理为主线的信息系统有着明显的不同,自成一体,是信息系统发展应用的一个重要领域和分支。

现代制造信息管理系统泛指用于制造企业,适应现代制造模式的信息系统,是制造系统的一个子系统;是迅猛发展的信息技术与传统制造技术相结合的交叉学科的产物;是现代制造企业信息流的主要载体和表现形式;是利用现代信息技术认识、开发和利用信息资源,不断提高制造企业的生产经营、管理、决策的水平和效益,使企业能以信息经济和知识经济的思维方式在现代市场竞争环境中选择正确定位,确立竞争优势的辅助制造系统。

按照信息系统所属制造活动领域可将现代制造信息管理系统大致划分为7种类型:产品设计制造信息系统、企业内部生产组织管理信息系统、企业外部营销管理信息系统、生产过程自动化系统、质量管理信息系统、辅助决策信息系统和生产辅助系统。

2. 零售业信息系统

零售业普遍使用销售时点系统(point of sales system,POS)。现代POS系统已不仅局限于电子收款技术,还可以构建综合性的信息系统。同时,它必须符合和服从商业管理模式,按照对商品流通管理及资金管理的各种规定设计和运行。

POS系统的主要任务是对商品交易提供服务和实时管理,它包括前台数据采集子系统和后台业务处理子系统。前台数据采集子系统通过自动读取设备在销售商品时直接读取商品销售信息,实现前台销售业务自动化,对商品交易进行实时服务和管理,并通过通信网络和计算机系统将信息传送至后台。后台管理信息系统通过计算、分析与汇总掌握商品销售的各项信息,为企业管理者分析经营成果、制定经营方针提供依据。后台业务处理子系统负责整个商场的进、销、调、存系统的管理以及财务管理、考勤管理等。它可根据商品进货信息对供应商进行管理;可根据前台POS提供的销售数据控制进货数量,合理周转资金;可分析统计各种销售报表,快速准确地计算成本与毛利;可对售货员、收银员的业绩进行考核,为工资、奖金的发放提供客观依据。

3. 电子政务系统

电子政务系统是用信息技术实现的符合各级政府的具体业务、事务、会务需求的应用信息系统。电子政务是政府在国民经济和社会信息化的背景下,以提高政府办公效率,改善决策和投资环境为目标,将政府的信息发布、管理、服务、沟通功能向互联网上迁移的系统解决方案。电子政务系统结合政府管理流程再造、构建和优化政府内部管理系统、决策支持系统、办公自动化系统,为政府信息管理、服务水平的提高提供强大的技术和咨询支持。详细内容见第 9 章。

章节要点

本章从信息系统与企业管理的相关概念入手,介绍了企业管理和企业流程的核心概念以及企业流程的识别和表述方法。还从企业管理模式对信息系统的要求和信息系统对企业管理模式的支持两方面探讨信息系统对企业管理模式的影响。在"信息系统对业务流程的影响"一节中,先详细论述业务流程的改进,再进一步从原则、类型、方法和步骤等方面论述了业务流程再造,并辨析业务流程与管理信息系统的关系:(1)管理信息系统建设以业务流程为导向;(2)管理信息系统提升业务流程重组效率。最后从职能维度、层次维度、领域维度三方面介绍了企业管理中信息系统的类型。

课程思政融入点

深刻理解十九大报告精神:"要出台支持企业发展的政策,让他们成为技术创新主体,成为信息产业发展主体。"认识信息系统对现代企业管理的深刻影响,学习当前国内先进企业在企业管理中使用信息系统的成功案例,进一步了解在数字化、网络化的环境下,企业管理领域运用信息系统的进展,认知其服务于创新型国家建设的最新情况。引领学生的创新视野和数字化管理思维,培养学生爱岗敬业、勇于创新的精神。

思考题

1. 阐述企业流程识别的方法步骤。
2. 企业文化如何对管理模式中的其他要素产生影响?对信息系统产生哪些要求?
3. 什么是企业管理模式?其对信息系统有什么要求?
4. 管理信息系统如何支持企业管理模式?
5. 业务流程和管理信息系统的关系是什么?
6. 业务流程再造的基本步骤是什么?其为何需要信息系统的支持?

第3章

信息系统与企业战略

经济全球化使得市场竞争不断加剧,经营环境不确定性加大。如何在这样的动态环境中制定企业战略,成为企业生存和发展的焦点问题。新技术背景下,信息系统在企业中的应用向着纵深的方向发展。信息系统不再仅仅支持事务数据的简单处理,而是成为大多数业务过程中的重要组成部分,特别是已成为企业战略制定与实施的重要支撑。

3.1 企业战略概述

3.1.1 企业战略的概念与内容

1. 企业战略的概念

不同的管理学家或管理工作者根据自身的管理经历和对管理的理解,对企业战略进行了不同的描述。例如,德鲁克(Peter F. Drucker)认为企业战略是管理者在确认企业所拥有的资源的基础上,决定企业应当采取什么行动;波特(Michael E. Porter)认为企业战略是企业所奋斗的目标与为达到这些目标而制定的企业策略的结合物。企业战略的实质是帮助企业建立和维持持久的竞争优势,它是企业为实现其宗旨和目标而确定的组织行动方向和资源配置纲要,是制订各种计划的基础。决定战略成功与否的根本要素是企业核心竞争力能否与行业关键成功要素相匹配。企业战略方向与规划必须以核心竞争力为依托,或者可进一步强化自身的核心竞争力;而这一竞争力必须与企业成功的关键要素融合在一起。企业战略回答的是企业如何在内外部环境的约束下生存和发展,如何在与竞争对手的竞争中保持长期竞争优势的根本性问题。

2. 企业战略的内容

企业战略主要包括企业远景目标、市场定位、创造价值的方式、关键性资源的扩充途径及实现远景目标的具体计划等五方面内容。

(1) 企业远景目标。远景目标使企业聚焦于长远发展,帮助企业领导者认清目前资源条件与远景目标之间的差距。企业领导者必须考虑如何系统地缩小这种差距,以便在企业的资源与外部环境之间建立起适应关系。

(2) 市场定位。市场定位要求明确目标客户,认清他们的需求,以及企业能够从哪些方面为这些需求做出贡献。把市场定位作为企业战略的一项内容,意味着必须坚持以顾客为导向,把顾客利益贯穿于全部生产经营活动之中。

(3)创造价值的方式。包括企业通过哪些生产经营活动创造出能够满足顾客需求的产品或服务,这些活动将由自己承担还是委托给其他企业,企业能否以更高的效率或与众不同的做法来完成这些活动等问题。

(4)关键性资源的扩充途径。企业资源中有相当一部分需要从外部获取,但外部资源不可能为企业所独占。企业要实现远景目标,必须把竞争优势构筑于内部资源的基础上,要不断扩充对竞争优势有决定影响的关键性资源。企业战略应该对这些资源的开发、积蓄和整合等工作做出合理的安排。

(5)实现远景目标的具体计划。企业要实现远景目标,还要周密地计划各项工作。远景目标需要被展开为一组阶段性目标,再被分解为部门乃至个人的工作目标。这样员工就能理解当前工作与企业战略之间的关系。

3.1.2　企业战略的要素与层次

1. 企业战略的要素

为制定企业战略,需要把握企业战略中的核心要素。一般地,企业战略由四个要素组成,即经营范围、资源配置、竞争优势和协同作用。

(1)经营范围。指企业从事生产经营活动的领域。经营范围是一段时间内企业与外部环境相互作用的结果,也是企业自身资源和条件的反映。经营范围通常包含产品或服务、相关职能、经营业态和目标市场等。

(2)资源配置。指企业对各类资源和技能的配置方式、配置水平、配置模式等的选择。资源配置能力的高低、资源的优劣、配置方式的效用等能极大地影响企业战略的实现。资源配置是企业战略能力的重要一环。

(3)竞争优势。指企业通过资源配置(方式、水平、模式等),在生产经营环节和市场表现力上相比竞争对手处于较为有利的地位。

(4)协同作用。指企业从资源配置和经营范围的决策中所能寻求到的各种经营要素在共同作用下的效果超出单一要素作用简单相加。企业作为一个有机的系统,不是人、财、物等资源的简单相加,而是各类资源、各个要素协同作用的整体。

2. 企业战略的层次

企业战略层次划分的主要目的是要弄清企业实现目标的途径大致有多少种,划分的角度和标准不同,那么企业战略的类型就不同。从实施战略主体的角度来看,可分为企业战略、经营单位战略和职能战略三个层次,如图3.1所示。

图 3.1　企业战略的层次

（1）企业战略。企业战略又称总体战略，是企业的战略总纲，是企业最高管理层指导和控制企业一切行为的最高行动纲领。企业战略的对象是企业整体，是企业中最高层次的战略。需要根据企业的目标选择企业可以竞争的经营领域，合理配置企业经营所必需的资源，使各项经营业务相互支持、相互协调。

（2）经营战略。经营单位战略又称事业部战略，是战略经营单位、事业部或子公司的战略。它在企业总体战略的指导下，经营管理某一个战略经营单位的战略计划，是企业总体战略之下的子战略，为企业的整体目标服务。在大型企业中，特别是在企业集团里，为了发挥协同作用，加强战略实施与控制，企业从组织上把具有共同战略要素的若干事业部或其中某些部分组合成一个经营单位。每个战略经营单位一般有自己独立的产品和细分市场。

（3）职能战略。职能战略又称职能层战略或职能部门战略，是为贯彻、实施和支持企业战略与经营单位战略而在企业特定的职能管理领域制定的战略。它是企业主要职能部门的短期战略计划，使职能部门的管理人员可以更加清楚地认识到本职能部门在实施企业总体战略过程中的责任和要求，有效地运用研究开发、营销、生产、财务、人力资源等方面的经营职能，保证实现企业目标。职能部门战略一般可分为营销战略、人力资源战略、财务战略、生产战略、研发战略等。

大型企业的三个战略层次是非常清楚的，也是必要的。小型企业通常只需要制定公司总体战略，在总体战略中包含经营单位战略和重要的职能战略。必须指出，企业战略、经营单位战略和职能战略之间必须保持高度一致，即企业战略需要经营单位战略和职能战略的支撑和匹配。

3.1.3 IT时代的企业战略实施

信息系统对企业组织的影响不是"量"的增加或减少，而是速度、灵敏性的提升以及差异化的服务。基于信息系统实施企业战略，对企业而言，可提高或改善企业的核心能力，从而为企业带来竞争优势。

1. 信息系统对企业战略实施的支持

信息系统在企业战略实施中的重要作用，已被越来越多的企业所了解。信息系统为企业战略实施提供多种支撑，例如改变行业规则，提供获得竞争优势的方式等。

（1）企业运用信息系统建立进入壁垒。20世纪90年代，许多企业发现基于IT或信息系统的壁垒是有效的竞争力之一。例如，某金融公司开发一项互联网金融产品时意图建立一个有效的进入壁垒，这取决于信息系统是否既花费大，又难于实现。信息系统的复杂性使竞争者需花费几年时间开发类似产品，从而给最初开发的企业以宝贵的时间来确立市场领先位置。信息系统也会提高产品的市场份额，相比其他竞争者，企业可赢得更大的成本优势，这在顾客对价格敏感的、规模大的产业内特别明显。

（2）企业运用信息系统增加消费者的转移成本。如何使消费者对基于企业IT职能的产品和服务产生依赖？能否促使企业将其产品和服务嵌入整个生产运作中，使得消费者很难转移到竞争对手那里？这是企业运用信息系统建立转移成本面临的两个关键问题。企业信息系统必须简单到用户在开始就能接受，随后再通过日益复杂而又有价值的改进，与用户行为紧密联系在一起。例如，某机床生产商利用信息系统支持了客户企业的生产过程,提高了客户的转移成本。机床生产商将信息系统软件嵌入机床运行过程,实时纠正出现的问题。在机床运行失败时,机床设备通过信息系统向生产商总部服务器反馈机床失败信息,总部服务器通过软件分析失败原因,实时远程解决问题。如果问题不能远程解决,则信息系统会记录机床故障信息和产品维护历史。该信息系统在全球范围内的客户设备上安装,显著地改善了服务质量,缩短了响应时间,提高了客户的忠诚度及其转移成本。

(3) 企业运用信息系统改变竞争基础。在某些产业里,信息系统已经能使一家企业改变产业内的竞争基础,这体现在企业利用信息技术改变它的成本结构(成本优势)或者改变它提供的产品/服务(差异化优势)。例如,杂志分销到报亭或零售店是具有成本竞争性的。某个杂志分销商通过信息系统开发分类、分销杂志的低成本方法,减少了人力与存储成本,改变了其成本结构。顾客是对价格敏感的,分销商因而能够很快地增加市场份额,成本优势也促使分销商进一步提供差异化的产品和服务。分销商可使用其信息系统创造一种新的增值产品——消费者报告,也可以实时告诉每个报亭应该如何改善其产品组合。杂志分销商使用信息系统改变其在行业的竞争地位,也就是利用信息系统改变了竞争基础。

(4) 企业运用信息系统改变供应商关系中的力量平衡。连接生产商与供应商的信息系统已经成为企业内的重要角色。即时存货系统既降低了存货成本,也缩短了订货时间;企业一般使用库存来应对生产过程中的不确定性,但也相应增加了成本。如今,企业运用信息系统连接供应商和生产商,改善了信息流,减少生产过程的不确定性。例如,某大型零售商将其订货系统同供应商的订单系统联结,获益匪浅。如果客户需要100 张沙发,零售商的信息系统会自动检测其供应商的存货,并提出订货要求。最先备货且价格最低的供应商将得到该订单。如果供应商不愿与零售商的系统联结,那它将被其他供应商取代而丧失部分商机。

2. IT 时代企业战略实施的典型特征

(1) 准时制生产。准时制生产起源于丰田汽车公司的看板制,是指当顾客需要时及时提供产品和服务。准时制通过信息系统、远程通信以及高效快速的物流系统,快速而准确地响应客户。

(2) 组建跨越职能部门的团队。团队是一种为适应某些特殊任务而临时组织起来的"非正规"工作组。与一般的职能部门相比,团队是临时性的、跨越部门界限的、自愿组合、自我组织、自我管理的团体。例如,英特尔公司为开发新型微处理器,召集市场、营销、研发、投资、金融等方面的专家共同面对这项"紧急而艰巨"的挑战。团队常常为解决企业中的难题、应对突发事件提供技术支持,为企业带来超过预期的成就。而组建一个快速反应、灵敏的团队,信息系统、专家数据库是必不可少的"关键装备"。

(3) 虚拟企业。虚拟企业是一种通过信息系统将几个独立的企业连接在一起组成的网络性企业联盟,通过共享技能、分摊成本以及分享市场营销渠道开发共同市场。依赖虚拟企业的网络特征,不同的企业合作、竞争,优化资源组合,形成功能全面的全能型企业,应对复杂市场环境中的客户需求。这种巨大的优势是单一企业难以实现的,也在一定程度上化解了市场风险。

(4) 超越时空限制的商务活动。企业所面对的不再是区域性市场,而是一个超越国界、文化和不同宗教信仰的多元化、国际化大市场。企业不限时间运作，迅速及时响应客户需求；企业不限地点开展业务，无论客户的实际地理位置在哪里，都如同就在身边，不会因地理差异延迟商务运作时间。借助信息系统，使得跨区域不限时间的商务运作成为现实。

（5）组织学习。组织成长的过程实际上是组织伴随环境变化不断学习、改造自身、适应外在条件的过程。通过对竞争对手、商务历史及企业客户的学习，组织能更好更快地学会为客户服务，并提高响应速度。这种组织战略要求组织具有很强的"记忆"功能，组建强大的基于数据仓库的知识库，从"企业历史"中发掘、更新、学习商务经验，创造为企业客户服务的新战略。

3.2 信息系统在企业中的战略价值

3.2.1 信息系统在企业中的战略意义

信息系统在企业中已经占据了重要的战略性地位，对信息技术、信息系统和信息资源的有效开发、应用与管理已成为企业的一项战略性任务。信息系统已经全面渗透到企业战略之中，信息系统对企业在战略层面上有两方面的意义。

信息技术使得企业的经营手段更加快速而灵活，资源调度的手段也更加多元化。在信息技术的冲击下，很多行业都经历了重大的企业策略变革，包括"价值链"定位和企业经营结构的重组。信息技术的应用也使得生产和服务的观念发生了革命。计算机辅助设计和制造（CAD/CAM）、工厂自动化和控制系统，以及信息技术支持下的采购、分销、销售和营销系统，都让企业同时实现产品高质量、生产高速度和生产低成本成为可能。各行各业也正在逐渐具备提供基于信息技术的新型产品和服务的能力，以及开发流线型、统一管理流程的能力。众多企业都开始发现信息技术创新已经成为战略必需品。这种变化非但没有削弱战略管理的重要性，反而需要管理者具有更为敏锐的洞察力，以及对信息技术环境的理解和认识，才能建立准确的战略定位。

信息技术在企业中的渗透与融合使得企业战略立足点持续发生变化。在某信息技术出现的初期，能够对之加以有效应用的企业将可能获得巨大的竞争优势，但随着这种技术为整个社会所广泛纳采和运用，其所带来的战略性优势就会逐渐降低乃至丧失。企业管理者需要对企业战略加以动态性的关注和调整，才能使竞争优势得到保持和拓展。此外，鉴于信息在企业中重要的战略性地位，对信息的把握和管理能力本身就是一个关系到企业长远竞争优势的关键性问题。信息技术在执行现有及未来的战略和运作上的本质作用愈发明显。

3.2.2 信息系统在企业中的战略目标

信息系统对企业战略的实施起着重要的支撑作用，其在企业中的战略目标主要体现在如下 6 方面。

1. 确保企业经营过程运行良好

"运行良好"这一企业战略目标指企业持续寻求改进其运行效率以求达到高效益。

为把供应商、顾客以及企业内外的其他主体通过电子化的手段进行连接,信息系统帮助企业以数字化角度,从管理、组织和技术三个维度解决企业经营问题,进一步提高企业经营效率。

2. 提供新产品、新服务和新的商业模式

信息系统或信息技术是企业提供新产品和新服务甚至革新企业模式的重要驱动器。新产品是指采用新技术原理、新设计构思研制、生产,显著提高了性能或扩大了使用功能的产品。从市场营销角度看,凡是企业向市场提供过去没有生产过的产品都叫新产品。使用信息系统可以促进新产品或服务开发,并可能创造新的商业模式。

3. 促进客户和供应商关系亲密化

信息系统能够使企业保持与客户和供应商关系的亲密化。当企业真正了解并服务好它的客户时,客户就会成为回头客,采购更多产品或服务,这就产生了收入和利润。多一个企业加入供应商行列,供应商就可以更好地向企业提供必不可少的输入,也会导致采购成本的降低。如何真正地了解顾客或供应商,对于拥有几百万个离线和在线客户的企业来说是个关键问题,而信息系统可以为解决这一问题提供关键支撑。

4. 改善决策准确性和效率

许多企业管理者并未完全了解当今的信息环境,没有在正确时间掌握正确的信息并做出正确的决策。相反,他们往往依靠预测、猜测、运气,其结果就是产品和服务的超产或欠产、资源的错置,以及响应时间拖延,导致企业成本上升和客户流失。没有信息系统支持,企业决策的准确性和效率都受到影响。例如通过供应链管理信息系统,加强供应链各个环节的信息交流,与供应商及合作伙伴、下游客户之间实现有效信息传递与共享,可做出供应链管理的优化决策。

5. 形成可持续竞争优势

企业典型竞争战略一般包括成本领先优势、产品差异化、市场聚焦、对客户需求的快速响应等。企业通过这些竞争战略的实施,理论上可使得企业拥有一定的竞争优势。但这种竞争优势的获得与保持都离不开信息系统或信息技术的作用。例如在生产制造企业中,降低生产成本、提高经济效益、提高企业核心竞争力起到重要且关键的作用,通过采用信息技术及信息系统支持企业竞争战略的实施,可建立可持续的竞争优势。

6. 维持企业长期生存

信息技术的快速发展为企业数字化转型提供了良好条件,信息系统的应用已逐步成为企业长期生存的基础。企业要在市场中长期生存并保持竞争优势,需要改变已有的、传统的经营观念,采用适应新技术环境的经营策略。市场竞争的加剧使得企业必须坚持不懈地创新,不仅要保持传统技术上的创新,还要通过信息系统或信息技术支撑企业运作过程,为企业的长期生存提供技术支持。

3.2.3　信息系统在企业中的战略定位

信息系统在企业中的运行需要遵循两方面的原则。其一,企业的信息系统运作需要每时每刻、完全可靠的无故障运行,这对企业的生存至关重要。即使是服务上的暂时中断或者一个小小的质量问题都会产生极其严重的影响。其二,尽管信息系统的发展对一些企业来说具有战略性的重要作用,而对其他一些企业来说,信息系统的发展和应用只能说是有帮助的,却并非是战略性的。基于此,哈佛商学院教授麦克法兰(Warren McFarlan)提出了如图 3.2 所示的"战略网格",可帮助我们进一步理解企业如何确定信息系统的战略定位。

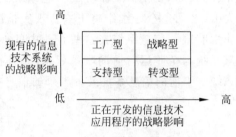

图 3.2　信息系统战略定位类型

1. 战略型

信息系统定位为"战略型"的企业,利用信息技术来赢得竞争优势。信息系统是此类企业的核心能力。信息系统或信息技术为这类企业提供了新的战略选择,使其可以依托信息技术建立竞争优势。对于这些企业,信息系统直接导致了其组织使命界定和组织目标定位上的变化。同时,信息系统还催生了一批完全建立在新技术条件下的组织。在过去的十年中,这种类型的企业得到了迅猛的发展。尽管出现了一些波动,但也创造了 20 世纪 80 年代以来最为引人注目的经济现象,并诞生了一批以全新的战略定位和经营形态取得巨大成功的企业,例如电子商务企业阿里巴巴、搜索引擎公司百度等。

2. 转变型

信息系统定位为"转变型"的企业并不完全依赖于不中断的、快速响应的信息系统来实现其经营目标。虽然对这些企业来说,信息系统应用对企业实现战略性目标是绝对必需的,但还不至于对企业运作效率产生至关重要的影响,例如信息系统在生产制造、市场营销和财务会计中的应用。随着产品数量、企业规模和员工数量的快速增长,企业运作、管理和新产品的研发都受到了严重的制约。在这种情况下,企业必须通过改造旧的信息系统或建设全新的信息系统来应对出现的新挑战。新信息系统可让企业提高服务水平,并使得管理成本和运营成本锐减。一旦新信息系统或信息技术项目得以实施,就会成为企业未来成功的战略性支柱。

3. 工厂型

信息系统定位为"工厂型"的企业为了保证顺利运营,非常依赖于低成本、高效率信息系统的可靠支持。信息系统停止运行会导致主要部门运营停顿,导致客户离去或者资金的严重损失。例如,某投资银行 CEO 可能直到银行数据中心系统数据泛滥,导致安全交易停滞才会真正发现,他的企业运营是多么依赖信息系统。如果不能消除数据中心多余数据的影响,银行的交易活动就会受到极大的干扰,并导致资金的大量流失。信息系统定位为"工厂型"的企业使用 IT 来保证运营准时顺利进行。对于这种类型的企业,即使服务或者响应客户需求耽搁一个小时都会导致运营、竞争和财务方面产生严重后果。

4. 支持型

对信息系统定位为"支持型"的企业来说,信息系统对企业战略的影响不大。例如,某大型专业服务公司每年在为 200 多位员工服务的信息系统上投资近 800 万美元,但如果信息系统运作最终失败,公司还会继续维持下去。现实情况是信息系统对于发展中企业的战略影响的确非常有限。信息系统在这些企业中的战略地位较低,企业实际上并没有做到真正把信息系统与企业运营活动联系起来,尤其在企业高层管理者的思维中没有特别关注信息系统。当前的信息系统或者未来的信息技术对企业战略都没有太大的影响。

3.3 信息系统与企业战略的匹配

3.3.1 企业战略对信息系统的影响

企业战略对信息系统产生深刻影响。企业所处的行业结构决定其竞争战略,而竞争战略决定企业价值链,价值链则决定业务流程,业务流程的结构影响着信息系统的规划与设计,如图 3.3 所示。信息系统旨在帮助企业实现其战略,企业战略决定了信息系统的架构、特征和功能。

行业结构 → 竞争战略 → 价值链 → 业务流程 → 信息系统

图 3.3 企业战略影响信息系统

信息系统的功能体系和技术特点都应当适应企业的经营领域、战略定位和战略目标。例如对生产型企业而言,其信息系统应有较高的集成性,使得物料生产、库存、销售等各个环节能够紧密地联结成为一个整体,从而实现低成本、高效率的运作。在企业发展的不同阶段,对信息系统也会产生不同需求。例如对于快速扩张的企业而言,其信息系统应当具有良好的延展性。

信息系统中的工作流程应当能够对企业中业务流程的优化与改造提供支持和促进作用。从这一点来说,信息系统的一个重要任务,就是要决定在多大程度上改变现有的业务流程使它适应信息系统,或者如何使信息系统以及相关的软件功能适应现有的业务流程。

信息系统应当能够适应企业文化的氛围。如果信息系统与企业固有的行为习惯存在抵触,而这种抵触又不能通过管理上的调整和变革来消除,那就需要考虑改变信息系统以适应组织的实际情况。否则,信息系统不但不能发挥预期作用,还有可能对企业造成不利的影响。

信息系统应当能够适应变化的要求和环境。要求和环境的变化包括:企业的兼并、企业向新市场的扩张、技术进步、信息系统新功能在经济上可行;有关数据和报告的新法律法规的出台、组织重组、企业的扩张或紧缩和市场环境的改变,比如从价格竞争转向时间竞争。此外,信息技术自身的发展也会给信息系统带来变化的要求。

3.3.2　信息系统与企业战略的融合

信息系统在企业中的应用经过了事务处理系统、管理信息系统以及战略信息系统三个阶段。在前两个阶段,信息系统主要应用于事务处理和业务流程。进入 20 世纪 90 年代以后,计算机技术和通信技术的迅猛发展极大地改变了企业的生产经营模式和外部环境。信息系统的应用具有了明显的战略意义,被提升到了影响企业战略、获取竞争力的战略高度。因此,根据企业战略规划来确立信息系统的战略受到普遍关注。信息系统的战略指导企业应用信息技术,开发满足企业需要的信息系统,并通过信息技术或信息系统(简称 IT/IS)的应用使企业获得战略优势,包含狭义的信息技术(IT)战略、信息系统(IS)战略和信息管理(IM)战略三个层次。狭义上的信息技术战略是指关于信息技术的应用政策,关注信息技术的应用对企业目标的长期支持;信息系统战略关注信息系统开发如何满足企业当前和未来需求,要求通过信息系统应用使企业获得战略优势;信息管理战略则是指导企业组织如何开展 IT/IS 活动的一个管理框架。这一架构同时强调了三者之间及其与企业战略之间的对应性。

在企业信息化过程中,信息技术的引入将对企业战略、组织结构、企业流程以及企业员工产生影响,而且只有在这几方面因素的协同作用下,信息技术和信息系统的应用才会真正产生效益。信息系统的有效应用要求企业战略与其信息系统的战略之间保持一致,并且信息系统与企业战略在内容和结构必须在某种程度上相互匹配,这才是企业取得良好绩效的前提。如果把企业战略要素、信息系统战略要素看作客观存在的“实体”,企业战略就应该是从实体之间相互影响的“关系”角度,研究如何应用信息系统提高企业绩效的管理途径,可概括为图 3.4。它表明企业战略与信息系统战略要素之间存在相互影响的互动关系。企业战略与信息系统战略的管理过程不仅对企业运营绩效产生直接的影响,且二者之间的互动关系也影响着企业运营绩效。信息系统与企业战略融合互动的这种关系可称为“战略匹配”关系。

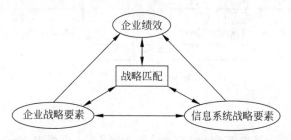

图 3.4　企业战略与信息系统的战略匹配

表述“战略匹配”关系的关键用词和术语主要有匹配、协同、联系、一致性、集成、战略对应等,如表 3.1 所示。这些术语之间存在一定的关联性,如企业战略和信息系统的战略对应又被定义为通过战略目标和信息系统功能与活动上的协同,实现 IT/IS 战略与企业战略目标的集成等。这些用词和术语从不同角度描述了企业战略与信息系统的战略关系,要求企业战略目标与信息系统目标一致,强调企业战略和信息系统战略的匹配;也说明了信息系统和企业战略的关系不仅局限于企业战略规划上的对应,而且也涉及组织的结构、人员、机制等整体的关系,从整体上要求企业管理战略目标和信息系统保持一致。

表 3.1　企业战略与信息系统关系用词

名　称	定义与描述
适配	主要研究两者在企业内部、内部与外部相互作用、相互关联和相互适应方面的适配度，适配度是影响企业获取竞争优势的非常重要的因素
协同	主要研究根据企业战略确定信息系统战略，使之在企业各个层次上都能对所确定的目标和活动进行支持，使信息系统在企业的业务过程、人员、时间并行性上进行协同
战略对应	IT/IS 战略支持企业战略目标，并影响企业战略目标的设定；同时，IT/IS 将使企业战略目标的实现成为可能
一致性	进行信息系统规划和企业规划的高层管理者对企业战略的方法与目的理解一致
联系	信息系统与企业的战略目标直接相连，并通过其目标与规划实现对企业目标和规划的支持
集成	企业规划和信息系统规划有机结合，通过企业和信息系统规划在职能与行动上的协调一致，实现企业目标、战略与 IS 战略的统一

3.3.3　信息系统与企业战略匹配模型

战略—一致性模型(strategic alignment model，SAM)也称战略对应模型。战略对应是通过对基础设施做战略性投资以获取战略能力的动态匹配过程，如图 3.5 所示。SAM 模型包含企业战略、IT 战略、组织基础设施及流程、IT/IS 基础设施及流程 4 个领域，这些领域里的"战略匹配""功能集成""战略驱动"是信息系统战略与企业战略匹配的核心内容。在图 3.5 中用 4 条路线表示了驱动路径。

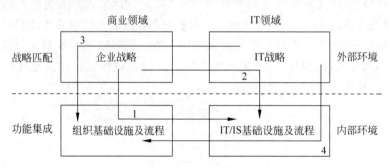

图 3.5　SAM 模型

1. 战略匹配

战略匹配包含企业战略匹配和 IT 战略匹配。SAM 模型中，企业战略和 IT 战略间的联系体现了"战略匹配"，描述了战略对应中内、外部竞争领域间的互动关系；SAM 模型同时考虑外部环境的影响和企业内部资源的整合。

1) 企业战略匹配

企业业务运营中内、外部领域的对应，是使企业经济效益最大化的关键过程。基于核心竞争能力的战略观，企业进行战略选择时，必须充分了解企业内部的能力，注重企业核心竞争力的形成与培育。

2) IT 战略匹配

理解 IT 战略和企业内部的 IT/IS 基础设施，通过应用信息系统来形成满足客户的能力。企业通过不断评估信息系统的发展和应用前景,选择合适的 IT 基础设施支持 IT 战略目标,以 IT 的功能体现企业对外部技术市场的应变能力。

以经营目标为导向的企业运作模式是企业战略匹配的体现。为实现企业战略目标,业务流程的再造或优化成为了核心内容。IT 战略匹配中,IT 战略和企业内部的 IT/IS 基础设施的不一致是 IT 投资失败的主要原因。企业如果不了解 IT 外部战略状况,开发不适应企业战略的信息系统,不仅会浪费企业的资金与资源,还会使得企业失去获取战略优势的机会。

2. 功能集成

SAM 模型的下半部分表现为企业基础设施、业务流程和 IT 基础设施的"功能集成"。"功能集成"描述了战略对应中企业管理和信息系统之间的融合度,蕴含着业务流程与信息系统等资源的整合,分为战略集成和运营集成。

1) 战略集成

把面向竞争市场的企业战略与 IT 战略联系起来,通过应用 IT 来体现企业外部竞争能力。IT 战略将有可能决定并支持企业战略,是竞争优势的重要来源之一。

2) 运营集成

把内部领域的组织基础结构、流程和相应的信息系统基础设施、流程进行联系。这是在企业生产价值链上集成物理和信息处理活动,满足业务运营的信息需求。运营集成一方面确保 IS 职能与组织内部需求的一致性,从而使 IT 能支持企业的运行;另一方面又使得 IT 成为内部流程再造和组织变革的使能器。

3. 战略驱动

SAM 模型的四个领域之间会随着内、外环境变化。采取不同的"战略驱动"类型,以企业战略作为驱动力,可形成组织变革(路线 1)、运营支持(路线 2)两种集成类型;以 IT 战略为驱动力,可形成获得竞争潜力(路线 3)和提高服务水平(路线 4)两种集成类型。

1) 企业战略作为驱动力

(1) 组织变革类型。通过合适的信息系统战略和明晰的信息系统架构,以及对流程的评价来选择合适的企业战略。该类型不受当前组织结构的局限,可以根据 IT 市场的定位识别最好的 IT 能力和一致的信息系统架构,而组织和业务流程将随着信息系统的引入而发生变革。

(2) 运营支持类型。这种情况下企业战略已经明确,并作为企业组织结构设计和信息系统架构(information system architecture,ISA)设计的驱动力,指导企业组织结构和业务流程的设计。信息系统的应用需求由现有的组织结构和业务流程确定。

2) IT 战略作为驱动力

(1) 获得竞争潜力类型。利用形成的 IT 能力影响新的产品和服务(业务范围)、形成关键的战略能力(核心能力)和开发新的组织间关系(管理模式)。它不把企业战略作为给定(或对组织变革约束)的因素考虑,允许通过先进的 IT 能力重塑企业战略。

(2) 提高服务水平类型。以 IT 战略作为企业发展的驱动力,注重提高对顾客的服务水平,不断创新服务产品和服务方式,从而相应地考虑组织和业务的设计,通过信息系统能力建立高水平的客户服务系统。

在实际的实践活动中,随着企业内、外环境的变化,这四种类型可能会相互转换。它们对企业管理的重点的要求、对信息系统的要求等均有所不同。

3.4 信息系统对企业战略的支持

3.4.1 五种竞争力模型

组织战略开始于对行业的基础特征和结构的评估。一个可用于评估行业结构的模型是迈克尔·波特(Michael Porter)的五种竞争力模型,如图3.6所示。根据这个模型,五种竞争力决定了行业的盈利能力:客户的议价能力、替代者的威胁、供应商的议价能力、新进入者的威胁和行业内传统竞争者的竞争力。这五种竞争力的强度决定了行业特征、如何盈利以及利益的持久性。

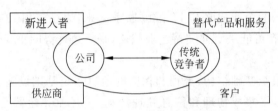

图 3.6 波特五种竞争力模型

在波特五种竞争力模型中,企业的战略地位不仅取决于传统的直接竞争对手,同时受行业环境中的其他四种力量——新进入者、替代品、客户、供应商的影响。

1. 传统竞争者

所有的企业和其他竞争对手共享同一个市场空间,因此每个企业都存在竞争者。竞争者们均在连续不断地引入新产品和新服务,创造更新、更高效的生产方式,提升品牌效应以吸引顾客,或提高转换成本以留住顾客。

2. 新进入者

自由经济时代,劳动力和金融资源是可流动的,总有新的企业在不断进入市场。某些行业的进入门槛很低,而另一些行业的进入门槛很高。例如,新的计算机芯片企业拥有新设备、年轻的工人,可能具备一定优势,但采购设备耗费的资金巨大、缺乏品牌认可、员工经验不足也是其致命的弱点。

3. 替代产品和服务

几乎在每个行业中,如果价格过高,客户都能找到可用的替代品。例如,以微信语音为代表的互联网通话逐步占据了传统电话服务的市场份额。当行业中的替代品越多,企业控制价格的能力就越低,边际利润就越少。

4. 客户

一家企业想要获利,就要牢牢吸引客户,保留客户。如果客户很容易转而使用竞争者的产品和服务,或能迫使企业和企业的竞争者在透明市场上开展价格竞争,那么客户的谈判力就会提升。

5．供应商

供应商的市场谈判力对公司的利润有重大的影响,尤其是在公司不能快速提价,而供应商可以提价的情况下。一家公司的供应商越多,它越能在价格、质量、供货时间等方面对供应商有更强的控制。

3.4.2　企业竞争战略

每个行业总会有一些企业遥遥领先,这些企业都拥有令人羡慕的竞争优势。而信息系统的重要价值之一,就在于帮助企业获得竞争优势,那么企业如何利用信息系统获得竞争优势呢?根据迈克尔·波特的五种竞争力模型,企业面对的竞争者包括传统的竞争者、新进入者、替代产品和服务、客户、供应商等。企业面对所有这些市场竞争力量时,应当如何做呢?企业如何应用信息系统来应对这些竞争力量,如何防止替代品,如何阻止新的市场竞争者?一般来说,基于信息技术或信息系统,常用的企业竞争战略有四种:低成本领先、产品差异化、聚焦细分市场、加强与客户和供应商的联系。

1．低成本领先战略

低成本领先,顾名思义,指的是企业在不牺牲质量和服务水平的同时,以更低的成本生产商品和提供服务。企业使用信息技术或信息系统,可在工程、设计、制造等方面提高生产率,同时降低成本。对成本产生最大影响的应用是利用信息系统进行交易过程的有效管理。比如,青岛海信电视以 MIS 系统推行零库存管理来支持低成本领先战略。海信巨资搭建遍布全国的 MIS 系统,对公司仓库和下辖网点的库存进行准确统计。MIS 系统确保企业物资运送的信息及时反馈给相关部门,对全国各地仓库的产品进行合理调配,使得库存可以按照计划流动,解决了产销平衡问题,节约了生产过程中的管理费用。

由于库存不能直接带来价值,许多企业都采用信息系统减少仓库逾量的库存。其中最典型的例子就是沃尔玛利用连续库存补充系统,保持商品的低价和充足。当顾客在收银机上为商品付款时,"连续库存补充系统"就将新产品订单直接下给供应商。该系统的运行过程如下:售货终端记录了通过收银柜台的每件产品的条码,并把购物交易记录直接发送到沃尔玛总部的计算机中。总部的计算机收集来自所有沃尔玛连锁超市的订单,并把订单发送给供应商。因为该系统能以闪电般的速度补充库存,所以沃尔玛公司不需要花费大量资金在自己的仓库里保持大量的商品库存。该系统还让沃尔玛公司能及时调整库存商品的采购品种以满足顾客的需要。这样,沃尔玛通过信息系统,在满足客户需求的情况下,维持较低的库存水平,从而大大降低了库存成本。

2．产品差异化战略

当企业在成本和价格上不存在优势时,还可以实施产品差异化战略。利用信息系统提供难以复制的产品或服务,或提供面向高度专业化市场的产品或服务时,它们就能够提高竞争者的入市成本。用信息系统来产生区别于竞争对手的新产品或服务,能培养客户对品牌的忠诚性。这类信息系统的应用可使企业不再需要响应竞争对手基于价格的竞争。信息技术应用对差异化战略的支持多应用在服务型企业中。如网络银行、航空订票系统、滴滴打车 App 都是这种类型的信息系统。

例如,青岛红领集团在信息系统支持下实现了差异化竞争战略。红领集团是一家以生产经营高档西服、裤子、衬衣、休闲服装及服饰系列产品为主的大型企业。红领集团将 3D 打印逻辑思维创造性地运用到工厂的生产实践中,解决了个性化与工业化的矛盾。数字化 3D 打印模式支持全球客户 DIY 自主设计;款式、工艺、价格、交期、服务方式由客户自主决定,可满足 99.9% 消费者的个性化需求。在数字化 3D 打印模式下,由一组客户数据驱动全部的定制与服务流程,员工在线获取数据,与市场和用户实时交互。

3. 聚焦细分市场战略

越来越多的企业通过信息系统相关的技术,如市场分析技术、数据挖掘技术等,深入挖掘老客户的需求,这就是聚焦细分市场战略。实施聚焦细分市场战略的企业能在小范围的目标市场中提供专门的产品和服务,从而获得竞争优势。企业信息化在对聚焦细分市场的支持方面,典型的方式是利用信息技术帮助企业识别出产品或服务的目标市场,然后再从信息系统的应用中得到回报。即,利用信息系统收集大量的客户数据,然后对这些数据进行挖掘,确定产品或服务的主要目标市场,并进而针对不同类型的客户投放有效的广告,开展营销活动。这类信息系统提供的信息协助企业更好地协调销售和营销技术,从而给企业带来竞争优势。系统将市场信息作为可进一步挖掘以增加企业的利润和市场渗透力的资源,帮助企业分析客户的购买模式、品位和喜好。例如,电信运营商通过各种商业化平台采集大数据。分析这些数据可以洞察客户的消费心理与消费行为,帮助企业定位合适的客户,选择合适的推广内容和渠道,优化产品质量。

4. 加强与客户和供应商的联系

客户和供应商是企业的重要资源。企业可以利用信息系统加强与客户和供应商的联系,增加消费者的转换成本,提高消费者对公司的忠诚度。例如,企业微信和小米社区都在致力于提高客户忠诚度和满意度,增加客户黏性。针对零售商的信息系统通常允许零售商降低甚至取消库存,而将所有的库存转移给供应商。零库存对于零售商有强大的吸引力,从而带给供应商巨大的竞争优势。针对供应商的信息系统可使供应商精确地满足企业的需求,企业甚至能够将供应商的生产计划纳入自身的生产计划中,从而使企业的成本最小化。丰田汽车公司利用信息系统,使供应商可以直接了解公司的生产计划,甚至可以决定在什么时候、使用什么方法将原材料运送到公司的生产工厂。这使供应商在生产产品时拥有了更多的前置时间。

3.4.3　价值链模型

1. 价值链的含义

价值链是为了解企业竞争优势的现有和潜在来源而对企业活动进行分析的一种战略工具。价值链系统是指企业为创造价值而开展的各项生产经营活动。这些活动按一定的顺序联结在一起,彼此相互支持,以确保企业经营目标的达成。

任何企业都是设计、生产、营销和交付以及对产品起辅助作用的各种活动的集合,并且所有这些活动都可以用价值链模型表示。价值链模型将企业看作由为产品或服务带来价值增加的活动链组成。根据活动的性质,可将链上的活动分为两类,即基本活动和支持活动。基本活动是指企业生产、服务生产和与分销直接相关联的活动,包括内部物流、生产运营、外部物流、销售和营销、服务;支持活动是指使主要活动得以实现的辅助活动,主要包括企业基础设施、人力资源管理、技术开发以及采购。价值链模型包含五种基本活动和四种支持活动,如图 3.7 所示。信息系统很容易支持这些活动间的相互联系,而且,这种联系也是效率的重要来源。例如,制造信息系统利用价值链活动中的联系降低库存成本,通过销售预测制定生产计划,然后根据生产计划决定原材料的需求与采购,最后实现准时制生产,降低库存规模和成本。从价值链中可以看出,企业获取竞争优势的两个主要途径是:第一,使自身的经营活动内容有别于竞争对手;第二,以更高的效率和更优的效果来组织和完成这些主要活动。

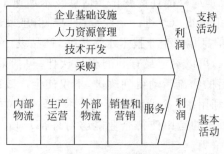

图 3.7 价值链模型

2. 价值链驱动因素

驱动因素是指影响价值活动的成本状况或差异化程度的主要因素。例如,当规模影响到单位产品的广告成本时,规模就成为广告这一环节的驱动因素。确定驱动因素,目的在于确定企业相对成本地位或差异化优势的来源,以及如何才能改变企业传统的认知,以便找到增强竞争优势的具体措施。价值链把企业的所有职能分解成许多具体活动,使每项活动都有自己的成本驱动因素,并为满足不同的顾客需求做出贡献。企业实践表明,主要有 10 种成本驱动因素决定了价值活动的成本行为,它们分别是规模经济、学习、生产能力、利用模式、相互关系、整合、实际选择、自主政策、地理位置和机构因素。这些成本驱动因素是产生活动成本的结构性原因,在一定程度上能够由企业控制。需要指出的是,企业成本往往是多种成本驱动因素共同作用的结果,而不是某一种驱动因素唯一决定。企业的价值链也为差异化优势提供来源,企业的任何经营差异性都来自于其所从事的各种具体活动和这些活动影响买方的形式。任何一种价值活动都是差异性的潜在来源。

3. 信息系统对企业价值链的支持

现代企业之间的竞争不再是发生在企业与企业之间,而是发生在企业各自的价值链之间。只有对企业的价值链进行科学、有效地管理,企业才能获得真正的竞争优势。随着信息技术、通信及网络技术的高速发展,企业正在逐步从低到高实现信息化,信息系统也必然会渗透到企业价值链生产、管理、销售、决策的各个环节,全面整合与改进企业价值链。信息系统对企业价值链的改进与支持主要体现在以下几方面。

一是优化价值链的各个环节。企业信息化将信息技术运用到采购、生产、销售以及人事、财务、内部管理等各个方面,这使得价值链的基本活动中的采购、生产、销售和服务以及辅助活动中的基础设施、人力资源管理、技术开发等各个环节的信息得以充分开发利用。每个环节的效率都得以提高,达到优化的目的。

二是缩短企业内部价值链,降低成本并增加利润。企业信息化优化了价值链的各个环节,使各个环节的资源充分利用,达到了节约资源、提高效率的目的。价值链缩短了,利润空间加大,而且有效地降低了成本:计算机辅助设计和辅助生产,使企业生产成本与设计成本下降;企业内部管理信息化,使企业管理成本下降,仓储物流成本降低;供应链和客户管理系统帮助企业掌握市场动态、销售数据,有效地组织采购与销售,降低了采购成本与销售成本;企业决策过程信息化,降低了决策成本。

三是企业价值链更能适应外部环境变化。信息技术加速了资源在全球范围内的流动与优化配置,使传统价值链得以改进。企业部门内部信息渠道更为畅通,管理成本下降,管理效率得以提高;信息化使企业技术水平提高,产品设计优化,产品质量改善;通过对信息的快速充分获取,可以确定最有利的交易伙伴,包括采购与销售伙伴;信息化使生产过程中与生产前后的物流活动得到改进,不仅使生产效率提高,且减少了物流活动中的浪费,提高了资源利用率;企业利用现代技术手段,建立完善的客户资料库,改进其售后服务。信息技术手段的运用使得企业能够对外部环境的变化做出快速、正确的应对,提高企业的核心竞争力。

四是延伸企业的外部价值链。企业内部价值链各个环节之间有着互动的联系,而且企业价值链与供应商价值链、客户价值链之间也有着互动联系。企业信息化加强了这种互动。利用信息化手段可以快速方便地搜集采购信息,选择最合适的供应商,降低采购成本,提高采购效率;同时,现代信息技术使得客户与企业之间的联系更为紧密,在此基础上建立了高效的客户服务中心,提供一对一的交互式服务。企业信息化的发展使企业价值链延伸,形成上游为供应商,下游为客户的产业价值链,而且互动性增强。

五是有助于产品的供求平衡,形成良性互动的生态价值链。信息技术与信息系统的支持,使供应商与企业、企业与其客户之间的信息渠道更为畅通。企业"需要多少,何时需要"等信息通过企业采购部门提供给供应商。而"市场上有多少客户,客户的需求是什么,何时需要,需要多少"等相关信息又反映给企业。供应商、客户、企业之间的需求与供给保持平衡,避免了原材料和产品的积压,降低了成本。从整个社会的产业价值链来看,社会价值链上的各个环节信息渠道畅通,供需平衡,是一条良性互动的生态价值链。

六是实现资源共享以建立多赢产业价值链。企业信息化的发展同样使得信息资源在供应商、客户、企业之间共享。通过现代信息技术促进与供应商、客户之间的战略伙伴关系,一方面,增强了与供应商之间的互动,降低物流成本、交易费用、原材料积压成本等;另一方面增强了与客户之间的互动,提高客户满意度,减少库存成本。企业信息化的发展整合了企业价值链,实现了企业价值链、供应商价值链、客户价值链的信息化管理,促进形成供应商、企业、客户三方多赢的局面,实现了一条多赢的产业价值链。

3.4.4 大数据与企业战略

大数据的字面意思为海量的数据或数量庞大的资源数据。如何利用大数据的优势为企业获得更多竞争优势,成为企业管理者关注的重点问题。大数据可应用于企业战略管理的诸多方面。

1. 提高战略分析的准确性

传统的企业战略分析多采用环境分析与市场分析方法,主要针对企业所处市场或各种环境进行对比,以进行战略规划。在大数据时代,企业内外部环境及市场瞬息万变,传统的分析方法不仅难以全面收集数据,在分析效率上也明显滞后于环境及市场的变化速度,从而导致企业难以准确把握具体的环境及市场因素。在大数据相关技术支持下,将企业战略分析与大数据分析工具相结合,不仅能够更加快速地收集数据,也能扩大数据的收集范围,让数据收集工作更高效,效果更好。同时,通过海量数据的收集与分析,得出更加全面的战略变量,也能有效进行危机预测,让企业能够及时避免管理风险,提升战略分析工作实际价值,促使企业实现更加平稳的良性发展。

2. 实现企业精准营销

营销工作是企业借以生存发展的唯一手段。营销是否精准有效,不仅关系着当前的运作及管理能否平稳,同时也直接影响企业的未来发展方向。企业战略管理中的营销规划也是各项工作的重点。传统模式下的营销策略制定覆盖面较窄,数据获取的真实性与有效性也有所不足,在营销策略的制定上无法达到真正的精准有效。在大数据时代,为了提升数据分析的全面性与有效性,应加强数据分析的细化和范围延展。如将传统的消费者消费记录分析扩展为消费者行为分析,可在购买记录、购买频率、购买时段等基本分析基础上,拓展到搜索、浏览、评价、意见反馈等非直接购买行为的数据分析层面,并根据消费者的年龄、职业、性别、偏好等进行区别归纳,从而建立更加明确且具体的营销目标人群模型,为营销策略的制定及具体执行提供可靠数据,让营销工作更有针对性和成效。

3. 提升企业品牌影响力

品牌影响力对于企业而言至关重要。如今企业之间竞争日趋白热化,卖方市场早已向买方市场转变,消费者的忠诚度也在不断降低,对品牌的黏性已经降到了较低水平。在某些领域,消费者更容易被新鲜事物所吸引,被一时的宣传所引导。"网红"企业、"网红"产品一夜崛起,但不久又销声匿迹。品牌塑造对企业的持久发展是至关重要的。网络时代,企业品牌的塑造和维持存在困难,但有效利用大数据,也能够为品牌树立和增加品牌黏性提供针对性的帮助。首先,企业利用大数据,能够更深入了解消费者消费行为的引导标准,如性能、价格等;其次,企业要重视消费者的消费行为及需求的转变,通过建立网络互动平台和信息收集平台,加强与消费者的互动和沟通,从以往依靠产品去打动消费者,转变为以整个企业的形象及品牌在消费群体中进行渗透,逐渐与消费者建立起买卖关系以外的情感联系;最后,通过行为分析对消费者进行引导,结合大数据分析,提供更多满足消费者需求的服务项目,形成更加全面的服务体系,增强消费者对品牌的认识与支持度,增加品牌黏性和影响力。

4. 优化产品及服务开发

产品及服务开发也是企业战略管理的重要内容。在新产品和服务开发时,往往会出现新产品或服务并不被消费者所认可的情况,浪费了大量的开发成本,也让企业发展陷入停滞不前的尴尬状况。通过大数据应用,能够切实改变这一问题。通过大数据分析可有效掌握消费者的需求变动,为产品开发及服务优化提供可靠的数据支持,使得企业战略中新产品及服务的开发战略取得成功。

5. 加强管理与决策优化

大数据在战略管理中的应用不仅体现在外部营销及战略制定上,对于内部管理与决策的制定也具有积极影响。在内部管理方面,大数据分析除了能提升员工日常工作、绩效等数据收集的效率,还能实现应变能力、技能水平等多层面的数据收集,为人力资源管理工作提供更全面可靠的数据支持,实现人力资源的合理配置与积极管理,为企业员工提供更多可供发挥的平台与机会,增强内部管理合力与企业凝聚力。在企业发展决策上,大数据也能通过海量数据收集,在有效沟通协调各方权益和需求的基础上,实现数据的快速有效传输、自动分析,实现科学决策与快速决策。

章节要点

本章主要讲述信息系统对企业战略的影响与支持。首先,从企业战略的内涵、内容、要素、层次几方面阐述什么是企业战略,并且介绍了基于信息系统的企业战略实施。其次分析了信息系统的战略内涵,包括信息系统的战略意义、战略目标和战略定位。然后介绍了信息系统与企业战略的匹配,最后从波特的五种竞争力模型、企业竞争战略、价值链模型等方面具体阐述了信息系统对企业战略的支持。

课程思政融入点

加快推进数字化转型,是"十四五"时期建设网络强国、数字中国的重要战略任务。通过对数字化战略的解读,让学生了解信息化建设对我国创新战略的支持作用。从信息系统和企业战略二者之间的关系,延伸到国家数字化战略对国家创新战略的支撑。信息系统通过支撑企业战略业务目标使企业获得竞争优势,国家竞争优势的来源也包括数字化与信息化战略的实施。中国是一个正在崛起的大国,涌现出一批世界级的大企业。企业要承担起社会责任,应把企业战略和国家战略联系到一起。

思考题

1. 什么是企业战略?企业战略有什么特性?
2. 信息系统如何支持企业战略实施?
3. 信息系统对于企业有什么战略价值?
4. 信息系统与企业战略的匹配具有怎样的内涵?
5. 信息系统支持下的典型企业竞争战略有哪些?
6. 大数据对于企业战略实施有什么影响?

第 **4** 章
信息系统的伦理、安全策略与法律法规

信息系统的发展和应用极大程度提升了企业和组织的工作效率。同时,信息系统带来的相关问题也不容忽视。认识和理解这些问题的表征、成因及应对策略,对正确合理、安全高效地应用信息系统具有重要意义。

4.1 信息系统引发的伦理问题

信息系统在人们的生活工作中发挥着越来越重要的作用,对于企业发展和对于整个社会的进步都有巨大的推动作用。然而,随着信息技术的迅猛发展,信息获取的难度降低,获取的信息量增大,信息系统也引发了若干伦理问题。

4.1.1 信息伦理的概念

1. 信息伦理的内涵

“信息伦理”的概念最早可以追溯到 1988 年,由美国学者罗伯特·豪普特曼(Robert Hauptman)首先提出。他认为信息伦理可以被理解为“所有对与信息生产、信息存储、信息访问和信息发布伦理问题相关的问题的研究”。这一定义把信息伦理的研究囿于信息技术的范围内,因此它属于网络伦理的范畴,只能算是狭义上的信息伦理。自 21 世纪以来,信息技术突破性的发展、信息全球化的深入和信息化程度的革命性巨变,促使信息活动领域再次产生一些新的伦理问题,超出了计算机伦理和网络伦理的研究范围。为了解决和研究这些新出现的伦理问题,学术界将信息伦理的研究范围进一步拓展到信息技术以外,进入真正意义上的广义信息伦理阶段。美国国际信息伦理学中心认为,广义的信息伦理学是研究大众传媒、计算机科学和作为平等媒体的因特网中的伦理问题的应用学科。广义上的信息伦理学不仅仅局限于计算机伦理问题和网络伦理问题,还包括整个信息领域的伦理问题。“以数字化信息为中介的或涉及信息技术的伦理关系,不仅囿于人机关系和网络之中,同时存在于非人机和非网络的人伦关系之中。”基于此,我们认为信息伦理是指在信息开发、信息加工、信息利用和信息传播等信息活动过程中的伦理要求、伦理规范、伦理准则,以及与信息相关的所有伦理问题。它肇始于计算机伦理,而后演变为互联网时代的网络伦理,最终成为广义上的信息伦理。

2. 信息伦理的功能

从众多伦理的定义当中,可以发现“伦理”这一概念强调的是一种道德行为规范。

信息伦理的功能也就是指信息行为准则或规范所起到的作用或者具备的功效。

1）规范与调控功能

在信息社会,法律在规范信息活动和信息关系、维护良好信息秩序等方面发挥着举足轻重的作用,但法律在信息活动中的作用不是万能的,具有一定的局限性:其一,法律管控的信息活动范围有限,并非所有信息活动都受到法律的控制,只有作为法律事实的信息活动才能受到法律制约;其二,信息立法程序滞后,与信息行为不能同步;其三,信息社会中,信息活动主体的匿名性与虚拟性致使法律制裁缺乏明确对象。针对法律在应对信息失序问题上的不足,我们还需要发挥信息伦理在信息活动中的重大作用,使信息法律和信息伦理共同作用,形成合力,维护稳定、和谐的信息活动秩序。因此,信息伦理作为人们信息活动中是非善恶的评判标准,对社会具有规范和调控功能。

2）教化功能

信息哲学的创始人卢西亚诺·弗洛里迪(Luciano Floridi)在信息动力学中引入道德主体(agent)、道德受动体(patient)、消息(message)、壳(shell)、实际信息(factual information)、信封(envelope)、信息圈(infosphere)7 个要素,并且指出伦理学在信息活动中对人的道德规范作用。信息伦理作为信息活动中人们普遍认同和遵守的道德观念和道德准则,是调整信息活动中人与人之间、人与社会之间信息关系的行为规范总和。在信息泛滥的现代社会,人们无时无刻不在接触种类繁多的信息。在开发、管理、利用和传播信息的过程中,信息伦理明确告诉人们,哪些信息行为是合理的,哪些信息行为是不道德的。信息伦理从人性出发,把公平、平等、无害、尊重等价值取向内化于人的行动中,塑造有道德、有良知、有责任感的现代信息从业人员,有效减少信息行为主体非伦理行为的发生,从而对信息从业人员起到教化作用。

3）文化保护功能

信息全球化的深入和各种文化信息在全球范围内的广泛传播造成了文化帝国主义、文化殖民主义现象的蔓延。西方发达国家利用其在互联网等信息技术上的优势地位,控制国际舆论,占据国际话语权的制高点,甚至将本国的意识形态和价值观念推广到全球,导致发展中国家的文化在信息全球化过程中受到强烈冲击,面临被侵蚀的危险。信息伦理作为信息活动主体普遍遵从的道德标准,能促使信息活动主体根据伦理规范有意识地保护本国民族文化,维护信息交流中各国文化地位的平等,从而起到保障文化安全的功能。信息伦理对信息社会意义深远,对维持稳定、和谐和有序的信息活动秩序必不可少。基于此,在大数据时代背景下,重视信息伦理的构建,分析并解决大数据时代的信息伦理问题,对建立信息强国和实现中华民族伟大复兴具有重大意义。

4.1.2 信息超载与信息污染

1. 信息超载

信息超载(information overload)是指人们在应用或处理信息的过程中,由于信息量过大,超出了个人的有效处理能力,从而导致对信息的分析决策能力降低并产生无形的压迫感。当今社会已经进入信息爆炸时代。据统计,20 世纪 40 年代以来,人类所生产和积累的信息量超过了此前创造的所有信息量之和。20 世纪 60 年代信息总量约为72 万亿字符,80 年代信息总量超过 500 万亿字符,而 1995 年的全球总信息量是 1985

年的 2400 倍,现在一天的信息总量相当于 1985 年全年的 6.5 倍。伴随着信息与知识的爆发式增长,产生了信息量大、信息质量差、信息价值低等问题,信息超载的现象也随之而生。信息超载具体表现如下:

- 信息使用者无法理解特定信息;
- 信息使用者感觉信息量过大;
- 信息使用者不知道所需信息是否存在;
- 信息使用者不知道从何处获取信息;
- 信息使用者知道从何处能获取信息,但不知道以何种方式获取。

2. 信息污染

信息污染是指无效、无用、质量较差甚至虚假的信息对信息管理活动造成干扰、产生负面影响,进而导致信息管理效率与水平下降的现象。Web 2.0 环境下,各类虚假信息、抄袭信息在各类信息平台肆意传播,严重影响了网络环境的健康发展。信息污染(information pollution)的表现形式很多,主要有信息虚假、信息垃圾、信息干扰、信息无序、信息缺损、信息过时、信息堵塞、信息误导、信息病毒、信息不健康、信息冗余、信息泛滥等。

信息污染产生的原因,既有客观的一面,也有主观的一面,既与信息化发展缺乏正确引导有关,也与人们缺乏信息环境保护意识有关,更与社会缺乏有效的控制与保障措施有关。归纳起来,成因包括社会自然形成(如信息无序、信息过时等)、个人或组织无意识形成(如信息冗余、信息缺损等)、个人或组织有意识形成(如信息误导、信息虚假等)。

信息污染可能造成的危害具体表现在以下几方面:第一,破坏网络信息生态,威胁人类生存。网络中大量的有害信息的传播,将会引发动荡,而对重大信息的隐瞒与粉饰,则有可能给人类带来灾难,例如隐瞒重大传播性疾病疫情将给更多民众带来死亡的威胁。第二,加剧信任危机,导致决策失误。虚假信息的传播影响了信息的可信度,将会影响企业决策。第三,增加信息利用成本。大量相似信息的重复,使筛选有用信息所需的人力、财力大量增加,不可避免地使得成本上升。第四,凸显网络的教育负功能。网络不良信息颠覆了主流道德观念,削弱了教育的正确价值观传递效果。

无论是信息超载还是信息污染,都会影响用户接收的信息质量。信息超载强调的是信息量太过庞大,严重超出人的接受能力和处理能力,进而引起人决策的无力感;而信息污染则是信息量过大引发的信息乱象。

4.1.3 信息孤岛与信息茧房

1. 信息孤岛

信息孤岛是指不同信息系统相互之间功能缺乏关联互助,信息不共享互换,信息与业务流程和应用相互脱节的分割状态。企业间大量的异构网络、异构数据、异构平台和不同的应用系统使得机构不能构建完整的信息流,信息交互滞后或无法交互,进而导致企业难以进行快速、高效的决策。

信息孤岛是各行各业信息化建设发展过程中难以避免的派生物,其实质是信息资源不能有效地在组织内部不同部门之间以及各个组织之间共享。信息孤岛的类型有数据孤岛、系统孤岛、业务孤岛、管控孤岛。

1）信息孤岛的产生原因

（1）信息化发展具有阶段性。不论是企业信息化，还是政务信息化，都有一个从初级阶段到中级阶段，再到高级阶段的发展过程。在计算机应用的初级阶段，人们倾向于从文字处理、报表打印开始使用计算机，进而围绕单个、具体的业务工作，开发或引进对应的应用系统。这些分散开发或引进的应用系统一般不会统一考虑数据标准或信息共享问题，而是各成体系，互不连通，一味追求"实用快上"的目标，导致信息孤岛不断产生。信息孤岛的产生带有一定的必然性，这并不可怕；可怕的是总停留在初级阶段而不发展，不去解决问题，还让新的信息孤岛继续出现。

（2）认识存在误区。长期以来，由于信息化教育的深度和广度不够，在企业和政府部门中普遍存在着"重硬轻软，重网络轻数据"的认识误区。具体表现为：在设备选型和网络构建上投入较多的精力和资金，力求设备的新颖性，使网络设备"换了一茬又一茬"而造成很大的浪费，但忽视了信息资源的开发与利用。在这样的环境下，"信息孤岛"易于产生却不被重视，因此能够长期存在而得不到解决。

（3）需求不到位。信息资源为企业管理者的决策行为服务，支持普通员工的业务操作。当前在企业信息化建设中，一方面，企业缺乏对内部员工信息需求的了解；另一方面，企业员工还没有形成主动的信息需求意识，缺乏将自身的潜在需求转化为显性需求的动力。即使提出较明确的信息需求，但由于信息共享度差，信息价值低，需求也不能得到满足。缺乏信息需求动力是信息孤岛现象出现的重要原因。

（4）管理体制问题。从深层原因看，是管理的条条框框阻碍了信息的畅通。企业的职能部门分管了企业的各项业务，无意中也分隔了企业内原本应该统一的信息数据。因为管理信息化需求不同，所以提交者关心的重点缺乏全局观，企业的统一业务流也未能反映到全部的信息系统上。从这个意义上说，信息孤岛也是企业管理——尤其是企业管理上的"孤岛"的映射。

2）信息孤岛的弊端

信息孤岛的存在所带来的弊端是显而易见的。首先是导致信息多口采集、重复输入以及多头使用和维护，信息更新的同步性差，且失去了统一的、准确的依据，从而影响了数据的一致性和正确性，并致使企业的信息资源拆乱分散和大量冗余，信息使用和管理效率低下。其次是由于缺乏业务功能交互与信息共享，致使企业的物流、资金流和信息流脱节，造成账目不符、账物不符，使企业不仅难以进行准确的财务核算，而且难以对业务过程及业务标准实施有效监控，因而不能及时发现经营管理过程中的问题。在此背景下，计划失控、库存过量、采购与销售环节的暗箱操作等现象频发，给企业带来无效劳动、资源浪费和效益流失等严重后果。再次是孤立的信息系统无法有效地提供跨部门、跨系统的综合性信息，局部的信息不能提升为整体性的管理知识，以致对企业的决策支持只能流于空谈。最后，由于企业信息孤岛的存在，还将影响信息的集团化、行业化应用。

2. 信息茧房

信息茧房（information cocoon）是指人们关注的信息领域会习惯性地被自己的兴趣所引导，导致自身被桎梏于蚕茧一般的"茧房"中的现象。信息茧房存在的危害较多。

1）网络群体的极化

网络下聚集的群体是由分化而类聚的，表现出群体内同质、群际异质的特性。群体成员间有着近似的观点；经过时间的推移，群体也会形成独特的风格。网络信息茧房一旦生成，群体内成员与外部世界的交流就会大幅减少，群体内同质的特征愈加显著，群体间异质的特征愈加明显。德国学者提出的"沉默的螺旋理论"认为，人们越沉默，其他的人就越是认为某种特定的看法具有代表性。在网络舆论中，人们看到赞同某种观点的人多，就会更加积极地参与进来，不断强化这种观点并促使其向更大范围扩散，得到更多人的支持，促成群体内部的同质。例如，喜好某个观点的网站链接的也是有相同或相似观点的网站，极少出现观点相反或者不相关的网站。这样的网站将有类似喜好的人聚集在一起，强化了网站自身的特点，坚定了群体成员的观点。

长期生活在信息茧房之中，容易使人盲目自信、心胸狭隘。在这种思维方式下，人们很容易将自己的偏见认为是真理，从而拒斥其他合理性的观点。特别是当获得"同盟"的认同后，便可能演化为极端思想。这种极端思想集中体现在看待事物时的观念表达上。更有甚者，当其个人诉求无法得到满足或者事态未按预想发展时，便会做出一些极端的行为，例如杀人与自杀等。偏执的思维认识所直接导致的就是极端行为。

2）社会黏性的丧失

社会黏性产生于经验、知识和任务的分享过程中。人们需要有一些共同的记忆和关注点，需要借助经验分享构建共同联盟。人类从原始社会起就处于群居的状态，群居能够保证更多资源的优化和群体的生存发展，这已经由无数个时代所验证。伴随网络的发展，人与人之间直接接触交流的机会逐渐减少，人在网络上选择信息的自由度却加大了，很容易自制信息茧房，脱离社会，严重影响了经验的分享。当每个个体之间、群体之间缺乏黏性，离散成单一的力量，无疑会极大地弱化群体的功能。

人们需要借助经验分享构建具有黏性的同盟。在具有黏性的同盟内部，当人们发现同胞正处于危难时，能够予以援助。在新冠疫情初次爆发时，作为同胞的中国人民在第一时间团结在一起驰援武汉。而缺乏黏性的国家间只关心各国内部的政治经济利益，缺乏黏性的人往往彼此漠不关心。

信息孤岛与信息茧房的共同之处在于用户接收信息的渠道和方式单一。用户缺乏信息的交换，将关注信息的范围圈定在和自身相关联的某一固定的范围和领域当中，而不注重扩大自身关注信息的范围。两者的差异在于，信息孤岛更多体现在管理层面，而信息茧房则是和大众日常生活联系较为紧密。

信息茧房在日常生活中是比较普遍的，日常使用的微博、抖音等 App 就是产生信息茧房的典型案例。由于每个用户必然存在个体差异，微博的"关注"机制能帮助用户在繁杂的信息中筛选出自己更感兴趣的内容。用户在使用微博的过程中，通过关注自己喜欢的明星、博主以及某些公号，以确保自己喜欢的内容能在 App 打开的第一时间出现在屏幕上。

抖音利用大数据和算法推荐技术，以精确的个性内容推送收获了大量的忠实用户。抖音成功的秘诀就是充分利用今日头条的数据挖掘技术，收集用户的浏览记录、点赞情况、用户人口统计学数据等，对用户进行画像，并推送符合用户"需求"的内容，但这同时也造就了抖音 App 上严重的"信息茧房"现象。

4.1.4 信息隐私与信息泄露

1. 信息隐私

1）隐私关注

隐私关注是指人们对可能无法控制自己信息隐私的担忧或忧虑。在信息系统的使用中，信息隐私泄露极易导致企业财产损失，因而尤为引人关注。隐私是安全的体现，没有隐私会让人无法处于安全的状态，也很难产生安全感，所以无论在何种环境下，人们都不希望自己的隐私受到侵害。

在我国，2017年6月菜鸟网络和顺丰速运的公众快递信息之争、2017年8月腾讯和华为的公众聊天信息之争、2018年1月支付宝的用户年度账单引发的默认勾选同意收集用户信息风波，在唤醒公众数据隐私意识的同时，也引发了公众对数据泄露的担忧。

2）隐私披露

隐私披露有两种含义，其一是针对用户个体展开研究，具体含义为用户个人信息的自我披露，旨在研究个人信息。其二是针对企业对象展开研究，具体含义为公司将相关信息对投资者和公众的披露，旨在实现企业价值。在移动电商社交中，将隐私披露意愿界定为用户在移动社交电商平台上对自己各类隐私信息进行披露的行为意愿，其中隐私信息包括个人隐私信息、购买信息、通信隐私及搜索记录等。用户的隐私披露意愿会受到个人习惯、人格特征、感知价值、网站隐私保障、社会规范等因素的影响。

随着人们的隐私意识不断提高，出现了很多对于被动隐私披露的应对和规避方法，如修改身份信息、提供虚假信息、拒绝给出信息等。

3）隐私悖论

面对信息被社交平台泄露的风险，用户会持有不同的态度，采取不一样的行动。当面对"隐私"这一问题时，持积极态度的人对社交媒体十分信任，不认为自己的信息会遭到泄露，因而在使用过程中不会去保护自己的隐私。持消极态度的人有的十分担忧自己的隐私会被泄露或者被平台滥用，因而会采取相应的保护措施，例如不在社交媒体上分享个人信息，或者在分享时分组可见；另一部分人虽然对隐私关注度高，担忧信息会被泄露，但由于多重原因并不采取相应的保护行为，反而进行更多的自我表露，肆无忌惮地在社交媒体分享个人信息，这就是一种悖论现象，即"隐私悖论"。

微信朋友圈里的信息分享就是一种隐私悖论现象。微信的使用有一定的排除功能，只有互加好友的才能看到对方的朋友圈，而用户在发朋友圈时还可以根据内容的不同而选择仅谁可见，以此来给朋友圈分组。这样的设定令很多人觉得自己的朋友圈是安全可靠的，因而会选择在朋友圈披露任何想要分享的信息，包括某时某刻的心情、旅游的风景照、自拍等，但这些内容极有可能在不经意间就泄露了用户的隐私。朋友圈信息的传播是不可控的，很多人在发朋友圈时对个人敏感信息完全不加掩饰，很可能给有心人以可乘之机。

2. 信息泄露

信息泄露是指本应受保护的信息被泄露或透露出去。信息泄露又可分为国家机密信息的泄露、组织信息的泄露及个人信息的泄露。

1）国家机密信息泄露

国家机密是指那些涉及国家重大安全、经济和政治利益的消息。国家机密信息的泄露会使国家的安全和利益受到极大损害。在网络时代，为了方便信息传递和交流，国家各个部门大多都建立了内部网以实现内部信息共享，然而这也在一定程度上造成了机密情报的泄露。2010年7月，"维基解密"网站3次大规模公开美国军事外交机密，引发了"全球外交9·11"事件。"维基解密"事件意味着由于网络的发展，情报信息一旦发生泄露，将产生巨大的安全风险。在我国，机密信息泄露现象时有发生，对国家利益造成了损害。这要求我们高度重视信息泄露问题。

2）组织信息泄露

除了国家机密信息外，众多专业组织的内部信息，包括各大企业、公司、单位等内部信息，一旦被泄露、公开，被竞争对手、敌对势力等利用，也会损害组织与相关职员的利益。例如，2012年3月，央视3·15晚会曝光了招商银行、中国工商银行职员大量售卖银行卡信息、个人征信报告，导致某些用户银行卡账号被盗的情况。同年12月，12306新版网站也被发现存在漏洞，会泄露用户信息，并存在"多个订票逻辑漏洞"，可能导致后期订票软件泛滥。专业组织的信息泄露既破坏了组织的形象，又损害了用户的利益。

3）个人信息泄露

个人信息是指与公民个人有关的，能够鉴别的公民个人所有信息的总和。个人信息泄露，实质上是一些IT技术人员利用技术手段和工具进行的技术性窃取，有别于一般的偷盗。

个人信息泄露的途径主要是个人计算机感染、网站漏洞、手机漏洞。例如，2021年7月4日，根据举报，经检测核实，"滴滴出行"App存在严重违法违规收集使用个人信息问题。国家互联网信息办公室依据《中华人民共和国网络安全法》相关规定，通知应用商店下架"滴滴出行"App，要求该App的运营主体北京小桔科技有限公司严格按照法律要求，参照国家有关标准，认真整改存在的问题，切实保障广大用户个人信息安全。

信息隐私与信息泄露两者密切相关。公开信息由于其透明性和开放性，不存在泄露的情况，而隐私信息则因其隐秘性的特点，是引起泄露的主要信息源。可以说，信息泄露很大程度上泄露的是隐私信息。随着信息技术的迅速发展与互联网应用的不断深化，大量个人与企业的隐私信息由有关机构通过信息系统进行采集、存储、分析并利用，这些信息所包含的潜在价值也在大数据技术驱动下拥有更广阔的上升空间。相应地，在巨大利益的驱动下，这些信息泄露的风险也同样明显提升。因此，个体用户与企业对于自身信息隐私的关注与信息泄露的防范已经成为当前社会普遍关注的话题。

虽然大众对于信息的敏感度与日俱增，对于信息的保护意识也逐步增强，但仍然不时有一些掌握个体信息的相关机构，在利益驱使下导致信息泄露事件发生。据报道，某招聘网站声称拥有1.8亿用户，视用户信息安全与隐私保护为自己的"生命线"。然而在一个名叫"58某粉"的QQ群里，记者向一位卖家支付7元，便买到了一份该招聘网站上求职者的简历。简历上求职者的姓名、性别、年龄、照片、联系方式、工作经历、教育经历等信息一应俱全。

这些个人简历是如何被泄露并在QQ群里被贩卖的呢？原来，在该招聘网站上，企业账户只要交钱办理会员，就可以不受数量限制地下载包含姓名、电话及邮箱地址等关键信息的完整简历。还有人在兜售该招聘网站的企业账户。企业账户在注册时,伪造的资质申请也可以通过。在几大主流招聘网站上,企业账户只需支付费用,便可以下载到求职者的完整简历。犯罪分子一方面通过企业账户获取简历,另一方面通过 QQ 群批量购买简历。通过这样的方式,大量的个人简历信息源源不断地流入了不法分子的黑手。近年来,各地警方破获多起类似案件,在其中一个嫌疑人的一块硬盘当中,存储的个人简历数量就有 700 多万份。

4.1.5 信息滥用与网络暴力

1. 信息滥用

信息滥用是指对信息的随意或过度使用。信息滥用这种情况在日常生活中比较常见,例如一些不法经营者借助网络平台或系统管理漏洞,将非法收集到的消费者个人信息进行倒买倒卖形成地下产业,或对消费者信息进行二次利用,对消费者进行"大数据杀熟"。

大数据杀熟是信息滥用现象中较为典型的一个例子。"大数据杀熟"是指商家利用大数据算法,对不同的消费用户展示出不同的消费价格。同样的商品或服务,老客户看到的价格反而比新客户要贵出许多。常见的"大数据杀熟"套路有 3 种:①根据不同设备进行差别定价,比如,针对苹果用户与安卓用户制定不同的价格;②根据用户消费时所处的不同场所定价,例如,针对距离商场远的用户制定的价格更高;③根据用户的消费频率差异定价,例如,平台认为消费频率高的用户对价格的承受能力更强,因而针对他们制定更高的价格。常被大数据"收割"的人群,一般是三类目标用户。首先是高消费用户。由于这类群体消费水平高,平台在获取信息以后就会优先推送较为昂贵的产品。其次是活跃用户。正常情况下,平台上那些重复购买的用户往往很少去"比价",属于对平台信任感更强的人群,有的互联网平台就会针对这种用户进行"杀熟"。第三是会员用户。人们加入会员的目的是想得到更大的优惠,但有时并非如此。有的网络平台有时给会员开出的价格会比非会员更高。

2. 网络暴力

网络暴力是一种危害严重、影响恶劣的暴力形式,它是指一类由网民发表在网络上并且具有诽谤性、诬蔑性、侵犯名誉、损害权益和煽动性特点的言论、文字、图片、视频,会对他人的名誉、权益与精神造成损害。网络暴力已经打破了道德底线,往往也伴随着侵权行为和违法犯罪行为,亟待运用教育、道德约束、法律等手段进行规范。网络暴力是网民在网络上的暴力行为,是社会暴力在网络上的延伸。网民们既要获得自由表达的权利,也要担当起维护网络文明与道德的使命,至少要保持必要的理性、客观。2019年 12 月,国家互联网信息办公室发布《网络信息内容生态治理规定》。根据规定,网络信息内容服务使用者和生产者、平台不得开展网络暴力、人肉搜索、深度伪造、流量造假、操纵账号等违法活动。

1) 网络暴力的表现形式

* 网民对未经证实或已经证实的网络事件,在网上发表具有伤害性、侮辱性和煽动性的失实言论,造成当事人名誉损害;

* 在网上公开当事人现实生活中的个人隐私,侵犯其隐私权;

- 对当事人及其亲友的正常生活进行行动和言论侵扰,致使其人身权利受损,一般分为直接攻击和间接攻击,主要采取文字言语和图片视频两种形式。

2)网络暴力的危害
- 网络暴力会混淆真假;
- 网络暴力会损害个人权益,侵犯个人名誉;
- 网络暴力会损害网民的道德价值观;
- 网络暴力会阻碍和谐社会的进程。

信息滥用与网络暴力的联系十分紧密。信息滥用很容易引发网络暴力,而网络暴力则会进一步推动信息滥用。信息滥用让信息的接收者一时间不能明确事实的真相。根据不完整、不明确的信息做出判断,极易引发对事件的误解,进而引发网络暴力,对当事者造成困扰;而随着网络暴力的深入,各种相关的信息被挖掘出来,信息的可信度却值得商榷。这就不可避免地造成信息滥用。

网络暴力的危害十分严重。2018年,北京的一家三口因欠下高利贷相约自杀,其中两人死亡,一人经抢救脱离生命危险。然而令人没有想到的是,此次自杀的一家人就是一周之前在海南自杀未遂的一家人。在被海南警方营救之后,这一家人表示已放弃轻生想法,将回北京继续生活。但此后网友强烈质疑其自杀动机并对他们进行人肉搜索,巨大的网络舆论压力让他们心力交瘁,甚至因为接了太多谩骂电话而不敢接哪怕是警方的电话。最后,这一家三口并没有在舆论的风口浪尖站多久,他们自杀的意愿更强了,最终没有来得及回到北京的家。

中国男子短跑运动员苏炳添在2021年东京奥运会男子100米半决赛中跑出9秒83的成绩,以小组排名第一的成绩进入决赛,不仅创造了新的亚洲纪录,而且还创造了历史,成为中国首位闯入奥运男子百米决赛的运动员。在最终的100米决赛中,苏炳添则以9秒98的成绩获得了第六名,创造了中国田径新的历史。在半决赛晋级以后,刘翔第一时间在微博上发文祝贺,而苏炳添本人也说,刘翔不仅是他的偶像,也是他的幸运之星。一时间,这一事件引起广大网友的热议,网友们说"欠刘翔一个道歉"。刘翔,这位曾经的"中国飞人"在2004年雅典奥运会上以12秒91平世界纪录拿下110米栏的冠军,但在随后的两届奥运会上因伤退赛,一时间舆论四起,对于刘翔的批判声讨不绝于耳。而刘翔本人针对网友的呼声表示,大家没有必要向他道歉。人都会成长,在年轻的时候可能说了一些话,他都理解。随着时间推移,大家慢慢会发现运动员都挺真诚的,赛场上不会去演。他自己也是个普通人,只不过以前可能跑得快一些。

4.2 信息系统的安全策略

4.2.1 信息系统安全策略的意义

企业信息系统的安全在现实中非常重要。由于智能化的普及,企业对自动化系统的依赖性在增加,减少了企业员工对过程的控制和参与,加大了潜在的信息系统安全攻击风险。一旦出现信息系统安全问题,不仅会损害公司声誉或丢失客户数据,还可能危害个人安全。无论是知识产权、财务数据、个人信息还是其他类型的数据,都可能是敏感的信息资源。这些有价值的信息和数据若受到未经授权的访问或暴露,都可能对企业的发展产生负面影响。因而制定信息系统安全策略有着重要的意义。

1. 有效提升信息系统安全水平

在大数据时代和信息共享的背景下,企业信息系统安全保护面临着一定的风险和挑战,虽然信息时代数据会泄露得更快,但是科技的进步也同时提供了一种商业化的信息系统安全保护体系,我们可以利用数据保护和计算机云保护的优势来防止信息的丢失,保障企业信息的安全,建立渐进式的信息系统安全体系。必须充分利用大数据和信息共享的独特优势,提高保护商业机密信息的能力,让信息系统安全从源头上得到保护,动态发展商业机密保护部门,建立好最佳、最严格的信息保护程序。这样做有助于企业商业机密信息保护的长远发展,也可以增强企业员工对信息系统安全的信心和信任。

2. 改善企业经营管理状况

企业的商业秘密信息记录了不同业务之间的信息来往及其发展状况,对于企业的发展至关重要。因此我们要加强商业秘密信息保护的力度,建立可靠的信息系统保护体系,进而改善企业经营管理工作的效果。企业商业机密信息一旦丢失,会产生严重的风险,影响到公司的内部稳定,从而危及企业的外部发展。所以要加大对企业经营管理的力度,及时发现经营管理中的漏洞和问题并加以解决。

3. 提供产业发展保护屏障

信息产业作为科技迅猛发展的产物,是当前经济发展的强劲动力,也是各国争相抢占的战略高地。信息产业的涉及范围十分广泛,不仅促成了数字家庭等多种新兴产业,而且还与汽车制造、医疗业、安防业等传统业务相互交流,深度融合,并促成了汽车电子、医疗电子、安防电子等新兴业态的形成,使传统产业实现了结构升级,形成新的经济增长点。信息产业数字化程度高,更加凸显了信息系统安全的重要性。因此,维护信息产业的信息系统安全,建立起信息系统安全应对策略可以为信息产业的发展提供保障。

从以上三点可以看出,信息系统安全策略对于维护企业数据安全、提高经营管理水平、促进企业发展有着重要的作用。在现今社会,信息已经成为企业发展的重要资源,对于企业竞争力的提高具有不可替代的作用,所以制定信息系统安全策略对于维护企业的信息安全,减少信息不安全事件发生的概率,为企业发展提供稳定可靠的信息保障是十分重要的。习近平总书记曾说:"没有网络安全就没有国家安全,没有信息化就没有现代化。"网络作为传播信息的重要渠道,维护网络的安全也就是维护信息系统的安全。企业应当深刻认识到信息系统安全的重要性,及时根据自身的实际情况制定符合自身的信息系统安全策略,降低信息风险,维护信息安全。

4.2.2 信息系统安全策略的目标

1. 建立信息保护制度体系

信息系统安全策略将维护信息系统安全行之有效的一整套办法、措施和过程制度化和标准化,让其成为维护数据和信息系统安全的重要依据,做到信息系统安全保护有规可循、有法可依。通过明确信息系统安全保护的边界和内容以及应对措施,让企业乃至整个社会对于信息系统安全保护形成整体性的了解和认知,进而在进行各种涉及信息系统安全的活动时作为参照,从而对活动参与者的行为形成约束。从制度层面上明确信息系统安全保障的意义、目标、内容、方法、路径以及效果评价,让其成为信息系统安全保护的坚实屏障。

2. 保护企业数据合法有效利用

随着信息技术的广泛使用,企业信息管理系统的逐步完善,人类对其产生了更多的依赖。企业的数据信息都存储在计算机当中,信息管理系统依赖计算机网络接收和处理信息资源,以实现对目标的管理和控制。为此,人们越来越多地通过网络的方式来获取信息和交流信息,在一定程度上改变了传统以来的工作和生活方式。然而,网络在应对外部风险方面存在脆弱性。全世界每年由于网络信息系统的脆弱性产生的经济损失逐步上升。在外部黑客袭击、网络犯罪等不法活动频频侵扰的情况下,企业数据一旦被不法人员获取用作他途,会对企业的生产经营活动产生重要影响;若是关乎国计民生行业的信息被滥用,则会对人民生活造成难以估计的影响。因此,维护数据安全要做到保护企业数据合法有效的利用。

3. 保障企业隐私数据与核心情报的安全

企业的隐私数据与核心情报是企业的核心竞争力,能够为企业创造价值。在市场经济中,商业机密数据充当生产力,为市场经济的有序发展起着重要作用。竞争力是决定企业在市场经济中能否存活的关键因素,决定竞争力强度的商业秘密则是决定企业发展的关键因素。理想条件下,企业通过创新增强其自身的竞争力,然而有些企业为了节约资源,通过不正当手段窃取他人的智力成果,造成竞争秩序混乱。这种竞争机制是不可取的,应该遏制的。一个健康、有序的竞争环境不仅能规范企业的竞争,还可以鼓励企业创造出更有利于市场发展的价值。商业秘密权利人是商业秘密的拥有者,也是商业秘密的缔造者,理应获得商业秘密带来的利益。通过不正手段攫取他人的商业秘密成果,侵犯了他人的权利,夺取了他人的正当利益,不利于鼓励权利人去创造,更不利于市场经济的发展。因此,保护权利人的正当利益是企业发展不可缺少的部分。

4. 实现对数据和信息的科学有效监控与管理

大数据时代,生产生活逐步实现数字化。一组简单的字符串就包含着大量的信息。企业可以建立数据监控管理系统,实现对数据和信息的科学有效监控与管理。例如,在产品研发前,通过对获取的数据进行分析,预估消费者和市场的喜好,判断产品的可行性;在产品使用过程中,针对用户使用的情况及时对产品进行补充完善;在后期针对产品的市场销售情况生成数据报表,对企业决策者形成决策参考。通过对数据科学有效的使用,促进企业的发展和进步,进而满足社会和人民的需要。

4.2.3 信息系统安全策略的内容

信息系统安全策略涉及的因素很多,实现信息安全是一个较为系统的过程,具体包括以下几部分的内容。

1. 建立信息系统安全评估机制

确保信息安全首先要做到信息系统安全。信息系统安全评估机制的建立是为了评估威胁信息安全事件发生的可能性，以及事件后果的严重程度，从而为建立技术防护体系和管理体系提供依据。信息系统的安全评估要注重数据及信息质量。数据安全是信息系统安全的重要内容，若放任虚假数据及错误信息的泛滥，将会对信息安全造成严重影响。信息质量的高低直接决定了信息安全的程度。维护数据安全首先要确保信息的品质以及信息来源的可靠性，避免将不正确的数据纳入数据库中，影响整体数据的质量。

2. 建立信息系统安全技术防护体系

信息系统安全技术防护体系的目标是建立统一的安全策略，抵御来自外部拥有较为丰富资源、有组织的团体性威胁源的入侵攻击、重大自然灾难灾害，保障个人信息数据不被窃取、篡改和删除。建立信息系统安全技术防护体系要从信息存储及访问方式、技术条件等方面入手。第一，要完善数据的存储和访问方式。信息系统安全问题的发生在很大程度上是由于不恰当的数据存储和访问方式给了黑客和病毒可乘之机，因此，要积极推动数据和信息的存储和使用规范化。第二，在技术层面应当积极提升技术水平，为维护数据安全提供更强大的支持。数据从实质上讲是信息技术的产物，所以技术水平的高低直接决定了信息保护的程度。具体而言，首先应保障物理环境安全，确保信息存储地具备防盗窃、防静电等基本能力，防止因自然灾害导致个人信息数据丢失。其次，应保障网络通道安全。建立完善的网络结构，合理划分网络区域，在重要网络区域与其他网络区域之间应采取可靠的技术隔离手段，同时采用密码技术建立安全的通信传输通道，保障信息数据在传输过程中不被窃取。最后，要保障网络边界安全。通过建立较完善的网络边界完整性措施、网络层访问控制措施、网络层入侵防范措施、网络层恶意代码防范措施，防止恶意侵入行为，保障网络边界安全，维护数据安全。

3. 建立信息系统安全保护管理体系

建立信息系统安全保护管理体系的目标是建立完善的管理制度并保证管理制度能够有效执行。信息系统安全保护管理体系要从管理制度设计、企业组织管理及人员素养等方面入手。首先，通过制定信息系统安全保护工作的方针策略，建立涵盖信息管理活动（个人信息数据采集、传递、保存、使用、销毁等）的管理制度和操作规范，形成由记录表单、操作规范、管理制度、安全方针策略等构成的管理制度体系。其次，要提升企业的组织管理水平。在机构设计上需要明确信息系统安全管理活动的责任部门和岗位，定义各岗位职责，建立管理制度执行情况审核和检查机制；对于人员管理，需要规范管理信息保护关键人员的聘用、离职流程，开展信息保护意识培训考核。减少因为管理措施不当、管理水平不善而引发的数据及信息系统安全问题。最后，要提升人员素质。人既是数据的生产者也是数据的使用者，怎样使用数据、如何使用数据，决定了信息系统的安全。而即使安全措施十分完备，也很难阻挡一些人的恶意使用。所以，维护信息系统安全不仅要从外部入手，也要重点提升人员的素质，帮助使用者建立正确的数据安全观，确保其安全合法地使用信息数据。

4. 建立健全信息系统安全保护法律体系

虽然依靠评估机制、技术防护体系和管理体系能够有效降低危害信息安全的事件发生的概率,但这些措施需要较强的自律性,而要想形成维护信息安全的坚实壁垒,法律措施是必不可少的。所以要加强信息安全的立法工作,建立健全的信息安全保护法律体系。在具体法案的制定实践中,应首先对信息安全进行全面清晰的概念界定,将信息安全的全部内容落入法律的框架内,明确不同信息参与主体在信息安全维护中要承担的责任与义务。此外,对于危害信息安全的法律惩戒措施应针对不同情节予以规定。法律的出台要秉承公开透明的原则,听取社会意见,保障社会知情权。信息安全涉及的层面很广,虽然我国已经出台了《数据安全法》,但是仅仅依靠一部法律是远远不够的,还应出台相配套的法律法规,完善信息安全保护的法律体系,从制度层面建立起数据安全保护的屏障。

4.2.4　信息系统安全策略的实现路径

信息系统安全问题涉及因素较多,牵扯层面较广。想要实现信息系统安全,仅依靠单一的措施很难达到理想的效果,应采用技术、教育、管理等多种方法来实现信息系统安全目标,具体实施路径如下。

1. 技术措施

1) 访问限制

访问限制由一系列政策和步骤组成,所有访问限制都被公司用来阻止未授权的内部人员和外部人员的不合法进入。用户要想访问,需要得到授权和认证。认证(authentication)是指系统对操作人员输入的信息与系统内预设信息进行的比对。

认证一般都通过使用密码实现,而只有被授权的用户才知道密码。获授权的用户会使用密码运行计算机系统,也可能用密码获得特定的系统和文件。然而,用户会经常忘记密码,或是向别人泄露密码,或是因选择简单的密码而容易被黑客破解,都会使密码系统降低安全性。但密码系统的过于严密也限制了员工的产能。当员工需要经常更换复杂的密码时,他们通常会采取捷径,比如说选择容易被猜到的密码,或是把密码写在容易被看见的地方。

新的认证技术有口令、智能卡等。口令是用来证明身份的设备,等同于个人身份证。典型的口令设备一般和钥匙孔一样大小,可以显示不断更换的密码。智能卡(smartcard)和信用卡一般大小,配备有允许进入系统和其他数据的集成电路(智能卡同样也用于电子支付系统)。阅读器工具可以解释智能卡里的数据,决定是否能够进入。生物认证技术可以阅读并解释个人特征,比如指纹、虹膜及声音,然后决定来访者是否可以进入。

2) 防火墙、安全系统和杀毒软件

如果没有对抗入侵者的保护系统,联网是很危险的。防火墙、安全卫士系统及杀毒软件已经成为非常重要的商业工具。

(1) 防火墙。防火墙的用途是阻止未授权的用户进入私人网络系统。防火墙由软件和硬件设施构成,用来控制网络的流入量和流出量。防火墙通常置于组织的内部网络和存在风险的外部网络(比如互联网)之间。防火墙还可以用于保护公司网络的组成部分不受其他网络部分的威胁。

防火墙检查每位用户的身份,然后确定用户是否可以进入网络,扮演着"门卫"的身份。防火墙通过确认名字、IP 地址、应用途径以及网络流入量的一些其他特征,以网络管理者编制的进入规则为准绳核对信息,能够阻止未授权的消息进出网络。

(2)入侵检测系统。除了防火墙,安全服务提供商现在还提供防止入侵的安全工具和服务,用来防止可疑的网络通信进入文件和数据库。入侵检测系统(intrusion detection system)的特征是 24 小时监控,通常这个系统会安装在公司网络最脆弱的地方或最被关注的地方,用以检测和阻止不断进入的入侵者。系统在发现可疑或异常事件后发出提示警报。扫描软件会检查重要文件是否已被移动或更改,然后发出被恶意破坏或程序管理错误的警告。监控软件负责检查在程序运行过程中发现的突发袭击事件。如果接收到未被授权的网络通信,安全卫士工具会根据需要关闭网络中最敏感脆弱的部分。

(3)杀毒软件和反间谍软件。防护技术必须包含针对每台计算机的反病毒保护系统。杀毒软件用于检查计算机系统并将计算机病毒驱逐出去。但是,大多数杀毒软件只在对抗软件病毒库中已有的病毒时才有效。为了确保有效性,杀毒软件一定要不断升级。除了服务器、工作站和个人计算机,还有很多手机和掌中宝也在应用杀毒产品。

3)加密和公钥基础设施

很多商家利用密码系统保护他们存储的或通过网络传输的数字信息。加密系统是一种将普通文字变成密码文字的程序,加密(encryption)后,除了传输者和加密者本身,任何人都无法阅读这篇文字。数据通过保密的数字码加密。人们将这种可以把普通文字变成密码文字的数字码称为密钥。网上的两种加密网络通信是安全套接层协议(SSL)和它的继承者——传输层安全协议(TLS),可以使客户和计算机服务器能够在秘密的网站上互相交流,然后掌握加密和解密活动。

对称密钥加密和公钥加密是两种可以互相替换的加密措施。在对称加密中,发送者和接收者通过单一加密密钥与解密密钥建立安全网络,然后将其发送给接收者,这样发送者和接收者就享有同样的密钥了。解密的难易程度与密码位数有关。现在,典型的密钥一般都有 128 位(一串 128 位的二进制数字)。公钥加密是一种更安全的加密形式,它使用两个密钥:一个被共同享有密钥(即公开密钥),另外一个完全是秘密的(即私有密钥)。两个密钥在数字上相互关联,被一个密钥加密的数据只有知道另一个密钥才能被破解。

数字验证(digital certificates)是用于辨别用户和电子资产,从而保护在线事务的一种数据文件。数字验证系统利用可信赖的第三方组织提供授权证明(CA),使用户的身份合法有效。CA 在计算机脱机的情况下核查持有数字证明的用户的身份。个人信息在被输入 CA 服务器后,CA 服务器会产生一个加密的数字证明,其中包括持有者的个人身份信息,同时还会产生持有者的共有密钥的复制。加密信息的接收者利用 CA 的公钥破解和信息相关的数字证书,并核实信息是被 CA 认证的,然后获得发送者的公钥和包含在证书里的身份信息。

4）保证系统的可利用性

为增加收益和加强运转，各大公司越来越依赖数字网络。公司往往需要采取更多的步骤以确保系统和应用程序的有效性。在涉及关键应用设施的航空或金融服务领域，多年来，为了确保网络百分之百有效，要求在线事务处理按照惯例使用具有包容错误程序的计算机系统。

容错计算机系统（fault-tolerant computer system）采用特别的硬件、软件和电源部件，能够支持系统备份，避免系统故障，以维持系统的运行。系统装有特殊的存储芯片、处理器和磁盘存储设备，利用扩充的程序流监控机制等特殊的软件程序或自我检查逻辑来检测故障，以及自动转换到备份上继续工作。该机制使得计算机既能容忍故意逻辑故障，又能容忍随机物理故障。这些计算机系统上的零部件可以移动和修理而不破坏计算机系统。

研究人员正在研究新的方法，有一种叫作面向恢复的计算（recovery-oriented computing），这种方法可使计算机系统在出现失误后更迅速地恢复正常。这项研究还包括系统的设计。设计出的系统能很快恢复正常，并且能帮助操作者在多元系统中具有执行能力，获得适合的应用工具，从而能准确定位错误的根源，轻松地更正错误。

5）软件质量的保证

除了补充有效的安全措施和控制手段，组织也可以通过软件度量和严密的系统测试来提升系统的质量和可靠性。软件度量是一种用于大量度量的公正客观的评估方式。现行的软件度量让信息系统部门及终极用户能够加入系统性能的评估中，及时发现存在的问题。软件度量的实例包括在一个特定时间内能处理的在线事务的数量，在线恢复的时间，每小时打印的工资支票的数量以及系统程序每几百行出现的病毒的数量。软件度量要想成功，需要谨慎、正式、客观地设计，而且要经常使用。

2. 教育措施

1）倡导信息伦理的规范原则

首先是为人类服务原则。坚持人在信息活动中的主体地位，坚守道德底线，避免人类的利益、尊严和价值主体地位受到损害。其二是安全可靠原则。信息技术必须是安全、可靠、可控的，保证国家、企业、组织、个人等的信息安全和隐私安全。其三是公正与共享原则。信息技术必须为广大人民群众带来福祉，而不能只被少数人专享。开放与共享是信息技术的必然发展趋势。实现数据的开放与共享，既能消除信息鸿沟和信息霸权，体现"以人为本"的理念，也有利于数据的融合挖掘，产生新的价值。其四是公开透明原则。信息技术的研发、设计、制造和销售等各个环节以及信息技术产品的性能、参数和设计目的等相关信息，都应该是公开透明的，以保障公众对数据的知情权。

2）信息行为主体的道德教育

网络社会具备虚拟性、匿名性，使得信息行为主体可以隐藏身份从事信息活动。因此，网络世界处于"无政府状态"，信息行为主体能否遵守信息伦理，更多是受个体道德的制约。加强个体的网络道德教育，培养有道德、有社会责任感的信息人员，对维护信息活动的正常秩序至关重要。第一，要加强社会的信息伦理教育。加强对个体的社会正面宣传教育,弘扬社会主义核心价值观,为公众正确信息伦理观的树立创造良好的社会环境。第二,要开展多种形式的信息伦理教育。信息伦理教育的途径和方式是多样化的,除学校的信息素养教育和社会道德宣传教育之外,还包括举办信息伦理知识培训班、信息伦理专题研讨会、信息伦理专题讲座、信息伦理专线教育等形式。

3)加强行业自律,增强守法意识

各个行业组织应该制定相关的行业规范来约束泄露信息的行为,分别从信息系统安全的技术培训、从业资格认证、从业人员责任规范等方面制定详细的职业规范。只有加强自律,增强守法意识,提高犯罪成本,才能从源头上抑制信息泄露。同时,我们也应认识到,行业自律仅仅是行业内部形成的共识,缺少法律的强制性,因此行业规范只能作为法律外的补充来对信息进行保护,不能完全取代法律。

3. 管理措施

维护信息系统安全的管理措施要从公司和公司员工两个角度出发。

1)建立和健全企业信息系统安全规章准则

企业应建立和健全企业信息系统安全的规章准则。规则是道德的重要保障,没有健全的规则要求,道德的效力将会大打折扣。在规章准则层面,大数据时代,企业信息规则制定的滞后和执行的不到位加剧了信息伦理问题。因此,企业的相关部门要加强和完善信息活动中的规章准则,使企业内的信息行为真正做到有章可依,尤其是在信息收集和管控、敏感数据保障和数据质量等方面应加强规则制定和执行的力度,以解决规则存在的滞后性问题;从执行层面来讲,应培养适应信息时代的高素质、专业化的企业信息系统安全执行队伍,增强维护信息系统安全的执行力量,形成企业信息系统的保护屏障。

2)进行风险评估

风险评估(risk assessment)能够确定当某一活动或流程没有得到适当控制时公司面临的风险程度。虽然并非所有的风险都能被预测或衡量,但对于自身所面临的风险,大多数企业都有一定程度的认识。企业可以定时对运作系统进行检查,对于出现的漏洞和可能发生的危机进行及时处理,有条件的企业则可以进行一些风险性测试来检测自身系统的安全性。对出现故障的频率以及潜在损失进行估计,以此作为判断是否需要采取防范措施,以及防范措施成本高低的依据,是一种有效的方法。举例来说,如果某故障可能发生的频率不超过一年一次,且每次造成的损失不超过 1000 元,那么花费 2 万元来设计和维护用以防范该故障的控制系统是不明智的。然而,如果相同的故障一天至少发生一次,潜在的损失超过 30 万元/年,那么在控制系统上花费 10 万元就很有必要。因此,要及时进行风险评估,减少安全危机发生的可能性,增强自身的安全意识。

3)制定安全应对措施

企业一旦确定面临信息系统安全的风险,就需要制定安全应对措施来保护自身资产。具体来讲,首先要对信息系统风险进行分级,而后确定可接受的安全目标,最后采取维护信息系统安全的措施。比如,管理层能否接受十年一遇的客户信贷资料的丢失事故?是否愿意建立可抵抗百年一遇灾难的信用卡数据安全系统?管理层必须评估达到该可接受风险水平所需的成本。企业对面临的风险进行估计,进而在安全应对措施的制定环节规定企业信息资源和计算设备(包括台式计算机、便携式电脑、无线设备、电话以及互联网)的可接受使用情况,阐明公司关于隐私权、用户责任以及个人对公司设备和网络的使用等方面的规定,最后明确每个用户可接受和不可接受的行为,并说明违规行为的后果。例如,大型跨国消费品公司联合利华的安全策略要求每位员工使用特定的计算机设备,通过输入密码或其他认证方式登录公司的网络。

4) 强化审计的作用

管理层如何知道信息系统的安全和控制是否有效?要回答这一问题,组织必须展开全面而系统的审计。管理信息系统审计(MIS audit)要审查公司的整体安全环境以及个人使用信息系统的控制情况。审计员应抽样跟踪系统的业务流程,进行测试。在适当的情形下,可使用自动审计软件。管理信息系统审计还可能要检查数据质量。

安全审计包括对技术、程序、文档、培训工作和员工等各方面的审查。一次全面彻底的审计工作甚至可能会模拟攻击或灾难,以测试技术、信息系统人员和业务人员的反应。通过审计可得到所有的控制缺陷及其分级,估计它们发生的概率,再评估每种威胁对财务状况和组织的影响。

5) 提高员工信息系统安全保护意识

随着信息技术的广泛应用,企业员工每天会接触大量的企业内部信息,发生信息泄露和出现信息系统安全问题的概率也大幅增加。然而,只要员工在信息活动的过程中能够提高个人信息安全保护意识,就可以有效降低信息安全事故发生的可能性。具体做法包括:第一,提高对钓鱼网站、虚假信息的甄别能力,定期对计算机系统进行杀毒、屏蔽网络恶意链接、攻击,以提高网络的安全性;第二,不轻易在网络上泄露个人身份信息、家庭信息及企业的内部信息;第三,当个人和企业的信息系统安全受到威胁和侵犯时,敢于拿起法律武器维护自身和企业合法权益,增强保护信息系统安全的法律意识。人作为主体,是信息系统安全的最终防线,所以对于企业员工,应积极组织开展信息系统安全宣传和教育,增强员工的安全觉悟与安全防范意识,将网络安全意识、责任意识、法律意识及保密意识等互相联系起来,把网络安全纳入一个人人有责的安全管理体系中。

4.3　信息系统的相关法律法规

4.3.1　信息隐私法律

隐私权是公民依法享有拒绝、排斥任何未经法律批准的监视窥探和防止个人私生活秘密、个人数据(个人信息)被披露的权利。个人数据、个人私事、个人领域是隐私权的 3 种基本形式。美国哈佛大学的学者于 1890 年在《哈佛法律评论》第 4 期发表了《隐私权》一文,首次提出了严格法律意义上的"隐私权"概念。隐私权作为一种个人生活安宁的权利,从此开始在人类社会寻找正确的定位。随着现代科学技术的突飞猛进和信息化社会的到来,隐私权在社会的各个发展阶段显示出不同的特征。20 世纪 60 年代以后,计算机功能的提高产生了现代隐私权的概念,即"信息隐私权"的概念。隐私权的概念也由"不受干涉的权利"转变成"控制与自己相关的信息传播的权利"。简言之,此种信息隐私权就是个人数据支配权、个人数据管理权和个人数据控制权。

1. 国内信息隐私相关法律

当前关于大数据隐私权保护，我国在民法和行政法领域都有相关规定，但比较零散和分散。而且由于规定不够具体、完善，在适用过程中出现了很多问题。

作为公民社会的基本法，民法对大数据隐私侵权的规定应是解决侵权问题的基础，但目前我国民法领域的多部法律对大数据隐私侵权的规定存在分散性和宽泛化的不足。如《侵权责任法》第二条虽然明确规定了隐私权是一项重要的民事权益，侵害他人隐私权应当承担相应的侵权责任，但对于大数据隐私的特殊性和具体的隐私侵权责任认定问题没有详细的规定，这导致在司法实践中出现大数据隐私侵权问题时找不到相应的法律适用条件。而《未成年人保护法》第三十九条也对不得披露未成年人隐私给予严格规定：若构成侵犯将由公安机关依法给予行政处罚。该项规定一定程度上对无民事行为能力人和限制民事行为能力的未成年人的隐私权给予了特殊保护。对于大数据隐私侵权问题，也可以借鉴此法条进行分级分年龄段监管。但此项规定同样存在没有详细界定未成年人大数据隐私权利的问题。《涉外民事关系法律适用法》第四十六条规定，通过网络或者采用其他方式侵害隐私权等人格权的外籍人士也适用被侵权人常居所在地的法律。因此，对于外籍者侵害他人隐私权也适用中国法律。这一条款为大数据隐私侵权责任人的范围做了扩大化的解释，为外籍者在国外实施的大数据隐私侵权行为提供了进行法律认定的法律依据；但在司法实践中由于相关配套制度规定不够完善，涉外大数据隐私侵权问题往往面临着补救难、执行难的局面。对于大数据隐私赔偿问题，《最高人民法院关于确定民事侵权精神损害赔偿责任若干问题的解释》第一条规定，隐私遭受侵害的受害人可以侵权为由向人民法院起诉请求赔偿精神损害，人民法院也应当依法予以受理。但是对赔偿的范围、标准等问题均无细致的规定，使得在法律适用过程中出现很多困难。

2021 年 7 月，最高人民法院正式发布《最高人民法院关于审理使用人脸识别技术处理个人信息相关民事案件适用法律若干问题的规定》（以下简称《规定》）。该《规定》是基于人脸识别技术所带来的个人信息保护问题日益严峻，一些经营者滥用人脸识别技术侵害自然人合法权益的事件频发，引发社会公众的普遍关注和担忧的现实制定的。人脸信息属于敏感个人信息中的生物识别信息，是生物识别信息中社交属性最强、最易采集的个人信息，具有唯一性和不可更改性，一旦泄露将对个人的人身和财产安全造成极大危害，甚至还可能威胁公共安全。该《规定》不仅对适用范围做了明确规定，也对涉及的责任承担（既包括侵权责任，也包括违约责任）做出规定，同时从合同的角度对重点问题予以回应，比如，第十条明确，物业服务企业或者其他建筑物管理人以人脸识别作为业主或者物业使用人出入物业服务区域的唯一验证方式的，若不同意的业主或者物业使用人请求其提供其他合理验证方式，人民法院依法予以支持。第十一条规定，信息处理者通过采用格式条款与自然人订立合同，要求自然人授予其无期限限制、不可撤销、可任意转授权等处理人脸信息的权利的，该自然人依据《民法典》第四百九十七条请求确认格式条款无效的，人民法院依法予以支持。

在行政法领域，适用最多、最具有代表性的《计算机信息网络国际联网管理暂行规定实施办法》第十八条规定："不得在网络上散发恶意信息,冒用他人名义发出信息,侵犯他人隐私。"此条可以适用于大数据交易的隐私泄露案情,但它几乎完全是一条口号性的规定,对隐私范围的界定,侵犯隐私权的程度、范围、赔偿标准等问题均没有具体规定,所以导致该法条在司法实践的适用过程中可操作性很差。此外,全国人大常委会在2012年出台的《关于加强网络信息保护的决定》中规定:"国家保护能够识别公民个人身份和涉及公民个人隐私的电子信息。任何组织和个人不得窃取或者以其他非法方式获取公民个人电子信息,不得出售或者非法向他人提供公民个人电子信息"。此条规定中虽然并未提及"大数据"或"大数据隐私权",但所涉及的电子信息即是数字化的产物,此法律针对大数据隐私侵权问题给予了初步的特定立法尝试,这一做法值得肯定,但仍然有很多不足之处。

2. 信息隐私侵权国外法律借鉴

美国是世界上最早提出隐私权并对其予以法律保护的国家。1974年,美国通过了《隐私法案》,自此之后不断有涉及隐私保护的条文和政策出台。奥巴马政府在2012年2月宣布推动《消费者隐私权利法案》的立法程序,这是与大数据最为密切相关的法案。法案中不仅明确规定了数据的所有权属于用户,而且还规定在数据的使用上需对用户有透明、安全性等要求。

欧盟议会于2016年4月14日通过的《通用数据保护条例》(*General Data Protection Regulations*)于2018年5月25日在欧盟成员国内正式生效实施。该条例的适用范围极为广泛,任何收集、传输、保留或处理涉及欧盟所有成员国内的个人信息的机构组织均受该条例的约束。比如,即使一个主体不属于欧盟成员国的公司(包括免费服务),只要满足下列两个条件之一:①为了向欧盟境内可识别的自然人提供商品和服务而收集、处理他们的信息;②为了监控欧盟境内可识别的自然人的活动而收集、处理他们的信息,该主体就受到 GDPR 的管辖。

美国《加州消费者隐私法案》(CCPA)是继欧盟《通用数据保护条例》颁布后又一部数据隐私领域的重要法律。该法案于2018年6月28日正式颁布,在随后的两年内又陆续做了多次修订,2020年7月1日开始正式执行。任何符合法案规定条件、在美国加州开展业务的企业,都需遵守该法律。CCPA 对于移动营销行业亦影响深远。利用算法实现"千人千面"的精准营销已成为行业主流,而数据正是移动广告的基石——广告平台采集用户数据后,将数据进行标签化处理形成用户画像,再经算法"导航",最终完成广告的精准投放。这一过程中,企业所积累的数据成了精准投放的"养料",但同时也带来了用户数据被违规收集、泄露、贩卖及滥用的风险。作为美国当前极为严格的消费者数据隐私保护立法之一,CCPA 对数据收集和管理提出了更加全面具体的要求,例如企业需根据用户要求删除已收集的个人信息,用户也有权针对数据滥用对企业提起个人诉讼等。随着相关法规的出台,移动广告行业中的数据安全问题有望得到实质性解决。

4.3.2 信息安全法律法规

我国信息通信安全立法始于20世纪60年代,计算机安全立法与网络安全立法始于 20 世纪 90 年代初。虽然在整个信息安全保障体系的发展演化过程中,信息安全保障概念、立法原则及法律体系的演化路径与国外基本一致,但发展的阶段分期与国外不同。同时,也走出了具有中国特色的信息安全道路。

1. 通信安全立法时期

1) 立法体系初步构建:分散立法

20 世纪 60 年代,新中国信息通信安全方面的法制建设刚刚开始,对于信息通信安全的保护大多采取保密政策。邮电部于 1964 年发布的《邮电部门保守国家机密暂行条例》(1992 年 12 月废止,同时颁布《邮电部门保守国家秘密实施细则》)和中央于 1951 年6 月批准的《保守国家机密暂行条例》,对通信设备使用及国家机密和用户通信内容的保密做出规定。1982 年,信息产业部又颁布《电信通信保密暂行规定》,再次强调保守国家机密的重要性,并对保密的范围和方式及保密纪律和检查做出规定。此外,中国民用航空总局于 1990 年颁布的《中国民用航空无线电管理规定》中还规定了民用航空无线电通信纪律及保密条款。

2) 立法范围与立法内容

立法范围:这一时期的通信安全立法多是对国家机密的保护,以及对特定领域通信交流过程中的信息内容保护,立法范围较窄,立法数量少,以单行行政法规为主。

立法内容:主要对通信设备使用,包括有线通信和无线通信设备,以及国家机密、科技信息和用户通信内容的保护做出规定。

2. 计算机和网络安全立法时期

1) 立法体系开始形成:分散立法与综合/统一立法并存

与国外相比,我国计算机安全立法出现较晚,与网络安全立法并行,集中于 20 世纪90 年代。1991 年,劳动部出台《全国劳动管理信息计算机系统病毒防治规定》,涉及计算机系统安全的规章开始出现;1994 年,国务院颁布的《计算机信息系统安全保护条例》是我国第一部涉及计算机信息系统安全的行政法规。20 世纪 90 年代中期至 21 世纪初,国务院及公安部、邮电部、信息产业部、信息化领导小组等先后颁布多部行政法规及部门规章,内容集中于对关键基础设施及国际互联网安全的保护(如表 4.1 所示)。

表 4.1　20 世纪 90 年代至 21 世纪初我国颁布的信息安全法律法规

级　别	时　间	部　门	名　称	领　域
法律	1993.2	全国人大常务委员会	《国家安全法》	国家外部安全
	2002.12	全国人大常务委员会	《关于维护互联网安全的决定》	国际互联网安全
行政法规	1991.6	国务院	《计算机软件保护条例》	关键基础设施安全
	1994.2	国务院	《计算机信息系统安全保护条例》(我国第一部涉及计算机信息系统安全的行政法规)	关键基础设施安全
	1999.10	国务院	《商用密码管理条例》	电子商务安全

级　别	时　间	部　门	名　称	领　域
行政规章	1996.2	国务院	《计算机信息网络国际联网管理暂行规定》	国际互联网安全
	1996.4	邮电部	《中国公用计算机互联网国际联网管理办法》	国际互联网安全
	1996.4	邮电部	《计算机信息网络国际联网出入口信道管理办法》	国际互联网安全
	1997.4	农业部	《计算机信息网络系统安全保密管理暂行规定》	关键基础设施安全
	1997.6	公安部	《计算机信息系统安全专用产品检测和销售许可证管理办法》	关键基础设施安全
	1997.12	邮电部	《中国公众多媒体通信管理办法》	关键基础设施安全
	1997.12	公安部	《计算机信息网络国际联网安全保护管理办法》	关键基础设施安全
	1998.2	国家保密局	《计算机信息系统保密管理暂行规定》	关键基础设施安全
	1998.3	国家信息化领导小组	《计算机信息网络国际联网管理暂行规定实施办法》	国际互联网安全
	1998.8	公安部	《金融机构计算机信息系统安全保护工作暂行规定》	关键基础设施安全
	1999.1	劳动部	《全国劳动管理信息计算机系统病毒防治规定》	关键基础设施安全
	2000.1	国家保密局	《计算机信息系统国际联网保密管理规定》	国际互联网安全

2) 立法范围与立法内容

如表4.1所示，这一时期，我国真正意义上的信息安全立法出现并迅速发展。在立法范围与立法内容方面呈现以下特点。

立法范围：涉及电子商务安全、关键基础设施安全、国际互联网安全，以及国家安全、金融机构安全等多个领域，以行政法规及行政规章为主，立法数量在十年中迅速增长，初步形成规模。1993年的《国家安全法》虽是最早的以"国家安全"命名的法律，但其内容体现的却是一种只关注外部安全而忽略内部安全的片面国家安全观，是一部名不副实的国家安全法。这一时期，仍以单行法规为主。

立法内容：除了对计算机系统、计算机软件、计算机病毒等的安全规定外，也对计算机的所有者与使用者做出相关规定。如计算机信息系统安全专用产品检测与销售许可行为、公众多媒体通信行为等。

3. 国家信息安全战略下信息安全保障体系全面建设时期

随着中国特色社会主义进入新时期，我国的发展环境发生变化。保障信息安全的重要性愈发凸显。习近平总书记曾说："网络安全和信息化对一个国家很多领域都是牵一发而动全身的，要认清我们面临的形势和任务，充分认识做好工作的重要性和紧迫性,因势而谋,应势而动,顺势而为。"因此,这一时期的信息安全围绕着"总体国家安全观"原则,从机制体制、立法内容等不同方面对其完善,走中国特色的国家信息安全道路。

1)国家安全体制机制确立

2013 年 11 月 12 日正式成立的中央国家安全委员会,既是我国长期以来健全和完善国家安全体制机制的重要成果,也是进一步完善国家安全体制机制的基础和开端。中央国家安全委员会作为中共中央关于国家安全工作的决策和议事协调机构,向中央政治局、中央政治局常务委员会负责,统筹协调涉及国家安全的重大事项和重要工作。

2)立法原则:总体国家安全观

这一时期,我国确立了"总体国家安全观"的立法原则,即以人民安全为宗旨,以政治安全为根本,以经济安全为基础,以军事、文化、社会安全为保障,以促进国际安全为依托。兼顾外部安全与内部安全、国土安全与国民安全、传统安全与非传统安全、发展问题与安全问题,以及自身安全与共同安全,体现出中国特色国家安全保障体系全新的指导思想。

3)立法范围与立法内容

如表 4.2 所示,进入 21 世纪,我国信息安全保障法律制度采取"基本法+单行法+实施机制"的立法模式,在立法范围及立法内容方面呈现以下特征。

表 4.2　21 世纪初至今我国颁布的信息安全法律法规

级　别	时　间	部　门	名　称	意　义	领　域
法律	2014.11	全国人大常委会	《中华人民共和国反间谍法》	首次对具体间谍行为进行法律认定,起到基础性法律保障作用	国家安全、人民安全
	2015.7	全国人大常委会	《中华人民共和国国家安全法》	综合性、全局性、基础性的国家安全法	11 个领域的全面安全[①]
	2015.12	全国人民代表大会	《中华人民共和国反恐怖主义法》	构建了反恐怖主义情报信息工作机制	国家安全、国际安全、人民财产安全
	2016.11	全国人大常委会	《中华人民共和国网络安全法》	成为我国网络安全的基本法,我国网络安全工作有了基础性的法律框架	网络安全
	2017.6	全国人大常委会	《中华人民共和国国家情报法》	加强和保障国家情报工作	国家安全、人民安全、情报安全
	2021.6	全国人大常委会	《中华人民共和国数据安全法》	规范数据处理活动、保障数据安全,促进数据开发利用	国家主权、安全和发展利益
行政规章	2003.8	国家信息化领导小组	《关于加强信息安全保障工作的意见》	我国信息安全保障工作有了总体纲领	基础信息网络、重要信息系统
	2016.12	国家互联网信息办公室	《国家网络空间安全战略》	从国家安全战略高度部署网络空间安全的具体措施与目标	网络空间安全

① 11 个领域分别为:政治安全、国土安全、军事安全、经济安全、文化安全、社会安全、科技安全、信息安全、生态安全、资源安全、核安全。

立法范围：从国家战略高度对我国信息安全、网络安全进行谋划，制定战略计划与行动方案。立法范围涉及政治、军事、领土、主权、科技、文化、生态、信息、网络空间主权等传统与非传统国家安全领域，与西方发达国家的差距在逐步缩小。

立法内容：着重体现国家安全与公民权利的平衡，无论是《反间谍法》还是新《国家安全法》，都体现"以人民安全为宗旨"的总体国家安全观。对各种传统国家安全问题与大量非传统安全问题都做了规范。内容包括国家安全、人民财产安全、公共利益安全、全面安全、共同安全、网络安全以及国际安全等。总体国家安全观下的保障国家、组织和个人信息安全的法律制度基本建成。

我国国家信息安全法律保障体系逐步完善。下面以《数据安全法》为例简要介绍我国信息安全法律的相关情况。

《中华人民共和国数据安全法》于 2021 年 6 月 10 日在第十三届全国人民代表大会常务委员会第二十九次会议通过，自 2021 年 9 月 1 日起施行。2018 年 9 月 7 日，十三届全国人大常委会公布立法规划（共 116 件），《中华人民共和国数据安全法》位于第一类项目：条件比较成熟、任期内拟提请审议的法律草案。

2020 年 6 月 28 日，《中华人民共和国数据安全法（草案）》在第十三届全国人大常委会第二十次会议审议。7 月 3 日，《中华人民共和国数据安全法（草案）》在中国人大网公布，公开征求意见。草案内容共七章五十一条，提出国家将对数据实行分级分类保护、开展数据活动必须履行数据安全保护义务、承担社会责任等。征求意见截止日期为 2020 年 8 月 16 日。

2021 年 6 月 10 日，国家主席习近平签署了第八十四号主席令，《中华人民共和国数据安全法》已由中华人民共和国第十三届全国人民代表大会常务委员会第二十九次会议通过，现予公布，自 2021 年 9 月 1 日起施行。

数据安全法是为了保障数据安全，促进数据开发利用，保护公民、组织的合法权益，维护国家主权、安全和发展利益而制定的。该法从适用范围、对数据活动与数据安全的定义以及国家、部门和地区的分工等多个角度进行界定，为维护数据安全、建设网络强国提供重要支撑。该法共有七章，分别是总则、数据安全与发展、数据安全制度、数据安全保护义务、政务数据安全与开放、法律责任、附则。总则明确提出："为了规范数据处理活动，保障数据安全，促进数据开发利用，保护个人、组织的合法权益，维护国家主权、安全和发展利益，制定本法。"第二章第十三条强调："国家统筹发展和安全，坚持以数据开发利用和产业发展促进数据安全，以数据安全保障数据开发利用和产业发展。"第三章第二十一条要求："国家建立数据分类分级保护制度，根据数据在经济社会发展中的重要程度，以及一旦遭到篡改、破坏、泄露或者非法获取、非法利用，对国家安全、公共利益或者个人、组织合法权益造成的危害程度，对数据实行分类分级保护。国家数据安全工作协调机制统筹协调有关部门制定重要数据目录，加强对重要数据的保护。"在第四章"数据安全保护义务"中规定："开展数据处理活动应当依照法律、法规的规定，建立健全全流程数据安全管理制度，组织开展数据安全教育培训，采取相应的技术措施和其他必要措施，保障数据安全。利用互联网等信息网络开展数据处理活动，应当在网络安全等级保护制度的基础上，履行上述数据安全保护义务。重要数据的处理者应当明确数据安全负责人和管理机构，落实数据安全保护责任。"在"法律责任"中规定：对于开展数据处理活动的组织、个人存在不履行法律条款的行为,将处以约谈、整改、警告、罚款等处理措施,情节严重者将承担刑事责任。

4）未来展望

总体来看,围绕着"总体国家安全观"和"人民安全"的宗旨,我国相继颁布了多部国家安全法律法规,从国家宏观角度全面、整体地对信息安全、网络安全和国家安全做出框架式和纲领性的规划部署及安排。我国以新《国家安全法》为基本法的具有中国特色的国家信息安全保障体系逐步建立健全(如图 4.1 所示)。

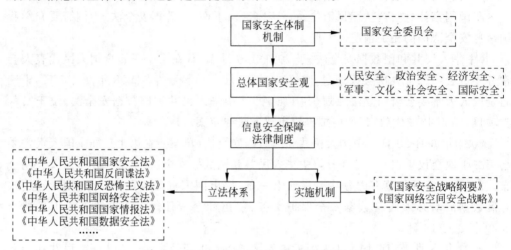

图 4.1　我国国家信息安全保障体系整体框架

虽然我国目前的信息安全保障体系整体布局已健全,但在立法数量和质量上与西方发达国家还存在差距。法律多为政策引导型,部分规定不够清晰。这在一定程度上与我国目前的信息化与网络化发展程度相关。目前及今后一段时间内,我国对于信息安全都将会采取"发展与立法约束并行"的策略,一方面在信息化发展中不断完善法律机制,另一方面将利用以新《国家安全法》为基准的国家安全法律体系为我国信息安全保驾护航。

章节要点

本章首先从社会现实情况出发,讲述了信息系统引发的社会问题,包括信息超载与信息污染,信息孤岛与信息茧房,信息隐私和信息泄露以及信息滥用与网络暴力等问题,并针对某些问题列举了相对应的现实案例;其次,说明了信息系统安全策略的重要意义,明确了信息系统安全策略的具体目标,讲解了信息系统安全策略的详细内容,提出了信息系统安全策略的有效实施路径。最后,详细介绍了信息系统的相关法律,分为信息隐私法律和信息安全法律两方面,并对历年来的信息安全法律进行了梳理和分类。

课程思政融入点

国家"十四五"规划中提出要加强信息系统安全保障,加强涉及国家利益、商业秘密、个人隐私的数据保护。在现今信息技术蓬勃发展的背景下,信息技术对于社会的影响越来越深刻,在催动社会变革的同时也带来了一些负面的影响。因而,通过学习信息系统引发的问题,不仅能引导学生关注信息安全问题,认识到信息安全事关法律,让学生树立正确的信息安全观和遵纪守法的自觉意识;还可以对信息伦理的相关知识有一定的了解,帮助学生树立正确的道德观和价值观。在涉及信息的处理和共享时,可以联系核心价值观中的"公正"一词做进一步阐述。信息处理和共享是实现现代化社会公平、公正、公开的基础和技术手段。学生通过本章节的学习,能够深刻理解习近平总书记关于"依法管理网络"的讲话精神,增强责任担当和大局意识、核心意识与诚信意识,增强对信息安全乃至国家安全重要性的认识,敬业精神和职业操守得到培养。

思考题

1. 以举例的方式谈一谈你对信息系统引发社会问题的看法。
2. 什么是信息伦理?信息伦理具有哪些功能?
3. 列举几个关于信息系统引发的社会伦理问题的例子。
4. 试结合案例,谈一谈信息安全对小到每个独立个人,大至民族、国家的意义。
5. 选取一个身边的场景,设计其对应的信息安全策略。

第二篇

技 术 篇

第 5 章　信息系统的技术基础

第 6 章　数据库技术

第 7 章　数据挖掘与大数据分析

第 **5** 章

信息系统的技术基础

管理信息系统用系统的方式,通过信息媒介控制来实现管理的目的。从广义上讲,一切涉及信息的生产、处理、存储、物流、应用的相关技术,均可称为信息技术。从狭义上讲,信息技术就是运用计算机技术和现代通信技术,对信息资源进行采集、加工、存储、传递和反馈的专门技术,主要包括计算机技术、计算机网络等。

5.1 计算机系统与硬件

5.1.1 计算机的发展

1. 计算机的发展历程

计算机是一种用于高速计算的电子计算机器,可以用于数值计算、逻辑计算,同时也兼具存储记忆功能,是按照程序运行并自动、高速处理海量数据的现代智能电子设备。自 1946 年 2 月 14 日,第一台电子计算机在美国宾夕法尼亚大学问世至今,电子计算机已经走过了 70 多年的发展历史,其发展历程可以划分为四个阶段。

第一个阶段:电子管计算机,时间为 1946—1958 年。在硬件方面采用真空电子管作为基本元器件,内存储器(计算机用于存放信息的存储器)采用汞延迟线,外存储器采用磁带。在软件方面采用机器语言、汇编语言编程。

第二个阶段:晶体管计算机,时间为 1958—1964 年。晶体管的发明取代了电子管,从而诞生了晶体管计算机。在硬件方面大量使用磁性材料制成的磁芯存储器,使用磁盘、磁带作为外存储器。在软件方面具备了操作系统、高级语言及其编译程序。

第三个阶段:集成电路计算机,时间为 1964—1970 年。用小规模集成电路器件作为计算机的主要逻辑器件,是第三代计算机的标志。在硬件方面,逻辑元件采用中、小规模集成电路,主存储器仍用磁芯;软件方面出现了分时操作系统以及结构化、模块化程序设计方法。

第四个阶段:大规模集成电路计算机,时间为 1970 年至今。第四代计算机的逻辑元件采用大规模和超大规模集成电路,在软件方面出现了数据库管理系统、网络管理系统和面向对象语言。带有微处理器的微型计算机以及各种外围设备,组成了微型计算机系统。

2. 计算机的分类与特点

1）计算机的分类

根据计算机的总体规模,通用计算机可分为巨型机、大型机、中型机、小型机、微型机和单片机六类,如图 5.1 所示。它们的区别在于体积、功能、数据存储量、指令系统以及价格等。巨型计算机主要用于科学计算,其运算速度在每秒一万亿次以上,数据存储容量很大,结构复杂,价格昂贵。单片机是只用一片集成电路做成的计算机,体积小,结构简单,性能指标较低,价格便宜。介于巨型机和单片机之间的是大型机、中型机、小型机和微型机,它们的结构规模和性能指标依次递减。随着超大规模集成电路的迅速发展,今天的小型机电路集成水平可能相当于明天的微型机,而今天的微型机可能相当于明天的单片机。

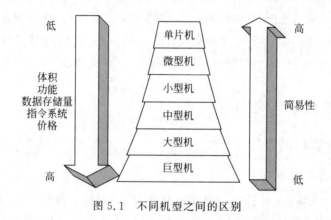

图 5.1　不同机型之间的区别

此外,常见的微型机还可以分为台式机、便携机、笔记本电脑、掌上电脑等多种类型。

2）计算机的特点

计算机的出现是第三次工业革命中最辉煌的成就之一,其具有如下特点。

(1) 运算速度快、准确度高。计算机采用了高速电子器件,同时运用了存储程序的设计思想,将要解决的问题和解决的方法及其解题步骤事先都存入计算机存储器中,使得电子器件的快速性得到了充分发挥。因为计算机中的信息采用数字化编码形式,所以计算精度取决于运算中数的位数,位数越多越精确。

(2) 具有逻辑判断和记忆能力。计算机内部有一个能执行算术逻辑运算的部件,通过执行能体现逻辑判断和逻辑运算的程序,使整个系统具有逻辑性。计算机内部的存储器能存储记忆数据和指令,从而使计算机具有高超的记忆能力。

(3) 高度的自动化和灵活性。计算机采用存储程序方式工作,把编写好的程序输入计算机,机器便可依次逐条执行,这就实现了高度的自动化和灵活性。每台计算机提供的基本功能是有限的,这是在设计和制造时就决定的;但计算机可以在人的精心编排设计下,用这些有限的功能,快速自动完成各种各样的基本功能序列,从而实现通用性,达到计算机应用的各种目的。

3）计算机的发展趋势

（1）微型化。微型处理器的出现使计算机体积变小，成本降低。软件行业的飞速发展提高了计算机内部操作系统的便捷度，计算机外部设备也趋于完善。微型计算机很快应用到全社会的各个行业和部门中，从台式计算机、笔记本电脑、掌上电脑到平板电脑，体积逐步微型化。

（2）网络化。互联网将世界各地的计算机连接在一起，彻底改变了人类世界。人们通过互联网进行沟通、交流、资源共享、信息查阅等。无线网络的出现，极大地提高了人们使用网络的便捷性。未来计算机将会进一步向网络化方面发展。

（3）智能化。计算机人工智能化是未来发展的必然趋势。现代计算机具有强大的功能和极高的运行速度，但与人脑相比，其智能化和逻辑能力仍有待提高。人类在不断探索如何让计算机能够更好地反映人类思维，使计算机能够具有人类的逻辑思维判断能力，可以通过思考与人类沟通交流，从而抛弃以往通过编码程序来运行计算机的方法，直接对计算机发出指令。

（4）多媒体化。传统的计算机处理的信息主要是字符和数字。事实上，人们更习惯的是图片、文字、声音、影像等多种形式的多媒体信息。多媒体技术可以集图形、图像、音频、视频、文字为一体，使信息处理的对象和内容更加接近真实世界。

5.1.2 计算机运算基础

1. 冯·诺依曼体系结构思想

计算机有巨型、大型、中型、小型和微型之分，每种规模的计算机又有很多机种和型号，在硬件配置上差异很大，但它们绝大多数都是根据冯·诺依曼（von Neumann）计算机体系结构的思想来设计的。冯·诺依曼体系结构的主要内容是：

- 采用二进制来表示数据和指令；
- 将编写好的程序和原始数据送入主存储器中，然后启动计算机开始工作；
- 计算机应该包括运算器、控制器、存储器、输入/输出设备五大部件（其结构如图 5.2 所示），并且各自都有自己的功能。

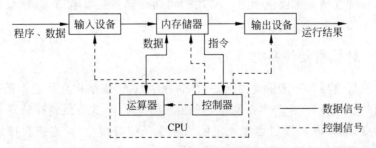

图 5.2　冯·诺依曼计算机体系结构图

按照冯·诺依曼体系结构搭建的计算机具有以下基本特点。

（1）采用存储程序方式，程序和数据存放在同一个存储器中，两者没有区别。指令同数据一样可以传送到运算器进行运算，即由指令组成的程序是可以修改的。

（2）存储器是按地址访问的线性编址的唯一结构，每个存储单元的位数都是固定的。

（3）指令由操作码和地址码组成。操作码指明该指令的操作类型应完成的功能；地址码指明操作数（即指令的操作对象）的存放地址。操作数本身无数据类型标志，它的数据类型由操作码确定。

（4）通过执行指令直接发出控制信号控制计算机的操作。指令在存储器中按其执行顺序存放，由指令计数器指明要执行的指令所在的单元地址。指令计数器只有一个，计数一般顺序递增，但执行顺序可根据运算结果或当时的外界条件而改变。

（5）机器以运算器为中心，输入/输出设备与存储器间的数据传送都经过运算器。

（6）数据以二进制表示。

2. 计算机工作原理

计算机先把编制好的程序和原始数据通过输入设备送入存储器保存。计算机运行时，控制器从存储器中逐条取出指令，并将其分析解释成为控制命令，去控制各部件的动作，使数据在运算器中进行加工处理。处理后的结果通过输出设备输出。

（1）输入。计算机系统的输入设备是向计算机输入数据和信息的设备，是计算机与用户或者设备之间的桥梁。键盘、鼠标、光笔、扫描仪等都可以直接或者间接将数据输入计算机进行存储、处理。

（2）数据处理与控制。中央处理器（central processing unit，CPU）是计算机系统的核心部件。CPU 中的算术逻辑单元负责计算机的运算任务。CPU 中的控制部件处理计算机的程序指令，实现计算机功能部件之间的联系，完成整个指令程序。

（3）输出。计算机的输出设备用于执行计算机数据的输出显示、打印、声音、控制外围设备操作等任务，即把各种计算结果数据或信息以数字、字符、图像、声音等形式表现出来。常见的输出设备有视频显示器、打印机、影像输出系统、语音输出系统、磁记录设备等。

（4）存储器。存储器是用来存储程序和各种数据信息的记忆部件。存储器可分为主存储器（简称主存或内存）和辅助存储器（简称辅存或外存）两大类。主存储器在程序执行期间被计算机频繁地使用，并且在一个指令周期期间可直接访问。辅助存储器要求计算机从外部存储装置读取信息。常用的辅助存储器主要有磁带、磁盘、光盘等，用来存放暂时不用的海量信息。

5.1.3 计算机硬件系统

微型计算机遵循冯·诺依曼提出的"存储程序"式组成结构。其工作原理是把复杂的计算、操作过程表示成由许多条基本指令组成的程序，预先存放到存储器中；需要时，发出运行命令，计算机再按照程序规定的顺序逐条执行指令，以完成程序所要求的功能。微型计算机在硬件结构上主要由主机和各种外部设备组成。

1. 主机的内部结构

主机由以下部件组成。

（1）机箱。机箱是计算机主机的外壳，用来安装电源、主板、CPU、内存、硬盘驱动器、软盘驱动器等部件。

（2）主板。主板又称为系统板或微机母板。主板是计算机中最大的一块电路板，它是整个计算机的基板,是 CPU、内存、显卡及各种扩展卡的载体,是连接 CPU 与其他部件的平台。主板是否稳定关系着整台计算机是否稳定,主板的速度在一定程度上也制约着整机的速度。主板上连接的器件包括 CPU、内存模块、基本 I/O 接口、中断控制器、DMA 控制器及连接其他部件的总线等。主板的结构如图 5.3 所示。

图 5.3 微型计算机的主板结构图

(3) 微处理器。微处理器也称为中央处理器(CPU),主要包括运算器和控制器两部分,是计算机的核心部件,决定计算机的性能。微处理器一般由高速的电子线路组成,集成在一块半导体芯片上,安装在主板的 CPU 插槽中,控制着整个微机系统的工作。目前,PC 系列计算机上使用的 CPU 主要由英特尔(Intel)和 AMD 公司生产。中国科学院计算所研制的"龙芯"也取得了很大进展,相关性能已接近现在主流微处理器芯片。

(4) 存储器。综合考量成本、速度、容量等因素,现代微机系统都采用了多种类型的存储器,以构成合理的存储体系。一般而言,速度越快的存储器单位容量成本越高,相对地,速度快的存储器容量就不能做得过大。通常,在微机中,都会存在一个由高速缓冲存储器(cache)、主存储器和辅助存储器组成的三级存储器体系结构。

高速缓冲存储器是一种容量较小的高速存储器件。为了解决主存储器与 CPU 速度不匹配的问题,在 CPU 与主存之间通过增加一级或多级能与 CPU 速度匹配的高速缓冲存储器,来提高主存储系统的性能价格比。

主存储器又称为内存储器,简称为主存或内存,是指能够通过指令中的地址直接访问的存储器。它用来存放当前正在使用或随时要使用的程序(指令)和程序执行所需的数据,供 CPU 直接读取。目前,内存主要由半导体器件构成。相对于外存来说,主存价格贵、容量小。

辅助存储器又称为外存储器,简称为辅存或外存,主要用来长期存储暂时不用的程序和数据。辅助存储器中的信息不能被 CPU 直接访问,只有被调入内存,才能为 CPU 所使用。在断电的情况下,辅助存储器可以长期保存信息,故一般辅助存储器也被称为永久性存储器。目前,微型计算机上常用的辅助存储器有硬盘存储器、光盘存储器、软盘存储器等。

（5）显示卡。显示卡简称为显卡，是主机与显示器之间的接口电路。显卡可直接插在主板的扩展槽上，也有在主板上集成显卡接口电路的。显卡的主要功能是将主机输出的信号转换成显示器所能接受的形式。

（6）声卡。声卡又称音效卡，它可直接插在主板的扩展槽上，也有在主板上集成的。一般，声卡上提供立体声输入/输出端口、麦克风插口、乐器数字接口（MIDI）等。

（7）网卡。网卡是微机上网的接口部件，它可直接插在主板的扩展槽上，也有在主板上集成的。目前，网卡常用的配置速率有 100Mbps 或 1000Mbps。

2. 外部设备

外部设备也称为外围设备。它们是指计算机系统中，除主机以外，用于直接或间接与计算机交换信息、改变信息媒体或载体形式的装置。外部设备种类多样，常见的有显示器、键盘、鼠标、打印机、扫描仪、绘图仪、摄像机、光笔、触摸屏等。

5.2 计算机软件基础

5.2.1 软件的概念和分类

计算机软件是能在计算机上运行的各种程序、程序运行时所需的各种数据以及说明这些程序和数据的各种相关技术资料。一个完整的计算机系统是由软件系统和硬件系统两部分构成的。硬件是组成计算机系统的物质基础，软件则是指挥计算机工作的灵魂。没有软件，只有由硬件构成的"裸机"，是无法提供给用户直接使用的。软件与硬件系统不同，是看不见、摸不着的，但它对于计算机系统不可或缺。通常，软件被分为系统软件和应用软件两大类。系统软件是指管理与支持计算机系统资源及操作的程序；应用软件是指处理特定应用的程序。计算机软件的分类如图 5.4 所示。

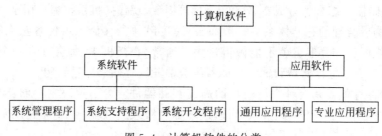

图 5.4　计算机软件的分类

5.2.2 系统软件

可以把软件分成若干层，最内层是对硬件的扩充和完善，而外层则是对内层的再次扩充与完善。软件的层次关系如表 5.1 所示。一般把靠近内层、为方便使用和管理计算机资源而开发的软件，称为系统软件。系统软件通常负责管理、控制和维护计算机的各种软、硬件资源，并为用户提供友好的操作界面。系统软件不需要用户的干预，就能处理复杂、烦琐的事务。

表 5.1　软件层次关系

外层	银行应用系统、飞机票预订系统、浏览器
↑	编译程序/编辑程序/DBMS
↓	操作系统
内层	物理设备

系统软件包括操作系统、高级程序设计语言的编译和解释程序、数据库管理系统以及系统服务程序等。

1. 操作系统

操作系统就是合理管理并控制计算机系统内各种软、硬件资源，并能够合理组织工作流程，方便用户使用的程序集合。操作系统是紧邻硬件的第一层软件，是对硬件功能的首次扩充。任何一台计算机都必须在其硬件平台上加载相应的操作系统之后，才能构成可以正常运转的计算机系统。可以说，操作系统是用户与计算机硬件之间的接口。没有操作系统作为中介，用户对计算机的操作将变得非常困难且低效。

1）操作系统的功能

（1）处理器管理。负责在多道程序之间分配 CPU，使每道程序都能高效而有序地执行。

（2）存储器管理。负责内存空间的分配和回收，地址转换和内存保护，内存的虚拟存储器扩充。

（3）设备管理。统一管理各种已登入系统的外部设备并负责外设和主机之间的信息交换。

（4）文件管理。统一管理各种以文件形式保存在外存上的信息，负责文件的建立、读、写、复制和删除等。

（5）作业和进程管理。对程序运行进行管理。

2）操作系统的分类

（1）批处理操作系统。主要特点是系统吞吐量大、系统资源利用率较高、平均作业周转时间（作业从提交到结果输出的时间）较长，无交互功能。

（2）分时操作系统。具有较好的交互性；系统资源利用率也得到了很大的提高。

（3）实时操作系统。具有事件驱动的特点，往往由外部事件触发系统的响应；有实时性和高可靠性的要求。

（4）网络操作系统。组成网络的各台计算机物理分散且高度自治，各台计算机都有各自的软、硬件资源。系统的主要目的是共享网络资源、信息交换和协作。

（5）分布式操作系统。负责在分布式系统中实现资源的统一管理，可供用户以透明的方式使用系统资源或请求系统服务。

（6）嵌入式操作系统。具有普通计算机通常具有的功能，同时也具有实时系统的特征，通常是更小的、具有一定硬件控制功能的系统。

2. 语言处理系统

使用计算机时，要让计算机去完成某种特定的工作任务，就必须向计算机发出指令，而且这条指令必须是计算机能够理解并执行的信息。人与人之间的交流需要语言，人与计算机之间的交流也要用"语言",这里的"语言"指的其实就是计算机语言。用计算机语言描述要完成的工作,也就是用计算机语言去编写一组指令序列,即程序。目前,在计算机上使用的语言主要有机器语言、汇编语言和高级语言。其中,机器语言是二进制语言,是计算机唯一能直接识别并执行的语言形式;其他语言所编写的程序都必须通过"翻译",转换成机器语言形式,才能被计算机识别并执行。

语言处理系统就是负责完成"翻译"过程的程序集合。通过语言处理系统,能够将用高级语言或汇编语言编写的程序(源程序),翻译成等价的机器语言程序。一般地,在翻译时,要对源程序进行检查,以保证翻译后的程序是可执行的。但是,语言翻译程序无法保证程序的执行结果是否正确,要靠程序设计人员自己来判断。

1) 翻译方法

(1) 编译。编译是把高级语言程序(源程序)作为一个整体来处理。首先将程序源代码"翻译"成目标代码(机器语言),编译后与系统提供的代码库链接,形成一个完整的可执行的机器语言程序(目标程序代码)。

(2) 解释。解释程序处理源程序的执行方式类似于日常生活中的"同声翻译",解释一句、执行一句,立即产生运行结果。解释程序不产生目标代码,不能脱离其语言环境独立执行。一般地,解释程序对源程序的解释执行比编译程序产生的目标代码程序的执行速度要慢。

2) 分类

(1) 编译(compiler)程序。将高级语言程序翻译成对应的汇编语言程序,或者直接翻译成对应的机器语言程序(称为目标程序(object program),存储于外存,不能直接执行)。

(2) 汇编(assembler)程序。将汇编语言程序翻译成对应的目标程序。

(3) 链接(linker)程序。将一个或多个目标程序与一个或多个相关的程序库(library,也是由一些目标程序构成)组织在一起,产生可执行代码(executable code)并存入外存,在需要运行时再由操作系统加载执行。

(4) 解释(interpreter)程序。对高级语言程序逐句进行翻译,产生对应的机器语言指令序列并执行。

3. 数据库管理系统

数据是对客观事物的性质、状态以及相互关系等进行记载的物理符号或是这些物理符号的组合。数据库(database,DB)是长期储存在计算机内、有组织的、可共享的大量数据集合,而数据库管理系统(database management system,DBMS)是为数据库的建立、使用和维护而配置的软件。它建立在操作系统的基础之上,对数据库进行统一的管理与控制。用户使用的各种数据库命令以及应用程序的执行,都必须通过 DBMS 实施。DBMS 还承担了数据库的维护工作,保证数据库的安全性和完整性。有关数据库管理系统的详细介绍参见第 6 章。

4. 系统实用程序

系统实用程序是一些工具性的服务程序,专门用于系统的使用和维护,以帮助系统解决出现的问题,提高运行效率并保护系统,使得系统能够安全、可靠、持续地运行。这些系统实用程序所具有的功能包括帮助用户来测试系统,诊断并排除系统故障,防病毒,安装和卸载计算机中的程序,对系统中的程序和数据进行备份,对文件进行压缩等。

5.2.3　应用软件

应用软件是针对某个应用领域的具体问题而开发和研制的程序。它由专业人员为各种应用目的而开发出来,供信息系统或计算机用户使用。应用软件一般包括用户程序及其说明性文档资料。应用软件必须在系统软件的支持下才能正常工作。应用软件具有很强的实用性和专业性,正是由于应用软件的开发和使用,才使得计算机的应用逐渐扩展到社会的各行各业。

应用软件大多具有图形用户界面,而且能有效地防止最终用户可能产生的各种使用错误。通常,应用软件可分为通用应用软件和专用应用软件两大类。其中,通用应用软件是被广泛使用的软件,完成的是常见的任务;而专用应用软件则是信息系统中直接面向最终用户、进行相应的业务处理与数据管理的部分。常用的通用应用软件有文字处理程序、互联网工具、个人数据库、电子表格软件等。专用应用软件通常与应用领域有关,常见的领域是财务、金融、交通、通信、物流、商业与服务业、企业管理、电子商务和电子政务等。

1. 文字处理软件

文字处理软件已经成为计算机必备软件。利用文字处理软件,用户能够写作、编辑、存储和打印作品。此外,一些文字处理软件还有相当丰富的辅助功能,比如拼写检查、邮件合并和宏等。文字处理软件的种类非常丰富。目前,常用的有 Microsoft Word、金山 WPS 等。

2. 电子表格软件

在办公业务操作中,信息的表达方式除文字描述外,还需采用表格或图表。电子表格可以将各种复杂信息简明、扼要地表达;数据图表可把枯燥的数字形象化,使数据更加清晰易懂,含义更加形象生动,并且可以通过它了解到数据之间的关系和变化趋势。比较常见的电子表格处理软件包括 Microsoft Excel。它是 Microsoft Office 办公软件中的一个重要组件,专门用于电子表格处理和数据图表制作。它不仅能够轻松制作各种表格,对表格进行综合管理,统计计算,绘制图表,而且还提供了数据库操作、数据假设分析和辅助决策等功能,广泛应用于行政办公、财务核算、统计分析、预测决策、金融、审计等各个领域。它适合于处理形状规则、单元格中数据较多、数据格式多样化,并且需要进行数据计算的表格。

3. 数据管理软件

虽然表格在处理定量数据时是一种强大的工具,但其更适用于创建和操作列表数据以及将不同文档的信息进行合并。微机数据库管理软件包可编程且菜单易学,方便非专业人员创建小型信息系统。数据管理软件通常有创建文件夹和数据库的功能,还有为便于报告和查询而存储、修改及运用数据的功能。个人计算机中常用的数据库管理软件是 Microsoft Access,它提高了用户在网络上发布数据的能力。

4. 简报制作

用户可以使用简报制作软件创作专业级的图表。这种软件可以将数字数据转换成图表或者其他包括声音、动画、图片和视频在内的多媒体形式。简报制作软件主要具有显示计算机幻灯片和呈现网站内容等功能。Microsoft PowerPoint 是比较流行的简报制作软件。

5.2.4 程序设计语言及工具

1. 程序设计语言

1）机器语言

机器语言是第一代计算机语言，是最基本的程序设计语言。早期的计算机不配置任何软件，这时的计算机称为"裸机"。裸机只认得"0"和"1"两种代码，程序设计人员因而只能用一连串的"0"和"1"构成的机器指令码来编写程序，这就是机器语言程序。机器语言采用二进制代码，计算机指令的操作码（如＋、－、＊、/等）和操作数地址均用二进制代码表示；指令随机器而异（称为"面向机器"），不同的计算机有不同的指令系统。执行速度快是机器语言的唯一优点。

2）汇编语言

机器语言存在易于出错、不够直观、编程烦琐、工作量大等缺点。于是，人们想出了用符号（称为助记符）来代替机器语言中的二进制代码的方法，设计了"汇编语言"。汇编语言又称符号语言，其指令的操作码和操作数地址全都用符号表示，大大方便了记忆。但汇编语言仍然是一种面向机器的程序设计语言。机器语言所具有的缺点（如缺乏通用性、烦琐、易出错、不够直观等），汇编语言也都有，只是程度较轻而已。

用汇编语言书写的程序（称为汇编语言源程序）保持了机器语言执行速度快的优点。但它进入计算机后，必须被翻译成以机器语言形式表示的程序（称为目标程序），才能由计算机识别和执行。完成这种翻译工作的程序（软件）叫汇编程序。汇编语言比机器语言前进了一大步。但程序员仍须记忆许多助记符，加上机器的指令数很多，所以编制汇编语言程序仍是件烦琐的工作。

3）高级语言

高级语言即第三代计算机语言，其指令主要采用简明的叙述语句或者数学表达式。每一条高级语言实际上都是一条宏指令，也就是说，每条高级语言都会被高级语言编译器或者解释器翻译成多条机器指令。高级语言的叙述与自然语言或数学表达式相似，用来表达需要通过编程解决的问题或者程序，其语法（词汇、标点及语法规则）和语义（所表达的含义）不会随着计算机的更换而改变。高级语言一般采用英语表达语句，便于理解、记忆和掌握，而且一条高级语言语句通常对应多个机器指令，短小精悍，不仅便于编写，还易于查找和修改错误。但是，高级语言通常不如汇编语言那样高效，并且需要大量的时间来将叙述翻译成机器指令。由于大多数高级语言与计算机硬件无关，因此用高级语言编写的程序在新计算机上安装时不需要重新编写，程序员也不需要针对不同的计算机类型学习不同的语言。常用的高级语言有 C、C++、Java、Python 等。

4）新一代语言

新一代语言属于更高级的语言，比之前的高级语言更加非过程化、更加接近自然语言。新一代语言趋向于按照用户和程序员的需求定制所需要的内容,并由计算机来决定这些指令的执行顺序,大大简化了程序语言的编写过程,学习起来更为容易;有大量成熟稳定的函数、子程序、封装对象可以直接引用,模块化构架更为清晰。

2. 程序设计工具

1) 语言编译程序

计算机程序由一系列用某种程序设计语言编写的指令集组成。在这些程序被处理或者执行之前,必须由语言编译程序将其翻译成计算机自己的机器语言。程序设计语言编译程序(或者语言处理器)有很多种。汇编语言编译程序可以将用汇编语言编写的符号指令代码翻译成相应的机器语言,编译器则用于翻译高级语言。解释器是一种特殊的编译器,它可以同时解释并运行程序中的每一句代码,而不是像汇编器和编译器那样生成一套完整的机器语言。Java 就是其中的一个例子。因此,Java Applet 应用程序中的指令能够飞速地解释和执行,就像在客户端上运行一样。

2) 编程工具

通过增加图形编程界面和大量内置开发工具,软件开发和计算机程序处理能力得到了加强。语言编译器通常提供一些编辑和诊断功能,用以查找程序的错误和漏洞。大部分软件开发程序现在也包含了强大的面向图形程序的编辑器及调试器,可帮助程序员在编程时查找并减少错误。它们提供了计算机辅助编程环境,可在提高软件开发者工作效率的同时减少编程工作的枯燥性。其他编程工具包括图形软件包、代码生成器、可重复使用对象库和程序代码及原型法开发工具。所有这些程序开发工具在Visual Basic、C++、Java 等语言的使用过程中都是必不可少的。

5.3　计算机网络基础

5.3.1　计算机网络的组成与功能

计算机网络是现代计算机技术和通信技术密切结合的产物,是随着社会对资源的共享和信息传递的需求而发展起来的。一方面,随着计算机使用的普及,人们不仅对信息传递的效率提出了更高的要求,还希望能够共享各种硬件、软件及数据资源。另一方面,通信网络的发展为计算机之间的数据传递和交换提供了必要的手段,而数字计算技术的发展融合到通信技术中,又提高了通信网络的各种性能,为把计算机技术和通信技术结合起来奠定了良好的物质基础。

1. 计算机网络的发展

计算机网络的发展经历了从简单到复杂、从低级到高级的过程。从 20 世纪 50 年代开始,大体上可以把计算机网络的发展划分为四个阶段:面向终端的计算机网络、计算机-计算机网络、标准化网络和互联网络。

1) 面向终端的计算机网络

面向终端的计算机网络实际上就是以单台计算机为中心的远程联机系统,即以一台中央主计算机连接大量在地理上处于分散位置的终端。其特点是除了一台中心计算机外,其余的终端设备都没有自主处理的功能。20 世纪 50 年代初,美国建立的半自动地面防空系统就是这种系统的典型。

2）计算机-计算机网络

随着计算机技术和通信技术的进步，为了提高网络的可靠性和可用性，人们开始研究将多台计算机相互连接的方法。从 20 世纪 60 年代中期到 70 年代中期，逐步形成了计算机-计算机网络，利用通信线路将多台主机连接起来，为终端用户提供服务。这一阶段计算机网络的主要特点是：资源的多向共享、分散控制、分组交换；采用专门的通信控制处理机、分层的网络协议。这些特点往往被认为是现代计算机网络的典型特征。但这个时期的网络产品彼此之间是相互独立的，没有统一标准。

3）标准化网络

20 世纪 70 年代中期，计算机网络开始向体系结构标准化的方向迈进。1984 年，国际标准化组织（ISO）正式颁布了开放系统互连（OSI）参考模型的国际标准。美国电气与电子工程师协会（IEEE）为了适应微机、个人计算机（PC）及局域网发展的需要，于 1980 年 2 月在旧金山成立了 IEEE 802 局域网络标准委员会，并制定了一系列局域网络标准。随后，新一代光纤局域网——光纤分布式数据接口（FDDI）网络标准及产品也相继问世。通信子网的交换设备主要是路由器和交换机。

4）互联网络

由于早期的计算机网络标准不统一，网络与网络之间互不兼容，因而网络之间的通信非常困难。随着计算机网络技术的迅猛发展，人们渴望跨越不同的网络实现信息交换和资源共享，由此出现了"网络的网络"，即互联网络。互联网络，尤其是因特网的出现和发展，把人类社会带入了数字化、网络化和信息化的时代。

2. 计算机网络的组成

尽管计算机网络发展速度很快，实现的功能也越来越丰富，但是逻辑结构并没有太大的变化。

单个的计算机网络主要由三部分组成：若干台主机，为用户提供服务；一个通信子网，主要由节点交换机和连接这些节点的通信链路所组成；一系列的协议，主要为在主机和主机之间或主机和子网中各节点之间的通信而制定，是通信双方事先约定好的、必须遵守的规则。通常情况下，按照数据通信和数据处理的功能，可以从逻辑上将计算机网络划分为通信子网和资源子网两部分，如图 5.5 所示。

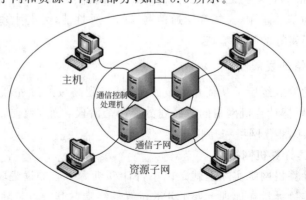

图 5.5　计算机网络逻辑结构

1) 资源子网

资源子网由网络中的所有主机、终端、终端控制器、外设(如网络打印机、磁盘阵列等)和各种软件资源组成,是信息传输的源节点或宿节点,有时也称为端节点。资源子网的基本功能是进行信息处理,即负责全网的数据处理和向网络用户(工作站或终端)提供网络资源和服务。

2) 通信子网

通信子网主要由网络节点和通信链路构成,主要负责全网的信息传递,即承担资源子网的数据传输、转接和变换等通信处理工作。网络节点即网络中间节点,主要包括分组交换设备、分组装配/拆卸设备、集线器、网络控制中心、网间连接器等,统称为接口信息处理机或通信控制处理机,其功能是控制信息的传输,在端节点之间转发信息。通信链路为通信控制处理机之间、通信控制处理机与主机之间提供通信信道。通信链路可以是有线的,如双绞线、同轴电缆或光纤,也可以是无线的,如无线电、卫星或微波。

3. 计算机网络的功能

计算机网络的主要目标是实现信息交换和资源共享,具有下述功能。

1) 数据通信

数据通信即实现计算机与终端、计算机与计算机间的数据传输,是计算机网络的最基本功能,也是实现其他功能的基础。数据通信功能需要解决连接的建立和拆除、数据传输控制、差错检测、流量控制、路由选择和多路复用等问题。

2) 资源共享

资源共享主要包括硬件资源共享、软件资源共享和数据资源共享等。如网络中的各主机既可以共享打印机、外部存储器等硬件设备,也可以共享大型应用软件等软件资源,还可以共享存储于数据库中的大量数据资源。

3) 负载均衡和分布处理

负载均衡是指工作被均匀地分配给网络上的各台计算机。网络控制中心负责分配和检测,当某台计算机负载过重时,系统会自动转移部分工作给负载较轻的计算机处理。网络技术的发展,使得分布式计算成为可能。大型的任务可以分解为许多小任务,由不同的计算机分别完成,然后再集中起来解决问题。

4) 提高系统的安全可靠性

利用网络中的冗余部件可显著提高可靠性,例如在工作过程中,一台机器出了故障,可以使用网络中的另一台机器;网络中一条通信线路出了故障,可以取道另一条线路,从而提高了整体网络系统的可靠性。

5.3.2 计算机网络的分类

计算机网络利用通信设备和通信线路,将地理位置分散的、具有独立功能的多个计算机系统互连起来,通过网络软件(网络通信协议、信息交换方式和网络操作系统等)实现网络中的资源共享和信息交换。这个定义表明:计算机网络包含两台以上的地理位置不同并且具有"自主"功能的计算机;计算机网络中各节点之间的连接需要有一条通道,即由传输介质实现物理互连;计算机网络中各节点之间互相通信或交换信息,需要有某些协议的支持；计算机网络以实现信息交换和网络资源(包括硬件资源和软件资源)共享为目的。可以从不同的角度把计算机网络划分为不同的类别，下面简单介绍几种分类方式。

1. 按网络的作用范围分类

按作用范围可以将网络划分为广域网、局域网、城域网和接入网。

1) 广域网(wide area network, WAN)

广域网的作用范围通常为几十到几千千米，因而有时也称为远程网(long haul network)。广域网是互联网的核心部分，其任务是通过长距离(例如，跨越不同的国家)传输主机所发送的数据。连接广域网各节点交换机的链路一般都是高速链路，具有较大的通信容量。广域网的特点包括：

- 覆盖范围广，可达数千千米甚至全球；
- 没有固定的拓扑结构；
- 通常使用高速光纤作为传输介质；
- 局域网可以作为广域网的终端用户与广域网连接；
- 主干带宽大，但提供给单个终端用户的带宽小；
- 数据传输距离远，往往要经过多个广域网设备转发，延时较长；
- 管理、维护困难。

2) 局域网(local area network, LAN)

局域网一般用微型计算机或工作站通过高速通信线路相连(速率通常在10Mb/s以上)，但地理上则局限在较小的范围内(如1km左右)。局域网的特点包括：

- 覆盖的地理范围较小；
- 以微机为主要联网对象；
- 误码率低；
- 传输速率高；
- 管理方便；
- 实用性强，使用广泛。

3) 城域网(metropolitan area network, MAN)

城域网的作用范围在广域网和局域网之间，作用距离约为5km~50km，可跨越多个街区甚至整座城市。城域网的传送速率比局域网的更高。

2. 按网络拓扑结构分类

计算机网络的拓扑结构是指一个网络的通信链路和节点的几何排列或物理布局图形。链路是网络中相邻两个节点之间的物理通路，节点指计算机和有关的网络设备，甚至指一个网络。下面介绍点到点式网络的拓扑结构结构。

1) 星状网络

星状网络由中央节点与各节点连接组成，各节点与中央节点通过点到点的方式连接，拓扑结构如图5.6所示。星状网络的特点是：网络结构简单，便于管理；控制简单，建网容易；网络延迟时间较短，误码率较低；网络共享能力较差；通信线路利用率不高；中央节点负荷太重。

2）树状网络

树状网络可以看作星状网络的扩展。它是一种分层结构，具有根节点和各分支节点。树状网络的主要特点是结构比较简单，成本低。在网络中，任意两个节点之间不产生回路，每条链路都支持双向传输。网络中结点扩充方便灵活，寻找链路路径比较方便。但在这种网络系统中，除叶节点及其相连的链路外，任何一个节点或链路产生的故障都会影响整个网络。

3）总线型网络

由一条高速公用总线连接若干节点所形成的网络即为总线型网络，拓扑结构如图 5.7 所示。

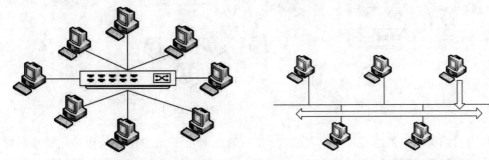

图 5.6 星状网络拓扑结构　　　　　图 5.7 总线型网络拓扑结构

总线型网络的特点主要是结构简单灵活，便于扩充，是一种很容易建造的网络。由于多个结点共用一条传输信道，故信道利用率高，但容易产生访问冲突；传输速率高，可达 1~100Mbps；但总线型网络常因一个节点出现故障（如接头接触不良等）而导致整个网络不通，因此可靠性不高。

4）环状网络

环状网络中各节点通过环路接口连在一条首尾相连的闭合环形通信线路中，拓扑结构如图 5.8 所示。环上任何节点均可请求发送信息。

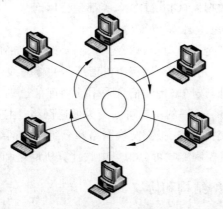

图 5.8 环状网络拓扑结构

环状网络的主要特点是信息在网络中沿固定方向流动，两个节点间仅有唯一的通路，简化了路径选择的控制；节点间采用直接串联的方式，当某个节点发生故障时，会造成整个网络的中断,可靠性较差;由于信息需要串行穿过多个节点的环路接口,当节点过多时,会使网络响应时间变长。当网络确定时,环状网络的延时固定,实时性强。

5)网状结构网络

网状结构网络是广域网中最常采用的一种网络形式,是典型的点到点结构。如图 5.9 所示的网络拓扑就属于网状结构。

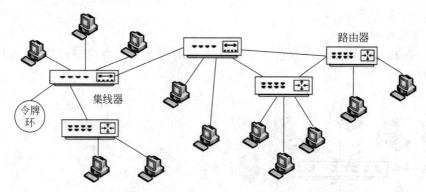

图 5.9　网状结构网络拓扑结构示例

网状结构网络的主要特点是可靠性高,一般在通信子网的任意两台节点交换机之间存在着两条或两条以上的通信路径。这样,当一条路径发生故障时,还可以通过另一条路径把信息送到节点交换机。网状结构网络的可扩充性好,无论是增加新功能,还是要将另一台新的计算机入网,以形成更大或更新的网络时,都比较方便;网络可建成各种形状,采用多种通信信道,多种传输速率。

3. 按使用范围分类

1)公用网(public network)

公用网又称公众网,一般由政府电信部门组建、管理和控制。“公用”的意思就是所有愿意按电信部门的规定交纳费用的人都可以使用。我国的分组交换公用数据网(ChinaPAC)、公用数字数据网(ChinaDDN)等都是公用网。

2)专用网(private network)

专用网由某个部门或企事业单位自行组建,不允许其他部门或单位使用,如我国的金融信息网、教育网等。专用网也可以租用电信部门的传输线路。

除了上述分类方式外,按网络传输信息采用的物理信道划分,计算机网络可分为有线网络和无线网络;按通信速率的不同可划分为低速网络、中速网络和高速网络;按数据交换方式可分为线路交换网络、报文交换网络和分组交换网络;按传输的信号可分为数字网和模拟网;按网络控制方式可分为集中式计算机网络和分布式计算机网络等。

5.3.3　计算机网络结构和协议

网络结构的目标是创建一个开放、简单灵活、高效的通信环境。协议(protocols)是用于网络通信控制的一套标准规则和程序。在网络环境下,要控制信息从一地到另一地的传输方式,并且保证信息的完整无损,就要建立起一些规则。这些规则以协议、标准及通信软件的形式出现。

1. 分层的网络体系结构

相互通信的两个计算机系统必须高度协调工作,而这种"协调"是相当复杂的。为了减少协议设计和调试过程的复杂性,大多数网络都按层次方式构建,每一层完成一定的功能,每一层又都建立在它的下层之上。"分层"可将庞大而复杂的问题转化为若干较小的局部问题,而这些较小的局部问题就比较易于研究和处理。在网络的实际设计过程中,所分的层数须适当。若层数太少,就会使每一层的协议太复杂;而层数太多则会使描述和综合各层功能的系统工程任务遇到较多的困难,因而在划分层数时需要遵循一定的原则。这些原则包括:①每层的功能应是明确的,并且是相互独立的。当某一层的具体实现方法更新时,只要保持上、下层的接口不变,便不会对邻层产生影响;②层间接口必须清晰,跨越接口的信息量应尽可能少;③层数应适中。

在计算机网络中,为使各计算机之间或计算机与终端之间能正确地传递信息,必须在信息传输顺序、信息格式和信息内容等方面制定相应的约定或规则。这组约定或规则称为网络协议。协议经常指代具体某一层的协议,准确地说,它是对同等实体之间的通信制定的有关通信规则约定的集合。

2. 开放系统互连参考模型

开放系统互连参考模型(Open System Interconnection/Reference Model,OSI/RM)是由国际标准化组织(ISO)制定的标准化开放式计算机网络层次结构模型。这里"开放"的含义是指能使任何两个遵守参考模型和相关标准的系统进行互连。OSI 包括了体系结构、服务定义和协议规范三级抽象概念。

OSI 的体系结构定义了一个七层模型,用以在进程间进行通信,并作为协调各层标准制定的框架;OSI 的服务定义描述了各层所提供的服务,以及层与层之间的抽象接口和交互用的服务原语;OSI 各层的协议规范精确地定义了应当发送何种控制信息及何种过程来解释该控制信息。如图 5.10 所示,OSI 七层模型从下到上分别为物理层(physical layer,PHL)、数据链路层(data link layer,DLL)、网络层(network layer,NL)、传输层(transport layer,TL)、会话层(session layer,SL)、表示层(presentation layer,PL)和应用层(application layer,AL)。OSI/RM 中数据的实际传送过程如图 5.10 所示。图中发送进程送给接收进程的数据,实际上是经过发送方各层从上到下传递到物理媒体;通过物理媒体传输到接收方后,再经过从下到上各层的传递,最后到达接收进程。

在发送方数据从上到下逐层传递的过程中,每层都要加上适当的控制信息,即图中的 AH(application header)、PH(presentation header)、SH(session header)、TH(transport header)、NH(network header)、DLH(data link header),统称为报头。信息传输到最底层,成为由"0""1"组成的数据比特流,然后再转换为电信号经由物理媒体传输至接收方。接收方向上传递数据的过程正好相反,要逐层剥去发送方相应层加上的控制信息。因接收方的某一层不会收到其下方各层的控制信息,而高层的控制信息对于它来说又只是透明的数据,所以它只阅读和去除本层的控制信息,并进行相应的协议操作。发送方和接收方的对等实体看到的信息是相同的,就好像这些信息通过虚拟通信直接传递给了对方一样。

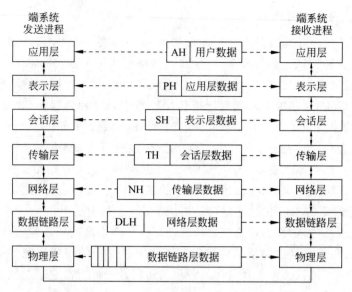

图 5.10 OSI/RM 中数据的实际传送过程

3. TCP/IP 体系结构

TCP/IP(Transmission Control Protocol/Internet Protocol,传输控制协议/网际协议)是指能够在多个不同网络间实现信息传输的协议簇。TCP/IP 不仅指代 TCP 和 IP 两个协议,而是指代一个由众多协议构成的协议簇。只是因为在 TCP/IP 协议中,TCP 和 IP 协议最具代表性,所以称为 TCP/IP 协议。目前,众多的网络产品厂家都支持 TCP/IP 协议,TCP/IP 已成为一套事实上的工业标准。TCP/IP 体系也采用分层结构,分为网络接口层、互联层、传输层和应用层四层。每一层提供特定功能,层与层之间相对独立。TCP/IP 参考模型及协议簇如图 5.11 所示。

TCP/IP模型	TCP/IP协议簇				
应用层	Telnet	FTP	SMTP	DNS	SNMP
传输层	TCP		UDP		
互联层	ARP	IP	ICMP		IGMP
网络接口层	以太网	令牌环	帧中继		ATM

图 5.11 TCP/IP 参考模型及协议簇

1) 网络接口层

网络接口层是 TCP/IP 参考模型的最低层,它负责通过网络发送和接收 IP 数据报。实际上,TCP/IP 参考模型没有真正描述这一层的实现方法,只是要求能够提供给其上层一个访问接口,以便传递 IP 分组。由于这一层次未被定义,所以其具体的实现方法将随着网络类型而变化。

2) 互联层

互联层也称为 Internet 层,是 TCP/IP 参考模型的第二层,它相当于 OSI 参考模型中网络层的无连接网络服务。互联层是整个 TCP/IP 协议的核心。它的功能是把 IP 分组发往目标网络或主机。同时,为了尽快地发送分组,可能需要沿不同的路径同时进行分组传递。因此,分组到达的顺序和发送的顺序可能不同,这就需要上层对分组进行排序。

3）传输层

传输层是 TCP/IP 参考模型的第三层,它负责应用进程之间的"端—端"通信。传输层的主要目的是:在互联网中源主机与目的主机的对等实体间建立用于会话的"端—端"连接。为了实现这个目的,传输层定义了两种服务质量不同的协议:传输控制协议(transmission control protocol, TCP)和用户数据报协议(user datagram protocol, UDP)。

TCP 协议是一种面向连接的、可靠的协议。它将一台主机发出的字节流无差错地发往互联网上的其他主机。在发送端,它负责把上层传送下来的字节流分成报文段并传递给下层。在接收端,它负责把收到的报文进行重组后递交给上层。TCP 协议还要负责端到端的流量控制,根据接收方的实际接收能力控制发送方的数据发送速率,以避免接收方没有足够的缓冲区接收发送方发送的大量数据。UDP 协议是一种不可靠的、无连接的协议,主要适用于不需要对报文进行排序和流量控制的场合。

4）应用层

TCP/IP 模型将 OSI 参考模型中的会话层和表示层的功能合并到应用层实现。应用层面向不同的网络应用,引入了不同的应用层协议。其中,有基于 TCP 协议的,如文件传输协议(file transfer protocol, FTP)、远程登录协议(TELNET)、超文本链接协议(hypertext transfer protocol, HTTP),也有基于 UDP 协议的,如简易文件传输协议(TFTP)等。

即时通信(instant messenger, IM)是一种基于网络的通信技术,涉及 IP/TCP/UDP/Sockets、对等网络(P2P)、客户/服务器(C/S)、多媒体音视频编解码/传送、万维网服务(Web service)等多种技术手段。无论即时通信系统的功能多么复杂,它们的技术原理都大同小异,大多组合使用了 C/S 和 P2P 通信模式。在登录 IM 服务器进行身份认证阶段,系统以 C/S 模式运行。随后,如果客户端之间可以直接通信,则使用 P2P 模式工作,否则以 C/S 模式通过 IM 服务器通信。

微信 App 是即时通信技术的典型应用案例。微信主要使用 P2P 通信模式,采用非对称中心网络结构。每个客户(peer)的地位平等,既是服务使用者,也是服务提供者。由于没有中央节点的集中控制,系统的扩展性较强,也能避免单点故障,提高系统的容错性能。但由于 P2P 网络的分散性、自治性、动态性等特点,某些情况下客户的访问结果是不可预见的。例如,一个请求可能得不到任何应答消息的反馈。为了保证传输的可靠性,在登录微信时,微信会使用 TCP 协议保持用户在线。在发送消息时,则采用 UDP 协议,通过服务器中转。当用户发送消息时,服务器收到消息包,需要使用 UDP 协议发回一个应答包。这样就保证了消息可以无遗漏传输。

5）IP 地址

IP 地址是 IP 协议提供的一种统一的地址格式,它为互联网上的每台计算机和其他设备都规定了一个唯一的逻辑地址。这个唯一的地址保证了用户在连网的计算机上操作时,能够高效地从千千万万台计算机中选出所需的通信对象。IP地址是一个32位的二进制数,通常被分割为4个"8位二进制数"(也就是4字节)。IP地址通常用"点分十进制"表示成(a.b.c.d)的形式,其中,a、b、c、d都是0~255的十进制整数。例如,点分十进制IP地址(100.4.5.6),实际上是32位二进制数(01100100.00000100.00000101.00000110)。

由第4版互联网协议规定的IPv4地址只包含4段数字,每一段最大不超过255。IPv4采用32位地址长度,只有大约43亿个地址,而由第6版互联网协议规定的IPv6采用128位地址长度,几乎可以不受限制地提供地址。理论上,IPv6地址的数量可达2^{128}个。IPv6的设计除解决了地址短缺问题以外,还考虑了IPv4未能妥善解决的其他问题,主要有端—端IP连接、服务质量(QoS)、安全性、多播、移动性、即插即用等。随着互联网的飞速发展和互联网用户对服务水平要求的不断提高,IPv6在全球的应用范围将越来越广。IP地址现由互联网名称与数字地址分配机构(Internet Corporation for Assigned Names and Numbers,ICANN)分配。其中国际互联网络信息中心(Internet Network Information Center,InterNIC)负责美国及其他地区;欧洲信息中心网络(European Network Of Information Centres,ENIC)负责欧洲地区;亚太互联网络信息中心(Asia Pacific Network Information Center,APNIC),负责亚太地区,我国用户可向APNIC申请。

域名系统(domain name system,DNS)是为因特网上网机器命名的一种系统。虽然互联网上的节点都可以用IP地址唯一标识,并且可以通过IP地址访问,但即使是将32位的二进制IP地址写成4个0~255的十进制数形式,也依然太长、太难记。因此,人们发明了域名(domain name),可将一个IP地址关联到一组有意义的字符上去。用户访问一个网站的时候,既可以输入该网站的IP地址,也可以输入其域名,对访问而言,两者是等价的。例如,在地址栏中输入www.baidu.com。连接的时候,DNS会提供百度网站的IP地址,供服务器去找寻,并跳转页面。

如图5.12所示,域名是相对于网站来说的,IP地址是相对于网络来说的,准确的说是通过DNS服务器来完成的。用户提交域名,服务器返回一个IP地址,也称为域名解析。具体过程是:输入域名——域名解析服务器(DNS)解析成IP地址——访问IP地址——完成访问的内容——返回信息。

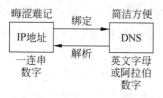

图5.12　IP地址与域名关系图

域名与IP地址之间的映射关系不同,表现在Internet上的IP地址是唯一的,一个IP地址对应一台计算机,而一个域名对应一个IP地址或多个IP地址,比如百度公司域名www.baidu.com就对应多个IP地址。与此同时,一台计算机上面可以有多个服务,也就是一个IP地址对应了多个域名。

4. 移动通信网络

随着技术更新,移动电话通信网络也逐渐成为数字网络通信的组成部分。目前,移动通信网络技术已经发展到第五代,概述如下。

第一代(1G)为基于模拟信号的移动电话通信网络,仅提供语音传送。

第二代(2G)使用全球移动通信系统(GSM)和码分多址(CDMA)技术,作为过渡产物的 2.5G、2.75G 提供的通用分组无线服务技术(GPRS)和增强型数据速率 GSM 演进技术(EDGE)或 CDMA1x 速率约 100Kbps,峰值达到 300Kbps。

第三代(3G)采用了国际电信联盟所定义的 IMT-2000 标准,主要使用宽带码分多址(WCDMA)、CDMA2000、时分同步码分多址(TD-SCDMA)技术。不同国家和地区的运营商采用不同的技术,中国大陆存在 3 种。3G 网络的通信速度能达到 300K-2Mbps,而 3.5G 的增强型高速分组接入技术(HSPA+)能够达到 21Mbps 的速度。

第四代(4G)强调更快的数据联通速率,现行的标准为长期演进技术(LTE)与全球微波接入互操作性(WiMax),峰值速率能达到下行 1Gbps,上行 500Mbps。

第五代(5G)是具有高速率、低时延和广泛连接特点的新一代宽带移动通信技术,是实现人机物互联的网络基础设施。国际电信联盟定义了 5G 的三大类应用场景,即增强移动宽带、超高可靠低时延通信和海量机器类通信。

华为是第一家在中国开展 5G 技术研究的公司。早在 2009 年,华为就开始研究 5G 技术,截至 2019 年 3 月底,华为投入 5G 研发的专家工程师有 2000 多位,在海内外建立了十余个 5G 研究中心,向欧洲电信标准化协会(ETSI)声明了 2570 族 5G 领域基本专利,占全球该领域的 17%,居世界第一。当前,华为已在 30 个国家获得了 46 份 5G 商用合同,5G 基站发货量超过 10 万个,居全球首位。华为的 5G 自主之路仍然充满坎坷,被禁止参加美国、加拿大、澳大利亚和其他西方国家的本地 5G 建设,在美国投资也遭到重重阻碍。虽然在发展过程中遭受不公待遇,但相信未来会有越来越多的国家和地区接纳这颗在 5G 通信领域冉冉升起的新星。

5.3.4 计算机网络技术应用

1. 计算机网络在管理中的应用

计算机网络在管理中有着广泛的应用,已像电力、自来水等公用设施一样不可或缺。当前计算机网络技术主要应用在以下几方面。

- 数据传输。经济全球化导致企业内部或外部均有大量的数据传输需求。由于邮寄、快递等不能满足要求,数据传输技术得到飞速发展。电子邮件等传输手段不仅快捷,而且便宜,数据传输量大,支持企业的快速发展。
- 查询系统。系统允许管理人员或用户查询储存在个人、部门、公司数据库内的信息,提出需求,并通过信息网络得到立即响应。用户也可以利用通信网络获取外部数据通信的服务,由系统把一些经济、人口统计和财政方面的数据提供给公司和个人。
- 远程处理。事务处理的数据可以由联机终端捕捉到,并立即传送到远方的计算机进行处理。例如,许多联机业务处理系统依靠 POS 终端和计算机的广域网获取销售事务数据,更新公司数据库。
- 分布式协同处理。组织中的分布式处理是利用连接网络的计算机实现的。这种网络处理取代了以往使用主干计算机设备或一些独立计算机的处理方式。
- 办公自动化与终端用户计算。网络在办公自动化和终端用户计算中起着重要的作用。接入办公室局域网的微型计算机和其他办公设备,如复印机、激光打印机等,可以共享软件和数据库,使用诸如电子邮件、音频邮件等服务,允许用户以文本、声音等方式发送和接收信息。

- 公用信息服务。公用信息服务是通信网络的一种应用形式。现在已经有不少信息服务公司,只收取很少的费用,就可以向任何一个已装备了个人计算机的用户提供各种信息服务。

2. Internet 服务和应用

1) WWW 服务

WWW(world wide web)即"万维网",是基于超文本方式的大规模、分布式信息获取和查询系统,是 Internet 中的典型应用服务。WWW 提供了一种简单、统一的方法,供用户获取网络上丰富多彩的信息,并屏蔽了网络内部的复杂性。可以说,WWW 技术为 Internet 的全球普及扫除了技术障碍,促进了网络的飞速发展,并已成为 Internet 最有价值的服务。

WWW 采用客户/服务器(C/S)模式。客户端软件通常称为 WWW 浏览器(browser),简称浏览器。浏览器软件种类繁多,目前常见的有 Google Chrome、Netscape Navigator 等。运行 Web 服务器(Web server)软件,并且有超文本和超媒体驻留其上的计算机称为 WWW 服务器或 Web 服务器,是 WWW 的核心部件。

浏览器和服务器之间通过超文本传输协议(hypertext transfer protocol,HTTP)进行通信和对话。用户通过浏览器建立与 WWW 服务器的连接,交互地浏览和查询信息。其工作过程如图 5.13 所示。浏览器首先向 WWW 服务器发出 HTTP 请求,WWW 服务器做出 HTTP 应答并返回给浏览器。然后,浏览器装载超文本页面,并解释 HTML,显示给用户。

图 5.13　WWW/HTTP 请求-响应模式

2) 文件传输服务

文件传输协议(file transfer protocol,FTP)是将文件从一台主机传输到另一台主机的应用协议。文件传输协议只提供一些基本的文件传输服务,它使用 TCP 可靠的传输服务。FTP 的主要功能是减少或消除在不同操作系统下处理文件的不兼容问题。

FTP 使用客户/服务器模式。FTP 客户端与服务器之间要建立双重连接,即控制连接和数据连接。控制连接用于传输主机间的控制信息,如用户标识、用户口令、改变远程目录和 put、get 文件等命令,而数据连接用来传输文件数据。FTP 是一个交互式会话系统,客户进程每次调用 FTP 时与服务器建立一个会话。会话通过控制连接维持,直至退出 FTP。每当客户进程提出一个请求,服务器就与 FTP 客户进程建立一个数据连接,进行实际的数据传输。直至数据传输结束,数据连接才被撤消。FTP 的工作原理如图 5.14 所示。

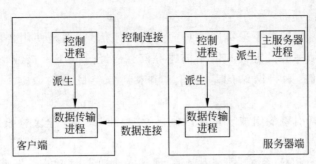

图 5.14 FTP 工作原理

用户调用 FTP 命令后,客户端首先建立一个客户控制进程,该进程向主服务器发出 TCP 连接建立请求。主服务器接受请求后,产生一个子进程(服务器控制进程),该子进程与客户控制进程建立控制连接,双方进入会话状态。在控制连接上,客户控制进程向服务器发出数据、文件传输命令。服务器控制进程接收到命令后派生一个新的进程,即服务器数据传输进程,由后者向客户控制进程发出 TCP 连接建立请求。客户控制进程收到该请求后,派生一个客户数据传输进程,并与服务器数据传输进程建立数据连接,双方即可开始进行文件传输。

3)电子邮件服务

电子邮件(e-mail)是互联网上使用范围最广,最受用户欢迎的一种应用。电子邮件系统把邮件发送到收件人使用的邮件服务器,存放在收件人邮箱中。收件人可随时上网登录自己使用的邮件服务器进行读取。电子邮件不仅使用方便,而且具有传递迅速和费用低廉的优点。现在电子邮件不仅可传送文字信息,还可附上声音和图像等文件。

电子邮件系统由 3 部分组成:用户代理(user agent)、邮件服务器(mail server)和简单邮件传送协议(SMTP)。用户代理又称为邮件阅读器,可供用户阅读、回复、转发、保存和创建邮件,还可从邮件服务器的信箱中获得邮件。邮件服务器起到邮局的作用,它保存了用户的邮箱地址,主要负责接收用户邮件,并根据邮件地址进行传输。通常,邮件由发送者的用户代理发送到其邮箱所在的邮件服务器,再由该邮件服务器按照 SMTP 协议发送到接收者的邮件服务器,存放于接收者的邮箱中。接收者从其邮箱所在的邮件服务器中读取邮件,即完成一个邮件传送过程。

4)搜索引擎

搜索引擎是指根据用户需求与一定算法,运用特定策略从互联网检索出指定信息反馈给用户的一门检索技术。搜索引擎依托于多种技术,如网络爬虫技术、检索排序技术、网页处理技术、大数据处理技术、自然语言处理技术等,为信息检索用户提供快速、高相关性的信息服务。互联网上的信息浩瀚万千,而且毫无秩序。所有的信息像汪洋上的一个个小岛,网页链接是这些小岛之间纵横交错的桥梁,而搜索引擎则为用户绘制了一幅一目了然的信息地图,供用户随时查阅。搜索引擎的种类很多,但大体上可分为两大类:全文检索搜索引擎和分类目录搜索引擎。

全文检索搜索引擎是一种纯技术型的检索工具。它通过索引程序到互联网上的各网站收集信息,找到一个网站后,可以从这个网站再链接到另一个网站,再按照一定的规则建立在线数据库供用户查询。用户在查询时只要输入关键词,就能从已经建立的索引数据库中进行查询。

分类目录搜索引擎并不采集网站页面上的任何信息，而是使用各网站向搜索引擎提交网站信息时填写的关键词和网站描述等信息。经过人工审核编辑后，如果认为符合网站收录的条件，则将网站的基本信息输入到分类目录的数据库中，供网上用户查询。

全文检索搜索引擎的组成要素可以概括为"蜘蛛"系统＋全文检索系统＋页面生成系统＋用户接口。

（1）"蜘蛛"（spider）系统，即能从互联网上自动搜集网页的数据搜集系统，也称为"机器人"（robot）或搜索器。它能将搜集所得的网页内容交给索引和检索系统处理。

（2）全文检索系统，也称为索引器，即通过扫描每一篇文章中的每一个词，根据其出现的频率，抽取出索引项，建立以词为单位的排序文件（索引表）的计算机程序。搜索引擎的有效性在很大程度上取决于索引的质量。

（3）页面生成系统，即根据用户的查询在索引库中快速检出文档，进行文档与查询的相关度评价，并将检索出的结果进行排序，高效地组装成 Web 页面以返回给用户的系统。

（4）用户接口，即输入用户查询词、显示查询结果、提供用户相关性反馈机制的界面及接口。其目的主要是方便用户使用搜索引擎，高效率、多方式地从搜索引擎中得到有效、及时的信息。

章节要点

本章首先介绍计算机的技术基础以及计算机的产生和发展，并针对计算机的分类、特点和发展趋势进行简要介绍，使读者完整地了解计算机的概念；其次，从应用的角度介绍计算机的硬件基础和软件基础，让读者了解计算机的工作原理，能够处理日常使用计算机过程中遇到的基本问题；接着介绍了计算机的网络基础，从计算机网络的产生与发展、计算机网络的组成与功能、类别和体系结构四个层面对计算机网络进行较为全面的讲解，并概述了计算机网络的应用。

课程思政融入点

从计算机硬件和软件以及计算机网络的发展拓展到中国芯片的研发、鸿蒙系统的研发，"工业 4.0"与"中国制造 2025"及其重要意义，加深学生对网络强国、科技强国的认识。通过介绍我国在信息技术领域取得的进步，让学生们认识到我国由一个"一穷二白"的国家发展到现在的信息强国，经历了怎样的艰辛历程。在计算机领域取得重大进展的背后是科技工作人员的艰辛付出和无私奉献。学生通过学习科技人员的工作精神，培养正确的人生观和价值观。让学生以小组为单位就"信息系统的技术基础"这一主题查找资料，结合美国对华为公司的打压制裁案例，学习技术对国家的重要性。激发学生的爱国主义情怀，帮助学生树立以祖国强大为己任的理想；培养学生勇于开拓、顽强拼搏、不断探索的精神。

思考题

1. 简述计算机技术发展的主要阶段。
2. 简要介绍冯·诺依曼计算机体系结构。
3. 举例说明什么是系统软件和应用软件。
4. 典型的程序设计语言有哪些？各有什么特点？
5. 计算机网络逻辑结构由哪两部分构成？各起什么作用？
6. 计算机网络都有哪些类别？各自有哪些特点？
7. 什么是 TCP/IP？
8. 解释域名系统的概念。

第 **6** 章

数据库技术

无论什么类型的管理信息系统,都离不开对数据的管理。数据库技术是信息系统的核心技术之一,是一种由计算机辅助管理数据的方法。它研究如何组织和存储数据,如何高效地获取和处理数据。数据库广泛地应用于各个企业组织和政府机构,是管理信息系统的重要技术基础。

6.1 基本概念

6.1.1 数据管理相关概念

1. 数据

数据(data)是数据库中存储的基本对象。谈到数据,大多数人头脑中的第一反应就是数字。其实,数字只是最简单的一种数据,是数据的一种传统和狭义的理解。按照广义的理解方式,数据的种类很多,文字、图形、图像、声音、学生的档案记录、货物的运输情况等,都是数据。

如 1.2.3 节所述,数据是对客观事物的符号表示。数据有多种表现形式,它们都可以经过数字化后存入计算机。为了了解世界,交流信息,人们需要对事物进行描述。在日常生活中,可以直接用自然语言(如汉语)描述。在计算机中,为了存储和处理事物的相关信息,就要抽取所关注的特征组成一条记录来描述。例如,在学生档案中,如果人们感兴趣的是学生的姓名、性别、年龄、出生年月、籍贯、所在系别、入学时间,那么可以如下描述:

(李明,男,22,2000,江苏,计算机系,2018)

这里的学生记录就是数据。对于上面这条学生记录,了解其含义的人会得到如下信息:李明是个大学生,2000 年出生,性别为男,籍贯江苏,2018 年考入计算机系;而不了解其语义的人则无法清晰地获取全部信息。可见,数据的形式还不能完全表达其内容,需要解释。数据的解释是指对数据含义的说明,数据的含义称为数据的语义,数据与其语义是不可分的。

2. 数据库

数据库(database,DB)是长期储存在计算机内、有组织的、可共享的数据集合。数据库中的数据按一定的数据模型组织、描述和储存,具有较小的冗余度、较高的数据独立性和易扩展性,并可为各种用户共享。人们收集并抽取出一个应用所需要的大量数据之后,应将其保存起来以供进一步加工处理,抽取有用信息。过去人们把数据存放在文件柜里,现在则可以借助计算机和数据库技术科学地保存和管理大量复杂的数据,方便而充分地利用这些宝贵的信息资源。

3. 数据库管理系统

数据库管理系统(database management system,DBMS)是位于用户与操作系统之间的一层数据管理软件。它的用途简单来说就是:科学地组织和存储数据,高效地获取和维护数据。我们可以把数据库管理系统看成"仓库"+"保管员"。这里,仓库是"文件",保管员是"管理软件"。这个"仓库保管员"要做的事情包括:

- 检查输入的数据是否合法(数据的定义问题);
- 如何摆放最好(数据的组织问题);
- 如何更快地找到用户所需要的数据并提取出来(数据的存取路径和操作问题);
- 数据如何不被坏人提走(数据的安全性问题);
- 有时可能会有多个人来提货,为了提高效率,可以一次拿几张单子,顺路把需要的数据都取出来(数据的并发控制问题)。

用户通过 DBMS 访问数据库中的数据,数据库管理员也通过 DBMS 进行数据库的维护工作。DBMS 提供多种功能,可使多个应用程序和用户用不同的方法在相同或不同时刻方便地定义和使用数据、维护数据的安全性和完整性,以及进行多用户下的并发控制和恢复数据库。

4. 数据库系统

数据库系统(database system,DBS)是指在计算机系统中引入数据库后的系统,一般由数据库、数据库管理系统(及其开发工具)、应用系统、数据库管理员和用户构成。在不引起混淆的情况下常常把数据库系统简称为数据库。应当指出的是,数据库的建立、使用和维护等工作只靠一个 DBMS 远远不够,还要有专门的人员来完成,这些人被称为数据库管理员(database administrator,DBA)。

5. 大数据分析

当前人们从不同的角度诠释大数据的内涵。一般意义上,大数据是指无法在可接受的时间内用常规软件工具对其内容进行感知、获取、管理、处理和服务的数据集合。还有专家给出的定义是,大数据通常被认为是 $PB(1PB=10^3 TB)$ 或 $EB(1EB=10^6 TB)$ 或更高数量级的数据,包括结构化、半结构化和非结构化的数据,其规模或复杂程度超出了传统数据库和软件技术所能管理和处理的数据集范围。一般而言,大数据具有容量大、种类多、低价值密度、处理速度快等特点。

大数据分析(big data analysis)是指对规模巨大的数据进行分析。在维克托·迈尔-舍恩伯格(Viktor Mayer-Schönberger)与肯尼思·库克耶(Kenneth Cukier)编写的《大数据时代》(*Big Data*)一书中,大数据分析指不用随机分析法(抽样调查)这样的捷径,而使用所有数据进行分析处理。

6. 数据挖掘

数据挖掘(data mining)是从大量数据中发现并提取隐藏在内的、事先未知但又可能有用的信息和知识的一种新技术。数据挖掘的目的是帮助决策者寻找数据间潜在的关联,发现经营者忽略的要素,而这些要素对预测趋势、决策行为或许十分有用。数据挖掘技术涉及数据库、人工智能、机器学习、统计分析等多种技术,它使决策支持系统跨入了一个新阶段。

6.1.2　数据管理技术的发展

数据的处理是指对各种数据进行收集、存储、加工和传播的一系列活动的总和。数据管理则是指对数据进行分类、组织、编码、存储、检索和维护,是数据处理的中心问题。在应用需求的推动下,在计算机硬件、软件发展的基础上,数据管理技术经历了人工管理、文件系统、数据库系统三个阶段。

1. 人工管理阶段(20 世纪 50 年代中期以前)

在人工管理阶段,计算机主要用于科学计算。外部存储器只有磁带、卡片和纸带等,还没有磁盘等直接存取存储设备。软件也处于初级阶段,只有汇编语言,无操作系统和数据管理方面的软件。数据处理方式基本是批处理。

人工管理阶段的数据是面向应用程序的,一个数据集只能对应于一个程序,程序和数据之间的关系如图 6.1 所示。因为没有相应的系统软件专门负责数据的管理工作,所以数据需要由应用程序定义和管理。当多个应用程序涉及某些相同的数据时,必须由各自的应用程序分别定义和管理这些数据,无法共享利用,因此存在大量的数据冗余。

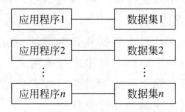

图 6.1　人工管理阶段程序与数据之间的一一对应关系

2. 文件系统阶段(20 世纪 50 年代后期至 60 年代中期)

在文件系统阶段,计算机不仅用于科学计算,还在信息管理方面得到应用。随着数据量的增加,数据的存储、检索和维护问题日趋迫切,数据结构和数据管理技术迅速发展起来。此时,外部存储器已有磁盘、磁鼓等可直接存取的存储设备。软件领域出现了操作系统和高级软件。操作系统中的文件系统是专门管理外存的数据管理软件,文件是操作系统管理的重要资源之一。数据处理方式有批处理,也有联机实时处理。文件系统阶段应用程序与数据之间的对应关系如图 6.2 所示。这个阶段有如下几个特点。

- 数据以"文件"形式可长期保存在外部存储器的磁盘上。由于计算机的应用转向信息管理,因此对文件要进行大量的查询、修改和插入等操作。
- 数据的逻辑结构与物理结构有了区别,但比较简单。程序与数据之间具有"设备独立性",即程序只需用文件名就可管理数据,不必关心数据的物理位置。由操作系统的文件系统提供存取方法(读/写)。

- 文件组织已实现多样化,有索引文件、链接文件和直接存取文件等,但文件之间相互独立、缺乏联系,数据之间的联系要通过程序构造。

- 数据不再属于某个特定的程序,可以重复使用,即"数据面向应用"。但是文件结构的设计仍然基于特定的用途,程序设计基于特定的物理结构和存取方法,因此程序与数据结构之间的依赖关系并未根本改变。

- 对数据的操作以记录为单位。这是由于文件中只存储数据,不存储文件记录的结构描述信息。文件的建立、存取、查询、插入、删除、修改等所有操作,都要用程序来实现。

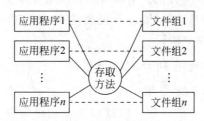

图 6.2　文件系统阶段应用程序与数据之间的对应关系

随着数据管理规模的扩大,数据量急剧增加,早期的文件系统显露出一些缺陷,主要体现在以下几方面。

- 编写应用程序不方便。程序员需要记忆文件的组织形式和包含的内容。

- 数据冗余大。由于文件之间缺乏联系,每个应用程序都有对应的文件,同样的数据有可能在多个文件中重复存储。数据冗余不仅浪费了空间,还导致数据存在潜在的不一致性,较难修改。

- 不一致性。不一致性往往是由数据冗余造成的,在进行更新操作时,稍不谨慎,就可能使同样的数据在不同的文件中出现差别。

- 数据独立性差。如果存储文件的逻辑结构或存储结构发生了变化,就不得不修改程序。程序和数据之间的独立性仍然较差。

- 不支持对文件的并发访问。

- 数据间的联系较弱。这是由于文件之间相互独立,缺乏联系。

- 难以按不同用户的需要表示数据。

- 安全控制功能较差。

3. 数据库管理系统阶段(20 世纪 60 年代后期开始)

数据管理技术进入数据库管理系统阶段有三大标志:一是 1968 年美国 IBM 公司推出层次模型数据库系统;二是 1969 年美国数据系统语言会议(CODASYL)发布了数据库任务组(database task group,DBTG)报告,总结了各式各样的数据库,提出网状模型;三是 1970 年美国 IBM 公司的埃德加·科德(Edgar F. Codd)连续发表论文,提出关系模型,奠定了关系数据库的理论基础。这一阶段,计算机越来越多地应用于管理领域,数据规模也越来越大。数据库系统克服了文件系统的缺陷,提供了更高级、更有效的数据管理。这个阶段的程序和数据的联系通过数据库管理系统(DBMS)实现,如图 6.3 所示。

图 6.3　数据库管理系统阶段应用程序与数据之间的对应关系

概括而言,数据库系统阶段的数据管理具有以下特点。

数据结构化。在描述数据时,不仅要描述数据本身,还要描述数据之间的联系,这样就把相互关联的数据集成了起来。

数据共享。数据不再面向特定的某个或多个应用,而是面向整个应用系统。

显著降低数据冗余。同文件系统相比,数据库实现了数据共享,从而使用户免于各自建立应用文件。通过减少大量重复数据,显著降低数据冗余,维护数据的一致性。其中,数据冗余是指同一个数据在系统中多次重复出现。

有较高的数据独立性。数据独立性是指存储在数据库中的数据与应用程序之间不存在依赖关系,是相互独立的。数据独立性可分为逻辑独立性和物理独立性两部分。逻辑独立性是指数据的逻辑结构发生变化(如增加一列或减少一列)而不影响应用程序的特性。物理独立性是指存储数据的物理结构发生变化(如由顺序存储变为链式存储)而不影响应用程序的特性。

保证了安全可靠性和正确性。通过对数据的完整性控制、安全性控制和并发控制,应用数据的备份与恢复策略,存储在数据库中的数据有了更大的保障。

此外,数据库系统为用户提供了方便的用户接口。用户可以使用查询语言或终端命令操作数据库,也可以用程序方式(如用 C 语言和数据库语言联合编制的程序)操作数据库。

4. 高级数据库阶段

高级数据库阶段的主要标志是 20 世纪 80 年代的分布式数据库系统,90 年代的面向对象数据库系统以及 21 世纪的 Web 数据库系统等数据库系统。分布式数据库是用计算机网络将物理上分散的多个数据库单元连接起来组成的逻辑统一的数据库。每个被连接起来的数据库单元称为节点。分布式数据库由统一的数据库管理系统管理,称为分布式数据库管理系统。面向对象数据库系统是面向对象的程序设计技术与数据库技术相结合的产物。面向对象数据库系统的主要特点是具有面向对象技术的封装性和继承性,提高了软件的可重用性。Web 数据库指在互联网中以 Web 查询接口方式访问的数据库资源。

6.2　数据模型

6.2.1　数据模型概述

模型是现实世界特征的模拟和抽象。数据模型(data model)也是一种模型,是用来描述数据、组织数据和对数据进行操作的工具。在数据库中用数据模型这个工具来抽象、表示和处理现实世界中的数据和信息。通俗地讲,数据模型就是对现实世界的模拟。数据模型应满足三方面要求:①能比较真实地模拟现实世界;②容易为人所理解;③便于在计算机上实现。一种数据模型要很好地满足这三方面的要求,目前尚很困难。因此,在数据库系统中针对不同的使用对象和应用目的,采用不同的数据模型。

如同在建筑设计和施工的不同阶段需要不同的图纸,在开发实施数据库应用系统时也需要使用不同的数据模型。数据模型按不同的应用层次分成三种类型,分别是概念模型、逻辑模型、物理模型。第一类模型是概念模型,也称信息模型,它按用户的观点对数据和信息建模,主要用于数据库设计。第二类模型是逻辑模型,它按计算机系统的观点对数据建模,主要用于DBMS的实现,主要包括网状模型、层次模型、关系模型、面向对象模型等。第三类模型是物理模型,它是对数据最低层的描述,描述了数据在系统内部的表示方式和存取方法,在磁盘或磁带上的存储方式和存取方法,是面向计算机系统的。物理模型的具体实现是DBMS的任务,一般用户不必考虑物理级的细节。

数据模型是数据库系统的核心和基础,各种机器上的DBMS软件都是基于数据模型实现的。为了把现实世界中的具体事物抽象、组织为DBMS支持的数据模型,人们常常首先将现实世界抽象为信息世界,然后将信息世界转换为机器世界。也就是首先把现实世界中的客观对象抽象为某一种信息结构,这种信息结构并不依赖于具体的计算机系统,不是某一个DBMS支持的数据模型,而是概念级的模型;然后再把概念模型转换为计算机上某一DBMS支持的数据模型,这一过程如图6.4所示。从现实世界到概念模型的转换是由数据库设计人员完成的,从概念模型到逻辑模型的转换可以由数据库设计人员完成,也可以由数据库设计工具协助设计人员完成,而从逻辑模型到物理模型的转换则一般是由DBMS完成的。

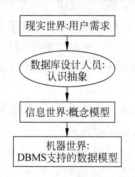

图6.4　现实世界中客观对象的抽象过程

一般来讲,任何一种数据模型都是严格定义的概念的集合。这些概念必须能精确描述系统的静态特性、动态特性和完整性约束条件。因此,数据模型通常都是由数据结构、数据操作和完整性约束3个要素组成。

1. 数据结构

数据结构规定了如何把基本的数据项组织成较大的数据单位,以描述数据的类型、内容、性质和数据之间的相互关系。它是数据模型最基本的组成部分,规定了数据模型的静态特性。在数据库系统中,通常按照数据结构的类型来命名数据模型。例如,采用层次型数据结构、网状数据结构和关系型数据结构的数据模型分别称为层次模型、网状模型和关系模型。

2. 数据操作

数据操作是指一组用于指定数据结构的任何有效的操作。数据库中的主要操作有查询和更新两大类。数据模型要给出这些操作的确切含义、操作规则和实现操作的语言,因此,数据操作规定了数据模型的动态特性。

3. 完整性约束

数据的约束条件是一组完整性规则的集合,它定义了给定数据模型中的数据及其联系所具有的制约和依存规则,用来限定相容的数据库状态的集合和可容许的状态改变,以保证数据库中数据的正确性、有效性和相容性。每种数据模型都规定有通用和特殊的完整性约束条件。

通用的完整性约束条件:通常把具有普遍性的问题归纳成一组通用的约束规则,只有在满足给定约束规则的条件下才允许对数据库进行更新操作。例如,关系模型中通用的约束规则是实体完整性和参照完整性。

特殊的完整性约束条件:把能够反映某一应用中涉及的数据所必须遵守的特定语义约束条件定义成特殊的完整性约束条件。例如,关系模型中特殊的约束条件是用户定义的完整性。

6.2.2　概念模型

由图 6.4 可以看出,概念模型实际上是现实世界到机器世界的一个中间层次。概念模型用于信息世界的建模,是现实世界到信息世界的第一层抽象,是数据库设计人员进行数据库设计的有力工具,也是数据库设计人员和用户之间进行交流的语言。因此,概念模型一方面应该具有较强的语义表达能力,能够方便、直接地表达应用中的各种语义知识,另一方面,它还应该简单、清晰、易于用户理解。描述概念模型的有力工具是实体-联系模型(简称 E-R 模型)。下面对有关 E-R 模型的基本概念进行介绍。

1. 信息世界中的基本概念

信息世界涉及的概念主要包括如下。

1) 实体(entity)

客观存在并可相互区别的事物称为实体。实体可以是具体的人、事、物,也可以是抽象的概念或联系,例如,一个职工、一个学生、一个部门、一门课、学生的一次选课、部门的一次订货、老师与系的工作关系(即某位老师在某系工作)等都是实体。

2) 属性(attribute)

实体所具有的某一特性称为属性。一个实体可以由若干属性来刻画。例如,学生实体可以由学号、姓名、性别、出生年份、系、入学时间等属性组成。(94002268,李明,男,2000,计算机系,2018)这些属性组合起来表征了一个学生。

3) 码(key)

唯一标识实体的属性集称为码。例如,学号是学生实体的码。

4) 域(domain)

属性的取值范围称为该属性的域。例如,学号的域为 8 位整数,姓名的域为字符串集合,年龄的域为小于 38 的整数,性别的域为(男,女)。

5) 实体型(entity type)

具有相同属性的实体必然具有共同的特征和性质。用实体名及其属性名集合来抽象和刻画同类实体,称为实体型。例如,学生(学号,姓名,性别,出生年份,系,入学时间)就是一个实体型。

6）实体集（entity set）

同型实体的集合称为实体集。例如，全体学生就是一个实体集。

7）联系（relationship）

在现实世界中，事物内部以及事物之间是有联系的，这些联系在信息世界中反映为实体（型）内部的联系和实体（型）之间的联系。实体内部的联系通常是指组成实体的各属性之间的联系。实体之间的联系通常是指不同实体集之间的联系。

两个实体型之间的联系可以分为三类。

（1）一对一联系（1∶1）。如果对于实体集 A 中的每一个实体，实体集 B 中至多有一个（也可以没有）实体与之联系，反之亦然，则称实体集 A 与实体集 B 具有一对一联系，记为 1∶1。例如，学校里面，一个班级只有一个正班长，而一个班长只在一个班中任职，则班级与班长之间具有一对一联系。

（2）一对多联系（1∶n）。如果对于实体集 A 中的每一个实体，实体集 B 中有 n 个实体（$n \geqslant 0$）与之联系，反之，对于实体集 B 中的每一个实体，实体集 A 中至多只有一个实体与之联系，则称实体集 A 与实体集 B 有一对多联系，记为 1∶n。例如，一个班级中有若干名学生，而每个学生只在一个班级中学习，则班级与学生之间具有一对多联系。

（3）多对多联系（m∶n）。如果对于实体集 A 中的每一个实体，实体集 B 中有 n 个实体（$n \geqslant 0$）与之联系，反之，对于实体集 B 中的每一个实体，实体集 A 中也有 m 个实体（$m \geqslant 0$）与之联系，则称实体集 A 与实体集 B 具有多对多联系，记为 m∶n。例如，一门课程同时有若干个学生选修，而一个学生可以同时选修多门课程，则课程与学生之间具有多对多联系。

实际上，一对一联系是一对多联系的特例，而一对多联系又是多对多联系的特例。可以用图形来表示两个实体型之间的这三类联系，如图 6.5 所示。

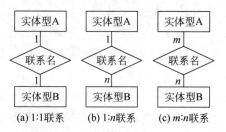

(a) 1∶1联系　　　(b) 1∶n联系　　　(c) m∶n联系

图 6.5　两个实体型之间的三种联系

一般地，两个以上的实体型之间也存在着一对一、一对多、多对多联系。若实体集 $E_1, E_2, \cdots, E_n$ 存在联系，对于实体集 $E_j (j = 1, 2, \cdots, i-1, i, i+1, \cdots, n)$ 中的给定实体，最多只和 E_i 中的一个实体相联系，则说 E_i 与 $E_1, E_2, \cdots, E_{i-1}, E_i, E_{i+1}, \cdots, E_n$ 之间的联系是一对多的。例如，对于课程、教师与参考书三个实体型，如果一门课程可以由若干名教师讲授，使用若干本参考书，而每一名教师只讲授一门课程，每一本参考书只供一门课程使用，则课程与教师、参考书之间的联系是一对多的，如图 6.6（a）所示。又如，有三个实体型：供应商、项目、零件，一个供应商可以供给多个项目多种零件，而每个项目可以使用多个供应商供应的零件，每种零件可由不同供应商供给，由此可看出,供应商、项目、零件三者之间是多对多的联系,如图 6.6(b)所示。要注意,三个实体型之间多对多的联系和三个实体型两两之间的(三个)多对多联系的语义是不同的。

同一个实体集内的各实体之间也可以存在一对一、一对多、多对多的联系。例如,职工实体集内部具有领导与被领导的联系,即某一职工(干部)"领导"若干职工,而一个职工仅被另外一个职工直接领导,因此这是一对多的联系,如图 6.7 所示。

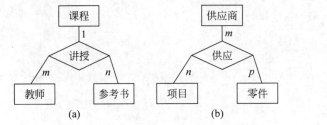

图 6.6 三个实体型之间的联系示例   图 6.7 一个实体型自身的一对多联系示例

2. 概念模型表示方法

概念模型是对信息世界的建模,所以概念模型应该能够方便、准确地表示出信息世界中的常用概念。概念模型的表示方法很多,其中最为著名、最为常用的是实体-联系方法(entity-relationship approach,E-R 方法)。该方法用 E-R 图来描述现实世界的概念模型,E-R 方法也称为 E-R 模型。

E-R 图提供了表示实体型、属性和联系的方法。

- 实体型:用矩形表示,矩形框内写明实体名。
- 属性:用椭圆形表示,并用无向边将其与相应的实体连接起来。例如,学生实体具有学号、姓名、性别、出生年份、系、入学时间等属性,用 E-R 图表示,如图 6.8 所示。
- 联系:用菱形表示,菱形框内写明联系名,并用无向边分别与有关实体连接起来,同时在无向边旁标上联系的类型($1:1,1:n$ 或 $m:n$)。

需要注意的是,如果一个联系具有属性,则这些属性也要用无向边与该联系连接起来。例如图 6.6(b)中,用"供应量"来描述联系"供应"的属性,表示某供应商供应了多少数量的零件给某个项目。那么这三个实体及其之间联系的 E-R 图表示可如图 6.9 所示。

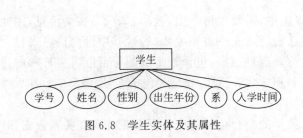

图 6.8 学生实体及其属性   图 6.9 联系的属性示例

下面用 E-R 图来表示某个工厂物资管理的概念模型,如图 6.10 所示。

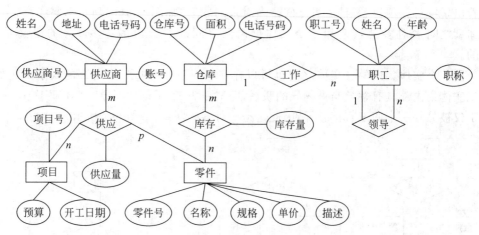

图 6.10　工厂物资管理 E-R 图

物资管理涉及的实体及其属性如下。

- 仓库：属性有仓库号、面积、电话号码。
- 零件：属性有零件号、名称、规格、单价、描述。
- 供应商：属性有供应商号、姓名、地址、电话号码、账号。
- 项目：属性有项目号、预算、开工日期。
- 职工：属性有职工号、姓名、年龄、职称。

物资管理各实体之间的联系如下。

- 一个仓库可以存放多种零件，一种零件可以存放在多个仓库中，因此仓库和零件
  具有多对多的联系。用库存量来表示某种零件在某个仓库中的数量。
- 一个仓库有多名职工担任仓库保管员，一名职工只能在一个仓库工作，因此仓库
  和职工之间是一对多的联系。
- 职工之间具有领导-被领导关系。即仓库主任领导若干保管员，因此职工实体集
  中具有一对多的联系。
- 供应商、项目和零件三者之间具有多对多的联系。即一个供应商可以供给若干
  项目多种零件，每个项目可以使用不同供应商供应的零件，每种零件可由不同供
  应商供给。

实体-联系方法是抽象和描述现实世界的有力工具。用 E-R 图表示的概念模型独
立于具体的数据库管理系统，是各种其他数据模型的共同基础，比逻辑模型或物理模型
更一般、更抽象、更接近现实世界。

例如，在典型的教学管理数据库中，需要存储学生、教师、课程等相关信息，因此设
计出课程表、学生信息表、教师信息表以及成绩表等关系（表），其中学生信息表包含学
生的学号、姓名、性别和专业等属性，教师信息表包含教师的编号、姓名、生日和职称等
属性，课程表包含课程编号、课程名和学分等属性，成绩表包括学号、课程编号和成绩等
属性。数据都存储在表中，如图 6.11 所示。

对应于一个关系模型的所有关系的集合构成一个关系数据库。在关系数据库中，
两个表通过相同的属性关联在一起。例如，图 6.11 中成绩表的学号、课程编号分别对
应学生信息表中的学号和课程表中的课程号。在表与表之间建立联系，不仅确立了数

学生信息表			
学号	姓名	性别	专业
13191001	方慧	女	工商管理
13191002	周博	男	工商管理
14191001	宋玉	男	物流管理

教师信息表			
教师编号	姓名	生日	职称
1001	李阳	19710120	教授
3102	宋丹青	19660730	副教授
1303	高良	19801006	讲师

课程表		
课程编号	课程名	学分
HA1112007	大学英语	2
SC1112001	高等数学	3
SE2121002	管理学	3
SE3121012	运筹学	3

成绩表		
学号	课程编号	成绩
13191001	HA1112007	90
13191001	SC1112001	91
13191002	HA1112007	95
13191002	SE3121012	89
14191001	HA1112007	91

图 6.11 关系(表)示意图

据表之间的关联,还确定了数据库的参照完整性,即在设定了数据表之间的相互联系后,用户不能随意更改建立关联的字段,这有助于防止错误的值被输入到相关字段中。在本例中,根据教学管理数据库已存储的数据和已建立的联系绘制 E-R 图,如图 6.12 所示。

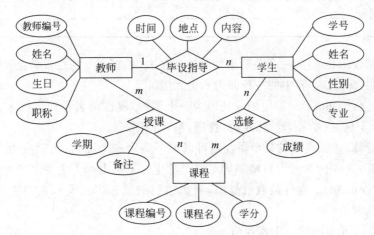

图 6.12 教学管理数据库的 E-R 图

从图 6.12 的 E-R 图中可知,一名教师可以主讲多门课程,而每门课程也可由多名教师主讲,因此还需要建立记录教师授课信息的表;在毕业设计工作中,一名教师可以指导多名学生。但每名学生只能有唯一的指导教师,因此还需要建立记录毕业设计过程中教师指导学生信息的表。因此,E-R 图有能力描述复杂的现实情况,帮助设计人员综合考虑并仔细设计,避免出现错误或遗漏。

6.2.3 关系数据模型

数据库领域最常用的数据模型主要有 3 种,它们分别是层次模型(hierarchical model)、网状模型(network model)和关系模型(relational model)。随着数据库理论与实践的不断发展,对象关系数据模型(object relational model)、面向对象模型(object-oriented model)等也在不断完善。

在上述 3 种主要的逻辑数据模型中,层次模型和网状模型统称为格式化模型,也称为非关系模型。非关系模型的数据库系统在 20 世纪 70 年代至 80 年代初占据主导地位,现在已大多被关系模型的数据库系统所取代。但在欧美国家,一些早期开发的应用系统仍在使用非关系模型的数据库系统。关系模型是目前最重要的一种数据模型。关系数据库系统采用关系模型作为数据的组织方式。1970 年美国 IBM 公司研究员埃德加·科德首次提出了数据库系统的关系模型,开创了数据库关系方法和关系数据理论的研究,为数据库技术奠定了理论基础。

1. 关系数据模型的数据结构

关系模型是建立在严格的数学概念的基础上的。在用户观点下,关系模型中数据的逻辑结构是一张二维表,它由行和列组成。现在以学生登记表(如表 6.1 所示)为例,介绍关系模型中的一些术语。

表 6.1 学生登记表

学 号	姓 名	年 龄	性 别	系 名	年 级
19001	王小飞	19	男	国贸	19
19002	黄大鹏	20	男	会计	19
19003	张 楠	19	女	工商	19
…	…	…	…	…	…

(1) 关系(relation)。一个关系通常对应一张表,如表 6.1 的这张学生登记表所示。

(2) 元组(tuple)。表中的一行即为一个元组。

(3) 属性(attribute)。表中的一列即为一个属性,属性的名称即属性名。表 6-1 有六列,对应六个属性(学号,姓名,年龄,性别,系名和年级)。

(4) 主键(key)。表中的某个属性组可以唯一确定一个元组,也就成为本关系的主键。例如,表 6.1 中的学号可以唯一确定一个学生。主键也称为主关键字或主码。

(5) 域(domain)。属性的取值范围,例如性别的域是(男,女),系别的域是一个学校所有系名的集合。

(6) 分量。元组中的一个属性值。

(7) 关系模式。对关系的描述,一般表示为

关系名(属性 1,属性 2,…,属性 n)

例如上面的关系可描述为

学生(学号,姓名,年龄,性别,系名,年级)

在关系模型中,实体以及实体间的联系都是用关系来表示的。例如,学生、课程、学生与课程之间的多对多联系在关系模型中可以表示为

学生(学号,姓名,年龄,性别,系名,年级)

课程(课程号,课程名,学分)

选修(学号,课程号,成绩)

关系模型要求关系必须是规范化的,必须满足一定的规范条件。这些规范条件中最基本的一条就是,关系的每个分量必须是一个不可分的数据项,也就是说,不允许表中还有表。表 6.2 中工资和扣款是可分的数据项,工资又分为基本工资、工龄工资和职务工资,扣款又分为房租和水电,因此表 6.2 所示的表格不满足关系模型规范化基本要求。

表 6.2　不符合关系模型规范化要求的表格

职　工　号	姓　名	职　称	工　资			扣　款		实　发
			基本	工龄	职务	房租	水电	
19055	张彬	助教	950	200	300	200	100	1150
…	…	…	…	…	…	…	…	…

2. 关系数据模型的操作与完整性约束

关系数据模型的操作主要包括查询、插入、删除和修改数据。这些操作必须满足关系的完整性约束条件。关系的完整性约束条件包括三大类：实体完整性、参照完整性和用户定义的完整性。

关系模型中的数据操作是集合操作，操作对象和操作结果都是关系，即若干元组的集合，不同于格式化模型中单记录的操作方式。另一方面，关系模型的存取路径对用户隐蔽，用户只要指出"干什么"或"找什么"，不必详细说明"怎么干"或"怎么找"，从而显著增强了数据的独立性，提高了用户工作效率。

3. 关系数据模型的优缺点

关系数据模型具有下列优点。

- 关系模型已经建立并发展近半个世纪，非常成熟，具有众多的实际应用成果。
- 关系模型的形式单一，无论实体还是实体之间的联系都用关系表示，对数据的检索结果也是关系（即表）。其数据结构简单、清晰，用户易懂易用。
- 关系模型的存取路径对用户隐蔽，从而具有更高的数据独立性、更好的安全保密性，也简化了数据管理员和数据库开发者的工作。

当然，关系数据模型也有缺点，其中最主要的缺点是，由于存取路径对用户隐蔽，查询效率往往不如格式化数据模型。因此为了提高性能，必须对用户的查询请求进行优化，但这也增加了开发数据库管理系统的难度。

6.2.4　概念模型向关系模型的转换

为了能够用某一数据库管理系统实现用户需求，还必须将概念模型进一步转化为相应的数据模型。本节重点介绍概念模型向关系模型的转换过程。

1. 实体集的转换规则

一个实体集转换为关系模型中的一个关系，实体的属性就是关系的属性，实体的码就是关系的码，关系的结构是关系模式。

2. 实体集间联系的转换规则

1）1∶1 联系的转换方法

（1）将 1∶1 联系转换为一个独立的关系，与该联系相连的各实体的码以及联系本身的属性均转换为关系的属性，且每个实体的码均是该关系的候选码。

（2）将 1∶1 联系与某一端实体集所对应的关系合并，则需要在被合并关系中增加属性。新增的属性为联系本身的属性和与联系相关的另一个实体集的码。

对于如图 6.13 所示 E-R 图，根据上述规则，有三种方案可将其转换为关系模型。

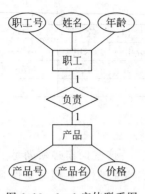

图 6.13　1∶1 实体联系图

方案 1：联系形成的关系独立存在。

职工(职工号,姓名,年龄);

产品(产品号,产品名,价格);

负责(职工号,产品号)。

方案 2："负责"与"职工"两关系合并。

职工(职工号,姓名,年龄,产品号);

产品(产品号,产品名,价格)。

方案 3："负责"与"产品"两关系合并。

职工(职工号,姓名,年龄);

产品(产品号,产品名,价格,职工号)。

2) 1∶n 联系的转换方法

(1) 将联系转换为一个独立的关系,其关系的属性由与该联系相连的各实体集的码以及联系本身的属性组成,而该关系的码为 n 端实体集的码。

(2) 将联系与 n 端实体集所对应的关系合并,在 n 端实体集中增加新属性,新属性由联系对应的 1 端实体集的码和联系自身的属性构成,新增属性后原关系的码不变。

对于如图 6.14 所示 E-R 图,根据上述规则,有两种方案可将其转换为关系模型。

方案 1：联系形成的关系独立存在。

　　仓库(仓库号,地点,面积);

　　产品(产品号,产品名,价格);

　　仓储(仓库号,产品号,数量)。

方案 2：联系形成的关系与 n 端对象合并。

　　仓库(仓库号,地点,面积);

　　产品(产品号,产品名,价格,仓库号,数量)。

3) m∶n 联系的转换方法

在向关系模型转换时,一个 m∶n 联系转换为一个关系。具体方法为：与该联系相连的各实体集的码以及联系本身的属性均转换为关系的属性,新关系的码为两个相连实体码的组合(该码为多属性构成的组合码)。

对于如图 6.15 所示 E-R 图,根据规则,可将其转换为关系模型：

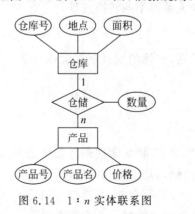

图 6.14　1∶n 实体联系图

图 6.15　m∶n 实体联系图

学生(学号,姓名,年龄,性别);

课程(课程号,课程名,学时数);

选修(学号,课程号,成绩)。

4）三个或三个以上实体集间的多元联系的转换方法

对于一对多的多元联系,转换为关系模型的方法是修改 1 端实体集对应的关系,即将与联系相关的其他实体集的码和联系自身的属性作为新属性加入到 1 端实体集中。对于多对多的多元联系,转换为关系模型的方法是新建一个独立的关系,该关系的属性为多元联系相连的各实体的码以及联系本身的属性,码为各实体码的组合。

对于如图 6.16 所示 E-R 图,根据规则,可将其转换为关系模型:

供应商(供应商号,供应商名,地址);

零件(零件号,零件名,单价);

产品(产品号,产品名,型号);

供应(供应商号,零件号,产品号,数量)。

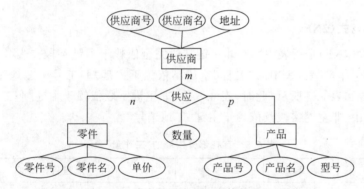

图 6.16 三个及三个以上实体的 E-R 图

6.2.5 数据库范式

范式(NF)来自英文 normal form,是符合某一种级别的关系模型的集合。它是埃德加·科德在提出关系数据库模型后总结处理的。范式是关系数据库理论的基础,是在设计数据库结构过程中所要遵循的规则和指导方法。各种范式的规范程度随等级递增,按照等级越高的范式设计的数据库冗余越小。

目前关系数据库有六种范式:第一范式(1NF)、第二范式(2NF)、第三范式(3NF)、巴斯-科德范式(Boyce-Codd normal form,BCNF)、第四范式(4NF)和第五范式(5NF,又称完美范式)。满足最低要求的范式是第一范式(1NF)。在第一范式的基础上进一步满足更多规范要求的称为第二范式(2NF),其余范式以此类推。一个低一级的范式的关系模型通过模式分解可以转换为若干高一级范式的关系模型的集合,这种过程就叫规范化。一般来说,数据库只需满足 BCNF 范式就可以了,因此下面仅对 1NF、2NF、3NF、BCNF 四种数据库范式进行介绍。

1. 第一范式(1NF)

第一范式(1NF)是指表中任意字段的值必须是不可分的,即每条记录的每个字段只能包含一个数据。比如"地址"属性应该拆分为"城市""区县""具体地址"以便于使用。再如表 6.3 是有错误的"系"表,表 6.4 是修改后的满足第一范式的"系"表。

表 6.3　不满足第一范式的"系"表

系　编　号	系　　名	电　话
D01	计算机系	34358970、34358975
D02	社科系	76853211
D03	生物系	86282321、13924401155

表 6.4　修改后的"系"表

系　编　号	系　　名	电话 1	电话 2
D01	计算机系	34358970	34358975
D02	社科系	76853211	
D03	生物系	86282321	13924401155

2. 第二范式(2NF)

第二范式(2NF)是指表中所有非主键字段完全依赖于主键字段。表 6.5 就是出现数据冗余的"工作量"表,表中的"名称"字段不依赖于主键"职工号+工地编号"。解决办法如表 6.6 和表 6.7 所示,此时,表 6.6 中,非主键字段依赖于主键"职工号+工地编号"。表 6.7 中,非主键字段仅依赖于主键"工地编号"。

表 6.5　存在部分依赖的"工作量"表

职　工　号	工　地　编　号	名　　称	位　置	造价(万元)	工　作　量
M01	HK03	临江花园	虹口	1500	80
M01	PT17	兰亭小区	普陀	1800	73
M02	HK03	临江花园	虹口	1500	103
M02	ZB21	桃源新苑	闸北	2100	98
M02	PT17	兰亭小区	普陀	1800	82

表 6.6　删除部分依赖的"工作量"表

职　工　号	工　地　编　号	工　作　量
M01	HK03	80
M01	PT17	73
M02	HK03	103
M02	ZB21	98
M02	PT17	82

表 6.7　"工地"表

工　地　编　号	名　　称	位　　置	造价(万元)
HK03	临江花园	虹口	1500
PT17	兰亭小区	普陀	1800
ZB21	桃源新苑	闸北	2100

3. 第三范式（3NF）

第三范式即满足第二范式的前提下，一个表的所有非主键字段均不传递依赖于主键。传递依赖指的是关系模型中字段之间的间接依赖关系。例如，表中有 A（主键）、B、C 三个字段，若 B 依赖于 A，而 C 依赖于 B，称字段 C 传递依赖于主键字段 A。表 6.8 是有传递依赖的"导师"表，解决办法如表 6.9 和表 6.10 所示。

表 6.8　存在传递依赖的"导师"表

导师编号	姓　名	性　别	职　称	系编号	系　名	电　话
101	甲	男	教授	D02	社科系	76853211
102	乙	男	副教授	D01	计算机系	34358970
103	丙	女	研究员	D03	生物系	86282321
104	丁	女	副教授	D02	社科系	76853211

表 6.9　删除了传递依赖的"导师"表

导师编号	姓　名	性　别	职　称	系　编　号
101	甲	男	教授	D02
102	乙	男	副教授	D01
103	丙	女	研究员	D03
104	丁	女	副教授	D02

表 6.10　"系"表

系　编　号	系　名	电　话
D01	计算机系	34358970
D02	社科系	76853211
D03	生物系	86282321

4. 巴斯-科德范式（BCNF）

巴斯-科德范式（BCNF）即在第三范式的基础上，数据库表中不存在任何字段对任一候选关键字段的传递函数依赖。如表 6.11 所示为一张书目表，其数据包括"书号""书名""作者"。其中，书号是唯一的，书名允许相同，一个书号对应一本书。一本书的作者可以是多个，但是同一个作者所参与编著的书名应该是不同的。表 6.11 中存在关系：书号→书名，（书名、作者）→书号。其中，每一个属性都为主属性，但是上述关系存在传递依赖，不符合 BCNF。传递依赖可表示为：（书名、作者）→书号→书名，（书名、作者）→书名。我们可以通过将表 6.11 分解为两张表，实现 BCNF，如表 6.12 和表 6.13 所示。

表 6.11　"书目"表

书　号	书　名	作　者
1	管理学	甲
2	管理学	乙
3	运筹学	甲
4	运筹学	乙

表 6.12 "作者"表

书 号	作 者
1	甲
2	乙
3	甲
4	乙

表 6.13 "书名"表

书 号	书 名
1	管理学
2	管理学
3	运筹学
4	运筹学

6.3 数据库管理系统

6.3.1 数据库系统的组成

数据库系统一般由数据库、数据库管理系统(含开发工具)、应用系统、数据库管理员和用户构成,如图 6.17 所示。

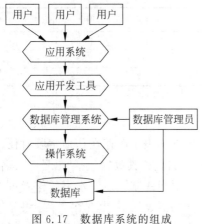

图 6.17 数据库系统的组成

1. 硬件平台及数据库

由于数据库系统数据量大,加之数据库管理系统(DBMS)丰富的功能使得自身的规模也很大,因此整个数据库系统对硬件资源提出了较高的要求,这些要求是:

- 有足够大的内存,用以存放操作系统、DBMS 的核心模块、数据缓冲区和应用程序。
- 有足够大的磁盘等直接存取设备存放数据库,有足够的磁带(或微机软盘)作数据备份。
- 要求系统有较高的通道能力,以提高数据传送率。

2. 软件

数据库系统的软件主要包括:

- DBMS。DBMS 是为数据库的建立、使用和维护而配置的软件。
- 支持 DBMS 运行的操作系统。
- 为人员与数据库提供接口的高级语言及其编译系统,以便于开发应用程序。
- 以 DBMS 为核心的应用开发工具。
- 为特定应用环境开发的数据库应用系统。

3. 人员

开发、管理和使用数据库系统的人员主要是数据库管理员、系统分析员和数据库设计人员、应用程序员和最终用户。不同的人员涉及不同的数据抽象级别,具有不同的数据视图。其各自的职责分别如下。

1) 数据库管理员(database administrator,DBA)

在数据库系统环境下,有两类共享资源。一类是数据库,另一类是数据库管理系统软件。需要有专门的管理机构来监督和管理数据库系统。DBA 是管理机构的一个(组)人员,负责全面管理和控制数据库系统。其具体职责包括如下。

(1) 决定数据库中的信息内容和结构。数据库中要存放哪些信息,DBA 要参与决策。DBA 必须参加数据库设计的全过程,并与用户、应用程序员、系统分析员密切合作、共同协商,做好数据库设计。

(2) 决定数据库的存储结构和存取策略。DBA 要综合各用户的应用要求,和数据库设计人员共同决定数据的存储结构和存取策略,以求获得较高的存取效率和存储空间利用率。

(3) 定义数据的安全性要求和完整性约束条件。DBA 的重要职责之一是保证数据库的安全性和完整性。因此,DBA 负责确定各个用户对数据库的存取权限、数据的保密级别和完整性约束条件。

(4) 监控数据库的使用和运行。DBA 需要监视数据库系统的运行情况,及时处理运行过程中出现的问题。比如系统发生各种故障时,数据库会因此遭到不同程度的破坏,DBA 必须在最短时间内将数据库恢复到正确状态,并尽可能不影响或少影响计算机系统其他部分的正常运行。

(5) 数据库的改进和重组重构。DBA 还负责在系统运行期间监视系统的空间利用率、处理效率等性能指标,对运行情况进行记录、统计分析,依靠工作实践并根据实际应用环境,不断改进数据库设计。不少数据库产品都提供了对数据库运行状况进行监视和分析的实用程序,DBA 可以使用这些实用程序完成这项工作。另外,在数据库运行过程中,大量数据不断插入、删除、修改,时间一长,会影响系统的性能。因此,DBA 要定期对数据库进行重组,以提高系统的性能。当用户的需求增加和改变时,DBA 还要对数据库进行较大的改造,包括修改部分设计,即数据库的重构。

2) 系统分析员和数据库设计人员

系统分析员负责应用系统的需求分析和规范说明,要结合用户及 DBA 的需求意见,确定系统的硬件软件配置,并参与数据库系统的概要设计。

数据库设计人员负责数据库中数据的确定和数据库各级模式的设计。数据库设计人员必须参加用户需求调查和系统分析,然后进行数据库设计。在很多情况下,数据库设计人员就由数据库管理员担任。

3) 应用程序员

应用程序员负责设计和编写应用系统的程序模块,并进行调试和安装。

4) 用户

这里指最终用户(end user)。最终用户通过应用系统的用户接口使用数据库。常用的接口方式有浏览器、菜单驱动、表格操作、图形显示、报表书写等,为用户提供简明直观的数据表示。

6.3.2 数据库管理系统的工作模式

数据库管理系统(DBMS)是数据库系统的核心组成部分,用户在数据库系统中的一切操作,包括数据定义、查询、更新及各种控制,都是通过 DBMS 进行的。DBMS 的工作示意图如图 6.18 所示。

图 6.18　DBMS 的工作模式

DBMS 的工作模式如下。
- 接受应用程序的数据请求和处理请求。
- 将用户的数据请求转换成复杂的机器代码。
- 实现对数据库的操作。
- 从对数据库的操作中接受查询结果。
- 对查询结果进行处理。
- 将处理结果返回给用户。

DBMS 总是基于某种数据模型运行,因此可以把 DBMS 看作某种数据模型在计算机系统上的具体实现。根据数据模型的不同,DBMS 可以分成层次型、网状型、关系型、面向对象型等。在不同的计算机系统中,由于缺乏统一的标准,即使是基于同种数据模型的 DBMS,在用户接口、系统功能等方面也常常是不相同的。

6.3.3 数据库管理系统的主要功能

数据库管理系统(DBMS)的主要功能有以下几方面。

1. 数据定义

DBMS 提供数据定义语言(data definition language,DDL),供用户定义数据库的三级模式结构、两级映像以及完整性约束和保密限制等约束。DDL 主要用于建立、修改数据库的库结构。DDL 所描述的库结构建立数据库的框架,数据库的框架信息被存放在数据字典(data dictionary)中。

2. 数据操作

DBMS 提供数据操作语言(data manipulation language,DML),供用户实现对数据的追加、删除、更新、查询等操作。

3. 数据库运行管理

DBMS 负责数据库的运行控制与管理,包括多用户环境下的并发控制、安全性检查和存取限制控制、完整性检查和执行、运行日志的组织管理、事务的管理和自动恢复,即保证事务的原子性。事务的原子性主要指事务中包含的程序作为系统的基本逻辑工作单位,它对数据库的操作要么全部执行,要么完全不执行。这些功能保证了数据库系统的正常运行。

4. 数据组织、存储与管理

DBMS要分类组织、存储和管理各种数据,包括数据字典、用户数据、存取路径等,需确定以何种文件结构和存取方式在存储器上组织这些数据,如何实现数据之间的联系。数据组织和存储的基本目标是提高存储空间利用率,选择合适的存取方法提高存取效率。

5. 数据库的保护

数据库中的数据是信息社会的战略资源,所以数据的保护至关重要。DBMS对数据库的保护通过四方面来实现:数据库的恢复、数据库的并发控制、数据库的完整性控制、数据库的安全性控制。其中,数据库的恢复是指将数据库从错误的状态恢复到某一已知的正确状态;数据库的并发控制是为了防止多个用户同时存取同一数据,造成的数据不一致;数据库的完整性控制是为了保护数据的正确性、有效性、相容性;数据库的安全性控制是为了防止因非法使用数据库,造成的数据泄露、更改或破坏。DBMS的其他保护功能还有系统缓冲区的管理以及数据存储的某些自适应调节机制等。

6. 数据库的维护

DBMS为数据库管理员提供维护所需的软件支持,包括数据安全控制、完整性保障、数据库备份、数据库重组以及性能监控等软件工具。数据库的维护包括数据载入、转换、转储、数据库的重组和重构以及性能监控等功能,分别由各个应用程序完成。

6.3.4　常用数据库管理系统简介

国内外的多款数据库产品凭借各自独特的功能,在市场上占有一席之地。国外的有 Oracle、MySQL、Microsoft SQL Server、DB2、Microsoft Access 等产品,国内的有 TiDB、达梦数据库等产品。下面简要介绍几种常用的数据库管理系统。

1. Oracle

Oracle 数据库系统是美国 Oracle(甲骨文)公司提供的以分布式数据库为核心的一组软件产品,1983 年发布,是世界上第一个开放式商品化关系型数据库管理系统。它采用标准的结构化查询语言(SQL),支持多种数据类型,提供面向对象存储的数据支持,具有第四代语言开发工具,适用于 UNIX、Windows、OS/2 等多种平台。Oracle 产品主要由 Oracle 服务器产品、Oracle 开发工具、Oracle 应用软件组成,也有基于微机的数据库产品。由于 Oracle 具有诞生早、跨平台通用、结构严谨、高可用、高性能等特点,得到了金融、通信、能源、运输、零售、制造等各个行业大型公司的广泛采用。

2. Microsoft SQL Server

Microsoft SQL Server 是 Microsoft 公司推出的关系型数据库管理系统,其最大的优势在于集成了微软公司的各类产品及资源,提供了强大的可视化界面与高度集成的管理开发工具,在快速构建商业智能(business intelligence,BI)方面颇有建树。Microsoft SQL Server 是 Microsoft 公司在软件集成方案中的重要一环,为 Windows 系统在企业级应用中的普及做出了很大贡献。

3．MySQL

MySQL 是由瑞典 MySQL AB 公司开发的关系型数据库管理系统，是属于 Oracle 旗下的产品。在 Web 应用方面，MySQL 是最好的关系数据库管理系统应用软件之一。MySQL 软件采用了双授权政策，分为社区版和商业版。由于其体积小、速度快、总体拥有成本低，尤其是社区版开放源码，一般中小型网站的开发都选择 MySQL 作为网站数据库。

4．Access

Access 是在 Windows 操作系统下工作的关系型数据库管理系统。它采用了 Windows 程序设计理念，内嵌了 VBA(Visual Basic for Applications)程序设计语言，具有集成的开发环境。Access 提供图形化的查询工具和报表生成器。用户建立复杂的报表、界面时，无须编程和了解 SQL 语言，Access 会自动生成 SQL 代码。

Access 被集成到 Office 中，具有 Office 系列软件的一般特点，如菜单、工具栏等，与其他数据库管理系统软件相比，更加简单易学。没有程序语言基础的普通用户仍然可以快速地掌握和使用它。Access 的功能比较强大，足以应对一般的数据管理及处理需要，适用于中小型企业数据管理的需求。但是，在数据定义、数据安全可靠、数据有效控制等方面，它比前面几种数据库产品要逊色不少。

5．TiDB

TiDB 可以看作 MySQL 的加强版。TiDB 是国内 PingCAP 公司自主设计、研发的开源分布式关系型数据库，是一款同时支持在线事务处理与在线分析处理的融合型分布式数据库产品，适合高可用性、强一致要求较高、数据规模较大等各种应用场景。

6．达梦数据库

达梦数据库管理系统是达梦公司推出的具有完全自主知识产权的高性能数据库管理系统，简称 DM。达梦公司作为国内数据库领域的先行者，早年依托华中科技大学创办，从 20 世纪 80 年代开始一直走国产软件自主研发的道路，既非基于开源，也并非源自第三方授权。随着"棱镜门"事件的发酵，国家对信息安全的重视程度进一步提升，希望实现芯片的国产化。为了在芯片国产化的场景中获得应用，达梦推出了读写分离架构。2012 年后大数据蓬勃发展，面对大数据分析的需求，达梦推出了大规模并行计算的架构。达梦数据库服务于国家网络安全建设需求，广泛应用于国家电网、航空航天、国家安全、国防军工、金融银行、电子政务、公检法司等关系到国计民生的重大核心领域。

6.4　非关系型数据库(NoSQL)

随着 Web 2.0 的迅猛发展以及大数据时代的到来，非结构化数据的比例上升至 90% 以上。关系数据库由于数据模型不灵活，水平扩展能力较差等局限性，已经无法满足各种类型的非结构化数据的大规模存储需求。因此，在新的应用需求驱动下，各种新型的非关系型数据库不断涌现，并逐渐获得市场的青睐。

6.4.1 非关系型数据库简介

非关系型数据库(NoSQL)是一种不同于关系数据库的数据库管理系统设计方式，它所采用的数据模型并非传统关系数据库的关系模型，而是类似于键/值、列族、文档等非关系模型。NoSQL 数据库没有固定的表结构，通常不存在连接操作，也没有严格遵守 ACID(原子性、一致性、隔离性、持久性)约束。因此，与关系数据库相比，NoSQL 具有灵活的水平可扩展性，可以支持海量数据存储。NoSQL 数据库支持 MapReduce 风格的编程，可以较好地应用于大数据时代的各种数据管理。NoSQL 数据库的出现，一方面弥补了关系数据库在当前商业应用中存在的各种缺陷，另一方面也撼动了关系数据库的传统垄断地位。当应用场合需要简单的数据模型、灵活的 IT 系统、较高的数据库性能和较低的数据库一致性时，NoSQL 数据库是很好的选择。NoSQL 数据库通常具有以下 3 个特点。

1. 良好的可扩展性

传统的关系型数据库由于自身设计机理的原因，通常很难实现"横向扩展"。在数据库负载大规模增加时，往往需要通过升级硬件来实现"纵向扩展"。"横向扩展"也叫水平扩展，是指用更多的节点支撑更大量的请求，即扩展服务器的数量以满足高并发的数据处理。"纵向扩展"又叫垂直扩展，是指扩展一个节点的能力以支撑更多的请求，即增加单机的处理能力，一般指增加 CPU 的处理能力。

受硬件制造工艺所局限，计算机性能提升的速度开始趋缓，已经远远赶不上数据库系统负载的增加速度；而且配置高端的高性能服务器价格不菲，因此，寄希望于通过"纵向扩展"满足实际业务需求，已经变得越来越不现实。相反，"横向扩展"仅需要非常普通廉价的标准化刀片服务器，不仅具有较高的性价比，也提供了理论上近乎无限的扩展空间。NoSQL 数据库在设计之初就是为了满足"横向扩展"的需求，因此天生具备良好的水平扩展能力。

2. 灵活的数据模型

关系模型是关系数据库的基石，它以完备的关系代数理论为基础，具有规范的定义，遵守各种严格的约束条件。这种做法虽然保证了业务系统对数据一致性的需求，但是过于死板的数据模型也意味着无法满足各种新兴的业务需求。相反，NoSQL 数据库的开发目的是摆脱关系数据库的各种束缚条件，它摈弃了流行多年的关系数据模型，转而采用键/值、列族等非关系模型，允许在一个数据元素里存储不同类型的数据，因而灵活性更高。

3. 与云计算紧密融合

云计算具有很好的水平扩展能力，可以根据资源使用情况自由伸缩，各种资源可以动态加入或退出。NoSQL 数据库可以凭借自身良好的横向扩展能力，充分自由利用云计算基础设施，很好地融入云计算环境中，构建基于 NoSQL 的云数据库服务。

6.4.2 与关系型数据库的比较

表 6.14 给出了 NoSQL 和关系数据库(relational database management system, RDBMS)的简单比较,对比指标包括数据库原理、数据规模、数据库模式、查询效率、一致性、数据完整性、扩展性、可用性、标准化、技术支持和可维护性等方面。从表中可以看出,关系数据库的突出优势在于,以完善的关系代数理论作为基础,有严格的标准,支持事务 ACID 四性,借助索引机制可以实现高效的查询,技术成熟,有专业公司的技术支持;其劣势在于,可扩展性较差,无法较好地支持海量数据存储,数据模型过于死板,无法较好地支持 Web 2.0 应用,事务机制影响了系统的整体性能。NoSQL 数据库的明显优势在于,可以支持超大规模数据存储,灵活的数据模型可以很好地支持 Web 2.0 应用,具有强大的横向扩展能力;其劣势在于,缺乏数学理论基础,复杂查询性能不高,一般不能实现事务强一致性,很难实现数据完整性,技术尚不成熟,缺乏专业团队的技术支持,维护较困难。

表 6.14　NoSQL 和关系数据库的简单比较

比 较 标 准	关系数据库	NoSQL	备　　注
数据库原理	完全支持	部分支持	关系数据库有关系代数理论作为基础 NoSQL 没有统一的理论基础
数据规模	大	超大	关系数据库很难实现横向扩展,纵向扩展的空间也比较有限,性能会随着数据规模的增大而降低 NoSQL 可以很容易通过添加更多设备来支持更大规模的数据
数据库模式	固定	灵活	关系数据库需要定义数据库模式,严格遵守数据定义和相关约束条件 NoSQL 不存在数据库模式,可以自由、灵活地定义并存储各种不同类型的数据
查询效率	快	可以实现高效的简单查询,但是不具备高度结构化查询等特性,复杂查询的性能不尽如人意	关系数据库借助于索引机制可以实现快速查询(包括记录查询和范围查询) 很多 NoSQL 数据库没有面向复杂查询的索引,虽然 NoSQL 可以使用 MapReduce 来加速查询,但是在复杂查询方面的性能仍然不如关系数据库
一致性	强一致性	弱一致性	关系数据库严格遵守事务 ACID 四性,可以保证事务强一致性 很多 NoSQL 数据库放松了对事务 ACID 四性的要求,而是遵守 BASE 模型,只能保证最终一致性
数据完整性	容易实现	很难实现	任何一个关系数据库都可以很容易实现数据完整性,如通过主键或者非空约束实现实体完整性,通过主键、外键实现参照完整性,通过约束或者触发器实现用户自定义完整性,但是 NoSQL 数据库却无法实现

比 较 标 准	关系数据库	NoSQL	备　　注
扩展性	一般	好	关系数据库很难实现横向扩展,纵向扩展的空间也比较有限 NoSQL 在设计之初就充分考虑了横向扩展的需求,可以很容易通过添加廉价设备实现扩展
可用性	好	很好	关系数据库在任何时候都以保证数据一致性为优先目标,其次才是优化系统性能,随着数据规模的增大,关系数据库为了保证严格的一致性,只能提供相对较弱的可用性 大多数 NoSQL 都能提供较高的可用性
标准化	是	否	关系数据库已经标准化(SQL) NoSQL 还没有行业标准,不同的 NoSQL 数据库都有自己的查询语言,很难规范应用程序接口
技术支持	高	低	关系数据库经过几十年的发展,已经非常成熟,Oracle 等大型厂商都可以提供很好的技术支持 NoSQL 在技术支持方面仍然处于起步阶段,还不成熟,缺乏有力的技术支持
可维护性	复杂	复杂	关系数据库需要专门的数据库管理员(DBA)维护 NoSQL 数据库虽然没有关系数据库复杂,但也难以维护

　　通过上述对 NoSQL 数据库和关系数据库的一系列比较可以看出,二者各有优势,也都存在不同层面的缺陷。因此,在实际应用中,二者都可以有各自的目标用户群体和市场空间,不存在一个完全取代另一个的问题。对于关系数据库而言,在一些特定应用领域,其地位和作用仍然无法被取代。银行、超市等领域的业务系统仍然需要高度依赖于关系数据库来保证数据的一致性。对于 NoSQL 数据库而言,Web 2.0 领域是其未来的主战场。Web 2.0 网站系统对于数据一致性要求不高,但是对数据量和并发读写要求较高,NoSQL 数据库可以很好地满足这些应用的需求。在实际应用中,一些公司也会采用混合的方式构建数据库应用,比如亚马逊公司就使用不同类型的数据库来支撑电子商务应用。对于"购物篮"这种临时性数据,采用键值存储会更加高效,而当前的产品和订单信息则适合存放在关系数据库中,大量的历史订单信息则适合保存在类似 MongoDB 的文档数据库中。

6.4.3　非关系型数据库的分类

　　NoSQL 数据库虽然数量众多,但是归结起来,典型的 NoSQL 数据库通常包括键值数据库、列族数据库、文档数据库和图数据库。

1. 键值数据库

　　键值数据库(key-value database)使用哈希表,这个表中有一个特定的 key 和一个指针指向特定的 value。key 可以用来定位 value,即存储和检索具体的 value。value 对数据库而言是透明不可见的,不能对 value 进行索引和查询,只能通过 key 进行查询。

value 可以用来存储任意类型的数据,包括整型、字符型、数组、对象等。在存在大量写操作的情况下,键值数据库可以比关系数据库表现出明显更好的性能。这是因为,关系数据库需要建立索引来加速查询,当存在大量写操作时,索引会发生频繁更新,由此会产生高昂的索引维护代价。关系数据库通常很难水平扩展,但是键值数据库具有良好的伸缩性,理论上几乎可以实现数据量的无限扩容。键值数据库可以进一步划分为内存键值数据库和持久化(persistent)键值数据库。内存键值数据库把数据保存在内存中,如 Memcached 和 Redis;持久化键值数据库把数据保存在磁盘中,如 BerkeleyDB、Voldemort 和 Riak。

当然,键值数据库也有自身的局限性,条件查询就是键值数据库的弱项。如果只对部分值进行查询或更新,效率就会比较低下。在使用键值数据库时,应该尽量避免多表关联查询,可以采用双向冗余存储关系来代替表关联,把操作分解成单表操作。此外,键值数据库在发生故障时不支持回滚操作,因此无法支持事务。

2. 列族数据库

列族数据库一般采用列族数据模型。数据库由多个行构成,每行数据包含多个列族,不同的行可以具有不同数量的列族,属于同一列族的数据会被存放在一起。每行数据通过行键进行定位,与这个行键对应的是一个列族。从这个角度来说,列族数据库也可以被视为一个键值数据库。列族可以被配置成支持不同类型的访问模式,一个列族也可以被设置成放入内存当中,以消耗内存为代价来换取更好的响应性能。相关产品有 HBase、Cassandra、HadoopDB、GreenPlum、PNUTS 等。

3. 文档数据库

文档数据库主要用于存储并检索文档数据,在文档数据库中,文档是数据库的最小单位。虽然每一种文档数据库的部署都有所不同,但是大都假定文档以某种标准化格式封装并对数据进行加密,同时用多种格式进行解码,包括 XML、YAML、JSON 和 BSON 等,或者也可以使用二进制格式(如 PDF、微软 Office 文档等)。文档数据库通过键来定位一个文档,因此可以看成键值数据库的衍生品,而且比后者具有更高的查询效率。对于那些可以把输入数据表示成文档的应用而言,文档数据库是非常合适的。一个文档可以包含非常复杂的数据结构(如嵌套对象),并且不需要采用特定的数据模式,每个文档可能具有完全不同的结构。文档数据库既可以根据键来构建索引,也可以基于文档内容来构建索引。基于文档内容的索引和查询能力是文档数据库不同于键值数据库的地方,因为在键值数据库中,值对数据库是透明不可见的,不能根据值来构建索引。当需要考虑多种关系和标准化约束以及需要事务支持时,传统的关系数据库是更好的选择。相关产品有 CouchDB、MongoDB、Terrastore、ThruDB、RavenDB、SisoDB 等。

4. 图数据库

图数据库以图论为基础。图是一个数学概念,用来表示一个对象集合,包括顶点以及连接顶点的边。图数据库使用图作为数据模型来存储数据,完全不同于键值、列族和文档数据模型,可以高效地存储不同顶点之间的关系。图数据库专门用于处理具有高度相互关联关系的数据,可以高效地处理实体之间的关系,比较适合于社交网络、模式识别、依赖分析、推荐系统以及路径寻找等应用场景。有些图数据库(如 Neo4j),完全兼容 ACID。但是,除了在处理图和关系等应用领域具有优异的性能以外,在其他领域,图数据库的性能不如另外几种 NoSQL 数据库。相关产品有 Neo4j、OrientDB、InfoGrid、Infinite Graph、GraphDB 等。

6.4.4　非关系型数据库的应用

下面列举四种常用的非关系型数据库在信息系统中的应用场景。

1. Redis 在信息系统中的应用

Redis 是一个键值存储系统,目前已得到了越来越多的应用。大部分情况下,Redis 由于具有高性能的特性而被用作缓存,如统计某电商网站商品的浏览量、视频网站视频的播放量等。为了保证数据实时更新,每次浏览后浏览量都需要加 1。在并发量高时,每次浏览都请求数据库的操作无疑给信息系统造成了挑战和压力。Redis 提供的 incr 命令可用来实现计数器功能和内存操作,性能良好,非常适用于这些系统中的计数场景。

2. HBase 在信息系统中的应用

HBase 是一个高可靠性、高性能、面向列、可伸缩的分布式存储系统,适用于结构化的存储。一般大型的、基于 Web 的产品后台都拥有成百上千台服务器,为保证产品的正常运行,监控服务器和服务器上运行的软件的健康状态是至关重要的。大规模监控整个环境,需要能够采集和存储来自不同数据源的各种参数的监控系统。OpenTSDB (open time series database)正是这种监控系统,它可以从大规模集群中获取相应的参数并进行存储、索引和服务。OpenTSDB 使用 HBase 作为核心平台来存储和检索所收集的参数,可以灵活地增加参数,也可以支持对上万台机器和上亿个数据点的采集,具有高可扩展性。

3. MongoDB 在信息系统中的应用

MongoDB 是一个基于分布式文件存储的数据库,旨在为 Web 应用提供可扩展的高性能数据存储解决方案。它是一款介于关系数据库和非关系数据库之间的产品,是非关系数据库当中功能最丰富、最像关系数据库的。MongoDB 的应用场景十分广泛,如在游戏场景中,可以存储游戏用户信息,将用户的装备、积分等直接以内嵌文档的形式存储,方便查询、更新;在物流场景中,可以存储订单信息:订单状态在运送过程中会不断更新,以 MongoDB 内嵌数组的形式来存储,一次查询就能将订单所有的变更读取出来;在社交场景中,可存储用户信息以及用户发表的朋友圈信息,通过地理位置索引实现查找附近的人、地点等功能。

4. Neo4j 在信息系统中的应用

Neo4j 是一个高性能的 NoSQL 图数据库,它将结构化数据存储在网络上而不是表中。在金融行业应用中,适用于反欺诈多维关联分析的场景。通过图分析可以清楚地查明洗钱网络及相关嫌疑,例如对用户所使用的账号、发生交易时的 IP 地址、MAC 地址、手机 IMEI 号等进行关联分析。图数据库可以对各种企业建立信息图谱,包括最基本的工商信息,例如何时注册、由谁注册、注册资本、办公地点、经营范围、高管架构等。围绕企业的经营范围,可以继续细化查询企业究竟有哪些产品或服务,例如通过企业名称查询到企业的自媒体,从而给予其更多关注和了解。信息图谱也包括对企业的产品和服务的数据关联,用以查看该企业有没有令人信服的自主知识产权和相关资质,以支撑业务的开展。

6.4.5 从非关系型数据库到 NewSQL 数据库

NoSQL 数据库可以提供良好的扩展性和灵活性,很好地弥补了传统关系数据库的缺陷,较好地满足了 Web 2.0 应用的需求。但是,NoSQL 数据库也存在自己的不足之处。NoSQL 采用非关系数据模型,不具备高度结构化查询等特性,在查询效率尤其是复杂查询方面不如关系数据库,而且不支持事务 ACID 四性。

在此背景下,近几年来,NewSQL 数据库开始逐渐升温。NewSQL 是对各种新的可扩展、高性能数据库的简称,这类数据库不仅具有 NoSQL 对海量数据的存储管理能力,还保持了传统数据库支持事务 ACID 和 SQL 的特性。不同的 NewSQL 数据库的内部结构差异很大,但是它们有两个显著的共同特点:都支持关系数据模型;都使用 SQL作为其主要的接口。

目前,具有代表性的 NewSQL 数据库主要包括 Spanner、Clustrix、GenieDB、ScaleArc、Schooner、VoltDB、RethinkDB、ScaleDB、Akiban、CodeFutures、ScaleBase、TransLattice、NimbusDB、Drizzle、Tokutek、JustOneDB 等。此外,还有一些在云端提供的 NewSQL 数据库,包括 Amazon RDS、Microsoft SQL Azure、Database.com、Xeround和 FathomDB 等。

一些 NewSQL 数据库比传统的关系数据库具有明显的性能优势。比如,VoltDB系统使用了 NewSQL 创新的体系架构,释放了主内存运行的数据库中消耗系统资源的缓冲池,在执行交易时可比传统关系数据库快 45 倍。VoltDB 的可扩展服务器数量为39 个,可以每秒处理 160 万个交易(相当于 300 个 CPU 核心的处理能力),而具备同样处理能力的 Hadoop 则需要更多的服务器。

综合来看,大数据时代的到来,引发了数据处理架构的变革。以前,业界和学术界追求的方向是一种架构支持多类应用,包括事务型应用(联机事务处理系统)、分析型应用(联机分析处理、数据仓库)和互联网应用(Web 2.0)。但是,实践证明,这种理想愿景是不可能实现的,不同应用场景的数据管理需求截然不同,一种数据库架构根本无法满足所有场景。因此,到了大数据时代,数据库架构开始向着多元化方向发展,并形成了传统关系数据库(OldSQL)、NoSQL 数据库和 NewSQL 数据库三个阵营。三者各有自己的应用场景和发展空间,尤其是传统关系数据库,并没有被其他两者完全取代。在基本架构不变的基础上,许多关系数据库产品开始引入内存计算和一体机技术以提升处理性能。在未来一段时期内,三个阵营共存共荣的局面还将持续,不过有一点是肯定的,那就是传统关系型数据库的辉煌时期已经过去了。

章节要点

本章首先介绍了数据库以及数据库管理系统的基本概念,引入了大数据分析和数据挖掘等大数据背景下的新概念,按照时间先后顺序简单介绍了数据管理技术的发展。作为目前主流的数据模型,本章讲解了概念模型的建构方法,即如何使用 E-R 图进行数据库建模。在概念模型转化为数据库逻辑模型时,有必要进行数据库规范化,所遵循的规范要求即为数据库的范式。数据库管理系统是对数据进行管理的系统软件,它是数据库系统的核心组成部分。最后对非关系型数据库的定义、特点、分类和应用等方面进行了简介。

课程思政融入点

中共中央政治局就实施国家大数据战略进行第二次集体学习时提出,要构建以数据为关键要素的数字经济,建设现代化经济体系离不开大数据发展和应用。一方面,应引导学生了解信息管理和信息存储的技术原理及应用,包括数据库系统、数据库管理系统、非关系型数据库等相关技术概念和实际运用。了解数据管理和数据存储对企业管理的重要性,强调信息思维和创新意识。通过分析当前中国数据库市场份额大部分被国外品牌占有的现状,说明自主知识产权的数据库开发需要加强,进而激发学生创新的使命感。另一方面,通过讨论数据库安全性与数据安全的重要性,强调数据安全意识。

思考题

1. 数据库和数据库管理系统的区别和联系有哪些?
2. 数据库管理系统的主要功能有哪些?
3. 什么是数据模型?什么是概念模型?
4. 简述关系模型的概念和关系模型的三要素。
5. 定义并解释概念模型中以下术语:实体、实体型、实体集;属性、码;E-R 图。
6. 数据库范式包括哪几种?有什么区别?
7. 目前主流的数据库管理系统有哪些?请列举 3 个,并简述其特点。
8. 什么是非关系型数据库?非关系型数据库与数据库的联系和区别有哪些?

第 7 章

数据挖掘与大数据分析

在大数据时代,数据已经成为宝贵的资源。为了有效分析和利用这些庞大的数据资源,从中发现有用的知识和规律,用以预测未来事物的发展趋势,辅助领导者做出决策,就必须通过数据分析技术手段对数据进行深入的挖掘和分析。

7.1 数据挖掘概述

7.1.1 数据挖掘的产生背景

随着数据库系统的广泛应用和网络技术的高速发展,数据库技术也进入了一个全新的阶段,即从过去仅管理一些简单数据发展到管理图形、图像、音频、视频、电子档案、Web 页面等多种类型的复杂数据,数据量也越来越大。数据库在给我们提供丰富信息的同时,也体现出明显的海量信息特征。在信息爆炸时代,海量信息存在许多负面影响,最主要的就是难以提炼有效信息。人们迫切希望能对海量数据进行深入分析,发现并提取隐藏在其中的信息,以更好地利用这些数据,但仅凭借数据库系统的录入、查询、统计等功能,难以发现数据中存在的关系和规则,无法根据现有的数据预测未来的发展趋势,也缺乏挖掘数据背后隐藏知识的手段。正是在这样的条件下,数据挖掘技术应运而生。

7.1.2 数据挖掘的概念

数据挖掘是从大量数据中通过算法提取或“挖掘”知识的过程。数据挖掘应用一系列技术,从大型数据库或数据仓库中提取人们感兴趣的信息和知识。这些知识或信息是隐含的、事先未知而具有潜在价值的。提取的知识一般以概念、规则、规律、模式等形式表示。数据挖掘属于计算机科学,通过统计、在线分析处理、情报检索、机器学习、专家系统(依靠过去的经验法则)和模式识别等方法实现信息或知识的提取。

数据挖掘需要从大型数据集中发现隐藏规律或模式。这些规律或模式过于复杂或涉及数据过多,是使用传统软件工具无法发现的;而数据挖掘能分析出数据中的有用信息,给企业带来显著的经济效益,导致数据挖掘技术越来越普及。近年来,甲骨文、IBM、微软和 SAP 等公司耗费 150 余亿美元收购专门从事数据挖掘的软件公司。数据挖掘相关产业预计存在 1000 亿美元的市场容量,并以每年 10% 的速度增长,是软件产业整体增速的两倍。英国电信公司要通过直邮的方式向客户推荐一种新产品,使用数据挖掘技术可以使直邮的回应率提高 100%;英国 GUS(Great Universal Stores)日用品零售商店需要准确预测未来的商品销售量,降低库存成本,使用数据挖掘技术后,库存成本减少了 3.8%;汇丰银行需要对不断增长的客户群进行分类,针对每种产品找出最有价值的客户,使用数据挖掘技术后,营销费用减少了 30%;美国国防部每年有上百万笔的军火交易,使用数据挖掘技术能够发现可能存在的欺诈交易,然后进行深入调查,从而节约了大量的调查成本。

7.1.3 数据挖掘的步骤

数据挖掘的步骤主要包括定义问题、建立数据挖掘库、分析数据、准备数据、建立模型、评价模型和实施 7 个阶段。图 7.1 为数据挖掘的一般流程。

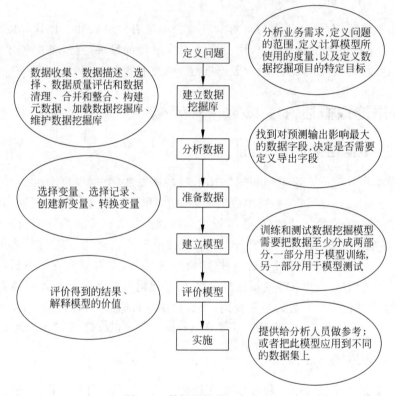

图 7.1 数据挖掘的一般流程

1. 定义问题

进行数据挖掘首先需要了解数据和业务问题,清晰明确地定义目标,即决定到底想干什么。该步骤包括分析业务需求,定义问题的范围,定义计算模型所使用的度量,以及定义数据挖掘项目的特定目标。这些任务可转换为下列问题。

- 用户在查找什么?希望找到什么类型的关系?
- 用户要尝试解决的问题是否反映了业务策略或流程?
- 用户是通过数据挖掘模型进行预测,还是仅仅查找某个数据模式和数据间的关联?
- 用户要尝试预测哪个结果或属性?

- 用户提供了什么类型的数据？每列数据中包含什么类型的信息？如果有多个表,则表如何关联？是否需要清除、聚合或处理数据以使其可用？
- 数据是如何分布的？数据是否具有季节性性质？数据是否可以准确反映业务流程？

若要回答这些问题,必须进行数据可用性研究,并调查业务用户对可用数据的需求。如果数据不支持用户的需求,应重新定义项目。此外,还需要考虑如何将模型结果纳入用于度量业务进度的关键绩效指标。

2. 建立数据挖掘库

建立数据挖掘库包括以下几个步骤：数据收集,数据描述,选择,数据质量评估和数据清理,合并与整合,构建元数据,加载数据挖掘库,维护数据挖掘库。

3. 分析数据

分析的目的是找到对预测输出影响最大的数据字段和决定是否需要定义导出字段。如果数据集包含成百上千的字段,那么浏览分析这些数据将非常费时费力。这时需要选择一款功能强大的工具软件作为协助。

4. 准备数据

这是建立模型之前的最后一步。可以把此步骤分为 4 部分：选择变量、选择记录、创建新变量、转换变量。

5. 建立模型

建立模型是一个反复的过程。需要仔细考察不同的模型以判断哪个模型对待解决的商业问题最有效,还要对模型的参数进行调整和优化。先用一部分数据建立模型,再用剩下的数据测试和验证模型。有时还要引入第三个数据集,称为验证集,因为测试集可能受到模型特性的影响,这时就需要用独立的数据集验证模型的准确性。训练和测试数据挖掘模型需要把数据至少分成两部分,一部分用于模型训练,另一部分用于模型测试。

6. 评价模型

模型建立好之后,必须评价得到的结果,解释模型的价值。从测试集中得到的准确率只对用于建立模型的数据有意义。在实际应用中,需要进一步了解错误的类型和由此带来的相关成本。经验证明,有效的模型并不一定是正确的模型。造成这一点的直接原因就是模型建立中隐含的各种假定,因此,直接在现实世界中测试模型很重要。可以先在小范围内应用,取得测试数据,觉得满意之后再向大范围推广。

7. 实施

模型建立并经验证之后,可以有两种主要的使用方法。一种是提供给分析人员做参考；另一种是把此模型应用到不同的数据集上。

7.2　大数据概述

7.2.1　大数据的概念

大数据也可以称为海量数据,其所涉及的数据量规模巨大到无法通过人工,在合理时间内达到截取、管理、处理、并整理成为人类所能解读的信息。大数据是无法在一定时间范围内用常规软件工具进行捕捉、管理和处理的数据集合,需要通过新的大数据处理模式才能获得具有更强的决策力、洞察发现力和流程优化能力的海量、高增长率和多样化的信息资产。

业界比较认可关于大数据的"4V"说法。大数据的 4 个特点,亦即 4 个 V,包含以下4 个层面。

(1) 容量(volume)。体量巨大。数据的规模决定所考虑的数据的价值和潜在的信息。大数据中的数据集合的规模在不断扩大,已从 GB(1024MB)到 TB(1024GB)再到PB 级,甚至已经开始以 EB 和 ZB 来计数。迄今,人类生产的所有印刷材料的数据量是200PB。未来 10 年,全球数据量将增加 50 倍,管理数据仓库的服务器的数量将增加10 倍。

(2) 种类(variety)。数据类型具有多样性。大数据的数据类型繁多,分为结构化、半结构化和非结构化的数据。半结构化和非结构化数据,包括传感器数据、网络日志、音频、视频、图片、地理位置信息等,总量越来越大,已远远超过结构化数据。

(3) 价值(value)。价值密度低。数据总体的价值巨大,但价值密度很低。以视频为例,在长达数小时连续不断的视频监控中,有用数据可能仅有 1~2s。另一种极端是各数据都有贡献,但单个数据价值很低。

(4) 速度(velocity)。大数据处理速度快。数据往往以数据流的形式动态、快速地产生,具有很强的时效性,用户只有把握好对数据流的处理速度才能有效利用这些数据。例如,一天之内需要审查 500 万起潜在的贸易欺诈案件,需要分析 5 亿条实时呼叫的详细记录,以预测客户的流失率等。

7.2.2 大数据的影响

大数据对科学研究、思维方式和社会发展都具有重要而深远的影响。在科学研究方面,大数据使得人类科学研究在经历了实验、理论、计算三种范式之后,迎来了第四种范式——数据;在思维方式方面,大数据具有"全样而非抽样、效率而非精确、相关而非因果"三大显著特征,完全颠覆了传统的思维方式;在社会发展方面,大数据决策逐渐成为一种新的决策方式,大数据应用有力促进了信息技术与各行业的深度融合,大数据开发大大推动了新技术和新应用的不断涌现。

1. 大数据对科学研究的影响

图灵奖获得者、著名数据库专家吉姆·格雷(Jim Gray)博士观察并总结认为,人类自古以来在科学研究上先后历经了实验、理论、计算和数据四种范式,具体如下。

1) 第一种范式:实验科学

在最初的科学研究阶段,人类采用实验来解决一些科学问题,著名的比萨斜塔实验就是一个典型实例。1590 年,伽利略在比萨斜塔上做了铁球自由落体的实验,得出了重量不同的两个铁球同时下落的结论,从此推翻了亚里士多德"物体下落速度和重量成比例"的学说。

2) 第二种范式:理论科学

实验科学的研究会受到当时实验条件的限制,难以更精确地认识自然现象。随着科学的进步,人类开始采用各种数学、几何、物理理论,构建问题模型和解决方案。比如,牛顿第一定律、牛顿第二定律、牛顿第三定律构成了牛顿力学的完整体系,奠定了经典力学的概念基础。它们的广泛传播和运用对人们的生活和思想产生了重大影响,在很大程度上推动了人类社会的发展与进步。

3)第三种范式:计算科学

随着 1946 年人类历史上第一台计算机 ENIAC 的诞生,人类社会开始步入计算机时代,科学研究也进入了一个以"计算"为中心的全新时期。在实际应用中,计算科学主要用于对各个科学问题进行计算机模拟和其他形式的计算。通过设计算法并编写相应程序输入计算机运行,人类可以借助计算机的高速运算能力解决各种问题。计算机具有存储容量大、运算速度快、精度高、可重复执行等特点,是科学研究的利器,推动了人类社会的飞速发展。

4)第四种范式:数据密集型科学

在数据的不断累积中,其宝贵价值日益体现,而物联网和云计算的出现更是促成了事物发展从量变到质变的转变,使人类社会开启了全新的大数据时代。此时,计算机将不仅仅能做模拟仿真,还能进行分析总结,得到理论。大数据将成为科学工作者的宝藏,从数据中可以挖掘未知模式和有价值的信息,服务于生产和生活,推动科技创新和社会进步。虽然第三种范式和第四种范式都是利用计算机来进行计算,但是二者有着本质的区别。在第三种研究范式中,一般是先提出可能的理论,再搜集数据,然后通过计算来验证。而对于第四种研究范式,则是先有了大量已知的数据,然后通过计算得出之前未知的理论。

2. 大数据对思维方式的影响

大数据分析的目的在于发现和理解信息内容及信息与信息之间的关系。大数据时代最大的转变就是思维方式的转变,主要包括以下 3 方面:首先是"全样而非抽样",要分析与某事物相关的所有数据,而不是分析少量的数据样本。其次是"效率而非精确",乐于接受数据的复杂性,更加关注效率,而不再追求精确性。最后是"相关而非因果",不再探求难以捉摸的因果关系,转而关注事物的相关关系。

1)全样而非抽样

过去由于数据存储和处理能力的限制,在科学分析中通常采用抽样的方法,即从全集数据中抽取一部分样本数据,通过对样本数据的分析来推断全集数据的总体特征。样本数据的规模通常显著小于全集数据,因此可以在可控的代价内实现数据分析的目的。而大数据技术的核心就是海量数据的存储和处理,分布式文件系统和分布式数据库技术提供了理论上近乎无限的数据存储能力,分布式并行编程框架 MapReduce 提供了强大的海量数据并行处理能力。因此,有了大数据技术的支持,科学分析完全可以直接针对全集数据而不是抽样数据,并且可以在短时间内迅速得到分析结果。例如,谷歌公司的 Dremel 可以在 2~3s 内完成 PB 级别数据的查询。谷歌分析的是整个国家的互联网检索记录,而不依赖于对随机样本的分析,使得微观层面分析的准确性提高。

在大数据分析中,由于"样本=总体",可以对全部数据进行深度探讨,而采样几乎无法达到这样的效果。通过分析所有的数据,可以得到在仅分析样本的情况下注意不到或被大量数据淹没的信息。例如,信用卡诈骗需通过观察异常情况来识别,这只有在掌握所有的数据时才能做到。在此情况下,异常值是最有用的信息。大数据是建立在掌握所有数据(至少是尽可能多的数据)的基础上的,可以正确地考察细节并进行新的分析。在任何细微的层面都可以用大数据去论证新的假设。

2）效率而非精确

过去在科学分析中采用抽样分析方法。因为抽样分析只是针对部分样本的分析，其分析结果被应用到全集数据以后，误差会被放大。所以，为了保证误差被放大到全集数据时仍然处于可以接受的范围，就必须确保抽样分析结果的精确性。正是由于这个原因，传统的数据分析方法往往更加注重提高算法的精确性，其次才是提高算法效率。现在，大数据时代采用全样分析而不是抽样分析，结果不存在误差被放大的问题，因此，追求高精确性已经不是其首要目标；相反，大数据时代具有"秒级响应"的特征，要求在几秒内就迅速给出针对海量数据的实时分析结果，否则就会丧失数据的价值，使得数据分析的效率成为了关注的核心。

3）相关而非因果

过去，数据分析的目的一方面是解释事物背后的发展机理，比如，一个大型超市在某个地区的连锁店在某个时期内净利润下降很多，这就需要 IT 部门对相关销售数据进行详细分析，找出发生问题的原因；另一方面是用于预测未来可能发生的事件，比如，医疗用品公司通过实时分析微博数据，当发现人们对雾霾的讨论明显增加时，就可以建议销售部门增加口罩的进货量，因为人们关注雾霾的一个直接结果是购买口罩来保护自己的身体健康。不管是哪个目的，其实都反映了一种"因果关系"。但是，在大数据时代，因果关系不再那么重要，人们转而追求"相关性"而非"因果性"。比如，在淘宝网上购物时，购买了汽车防盗锁以后，淘宝网还会自动提示：与你购买相同物品的其他客户还购买了汽车坐垫，也就是说，淘宝网只会告诉你"购买汽车防盗锁"和"购买汽车坐垫"之间存在相关性，但是并不会说明为什么其他客户购买了汽车防盗锁以后还会购买汽车坐垫。

3. 大数据对社会发展的影响

大数据将会对社会发展产生深远的影响，具体表现在如下几方面。

1）大数据决策成为一种新的决策方式

根据数据制定决策，并非大数据时代所特有。从 20 世纪 90 年代开始，数据仓库和商务智能工具就开始大量用于企业决策。发展到今天，数据仓库已经成为集成的信息存储仓库，既具备批量和周期性的数据加载能力，也具备数据变化的实时探测、传播和加载能力，并能结合历史数据和实时数据实现查询分析和自动规则触发，从而提供对战略决策（如宏观决策和长远规划等）和战术决策（如实时营销和个性化服务等）的双重支持。但是，数据仓库以关系数据库为基础，无论是数据类型还是数据量方面都存在较大的限制。现在，大数据决策可以面向类型繁多的、非结构化的海量数据进行决策分析，已经成为广受欢迎的全新决策方式。比如，政府部门可以把大数据技术融入"舆情分析"，通过对微博、微信、网络社区等多种来源的数据进行综合分析，明确信息中本质性的事实和趋势，揭示信息中含有的隐性情报内容，可以对事物发展做出情报预测，协助实现政府决策，有效应对各种突发事件。

2）大数据应用促进信息技术与各行业的深度融合

有专家指出，大数据将会在未来 10 年改变几乎每一个行业的业务功能。在互联网、银行、保险、交通、材料、能源、服务等行业领域，不断累积的大数据将加速推进这些行业与信息技术的深度融合，开拓行业发展的新方向。比如，大数据可以帮助快递公司选择运费成本最低的最佳行车路径,协助投资者选择收益最大化的股票投资组合,辅助零售商有效定位目标客户群体,帮助互联网公司实现广告精准投放等。总之,在大数据所触及的每个角落,社会生产和生活都会因之而发生巨大且深刻的变化。

3) 大数据开发推动新技术和新应用的不断涌现

大数据的应用需求是大数据新技术开发的源泉。在各种应用需求的强烈驱动下,各种突破性的大数据技术将不断提出并得到广泛应用,数据的能量也将得到释放。在不远的将来,原先仅依靠人类自身判断力的应用方案,将逐渐被各种基于大数据的应用所取代。比如,今天的汽车保险公司只能凭借少量的车主信息对客户进行简单类别划分,并根据客户的汽车出险次数给予相应的保费优惠方案,客户选择哪家保险公司都没有太大差别。随着车联网的出现,"汽车大数据"将会深刻改变汽车保险业的商业模式。如果某家商业保险公司能够获取客户车辆的相关细节信息,并利用事先构建的数学模型对客户等级进行更加细致的判定,给予更加个性化的"一对一"优惠方案,那么毫无疑问,这家保险公司将具备明显的市场竞争优势,获得更多客户的青睐。

7.2.3　大数据的应用

大数据无处不在,包括金融、汽车、餐饮、电信、能源、体育和娱乐等在内的社会各行各业都已经融入了大数据的印迹。表 7.1 是大数据在各个领域的应用情况。

表 7.1　大数据在各个领域的应用

领　　域	大数据的应用
制造业	利用工业大数据提升制造业水平,包括诊断与预测产品故障、分析工艺流程、改进生产工艺、优化生产过程能耗、分析与优化工业供应链、制订生产计划与排程
金融行业	大数据在高频交易、社交情绪分析和信贷风险分析三大金融创新领域发挥重要作用
汽车行业	应用大数据和物联网技术的无人驾驶汽车,在不远的未来将进入我们的日常生活
互联网行业	借助大数据技术,可以分析客户行为,进行商品推荐和有针对性的广告投放
餐饮行业	利用大数据实现餐饮 O2O[1] 模式,彻底改变传统餐饮经营方式
电信行业	利用大数据技术实现客户离网分析,及时掌握客户离网倾向,出台客户挽留措施
能源行业	随着智能电网的发展,电力公司可以掌握海量的用户用电信息,利用大数据技术分析用户用电模式,可以改进电网运行,合理地设计电力需求响应系统,确保电网运行安全
物流行业	利用大数据优化物流网络,提高物流效率,降低物流成本
城市管理	可以利用大数据实现智能交通、环保监测、城市规划和智能安防
生物医学	大数据可以帮助我们实现流行病预测、智慧医疗、健康管理,还可以帮助解读 DNA,了解更多的生命奥秘
体育和娱乐	大数据可以帮助训练球队,决定投拍哪种题材的影视作品,以及预测比赛结果
安全领域	政府可以利用大数据技术构建起强大的国家安全保障体系,企业可以利用大数据抵御网络攻击,警察可以借助大数据预防犯罪
个人生活	大数据可以应用于个人生活,利用与每个人相关联的"个人大数据",分析个人生活行为习惯,为其提供更加周到的个性化服务

1　O2O(online to offline),即线上到线下,是指将线下的商务机会与互联网结合,让互联网成为线下交易的平台。

7.3 大数据关键技术

当人们谈到大数据,往往并非仅指数据本身,而是指代数据与大数据技术二者的综合。所谓大数据技术,是指大数据的采集、存储、分析和应用的相关技术,是一系列使用非传统的工具来对大量的结构化、半结构化和非结构化数据进行处理,从而获得分析和预测结果的一系列数据处理和分析技术。

7.3.1 大数据存储技术

大数据存储技术是大数据领域的关键技术之一,利用分布式存储代替集中式存储,用廉价的机器代替之前昂贵的机器,让海量存储的成本显著降低。数据的海量化和快增长特征,以及数据格式的多样化,是大数据对存储技术提出的首要挑战,要求底层硬件架构和文件系统的性价比须显著高于传统技术,并能够弹性扩展存储容量。为对大数据进行处理,需要一个能够存储所有数据的平台。由于计算机硬盘存储技术发展的速度远远赶不上大数据爆炸式的增长速度,单机存储密度有限,分布式存储成为了自然而然的选择。分布式存储技术主要体现在分布式文件系统之中。

相对于传统的本地文件系统而言,分布式文件系统(distributed file system)是一种通过网络实现文件在多台主机上的分布式存储的文件系统。分布式文件系统把文件分布存储到多个计算机节点上,成千上万的计算机节点构成计算机集群。与之前使用多个处理器和专用高级硬件的并行化处理装置不同的是,目前的分布式文件系统所采用的计算机集群都是由普通硬件构成的,大幅降低了硬件方面的成本。

计算机集群的基本架构如图 7.2 所示。集群中的计算机节点存放在机架(rack)上,每个机架可以存放 8~64 个节点,同一机架上的不同节点之间通过网络互连(常采用吉比特以太网),多个不同机架之间采用另一级网络或交换机互连。

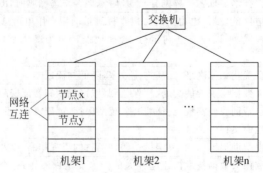

图 7.2　计算机集群的基本架构

下面介绍两种常用的分布式文件系统。

1. 谷歌的 GFS

GFS 也就是 Google File System,是谷歌公司为了存储海量搜索数据而设计的专用文件系统。GFS 是一个可扩展的分布式文件系统,用于大型的、分布式的、需对大量数据进行访问的应用。它运行于低成本普通硬件上，并提供容错功能。它可以给大量的用户提供总体性能较高的服务。

2. Hadoop 的 HDFS

Hadoop 分布式文件系统（HDFS）是指适合运行在通用硬件（commodity hardware）上的分布式文件系统。它和现有的分布式文件系统有很多共同点，但区别也很明显。HDFS 是一个高度容错性的系统，适合部署在廉价的机器上。HDFS 能提供高吞吐量的数据访问，非常适合大规模数据集上的应用。HDFS 最初是作为 Apache Nutch 搜索引擎项目的基础架构而开发的，是 Apache Hadoop Core 项目的一部分，同时也是谷歌 GFS 的开源实现。

HDFS 采用了主从（master/slave）结构模型。一个 HDFS 集群是由一个 NameNode 和若干 DataNode 组成的。其中 NameNode 作为主服务器，管理文件系统的命名空间和客户端对文件的访问操作；集群中的 DataNode 管理存储的数据。HDFS 有高容错性的特点，部署在低成本硬件上，并且可以提供应用程序数据的高吞吐量访问，适合有超大数据集的应用程序。HDFS 可以以流的形式访问文件系统中的数据。

7.3.2　分布式计算技术

大数据技术除了需要解决大规模数据的高效存储问题，还需要解决大规模数据的高效处理问题。分布式计算技术可以大幅提高程序性能，实现高效的批量数据处理。分布式程序运行在大规模计算机集群上，集群中包括大量低成本服务器，可以并行执行大规模数据处理任务，从而获得海量的计算能力。MapReduce 是最具有代表性和影响力的分布式计算框架，主要解决针对大规模数据（大于 1TB）的批量处理。它将复杂的、运行于大规模集群上的并行计算过程高度地抽象到了两个函数——Map 和 Reduce 上。编程人员在不会分布式并行编程的情况下，也可以很容易地将自己的程序运行在分布式系统上，完成海量数据集的计算，如图 7.3 所示。

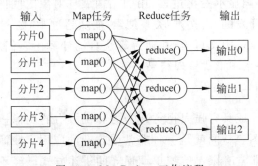

图 7.3　MapReduce 工作流程

通俗地说，MapReduce 的核心思想就是"分而治之"，它把输入的数据集切分为若干独立的数据块，分发给一个主节点管理下的各个分节点共同并行完成，再通过整合各个节点的中间结果得到最终结果。MapReduce 把某些大问题分解成小问题，解决小问题后，大问题也就解决了。其经典的应用场景有：①计算 URL 的访问频率。在搜索引擎的使用中，会访问大量的 URL，可以使用 MapReduce 进行统计，得出（URL，次数）结果,在后续的分析中可以使用;②Top K 问题[1]。在各类文档分析,或者是不同的场景中,经常会遇到如"输出某篇文章出现的前 5 个最多的词汇"等 Top K 问题。

7.3.3 数据可视化技术

数据可视化是指将结构或非结构数据转换成适当的可视化图表,然后将隐藏在数据中的信息直接展现于人们面前。在大数据时代,通过观察数字和统计数据的转换以获得清晰的结论并不容易,必须用合乎逻辑、易于理解的方式呈现数据以方便理解。因为大脑对视觉信息的处理优于对文本的处理,所以使用图表、图形和设计元素,更有助于理解信息和统计数据。相比于传统的用表格或文档展现数据的方式,可视化能将数据以更加直观的方式展现出来,使数据更加客观、更具说服力。在各类报表和说明性文件中,用图表展现数据,显得简洁、可靠。基于不同的使用场景,可视化技术可以支持实现多种不同的目标。

1. 观测、跟踪数据

许多实际应用中的数据量已经远远超出大脑可以理解吸收的能力范围。如果将不断变化中的多个参数值仍然以枯燥数值的形式呈现,用户将感到茫然。利用变化的数据生成实时变化的可视化图表,可以直接体现各种参数的动态变化过程,有效跟踪各种参数值。

2. 分析数据

利用可视化技术,可以实时呈现当前分析结果,引导用户参与分析过程,根据用户反馈信息执行后续分析操作,完成用户与分析算法的全程交互,实现数据分析算法与用户领域知识的完美结合。

3. 辅助理解数据

可视化技术能够帮助普通用户更快、更准确地理解数据背后的含义,如用不同的颜色区分不同对象、用动画显示变化过程、用图结构展现对象之间的复杂关系等。例如,微软亚洲研究院设计开发的"人立方"关系搜索,能从超过 10 亿个中文网页中自动抽取出人名、地名、机构名以及中文短语,并通过算法自动计算出它们之间存在关系的可能性,最终以可视化的关系图形式呈现结果。

4. 增强数据吸引力

把枯燥的数据制作成具有强大视觉冲击力和说服力的图像,可以大大增强读者的阅读兴趣。可视化的图表新闻就是一种非常受欢迎的应用。在海量的新闻信息面前,读者的时间和精力都非常有限。传统单调保守的讲述方式已经不能引起读者的兴趣,需要更加直观、高效的信息呈现方式。因此,现在的新闻播报越来越多地使用数据图表,动态、立体化地呈现报道内容,让读者对内容一目了然,提高了知识理解的效率。

数据可视化技术在疫情防控中得到广泛应用。在新型冠状病毒肺炎疫情防控工作中,政府部门和一些媒体平台都设置了疫情可视化系统,动态展示疫情在全国的发展情

---

1 Top K 是指在 N 个数的无序序列中找出最大的 K 个数,而其中的 N 往往都特别大。

况,以疫情地图、疫情趋势、国内国外疫情等形式实时播报肺炎疫情动态。公众只需将鼠标移至系统界面地图的具体部位,系统就自动显示各省确诊、疑似、死亡病例的新增数量及累计数据等实时情况。这些疫情可视化系统不仅为疫情防控阻击战提供了数据支撑,也充分保障了海内外公众的知情权,为增强公众的科学防控知识、提高科学防控意识起到积极作用。图 7.4 为 2021 年 8 月 15 日新增病例数量情况。

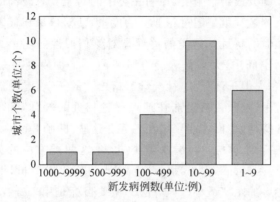

图 7.4　全国新冠肺炎疫情可视化数据(2021 年 8 月 15 日)

7.3.4　数据挖掘算法

数据挖掘(Data Mining)就是从大量的、不完全的、有噪声的、模糊的、随机的实际应用数据中,提取隐含在其中的、人们事先不知道但又潜在有用的信息和知识的过程。数据挖掘算法分析提供的数据,并查找特定类型的模式和趋势。数据挖掘算法分为关联、聚类、预测、序列和时间序列等不同种类。

1. 关联分析算法

关联是指一个事件与另一个事件之间的依赖关系。这些依赖关系形成了关联规则。关联规则反映了一个事物与其他事物之间的相互依存性和关联性,常用于实体商店或在线电商的推荐系统。关联分析算法通过对顾客的购买记录数据库进行关联规则挖掘,最终目的是发现顾客群体的购买习惯的内在共性,例如购买产品 A 的同时也连带购买产品 B 的概率。根据挖掘结果,可以调整货架的布局陈列、设计促销组合方案,实现销量的提升。最经典的应用案例莫过于在之前章节提到的"啤酒和尿布"的关系。

典型的关联算法包括 Apriori 算法、FP-G(frequent pattern growth,频繁模式增长树)算法、FreeSpan 算法及 PrefixSpan 算法等。上述各种算法的简单介绍如下。

(1) Apriori 算法。这是第一个关联规则挖掘算法,它利用逐层搜索的迭代方法找出数据库中项集(指若干项的集合)的关系,并形成规则。其过程由连接(类矩阵运算)与剪枝(去掉多余的中间结果)组成。

(2) FP-G 算法。该算法采取分治策略,将提供频繁项集(指数据集中频繁出现的项集、序列或子结构)的数据库压缩到一棵频繁模式树(FP-Tree)中,但仍保留项集关联信息。

(3) FreeSpan 算法。该算法是基于频繁模式投影的序列模式挖掘算法,利用频繁项递归地将序列数据库投影到更小的投影数据集中,在每个投影数据库中生成子序列片段。

（4）PrefixSpan 算法。该算法采用分治策略，不断产生系列数据库的多个更小的投影数据库，然后在各个投影数据库上进行序列模式挖掘。

2. 聚类分析算法

聚类是指将对象划分成若干个类，在同一类中的对象具有较高的相似度，不同类中对象差异较大。聚类的过程就是通过相似性的度量，使对象聚集成若干个类，各个类的成员具有共同的或相似的特性。聚类的关键是对象相似性的度量。例如，在平时的人际交往和私下的生活空间中，大多数人会自觉不自觉地加入到一个个社交圈子中，如"驴友""同学会""高尔夫俱乐部"等。社会学家指出，"圈子"就是由志向、趣味、地位、年龄、职业、爱好、特长、个性、收入甚至居住地点比较相近的人自发形成的团体。正是因为这些人具有相似的特征，他们才能聚集在一起。这些"圈子"就形成了所谓的聚类。

常见的聚类算法有划分方法和层次聚类方法，这两类方法的典型代表分别为 k-means、k-medoids 等。k-means 算法将 n 个数据点进行聚类分析，得到 k 个聚类，使得每个数据点到聚类中心的距离最小。该算法的主要目标是用来查找那些包含没有明确标记的数据的组。k-means 算法可以用于验证商业假设，确定分组类型或为复杂的数据集确定未知组。一旦该算法开始运行并定义分组，任何新数据都可以很容易地分配到正确的组内。k-means 算法的优点是原理简单，实现容易；缺点是收敛较慢，算法时间复杂度比较高，结果不一定是全局最优，只能保证局部最优。

3. 预测

预测是指通过对反映了事物输入和输出之间的关联性的学习，得到预测模型，再利用该模型对未来数据进行预测的过程。数据挖掘预测的基本原理是黑箱子模型，即不管事物输入与输出之间的关系多么复杂，均将其当作一个黑箱子，以往的输入、输出数据则是这个黑箱子内复杂规律的反映。通过数据挖掘的机器学习方法，可以建立黑箱子模型，预测未来的输入数据所对应的输出数据。以机器学习的一个简单模型为例：输入数据为 $(X_1,Y_1),(X_2,Y_2),\cdots,(X_n,Y_n)$，通过输入数据的学习，可以得到模型 $Y=f(X,\beta)$ 中的 β，从而能够基于此模型，利用新的数据输入 X 来预测并确定 Y 的值。常见的数据挖掘预测方法有决策树方法和人工神经网络法。

1）决策树算法

决策树的主要思想其实就是模仿人做出决策的过程，本质上是一种分类方法，需要进行样本学习。每个样本都有一组属性和一个分类结果，也就是分类结果已知。通过学习这些样本可以得到一棵决策树，这棵决策树能够对新的数据给出正确的分类。这里通过一个简单的例子来说明决策树的构成思路。

给出如表 7.2 所示的一组学生成绩数据，一共有 10 个样本（学生数量），每个样本有分数、出勤率、回答问题次数、作业提交率 4 个属性。基于这些属性对学生的成绩进行等级划分。表格中最后一列给出了人工等级划分结果。然后用这一组附带等级划分结果的样本可以训练出多种多样的决策树，这里为了简化过程，我们假设决策树为二叉树，如图 7.5 所示。通过学习样本数据，可以设置 A、B、C、D 等阈值。决策树的思想与上面例子类似，根据样本数据特征构造出一棵树，当输入一组新的特征时，根据已经构建好的这棵树一步步做出判断，从而得到分类结果。

表7.2 决策树数据样本

学 生 编 号	分 数	出 勤 率	回答问题次数	作业提交率	等 级 划 分
1	99	80%	5	90%	优
2	89	100%	6	100%	良
3	69	100%	7	100%	良
4	50	60%	8	70%	合格
5	95	70%	9	80%	优
6	98	60%	10	80%	优
7	92	65%	11	100%	优
8	81	70%	5	55%	不合格
9	85	80%	13	95%	中
10	85	91%	14	98%	中

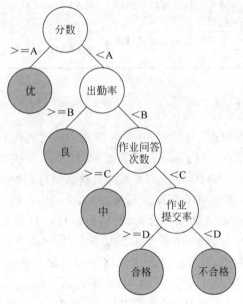

图7.5 决策树示例

2) 人工神经网络法

人工神经网络(artificial neural networks)是指由大量的处理单元(神经元)互相连接而形成的复杂网络结构，是对人脑组织结构和运行机制的某种抽象、简化和模拟。人工神经网络以数学模型模拟神经元活动，是基于模仿大脑神经网络结构和功能而建立的一种信息处理系统。作为机器学习的一个庞大分支，人工神经网络目前大约有几百种算法，其中比较典型的算法包括感知器神经网络、反向传递、Hopfield网络和自组织映射等。

人工神经网络的应用场景涉及目前最火的两个领域——计算机视觉和自然语言识别，分别是对人类视觉和听觉的模拟。这两个领域最热门的应用场景就是无人驾驶和各类对语音的识别应用，比如智能音箱、语音输入、即时翻译等。

7.4 大数据处理的主要方式

海量数据的处理对于当前的技术水平而言是一种极大的挑战。目前大数据的主要处理方式包括静态数据的批量处理、在线数据的实时流式处理、图数据处理、查询分析处理等,如表 7.3 所示。本节将简要介绍大数据的上述几种主要处理方式及相应的主要技术。

表 7.3 大数据的主要处理方式

大数据处理方式	解决的问题	代表产品
静态数据的批量处理	针对大规模数据的批量处理	MapReduce、Spark 等
在线数据的实时流式处理	针对流数据的实时计算	Storm、S4、Flume、Streams、Puma、DStream、Super Mario、银河流数据处理平台等
图数据处理	针对大规模图结构数据的处理	Pregel、GraphX、Giraph、PowerGraph、Hama、GoldenOrb 等
查询分析处理	大规模数据的存储管理和查询分析	Dremel、Hive、Cassandra、Impala 等

7.4.1 批处理计算

批处理计算以"静态数据"为对象,可以在很充裕的时间内对海量数据进行批量处理,计算得到有价值的信息。Hadoop 就是典型的批处理计算平台,由 HDFS 和 HBase 存放大量的静态数据,由 MapReduce 负责对海量数据执行批处理计算。

除了前面已经介绍过的 MapReduce 框架以外,Spark 也是一种常用的批处理计算技术。Spark 是一个针对超大数据集合的、低延迟的集群分布式计算系统,运行速度明显快于 MapReduce。由于其具有可伸缩、基于内存计算的特点,且可以直接读写 Hadoop 上任何格式的数据,较好地满足了数据即时查询和迭代分析的需求,因此变得越来越流行。Spark 应用程序支持采用 Scala、Python、Java、R 等语言进行开发。在 Spark-Shell 中进行交互式编程时,可以采用 Scala 和 Python 语言,方便以逐行代码的方式对代码进行调试。

在实际应用中,互联网公司主要将 Spark 应用在广告、报表、推荐系统等业务上。在广告业务方面,利用 Spark 进行应用分析、效果分析、定向优化等,在推荐系统方面则需要利用 Spark 优化相关排名、个性化推荐以及热点点击分析等。这些应用场景的普遍特点是计算量大、效率要求高,而 Spark 恰恰可以满足这些要求。

7.4.2 流计算

流数据也是大数据分析中的重要数据类型。流数据(或数据流)是指在时间分布和数量上无限的一系列动态数据集合体,数据的价值随着时间的流逝而降低,因此必须采用实时计算的方式给出及时响应。比如淘宝、京东等电子商务网站可以从用户的点击流、浏览历史和行为(如放入购物车)中实时发现用户的即时购买意图和兴趣,为之实时推荐相关商品,从而有效提高商品销量,同时也增加了用户的购物满意度。

实时计算最重要的一个需求是实时得到计算结果,一般要求响应时间为秒级。当只需要处理少量数据时,实时计算并不难实现;但是,在大数据时代,不仅数据格式复杂、来源众多,而且数据量巨大,这就对实时计算提出了很大的挑战。因此,针对流数据的实时计算——流计算应运而生。

针对不同的应用场景,相应的流计算系统会有不同的需求,但是针对海量数据的流计算,无论在数据采集、数据处理中都应达到秒级别的要求。目前业内已涌现出许多的流计算框架与平台,第一类是商业级的流计算平台,包括 IBM InfoSphere Streams 和 IBM StreamBase 等;第二类是开源流计算框架,包括 Twitter Storm、Yahoo! S4 (simple scalable streaming system)、Spark Streaming 等;第三类是公司为支持自身业务开发的流计算框架,如 Facebook 使用 Puma 和 HBase 相结合来处理实时数据,百度开发了通用实时流数据计算系统 DStream,淘宝开发了通用流数据实时计算系统——银河流数据处理平台。下面将介绍流计算的代表产品 Storm。

Storm 是 Twitter 开源的一个类似于 Hadoop 的实时数据处理框架。MapReduce、Hive 和 Spark 是离线和准实时数据处理的主要工具,而 Storm 用于实时处理数据。例如,应用系统会产生大量的业务日志,如网关系统的 API[1] 调用情况日志等。这些日志不太适合马上存入数据库,需要进行加工,但日志文件的量又非常大,无法直接统计,此时可以通过 Storm 进行分析。除此之外,对于海量数据,没有办法在数据库层面直接使用 SQL 语句进行统计,那么就需要对产生的数据进行二次加工,然后产出结果,在 Storm 中处理实时变化的数据流。

7.4.3　图计算

在大数据时代,图是一种重要的数据结构,它由节点 V(或称为顶点,即个体)与边 E(即个体之间的联系)构成。许多大数据都以大规模图或网络的形式呈现,如社交网络、传染病传播途径、交通事故对路网的影响等。此外,许多非图结构的大数据也常常会被转换为图模型后再进行处理分析。图的规模越来越大,有的图甚至有数十亿个顶点和数千亿条边,给高效处理图数据带来了挑战。一台机器已经不能存放所有需要计算的数据,需要一个分布式的计算环境。

图计算模型即针对图数据和图计算特点设计的计算模型,一般应用于图计算系统中。针对大型图的计算,目前通用的图处理软件主要包括两种:第一种主要是基于遍历算法的实时的图数据库,如 Neo4j、OrientDB、Dex 和 InfiniteGraph;第二种则是以图顶点为中心的、基于消息传递批处理的并行引擎,如 Hama、GoldenOrb、Giraph 和 Pregel。

7.4.4　查询分析计算

数据查询分析计算系统需要具备对大规模数据进行实时或准实时查询的能力,才能满足企业经营管理的需求。就目前而言,主要的数据查询分析计算系统包括 Hive、Cassandra、Hana、HBase、Dremel、Shark 等。

1　API 一般指应用程序编程接口,用于向应用程序与开发人员提供访问一组例程的能力,且无须访问源码,或理解内部工作机制的细节。

谷歌公司开发的 Dremel 是一种可扩展的、交互式的实时查询系统,用于只读嵌套数据的分析。通过结合多级树状执行过程和列式数据结构,它能在几秒内完成对万亿张表的聚合查询。系统可以扩展到成千上万的 CPU 上,满足谷歌上万用户操作 PB 级数据的需求,并且可以在 2～3s 内完成 PB 级别数据的查询。此外,Cloudera 公司参考Dremel 系统开发了实时查询引擎 Impala,它提供 SQL 语义,能快速查询存储在Hadoop 的 HDFS 和 HBase 中的 PB 级大数据。

7.5 大数据分析的应用场景

在大数据时代,想要获得更多有价值的信息,离不开管理信息系统。一方面,要对基本数据进行管理;另一方面,还要利用数据挖掘技术进行数据的处理和分析,从而辅助决策。在金融行业中,大数据在高频交易、社交情绪分析和信贷风险分析等金融创新领域发挥重大作用;在电商行业中,大数据可以为用户更准确地进行商品推荐和针对性广告投放;在物流行业中,利用大数据优化物流网络,可以极大提高物流效率,降低物流成本;在城市管理中,可以利用大数据实现智能交通、环保监测等。

7.5.1 推荐系统

在使用抖音、淘宝、微博等 App 的过程中,我们发现总是能刷到喜欢的视频,被推送心爱的商品,发现志趣相投的好友。这些个性化推荐的背后,就是强大的推荐系统在支撑。当用户有明确的需求时,强大的搜索引擎会把结果返回给用户;但当用户没有明确需求时,再强大的搜索引擎也无能为力。此时推荐系统就帮了用户的大忙。

推荐系统是自动联系用户和物品的一种工具。和搜索引擎相比,推荐系统通过研究用户的兴趣偏好,进行个性化计算。推荐系统可发现用户的兴趣点,帮助用户从海量信息中发掘自己潜在的需求,如图 7.6 所示。

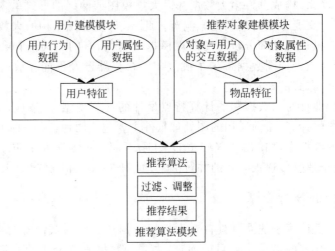

图 7.6 推荐系统的基本框架

互联网在不断改变我们日常生活中的互动方式,并在其中生成大量的交互数据。淘宝 App 上留下的商品浏览历史、购买历史,网易云音乐 App 上留下的个人听歌历史、收藏和下载历史等数据帮助互联网公司回答了重要的商业问题,如:"谁是最有价值的用户""用户最喜欢什么类型的商品/音乐"。这些问题又推动着推荐算法的发展。在本书中,我们将介绍协同过滤推荐算法和基于内容的推荐算法,并探讨两者的原理、步骤及优缺点,以便读者快速了解有关推荐系统的基础知识。

1. 协同过滤推荐

协同过滤推荐(collaborative filtering recommendation)是推荐系统中应用最早和最为成功的技术之一。它一般采用最近邻技术,利用用户的历史信息计算用户之间的距离(即相似性),然后利用目标用户的最近邻居用户对商品的评价信息来预测目标用户对特定商品的喜好程度,最后根据这一喜好程度对目标用户进行推荐。协同过滤可分为基于用户的协同过滤和基于物品的协同过滤。下面对这两种协同过滤算法进行详细介绍。

1) 基于用户的协同过滤算法

基于用户的协同过滤算法(UserCF 算法)是推荐系统中最古老的算法,可以说 UserCF 算法的诞生标志着推荐系统的诞生。UserCF 算法符合人们对"趣味相投"的认知,即兴趣相似的用户往往有相同的物品喜好。当目标用户需要个性化推荐时,可以先找到和目标用户有相似兴趣的用户群体,然后将这个用户群体喜欢的、而目标用户没有浏览过的物品推荐给目标用户,即实现算法的关键步骤——计算用户相似度,如图 7.7 所示。

UserCF 算法的实现主要包括两个步骤:①找到和目标用户兴趣相似的用户集合。②找到该集合中的用户所喜欢的且目标用户没有浏览过的物品,推荐给目标用户。UserCF 算法适合于新闻推荐、微博话题推荐等应用场景,其推荐结果在新颖性方面有一定的优势,但推荐结果容易因受到大众影响而推荐热门物品,且很难对推荐结果做出解释。

2) 基于物品的协同过滤算法

基于物品的协同过滤算法(ItemCF 算法)是目前业界应用最多的算法。ItemCF 算法用于向目标用户推荐与他们之前喜欢的物品相似的物品。ItemCF 算法并不利用物品的内容属性计算物品之间的相似度,而是主要通过分析用户的行为记录来计算物品之间的相似度。该算法基于的假设是:物品 A 和物品 B 具有很大的相似度是因为喜欢物品 A 的用户大多也喜欢物品 B,以此实现算法的关键步骤——计算物品相似度,如图 7.8 所示。

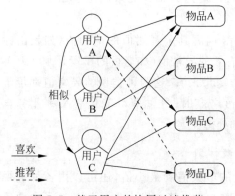

图 7.7 基于用户的协同过滤推荐

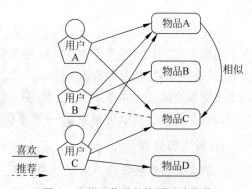

图 7.8 基于物品的协同过滤推荐

ItemCF 算法的实现主要包括两个步骤：①计算物品之间的相似度。可以通过建立用户到物品倒排表（每个用户喜欢的物品的列表）来计算。②根据物品的相似度和用户的历史行为，为用户生成推荐列表。ItemCF 算法在电子商务、电影、图书等应用场景中广泛使用，并且可以利用用户的历史行为解释推荐结果，让用户更信服推荐的效果。但是由于其倾向于推荐与用户已购买物品相似的物品，往往会出现多样性不足、推荐新颖度较低的问题。

2. 基于内容的推荐

基于内容的推荐是根据用户过去喜欢的物品，为用户推荐和这些物品相似的物品（基于物品自身的属性），如根据电影中相同的演员、导演，根据新闻中相似的主题、人物、事件、地点等进行推荐。如图 7.9 所示为向购买过苹果或香蕉的客户推荐与其类似的橘子或菠萝等水果。基于内容的推荐不需要使用其他用户的数据，可解释性好，推荐较为准确，但对于图像、电影、音乐这类物品的特征提取较难，不会推荐和用户曾喜欢的物品不相关的物品。该方法过于专门化，也会出现新用户没有数据，无法做出推荐的"冷启动"问题。

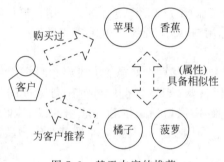

图 7.9　基于内容的推荐

7.5.2　异常检测

异常检测广泛应用于风险控制领域，该方法使用数据挖掘技术分析同类数据，挑选出那些不同于其余项的项，即异常。例如，信用卡公司可以使用数据挖掘驱动的异常检测来确定某个特定的交易是否有效；保险公司可以通过异常检测来确定索赔是否存在欺诈。

异常值是指样本中的个别观测值的取值明显偏离其余观测值的平均值（如超出标准差两倍以上）。实际上，异常值有两种类型：有效的异常值（如老板的工资是 100 万美元）和无效的异常值（如年龄为 300 岁）。从单个变量来看，这两种类型的异常值都位于这个观测维度的边缘角落。然而，从另一个维度考察时，异常值可能代表某种业务含义。处理异常值有两个重要步骤，分别是检测和处理。

1. 异常值检测

检测异常值的最常用方法是计算每个变量的最大值和最小值，还可以用各种可视化图形来检测异常值，直方图就是其中之一。图 7.10 是某个样本集的年龄变量的取值分布直方图，圈示的部分就是异常值。

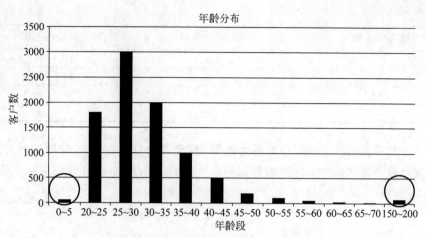

图 7.10 利用直方图检测异常值

另一种有用的可视化工具是箱型图。箱子代表了样本集中 3 个关键的四分位数。四分位数是指将所有数值由小到大排列并分成四等份后，处于 3 个分割点位置的数值。

首先绘制箱型图，找出一组数据的上下边缘和 3 个四分位数（上四分位数 Q_3、中位数 Q_2、下四分位数 Q_1）；然后连接上下两个四分位数画出箱体；再将上下边缘与箱体相连接，中位数在箱体中间。接下来，计算出四分位间距 IQR（$IQR = Q_3 - Q_1$），在 $Q_3 + 1.5 \times IQR$ 和 $Q_1 - 1.5 \times IQR$ 处各画一条与中位线平行的线段，这两条线段就是异常值截断点，称其为内限；同理，在 $Q_3 + 3 \times IQR$ 和 $Q_1 - 3 \times IQR$ 处画两条线段，称其为外限。处于内限以外位置的点都是异常值，其中位于内限与外限之间的点称为温和异常值，位于外限以外的点称为极端异常值。在图 7.11 给出的箱型图实例中，下侧有 3 个异常值。

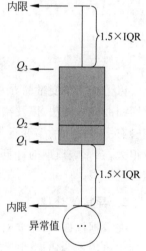

图 7.11 利用箱型图进行异常值检测

除了以上两种绘图的方法，还有一种检测异常值的方法——Z 分数法（Z-score），该方法通过量化计算观测值与平均值的距离来判断是否为异常值。计算公式如下：

$$Z = \frac{X - \mu}{\sigma}$$

其中，X 为原始数据，μ 为平均数，σ 为标准差，Z 分数是以标准差为单位的离均差。如表 7.4 所示为利用 Z 分数检测客户年龄的异常值。

表 7.4 利用 Z 分数检测异常值

客 户 编 码	年龄（$\mu=40, \sigma=10$）	Z 分数（$\mu=0, \sigma=1$）
1	30	$(30-40)/10 = -1$
2	50	$(50-40)/10 = 1$
3	10	$(10-40)/10 = -3$

客户编码	年龄($\mu=40,\sigma=10$)	Z 分数($\mu=0,\sigma=1$)
4	40	$(40-40)/10=0$
5	60	$(60-40)/10=2$
6	80	$(80-40)/10=4$
…	…	…

有一个非常实用的界定异常值的经验规则：若某个观测值的 Z 分数的绝对值大于3，则该观测值为异常值（由 3σ 准则可以得出）。请注意，此时 Z 分数应服从正态分布，如图 7.12 所示。

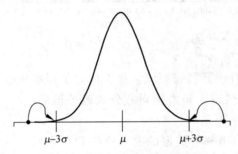

图 7.12 利用 Z 分数截断异常值

以上均为单变量的异常值检测方法。在多变量分析中的异常值检测，可以通过拟合回归曲线观测法，以及错误观察法（如残差图）实现。其他的常用方法还有聚类分析。尽管有多种可用的多变量异常值检测方法，但在现实的建模活动中很少使用，因为计算量很大，会影响模型的计算性能。此外，还可以基于业务常识和/或专家经验，设定有效值的上下限。

2. 异常值处理

在数据挖掘中，需要对数据进行预处理，即数据清洗。数据清洗是发现并纠正数据文件中可识别的错误的最后一道程序，包括检查数据一致性，处理无效值、缺失值、异常值等。针对异常值的处理可以采用删除含有异常值的记录、将异常值视为缺失值、交由缺失值处理方法处理、用平均值修正、不处理等方法。

7.5.3 客户流失预测

在饱和市场中，吸引新客户的机会十分有限，因此存量客户的维系对于提升企业的盈利能力和经营稳健性都极为重要。据估计，发展一个新客户的成本是维系一个老客户成本的 5～6 倍。由于存量客户的服务成本较低，因而更有利可图。此外，经过长期积累而建立的品牌忠诚度，也能降低存量客户的流失率。满意的客户还可发挥口碑宣传作用，为公司带来新客户。

流失分析可以帮助企业了解哪些客户可能会流失以及流失的原因，以便改善与客户的关系。例如电信、银行、保险业等行业可以在面临激烈竞争时，通过客户流失分析增强竞争力。企业将流失分析作为一种补充的方法，可以把注意力转移到单个客户层面,进而能以相对较低的投资,获取较高的回报。也就是说,企业使用客户流失预测模型来识别哪些客户可能会流失,通常能得到每个客户的预期流失概率。基于此,企业能够以相对直接的方式,为流失概率最大的客户提供折扣或其他促销,以激励客户延长合同期,或保持通信账户的活跃性。以下将就客户流失预测的重要步骤进行描述。

1. 流失预测建模

模型的准确性和可理解性是模型技术选择决策的关键,所以在选择模型时应仔细斟酌。选用何种模型是客户流失预测中的关键一步,以下为模型选取应关注的事项。

- 模型要具有可解释性。对于公司来说,找出流失原因非常重要。选用模型时应注重模型的可解释性,如果能够揭示模型预测结果背后的原因,就能服务于多种业务目标。
- 模型的可理解性能确保该领域的专家以直觉经验判断模型结果是否正确,从而准确评价模型预测结果。
- 模型的可理解性还在于要能够较清晰地给出客户特征属性和流失倾向之间的关系,能让业务管理人员快速定位流失原因,从而制定针对性的营销方案,在客户做出离网决定之前就采取有效行动。

在流失预测建模中,经常使用 Logistic 回归模型[1]。它既可以独立使用,直接得到预测结果,也可以与其他建模技术结合使用,作为其他建模技术的比较对象。与其他模型技术相比,Logistic 回归不仅易于解释理解,而且预测效果也相当不错,因而在研究领域和实践应用领域的接受度都非常高。实证研究已证明,在很多业务场景中,Logistic 回归的效果优于很多较为复杂的建模技术。除此之外,决策树也可用于流失预测建模,其输出结果的可解释性很高,模型本身又很稳健。神经网络和支持向量机也被大量应用于流失预测建模,然而这些模型更像黑匣子,很难解析其预测过程。

2. 流失预测流程

不管采用何种建模技术,流失预测建模均遵从图 7.13 所示的标准的分类流程。

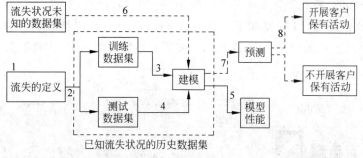

图 7.13 流失预测流程

首先需要针对特定业务场景定义什么是流失。对于某些业务场景,例如客户与公司签订了服务协议,流失表现为合同终止、服务取消,或合同没有续订,在数据记录中自

---

1 Logistic 模型是一种广义的线性回归分析模型,常用于数据挖掘、疾病自动诊断、经济预测等领域。

然存在。在其他业务场景中,流失的表征将不会如此显性化,例如客户不再从某家商店或购物网站购物,或者客户不再使用信用消费方式。在这些情况下,分析师或研究人员必须根据具体业务场景,合理地定义什么是流失。常用的解决方案是根据用户/账户处于非活跃状态的时长来判断。在前面的例子中,如果客户持续若干天/月均未在本公司消费,就可以定义为流失。当然,客户可能只是刚好在此期间未发生购买行为,也许在稍后的某个时间点又回来购物了。因此,若设置的时间窗过短,可能会把非流失客户误判为潜在流失客户;时间窗太长,又存在不能及时发现潜在流失客户的问题。在大多数情况下,如果预防客户流失的营销活动的成本比失去客户的成本要低得多,那么比较适宜采用较短的时间窗。

完成流失定义之后,可以在原始的历史数据集中,根据流失定义给每个客户打上流失与否的标签,然后将打好标签的数据集分为训练集和测试集两部分,使用训练集的客户特征属性来训练所选择的模型。下一步,将模型用于测试集,得到测试集的每个客户

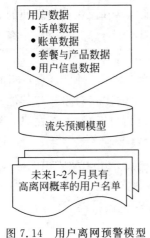

流失与否的预测值,将预测值与真实值进行比较,进而对预测模型的性能给出评价。当然,也可以请业务专家对客户流失与否进行预测,得到业务专家的预测准确率,判断模型的预测性能可否接受,是否优于业务经验。如果模型的预测性能可接受,就可以把客户流失状况未知的数据集输入到模型中,得到客户流失概率的预测值。根据预测结果筛选出流失概率最高的客户群,对他们开展客户保有活动,而对于其他流失概率较低的客户,就没有必要开展以客户保有为目标的促销活动了。

如图 7.14 所示为用户离网预警模型工作原理。用户在日常使用手机等通信设备的过程中,不免会产生大量数据,如话单数据、账单数据、套餐与产品数据、用户信息数据等。这些数据在收集后,将被输入至流失预测模型,而该模型将会输出未来 1、2 个月具有高离网概率的用户名单。

图 7.14　用户离网预警模型工作原理

针对该业务场景,将按照如下规则定义移动用户的流失情况:若满足在网时间 <115 天且第三个月无本地通话,则该用户被模型预测为高危用户,如图 7.15 所示。

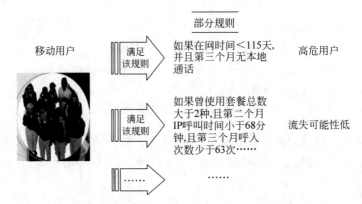

图 7.15　用户流失预测模型变量与参数示例

7.5.4　客户细分

客户细分的理论依据是顾客需求的异质性以及企业需要在有限资源的基础上有效地进行市场竞争。客户细分指企业在明确的战略业务模式和特定的市场中,根据客户的属性、行为、需求、偏好以及价值等因素对客户进行分类,并有针对性地提供产品、服务和销售模式。

本节提到的客户细分是指数据挖掘在客户关系管理研究中的应用。客户细分既可依据业务专家的经验,也可基于统计分析技术,例如使用决策树、k-means 聚类算法或自组织映射算法。通过客户细分可以确定客户行为和描述性概况,以此提供适合于每组客户的个性化市场计划和市场策略。例如银行对不断增长的客户群进行分类,为每种产品找出最有价值的客户,可有效降低营销费用。在正式建模之前,需要把数据分成不同的子集,也就是细分客户群。对客户进行细分可能是战略的需要,例如针对特定客户群制定特殊的业务战略;也可能是可持续运营的需求,因为现有的标准模型不适用于新客户,所以需要为新客户单独建模。

美国塔吉特(Target)百货公司在基于数据挖掘进行客户细分方面取得了较好效果。众所周知,对于零售业而言,孕妇是一个非常重要的消费群体。孕妇在从怀孕到生产的全过程中,需要购买各种商品,表现出非常稳定的刚性需求。孕妇产品零售商如果能够提前获得孕妇信息,在怀孕初期就进行有针对性的产品宣传和引导,无疑会给商家带来巨大的收益。因此如何有效识别出哪些顾客属于孕妇群体就成为核心问题。面对这个棘手难题,塔吉特百货公司另辟蹊径,转向数据挖掘技术。公司将每一位顾客的信用卡优惠券使用情况、调查问卷填写情况、官网访问数据等都存入其信息系统,同时获取了关于顾客的其他必要信息,包括年龄、是否已婚、是否有子女,甚至是购房记录、求学记录、阅读习惯等。

通过数据分析发现,有一些明显的购买行为可以用来判断顾客是否已经怀孕。比如在孕中期开始时,许多孕妇会购买大包装的无香味护手霜;在怀孕的最初 20 周,孕妇往往会大量购买补充钙、镁、锌之类的保健品。在大量数据分析的基础上,塔吉特公司选出 25 种典型商品的消费数据,构建得到"怀孕预测指数"。该指数能够在很小的误差范围内预测到顾客的怀孕情况。

塔吉特公司借用怀孕预测指数,在其他商家还在茫然无措地满大街发广告寻找目标群体的时候,就已经早早地锁定了目标客户,并把孕妇优惠广告寄发给顾客。塔吉特公司注意到有些孕妇在怀孕初期可能并不想让别人知道自己已经怀孕。为保护顾客隐私,该公司选择把孕妇用品的优惠广告夹杂在其他一大堆与怀孕不相关的商品优惠广告当中。这种润物细无声式的商业营销,使得许多孕妇在浑然不觉的情况下成了忠实用户。塔吉特公司通过这种方式,默默无闻地获得了巨大的市场收益。

7.5.5　疾病预测

数据挖掘技术教会人们如何进行预言:使用收集到的海量数据建立分析模型,量化计算在未来一段时间内某种事件的发生概率。大数据彻底颠覆了传统的疾病预测方式,使人类在公共卫生管理领域迈上了一个全新的台阶。

以搜索数据和地理位置信息数据为基础,分析不同时空尺度下的人口流动性、移动模式和参数,进一步结合病原学、人口统计学、地理、气象和人群流出地与流入地等因素和信息,可以建立流行病时空传播模型,确定流感等流行病在各流行区域间传播的时空路线和规律,得到更加准确的态势评估、预测。近年来,数据挖掘技术越来越多地在医疗卫生领域应用。2020 年新冠肺炎疫情暴发,新冠病毒扩散的范围逐渐增大,而现有的数学预测无法满足大范围预测需求,因此构建了基于数据挖掘的新冠病毒扩散方向模型。除此之外,医疗大数据挖掘的应用范围也包括脑部、肺部、心血管等。

谷歌公司基于数据挖掘技术进行了冬季流感的传播预测。2009 年在美国出现了一种新的流感病毒——甲型 H1N1 流感病毒,病毒在一周之内迅速传播开来。当时还没有研发出对抗这种新型流感病毒的疫苗,公共卫生专家能做的也只是减慢它传播的速度。美国和所有其他国家一样,都要求医生在发现新病例时才告知疾控中心,而且由于人们可能患病多日实在难以忍受才会就诊,同时信息传达回疾控中心也需要时间,因此通告新流感病例时往往会有两周的延迟。幸运的是,在流感暴发的几周前,谷歌公司的工程师们在《自然》杂志上发表了一篇论文,文中对冬季流感的传播进行了预测,预测结果甚至可以具体到特定的地区。这篇论文对流感的防控起到了有效的指示作用。具体预测方法如下。

谷歌公司保存了多年来所有的搜索记录,而且每天都会收到来自全球超过 30 亿条的搜索指令。谷歌通过人们在网上检索的词条辨别检索者是否感染了流感,并把美国人最频繁检索的 5000 万个词条与美国疾控中心在 2003—2008 年间季节性流感传播时期的数据进行了比较。虽然特定的检索词条是为了在网络上得到关于流感的信息,如"哪些是治疗咳嗽和发热的药物",但是这些词条也可以帮助预测。谷歌公司的比较研究唯一关注的就是特定检索词条的频繁使用与流感在时间和空间上的传播之间的联系。谷歌公司比较后得到了 45 条检索词条的组合,将它们用于数据模型后,预测数据与官方数据的相关性高达 97%。因此,2009 年甲型 H1N1 流感暴发的时候,与习惯性滞后的官方数据相比,谷歌成了一个更有效、更及时的指示标。

与谷歌一样,另一家互联网巨头微软公司在疾病预测方面也做了许多创新。微软 Premonition(微软预感)项目提供了一种先进的预警机制,能彻底改变疾病预防的研究范式:从对已知病原体的被动反应,转为不断主动搜寻,帮助人类及早发现潜在威胁,并在灾难暴发前制定干预措施。微软 Premonition 结合了机器人感知平台、人工智能、预测分析和云规模宏基因组学,可以自动监测蚊子等携带疾病的动物,并自动收集环境样本,然后从基因组层面,通过扫描判断是否存在生物威胁。如今,Premonition 项目已经扫描分析了来自环境样本的超过 80 万亿个碱基对,并从这些基因组资料中侦测到了一些生物威胁。

7.5.6　情感分析

自 2000 年年初以来,情感分析已经成长为自然语言处理中最活跃的研究领域之一。事实上,它已经从计算机科学扩展到管理科学和社会科学领域,由于其重要的商业性而引发整个社会的共同关注。情感分析是指识别给定文本中主观性文本的倾向是肯定还是否定的,或者是正面还是负面的。用文本数据识别情绪听起来像天方夜谭,但实际上评论信息表达了人们的各种情感色彩和情感倾向性,如喜、怒、哀、乐和批评、赞扬等,基于此就可以分析用户的主观情感。

情感分析是自然语言处理中常见的场景,如淘宝商品评价、美团饿了么外卖评价等,对于指导产品更新迭代具有关键性作用。通过情感分析,可以分析产品在各个维度的优劣,从而明确如何改进产品。比如针对外卖评价,可以分析菜品口味、送达时间、送餐态度、菜品丰富度等多个维度的用户情感指数,从而在各个维度上改进外卖服务。以下介绍在情感分析中常用的两种方法——基于情感词典的方法和基于深度学习的方法。

1. 基于情感词典的方法

基于情感词典的方法先对文本进行分词和停用词处理等预处理,再利用事先构建好的情感词典,对文本进行字符串匹配,进而挖掘正面和负面信息,如图 7.16 所示。

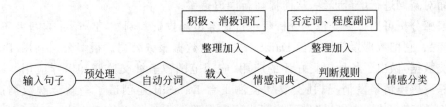

图 7.16　基于情感词典的文本情感分类

情感词典在整个情感分析中至关重要。目前有很多开源的情感词典,如基于微博、新闻、论坛等数据来源构建的 BosonNLP[1] 情感词典、知网情感词典以及自定义情感词典等。

基于词典的文本匹配算法需要逐个遍历分词后的语句中的词语,如果词语命中词典,则进行相应权重的处理。正面词权重为加法,负面词权重为减法,否定词权重取相反数,程度副词权重则和它修饰的词语权重相乘。利用最终输出的权重值,就可以区分是正面、负面还是中性情感。

基于情感词典的方法也有其局限性,一是精度不高,简单的线性叠加会造成很大的精度损失;二是新词发现不及时,对于新的情感词,例如"给力"等,词典不一定能够覆盖;三是词典构建难。基于词典的情感分类,核心在于情感词典。而构建情感词典需要有较丰富的背景知识,需要对语言有较深刻的理解,在分析外语方面会有很大限制。

2. 基于深度学习的方法

基于深度学习的情感分类方法首先对语句进行分词、停用词、简繁转换等预处理,再进行词向量编码,再利用 LSTM(long short-term memory,长短期记忆网络)、GRU(gated recurrent unit,门控循环单元)、RNN(recurrent neural network,循环神经网络)网络进行特征提取,最后通过全连接层和 softmax(softmax 逻辑回归模型)输出每个分类的概率,从而得到情感分类,如图 7.17 所示。

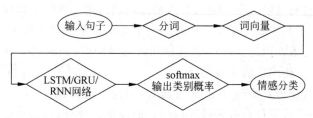

图 7.17　基于深度学习的文本情感分类

　　基于深度学习的方法也有其难点,一是语句长度太长。很多用户的评论都特别长,分词完后也有几百个词语。而对于 LSTM,序列过长会导致计算复杂、精度降低等问题。一般解决方法有进行停用词处理,无关词处理等,从而缩减文本长度;或者对文本进行摘要,抽离出语句主要成分。二是新词和口语化的词语处理难度大。用户评论语句不像新闻那样规整,新词和口语化的词语特别多。这个问题给分词和词向量带来了很大难度。一般解决方法是在分词方面建立用户词典,从而提高分词准确度。在词向量方面对新词进行增量训练,从而提高新词覆盖率。

　　情感分析可用于指导投资分析师进行证券市场投资。例如,Twitter 自身并不经营数据产品,它把数据授权给了像 DataSift 这样的数据服务公司。很多公司利用 Twitter 的社交数据,做出了各种广受好评的应用,应用范围覆盖社交监测和医疗应用,甚至可以追踪流感疫情暴发情况,社交媒体监测平台 DataSift 还创造了一款金融数据产品。英国伦敦"德温特资本市场"公司首席执行官保罗·霍廷每天的工作之一,就是利用计算机程序分析全球 3.4 亿 Twitter 账户的留言,进而判断民众情绪,再以"1"到"50"进行打分,根据打分结果决定如何处理手中数以百万美元计的股票。霍廷的判断原则很简单:如果多数用户的情绪较为高涨,那就买入;如果用户的焦虑情绪上升,那就抛售。一些媒体公司会把观众收视率数据打包到产品里,再转卖给频道制作人和内容创造者。

章节要点

　　数据挖掘与大数据分析已经成为当代社会不可或缺的技术手段。本章首先阐述了数据挖掘的产生、概念及数据挖掘的步骤,而后对大数据的相关知识进行了概述,讲解了大数据的概念、影响和应用等,介绍了大数据处理的关键技术,例如分布式存储技术、分布式计算技术、可视化技术及数据挖掘算法等。随后介绍了大数据处理的主要方式以及相应的技术工具。最后,介绍了大数据分析的一些典型应用场景,例如推荐系统、异常检测、客户流失分析、疾病预测等。

课程思政融入点

　　党的十八届五中全会提出"实施国家大数据战略"。本章引导学生充分认识实施国家大数据战略的重要意义。国家战略是战略体系中最高层次的战略,实施国家大数据战略,事关国家安全,事关国家主权,事关国家建设与发展。大数据正日益成为社会管理的"强力推手",政府治理的"幕僚高参"。现代大学生的格局视野与思维理念要与大数据时代相适应,塑造良好的大数据价值观。引导学生关注前沿技术发展,关注国家大数据战略和相关政策,引导学生结合实际情况思考如何利用大数据技术解决民生、国家治理、国家安全以及国际竞争力等问题。结合大数据技术在新冠疫情联防联控、精准施策过程中的应用,深入探讨大数据技术在国家应急管理和社会治理中的重要作用。

思考题

1. 什么是数据挖掘? 简述数据挖掘的主要步骤。
2. 数据挖掘算法有哪些? 举例说明。
3. 什么是大数据? 试述大数据对思维方式的重要影响。
4. 大数据分析的应用场景有哪些? 举例说明。
5. 举例说明大数据的关键技术。
6. 简述协同过滤算法的基本原理。

第三篇

应用篇

第 8 章　典型的管理信息系统

第 9 章　电子商务与电子政务

第 10 章　决策支持系统与人工智能

第 **8** 章

典型的管理信息系统

当前,外部环境面临着市场全球化、需求个性化、竞争激烈化等变化,使得企业越来越重视整合自身的核心竞争力,而计算机技术和信息网络技术的高速发展为企业强化核心竞争力提供了良好的技术支持。与此同时,企业管理者也开始对管理模式和信息系统的关系进行重新审视,通过全面的流程化管理进行业务流程再造,通过内联网对企业的各种资源进行管理,通过外联网和互联网进行供应链管理、客户关系管理等。

8.1 企业资源计划系统

8.1.1 企业资源计划系统概述

1. 企业资源计划的概念

从管理思想、软件产品、管理系统三个层次理解企业资源计划(enterprise resource planning,ERP)的概念,如图 8.1 所示。

图 8.1 ERP 概念的层次

(1) 企业资源计划是由高德纳咨询公司(Gartner Group)提出的一整套企业管理系统体系标准,体现了面向供应链(supply chain)集成企业业务流程的先进管理思想。

(2) 企业资源计划是一种综合应用了先进的计算机和网络技术的软件产品,能快速准确地提供各种信息,从而为企业管理层及员工提供决策依据,使企业能合理地调配各种资源,为客户提供优质的服务。

(3) 企业资源计划是整合了先进的管理理念、企业业务流程、基础数据、人力物力、计算机硬件和软件于一体的,跨地区、跨部门、甚至跨企业的实时的管理信息系统。

2. 企业资源计划系统的设计思想

一是实现对企业供应链所有环节的管理。在知识经济时代,仅靠自己企业的资源不可能有效地参与市场竞争,还必须把经营过程中的有关各方如供应商、制造工厂、分销网络、客户等纳入一条紧密的供应链中,才能有效地安排企业的产、供、销活动,满足企业利用全社会一切市场资源快速高效地进行生产经营的需求,以期进一步提高效率,在市场上获得竞争优势。

二是整合客户需求、企业制造活动与供应商的制造资源。考虑到企业为了适应市场需求变化不仅需要组织"大批量生产",还要组织"多品种小批量生产",通过设计出良好的支持和管理混合型业务环境,可以满足企业多角度经营的需求,提高企业的市场应变能力。

三是强调企业事前控制能力,实施以客户为中心的经营战略。ERP 系统可以将设计、制造、销售、运输等相关事务通过集成并行处理。它的财务系统可不断地收到来自所有业务过程、分析系统和交叉功能子系统的触发信息,并依据这些信息监控整个业务过程,快速做出决策。为企业提供了对产品质量、适应性、客户满意度、绩效等关键问题的实时分析能力。

3. 企业资源计划系统的作用与效益

1)ERP 系统的作用

(1)解决多变的市场与均衡生产之间的矛盾。基于 ERP 系统制定的主生产计划统筹计划、均衡安排,使得在一段时间内生产计划总量与市场需求总量基本匹配。主生产计划的稳定和均衡为该段时间内物料需求计划的稳定和均衡提供保障。

(2)更好地实现对客户的供货承诺。ERP 系统经过运算可以准确得出以下结果:是否可以按时满足客户需求? 如果不能按时满足,那么在客户需求日期可承诺量是多少? 不足的数量何时可以补充? 这些都是在进行业务洽谈时需要告知客户的基本信息。

(3)解决既有物料短缺又有库存积压的矛盾。物料需求计划(material requirement planning,MRP)系统是 ERP 系统的核心模块,它根据主生产计划、物料清单(即产品结构文件)和库存记录,对每种物料进行计算,指出何时将会发生物料短缺和库存积压,并给出建议,以最小库存量满足需求。

(4)可以改变企业各个部门各自为政的现象。ERP 是将各个层次和部门的子系统结合成一体化的集成系统。每个部门可以通过 ERP 系统更好地理解本部门和其他部门在企业整体运作过程中的关系和作用,有利于形成协调统一的合作管理模式。

2)ERP 系统的效益

可量化效益包括:提高客户服务水平;降低库存和采购成本;提高生产率;增加资金周转率;从而增加企业利润。潜在效益包括:为科学决策提供依据;提高工程开发效率,促进新产品开发;提高产品质量;提高员工素质和能力;建立和谐统一的企业文化;进而提升企业的战略管理水平。

8.1.2 企业资源计划的发展

企业资源计划(ERP)是一个大型的系统,并仍在不断拓展。要理解其基本原理,掌握其核心思想,需沿着 ERP 发展的几个阶段逐步梳理:物料需求计划(material requirement planning,MRP)阶段、闭环 MRP 阶段、制造资源计划(manufacture resource planning,MRP Ⅱ)阶段、ERP 阶段和 ERP Ⅱ 阶段。发展的历史过程如图 8.2 所示。

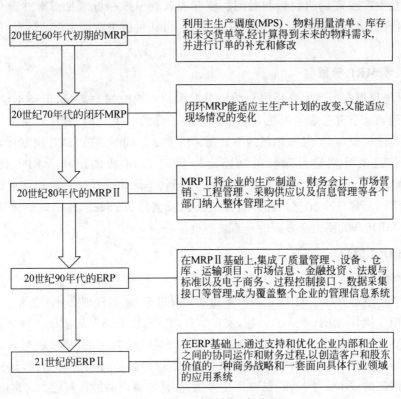

图 8.2 ERP 发展的历史过程

1. MRP 阶段

20 世纪 40 年代,在生产制造类企业中,为避免生产过程中发生缺货问题,普遍应用的是订货点法,它是一种按过去的经验预测未来物料需求的方法。企业生产时一般根据经验为每一种物料(包括原材料、零部件、中间件等)设置一个最大库存量和一个安全库存量。因为这些物料不论是自产还是外购都需要时间,所以设置了时间提前期。"订货点"表达的是当某种物料被消耗到预先设定的数量的时刻,就应该生产或外购了,这个预先设定的数量即为订货点,即订货点=单位时区的需求量×提前期+安全库存。订货点法是一种简单的经验式的方法,它假设企业对各种物料的需求是相互独立的;物料需求是连续发生的;提前期是已知和固定的;并且要求库存消耗之后应立即被重新填满。然而,随着供需矛盾的变化,上述假设在很多情况下都难以成立,使得订货点法的应用出现了越来越多的局限和问题。

20 世纪 60 年代,管理者们认识到真正的需求是有效的订单交货日期,因而转向物料清单的管理与利用,形成了物料需求计划的思想。物料需求计划区分了独立需求和相关需求;考虑了产品结构;采用了时间坐标,形成了"在需要的时间提供需要的数量"的重要认识。其基本原理为:根据工艺路线倒推物料需求的时间和数量,按照主生产计划(master production schedule,MPS)规定的产品生产数量及期限要求,利用产品组成结构的物料清单(bill of material,BOM)、零部件和在制品库存情况(inventory record)、各生产或采购阶段的提前期、安全库存等信息,根据物料的需求时间和生产或订货周期确定其开始生产或订货的数量和时间。该方法以最小库存量满足需求并避免物料短缺,制订合理的物料需求计划。经 MRP 运算后,可获得应采购和生产的数量,即采购计划和生产作业计划。

2. 闭环 MRP 阶段

MRP 能根据有关数据计算出相关物料需求的准确时间与数量,但还不够完善,存在的主要问题是没有考虑生产能力和采购相关条件的约束。因此,计算得出的物料需求日期有可能因设备、工时和原料的不足而无法满足。同时,它也缺乏根据计划实施情况的反馈信息对计划进行调整的功能。20 世纪 70 年代的闭环 MRP(closed-loop MRP)系统,除了 MRP 外,还将生产能力需求计划、车间作业计划和采购作业计划也全部纳入 MRP,形成一个完整的闭环。经过多次反复运算,调整核实,才转入下一个阶段。闭环 MRP 系统使生产方面的子系统得到了统一。

3. MRPⅡ 阶段

闭环 MRP 系统解决了物料供需信息的集成问题,但并未结合企业的经营效益,难以对整个企业进行管控。MRPⅡ将财务功能集成进来,运用管理会计的方法,用货币形式明确说明了执行 MRP 带来的效益,实现物料信息与资金信息的集成。衡量企业经营效益首先要计算产品成本,需要以 MRP 系统的产品结构为基础,从最底层的采购件材料费开始,逐层向上将每一件物料的材料费、人工费和制造费用进行累计,得到零部件直至最终产品的成本。下一步,结合市场营销,分析各类产品的获利能力。MRPⅡ把传统的账务处理与发生的事务相结合,不仅能说明资金现状,而且能追溯资金的来龙去脉。

将财务的功能集成进来之后,MRPⅡ的功能就可以全面覆盖订单接收、生产计划、物料需求、能力需求、库存控制、车间管理直到产品销售的整个生产经营过程的所有相关财务活动。这种管理系统已能动态监察产、供、销的全部过程。MRPⅡ还具有模拟功能,能根据不同的决策方针模拟出未来的结果。

4. ERP 阶段

20 世纪 90 年代以来,在经济全球化和市场国际化的发展趋势下,需要多集团、多工厂统一部署、协同作战,需要使企业的信息化建设有更高的集成度。管理的范畴则需要扩大到对企业的全部资源的集成,不单是对企业制造资源的集成。以客户为中心,基于时间,面向整个供应链,成为新形势下制造业发展的趋势。

ERP 的核心管理思想就是实现对整个供应链的有效管理。ERP 系统在 MRPⅡ的基础上,将客户需求和企业内部活动以及供应商的制造资源相整合,形成完整的供应链,并对供应链上的环节进行管理。ERP 系统根据客户需求变化迅速重组业务流程,消除流程中的无效活动,充分利用各种先进的现代化技术,在所有业务环节追求高效率和及时响应。它不仅面向供应链,体现精益生产、敏捷制造、同步工程的精神,而且结合全面质量管理以保证质量和客户满意度;结合准时制,降低库存和缩短交货期;将事前计划和事中控制结合,消除制约因素以增加供应链的有效产出。

5. ERPⅡ阶段

2000 年,Gartner Group 公司在原有 ERP 的基础上扩展后,提出了 ERPⅡ的概念:通过支持和优化企业内部和企业之间的协同运作和财务过程,以创造客户和股东价值的一种商务战略和一套面向具体行业领域的应用系统。ERPⅡ引入了协同商务(collaborative commerce)的概念,即企业内部人员、业务伙伴、客户之间的信息业务交互过程。ERPⅡ强调各个经济实体之间实时、互动的供应链管理模式,强化了供应链上各经济实体之间的沟通和相互依存关系。ERPⅡ是一种新的商业战略,它由一组专业化的行业应用组成,通过它们建立和优化企业内部和企业之间的流程,以及协作运营和财务运作流程,从而优化客户和股东价值。为了使 ERP 流程和系统适应这种改变,企业对 ERP 的流程以及外部的因素提出了更多的要求。ERPⅡ是 ERP 的扩充,不是替代。

8.1.3 企业资源计划系统的主要模块

ERP 系统是一个以创造价值为目标,以业务流程管理为模式,以物流、资金流、信息流为载体和工具,面向供应链,对企业的所有活动和资源进行全面整合的集成管理系统。以典型的生产企业为例,该企业 ERP 的功能主要包括财务管理、生产管理、物流管理、人力资源管理等。这几大模块本身就是集成体,它们互相之间有相应的接口,能够实现良好的整合,如图 8.3 所示。

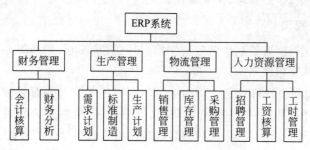

图 8.3　ERP 系统的主要功能模块

1. 财务管理模块

ERP 和系统的其他模块有相应的接口,能够相互集成。它可将由生产活动、采购活动输入的信息自动计入财务模块,生成总账和会计报表。一般的 ERP 软件的财务部分分为会计核算与财务分析两大块。

会计核算:主要记录、核算、反映和分析资金在企业经济活动中的变动过程及其结果。它由总账、应收账、应付账、现金管理、固定资产、工资核算、成本等部分构成。

财务分析:主要基于会计核算的数据加以分析,服务于相应的预测,管理和控制活动。它侧重于财务计划、分析和决策。

2. 生产管理模块

生产管理模块利用闭环 MRP 将企业的整个生产过程有机结合在一起,使企业能够有效地降低库存,提高效率。同时,各个原本分散的生产流程的自动连接也使得生产流程能够前后连贯地进行,而不会出现生产脱节,耽误交货时间。生产控制管理是一种以计划为导向的先进生产管理方法。企业首先确定总生产计划,经过系统层层细分后,再下达到各部门去执行。生产部门按此生产,采购部门按此采购。生产管理由以下活动组成。

(1) 制订外部需求计划。利用客户订单和营销部门预测数据制订外部需求计划。

(2) 规定制造标准。包括对物料清单、工艺路线、各种设备信息的管理。

(3) 细化生产计划。包括实施主生产计划、物料需求计划、能力需求计划和车间管控等。

① 主生产计划。根据生产计划、预测和客户订单的输入安排将来各周期中提供的产品种类和数量。它将生产计划转为产品计划,在平衡了物料和能力的需要后,形成精确到时间、数量的详细进度计划。

② 物料需求计划。在主生产计划决定生产多少最终产品后,再根据物料清单,把整个企业要生产的产品数量转变为所需生产的零部件数量,并对照现有的库存量,可得到还需加工和采购的最终数量。

③ 能力需求计划。是在得出初步的物料需求计划之后,将所有工作中心的总工作负荷,在与工作中心的能力平衡后产生的详细工作计划,用以确定生成的物料需求计划是否匹配企业的生产能力。能力需求计划是一种短期的、当前实际应用的计划。

④ 车间管控。是一种随时间变化的动态作业计划。它将作业分配到具体各个车间,再进行作业排序、作业管理、作业监控。

3. 物流管理模块

在 ERP 系统中,物流管理信息系统主要包括销售、库存、采购等系统。它也与财务管理和人力资源系统相联系。

(1) 销售管理。销售订单是 ERP 的入口,所有的生产计划都是根据它下达并进行排产的。从销售计划开始,可以对销售产品、销售地区、销售客户的各种信息进行管理和统计;并可对销售数量、金额、利润、绩效、客户服务做出全面的分析。

(2) 库存管理。用来控制存储物料的数量,以保证稳定的物流,支持正常的生产,但又最小限度地占用资本。它是一种相关的、动态的库存控制系统。它能够结合、满足相关部门的需求,随时间变化动态地调整库存,精确地反映库存现状。

(3) 采购管理模块。用于确定合理的定货量、优秀的供应商和保持最佳的安全储备。该模块能够随时提供定购、验收的信息;跟踪和催促外购或委外加工的物料,保证货物及时到达;建立供应商的档案,用最新的成本信息调整库存的成本。

4. 人力资源管理模块

人力资源管理作为一个独立的模块被加入到 ERP 系统中,和 ERP 中的财务、生产系统组成了一个高效的、具有高度集成性的企业资源系统。该模块包括招聘管理、工资核算和工时管理等。

8.1.4 企业资源计划系统的实施

在引入 ERP 系统的过程中,实施是一个极其关键的环节,"实施不可行,计划等于零"。实施的成败最终决定着 ERP 效益能否充分发挥。大量事实表明,ERP 的实施情况已经成为制约 ERP 效益发挥的一大瓶颈因素。企业的 ERP 项目只有在一定科学方法的指导下,才能够成功实现企业目标。

导致 ERP 实施失败的原因主要包括:①实施过程中业务流程再造不够合理。②缺乏高层管理者支持,数据精确度与用户参与度低。③对教育与培训环节重视不足,致使相关部门对其他部门业务流程欠缺理解。④引入的国外系统未能适应和理解国内企业文化。此外,也应当注意的是,ERP 并不能够解决企业的所有重要问题。一般来说,ERP 能直接解决的是企业生产效率方面的问题,如库存积压、生产周期长、资金占用多、资金周转速度慢、生产成本高、成本控制不严、响应速度慢、客户满意度差等,以及生产计划编制、均衡生产、短缺与配套等方面的问题。而企业发展战略问题、产品品种问题、技术和工艺问题、基础管理问题等,是不能指望通过 ERP 来解决的。所以,对 ERP 系统应当有合适的预期。

在选择 ERP 软件系统时,一般要预先做好这几项工作:①正确分析软件所体现的管理思想;②充分分析软件体现的功能与技术水平;③对于国外软件,必须了解其性能是否适合于我国国情;④调查软件的信誉与稳定性;⑤评估软件实施的服务质量;⑥了解软件价格,评估投入产出与效益风险。一旦企业选定了合适的软件,做好了充分的工作,就要按照正确的方法论有效实施 ERP 系统。一般来说,ERP 系统实施包括以下步骤:业务流程调查与需求分析、业务流程优化设计、软件系统的定制修改、系统应用培训、基础数据准备、分阶段分模块实施、系统运行的后续管理等。

8.2 供应链管理系统

8.2.1 供应链管理

1. 供应链及供应链环节

从人们分工合作和交换所需开始,供应链就已经出现了。农民种麦子,收获后卖给加工厂;加工厂加工成面粉,卖给面包店;面包店最终将面粉制成面包销售给顾客,这就是一条供应链。需要注意的是,供应链不只是一条"链",而是由直接或间接地满足顾客需求的各方组成,不仅包括制造商和供应商,而且包括运输商、仓储商、零售商,甚至包括顾客本身。

供应链是动态的,包括不同环节间的信息、产品、资金的持续流动。信息流、物流和资金流是整个供应链中不可或缺的环节,它们之间存在双向流动,也可能存在中介效应。典型的供应链包括顾客、零售商、分销商、制造商、供应商 5 个环节,其中顾客是最为重要的一部分。现实生活中,制造商可以从一些供应商那里购买原材料,再供应给一些分销商,因此大多数供应链形成了网络,这也是供应网络能够更加准确地描述供应链结构的原因,如图 8.4 所示,描述了供应链的环节。

事实上,任何一条供应链的主要目的都是满足顾客需求,并在此过程中创造利润。供应链的收入来源于顾客,而成本来源于对信息流、物流和资金流的管理。因此,对信息流、物流和资金流的高效管理是供应链整体成功的关键,也是实现总体盈利最大化的关键。沃尔玛和戴尔公司均是对信息流、物流和资金流高效管理的典型案例。沃尔玛

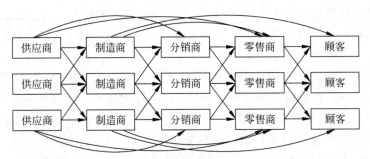

图 8.4　供应链的环节

凭借大量投资运输和信息基础设施保持物流和信息流顺畅,而配送中心的恰当选址提高了响应能力,降低了成本;戴尔则采取直营的物流模式,运用电子商务平台,制定产品延迟定制策略和降低库存策略,凭借恰当的信息流、物流和资金流管理方式使供应链整体效益最大化。当然,供应链的设计也不乏失败案例,如亚马逊公司曾经由于其供应链的问题,导致商品的库存分布与市场需求不匹配,使得大量库存储存于错误地点,公司不得不花费大量时间和精力寻找。同时,市场需求在不断发生变化,供应链在满足客户需求的过程中也面临一些不确定性。其中,隐含需求不确定性(implied demand uncertainty)指供应链必须满足的那部分需求所包含的不确定性。例如,一家只为紧急订单提供产品的公司将比供应相同产品而提前期较长的公司面临更高的隐含需求不确定性。需求不确定性(demand uncertainty)则指顾客对一种产品需求的不确定性。二者之间既有相似也有不同,若一条供应链的服务水平提高,顾客期望也随之提高,会导致其隐含需求不确定性增加,但总需求的不确定性却保持不变。这就需要设立专门的供应链管理部门,及时根据市场的变化更新决策。

2. 供应链管理

供应链管理(supply chain management,SCM)是对供应链中的物流、资金流和信息流进行设计、规划、控制与优化,以更低的成本、更高的服务质量实时地满足顾客需求,同时推动供应链中所有参与者的业务流程效率与绩效不断改进和完善的整个管理过程。供应链管理在满足服务水平需要的同时,为了使得系统成本最小而把供应商、制造商、仓库和商店有效地结合成一体来生产商品,并把正确数量的商品在正确的时间配送到正确地点。

面对市场需求的变化、供需之间的失衡以及成本的增加等不确定因素,供应链管理起到了重要作用,在于其能够预测不确定性对供应商和客户的影响。在供应链管理过程中,信息是至关重要的因素。如果需求是完全确定的,供应链的各个环节能做到无缝连接,库存就不再必需;而信息能够消除不确定性,使系统变得有序,这也是强调信息在现代供应链管理系统中具有关键作用的原因。下面举例说明信息在供应链管理中的作用。

信息是供应链运作的驱动力。对于供应链管理而言,信息具有协调供应链运作,降低供应链运作成本,提高供应链市场反应能力,增强企业运作柔性并获得战略优势等作用。最经典的就是 7-11 便利店的信息技术设施的价值,其商店信息系统是提升其供应链响应性的重要因素,其在运用信息提高产品可获性的同时减少了库存。1982 年,7-11

便利店成为日本第一家引进 POS 系统的企业。1985 年又与 NEC 合作开发了使用多彩图形的个人电脑,在每家店里安装并与 POS 系统相连。1991 年,公司安装了综合数据业务网络(ISDN),连接 5000 多家商店,成为当时世界上最大的 ISDN 系统之一。每个商店晚上 11 点之前收集并处理销售数据,以供第二天早上分析。可以说,7-11 在信息技术上的成功是其供应链成功的重要因素。

　　然而信息并不全是优质的,其不对称性和传递损失可能会为企业的供应链管理带来"信息陷阱"。供应链的复杂导致信息失真,信息共享的缺乏,供应链中各企业间的利益冲突以及企业内部部门的目标冲突都可能是导致"信息陷阱"产生的原因。最经典的案例就是"牛鞭效应",如图 8.5 所示,订单的波动沿着供应链向上从零售商到制造商不断增大。事实上,"牛鞭效应"是经济学上的一个术语,指供应链上的一种需求变异放大现象,使信息流从最终客户端向原始供应商端传递时,无法有效地实现信息共享,信息扭曲而逐级放大,导致需求信息出现越来越大的波动。此波动在图形上很像一个甩起的牛鞭,因此被形象地称为牛鞭效应。

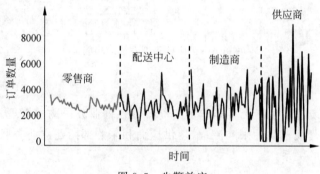

图 8.5　牛鞭效应

　　在供应链管理的过程中,必须保证信息正确,描述的事实至少没有方向性错误;必要的信息能及时获取,方便管理者进行有效利用。如果没有信息系统来对供应链管理进行有机集成,会因供应链的低效运作而使公司的运营成本提升高达 25%。因此,我们需要建立供应链管理信息系统,将物流、库存等多项指标的需求数据进行集成与分析,保证配件在需要的时刻刚好到达,成品在刚下线时就被运走,并设立安全库存量应对供应链柔性不足的问题等。

8.2.2　供应链管理系统功能

　　供应链管理系统是基于协同供应链管理的思想,根据供应链中各个环节的实际需求,将各业务流程与信息系统进行结合,使各个环节更好地对接,实现整体供应链可视化、管理信息化、整体利益最大化、管理成本最小化,从而提高企业运营水平,实现企业战略目标。通过供应链管理系统,可以链接企业供应链的各个环节,建立标准化的操作流程;独立管理各个业务模块的同时,通过供应链平台整合各管理模块与供应环节,实现一体化、协同化的管理体系。供应链管理系统具有如下特点。

- 复杂性,涵盖多种客户资源,集成多种功能模块,以满足多种行业不同业务的需求。

- 系统性,将分散的供应商以及各种商品整合在一起,协同管理。把管理信息、资金等进行统一规划,制订合理的生产计划。
- 快速响应,能够缩短订单处理时间,提高资金周转速率,优化业务处理流程,从而加快整个系统的灵活性。

供应链管理系统所具备的多项功能共同保证了整个业务过程的有序进行,其主要的功能有采购管理、生产管理、仓储管理、销售管理、物流管理、财务管理。供应链管理系统的功能如图 8.6 所示。

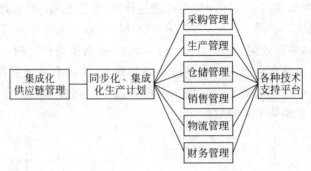

图 8.6　供应链管理系统的功能

1. 采购管理

采购管理系统包括生产资料和非生产资料等各种业务采购的管理。企业在采购业务过程中实施一套规范化的采购流程,使供应商和采购部门建立业务联系,在业务往来中不断优化二者的关系。

2. 生产管理

供应链生产管理将各节点企业结合起来形成一个整体。以供应链的流程为基础,物流、信息流、价值流、资金流、工作流贯穿于供应链生产管理的全过程。供应链生产管理的流程包括:①进行生产计划管理,根据销售计划、生产能力和物料供应情况,制订生产计划。②物料需求协同,根据生产计划生成物料采购计划,通过系统与供应商协同,根据供应商的供应能力调整生产计划。③准时制(just in time,JIT)生产方式,根据生产计划和生产工艺,制订 JIT 供应计划,使物料供应部门能够在准确的时间、以准确的方式、将准确的物料送到准确的位置。④以最终客户为中心,将客户服务、客户满意与客户成功作为管理的出发点,并贯穿于供应链管理的全过程。

3. 仓储管理

仓储管理职能规范业务流程,对进货签收、入库管理、出库管理、发货管理、库存盘点、库内移位和库间调拨进行全方位的管理。该职能运用集成供应链的概念,令供应链上下游企业实现库存数据的实时共享,以便于共同掌握库存情况。供应链各企业之间形成战略联盟,共同对市场的变化制定应对措施,同时致力于将供应链的各个环节成本降到最低。

4. 销售管理

销售管理是分销业务管理的主要职能,包括对销售流程的控制、产品价格的制定、客户信用额度的评定以及优惠策略的实施。客户订单通过订单履行流程来完成,即订单的处理、订单的确认、订单状态管理(包括取消、付款、发货等状态),以及订单发出和订单查询等。

5. 物流管理

物流管理职能根据市场状况,结合自身资源配置,通过分析、判断和预测制定远景目标,并对实现目标进行指导性的规划。该职能科学分析企业的物流环境,根据外部环境和内部环境要适应的原则,做出资源分配的决策;根据企业的业务类型和经济状况,选择采用自营物流还是第三方物流,以达到服务水平和成本效益的均衡。

6. 财务管理

财务管理职能利用财务系统对供应链上的各项业务进行管理,使各个功能模块集成化,让供应链和生产制造系统更好地链接;使企业的财务状况和经营成果能够及时准确得到反馈,加强对企业整体资金流的控制;和业务操作系统相结合,减少工作人员手工录入数据的烦琐操作,避免因个人疏忽产生的数据错误。

综上所述,供应链管理系统将供应链的各个环节都进行了整合,实现了各种功能的集成,并建立标准化的操作流程。供应链管理系统能够缩短订单处理时间,降低库存水平,减少资金积压,提高物流的运作效率,让供应链执行透明化,从而使供应链各个环节的运行效率得到提高。它在综合物流、资金流、商流等信息的基础上,建立供应链的信息平台,最终实现提升效率、降低成本、控制风险、提高客户满意度的目标。

8.2.3　供应链管理系统应用

供应链管理系统被广泛应用于物流、电子商务、零售业、制造业等行业领域。

1. 供应链管理系统在物流领域的应用

供应链管理系统应用于物流,使物流具有了供应链的管理特征,显示出一体化的优势。以互联网技术作为支撑,供应链上的成员可及时获得信息并进行处理。供应链管理系统使企业快速进行业务流程再造的能力得到了极大提高,使物流系统能够进行更快的响应,具有更高的敏捷性,并剔除掉不增加价值的部分,让供应链物流系统能够更加精细化,能以更低的成本运营。如7-11便利店案例中的分销网络设计,其分销系统的使用虽然使得每种商品的送货频率提高,但显著减少了对每天送货车辆的需求。不仅能够节省交付成本,推动绿色物流的发展;还能够保证商品的新鲜度,减少商品因过期而产生浪费的现象。随着配送店铺的不断增加,其物流成本也越来越低。

2. 供应链管理系统在电子商务领域的应用

基于电子商务的供应链管理系统不仅能使企业与现有客户维持较好的关系,而且有利于发展新的客户,拓展更多的业务类型,提升企业整体规模。这种供应链管理模式使得供应链管理过程中各个节点的企业能够以互联网平台作为媒介,直接与客户进行沟通,及时了解客户的需求,为客户提供成本更低廉,运行更灵活的商业运作模式。

企业在电子商务平台上实现部分或全部的供应链交易,驱动从原材料加工到产成品,最终送达用户手中的各项增值活动所形成的价值链,向供应链节点上的合作企业实时传递市场状况及消费者需求的动态信息流,通过信息的传递来完善供应链管理。利用供应链管理系统进行跨企业沟通,及时了解客户需求及供应商供应情况,通过后台数据库记录需求信息。如果仓储低于库存下限,系统会链接生产制造系统;如果高于库存下限,系统会链接物流配送系统,发出运输指令,从而完成该商业贸易活动。在供应链管理系统的辅助下,供应链各节点之间的信息传递已经从简单的横向传播发展到网络传播。供应链下游企业可以通过网络了解上游企业的库存状况和生产信息,上游企业能够知晓下游企业的需求状况和库存余量,迅速制定购销计划保证企业的持续供给,使商业运转协调一致。

3. 供应链管理系统在制造业领域的应用

采用供应链成本管理的方式,替代传统的销售模式,以用户需求驱使生产制造,可以减少不必要的生产,提高经济效益。在供应链管理过程中,制造企业将生产过程中的成本进行细分,使其与企业多项资源有所联系。将生产过程划分为若干个环节,将直接材料、直接人工、制造费用等合理分配到各个环节,从而使成本具有归属性,这样可以令管理者更好地了解制造过程中的各项成本费用,提出更优质的作业组合方式,降低资源消耗,提升资源的利用率。制造企业同样需要采用实地调研、数据挖掘等方式,去分析客户消费行为,了解客户需求,提前预测市场动向,以便及时满足客户新的需求,有针对性地进行研发,消除不必要支出,避免出现由于研发时间过长而需求消失的情况,深度优化企业供应链的成本管理。

4. 供应链管理系统在零售业领域的应用

通常的供应链由零售商—中间商—生产商—原材料供应商等环节组成。零售企业的重要目标是建立一条稳定的供应链,链条上的各个成员能形成利益同盟关系。这种同盟关系能够长期有效维持,同盟成员之间实现内部信息交流,共同制定决策。由于各个成员的利益是相互关联的,这种方法能够促进各方都以整体利益考虑,来达到供应链效益的最大化。

信息技术在商业领域得到广泛应用,为供应链效率的提升提供了技术支持。零售企业通过网络与中间商、生产商实现沟通,共同享有数据信息。例如,销售点系统(point of sales,POS)是商业销售终端网络系统,以条形码为操作手段,以计算机为中心,实现对库存、销售、合同、物价等方面的管理,能够迅速反馈产、供、销各个环节的信息,以此作为分析市场需求、设计产品和安排生产的依据。电子数据交换(electronic data interchange,EDI)技术将各种商业数据转换为电子信息,通过计算机进行交换,可以实现远距离无纸化贸易,提高数据交换的速度和准确性。由于有了信息的共享,厂商可以依据市场需求状况来组织生产,而不是凭借经验来制订生产计划。零售商则能直接调整进货品种与数量以应对市场需求。信息共享让供应链上的各成员都能降低运营资金,减少库存,甚至实现"零库存"。在信息化条件下,供应链管理有可能追求更高层次的定制订单,实现生产和消费的"双向互动"。一个典型的成功案例就是 ZARA 的配送基地和补货措施。ZARA 共有五个配送基地,两个位于西班牙总部,主要应对欧洲的需求;另外三个小型仓储中心分别位于巴西、阿根廷和墨西哥,用于应对南半球的不同季节性服装需求。物流中心的卡车按固定的发车时刻表不断开往各地,直接运送到欧洲的各个专卖店,利用附近的两个空运基地运送到美国和亚洲,再用第三方物流的卡车送往各专卖店。这样,欧洲的专卖店可在 24 小时内收到货物,美国的专卖店在 48 小时内收到货物,日本的专卖店可在 48～72 小时内收到货物。频繁的补货频率使得 ZARA 的配送系统能够及时发运,零售店的存货可以与消费者的需求相匹配。

8.3　客户关系管理系统

8.3.1　客户关系管理系统概述

1. 客户关系管理的含义

客户关系管理(customer relationship management,CRM)是一种以客户为中心的管理思想和经营理念,是一种旨在改善企业与客户关系的新型管理机制。CRM 的目标是通过提供更快速和周到的优质服务和保持更多的客户,并通过对营销业务流程的全责管理来降低产品的销售成本。同时,它又是以多种信息技术为支持和手段的一套先进的管理软件和技术,将最佳的商业实践与数据挖掘、数据仓库、销售自动化及其他信息技术紧密结合在一起,为企业的销售、客户服务和决策支持等领域提供自动化的业务解决方案。CRM 的具体含义包括三个层面,如图 8.7 所示。

图 8.7　CRM 的三层含义

从企业管理理念的宏观层次上看,CRM 是企业为提高核心竞争力而树立的以客户为中心的发展战略和经营指导思想;从企业管理模式的中观层次上看,CRM 是企业改善客户关系的新型管理机制;从信息技术应用系统的微观层次上看,CRM 是企业在不断优化客户关系中所使用的信息技术解决方案。

2. 客户关系管理系统的特征

客户关系管理系统以最新的信息技术为手段,运用先进的管理思想,帮助企业最终实现以客户为中心的管理模式。一个完整的客户关系管理系统应当具有综合性、集成性、智能化和精简性等特征。

1) 综合性

客户关系管理系统综合了绝大多数企业有关客户服务、销售和营销管理系统的自动化与优化需求,通过连通多媒体、多渠道的联络中心实现了营销与客户服务的功能,通过系统提供的各种服务实现现场销售和远程销售功能。客户关系管理系统使企业拥有了畅通高效的客户交流途径、综合性的客户业务工具和良好的竞争能力,从而使企业顺利实现从传统的企业模式向以电子商务为基础的现代企业模式的转变。

2) 集成性

ERP 等企业管理应用软件给企业带来了各方面的优化,而 CRM 则从根本上改变了企业的管理方式和业务流程。客户关系管理系统有强大的工作流程，能让各部门、系统的任务及时完成和衔接。正是因为这样，客户关系管理系统能与其他系统进行一定的整合，让企业的营业额得到更多的增长。

3）智能化

客户关系管理系统具有智能性和提供决策的作用。客户关系管理系统里存储有大量的客户信息，通过进行数据挖掘，建立数据仓库，对现有市场和客户信息进行详细的智能化分析，可为决策者提供参考资料。

3. 客户关系管理系统的分类

为了解决不同企业的不同需求，出现了各种类型的客户关系管理系统，其分类方法如下。

1）按不同行业分类

根据不同的行业特征和企业的规模大小划分，在银行、电信、大型零售业等不同的行业中，对于 CRM 系统的要求也不同。这些系统还要能与企业的其他系统整合使用，才能更好地应用于不同行业。

2）按系统功能分类

（1）操作型客户关系管理系统。操作型客户关系管理系统是可供操作使用的，能跟客户直接接触交流的系统，也可称为前台客户关系管理系统。该类型的系统运用现代技术解决了一系列问题，例如管理销售信息、分析销售信息，为各部门人员提供相应的客户资源等，既能让员工给客户提供高质量的服务，也能在业务流程中提高工作效率。

（2）分析型客户关系管理系统。分析型客户关系管理系统可以分析客户信息和需求，分析产品，然后向管理者提交决策参考。这类系统不需要接触客户，它只需要在操作型客户关系管理系统中提取交易数据和有价值的客户信息。这类系统面向客户进行数据分析，也能针对所属企业设计对应的数据库和数据集，利用数学模型和数据挖掘技术，分析所提取的有价值的信息，对未来进行预测。

（3）协作型客户关系管理系统。协作型客户关系管理系统是企业通过各种途径直接与客户互动的一种系统。协作型客户关系管理系统作为一种综合的解决方案，它基于呼叫中心[1]为客户和企业之间的互动提供联系方式，提高企业与客户的沟通能力。如果问题无法在线解决，协作型客户关系管理系统还必须提供智能升级，员工必须及时做出任务转发的决定。

8.3.2　客户关系管理系统原理

客户关系管理系统是企业对客户进行管理的应用系统，以客户数据的管理为核心，旨在改善企业与客户之间的关系。系统在交互时，会对客户信息、订单信息和客户咨询等内容进行保存，同时建立并保存客户的个人档案。后续在提供服务时，只要调用档案

1　呼叫中心又称客户服务中心，是在一个相对集中的场所，由一批服务人员组成的服务机构，通常利用计算机通信技术处理来自企业、顾客的电话垂询，尤其具备同时处理大量来电的能力，还具备主叫号码显示功能，可将来电自动分配给具备相应技能的人员处理，并能记录和存储所有来电信息。

就可以跟进服务,从而提高了工作效率。系统还会对客户进行识别和区分,根据客户的购买频率和咨询的内容和方向,可以识别某些潜在客户,也可以区分客户的类别。每个客户对企业的价值不同,对于忠诚度较高的客户更需要提供高质量的服务,满足特殊需求。这样既可以与忠诚客户建立长期稳定的客户关系,也可以发掘出更多的潜在客户,获取更多的利润。

客户关系管理系统不仅可以与客户进行交流,记录信息,还会对企业的一些销售情况,业务处理情况和市场的走向等信息进行记录。这些数据来源于系统的其他功能与客户的交互过程,保存在数据仓库中,后续可以进行提取处理,生成各类决策模型,为企业后期的分析和决策提供支持。

1. 客户关系管理系统的模型

客户关系管理系统以数据仓库为模型,通过管理客户和市场的接触活动,能实现销售管理,营销管理,客户服务等功能,为客户关系管理提供相应的技术支持。CRM 系统的一般模型如图 8.8 所示。

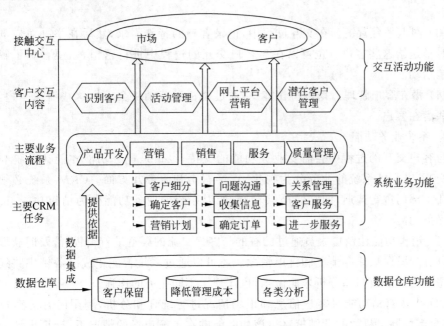

图 8.8　CRM 系统的一般模型

以上模型表现了客户、主要流程和 CRM 任务之间的关系。CRM 系统主要对应的是营销、销售和服务三部分的业务流程。在产品开发完成后,会实施对应的营销计划,在营销过程中分类客户,确定客户群,然后制定对应的营销计划。后面的销售中执行营销的市场技术,并进行问题沟通、收集信息和确定订单。最后面在客户购买产品后提供对应的服务,还会提供进一步的服务。在客户关系管理系统中,需要了解客户的需求,然后及时沟通。对于 CRM 系统模型来说,建立一个联系紧密的数据库是最基本的条件。CRM 系统不仅要让各个业务流程能流畅地运行,还要优化相关的流程,实现自动化,最后保证系统中的所有流程能在统一的业务规则下运行。

2. 客户关系管理系统的组成

根据 CRM 系统的一般模型。可以将 CRM 系统划分为交互活动功能、系统业务功能及数据仓库功能三个组成部分。

1）交互活动功能

CRM 系统需要与客户进行接触和交互。只有在与客户进行交互的过程中，系统才能保存客户的信息和一些相关的数据资料。系统在前台进行交互，之前有呼叫中心、传真、电子邮件、互联网等方式，现在则通过系统内部的网上交流平台进行交互。具体的流程是客户通过 Web 端或客户端直接与工作人员进行交流。这样不仅方便客户反馈信息，还能让客户快速了解企业的情况。这种交互方式是基于互联网的应用模式。

在与客户交互的活动中，CRM 系统有下面几项职能。

（1）识别客户。包括对客户群的区分和对客户的识别，通过询问的内容区别客户群，识别其中具有成交可能性的客户。

（2）活动管理。确保营销和销售活动能通知到客户，包括近期的营销计划和销售情况。

（3）网上平台营销。在交互过程中，记录客户的特殊需求，然后在举办对应的营销活动时推送给这些客户。也可以在与客户交互的过程中进行营销，以便客户了解企业的营销活动。

（4）潜在客户管理。挖掘潜在客户，通过销售和营销机会发展这些潜在客户，并管理这些潜在客户。

2）系统业务功能

与客户交互的过程中会需要业务功能的支持，也正是业务功能才能让系统与客户产生交互。CRM 系统的业务分为销售、市场营销和服务几方面。CRM 系统必须与相应的几个部门进行连通，向它们提供支持，所以系统的业务功能分为销售功能、市场营销和服务功能。

（1）销售功能让销售人员通过已有的与客户交流的渠道进行销售，能及时获取到产品信息、产品订单、库存情况和订单情况。还可以通过系统智能生成多条销售路线。当然这需要更多的数据和分析才能做到，也体现了不同业务的连通。

（2）市场营销功能对客户信息和市场情况进行统计和分析，利用已有的客户群信息，结合市场制定科学的营销策略。该功能能够在了解市场的情况下，计算出活动的预算，分析市场的活动需求，跟进营销活动的满意度，及时为企业制定新的市场营销计划提供技术支持。

（3）服务功能是指通过网上交流平台或其他沟通渠道，为客户提供服务，并把客户的各类信息保存到数据仓库中，以便日后用于提取分析。成交过程中，能针对特定客户的订单和需求进行跟踪分析，为客户提供高质量的服务。

3）数据仓库功能

CRM 系统最重要的就是数据仓库模块。数据仓库会将客户数据和与客户交互产生的数据进行集成，为后续分析提供依据。另一方面，利用数据仓库和数据挖掘有助于寻找到新的销售机会，保留老客户，发掘潜在的新客户，创造更多的利润。

在 CRM 系统中，数据仓库有下面几种功能。

（1）客户保留。客户是每个企业最重要的资源。客户保留是企业为防止客户流失和建立客户忠诚度所运用的一整套策略和方法。客户保留已成为企业进行市场竞争的重要方式。利用数据仓库分析出客户对企业的价值，决定是否保留客户，并制定出对应的保留策略。

（2）降低管理成本。企业的管理需要较高的成本，而对于大量的客户数据，数据仓库的应用能让数据统一，同时还具有方便快捷的查询和分析功能，这样足以降低企业的管理成本。

（3）各类分析。大量的客户数据、产品订单，以及市场情况数据都保存在数据仓库中。可以对数据进行分析处理后生成图表，根据图表所显示的趋势，可以适当地调整公司针对客户、市场和产品的计划和策略。

8.3.3　客户关系管理系统的主要模块

各个企业的 CRM 系统有一定区别，而且系统的功能侧重点有所不同。一般的CRM 系统主要功能模块包括销售管理、市场营销管理、服务管理、数据处理等。

1. 销售管理模块

在客户关系管理系统中，销售管理模块对商业运转和销售渠道等方面进行管理。这一功能模块能让所有的销售流程结合起来，可以缩减企业的销售周期。不同模式下的销售活动，都会将获得的信息保存在系统中。销售管理中，在追踪联系人，寻找最新的渠道信息时，销售管理模块能提高销售人员的工作效率，同时也保证了销售人员跟客户的顺畅交流。销售管理功能包含以下子功能。

- 移动销售。移动销售是通过非线下平台进行推广销售，与互联网技术结合的新型销售模式。
- 常规销售。常规销售是同移动销售相对应的线下销售活动，以确保在线下构建良好的销售渠道。
- 销售渠道管理。销售渠道管理是对企业目前可进行销售的渠道进行维护和管理，调控渠道的使用和制订销售计划。
- 网上自助销售。网上自助销售主要包括自助销售和销售自动化。其中，销售自动化模块可以帮助销售人员提高劳动生产率。CRM 系统提供销售前景、联络信息、产品信息、产品结构能力和销售定额能力等，同时可以汇总特定顾客的历史采购记录，帮助销售人员做出个性化的推荐。

2. 营销管理模块

调查发现，很多企业的市场人员会将大量时间花费在市场活动和制定程序上，而对于企业制定的市场战略和规划则少有关注。随着互联网营销渠道的出现，市场营销变得更加复杂和耗时。而市场营销管理功能可以对客户和市场的数据信息进行处理和分析，以客户或市场的需求角度进行分析，对市场进行细分，策划更好的市场活动，提高市场营销的效率。

市场营销功能是客户关系管理的核心功能之一，负责市场营销的工作人员可以利用这一功能在变化莫测的市场中系统地、科学地、快速地管理市场情况。市场营销功能包含以下子功能。

- 营销活动管理。企业制定营销活动,然后进行推广,保存所获得的客户反馈和活动的收益数据。
- 市场资料管理。保存产品所在市场的信息,并结合以往的市场数据进行分析,发现新的市场营销机会。
- 内容管理。对产品信息、营销情况和客户的反馈等有用信息进行保存并分类管理。

3. 服务管理模块

企业不仅要向客户提供高质量的产品,还需要在销售中、销售后提供更好的服务。在客户关系管理系统中,服务管理模块分为两大部分:一方面是客户服务,不但要记录客户服务信息,对客户的售后进行跟踪记录,还要记录后续的服务情况,以期留住客户,并对客户进行再次销售。另一方面是网上交流平台,提供客户的来访管理和基于互联网上的交流渠道,给客户提供更便利的服务,让客户更了解企业的情况。

1) 客户服务

客户服务功能中,客户服务与支持(customer service and support,CSS)是 CRM 系统中的重要部分。在很多情况下,客户的保持和客户利润的贡献度依赖于优质的服务。因此,客户服务与支持对企业是极为重要的。在客户关系管理系统中,客户服务与支持通过呼叫中心和互联网实现,可以让客户更加了解企业的销售业务。这部分功能帮助企业提高速度和效率,帮助客户满足需求,发展更多的客户关系。客户服务与支持是企业业务操作流程中与客户联系最频繁的部门,对保持客户满意度至关重要。

2) 网上交流平台

网上交流平台将销售流程和服务管理模块集成,让业务人员向客户提供实时的销售和服务。网上交流平台涉及呼叫处理、网络安全、自动语音提示、智能化处理、数据库存储和网络优化等技术。有了这些技术的支持,网上交流平台所带来的便利性和可交互性才能完美实现。

4. 数据处理模块

1) 数据过滤

企业会使用数据挖掘处理过滤大量的数据,从前面几个功能所保存的客户服务信息、客户数据、市场数据和产品信息等相关数据中提取所需要的信息。该功能设定过滤提取的规则,然后通过规则提取企业所需要的数据。提取到的数据会进行保存,以供数据分析功能使用。

2) 数据分析

通过数据过滤获取的数据可供企业业务人员查询,并进行对应业务领域的分析。企业决策者可通过模型生成数据图表,以把握市场的方向,并通过这些可视化的数据进行市场预测,制定新的战略目标,改变企业各个业务功能的运转方式。

8.3.4 客户关系管理系统的应用

客户关系管理系统目前在银行业、保险业、超市行业等行业均有应用,对客户信息进行系统的管理和保存,与每个客户的需求挂钩,通过需求制定相应的营销计划。这样不仅能为客户提供高质量的服务,还能为企业提供更高的利润收入。

1. 客户关系管理系统在银行行业的应用

随着金融资本的全球化、金融竞争和风险的加剧,以往银行运营的模式已经逐渐不适应银行的发展。当前,各家银行纷纷构建了自己的 CRM 系统,意在抢占市场先机。现代的银行业务逐渐向以"客户为中心"的运营模式转变,根据客户的具体需求向客户提供相应的金融服务。只有获取完整的客户信息,并根据不同的客户行为对其进行类别划分,才能进行有效的决策,影响客户行为并最终达到增加盈利的目的。以华夏银行为例,该银行在全行系统内部署和实施了 POWER CRM 客户关系管理系统。

POWER CRM 是一套完全基于 Web 方案的企业级客户关系管理应用系统。系统主要包括协作型 CRM、运营型 CRM、分析型 CRM。该系统通过集成各种与客户接触的渠道如呼叫中心、Web、Email、Fax/Mail 等,建立统一的与客户互动的接触界面;以此为基础,建立起基于可定制业务流程的销售管理、市场营销、客户服务与支持等与客户相关的全部业务的应用系统,形成跨部门的业务处理协作环境;通过对与客户接触过程以及面向客户的协作过程所产生的大量数据进行分析,识别客户规律,指导企业的运作过程,进一步改善与客户的互动关系,发现和捕捉更多的市场机会。

2. 客户关系管理系统在保险行业的应用

客户关系管理在保险业务开展中具有重要地位,而且对于保险,客户所需要的服务水平也会更高。CRM 系统既要合理管理客户资源,又要提升业务效率,还要让企业增加利润。泰康公司的案例就是保险公司对客户关系管理系统的成功应用。

泰康在线财产保险股份有限公司作为一家互联网保险公司,拥有完整的客户关系维护体系。该系统的特点之一是便捷性,通过在系统中生成电子保单,可直接查看产品信息及详细情况,更改个人信息;个人保单可以通过在线平台进行查询。特点之二是个性化服务,通过了解和分析客户的需求,为客户智能推荐产品。泰康公司通过数据挖掘获得更多的信息,区分不同层次的客户,并制定不同层次的产品推荐方案。根据数据挖掘识别出的客户价值,可以进一步提升客户服务体验。

8.4　知识管理系统

8.4.1　知识管理系统概述

知识管理(knowledge management,KM)是在组织中构建一个量化与质化的知识系统,让组织中的信息与知识通过获得、创造、分享、整合、记录、存取、更新、创新等过程,不断地回馈到知识系统内。个人与组织的知识得以永不间断地累积,成为企业组织管理与应用的智慧资本,有助于企业做出正确的决策,以适应市场的变迁。简而言之,知识管理是对知识、知识创造过程和知识的应用进行规划和管理的活动。21 世纪企业的成功越来越依赖于企业所拥有知识的质量,利用企业所拥有的知识为企业创造竞争优势和持续竞争优势对企业来说始终是一个挑战。知识管理可以对人的显性知识和隐性知识进行获取、组织和交流。知识管理的构成包括知识、人、技术和分享,如图 8.9

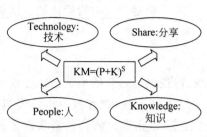

图 8.9　知识管理的构成

所示。

（1）K（knowledge）。知识管理是一个动态过程，人们通过体验、解释和沟通等方式对信息进行积累和加工，得到知识。知识识别的过程是知识生产的过程，这个阶段要进行大量的学习、交流，从而可以捕获有用的知识信息。

（2）P（people）。获取知识的过程就是实现知识从其载体（即人）的复制。知识在这一过程中是共享而非转移，最终还是被人所继承和利用。在人的直接参与下开展知识整理，亦即对知识进行分析和处理。在知识的识别与获取阶段，会产生一些无用的信息，整理就是过滤的过程，对各类杂乱的信息加以分析、梳理，形成高效的知识库信息。知识管理的目标应与组织的目标相一致，即创造价值。

（3）T（technology）。知识需要计算机技术体系的支持。由于知识的信息量大，知识存取共享、检索处理、动态维护等过程，都需要依托信息技术实现知识共享。

（4）S（share）。运用知识管理可以有效地促进组织内外重要知识的搜集、创造、存储、分享与转移，充分利用组织目前所掌握的有价值的知识，增加知识的流量并发挥其潜在价值，提升组织对新知识的开发与创造能力，增加知识的存储量。利用知识支持并提高个人与群体在工作、决策、问题定义判断和解决等方面的能力，支持各作业流程中的卓越性，包括效率、效果、创新。

知识管理系统（knowledge management system，KMS）是企业实现知识管理的平台。它是一个以人的智能为主导，以信息技术为手段的，人机结合的管理系统，其总体目标是通过将企业中的各种知识资源（包括显性知识和隐性知识）整合为动态的知识体系，以促进知识创新，通过知识创新能力的不断提高带动劳动生产率的提高，从而提高企业的核心竞争力。

8.4.2　知识管理系统的原理

1. 知识管理系统的基本结构及功能

知识管理系统的基本结构包括知识收集子系统、知识组织子系统、知识传播子系统三部分。整个系统以服务于人为中心，充分体现了"以人为本"的管理理念。知识管理系统模型的整体结构如图 8.10 所示，其中人际网络作为一张无形的网贯穿整个知识管理系统。

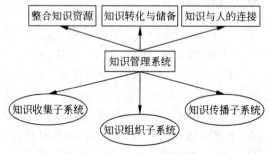

图 8.10　知识管理系统模型

知识管理系统的功能如下。

（1）整合知识资源。知识管理系统应具备对分散在企业内部的业务流程、信息系统、数据库、纸质信息资源以及企业与合作伙伴、顾客之间的业务流程中的知识资源进行优化选择，并以合理的结构形式集成、序化的功能。这实质上是一种含有人的创造性思维的动态过程。

（2）促进知识转化，扩大知识储备。知识管理系统应作为知识交流的媒介，促进隐性知识与显性知识之间相互转化。转化过程使知识得以增值、创新。知识管理系统将转化中经过验证的、有价值的知识存储起来，一方面可以避免因为人员调离而造成的知识流失，另一方面可以在更大范围内实现知识共享。

（3）实现知识与人的连接。即实现人向知识的连接、知识向人的连接及需求知识的人与拥有知识的人的连接。人向知识的连接可以基于智能搜索引擎技术的工具实现。而利用推技术（push technology）则可以实现知识向人的连接。推技术可以将知识主动推荐给用户，使知识被利用的机会显著提高，减少用户主动挖掘知识的工作量，提高工作效率。人是最大的知识资源，良好的专家网络图可以有效地连接知识需求者与知识拥有者，以促进知识转移。

知识管理系统各子系统的结构及功能包括如下。

（1）知识收集子系统。知识收集子系统是企业知识管理系统的输入系统，是知识管理工作的基础。它的重点应集中在企业的核心知识领域。该系统最初收集到的只是蕴藏着丰富知识的信息资源，有待进一步挖掘。

（2）知识组织子系统。知识组织子系统是知识管理的核心部分，是对企业中杂乱无章的知识进行序化的系统，所管理的既包括显性知识，也包括隐性知识。该子系统连接知识收集与知识传播子系统，其功能的优劣直接影响知识传播子系统的性能，进而关系到整个知识管理系统的成败。

（3）知识传播子系统。知识传播子系统是知识管理系统的输出系统，其用户界面是用户最终可见的部分。该系统将知识收集和知识组织子系统得到的结果综合起来，把经过组织、整序的相关信息、知识传播给具有不同使用权限的特定用户。

2. 知识管理系统在企业信息资源管理中的作用

（1）知识管理系统可作为企业的"智能搜索引擎"。知识收集子系统是"智能搜索引擎"的搜索工具，它负责企业由内到外的知识收集工作；知识组织子系统是"智能搜索引擎"的知识转化、标引、分类等知识序化工具，也是其核心部分；知识传播子系统是"智能搜索引擎"为用户提供知识查询的服务系统。这三个子系统间彼此联系，又相互制约，在系统的运行过程中，实现企业显性知识和隐性知识的互动、汇集、序化，将最需要的知识在最适宜的时候提供给最恰当的人，协助做出决策。

（2）知识管理系统是对传统图书情报学知识组织的拓展。传统的图书情报学界是以保存、组织和传播显性知识为基本职责的，隐性知识及其显性化并没有得到应有的重视。企业的知识组织则同时对显性知识与隐性知识进行管理。

在显性知识组织方面，企业应该充分借助现代信息技术，建设企业的知识库。企业知识库是显性知识的存储库，它的建设是以企业知识体系结构为基础的。

在隐性知识组织方面，由于隐性知识存在于员工的头脑中或组织结构和文化中，无法用语言或书面材料进行准确描述，因此不易被他人获知，也不易编码。但隐性知识在企业知识中的比重比较大,而且价值通常也非常高,对于企业的成长和发展有着重要的作用。因此企业必须重视和做好隐性知识显性化和编码化工作。

(3)知识管理系统可作为企业的"知识地图"。"知识地图"技术是一种将知识库管理系统技术与互联网技术相结合,深入运用超文本技术的新型知识管理技术。它是揭示企业拥有的知识资源、知识存储地址及各知识条目之间关系的知识导航系统。知识地图不仅是显性知识的有效组织工具,而且可以促进隐性知识的转化。用于显性知识组织的知识地图的最终指向是具体的知识,而用于隐性知识组织的知识地图的最终指向是拥有知识的人,即作为一种专家网络图,在知识需求者与知识拥有者之间架起桥梁。

(4)知识管理系统可对知识组织方法进行整合。知识组织的目标是将序化的知识提供给用户,以用户的知识需求为核心。任何单一的知识组织方法都无法支持用户通过知识检索、浏览,高效、快捷地完成各项工作,无法让用户根据需要将自己选择的主题加入到原有的知识体系结构中,并决定知识结构如何显示。以用户需求为导向,将各种知识组织方式进行有效的整合,是知识组织未来的发展方向。

8.4.3 知识管理系统的应用

随着理论研究的深化和知识管理系统的发展,越来越多的行业对知识管理的认识不断深入,知识管理系统的内涵和外延也在不断扩展,从相对独立的应用系统发展为可集成、整合的应用平台,因此知识管理系统越来越广泛地应用于不同领域。下面简要举例说明。

知识管理系统在航空制造业中的应用:航空制造企业是典型的知识密集型企业,知识在航空制造企业中是一种重要的隐性资产。一套运行良好的知识管理系统能让员工快捷掌握并使用知识,从而创造价值。知识管理系统在航空制造企业中的使用是为了有效利用航空制造企业内外部的大数据,探索其中蕴含的价值,从中提炼知识,用以解决航空制造企业在产品研发、工艺工程、生产制造、售后服务过程中出现的问题。通过梳理与解决企业内部业务问题,可以抽象和提炼出符合行业使用需要的知识库、规则库和算法库。

知识管理系统在科研机构中的应用:研究者从科研机构的实际需求出发,将知识管理系统和协同创新平台相互融合,构建一种科研机构知识管理与协同创新整合的新型平台。该系统除了能够实现基本的知识管理服务外,还整合了协同创新科研环境。该平台除了具有传统知识管理平台的知识采集、挖掘和知识服务功能外,还具有科研大数据采集、加工与挖掘和整合基于项目流程的协同创新等功能。

8.5 业财税审一体化系统

8.5.1 业财税审一体化系统概述

1. 业财税审一体化系统的定义

业财税审一体化系统是指在采用互联网、大数据、云计算以及物联网等现代信息技术的基础上,通过集成各信息系统的数据,将企业供、产、销等环节打通,并对业务层面的流程单据、财务层面的流程凭证、审计层面的审核与风险、税务层面的发票进行管控,使业务、财务、税务、审计有机融合的信息管理系统。该系统可实现业务单据自动流转生成核算数据,业务信息与财务信息共享,实现业务系统与财务系统的一体化,建立基于事件驱动的数据处理流程,全面提升集团企业管理决策支持能力,促进企业内外部协同发展。

具体而言,业财税审一体化系统是将"业务""账务""税务""审计"融合成一个整体,以经济业务发生为主线,将财务的各项工作结合起来,同时与银行、税务局、工商局、会计师事务所、客户、供应商等外部机构串联,融合创新创业核心内容、行业业务、内部控制、财务分析辅助决策、账务税务审计综合应用及专业操作等内容,及时以国家最新政策(国税地税征管体制改革、深化增值税改革、减税降费等)为指导标准更新,贴合实际工作不断升级,实现流程串联、数据关联、逻辑通连、操作互联。

2. 业财税审一体化系统的内涵

业财税审一体化的实质是建立业务驱动的财税审一体化信息处理流程,就是将企业经营管理活动中的经营管理、采购管理、销售管理、成本管理、预算管理、客户关系管理等业务管理活动,与财务管理活动、税务管理活动、审计管理活动进行有机结合,利用计算机的计算分析能力为管理决策提供支持。此类系统能够打通业务数据、财务数据、税务数据、审计数据之间的屏障,最大限度地实现数据共享,充分发挥企业数据的价值,实时掌控经营情况,改变分散低效的财务管理现状,在成本节约、审计管理、风险管理、业务拓展支撑及企业变革推动等多领域发挥重要作用。

总的来说,可以从以下三方面阐述业财税审一体化系统的内涵。

1)业财税审一体化是一种流程再造

业财税审一体化以财务系统为核心,与各业务系统无缝隙集成,通过实时共享企业数据信息,构建涵盖经营管理、客户关系管理、预算管理等业务活动和财务管理活动、税务管理活动、审计管理活动的一体化运作体系,建立并实施统一的业务管理和财务核算规则,实现企业流程中不同模块的融合与再造。

2)业财税审一体化是一种管理模式

通过建立数据中心实现企业数据一体化建设,打通不同业务部门之间的数据障碍,将企业中分散的会计资源与信息进行集中整合,消除会计信息在传递过程中遇到的空间与时间的限制。业财税审一体化作为一种管理模式,提升了数据可利用性,能够指导企业经营活动的发展,加强企业成本控制,为管理决策分析提供独特的参考。

3)业财税审一体化是一种会计决策支持系统

会计决策支持系统是以企业财务数据为对象的决策支持系统。其功能包括会计核算、财务分析、财务预测、财务控制等。业财税审一体化整合了企业数据,重塑了企业经营流程,利用现代化会计信息系统展示、分析企业财务数据,解决了以往企业各流程数据不相通的问题,从不同方面为企业生产经营活动的分析决策提供直接支持。

3. 业财税审一体化系统的特征

业财税审一体化具有以下几个特征。

1)业财税审协同化

业财税审协同化指业务、财务、税务、审计的个性化职能都遵循客户驱动的原则,在数据、制度、流程、系统、人力等方面协调一致、会同配合,实现企业价值。业财税审协同化是客户驱动的,是随客户需求柔性迭代的。

2）业财税审数字化

业财税审数字化指通过现代化的信息技术，如大数据、移动互联网、云计算、物联网等技术，对半结构化、非结构化数据进行抽取、清洗、转换和加载，以实现业务、财务会计、管理会计信息、税务活动、审计活动在较细颗粒度层面的标准化，并且实现流程和系统在数据层面的一致。

3）业财税审智能化

业财税审智能化指借助信息分析系统，挖掘数据背后的新信息和新知识，辅助分析、预测和决策。它提升了业财税审一体化工作的自动化程度，为个性化决策提供技术和管理上的支持，借助现代化管理信息系统的计算分析能力提高管理决策的及时性。

8.5.2 业财税审一体化系统的原理

业财税审一体化系统以企业业务、财务数据为管理核心，以管理会计理论为基础，以为企业经营管理决策提供财务数据支持为目的，帮助企业做出正确的管理决策。其运行原理如下所述。

1. 业财税审一体化系统的组成

企业的持续经营活动使物流和资金流源源不断地流经业务流程的各个作业，资本形态或物质形态在其中被变换和加工。业务流程的一系列作业在不断消耗资源的同时为市场输出商品与服务。为了定量描述这个过程的物流、资金流、作业流的状况，产生了信息流程。

信息流程的主要作业是记录业务流程中作业事件形成的数据流，维护、更新与企业业务活动相关的资源、参与者、作业地点等实体的最新数据，反映业务活动效率以及投入、产出的经济关系，为信息使用者报告对计划、组织、执行、控制和评级业务流程有用的信息。业财税审一体化系统就是展示企业信息流程的一个窗口，根据信息流程的一般模型，可以将业财税审一体化系统分为三个组成部分，如图8.11所示。

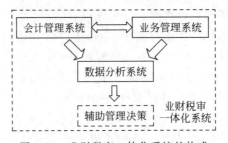

图 8.11　业财税审一体化系统的构成

1）业务管理系统

业务管理系统主要指支持企业日常生产经营管理的信息系统，包括企业业务管理方面的信息系统和基础管理方面的信息系统。通过业财税审一体化系统对接后，业务管理平台可接收会计管理系统传递过来的资金计划、预算等关键财务管控指标，遵循平台内部的基础管理规定（含规则和标准等），作为业务操作平台支持企业日常生产经营管理，作为数据采集平台向智能财务共享平台传递业务数据和管理数据（包括数字化的表单和电子化的文件附件），用以完成后续财务会计工作和管理会计工作，同时接收智能财务共享平台反馈回来的财务处理状态和财务处理结果。

2）会计管理系统

通过业务管理系统的数据和业财税审一体化系统对接。生产经营业务直接驱动财务会计工作，通过人机联合完成智能稽核后自动生成准确无误的证账表等会计核算结果；经过协同合作半自动生成财务分析报告；自动生成合法合规的电子会计档案。同时根据企业生产经营管理规则、财务管控标准、业务预算和资金计划等，管理控制公司的生产经营业务执行过程。会计管理系统与外部税务系统对接，可实现一体化业务处理。

3）数据分析系统

数据分析平台主要通过特定模型和先进算法，提供管理、业务、财务、风险等方面的主题分析，发现财务管理规律和生产经营管理规律，针对具体业务场景提供报表报告、灵活查询、预测预判、方案模拟和风险预警，在可视化展现的同时，将发现的两类经济规律分别反馈回智能财务共享平台和业务经营管理平台。

2. 业财税审一体化系统的功能模块

各个企业根据自身的经营活动特点，不仅会在业财税审一体化系统中设置不同的模块，而且也会形成不同的功能侧重点。一般而言，业财税审一体化系统可划分为四大模块，如图 8.12 所示。

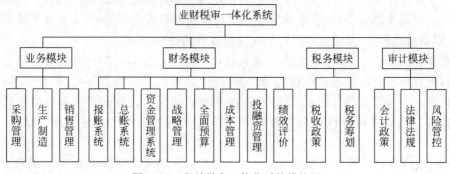

图 8.12　业财税审一体化系统模块图

1）业务模块

（1）采购管理。采购活动融合了采购业务和采购业务产生的财务信息。采购管理模块构建采购活动数据库，例如供应商数据库、原材料数据库、采购资金数据库等，为企业采购决策提供支持。供应商数据库主要用于供应商信用评价，帮助企业选出信用较好的供应商。通过构建原材料数据库，可以收集原材料信息、价格信息、采购目录信息、物资型号等基础数据，利用商业智能技术将数据转化为原材料采购决策信息，从而实现采购资源的合理配置。通过构建采购资金数据库，可以实时采集采购活动数据信息，并对复杂多样的数据进行分析与价值挖掘。

（2）生产制造。通过构建生产活动管控平台，及时将市场信息通过信息平台共享。企业根据资源、产品、物流、资本的变化，及时调整产品的区域差、时间差、品种差、价格差，深挖研发、采购、生产、物流、营销、资金活动，实现联动效益。

（3）销售管理。通过搭建高度集中的销售活动管控平台，可视化地向基层人员提供单个产品人工工时、销售成本等信息，向中层人员提供业务流、信息流、资金流信息，向高层人员提供销售业务关键节点信息。销售活动管控平台通过数据挖掘、数据清洗等技术对数据进行加工、整理,将销售数据集中化管理,根据不同部门、不同目标的管理决策需要,利用经济业务运行和管理过程中产生的大量业务数据和财务数据及时生成有价值的信息;通过建立销售计划、销售商品、销售客户信息等主题数据仓库,并对数据进行有效分析,为销售活动管理提供决策支持。管控平台还可以分析财务效益、资金运营状况以及行业总体销售现状和发展趋势,为经营管理和行业发展创造价值。

2)财务模块

(1)报账系统。报账系统是财务核算的核心,它将会计系统的业务处理从编制记账凭证提前到了业务流程环节,并进行了预算费用控制,规范了报账管理流程,将费用报销延伸到费用报销发生前的申请、审批和稽核,大幅提高了工作效率。

(2)总账系统。总账系统是整个会计信息系统最基本、最重要的内容。其他财务和业务子系统有关资金的数据最终要归集到总账系统中以生成完整的会计账簿。总账系统的功能主要有会计凭证处理、出纳管理、账簿管理、辅助核算管理及期末处理等。

(3)资金管理系统。资金管理系统与业务模块、报账系统、总账系统、银行系统贯通。在业务活动结束后,报账完成审批流转,自动生成资金支付请求,由银行系统完成付款,生成资金付款核算凭证,该系统实现了报账、结算、线上支付的一体化管理,可实现资金管理的无缝对接。

(4)战略管理。战略管理主要基于对企业内外部数据的充分收集、挖掘、分析,利用相关工具对未来的经营环境、企业发展趋势进行科学有效的预测,确定企业未来的发展方向,明确战略目标,并对战略执行情况进行有效的控制、评价。

(5)全面预算。全面预算基于对未来的各项经营情况的科学、全面预测,将企业总战略目标以及经营目标通过计划、预算的形式一级级地分解到各部门、各责任单位,对企业内部的各项资源进行配置,同时对资源的利用情况及预算的实际执行情况进行实时的监督、控制,进而对执行的具体结果进行评价并及时反馈给企业管理层与各业务层。

(6)成本管理。成本管理通过与全面预算模块和绩效评价模块相结合,聚焦于企业的整个价值链条,利用相关方法、模型对企业的各项成本进行事前规划、事中控制、事后分析评价的管理,最终形成成本管理会计报告,为各层级的管理者提供决策依据。

(7)投融资管理。投融资管理主要根据企业的战略规划,基于投资预算表,对各项投资活动的可行性进行分析,然后对相关活动进行监督控制,并对投资活动推进的具体情况及效益进行评价。

(8)绩效评价。绩效评价帮助相关部门根据各项经营活动的执行结果对员工进行绩效评价并实施相应奖惩。

3)税务模块

税务模块通过 ERP 系统、票税管控系统、"金三"系统开票机的多系统集成,实现全流程自动生单,智能开具、邮寄、查验、认证发票并匹配税收分类编码,从而实现涉税风险事前预防、事中控制、事后追溯。票税管控系统参照 ERP 系统的销售出库单,智能生成发票开具申请,并可以对销售出库单中的货物选择拆分或合并项开具,审核无误后开具销售发票并传送至税务"金三"系统开票机。销售发票打印出来后可在票税管控系统中选择需邮寄的销售发票,智能调用 ERP 系统客户档案中的收件地址,再选择快递公司,扫描或录入快递单号后,即可随时查询到快递邮寄状态。票税管控系统还可以通过光学字符识别(optical character recognition,OCR)工具一次识别并查验多张发票,根据系统设置的税负预测规则实现进项发票的智能认证。

4) 审计模块

审计模块主要严格控制企业遵守相关法律法规的要求,并确保企业的经营风险在风险容忍度范围内。该模块不仅要对企业面临的各种风险进行全面识别、实时监控、准确应对、分析评价,还要形成风险管理报告,辅助企业决策。首先对企业内外部风险进行预测、识别,根据相关风险历史数据,设置一定的风险预警值,并识别企业经营活动中存在的风险事项、风险事件、风险因素等。其次利用风险评估分析工具对已识别出的风险事项的相关情况进行分析,主要包括风险形成的原因、可能的特征、发生的概率大小、持续的时间、会带来的不利影响等方面,并对各类风险按照严重程度进行排序,自动生成相应的风险清单。然后根据风险清单为各项风险设置相应的预警指标,并设定预警区间,将预警点设置在风险源头上,以及时监测各项风险的状况。当风险数据超过各预警区间的临界值时,系统会自动发出相应预警信号。最后根据企业风险管理目标采取相应的对策以有效应对风险,并按照预先设定的评价指标指导企业各责任单位对相应的风险管控活动进行评价,形成风险管理评价表。

8.5.3 业财税审一体化系统的应用

业财税审一体化的应用促进了企业内部组织结构的变革,梳理了企业内部流程,更加积极有效地利用了企业的数据信息,使企业的沟通成本下降,组织效率显著提高。该系统拥有许多成功的应用案例。

1. 业财税审一体化系统在制造业的应用

受传统、滞后的管理理念束缚,制造业企业的业财融合之路并不顺利。在这种局面下,制造业企业需要重新定位战略目标,绝不能让业财融合出现形式化、表面化的情况,否则势必会影响自身的经济发展。

例如,A企业是一家传统制造企业,管理人员认真分析公司财务现状,指出企业在财务控制方面没有把控好,导致一些业务活动完成后与最初制定的目标相差很大。出现上述问题的原因主要在于A企业的业务与财务融合度低。因此,A企业根据自身的发展状况,制定了业务与财务融合的发展目标,同时建立业财税审一体化系统。

A企业首先将企业的业务分为采购订单、供应商管理、销售订单、客户管理、税务管理、审计管理等19种业务。再通过业务模块划分,把与A企业经营业务有关的财务模块一共分为7个。它们分别是预算管理子系统、账户资金及融资管理子系统、资产管理子系统、会计核算管理子系统、投融资管理子系统、内部控制管理子系统和税务管理子系统。

A企业通过重新设计企业财务用款流程,解决了业务与财务融合较差的问题。主要表现为通过编制预算,逐步完善全面预算管理;事前编制、事中调整预算,事后将预算管理理念贯彻到公司运行的每一个环节当中;通过制定预算指标数,对具体的业务量、人员绩效、期间费用等进行准确预测,很好地控制企业的运行成本;统筹资金,集中安排使用,提升企业对未知风险的应对能力。该企业变革财务部门组织构架,设立财务管理中心与资金管理中心,明确财务职能,更好地为企业运行提供高质量的服务。通过将财务管理嵌入业务运行当中,改变公司事业部业务信息垄断的局面,突出财务管理对合同的审议、对客户资源进行评定的职能;从之前的工作人员与用户直接签订合同,转变为所有合同要经过财务管理部门的审议后才能签订的转变,使得财务管理部门更好的行使监察权力。

2. 业财税审一体化系统在现代服务业的应用

现代服务业企业在业财税审一体化进程中要走在前列,才能面对市场激烈的竞争。下面的案例就是现代服务业企业对业财税审一体化系统的成功应用。

中国邮政集团有限公司在进行财务战略转型的过程中,通过转变传统财务管理模式,积极探索财务与业务融合,实现公司财务管控工作的科学化、精细化,引导财务人员参与公司战略与决策制定,助推公司财务战略转型。中国邮政的财务职能正在由业务的事后核算和监督向以风险管控为导向的战略支持、经营分析、资源配置职能融合转变。战略支持以集团决策层为服务对象,旨在通过提供财务服务,满足集团决策层应对公司转型升级的需要。

邮政业纳入营改增试点之后,重视业财税审一体化系统中"税务"板块的建设。中国邮政提出了"掌握增值税精髓,转变思想观念和业务发展策略,考虑增值税对产品设计、客户营销和服务收费的影响"的主张。因实物促销属于视同销售,将增大销项税额,财务部门与业务部门协商后,决定将实物促销转变为折扣折让方式的营销方案,并由业务部门专门制定营销计划,协助财务部门做好纳税筹划工作。财务部门在业务发展的前端及时发现问题并提出解决方案,努力实现公司税务风险最小化和经营业绩最大化。

3. 业财税审一体化系统在通信业的应用

敏感的客户群体和不断变化的市场倒逼通信行业的企业做出与市场需求相适应的革新。因此,管理机制的不断创新才能使企业在该行业中获得长稳发展。

例如,中兴通讯公司成立初期,由于公司的整体规模较小,其主要的业务限定于中国国内,因此中兴集团财务管理制度形成了分散和外派两种模式。随着集团对市场和业务的不断拓展以及经济全球化的发展,中兴的国际化战略越来越明晰,但各种问题也逐渐浮现:分散式的财务管理模式导致公司在人工成本和硬件设施等方面的支出巨大;同时由于机构部门过多,逐级上报汇总的机制导致工作效率降低,信息的及时性差,对集团的决策也产生了不利影响;另一方面,分散式的财务管理模式也使不同地区的分公司的管理活动信息不易与总部有效沟通,公司总部难以有效获取第一手资料,导致公司总部的管理决策无法得到有力的数据支持。

为此,中兴通讯整合升级了内部的管理信息系统,建立了以业财融合为中心的业财税审一体化系统。该系统的创立与实施提高了集团财务部门的工作效率,降低了财务成本,充分发挥了财务信息在集团决策中的作用。中兴通讯通过对基础财务核算的集中管理,建立了全集团统一的会计政策、会计科目、核算流程、信息系统和数据标准,搭建了以采购至付款(purchase to payment,PTP)、订单至收款(order to cash,OTC)、记账至报告(accounting to report,ATR)三大流程为核心的财务核算体系。通过业财税审一体化系统的运作,信息收集处理与会计核算都得到标准化、规范化。风险调控和资源配置有效结合,实现了业财税审一体化系统在组织中的成功定位,推动了其后续的稳定发展。对各分公司管理信息的整合,使得公司的组织部门得到精简,增强了公司的竞争优势,带来可观却不曾量化的效益。

章节要点

本章主要对企业资源计划系统、供应链管理系统、客户关系管理系统、知识管理系统和业账税审综合一体化系统五种典型的管理信息系统进行了介绍,阐述了各种系统的基本概念、管理思想、基本原理、主要的功能结构以及各自的行业应用等。

课程思政融入点

《"十四五"智能制造发展规划》提出:到 2025 年,规模以上制造业企业大部分实现数字化网络化,重点行业骨干企业初步应用智能化;到 2035 年,规模以上制造业企业全面普及数字化网络化,重点行业骨干企业基本实现智能化。中国正积极推进数字产业化、产业数字化,引导数字经济和实体经济深度融合,推动经济高质量发展。在这一背景下,引导学生理解管理信息系统对企业管理的基础支撑作用,了解典型管理信息系统的构成以及它对企业运营管理的重要性,进而认识到新兴信息技术的发展与广泛应用是国家综合实力提升的重要标志。通过供应链管理中"牛鞭效应"的例子,引导学生对供应链管理中各个环节各自为政、独立决策带来的问题进行反思,帮助学生理解在国家发展过程中统一制定国家战略并付诸实施的重要意义。

思考题

1. 简述物料需求计划的逻辑。
2. 简述企业资源计划系统的发展历程。
3. 企业资源计划系统有哪些主要模块?
4. 什么是供应链管理?供应链管理系统有哪些功能?
5. 简述客户关系管理系统基本原理和主要功能。
6. 简述知识管理系统基本原理和主要功能。
7. 简述业账税审综合一体化系统基本原理和主要功能。

第 **9** 章

电子商务与电子政务

电子商务与电子政务伴随着互联网技术的发展孕育而生,应用于生活的方方面面,改变着我们的消费方式、工作方式和生活习惯。电子商务与电子政务以信息平台为中心,利用各种智能终端通过互联网将供需双方联系起来。信息系统和互联网技术是基础,离开信息系统和互联网,电子商务与电子政务将无从开展。

9.1 电子商务概述

9.1.1 电子商务的含义

1. 电子商务定义

电子商务可以划分为广义和狭义的电子商务。IBM 公司于 1996 年提出了狭义的电子商务概念(electronic commerce,EC),尤其强调利用 IT 技术改善企业经营模式;1997 年又提出了广义的电子商务概念(electronic business,EB)。广义的电子商务是利用互联网进行的全部商业活动,通过使用互联网等电子工具,在公司内部、供应商、客户和合作伙伴之间利用电子业务共享信息,实现企业间业务流程的电子化,并配合企业内部的电子化生产管理系统,提高企业的生产、库存、流通和资金等各个环节的效率。大数据、物联网、人工智能等 IT 技术的发展,使得广义的电子商务有越来越多的新业态出现。

狭义的电子商务(electronic commerce,EC)是指使用电子工具(包括电报、电话、广播、电视、传真、计算机、计算机网络、移动通信等)在全球范围内进行的网上交易活动。另外,移动商务(mobile e-commerce,MEC)基于手机、平台、可穿戴设备等移动终端设备,通过互联网进行网上交易活动。它是属于狭义电子商务的一种典型形式。无论是广义的还是狭义的电子商务概念,都涵盖了两方面:一是离不开互联网这个平台,没有了网络,就称不上是电子商务;二是通过互联网完成的是一种商务活动。本章的电子商务主要指狭义上的电子商务。

2. 主要功能

电子商务可提供网上交易和管理等全过程的服务,具有广告宣传、咨询洽谈、网上订购、网上支付、电子账户、服务传递、意见征询、交易管理等各项功能。

(1)广告宣传。电子商务可凭借企业的 Web 服务器和客户的浏览记录,在 Internet

上发布各类商业信息。客户可借助网上的检索工具迅速地找到所需商品信息，而商家可利用网上主页(home page)和电子邮件(e-mail)在全球范围内作广告宣传。与以往的各类广告相比，网上的广告成本最为低廉，而呈现给顾客的信息量却最为丰富。

（2）咨询洽谈。电子商务可借助非实时的电子邮件(e-mail)、新闻组(news group)和实时的讨论组(chat group)来了解市场和商品信息、洽谈交易事务，如有进一步的需求，还可用网上的白板会议(whiteboard conference)来交流即时的图形信息。网上的咨询和洽谈能超越人们面对面洽谈的限制，提供多种方便的异地交谈形式。

（3）网上订购。电子商务可借助 Web 中的邮件交互传送实现网上订购。网上订购通常在产品介绍的页面上提供十分友好的订购提示信息和订购交互格式框。当客户填完订购单后，系统通常会回复确认信息单来保证订购信息的收悉。订购信息也可采用加密方式传送，使客户和商家的商业信息不会泄露。

（4）网上支付。电子商务要成为一个完整的过程，必须有网上支付这一重要环节。客户和商家之间可通过信用卡账号进行支付。在网上直接采用电子支付手段将可省略交易中的大量人员成本。网上支付将需要更为可靠的信息传输安全性控制手段以防止欺骗、窃听、冒用等非法行为。

（5）电子账户。网上支付必须要有电子金融的支持，即银行或信用卡公司及保险公司等金融单位要提供网上操作的金融服务。电子账户管理是其基本的组成部分。

（6）服务传递。对于已付款的客户，应将其订购的货物尽快地传递到他们的手中。而有些货物在本地，有些货物在异地，通过电子邮件或者相关即时通信工具将能在网络中进行物流的调配。而最适合在网上直接传递的货物是信息产品。

（7）意见征询。电子商务能十分方便地采用网页上的"选择""填空"等格式文件来收集用户对销售服务的反馈意见。这样能使企业的市场运营形成一个封闭的回路。客户的反馈意见不仅能提高售后服务的水平，更能使企业获得改进产品、发现市场的商业机会。

（8）交易管理。整个交易的管理将涉及人、财、物等多个方面，包括企业和企业、企业和客户及企业内部等各方面的协调和管理。因此，交易管理是涉及商务活动全过程的管理。

9.1.2　电子商务支持技术

电子商务是伴随着互联网的发展而产生的。电子商务的开展离不开互联网络和各种信息技术。电子商务的框架如图 9.1 所示。构建电子商务基础设施的各种支持技术包括公共业务服务基础设施技术、信息传递和信息分发基础设施技术、多媒体内容和网络发布基础设施技术、网络基础设施技术、接口基础设施技术五大类。

公共商务服务基础设施技术包括安全技术、智能卡/认证、电子支付、导航/分类技术。实体设施包括硬件、外围设备。

信息传递和信息分发基础设施技术包括电子数据交换、电子邮件、超文本传输协议、聊天、Web 2.0 工具。

多媒体内容和网络发布基础设施技术包括 HTML、Java、XML、VRML 等。

网络基础设施技术包括电信、有线电视、互联网、虚拟专用网、广域网、局域网、内联

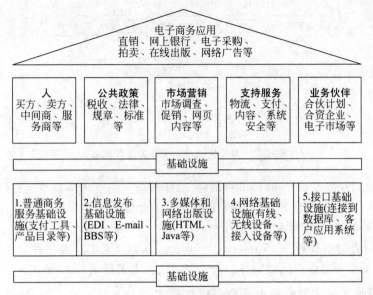

图 9.1 电子商务框架

网、外联网等互联网技术接入,Wi-Fi 接入,无线城域网接入(手机)等。用于构建有线和无线的提供互联网络的技术和设备。

接口基础设施技术包括与数据库、业务伙伴应用程序、Web 服务、ERP 等互联互通的接口技术。

电子商务发展离不开完善的电子商务支持技术,尤其是互联网等信息基础设施。当前我国互联网基础设施已经十分完备。例如,西藏墨脱县曾是全国唯一不通公路的县,西藏林芝电信分公司于 2004 年开通无线市话,解决了墨脱县城通信难的问题,2006年 8 月墨脱县开通了互联网络。互联网设施架起了墨脱与外界沟通的信息桥梁。墨脱互联网业务的开通,使西藏信息化建设又向前迈出了重要一步。

9.1.3 电子商务运作模式

电子商务的基础支持技术在持续进步,网络从有线到无线,通信技术由 3G 到 5G 技术,智能终端从 PC 发展到智能手机及可穿戴设备;企业家在商业运作中使商业模式不断创新迭代演化,使得各种类型的电子商务层出不穷,运用场景更加多样,运作模式极其丰富。下面主要从电子商务的参与主体关系与收入模式角度对电子商务运作模式进行划分。

1. 按照参与主体关系划分的电子商务运作模式

电子商务的参与主体包括企业、个人消费者、政府等。有政府参与的电子商务包括商务和政务两部分,如政府采购既属于商务也属于政务,关于电子政务的简介详见 9.3 节。电子商务按照参与的主体可以划分为不同类型的运作模式,最为典型的有企业对消费者、企业对企业、个人对个人三类,如图 9.2 所示。

(1)企业对消费者(business to consumer,B2C)模式。企业向个体购买者出售产品及服务。向个体消费者出售各类电子产品、书籍、日用品的京东(jd.com)电商平台就是典型的 B2C 电子商务模式。

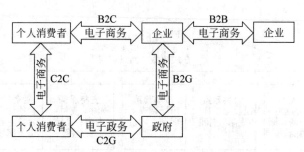

图 9.2　参与主体与电子商务运作模式

（2）企业对企业（business to business，B2B）模式。企业内部以及企业（B）与上下游厂商（B）之间的资讯整合，并在互联网上进行的企业与企业间交易。例如，戴尔公司的整个采购交易都是 B2B 模式。

（3）消费者对消费者（consumer to consumer，C2C）模式。消费者个体之间通过在线的方式购买或者出售产品或服务。淘宝网的销售大多都是 C2C 模式。

2．按照收入模式划分的电子商务运作模式

收入模式是指电子商务如何产生收入，主要的收入模式有销售、交易费用、订阅费用、广告费、联盟费用、许可费用、其他收入来源。基于以上收入模式分类，常见的电子商务运作模式如下。

（1）在线直销或网络零售商。最常见的电子商务模式是在线销售产品或服务。销售流程可以从制造商到消费者，消除中间商或实体商店（如戴尔、小米）；或者从零售商到消费者，使分销更有效（如苏宁云商、沃尔玛网店、京东、天猫官方直销店等）。

（2）交易代理商。自身不直接提供商品或者服务，而是作为中间商为提供的服务收费。最为大量应用这种模式的产业是在线金融服务和旅游服务。相比通过传统形式提供的相同服务，在线股票代理商和旅游预订服务所收取的服务费用要少得多。例如携程网是全国性的酒店代理商，通过网络平台为各地消费者提供住店预订服务，收取抽成。

（3）电子市场或电商平台商。通过建立一个数字环境，让买家和卖家在此会晤、展示商品、寻找商品以及设定价格。电子市场或电商平台商的价值在于它们提供了一个卖家可以轻松展示商品、买家可以直接购买商品的平台。以 eBay、淘宝、京东、拼多多等为例，商家可以在这些电商平台建立自己的商店，设定商品价格，电商平台收取管理费。

（4）内容提供商。在网上发布信息内容，如数字视频、音乐、图片、文本和艺术品等，有偿供消费者娱乐和观赏。

（5）社区提供商。在数字化网络环境下，为具有相似爱好的人们建立一个可以交易（买卖商品）、交流，分享图片、视频，接收感兴趣的信息的虚拟社区，如 Facebook、百度贴吧等社交网站。

（6）门户网站。门户网站是指提供某类综合性互联网信息资源并提供有关信息服务的应用系统。在全球范围，最为著名的门户网站是谷歌和雅虎，而在中国，著名的门户网站有新浪、网易、搜狐、腾讯、百度、新华网、人民网、凤凰网等。

（7）在线服务提供商。指面向公众提供下列信息服务的经营者，一是接入服务，即帮助用户接入 Internet 的互联网服务提供商（Internet service provider，ISP）；二是导航服务,即帮助用户在 Internet 上找到所需要的信息;三是信息服务,即建立数据服务系统,收集、加工、存储信息,定期维护更新,并通过网络向用户提供信息内容和互联网上其他服务。

9.1.4　电子商务新业态

电子商务的发展是与信息技术紧密相关的,互联网从有线网络进入无线网络时代,电子商务也进入到移动电子商务时代。随着 5G 无线通信技术以及智能手机的普及,电子商务出现了很多新应用,而伴随着大数据、人工智能、物联网、云计算等新 IT 技术的应用,电子商务更加蓬勃发展,会促使电子商务新业态出现。

1. 共享经济

共享经济(sharing economy)也称为点对点经济(peer-to-peer economy)、协作经济(collaborative economy)、协同消费(collaborative consumption),是指利用互联网等现代信息技术,以使用权分享为主要特征,整合海量、分散化资源,满足多样化需求的经济活动总和。共享经济是信息革命发展到一定阶段后出现的新型经济形态,是整合各类分散的资源、准确发现多样化需求、实现供需双方快速匹配的最优化资源配置方式,是信息社会发展趋势下强调以人为本和可持续发展、崇尚最佳体验与物尽其用的新型消费观和发展观。

随着互联网 Web 2.0 时代的到来,各种网络虚拟社区开始出现,用户在网络空间上开始向陌生人表达观点、分享信息。但网络社区以匿名为主,社区内的分享形式主要局限在信息分享或者用户提供内容(user-generated content,UGC),而并不涉及任何实物的交割,大多数时候也并不带来任何金钱的报酬。2010 年前后,随着 Uber、Airbnb 等一系列实物共享平台的出现,共享开始从纯粹的无偿分享、信息分享,转向以获得一定报酬为主要目的,基于陌生人且存在物品使用权暂时转移的"共享经济"。国内典型的代表如共享出租车(滴滴出行、T3 出行)、共享单车(青桔单位、哈啰单车)、共享充电宝(街电、怪兽充电)等。

2. 平台经济

平台经济是基于数字化平台的经济活动与经济关系,是新经济的重要类型。近年来,平台经济在优化资源配置、拓展消费市场、推动产业升级等方面发挥了重要作用。2019 年 8 月,国务院办公厅发布了《关于促进平台经济规范健康发展的指导意见》,将平台经济看作经济增长点,对这种新业态进行监管探索,持续深化"放管服"改革。互联网从出现至今,大体上先后出现了媒体平台、交易平台、分享平台三大类平台经济模式。

1) 互联网媒体平台

互联网媒体平台是指以互联网为载体,通过信息汇集、检索和交互等,聚集一批用户,然后吸引广告商的应用模式。随着互联网技术的进步,互联网媒体平台的信息组织和交互方式也在不断创新演变,引发了互联网经济发展的几次浪潮。

2) 互联网交易平台

互联网交易平台是指通过互联网平台直接实现供需双方对接和交易的商业应用。网络交易是对互联网应用和功能的极大拓展,使互联网平台由单纯的媒体属性向交易属性拓展。随着技术的进步和竞争环境的变化,互联网交易平台也在丰富完善,交易的内容和渗透的环节不断深入。

3）互联网分享平台

互联网分享平台是指供需双方通过互联网平台进行闲置资产或技能经验分享和交易的平台。与纯粹的互联网交易平台不同，一方面，分享平台的主体不是传统的商家或企业，而是个体，是 P2P 的商业模式；另一方面，分享平台交易的不是商品或服务的所有权，而是使用权，即一种"租"而非"买"的分享行为。

3. 社交商务

社交商务（social commerce）是电子商务的一种新的衍生模式。它借助社交网站、SNS、微博、社交媒介、网络媒介等传播途径，通过社交互动、用户自生内容等手段辅助商品的购买和销售行为。在 Web 2.0 时代，越来越多的内容和行为是由终端用户来产生和主导的，比如博客、微博。现在有很多的社交媒体平台（如抖音、Facebook、YouTube、Twitter 等）都推出了直达网店商品的链接按钮，不仅能够让消费者更加方便快捷地在自己选择的社交媒体平台上购物，也显著改善了他们的社交销售功能，使得社媒平台不再仅仅是一个广告渠道。社交商务模式不仅节省了消费者的购物时间和精力，也催生了很多新岗位和新职业，像直播、买手等，进一步刺激了国内消费市场。目前，我国的社交商务发展速度和规模均领先于其他国家。

社交商务的一种典型形式是直播带货，它是主播在直播间推介商品的一种营销活动，其形式在不断变化。直播带货源于电商的兴起，在一些娱乐行业的人跟进之后演化而来。2021 年 3 月 15 日，国家市场监督管理总局制定出台《网络交易监督管理办法》，规定直播服务提供者须将网络交易活动的直播视频自直播结束之日起至少保存 3 年。《网络交易监督管理办法》在中央广播电视总台第 31 届"3·15"晚会现场正式发布，该管理办法第二十条规定，通过网络社交、网络直播等网络服务开展网络交易活动的网络交易经营者，应当以显著方式展示商品或者服务及其实际经营主体、售后服务等信息，或者上述信息的链接标识。

9.2　电子商务信息系统

电子商务网站作为买卖双方交易的平台以及与潜在客户交流的中介，本质上是一个综合信息系统。一般零售电子商务活动的基本流程如图 9.3 所示，主要活动有商家与用户注册、下单与支付、订单实施、产品配送、购后评价。这些基础活动都需要由对应的子信息系统支撑。

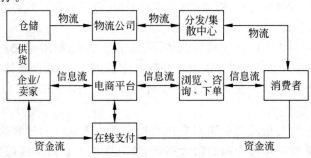

图 9.3　零售电商活动基本流程

网站综合信息系统中,必须包含具有若干功能的子系统。如管制买卖双方的用户管理信息系统、完成交易支付的在线支付信息系统、管理物流配送跟踪的物流配送管理信息系统、完成交易后反馈评价形成商品和卖家信用评分的在线信用反馈系统等。

9.2.1 用户管理系统

电子商务网站需要对不同用户实施统一管理,例如网站角色管理、网站数据权限管理、网站操作权限管理、系统用户管理及注册用户管理等。网站的注册用户共分为两类:一类是个人,另一类是企业或卖家。两种类型的注册用户都可以在网站上发布各类信息。

1. 用户管理系统总体框架

用户信息管理系统总体设计框架如图 9.4 所示。该框架包括三个层次,第一层是Web 层,显示登录界面,在合法用户登录后根据其权限和相关操作请求显示对应信息。第二层为业务层,根据 Web 层提交的请求,决定由哪个组件进行处理,返回处理结果。第三层为数据层,供后台数据库存储管理员信息表、用户信息表、数据库日志等数据。

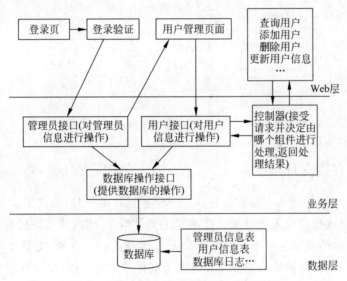

图 9.4 用户信息管理系统设计总体框架

2. 跨平台单点登录系统

1) 单点登录

单点登录(single sign-on,SSO)是一种帮助用户快捷访问网络中多个站点的安全通信技术。单点登录系统基于一种安全的通信协议,该协议通过多个系统之间的用户身份信息的交换来实现单点登录。使用单点登录系统时,用户只需要登录一次,就可以访问多个系统,不需要记忆多个口令密码。单点登录系统也存在一些缺点,比如涉及的系统很多,要重构必须要兼容所有的系统,可能很耗时;只需要登录一次,所有获得授权的应用系统都可以访问,可能导致一些很重要的信息泄露。

2) 实现机制

如图 9.5 所示,当用户第一次访问应用系统 1 的时候,因为还没有登录,会被引导到认证系统中进行登录；认证系统根据用户提供的登录信息进行身份校验，如果通过校验，应该返回给用户一个认证的凭据（ticket）；用户再访问其他应用时就会将这个 ticket 带上，作为自己认证的凭据；应用系统收到请求之后会把 ticket 送到认证系统进行校验，检查 ticket 的合法性。如果通过校验，用户就可以在不用再次登录的情况下访问应用系统 2 和应用系统 3 了。

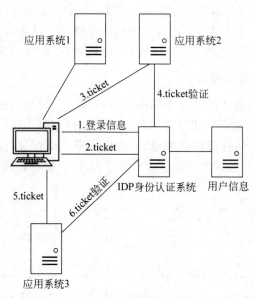

图 9.5　SSO 简单例图

9.2.2　在线支付系统

2005 年 10 月，中国人民银行公布《电子支付指引（第一号）》，规定："电子支付是指单位、个人直接或授权他人通过电子终端发出支付指令，实现货币支付与资金转移的行为。电子支付的类型按照电子支付指令发起方式分为网上支付、电话支付、移动支付、销售点终端交易、自动柜员机交易和其他电子支付。"简单来说，电子支付是指电子交易的当事人，包括消费者、厂商和金融机构，使用安全电子支付手段，通过网络进行的货币支付或资金流转。

在线支付系统是电子商务系统的重要组成部分，它指的是消费者、商家和金融机构之间使用安全电子手段交换商品或服务，即把新型支付手段（包括电子现金、信用卡、借记卡、智能卡等）的支付信息通过网络安全传送到银行或相应的处理机构，以实现电子支付。

目前各大电商平台对支付提供多种解决方案，包括网上银行支付、第三方支付、货到付款方式等，其中最为普遍的是支付宝和微信提供的第三方支付。

网上银行支付指直接通过登录网上银行进行支付的方式，要求付款方有个人网上银行账户。开通网上银行之后的付款操作并不麻烦，可实现银联在线支付、信用卡网上支付等。

第三方支付本身集成了多种支付方式，流程如下：①将网银中的钱充值到第三方；

②在用户支付的时候通过第三方应用中存款进行支付;③花费手续费进行提现。第三方的支付手段是多样的,最常用的第三方支付是支付宝、财付通、易宝支付、快钱、网银在线等,对于作为独立网商或有支付业务的网站而言,最常选择的不外乎微信支付、支付宝、易宝支付、快钱等。

在线支付与到银行转账(包括通过网上个人银行转账或者到银行柜台办理现金转账)的最大区别就在于可以自动确认预付款。借助由银行(或中介机构)发行的并由法定货币支撑的数字金融工具(如加密的信用卡号码、电子支票或电子现金)完成买卖双方在线支付、结算的信息系统,其工作逻辑如图9.6所示。

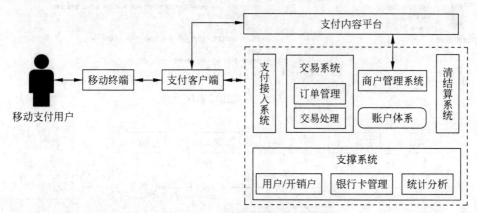

图9.6 在线支付系统工作逻辑图

提起在线支付,人们首先想到的是支付宝、微信钱包。事实上,移动支付的应用领域远不止于此。如今,我国数字化支付水平全球领先,数字支付已经渗透进人们生活的方方面面,给人们带来便利。同时,以数字支付为代表的互联网技术也正在对传统企业进行赋能,对企业进行升级改造。同时,以中国银联为代表的传统支付企业也在不断变革。中国银联先后推出银行业统一 App 云闪付、刷脸服务、物联网服务等。刷脸服务为用户保障全流程的信息安全;物联网服务连接物联网设备、支付系统和场景服务,使物联网设备具备支付能力。移动支付在新冠肺炎疫情期间经受住了考验,有效地促进了复工复产的进程。从促进电商发展,到改造衣食住等行业,以及促进直播带货、知识付费、远程医疗等新业态的萌发,移动支付一直起着底层支撑作用。

9.2.3 物流配送系统

物流配送管理信息系统是物流配送信息化的核心,是管理跟踪订单履约,物流配送,到货交付,以及退货物流管理的信息系统,它集成了 GPS 定位、物流配送流程和派送人员信息管理功能,主要目的是向各个配送点提供配送信息,根据订货查询库存及配送能力,发出配送指令,汇总反馈送货信息。图9.7为京东电商平台下单支付后,物流信息系统的配送进度跟踪现实界面。

物流配送系统的作用主要有:进行业务管理,主要用于入库、验收、分拣、对码、组配、发货、出库的管理;进行统计查询,统计查询入库、出库、残损及库存信息;进行库存管理。这里选取货物从发货到接收的业务流程进行介绍,如图9.8所示。

图 9.7　物流配送跟踪系统界面

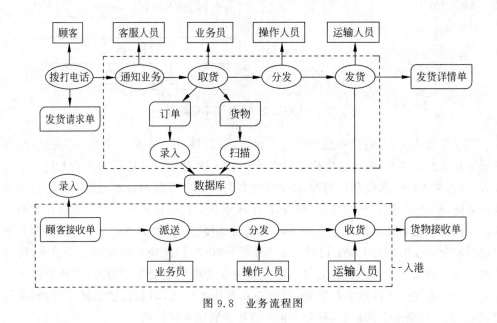

图 9.8　业务流程图

9.2.4　在线评价系统

传统消费行为中,买者对商品的信息有较真实全面的了解,交易发生时商品的所有权随即发生转移。网络消费行为中,买者对商品的信息了解仅限于卖者提供的描述性文字及图像等,对商品的真实全面信息具有后验性,商品的信息不对称。而网上支付后商品并不能立即到达买者,买者无法制约卖者,导致网络欺诈和假货现象屡屡发生。例如,电商平台淘宝中的买家秀刷单行为存在商家与机构合谋赚取消费者"智商税"的骗局。买家秀本是淘宝店铺商品评价中其他消费者提供的商品质量实测图片及文字凭证,而相当比例的其实是商家与机构合谋与网红签约的赚钱入口。电子商务中,网上交易在陌生人之间完成,如果商家信用无法累积,就不能对商家进行区分,会导致电商市场的柠檬化(指次品充斥市场)。目前几乎所有的电子商务网站都采用了在线评价系统。在线评价系统为消费者选择诚信卖家提供了参考依据,促进了陌生人之间的跨时空交易,也进一步促成了电子商务的成功。

1. 在线评价系统的基本原理

在线评价系统是指在网络环境下,通过收集、统计、发布用户历史行为的反馈信息,激励陌生人之间的合作行为的系统。它是以管理科学、社会学和行为科学为基础,以信息技术为手段,针对网络环境下的信用决策问题,通过门户网站收集历史行为反馈数据、发布信用信息,运用信任模型度量、评估交易方的信任度,将初始信用信息、复杂的信任模型和友好的门户网站集成在一起,提供支持信用决策的人机系统。评价系统是电子商务中用于产生和传播信用信息的工具,它包括定量的信用值和定性的文本性评论内容两部分。每完成一笔交易后,买家可以对交易所涉及的产品质量、价格、服务、产品描述、送货及时性等方面进行评价形成信用反馈,一是给出文字性评论,二是给出信用反馈评分,如正分、负分或 0 分。卖家的信用被量化为信用值和信用等级标识,显性化地呈现在网页上,这样潜在买家就可以判断商家信用,根据信用差异产生不同的信任,为是否购买商家的产品提供参考依据。信用值是由商家在历史交易中所得到的信用反馈评分汇集而成。信用等级根据综合信用值所处的分值段用不同的标识进行表示,用以反映该用户的初始信用信息。好的评价系统能为区别诚信和非诚信的商家提供准确的信息。

1) 量化信用值

量化信用值就是电商平台中买卖双方在过去历史交易中的信誉记录累计分。计算信誉积分的统计规则称为信任模型,它是在线信用系统的核心。在线信用系统的基本框架如图 9.9 所示。图 9.9 中,B 和 C 分别表示将要发生潜在的交易的双方。$S_1, S_2, \cdots,$ S_m 为 B 的历史交易伙伴,他们和 B 发生过交易,在交易结束后对 B 的信用打分(认为其交易行为是诚信的打正分,否则打负分或者零分)并提交给系统。同样,$T_1, T_2, \cdots,$ T_n 为 C 的历史交易伙伴,每次交易结束后对 C 的信用打分提交系统。这些评分按照设定的信用模型(如简单累加)计算出 B 和 C 的累计量化信用值。当 B 和 C 发生交易时,双方可以根据对方在线信用系统显示的量化信用值的大小,判读对方的历史交易诚信情况,预测对方在本次交易中是否会诚信交易,进而决定是否与对方继续交易。

2) 定性文本评价信息

同量化卖家总体信用的信用值和信用等级相比,定性的客户文本评论中包含了更详细、更具体的卖家信用信息,这些信息不能完全转化为相应的信任维度/子目的数值。比如,描述短暂送货迟延的文字评论,和描述网络欺诈或者根本没有收到订购产品的文字评论是有很大区别的。虽然客户对卖家的评分可能都是较低的分值(1 星或者 1 分),但数值无法看出这种区别。因此,除信用维度的分值之外,客户的定性评论还提供了卖者过去交易状况的更详细信息,隐含了需要用户去深入了解的更多信息,这些信息将更精确地反映卖者的信用度。定性文本评论与定量评价相结合是目前电商平台的常见做法。

2. 在线评价系统的基本特点

国内外应用在线评价系统的知名电子商务网站在网站类型、评分类型、评分模式、

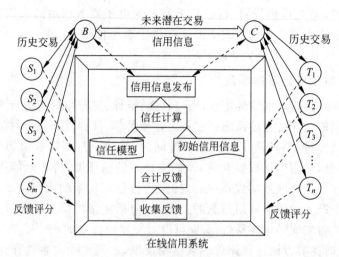

图 9.9　在线信用评价系统构成

评分汇总模型、表现形式等方面存在 7 个基本特点。

- 广泛采用在线信用系统。不论是 B2C 还是 C2C 电子商务网站,都采用在线信用系统作为解决在线信任问题的利器,用以防范网上欺诈,激励在线合作行为,建立和维护在线信任关系。

- 两种主要的信用反馈方式。一种是定量的信用反馈方式,用具体的信用值和信用等级来反馈商家总体信用或具体商品的口碑信用;另一种是定性的信用反馈方式,使用对商品和商家的文本性评论进行反馈。

- 两种在线反馈评分机制。目前在线信用系统反馈评分机制主要有两种:一种按好评、差评、中评分制评分,同时给出文本评论反馈信息(如京东等);另一种采用 1~5 星分制评分,同时给出文本评论反馈信息(如淘宝等)。

- 两种信用集结模型。一种是累加模型,将成员得到的所有信用反馈评分进行累加,作为成员的总体信用值。目前 C2C 电子商务对店家信用的汇集一般都是采用累加模型。另一种是均值模型,将所有的信用反馈评分进行累加,然后除以评分次数。商家的具体商品的口碑信用一般采用均值模型,表现形式有好评百分率,或者是五星评价的均值。

- 信息汇总周期各异。现有的在线信用系统反馈信息汇总周期不尽相同,以 1 周、1 个月、6 个月、一年为周期汇总的都有。

- 引入二次有用性评论。一些网站提供了对评论内容进行第二次有用性评论的功能。Amazon(亚马逊)首先允许消费者对以往消费者的文本评论进行有用性评价,取得了良好的效果。国内外其他商务网站也陆续借鉴了这一做法。

- 对欺诈行为都设有信用惩罚机制。如淘宝网对信用炒作者进行炒一罚二的处罚;若对恶意骚扰的维权成立,每次扣十二分。

9.2.5　产品推荐系统

电子商务系统在为用户提供越来越多选择的同时,其结构也变得更加复杂。用户经常会迷失在大量的商品信息空间中,无法顺利找到自己需要的商品。产品推荐系统直接与用户交互,模拟商店销售人员向用户提供商品推荐,帮助用户找到所需商品,从而顺利完成购买过程。在日趋激烈的竞争环境下,产品推荐系统能有效保留用户、防止用户流失,提高电子商务系统的销售能力。

产品推荐系统利用数据挖掘等技术,分析访问者在电子商务网站的访问行为,产生能帮助客户访问感兴趣的产品信息的推荐结果。推荐系统面对的是用户,任务是为用户推荐项目。用户是指推荐系统的使用者,也就是电子商务活动中的客户。项目是被推荐的对象,指电子商务活动中提供给客户选择的产品和服务,也就是最终推荐系统返回给用户的推荐内容。在一个电子商务活动中,用户数和项目数是非常多的。推荐系统面对的当前用户,称为目标用户或者活动用户。推荐系统的工作是根据一定的算法,给出对目标用户的推荐项目。

目前主要有两种类型的推荐系统,一种是以网页为对象的个性化推荐系统,主要采用 Web 数据挖掘的方法与技术,为用户推荐符合其兴趣爱好的网页;另一种是网上购物环境下的、以商品为推荐对象的个性化推荐系统,为用户推荐符合其兴趣爱好的各类产品,如各种书籍,音像等。这种推荐系统也称电子商务个性化推荐系统。

1. 以网页为对象的个性化推荐系统

这类个性化推荐系统除了在固定推荐位选定某些商品进行配置外(比如选取 10 件固定商品放在签到页推荐),还按一些固定规则动态配置商品,如商品销量排行榜、商品收藏排行榜、某品类的销量排行榜。这类根据浏览、收藏、销售数据进行的商品统计较为常见,对用户的消费决策影响也比较大。内容电商是近年崛起的一种商品推荐形式,很多平台都开始在内容上发力,越来越多的消费者在浏览商家和自媒体的运营内容的过程中购买商品,这类内容电商包括淘宝的微淘、京东的觅生活(Meelife)、小红书等。在移动互联网形态下,用户更倾向于根据推荐购买商品,但简单商品列表和标语描述的冲击力已然不够。内容电商将商品嵌入文案或者视频中,通过详细地描述消费感受和商品特点,激起用户的同理心,刺激冲动性消费行为。内容电商还应允许并激励用户生成内容(UGC),内容形式有长图文、视频推荐、直播推荐等。在内容中嵌入商品购买入口,在浏览时可以直达商品,增加购买转化率。通过建立内容社区,提供评论、关注、种草(收藏)、赞赏等多种互动方式,增加用户黏性,并提供分享到其他社交平台(如微信、微博等)的功能。随着货架式电商的时代逐渐远去,内容电商推荐的优势逐步凸显。特别是在美妆、母婴等垂直行业,内容电商为中小型电商公司增加流量提供了机会。

2. 以商品为推荐对象的个性化推荐系统

推荐系统将用户信息、产品信息及用户画像分类作为系统输入,利用适当的推荐算法和推荐方式,根据用户设定的个性化程度和信息发送方式,向用户提供个性化商品推荐。用户对推荐信息的点击浏览、购买的反馈结果,又可以作为优化系统推荐的参考。按照"收集→分析→推荐"等步骤,完善的推荐系统一般由用户行为记录模块、用户喜好分析模块、商品特征分析模块和推荐算法模块四部分组成,如图 9.10 所示。用户行为记录模块负责搜集能反映用户喜好的行为,例如浏览、购买、评论、问答;用户行为分析模块通过用户的行为记录,分析用户潜在喜好及对商品的喜欢程度,并建立用户偏好模型;商品分析模块主要对商品进行商品相似度、商品搭配、目标用户标签方面的分析；推荐算法根据一定的规则从备选商品集合中筛选出目标用户最可能感兴趣的商品进行推荐。

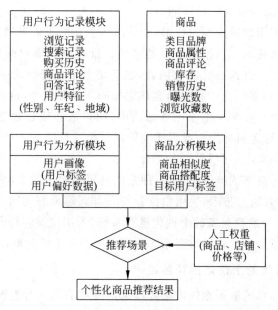

图 9.10   以商品为推荐对象的个性化推荐系统

在用户行为分析模块中，用户画像把用户特征（性别、年纪、地域等）、消费行为习惯（浏览、购买、评论、问答等）等信息抽象化，建立标签化的用户模型。构建用户画像的核心工作即是给用户贴"标签"，而标签是通过对用户行为记录分析而获得的高度精练的特征标识。推荐系统的难点在于用户画像的积累过程极其艰难，而且用户画像与业务本身密切相关，用户画像在不同的业务中是有较大差异的。在用户标签足够丰富时，可以对用户聚类，例如用 A/B/C/D 四种典型用户画像来代表目标用户，新用户加入时也被归类在这些典型用户画像中。

商品分析模块主要根据商品的类目品牌、商品属性、产品评论、库存、销售记录、订单数据、浏览收藏、价格等数据来分析商品相似度、商品搭配度，并且给商品贴上目标用户标签。

用户行为分析、商品分析都是为推荐算法提供基础数据。商品推荐的算法有很多种，需要根据推荐结果反馈，不断优化模型。商品推荐有时候还需要考虑人工因素的权重，做法包括自营商品排在前面、评分高的店铺优先推荐等。一些特殊推荐也被使用，如购买此商品的顾客也同时购买的其他商品、顾客看过此商品后购买的其他商品、经常一起购买的商品等，这些都是基于商品进行的推荐。

9.3   电子政务概述

9.3.1   电子政务的定义和功能

1. 电子政务的定义

电子政务，又称为电子政府、数字政务。公共部门机构在互联网时代参与网络活动,是一个不断发展的电子商务应用领域。电子政务(electronic government)指政府通过使用信息和通信技术(ICT)来提高政府办事效率、透明度和责任感,其核心内容是借助互联网,构建一个跨时间、地点、部门,以及顾客满意为导向的政府服务体系——虚拟政府。广义电子政务的范畴应包括所有国家机构;而狭义的电子政务主要包括直接承担管理国家公共事务、社会事务的各级行政机关。

联合国经济及社会理事会将电子政务定义为政府通过信息通信技术手段的密集性和战略性应用组织公共管理的方式,旨在提高效率、增强政府的透明度、改善财政约束、改进公共政策的质量和决策的科学性,建立良好的政府之间、政府与社会、社区以及政府与公民之间的关系,提高公共服务的质量,赢得广泛的社会参与度。

世界银行则认为电子政务是政府机构使用信息技术(比如万维网、互联网和移动计算),赋予政府部门以独特的能力,转变政府与公民、企业、其他政府部门之间的关系。这些技术可以服务于不同的目的:向公民提供更加有效的政府服务,改进政府与企业和产业界的关系,通过利用信息更好地履行公民权利,以及增加政府管理效能。因此而产生的收益可以减少腐败,提高透明度,促进政府服务更加便利化,增加政府收益或减少政府运行成本。

2. 电子政务的功能

电子政务具有减少成本,优化服务,提高政府透明度和责任感,以及防止欺骗和腐败的潜力。电子政务通过在政府与社会大众之间提供流畅、便利和有效的交互方式,帮助政府构建与公众的良好关系。电子政务的出发点和落脚点是如何为社会大众提供更好的政府信息和服务。电子政务服务通过使用技术加强社会公众、商业伙伴、政府员工、政府代理和政府实体对政府信息和服务的存取与传递效果。电子政务是一个系统工程,应该符合三个基本条件。

(1)电子政务是必须借助于电子信息化硬件系统、数字网络技术和相关软件技术运行的综合服务系统。硬件部分包括内部局域网、外部互联网、系统通信系统和专用线路等;软件部分包括大型数据库管理系统、信息传输平台、权限管理平台、文件形成和审批上传系统、新闻发布系统、服务管理系统、政策法规发布系统、用户服务和管理系统、人事及档案管理系统、福利及住房公积金管理系统等。

(2)电子政务是处理与政府有关的公开事务及内部事务的综合系统。除处理政府机关内部的行政事务以外,还处理立法、司法部门以及其他一些公共组织的管理事务,如检务、审务、社区事务等。

(3)电子政务是新型的、先进的、革命性的政务管理系统。电子政务并不是简单地将传统的政府管理事务原封不动地搬到互联网上,而是要对其进行组织结构的重组和业务流程的再造。因此,电子政务在管理方面与传统政府管理之间有显著的区别。

9.3.2 电子政务支持技术

电子政务全面应用现代信息技术、网络技术以及办公自动化技术等进行办公、管理和为社会提供公共服务。电子政务的开展既需要法律法规体系的支持,也需要现代技术支持,尤其是基于互联网的信息技术。电子政务的基础框架如图 9.11 所示。其中各种支持技术包括电子政务网络、共享交换体系、信息安全。

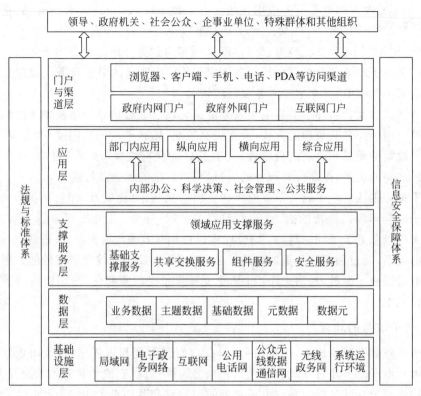

图 9.11 电子政务基础框架

9.3.3 电子政务运作模式

电子政务根据参与的主体可以分为政府对公民(G2C)、政府对企业(G2B)、政府对政府(G2G)、政府内部办公自动化(OA)以及政府对雇员(G2E)。电子政务与不同类别主体之间的运作模式,如图 9.12 所示。

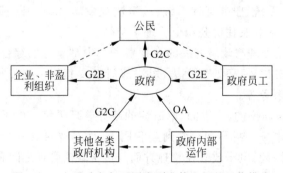

图 9.12 电子政务与不同类别主体之间的运作模式

(1) 政府对公民(government-to-citizen,G2C)。指政府面对普通公民的在线互动信息系统,范畴包括政府和公民之间通过在线方式进行的所有互动。G2C 服务的主要领域包括社会服务、旅游和娱乐、公共安全、研究和教育、税收申报、公共政策信息,以及健康和安全问题咨询等。例如,交管 12123 App 用来办理新车选号、备案非机动车、遗失补领驾驶证、期满换领驾驶证、免检车申领检验标志、处理车辆违法违规缴费等。个人所得税 App 进行个人所得税申报业务。

（2）政府对企业（government-to-business，G2B）。指政府和企业双向互动的自动化，关键活动包括电子采购和政府多余物资的拍卖以及公务办理，如中国政府采购网（http：//www.ccgp.gov.cn/）。

（3）政府对政府（government-to-government，G2G）。指政府部门之间的电子政务，即上下级政府、不同地方政府和不同政府部门之间实现的电子政务活动。如下载政府机关经常使用的各种表格，报销出差费用等，以节省时间和费用，提高工作效率。

（4）政府对员工（government-to-employee，G2E）。指政府与员工之间的公务活动，通过实现高效率的新员工电子培训，能够有效提高技能和改善沟通效果。其他典型的服务包括电子工资单、电子人力资源管理和电子招聘。

（5）办公自动化（office automation，OA）。指在设备、通信逐步实现自动化的基础上，通过管理信息系统的发展而兴起的一门综合性技术。它是将计算机网络与现代化办公相结合的一种新型办公方式，不仅可以实现办公事务的自动化处理，而且可以极大地提高个人或群体办公事务的工作效率，为企业或部门机关的管理与决策提供科学的依据。政府利用办公自动化提高内部工作效率和效益。

9.3.4 电子政务新发展

由于电子商务起步较早，大数据对电子商务产生了深远影响。当前大数据对电子政务的建设发展也极具重要指导意义。首先，大数据技术对信息的采集、存储、分析能力不断提高，进而促使电子政务向智慧政府不断转化升级。其次，大数据不仅能促进电子政务各部门之间信息横向流通，实现信息共享，提升信息的价值，同时由于各部门之间信息的联通，还可以提高政府办公效率，提升政府的形象。最后，大数据也给政府信息资源的采集、分析能力的变革提供了新的契机。

1. 数字政府

数字政府是指在现代计算机、网络通信等技术支撑下，政府机构的日常办公、信息收集与发布、公共管理等事务在数字化、网络化环境下进行的行政管理形式，其中包括三方面的变革。①观念的转变。政务的数字化转型是对思维方式的一种转变，甚至可能是颠覆。数字化转型不是单纯的技术转型，这里是驱动的战略业务转型，涉及各个部门的协同组织变革。②流程变革。不同于企业的变革，传统政务流程的复杂度与结构有关。为适应扁平化，并行化的趋势，需要重新设计政府部门的业务流程，通过信息技术协同服务实现从过去"办事跑政府不同部门"，到按事务流程解决的转变。③业务数字化变革。传统电子政务数据存在"孤岛现象"，导致数据采集难度大、质量差。未来在"业务数据化"的趋势下，政府业务越来越离不开数据资源的支持。无论是政府的外部行政批准、公共服务，还是内部的日常办公和科学决策过程，都会形成数据信息。政务数字化的作用就是改善这些分散的"信息"与组织的联系，形成一定的变革价值。

目前全国众多省份都设有数据管理部门。这些部门在开展数字政府基础设施、综合型平台建设工作的基础上，需要组织协调数据资源采集、整合、归集、应用、共享及开放等工作，实现对各部门系统建设工作的统筹。政务大数据平台的建设可起到重要支撑作用。政务大数据平台以城市居民、法人、部门、行业等信息资源为基础,数据共享为支撑,构建互联互通的数据链。这样可以加快促进跨部门协同应用与创新,推动各系统间数据的自由流动,在业务办理中实现数据共享,尽量减少事后交换。政府机构需要构建整合协同的业务链,如指标制定、数据报审、统计分析和报告撰写等全流程,对政务数据创新应用提供有力支撑。例如,广东省政府 2017 年启动的"数字政府"改革,通过将业务部门的部分信息化职能分离给市场,并实现技术运营方面的一体化,确保了政府主导地位,同时提高了技术运营的专业性;在实践上,企业作为"数字政府"运营中心,在快速响应市场方面发挥了自己的优势。

2. 公共服务

公共服务是电子政务建设的出发点和落脚点;公共服务的广度和深度直接影响电子政务建设的实效;不断完善以服务公众为中心,采用多样化服务手段的电子政务服务体系,是推进电子政务建设的核心内容。公共服务包括电子税务、电子采购、电子证照办理、电子邮政、信息咨询服务、电子认证、呼叫中心、应急联动服务等。当前电子政务的内部能力和外部环境都发生了变化,从内部来看,政府信息能力的建设已经取得了显著成效,网络基础设施、业务应用、数据资源都取得了长足发展,为提高公共服务能力奠定了良好的基础;从外部来看,人民群众对公共服务的需求质量日益增长,对政府的服务能力提出了更高要求。未来政府信息化建设将把发展重点转向提高公共服务能力。协同型服务成为电子公共服务发展的新模式,政府门户网站的建设成为主流,电子公共服务的深度和广度不断增强。

3. 移动政务

移动政务指的是政务服务应用移动互联网技术,通过以智能手机为代表的移动终端为公众提供服务。现有的移动政务平台主要有移动终端的独立 App、小程序、公众号等。在"互联网＋政务服务"上升为国家战略的背景下,随着政策环境和技术设备逐渐成熟完善,移动政务逐渐成为各级政府深化改革、建设数字政府的重要举措,社会治理模式正在从单向管理转向双向互动,从线下转向线上与线下融合,实现政府治理能力现代化。新冠肺炎疫情暴发以来,国家政务服务平台建设"防疫健康信息码",支撑全国大部分地区"健康码"实现"一码通行",助力疫情精准防控。地方政府在政务服务中大力推行"不见面"办事,移动互联网进一步推动政务服务由"网上办"向"掌上办""指尖办"转变,促进移动政务平台的应用普及。

4. 完善政务数据治理和信息整合共享

目前大部分省份基本形成"一张网(统一的省、市县、乡镇、行政村四级覆盖电子政务外网)、一个中心(统一的政府数据中心)、一朵云(统一的政务云)"的信息基础设施建设格局,具备了电子政务基础设施统建共享的条件。我国政务数据治理和信息整合共享相关基础性制度将进一步完善,在战略引领、制度保障、标准规范及使用监管等方面发挥更大作用;"互联网＋"政务服务、移动政务全媒体的价值潜力将被充分挖掘,数据整合、数据开放、信息公开、信息惠民将进一步深入,将实现数据在部门之间横向交换、政府上下纵向流通。在此基础上,整合"数字碎片"、连通"信息孤岛"、拆除"数据烟囱",实现政务信息资源高效流动,全面推进政务信息资源共享和业务协同水到渠成。

5. 与新技术应用加速融合

作为信息化的重要组成部分,以大数据、云计算、区块链、人工智能为代表的新一代信息技术将在未来的电子政务服务中扮演更重要的角色,推动政务资源整合、优化政务流程,从而提升政府服务质量和效率,更好地促进国家治理体系与治理能力现代化。人工智能将成为未来电子政务发展的重点方向。人工智能以深度学习、机器学习为特征,是提高政府治理能力和公共服务能力的重要驱动力。可以预计,人工智能将广泛应用于政府大数据采集、加工处理、分析挖掘、智能服务等环节,通过高效采集、有效整合、充分运用政府数据和社会数据,推动电子政务服务从数字化、网络化向智能化加速变革。

9.4 电子政务信息系统

电子政务依赖于各类信息系统来完成特定的政务,如提高政府办公效率的 OA 办公系统、决策支持系统、承担日常事务性工作的行政审批系统、政务信息发布系统、各级行政职能部门的政府采购信息系统、网上报税系统、信访管理系统、呼叫中心系统、城市管理系统、土地管理系统等。

9.4.1 政务发布系统

《中华人民共和国政府信息公开条例》经国务院于 2008 年 3 月 28 日发布,自 2008 年 5 月 1 日起施行。政务公开是行政机关全面推进决策、执行、管理、服务、结果全过程公开,加强政策解读,回应关切,平台建设,数据开放,保障公众知情权、参与权、表达权和监督权,增强政府公信力执行力,提升政府治理能力的制度安排。让群众知情、参与和监督,是政务公开的出发点和落脚点。政务公开的形式包括:①通过政府公报、政府网站、新闻发布会以及报刊、广播、电视等便于公众知晓的方式公开;②在档案馆、公共图书馆设置政府信息查阅场所,并配备相应的设施、设备,为公民、法人或者其他组织获取政府信息提供便利;③根据需要设立公共查阅室、资料索取点、信息公告栏、电子信息屏等场所及设施,公开政府信息。例如,为方便公众了解 2016 年全国政务公开工作情况,国务院办公厅在中国政府网开设了"政务公开在行动 2016"专题。专题动态更新,及时发布政务公开的新部署、新要求,交流政务公开的新经验、新做法,吸引了公众的广泛关注。政务信息发布成为电子政务必不可少的一部分功能。

由于《政府信息公开条例》的实施,政府部门都面临信息发布服务和提升公众满意度的挑战。政府部门需要定时向群众公布展示各类办事指南、通知公告、新闻动态、政策法规、规划公报等,因此多媒体信息发布系统成为政府信息公开的重要载体。信息发布系统能够在前端对这些显示界面进行统一发布管理,在后端对各类信息进行规范化处理,提供灵活高效的政府信息公开服务。如图 9.13 所示,湖北省人民政府官方网站政府公开栏目就是政务信息发布系统面对普通民众的界面。

信息发布管理系统采用先进的数字编解码和传输技术,以集中控制、统一管理的方式,将视音频信号、图片和滚动字幕等多媒体信息通过网络平台传输到显示终端,以高品质的数字信号播出,将最新鲜的通知资讯传递给人民,并根据不同区域和受众群体,

图 9.13　政府政务公开界面

做到分级分区管理,有针对性地发布信息内容。信息发布管理系统能有效覆盖大堂、会议室、办公室、会客区、电梯间、通道等人流密集场所,让人民更容易注意到最新的政策、公告、公开事项和有关信息,将信息及时、准确、完整地传达给人民。政府信息发布系统主要有以下几种应用场景。

(1) 各级政府机关的官网信息发布。在各级政府机关的官方网站发布通知公告、新闻动态、政策法规、规划公报等。

(2) 办公信息发布。在大厦的大门口安装相应尺寸的等离子显示屏,可以将办公流程、会议通知、紧急通知、领导欢迎等信息及时发布,既节省资源又提高了效率。

(3) 通知送达。在楼梯口安装液晶一体机,通过大堂等离子屏和楼梯口的液晶一体机,可以将物业管理所产生的各种费用、物业通知、物业维修信息等及时地呈现在客户面前,缩短了管理的流程,节省了人力成本和资源。

(4) 形象宣传窗口。所有的显示终端上均可播放显示企业形象的宣传片,这样不但可以优化本身的企业形象,更是对外企业形象宣传最有力的手段。

(5) 视频会议、员工培训。在会议室安装可触摸的等离子屏,结合信息发布与显示系统,可供员工进行信息交流和学习,为员工的培训提供更便捷的手段。

9.4.2　政务办公系统

OA办公系统即办公自动化(office automation,OA),是将计算机、通信等现代化技术运用到传统办公中,形成的一种新型办公方式。办公自动化利用现代化设备和信息化技术,代替办公人员传统的部分手动或重复性业务活动,高效地处理办公事务和业务信息,实现对信息资源的高效利用,达到提高生产率、辅助决策的目的,最大限度地提高工作效率和质量、改善工作环境。OA办公系统是电子政务重要的组成部分。如图9.14所示,湖北省人民政府官网"中共湖北省委办公厅部门事项"就是OA办公系统。

图9.14 湖北省委办公厅OA办公系统界面

1. 政务办公系统的主要功能

政务OA办公系统的核心是基于公文的处理,并满足日常行政办公的需求。政务OA是主要包括公文文档排版、生成、流程、浏览、反馈等环节的自动化应用的公文管理系统,具体如下:①公文文档的生成,根据国家公文的书写规范制作公文文档,并通过OA处理公文,生成特定的政府公文文档;②文件盖章,对发文登记完毕的文件进行电子印章盖章,电子公文以密文形式存在;③公文浏览,在OA系统浏览红头红章公文,电子印章经过模糊处理以防被屏幕拷贝截取;脱密后的公文文件可直接阅读;④公文打印,根据操作权限,打印文件;⑤公文发送,在OA中将公文转成标准版式文件,并将其发送到相应盖章人处盖章、加密;盖好公章后可浏览,无误后分发给接收单位;⑥公文发送登记,将排好版的文件登记入政务OA电子公文传输交换系统中,并记录公文要素信息;⑦回执管理,跟踪公文,通过回执管理,掌握文件的处理状态;⑧公文接收管理,浏览收文的文件要素信息和文件正文等,确认后签收,签收后可打印还原成纸质公文、脱密或作转发处理;⑨查询统计,可对文件进行检索查询,方便用户对文件的跟踪、查找和管理。统计可以按业务需求生成多种报表形式。

2. 政务办公系统的优势

1) 节省工作成本,利于文件传阅管理

与纸质文件相比,OA系统收发文件及共享信息可节省纸张,降低办公成本。领导可直接在 OA 系统上阅读、审批和修订电子文件,并保留阅读和修改的痕迹,解决了过去因反复修改文件草稿而浪费纸张的问题;且电子文件可同时供多人传阅,缩短了文件传阅时间,杜绝了纸质文件丢失的可能。

2)方便检索查阅,促进信息共享

OA 系统中的公用文档、公共信息和通知公告等模块是各部门共享信息资源的平台,员工可及时了解组织的最新信息,有利于部门的沟通与合作。OA 系统的检索功能为员工快速查找文件资料提供了便利,节省了翻查纸质文件的时间成本,提高了搜集文件资料的效率。

3)增强监控能力,提高行政管理水平

OA 系统能有效地监控各部门、各员工的日程安排、办文情况以及会议室、车辆和办公用品的使用情况,并有催办督办和自动提醒功能,既防止了延误业务办理的事件发生,又有利于全局监控,及时发现问题并协调解决。OA 系统上处理的流程步骤都留有审批痕迹,具有可追溯性,方便日后的查阅和管理。

4)提高工作效率,打造优秀团队意识

系统的信息传递、日程安排等模块提高了员工的协作与沟通效率,打造了凝聚力强、工作效率高,且具有快速反应能力的优秀团队。工作论坛等模块有效地加强了领导与员工、员工与员工之间的交流和互动,团队成员取长补短,共同进步,促进了业务水平的提高,也增强了团队合作精神。

5)实现自动办公,构建科学管理模式

OA 系统的使用,全面推进了办公自动化。借助先进计算机和网络信息技术,能够高效、安全、规范地处理办公室内的事业性业务,大幅度提高工作效率和服务质量。OA 系统为各级领导进行宏观管理提供了高效、便利的服务,为科学决策提供了参考依据,有助于构建一套科学的管理模式。

3. 政务办公系统安全风险

1)感染计算机病毒

计算机病毒的传播及入侵日益严重,破坏性超乎想象。一旦病毒入侵 OA 系统,会导致难以估计的损失,比如电脑系统瘫痪、数据丢失及网络服务器不能正常运转等,也包括一定的经济损失。

2)遭受窃密攻击

窃取信息的手段有多种,黑客入侵是最主要的。黑客入侵 OA 系统,通过窃取和破坏数据信息,恶意删除和篡改服务器硬盘的原始数据,损坏程序;还可能通过病毒篡改或删除系统的扇区及文件目录等。

3)灾难损害

首先,用户自身操作不当,或操作中不专心等,都会导致错误发生,使系统损坏。其次,应用软件发生错误,数据不正常等现象,可致使操作系统不能正常运行,最终导致文件损坏。还有硬件故障,如主板、芯片以及硬盘等部分出现问题;网络故障,如驱动程序、网络连接等问题,都会影响 OA 办公系统的正常运作。

9.4.3　政府采购系统

政府采购信息系统是政府采购管理与执行部门的专用综合业务管理信息系统,适用于各级政府机关和事业单位政府的采购业务流程管理。2017 年 12 月,财政部以财库〔2017〕210 号印发《政务信息系统政府采购管理暂行办法》,自 2018 年 1 月 1 日起施行。根据《中华人民共和国政府采购法》,全国政府采购管理交易系统建设要以"功能完善、资源共享、规范透明、安全高效"为总体目标,建成中央与地方系统相对独立运行、全国基础数据统一集中共享的大型网络化信息管理系统,不断提高政府采购工作的质量和效率,促进政府采购管理科学化精细化发展。

1. 主要功能

政府采购信息系统具体包括五大功能。

1) 信息服务功能

以政府采购信息服务门户网站为载体,向社会公开政府采购政策法规、招标投标以及供应商及商品、评审专家、代理机构等相关信息记录。通过一站式信息聚合和检索,为社会公众获取政府采购信息提供优质、方便、快捷的服务,增强政府采购透明度,便于社会各界对政府采购工作进行有效监督。

2) 监督管理功能

通过运用政府采购监督管理平台,为政府采购监管部门及其他相关部门提供全面的监督管理功能。科学设计管理流程、控制节点,建立严密的系统内控机制以及与执行交易平台的协调互动,实现政府采购业务从预算管理到采购计划、采购实施、方式变更、合同管理、统计分析、诚信体系等全流程的电子化管理,对监督管理、执行交易重点环节和关键业务进行实时监控和自动预警。

3) 电子交易功能

通过运用政府采购执行交易平台和全国共享基础数据库,为各采购主体提供安全高效的全流程电子化业务操作功能。采购人可通过网上电子竞价、实时价格比较的方式采购货物及服务;采购机构可对采购项目进行严格管理并实行电子化评审;供应商可一地注册、全国各地参与采购活动;评审专家可实行电子评标及跨区域评标。相关执行交易信息可实时传入政府采购监督管理平台。

4) 决策支持功能

通过建立分析预测、监测预警、政策分析等数据模型,结合宏观经济数据,科学分析政府采购发展趋势,为深化政府采购制度改革、更好地实现政府采购政策功能以及为财政宏观经济调控提供决策依据。

5) 协作共享功能

通过运用财政业务基础数据规范和统一数据交换标准,逐步实现政府采购与预算管理、国库集中支付、资产管理等财政相关业务系统的有效衔接,不断完善财政支出管理体系;逐步实现政府采购管理交易系统与国家相关部门业务系统的信息共享,丰富政府采购业务管理功能。

2. 政府采购信息系统框架

在统一的全国政府采购标准化体系下,中央本级与省级政府采购系统实现基础数据共享。中央本级政府采购管理交易系统如图 9.15 所示,主要由政府采购监督管理平台、政府采购执行交易平台和政府采购信息服务门户(中国政府采购网)三部分组成,并根据信息安全保密相关规定进行网络间信息交换。

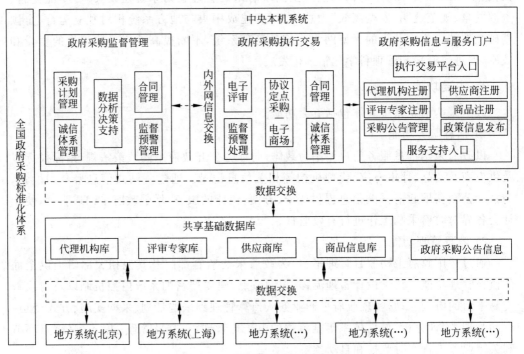

图 9.15 政府采购信息系统框架

政府采购监督管理平台主要处理政府采购监督管理日常业务,包括计划管理、数据分析与决策支持子系统,以及合同管理、监督预警、诚信体系管理子系统的部分功能。政府采购执行交易平台主要处理政府采购执行交易业务,包括电子评审、协议和定点采购(电子商场)子系统,以及合同管理、监督预警、诚信体系管理子系统的部分功能。政府采购信息服务门户即中国政府采购网,是执行交易平台的入口,提供信息公告、代理机构注册、评审专家注册、供应商注册、商品注册等服务功能及运维服务支持。

3. 政府采购信息系统主要内容

全国政府采购管理交易系统建设的主要内容是:一个标准化体系、两个业务处理平台、四个共享基础数据库、八个主要子系统。

1)标准化体系

建立全国统一的政府采购系统功能规范、技术规范、数据规范。在统一标准规范的基础上,各地根据管理实际进行系统建设及信息交换。标准化体系是全国政府采购管理交易系统建设的基础,全国统一的政府采购标准体系建设遵循金财工程标准规范,包括基础数据标准、业务标准、数据交换标准、网络基础设施标准、信息安全标准和管理标准等。基础数据标准是指与政府采购业务及信息化有关的数据规范,分为中央地方统一执行以及中央执行、地方参照执行两类,包括业务术语、基础分类代码及全国基础数据的数据规范。业务标准是指政府采购业务的管理规定、业务规则和相关文本格式规范,主要包括《政府采购法》规定的采购方式、程序及业务管理要求,《政府采购品目分类目录》规定的采购品基本分类,《集中采购目录及标准》规定的政府集中采购实施范围及招标投标文件、合同、信息公告、质疑投诉文本格式等。数据交换标准、网络基础设施标准、信息安全标准和管理标准是指系统建设中的有关技术和信息安全规范,统一执行财政部相关的信息化建设管理办法及标准。

2)业务处理平台

业务处理平台包括监督管理和执行交易两个平台。监督管理平台主要满足政府采购监督管理工作需要,实现对政府采购计划的管理,对项目执行的监督,对供应商质疑投诉的处理,对各采购主体采购行为的监督预警和诚信管理,并对采购执行数据进行挖掘分析,实现决策支持。执行交易平台主要满足政府采购执行交易工作需要,为采购人、代理机构、供应商、评审专家建立沟通桥梁和全电子化操作的业务处理平台,并为政府采购监管部门和有关监督部门提供技术手段。

3)共享基础数据库

全国政府采购共享基础数据库包括代理机构库、评审专家库、供应商库和商品信息库。财政部负责全国共享基础数据库的建设、管理和维护,中央和各省通过数据交换实现全国数据共享。全国代理机构库包括由财政部管理和省级财政部门传入的集中采购机构信息,以及按照规定取得政府采购代理资格的社会代理机构信息,实行动态、分级监管,主要功能是管理及监督代理机构。全国评审专家库包括由财政部和省级财政部门传入的按规定条件征集的评审专家信息,实行统一的动态监管,主要功能是管理及使用评审专家。全国供应商库包括财政部和省级财政部门或有关授权单位分级审批的供应商信息,可通过中央政府采购执行交易平台统一维护,或由各省按全国统一标准实时传入。全国供应商库信息实行统一的动态监管,供应商一地注册、全国投标,主要用于对供应商的管理与监督。全国商品信息库包括财政部和省级财政部门分别按照统一标准收集整理的商品信息,实行统一的动态监管,可实现对商品的管理、比较与统计等。

4)主要子系统

政府采购系统主要包含政府采购计划管理子系统、政府采购电子评审子系统、政府采购协议和定点采购子系统、政府采购合同管理子系统、政府采购监督预警子系统、政府采购诚信管理子系统、政府采购数据分析与决策支持子系统及政府采购信息服务门户子系统八个子系统。

9.4.4 政务服务系统

新时代背景下政务服务系统指的是,各级政务服务部门根据目前各地区、各政府部门实际工作进行的总结概括,充分利用互联网、大数据等技术手段,构建政务服务一体化平台,通过整合各类政务服务事项信息,建设网上办事大厅、服务窗口、移动服务端等多种方式,为企业和个人提供一站式办理的政务服务。当前,全球信息技术革命持续演进,政务发展所依托的信息技术手段正在发生重大飞跃。以云计算、大数据、物联网和移动互联网等为代表的新一代信息技术变革风起云涌,深刻改变了信息化发展的技术环境及条件,为政务改革提供了更为强有力的科技支撑。这一背景条件为提高政府管理效能、建设服务型政府提供了难得的机遇。

1. 政务服务系统的主要功能

整合基础设施资源。利用云计算技术对现有的资源进行整合共享,升级和新增部分软硬件资源,推进审批服务平台等应用系统向各地统建的电子政务云平台迁移和部署,构建省、市统一的政务服务信息化支撑平台。

整合和升级审批业务和办事服务系统。依据《国务院关于积极推进"互联网+"行动的指导意见》,对现有网上大厅平台各应用系统进行改造和整合,建立健全统一的政务服务系统,促进政务服务的均等化、高效化,提供让群众满意的高质量服务。

推进政务信息资源共享。根据中办、国办印发的《关于全面推进政务公开工作的意见》要求,建立《政务信息资源目录体系》《政务信息资源交换体系》等标准和共享目录,建立部门数据开放目录清单,做到可追溯、可查询、可监督。

加强政府网上公共服务能力。通过电子政务应用和部门业务系统、公共资源交易平台、国家统建平台的数据交换和信息共享机制,实现全流程、全天候、全地域的政府网上办事服务,逐步形成网上服务与实体大厅服务、线上服务与线下服务相结合的一体化新型政务服务模式。

2. 政务服务系统的框架

"互联网+政务服务"的系统架构由以下五个主要层次组成。

(1)云数据中心。包括虚拟化的网络环境、主机、存储以及云平台系统软件、监控调度等基础服务环境。政务服务系统通过基础设施云化技术为服务提供透明的运行环境,同时通过政务外网和互联网为政府工作人员和社会民众提供服务。

(2)数据层。数据层是该架构的核心,由多数据交换平台和基础业务库组成,主要包括组织人员库、权力事项库、项目库、证照库等。

(3)支撑层。集成了组件化的 ESB(enterprise service bus,企业服务总线)政务服务调度总线、工作流管理平台等,为应用层的各类应用提供良好支撑。

(4)应用层。为用户提供各项应用服务。应用层主要包含审批服务大厅、权力审批系统、监察系统等。

(5)渠道层。为用户提供服务的渠道,主要包含实体大厅的"一窗式"服务、网上大厅的"一网式"服务,以及热线电话、微信、微博、移动 App 等辅助服务渠道。

9.4.5 政府决策系统

政府决策支持系统作为人工智能的一个重要研究领域,是辅助政府决策者通过数据、模型和知识,以人机交互方式进行半结构化或非结构化决策的计算机应用系统。它是管理信息系统向更高一级发展而产生的先进信息管理系统。它为政府决策者提供分析问题、建立模型、模拟决策过程和方案的环境,调用各种信息资源和分析工具,帮助政府决策者提高决策水平和质量。随着科学技术的进步以及人工智能技术的日趋成熟，决策支持系统智能化已经成为业界研究与发展的目标。尽管目前已有一些先进的智能决策支持系统在商业、工业、政府和国防等领域获得成功应用，但是这类系统远未完善，仍处于发展阶段。可以预见的是在未来的研究过程中，人工智能政府决策支持系统必将对社会和组织产生更加重大的影响。

习近平总书记在十八届中央政治局第三十六次集体学习时强调，"要强化互联网思维，利用互联网扁平化、交互式、快捷性优势，推进政府决策科学化、社会治理精准化、公共服务高效化，用信息化手段更好感知社会态势、畅通沟通渠道、辅助决策施政"。这阐释了政府决策支持系统的发展重点和运行要求。政府决策支持立足于社会与经济发展中的问题，完善"问题分析—政策研究—听证论证—决策支持—反馈评价"五段式综合系统建构，从而将传统的"经验决策"转变为"数据决策"，由"事后诸葛"转变为"事前预测"，由"被动执行"转变为"主动决策"。具体而言，政府决策支持系统的价值内涵体现在以下方面。

（1）决策要素的新应用。互联网和大数据、云计算等信息化新技术手段需被应用到政府决策支持系统中去，大幅度降低综合决策成本，提升政府决策效能。

（2）决策标准的新支撑。大数据和信息化推动政府管理走向政府治理，实现政府科学决策、精细治理、精准服务、精确监管、高效协同，成为提升国家治理现代化水平的重要举措。

（3）决策参谋的新智慧。决策支持系统能够发挥好国家高端智库以及其他各级各类智库对决策支持的参谋助手作用，为政府决策提供前瞻性、战略性的研判。

（4）决策运行的新服务。决策支持系统能够加快服务型政府建设，打造服务决策、服务实践、服务社会的政府与社会协同参与治理模式。

（5）决策支持的新生态。要塑造良好的决策支持发展新生态，既要做出决策支持的终端产品，也要做好关键信息的验证报送，填补"信息验证服务"决策拼图的关键空缺，认识到数据、信息、研究报告等分工、协同作战的重要性，从而发挥大数据分析、信息验证反馈的价值，有效缩小甚至阻止可能产生的决策偏差。

章节要点

信息技术以及信息系统影响着社会的方方面面，商业形态、组织管理及政府运作也都受到极大的影响。信息技术与商业的结合诞生了电子商务，信息技术与政府管理的结合产生了电子政务。本章首先介绍了电子商务的基本概念、电子商务的支持技术、电子商务的运作模式以及实现电子商务基础的信息管理系统，包括用户管理系统、物流配送管理系统、在线评价系统、产品推荐系统等。其次，重点介绍了电子政务的概念、电子政务的运作模式和支持技术以及电子政务的相关信息系统，包括政务发布系统、政务办公系统、政府采购系统、政务服务系统、政务决策系统等。本章主要为电子商务和电子政务信息系统的开发、管理、应用提供基础知识，培养学生的基本技能和相应的管理思维。

课程思政融入点

《"十四五"规划和 2035 年远景目标纲要》提出要"加快建设数字经济、数字社会和数字政府,以数字化转型整体驱动生产方式、生活方式和治理方式变革"。电子商务与电子政务是推动数字经济发展的关键要素,学习电子商务与电子政务的基础知识,有利于深入理解数字经济规划。我国电子商务二十年的繁荣兴替经历了酝酿、爆发、集群、扩张和成熟的过程,通过带领学生了解国内电商的发展历程,培养学生的家国情怀、建立大国自信。了解当前电子商务环境下新形式的创新;增强学生的社会责任感。以电子政务安全风险为主题,讲解安全风险是什么,为什么成为问题,引导学生树立总体国家安全观,让"网络安全为人民,网络安全靠人民"的理念深入人心。

思考题

1. 简述电子商务和电子政务的主要区别。二者和信息系统有什么关系?

2. 电子商务主要有哪些类型和模式?电子商务今后的演变有什么趋势?

3. 访问国内主要的电子商务平台,看看它们是否支持单点登录?它们授权微信、QQ、支付宝跨平台登录有哪些好处?存在哪些隐患?

4. 移动支付给我们的生活带来了哪些便利?电子商务支付还有哪些痛点?

5. 常见的电子政务信息系统有哪些?它们主要具备哪些功能?

第 **10** 章

决策支持系统与人工智能

决策支持系统是管理信息系统领域的重要研究内容之一，是在管理信息系统、运筹学、行为科学、系统工程的基础上发展起来的，是以计算机技术、仿真技术和信息技术等为手段，支持决策活动的人-机系统，用来支持制定复杂决策问题的解决方案，最终帮助决策者做出更好的决策，提高科学决策水平。近年来，人工智能的发展使决策支持系统朝着智能化的方向发展。

10.1 决策及其过程

决策与经济学、数学、心理学和组织行为学密切相关。科学决策的目的是帮助人们提高决策质量，减少决策的时间和成本。决策分析是一门创造性的管理技术，本质上是一个循环过程，贯穿整个管理活动的始终。

10.1.1 决策的定义

决策是决策者为了按预期目的去完成某项任务或解决某个问题，运用各种方法，在系统地分析了主客观条件之后，考虑到未来状态，根据决策准则，对提出的多种可行方案进行优选评比，选择合理方案的一种分析过程。狭义地讲，决策就是做出决定的行为，或者说是为了解决某个问题，从多种备选方案中选择一种行动方案的过程。在有些决策问题中，所有与问题相关的事实和因素都是事先确切知道的，此类问题称为确定条件下的决策，属于运筹学的研究范畴。而不确定条件下的决策则是决策理论研究的范畴。存在不确定性的决策问题称为风险或随机性决策问题。

10.1.2 决策的过程

决策制定过程一共有 4 个步骤，分别是识别、设计、选择、实施，如图 10.1 所示。识别阶段要发现、确定并理解组织中出现的问题—为什么会出现问题，问题出在哪里，以及问题对企业有什么影响；设计阶段需要确定和探寻解决问题的各种方案；选择阶段是在各自的解决方案中做出选择；实施阶段执行所选择的方案并持续追踪该方案的效果。

按照上述过程进行决策时，管理者必须保证有足够充分的备选解决方案，由此便可以合理地预测这些备选方案的结果，并进行适当比较。事实上，由于环境日益复杂，决策变成了一项复杂的任务,很难用试错法进行管理。管理者必须更加熟练地使用新工具与技术,通过它们来支持决策,使得决策更有效。

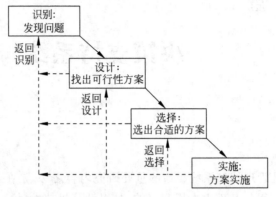

图 10.1　决策过程的四个阶段

10.1.3　决策的类型

任何决策问题都有三个基本要素:①多种可供选择的行动方案。②多种可能出现的不可控制的外界条件,不同的行动方案在不同条件下的后果不同。③损益值,即每个行动方案在不同条件下实施的利弊值。因为企业活动非常复杂,所以管理者的决策也多种多样。根据不同的分类方法,可以将决策分为不同的类型,如表 10.1 所示。

表 10.1　决策的分类

分 类 原 则	分 类
决策目标的影响程度	战略决策、战术决策、业务决策
决策问题的性质	程序化决策、非程序化决策
决策主体	个人决策、群体决策
对决策问题的可控程度	确定型决策、风险型决策、非确定型决策
决策方法	定性决策、定量决策
决策目标	单目标决策、多目标决策
决策者思维方式	理性决策、非理性决策

1. 按决策目标的影响程度划分

按决策目标的范围或作用可将决策分为战略决策、战术决策和业务决策。三者相辅相成,构成紧密联系、不可分割的整体,是指导与被指导的关系。三者的地位不同,特点也不同。

战略决策指直接关系到组织的生存和发展,涉及组织全局的长远性的、方向性的决策。战略决策风险大,一般需要长时间才可看出决策结果,所需解决问题复杂,环境变动较大;并不过分依赖数学模式和技术,定性定量并重,对决策者的洞察力和判断力要求高。

战术决策又称管理决策,是组织在内部贯彻执行的决策,属于战略决策过程的具体决策,由中层管理人员做出。战术决策风险较小,不直接决定组织命运,但会影响组织目标的实现。如企业原材料和机器设备的采购,生产、销售的计划、商品的进货来源、人员的调配等属于此类决策。

业务决策又称执行性决策,是日常工作中为了提高生产效率、工作效率所做的决策。业务决策是基层管理人员为解决日常工作和作业任务中的问题所做的决策,涉及范围小,风险小,只对局部产生影响,如采购决策等。

2. 按决策性质分类

按决策性质可将决策分为程序化决策和非程序化决策。程序化决策是经常重复发生,能按原已规定的程序、处理方法和标准进行的决策,其特点是有固定的模式可以遵循。非程序化决策是管理中首次出现的或偶然出现的非重复性决策,其特点是无先例可循,随机性和偶然性大,同样的问题对于不同风格的决策者决策结果迥异。

3. 按决策主体分类

按决策主体可将决策分为个人决策和群体决策。个人决策是指最终选定的决策方案由最高领导决定的一种决策形式。个人决策具有决策迅速,责任明确,可充分发挥领导个人的主观能动性及易受个人能力影响等特点。群体决策是由两个或以上的决策群体所做出的决策。群体决策的特点是耗时、复杂,但可集思广益,弥补个人能力的不足。

4. 按决策问题的可控程度分类

按决策问题的可控程度可将决策分为确定型决策、非确定型决策和风险型决策。确定型决策是在所需的各种情报资料已完全掌握的条件下做出的决策。其特点是在可供选择的方案中只有一种自然状态,即决策的条件是确定的。对不同的决策者而言,其决策结果是确定的。

非确定型决策是在资料无法加以具体测定,而客观形势又要求必须做出决定的条件下做出的决策。其特点是在可供选择的方案中存在两种或两种以上的自然状态,并且每种自然状态发生的概率无法估计。

风险型决策是方案未来的自然状态不能预先确定,可能有几种状态,每种自然状态发生的概率可以做出客观估计,但不管哪种方案都有风险的决策。其特点是在可供选择的方案中存在两种或两种以上的自然状态,但每种自然状态发生的概率可以估计。

5. 按决策者思维方式分类

按决策者思维方式可将决策分为理性决策与行为决策(即非理性决策)。

理性决策是以逻辑思维为主,根据现成规则评价方案,追求清晰性和一致性的决策。理性决策有三个特点:以决策者现状为基础,按照某种规则做出,符合概率论定律。而行为决策(即非理性决策)是以直觉思维为主的决策。行为决策具有三个特点:直感性,无阶段性和突发性。

此外,决策还可以分为结构化决策与非结构化决策、单目标决策与多目标决策,单变量决策与多变量决策,单项决策与序列决策,专业决策与公共决策等。

10.1.4　决策分析方法

根据决策所采用的分析方法,可以把决策方法分为定性方法、定量方法以及定性与定量相结合的方法。

1. 定性决策方法

定性决策法又称主观决策法,是主要依靠决策者或有关专家的智慧进行决策的方法。决策者运用社会科学的原理,采取一些有效的组织形式,充分利用各自丰富的经验、知识和判断能力,从对决策对象的本质特征的研究入手,掌握事物的内在联系及其运行规律,对企业的经营管理决策目标、决策方案的拟定以及方案的选择和实施做出判断。

1)头脑风暴法

通过与有关专家进行信息交流,引起思维共振,产生组合效应,从而唤醒创造性思维。针对待解决的问题,相关专家或人员聚在一起,在宽松的氛围中,敞开思路,畅所欲言,寻求多种决策思路,倡导创新思维。

2)名义小组法

管理者先选择一些对要解决的问题有研究或有经验的人组成小组,并向他们提供与决策问题相关的信息。小组成员各自先不交流,独立地思考,提出决策建议,并尽可能详细地将自己提出的备选方案写成文字资料。然后管理者召开会议,让小组成员陈述自己的方案。在此基础上,小组成员对全部备选方案投票,产生大家最赞同的方案,并形成对其他方案的意见,提交给管理者作为决策参考。

3)德尔菲法

管理者首先根据问题的特点,选择和邀请做过相关研究或有相关经验的专家。然后将与问题有关的信息分别提供给专家,请他们各自独立发表自己的意见。管理者收集并综合专家们的意见后,将综合意见反馈给各位专家,请他们再次发表意见。如果分歧很大,可以开会集中讨论;否则,管理者仍分头与专家联络。如此反复多次,最后形成代表专家组意见的方案。德尔菲法的优点是避免了群体决策中面对面的争论,能使参与决策者都能畅所欲言。缺点是耗时多,信息处理工作量大。

4)专家会议法

专家会议法是指根据规定的原则选定一定数量的专家,按照一定的方式组织专家会议,发挥专家集体的智慧结构效应,对预测对象未来的发展趋势及状况做出判断的方法。专家会议也有不足之处,如专家个人有时受心理因素影响较大、易屈服于权威或随同大多数人意见、易受劝说性意见的影响、不愿意轻易改变自己已经发表过的意见等。

除此之外,还有淘汰法、环比法等决策方法。

2. 定量决策方法

定量决策分析法是建立在计量模型基础上的一种决策方法,运用统计学、运筹学、电子计算机等科学技术,把决策的变量(影响因素)与目标用数学关系表示出来,选择出满意的方案。根据决策问题的概率性质,可将定量分析方法分成三类:确定型、风险型、不确定型。

1)确定型决策方法

确定型决策是指决策者对供决策选择的各备选方案所处的客观条件完全了解,每一个备选方案只有一种结果,可供选择方案之间的优劣比较和预期结果是明确的,比较结果的优劣就可做出决策。确定型决策方法主要有盈亏平衡分析法、线性规划法等。

（1）盈亏平衡分析法。

盈亏分析法是用来研究产量、成本和利润三者之间的关系，分析决策方案对企业盈亏产生的影响，评价和选择决策方案的一种计量决策方法。其核心是寻找盈亏分界点在哪里，即确定能使盈亏平衡的产量是多少。

（2）线性规划法。

线性规划法是解决多变量最优决策的方法，在各种相互关联的多变量约束条件下，求解一个对象的线性目标函数最优解，即给予一定数量的人力、物力和资源，如何应用能得到最大经济效益。其中，目标函数是决策者要求达到目标的数学表达式，用一个极大或极小值表示；约束条件是指实现目标的能力资源和内部条件的限制因素，用一组等式或不等式来表示。线性规划是决策系统的静态最优化数学规划方法之一，它作为经营管理决策中的数学手段，在现代决策中的应用非常广泛。

2）风险型决策方法

风险型决策是指在可供选择的方案中存在两种以上的自然状态（指对不确定因素的决策），哪种状态可能发生无法事先确定，但每种自然状态发生的可能性（如概率、频率、比例或权重等）是可以估计的，在这种情况下所做的决策具有一定的风险性。常用的风险型决策方法有最大可能准则、最大期望值准则、决策树法等。

（1）最大可能准则。在风险型决策问题中选择一个概率最大的（即可能性最大）自然状态进行决策，而不论其他的自然状态如何，即为最大可能准则。

（2）最大期望值准则。所谓最大期望值准则，就是把每一个决策方案看作离散型随机变量的一个取值，然后把数学期望值算出来，再比较决定各方案的取舍。决策的标准是损益期望值 $= \sum$ （各种可能状态下的损益值×概率）。

3）不确定型决策方法

当决策者只能掌握可能出现的各种状态，而不能获知各种状态发生的概率，这类决策就是不确定型决策，或称为概率未知情况下的决策。不确定型决策与风险型决策方法的区别是：风险型决策方法从合理行为假设出发，有严格的推理和论证；不确定型决策方法是人为制定的原则，带有某种程度上的主观随意性。不确定型决策的方法一般有乐观原则（最大最大原则）、悲观原则（最大最小原则）、乐观系数原则、后悔值原则和等可能性原则。

（1）乐观原则。乐观原则又叫"好中求好"决策原则，或称"大中取大"决策原则。这种决策原则充分考虑可能出现的最大利益，在各最大利益中选取最大者，将其对应的方案作为最优方案。

（2）悲观原则。悲观原则又叫"坏中求好"决策原则，或称"小中取大"原则。这种决策原则充分考虑可能出现的最坏情况，从每个方案的最坏结果中选择一个最佳值，将其对应的方案作为最优方案。

（3）乐观系数原则。乐观系数原则又叫折中原则，是对"坏中求好"和"好中求好"决策原则进行折中的一种决策原则。决策的标准是：各方案损益值=最大损益值×乐观系数＋最小损益值×（1－乐观系数），最后取其最大值对应的方案为佳。

（4）后悔值原则（遗憾原则）。后悔值原则也称"最小最大后悔值"原则。后悔值原则在思想方法上类似于悲观原则，不过，它不直接考虑损益值，而是从"后悔值"（即每种自然状态下最高收益值与其他收益之差）的角度考虑。

（5）等可能性原则。决策者对于状态信息毫无所知，所以对它们一视同仁，即认为它们出现的可能性大小相等。这样就可按风险型情况下的方法进行决策，即计算各方案的收益期望值，取其最大值对应方案为最佳决策。

10.2 决策支持系统

10.2.1 决策支持系统的定义

决策支持系统（decision support system，DSS）是以管理科学、运筹学、控制论和行为科学为基础，以计算机技术、仿真技术和信息技术为手段，面向半结构化和非结构化的决策问题，支持决策活动的，具有智能作用的人机交互式信息系统。它能为决策者提供决策所需要的数据、信息和背景资料，帮助明确决策目标和识别问题，建立或修改决策模型，提供各种可能方案，并对各种方案进行评价和优选，通过人机对话进行分析、比较和判断，为正确决策提供必要的支持。

一般认为，决策支持系统是在管理者应用数学模型解决组织环境中所面临的日常问题和决策的基础上发展起来的。计算机在管理中的应用已发展成为管理工作的重要组成部分，它不仅用于数据处理，而且成为辅助决策的有力工具。计算机能把生产、经营过程中的巨大数据流收集、组织起来，经过处理、分析，使它变为对各级管理人员决策具有重要意义的信息。只有现代电子计算机高速、准确的计算能力和存储能力，以及网络技术带来的信息共享性和高速传递性，才能为这些理论从定性到定量方面指导决策活动开辟新的局面。

计算机应用于决策制定过程，一般有三种不同的应用形式。如图 10.2 所示，第一种是自动决策系统，通常用于常规的结构化问题，由计算机自动进行决策；第二种是决策支持系统，通常为半结构化的常规性决策问题提供辅助支持；第三种是计算机分析工具，通常由技术专家在特殊的非结构化决策环境下使用，以帮助其对特殊问题进行专门的研究。狭义的决策支持系统一般指第二种应用形式，即为非技术专家的决策制定提供帮助，具有良好的人机界面，易操作，能够反复使用的系统。

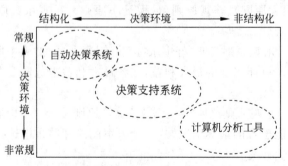

图 10.2 计算机在不同决策环境下的应用形式

上面这些关于决策支持系统的定义和观点都陈述了共同的主题：DSS 能支持进行非结构化或半结构化问题中的决策制定；决策目标是决策过程的最基本的元素；决策的管理控制取决于决策者，是决策制定者扩展能力的助手。

10.2.2 决策支持系统的核心组件

典型的决策支持系统由数据库子系统(data subsystem)、模型子系统(model subsystem)与人机界面(user system interface)三部分组成。这种结构是为达到决策支持系统目标的要求而形成的。为了提高模型库的灵活性,有学者提出了模型库算法的独立性原则,将算法从模型库中独立出来构成方法库(或算法库),从而将两库系统(数据库与模型库)扩展为三库系统(数据库、模型库与方法库)。20世纪90年代以后,在两库或三库系统的基础上,又有学者将专家系统(expert system)与决策支持系统结合,把知识库、数据仓库等引入决策支持系统架构中,形成了决策支持系统的五部件四库结构(如图10.3所示),以期通过专家知识或领域知识来辅助或自动建模。

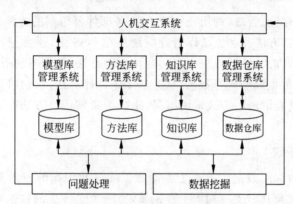

图 10.3 决策支持系统五部件四库结构

1. 数据库子系统

数据和信息是减少决策不确定因素的根本所在,管理者的决策活动离不开数据。因此,数据库子系统是 DSS 不可缺少的重要组成部分。这套数据库子系统能适应管理者广阔的业务范围,它不仅应能提供企业的内部数据,而且应能提供企业的外部数据。数据库子系统包括数据库和数据库管理系统,其主要负责一系列复杂的数据转换过程。数据仓库有被逐步引入 DSS 的趋势,尤其是一些大型的分析类 DSS 开始建立在数据仓库的基础上。

2. 模型库子系统

模型是以某种形式反映客观事物本质属性,揭示其运动规律的描述方法。决策支持模型体现了管理者解决问题的途径。随着管理者对问题认识程度的变化,他们使用的模型也必然会产生相应的变化。模型库子系统应能在不同的条件下,通过模型来实现对问题的动态描述,以便搜索或选择令人满意的解。

管理科学常用的模型包括规范化模型和描述性模型。规范化模型主要指能构造出问题的数学模型,如线性规划、动态规划等。描述性模型一般无明确的解决方法,也不能构造出规范化模型,需要用户在与 DSS 反复对话的过程中逐渐得到结果;可根据决策者的主观判断将问题分解,将结果综合得出自己的结论。模型库是模型库子系统的核心部件,用于存储决策模型。若将模型库比作一个成品库,则该仓库中存放的是"成品的零部件和框架"，而模型字典即是这些"零部件和框架"的描述，说明它们的功能、用途和使用事项等。从理论上讲，利用模型库中的"零部件和框架"可以构造出任意形式且数量无穷多的模型，以解决任何所能表述的问题。

模型库子系统与对话子系统交互作用，可使用户控制对模型的操作、处置和使用；它与数据库子系统交互作用，以便提供各种模型所需要的数据，实现模型输入、输出和中间结果存取自动化；它与方法库子系统交互作用，实行目标搜索、灵敏度分析和仿真运行自动化等。模型库系统的主要作用是通过人机交互语言，使决策者能够方便地利用模型库中的各种模型支持决策，引导决策者应用建模语言和自己熟悉的专业语言建立、修改和运行模型。

3. 方法库子系统

方法库子系统存储、管理、调用及维护 DSS 各部件要用到的各种方法，如通用算法、标准函数等。它包括方法库和方法库管理系统。在 DSS 中，通常把决策过程中的常用方法，如基本的数学方法、统计方法、优化方法、预测方法、计划方法等，作为子程序存入方法库中。DSS 从数据库中选择数据，从方法库中选择算法，然后将数据和算法结合起来进行计算，并以直观清晰的方式输出结果，供决策者使用。方法库管理系统对标准方法进行维护和调用。

4. 知识库子系统

知识库，又称为智能数据库或人工智能数据库。知识库的概念来自两个不同的领域，一个是人工智能及其分支—知识工程领域，另一个是传统的数据库领域。人工智能（AI）和数据库（DB）两项计算机技术的有机结合，促成了知识库系统的产生和发展。知识库是具有智能性的基于知识的系统（或专家系统）。并不是所有具有智能的程序都拥有知识库；只有基于知识的系统才拥有知识库。现在许多应用程序都利用知识，其中有的还达到了很高的水平，但是，这些应用程序可能并不是基于知识的系统，它们也不拥有知识库。

5. 人机交互系统

人机交互系统是决策支持系统的人机接口界面，它负责接受和检验用户的请求，协调数据库子系统、模型库子系统和方法库子系统之间的通信，为决策者提供信息搜集、问题识别以及模型构造、使用、改进、分析和计算功能。人机对话子系统的好坏标志着 DSS 的使用水平高低。

10.2.3 决策支持系统与运筹学的关系

决策技术是管理科学的重要组成部分，是经验决策向科学决策发展的必然，也是决策支持系统的理论基础。管理科学处理结构化问题时使用的观点和方法广泛应用于信息系统，特别在处理结构性很强的局部问题时，管理科学具有相当成功的方法。但是，管理科学注重结构上的规范和形式上的构造模式，因此处理半结构或非结构化的决策问题没有现成的数学模型可用，必须借用其他的方法。运筹学是一种适用于系统运行的方法和工具，它是一种科学方法，能对运行管理人员的问题提供最合适的解答。运筹学通过建立问题模型，运用大量的数学方法，强调用定量的方法寻找最优策略。运筹学中的许多模型是决策支持系统中常用的模型,如预测模型、决策模型、竞争模型、分配模型、库存模型、排队模型、运输模型、规划模型、模拟模型等。

模型辅助决策是运筹学和决策支持系统的共同基础。由于运筹学的发展,模型辅助决策已经成为处理结构化决策问题的成功方法。运筹学处理问题的基本过程分为4个步骤:调研、建模、优化和评价。运筹学的建模步骤是相当成功的,但是对于模型的选择以及多模型组合形成多个方案已经超出了运筹学的范围,而这正是决策支持系统的工作。决策支持系统与运筹学比较,具有如下特点。

- 决策支持系统将数据和模型通过接口组成一个系统。
- 决策支持系统需要经过模型的选择和多模型的组合,形成多个方案。
- 决策支持系统通过人机交互支持半结构化问题的决策。
- 决策支持系统方便用户的使用,适应用户的不同需求。

10.2.4　决策支持系统与管理信息系统的关系

DSS 是在 MIS 的基础上发展起来的。它们都以数据库系统为基础,都需要进行数据处理,也都能在不同程度上为用户提供辅助决策信息。DSS 与 MIS 既有紧密的联系,也有本质的区别。

1. DSS 与 MIS 的联系

DSS 与 MIS 各自以不同的方式为解决性质不同的管理问题提供信息服务。

- MIS 收集、存储及提供的大量基础信息是 DSS 工作的基础,而 DSS 使 MIS 提供的信息在深层次上发挥更大的作用。
- MIS 需要担负起收集、反馈信息的作用,支持 DSS 执行结果的验证和分析。
- DSS 经过反复使用,逐步明确新的数据模式与问题模式,逐步实现结构化,并纳入 MIS 的工作范围。
- DSS 是 MIS 的发展,是管理信息系统向纵深发展的一个阶段。

2. DSS 与 MIS 的区别

1) 层次不同

DSS 面向决策支持,着重考虑如何根据决策问题的需要,为决策者提供有价值的信息。因此在设计上,DSS 强调充分发挥人的经验、智慧、创造力,使系统设计有利于个人或组织决策行为的改善。MIS 面向信息处理,着重考虑如何完成例行业务活动中的信息处理活动,因此在设计上,强调系统的客观性,使系统设计符合组织的实际情况。

2) 目标不同

DSS 追求的目标是高效能(有效性),即决策的正确性,尽量把事情做得好一些,提高决策的能力和效果,实现一个具有巨大发展潜力的、适应性强的开放系统;而 MIS 追求的目标是高效益(效率),即快速查询和产生报表,尽量把事情办得快一些,以提高管理水平,实现一个相对稳定协调的工作系统。

3) 驱动类型不同

MIS 以数据库系统为基础,其设计方法是以数据驱动的,以数据库设计为中心,强调线性的、结构化的设计方法。DSS 的设计方法既有模型驱动的,也有数据驱动的,不论哪一种驱动类型,都重视决策模型的研究与模型、知识的使用,侧重采用以用户参加为主的、非线性的、自适应的设计方法。

4)系统构成不同

DSS 通常由数据库系统、模型库系统、知识库系统和人机对话系统组成。MIS 通常由数据库系统和人机对话系统组成。

5)解决问题的类型不同

MIS 支持的是结构化决策,这类决策是已知的、可预见的,而且是经常的、重复发生的,人工干预日趋减少;DSS 支持的是半结构化决策,这类决策既复杂又无法准确描述处理原则且涉及大量计算。DSS 以人机对话作为系统工作的主要方式,既要应用计算机又要用户干预,才能取得满意结果的决策。

DSS 与 MIS 的主要区别是设计思想和工作对象的差别。MIS 是面向管理的信息系统,DSS 则是面向决策的信息系统。它们体现了人们对信息处理工作逐步深入的认识过程,分别代表了信息系统发展过程中的某一阶段,有各自的地位和作用。至今它们仍沿各自的轨道发展着,有些功能相互交叉,但相互不能代替。

10.3 决策支持系统结构分类

计算机技术的发展使得实现决策支持的方法和手段也越来越先进,可采用不同的方法来达到决策支持的目的。不同功能和特色的决策支持系统有不同的系统结构。尽管 DSS 在形态上五花八门,但它们在结构上有一个基本特征——集成性。对不同形态的 DSS 进行分解时又会发现,DSS 包括几个特性十分明显的基本模块。这些模块通过不同组合和集成方式构成了不同形式的 DSS。

10.3.1 决策支持系统结构

1. 三系统结构

决策支持系统的三系统结构由语言系统、知识系统和问题处理系统三部分组成,如图 10.4 所示。"三系统"结构统一了对知识的认识,将数据、模型、规则看作知识的不同表现形式,符合 DSS 智能化发展的趋势。语言系统负责将现实当中的问题转换成计算机能够识别的符号,例如将实践当中的一个最优化的问题转化为统一的数学表达式,计算机可以识别这类数学表达式。问题处理系统负责求解数学问题。知识系统包含求解问题涉及的方法、规则,即求解数学问题的模型、方法、公式等。

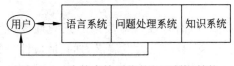

图 10.4　决策支持系统的"三系统"结构

1)语言系统

提供给决策者的所有语言能力的总和称为语言系统。一个语言系统既包含检索语言(由用户或模型检索数据所用的语言),也包含计算机语言(由用户操纵模型计算所用的语言）。决策用户利用语言系统的语句、命令、表达式等描述决策问题，并编制程序在计算机上运行，以得出辅助决策信息。

2）知识系统

知识系统包含问题领域中的大量事实和相关知识。最基本的知识系统由数据文件或数据库组成。数据库的一条记录表示一个事实，按一定的组织方式进行存储。更广泛意义上的知识是对问题领域的规律性描述，用定量方式表示为数学模型。数学模型一般用方程、方法等形式描述客观规律性。这种形式的知识可以称为过程性知识。随着人工智能技术的发展，问题领域的规律性知识可以用定性方式描述，一般表现为产生式规则[1]。除了数理逻辑中的公式、微积分公式等精确知识外，一般表现为经验性知识，它们是非精确知识。利用这些知识，可以显著提高解决问题的能力。

3）问题处理系统

问题处理系统针对实际问题，提出问题处理的方法、途径；利用语言系统对问题进行形式化描述，写出问题求解过程，利用知识系统提供的知识进行实际问题求解；最后得出问题的解答，并产生辅助决策所需的信息，以支持决策。

2. 扩展的 DSS 六系统结构

有学者对 DSS 三系统结构进行了扩展，提出了决策支持系统的通用结构，即语言系统、展现系统、知识系统和问题处理系统。这些系统确定了决策支持系统的功能和行为，将原先三系统结构中的语言系统细分成语言系统（负责输入信息）和展现系统（负责输出系统），使决策支持系统的分析、设计和构造更具有可操作性。

决策支持系统的核心是决策资源和问题处理，而问题处理的模式，如协作模式和单机模式，同样会对决策支持效果产生很大的影响。目前网络系统的普及和协作需求的持续增加也对决策支持系统的结构提出了新的挑战。上述结构还不能够反映这方面的需求，为此，国防科技大学的谭跃进等提出了决策支持系统扩展的六系统结构概念模型，如图 10.5 所示。该"六系统"结构为通用的决策支持系统，除了原"三系统"的问题处理系统和语言系统外，用户系统起到了决策问题的发起、资源输入、控制和结果的输出等作用。决策资源系统包含了各种处理问题的方法与工具，起到"工具箱"的作用。协作系统协助进行问题的处理、资源的调用。同一个决策问题可能需要使用不同的方法处理，协作系统就将该问题分解，调用相应的资源，进行相应的处理。最后通过展示系统将信息输出给用户。

相比于其他结构，特别是三系统结构，六系统结构体现了以下三个特点。

1）用户成为决策支持系统的一部分

在六系统结构中，用户也作为一个"系统"出现，是决策支持系统中不可分割的一部分。决策支持功能的实现很大程度上依赖于用户的参与。用户的主要职责是参与决策制定的全过程，开发面向问题的决策支持功能，维护决策资源，控制决策协作过程以及进行资源的输入等。

1　产生式规则是一种具有关联关系的知识表示形式。每条规则由左、右两部分组成，左部是条件，右部是结论或所要完成的动作，可以进行正向或反向推理。

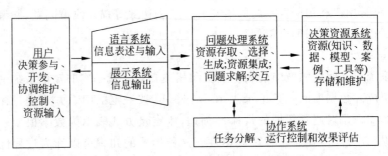

图 10.5   决策支持系统扩展的"六系统"结构

2）"决策资源系统"取代"知识系统"

按照 DSS 三系统结构，数据、模型、规则统一归为知识系统。但是，由于 DSS 中的"知识"概念易于与专家系统、数据挖掘等领域中的"知识"概念混淆，因此，在这里以"决策资源"代替"知识"。事实上，决策资源不仅包括数据、模型和规则，也包括用于决策支持的其他信息资源，如决策工具和决策案例等。值得一提的是，这里的"决策资源系统"并不意味着所有的资源是统一模式和通过统一的接口进行管理，而是取决于系统实现的策略和机制，可根据决策支持系统建设的背景、规模决定是分别建立模型库、数据库、知识库以及案例库，还是建立统一的广义资源管理系统。

3）突出了协作系统

协作是现代决策支持系统的发展潮流，也是决策支持的主要模式。随着网络技术的发展，这种趋势和需求越来越明显。这里的协作系统负责对单个问题处理系统进行任务分解、运行控制和效果评估，以支持多个问题处理系统进行协作，解决决策问题。同时，"协作"也会影响决策支持系统中决策资源的管理模式。

决策支持系统的六系统结构提供了讨论决策支持系统的共同基础，同时也可以此为依据区分不同的决策支持系统。不同的系统侧重点往往对应着不同类型的决策支持系统，换言之，许多特定的决策支持系统都是六系统结构的一个案例，体现出不同的决策功能特色。不同系统的功能特点差异也就成为了决策支持系统进行分类的标准。

"六系统"结构明晰了 DSS 的问题处理模式和逻辑，不同于 10.2.2 节的五部件四库结构。五部件四库结构是在管理信息系统的基础上增加模型部件，但部件之间的协作关系以及人机交互过程很模糊。"六系统"结构突出了问题处理系统的重要性；明确了语言系统在人机交互中的作用，即，人机交互要通过语言系统来完成，决策问题的形式化也要用语言系统来描述；统一了对知识的看法，将数据、模型、规则看成知识的不同表现形式，为决策支持系统向智能方面发展指出了宏观方向。

10.3.2   模型驱动的决策支持系统

模型驱动的决策支持系统运用各种数学决策模型帮助制定决策。系统强调对大量的模型进行访问和操纵，而模型库及其管理系统则成为决策支持系统中最主要的功能部件。模型驱动的决策支持系统通常不是数据密集型的，也就是说，通常不需要很大规模的数据库。模型驱动的决策支持系统的早期版本称为面向计算的决策支持系统。这类系统有时也称为面向模型或基于模型的决策支持系统。

　　早期的很多决策支持系统基本上都是模型驱动的决策支持系统。模型驱动的决策支持系统强调对于经济、优化以及仿真的各种模型的访问和操作,这些定量的模型为这类决策支持系统提供了基础计算功能,一般不需要大量的数据访问,而是为用户提供可选择的参数和数据集合,辅助用户完成对当前态势的分析。这类决策支持系统也称为面向模型的决策支持系统(model-oriented DSS)、面向计算的决策支持系统(computationally-oriented DSS)、面向求解器的决策支持系统(solver-oriented DSS)等。按照上述 DSS 六系统结构,模型驱动的决策支持系统结构如图 10.6 所示。该系统是在图 10.5 通用的决策支持系统基础上,针对解决数学模型的问题而发展出的系统结构。

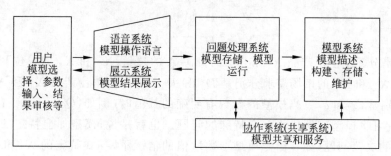

图 10.6　模型驱动的决策支持系统结构

　　模型驱动的决策支持系统的一个重要特点是都至少包含一个模型。模型是协助管理者解决问题或做出决定的有效工具。模型驱动决策支持系统的目的是为决策者提供有用的决策模型,用以分析和解决复杂问题。例如,运输公司在很大程度上依赖于可提高客户封装效率的车辆路径模型。车辆路径决策支持系统是一种典型的模型驱动的决策支持系统。这些使用经济、优化等定量模型的模型驱动决策支持具有令人鼓舞的应用前景,但是也面临很多挑战性问题。随着计算机化的定量模型变得越来越多,如何有效管理和集成多准则决策模型、优化模型以及仿真模型以支持复杂的决策问题的求解,相关需求变得越来越急迫。

　　模型驱动的决策支持系统旨在利用模型、数据和用户界面来帮助决策者解决问题。这种决策支持系统使用的大多是数学模型,它有目标输出集、输入集和从输入转换到输出的操作。数学模型用变量的方式描述问题元素,这些元素是评估决策方案效果时必须要考虑的。决策支持的数学模型结构如图 10.7 所示。

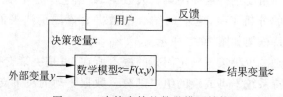

图 10.7　决策支持的数学模型结构

该图中:

(1) 决策变量(输入)x,由用户控制。

(2) 外部变量(输入)y,不由用户控制的参数(如由环境和问题的内容决定)。

（3）结果变量（输出）z，用于衡量投入使用的后果。

（4）输入 x、y 和结果 z 的关系如公式 $F(x,y)$。

决策支持系统的目的是支持用户确定变量 x 的取值，以得到问题的最优或者至少较优的解决方案。下面以利润最大化问题为例来说明模型驱动的决策问题。

寻找包含某个资源 A 的两种产品组合，其最佳解决方案的线性规划模型表示如下。

目标函数：

$$\text{Profit} = p_1 X_1 + p_2 X_2 \tag{10.1}$$

约束条件为

$$\alpha_1 X_1 + \alpha_2 X_2 \leqslant Q_a \tag{10.2}$$

$$X_1 \leqslant D_1 \tag{10.3}$$

$$X_2 \leqslant D_2 \tag{10.4}$$

式中，Q_a 是分配给生产产品 X_1 和 X_2 的资源 A 的总量，X_1 和 X_2 的单位利润分别是 p_1 和 p_2，X_1 和 X_2 的市场需求分别是 D_1 和 D_2；生产的单位产品 X_1 和 X_2 所需 A 的数量分别是 α_1 和 α_2。当模型的参数有明确的数值时（例如，Q_a、p_1、p_2、D_1、D_2、α_1 和 α_2），就可将模型实例化为一个特殊的问题。也就是说，模型加上特定的数据集就是要解决的决策问题，如在给定模型参数取值的情况下，寻找特定的 X_1 和 X_2，以获得最大利润。可以解决所述问题的算法称为求解器，它是解决一类问题的数据分析过程。

10.3.3 数据驱动的决策支持系统

数据是决策支持系统的基础。在 20 世纪 80 年代，决策支持系统的研究以模型和知识为核心，数据在其中起到辅助的作用。随着数据仓库的发展，联机分析处理随之迅猛发展。数据仓库侧重于存储和管理面向决策主题的数据，而联机分析处理则侧重于分析数据仓库中的数据，将其转换成辅助决策信息。将数据仓库和联机分析处理相结合建立的辅助决策系统是决策支持系统的新形式。数据仓库发展起来以后，为了提高数据仓库的决策支持能力，将数据挖掘纳入数据仓库的分析工具中。数据挖掘为数据仓库挖掘出有价值的知识，提高了数据仓库的决策支持能力。数据仓库、联机分析处理、数据挖掘的结合已经形成了新的决策支持方向，用它们建立的辅助决策系统是数据驱动的决策支持系统，独立于传统的以模型和知识为核心的决策支持系统。系统的组成要素各自从不同的角度进行辅助决策。大数据、数据仓库是基础，联机分析处理和数据挖掘是两类不同的分析工具，它们的结合使数据仓库辅助决策能力达到更高层次。数据驱动的决策支持框架如图 10.8 所示。

数据的准确性是减少决策不确定因素的根本所在，也是决策支持系统的基础，因此数据资源是决策支持系统不可或缺的组成部分。数据驱动的决策支持系统访问组织内部和外部的时序数据，进行数据分析以辅助完成决策制定。简单的文件查询和检索是此类系统最基本的功能。而作为高级功能阶段的数据仓库系统主要针对特定的任务和背景，提供特殊的数据处理功能。提供联机分析处理功能的决策支持系统能够根据大量的历史数据得到数据之间的关联，而提供数据挖掘功能的决策支持系统还能够挖掘海量数据之间的规则，对数据进行预测。数据驱动的决策支持系统也称为面向数据的

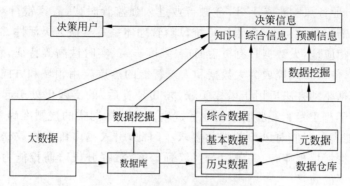

图 10.8 数据驱动的决策支持框架

决策支持系统,下分为分析信息系统和检索型决策支持系统。数据驱动的决策支持系统的结构如图 10.9 所示。该系统是在图 10.5 所示的通用决策支持系统的基础上,依赖于大量历史数据开展决策的系统结构,其核心是数据的挖掘、数据库的建立、维护等。

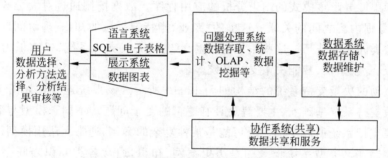

图 10.9 数据驱动的决策支持系统结构

数据驱动的决策支持系统与模型驱动的决策支持系统是不同的。模型驱动的决策支持系统采用的模型较为复杂,且对最终的决策发挥着更为关键的作用。数据仓库和联机分析处理的出现拓展了数据驱动的决策支持系统的外延,在商业领域得到了极大的推广。例如,宝洁公司建立决策支持系统分析零售数据,采用基于事实的支持系统,以改善商业决策。到 1995 年,沃尔玛的数据驱动决策支持系统已拥有超过 5TB 的在线数据。美团作为国内领先的生活服务电子商务平台,服务涵盖餐饮、外卖、生鲜零售、打车、酒店旅游、电影等 200 多个品类,业务覆盖全国 2800 个县区市。面对如此庞大的市场,美团要想保持其领头羊位置,用户的喜好分析对其决策有着重大的意义。美团通过数据筛选查看各个服务品类,通过用户评论、成交量进行统计分析,为决策者提供数据参考。

随着大数据以及数据采集、存储、分析等技术的快速发展,很多企业都在尽可能充分利用数据来获取竞争优势。大数据带来了企业商务管理和决策范式的根本转变,这个转变的核心思想是数据驱动的决策,其概念表现为公司的管理决策尽可能基于数据和数据分析,而非依赖业务人员的直觉和经验,风险控制领域亦是如此。

数据驱动的决策支持系统在银行风险控制中有着广泛应用。银行风险管理体系建设的目的在于保持资产质量稳定,将风险抵补能力始终控制在合理水平。在当前经济大环境下,银行业务风险水平上升,金融行业进入强监管时代,各家银行对提升自身风险防控能力的需求日益迫切,而银行传统风险管理体系具有缺乏灵活性、防控手段较为落后等弊端。相应地,大数据具有覆盖面广、维度丰富、实时性高等特征,人工智能技术正在飞速发展,使银行风控成为大数据和人工智能的热点应用领域和方向。目前,传统中小银行将数据驱动方法应用于风控领域(尤其是贷后)的实践仍处于起步阶段,绝大多数还是依赖于基于专家经验制定的业务规则。这些撒网式的规则准确率和召回率都不理想,尚不能满足我们对风险防控的要求。因此,引入更多维度的数据,利用机器学习算法挖掘数据深层规律,对完善银行风险预警系统,提升风险防控能力,降低风险损失有着非常重要的意义。

10.3.4 知识驱动的决策支持系统

知识驱动的决策支持系统可以就采取何种行动向管理者提出建议或推荐。这类决策支持系统是具有解决问题的专门知识的人-机系统。"专门知识"包括理解特定领域问题的"知识",以及解决这些问题的"技能"。与之相关的一个概念是数据挖掘——一类在数据库中搜寻隐藏模式的用于分析的应用程序。数据挖掘通过对大量数据进行筛选,以产生数据内容之间的关联。这里的"专业"指特定领域的知识、理解问题域的能力以及解决这类问题的技巧。这些系统也被称为建议决策支持系统、以知识为基础的决策支持系统、专家系统、智能决策支持系统等。

知识驱动的决策支持系统的结构如图 10.10 所示。该系统建立在如图 10.5 所示的通用决策支持系统基础上,主要解决具有逻辑的复杂问题。不同于模型与数据,知识驱动的决策支持系统所解决的问题可能是某种复杂的案例,通常无法用模型、数据简单地表示和存储。该类型系统记录的是历史案例、知识,通常各类知识之间存在逻辑关系。例如,A 知识产生了 B 知识,C 知识产生了 D 知识,那么在解决涉及 B 知识和 D 知识的问题时,可以通过 A、C 知识的逻辑推理,由系统给出建议方案。

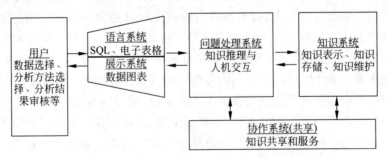

图 10.10 知识驱动的决策支持系统结构

知识驱动的决策支持系统以知识采集、加工、组织和推理为核心,在解决决策问题的过程中引入了专家系统、神经网络、数据挖掘、自然语言理解等人工智能的相关技术,因此也称为智能决策支持系统(IDSS)。知识驱动的决策支持系统是在传统的三部件结构的决策支持系统上增加知识部件形成的。知识驱动的决策支持系统能够更充分地利用人类的知识,如关于决策问题的描述性知识,决策过程中的过程性知识,求解问题的推理性知识等,通过逻辑推理来帮助解决复杂的决策问题。

知识驱动的决策支持系统的运行过程包括以下三个步骤：

* 用户通过问题综合与交互系统输入要解决的决策问题。接着，问题综合与交互系统开始收集数据信息，并根据知识库中已有的知识判断和识别问题。如果出现问题，再与用户进行交互对话，反复这个过程直到问题得到明确。
* 系统根据问题的特征构造解决问题的途径。如果问题的一部分可以定量地计算，则调用模型库管理系统(见图10.6)搜寻与问题相关的数据和模型，进行模型的组合计算，完成定量的辅助计算；如果问题的一部分需要通过定性知识解决，则调用知识库管理系统，通过推理机对知识库中的相关知识进行推理，完成定性的知识推理。
* 在问题解决的全过程中，系统能够辅助启发和引导决策者进行难度较大或无从下手的问题的决策求解，实现决策者、专家知识和模型的综合集成。决策支持系统最终提供问题的解决方案和评估结果，通过问题综合与交互系统提交给用户。

近年来，专家系统技术结合关系数据库，并采用基于 Web 的前端系统，已经成为知识驱动的决策支持系统主流使用模式。比如在金融服务行业中，当用户申请一张新的信用卡时，银行的评分模型会自动处理用户的信用记录、贷款申请和购买数据，以确定未来按时还款的可能性。电信公司则通过预测分析，确定哪些客户是最赚钱的，哪些客户最有可能流失，哪些新的服务和计划最有可能留住客户。

10.3.5　协作驱动的决策支持系统

社会经济的高速发展使得许多决策问题变得越来越复杂，而每一个人对客观世界的观察、认识和理解总是与个人的文化背景、知识结构、社会地位及能力等因素密切相关。各种制约因素使得个体对客观世界的认识不可避免地带有很大的局限性，因此由单个人决策重大问题将是十分危险的。要克服个人认识上的盲区，减少对决策可能产生的不利影响，提高决策水平，就需要邀请多人参与决策过程。这种由多人组成的群体所进行的决策称为群决策。不同的人对客观世界的认识总是有差异的，多人的相互作用可以显著缩小对客体认识的盲区。因此，群体决策能够增加决策的科学性。

人们从不同角度对群体决策进行定义和解释。

从领导科学角度来看，群体决策是指由领导群体按照一定的原则、体制和工作程序，共同讨论解决涉及全局的重大问题。

从控制角度来看，群体决策是负责信息、智囊、执行、监督、反馈等各职能的群体成员都参与决策，并发挥相互联系和制约的作用。

从系统工程角度来看，方案、状态和损益值是群体决策的基本因素。决策分析就是研究这三者的数量关系和性质，根据某种准则进行综合分析，以期在重重矛盾中确定最佳选择。

从多目标决策角度来看，群体决策往往是多目标决策，存在着若干相互矛盾的目标。也就是说，目标函数不是单目标函数，而常常是多目标函数，经常是一个目标达到最优状态，另外的目标达不到最优状态。每个目标都达到最优状态的多目标函数几乎是不存在的。因此在决策过程中经常是逐步寻优，或者寻求满意决策而非最优决策。

从组织行为角度来看，群体决策应引导群体有效工作。换言之，应把决策成员看作向量,尽可能减少偏离目标方向的分量或改变其方向,强化目标方向分量。因此,应提供一个结构化的控制决策过程的框架,即确定方案的评价指标、选择合适的偏好评价算法,搜索最终解或折中方案。

协作驱动的决策支持系统是一种特殊类型的决策支持系统。协作驱动的决策支持系统使两个或更多的实体(人或者计算机程序)相互沟通,共享信息并协调活动。这类决策支持系统强调决策支持过程中部件之间的通信和协作。公告板或者电子邮件就是其最简单的功能。

协作驱动的决策支持系统软件至少有以下特征之一:①支持决策群组中人与人之间的沟通。②支持信息共享。③支持群组中人的合作(不同群组之间)与协调(群组内部)。④支持群体决策任务的求解。协作驱动的决策支持系统的结构如图 10.11 所示。

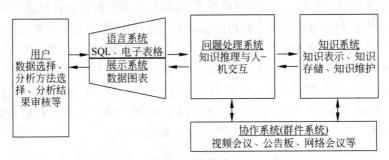

图 10.11　协作驱动的决策支持系统结构

协作驱动的决策支持系统主要突出协作系统的地位和作用。协作驱动的决策支持系统的基础环境是群件。群件即帮助群组协同工作的软件,对于问题处理系统的支持主要包括提供分布式问题求解的模式和支持环境。群件的目的是支持和增强群体活动,它是一种比协作计算更广泛的概念,是软件和硬件共享互动的环境。典型的群件有视频会议、公告板、网络会议、文件共享以及电子邮件等。

群决策支持系统(group decision support system,GDSS)是一种典型的协作驱动的决策支持系统,是一种多种决策支持系统的混合体。它允许多个用户借助各自的决策支持系统使用群件进行协作解决决策问题,其前提是多个用户有自己的本地决策支持系统。协作驱动的决策支持系统的难点在于群体过程、群体认知、多用户接口、并发控制、群体协调、信息共享空间等。协作驱动的决策支持系统通常分为同步(同一时间使用)和异步(不同时间)、集中(同一个地方面对面)和分布(不同地方)几种方式。

10.4　人工智能及应用

人们一向把计算机当作只能极快地、准确地进行数值运算的机器。但是在当今世界,要解决的问题并不完全是数值计算。像语言的理解和翻译、图形和声音的识别、决策管理等,都不属于数值计算的范畴。特别是使用医疗诊断系统时,要由具备专业经验和知识的医师做出正确的判断。这就要求计算机能从“数据处理”扩展到“知识处理”的范畴。计算机能力范畴的转化是导致“人工智能”快速发展的重要因素。

10.4.1　人工智能的概念

人类的自然智能伴随着人类活动无处不在、无时不在。人类的许多活动,如解题、下棋、猜谜、写作、编制计划和编程,甚至驾车、骑车等,都需要智能。如果机器能够完成任务的一部分,那么就可认为机器已经具有某种程度的"人工智能"。人工智能的英文是 artificial intelligence(AI),字面意思是智能的人工制品。它是研究如何将人的智能转化为机器智能,或者是用机器来模拟或实现人的智能的一门学科。为了理解人工智能,我们需要知道哪些能力是机器具备智能的标志,如下所述。

- 从经验中学习或者理解。
- 从模糊或相互矛盾的消息中产生意识。
- 面对新情况快速且成功地做出反应。
- 有效地使用推理解决问题。
- 在复杂情况下处理问题。
- 以理性的方式理解和推断。
- 将知识应用于操作环境。
- 思维和推理。
- 识别不同元素的相对重要性。

阿兰·图灵(Alan M. Turing)设计了一个有趣的测试,以确定计算机是否可以表现智能行为,这个测试被称为"图灵测试"。根据这个测试,测试者与一个看不见的人和一台计算机交谈,当测试者不能识别对方是电脑还是人的时候,就可以认为那台机器达到了人类的智能水平。

人工智能的应用领域极广。人工智能应用的主要分支包括专家系统、自然语言处理、机器人和感觉系统、计算机视觉和场景识别、智能计算机辅助教学、自动化编程和神经计算等,另外还包括模糊逻辑、遗传算法、智能软件代理等。这些应用建立在许多学科和技术的基础之上,包括计算科学、哲学、电子工程、管理科学、心理学和语言学等。下面以专家系统和遗传算法为例进行阐述。

10.4.2　专家系统

专家系统(expert system,ES)是人工智能研究中最重要的分支之一,它实现了人工智能从理论研究走向实际应用、从对一般思维方法的探讨转入运用专门知识求解专门问题的重大突破。

1. 专家系统定义

专家系统是一个拥有大量专门知识与经验的程序系统。它应用人工智能技术,根据某个领域的多个人类专家提供的专门知识和经验进行推理和判断,模拟人类专家的决策过程,以解决只有专家才能够解决的复杂问题。专家系统的出现使人工智能进入了实用化阶段。专家系统利用专家的知识,特别是经验知识,经过推理得出辅助决策结论。因为专家知识主要是不精确的定性知识,所以,专家系统辅助决策的方式属于定性分析,区别于定量方式辅助决策的决策支持系统。

目前,用产生式规则知识形式建立的专家系统是最广泛和最流行的。主要原因如下。

- 产生式规则知识的表示形式容易被人理解。
- 产生式规则是基于演绎推理的,因而保证了推理结果的正确性。
- 大量产生式规则所连成的推理树(知识树),可以是多棵树。从树的宽度看,反映了实际问题的范围;从树的深度看,反映了问题的难度。基于产生式规则的推理树对领域知识的表达不仅不限问题领域,而且可以通过规则解决复杂的问题。这使专家系统适应各种实际问题的能力很强。

下面以"红绿灯专家系统"为例介绍专家系统的规则(如图 10.12 所示)。红绿灯的通行规则共 5 条:十字路口亮起绿色交通灯时,继续前行。如果红灯亮了,就要停下来。如果不停下,车流从两边驶来,就有可能发生交通事故。同样,如果黄灯亮了,在灯变红之前,有一定的可能能通过十字路口。如果不能,就会再一次遇到撞车的危险。

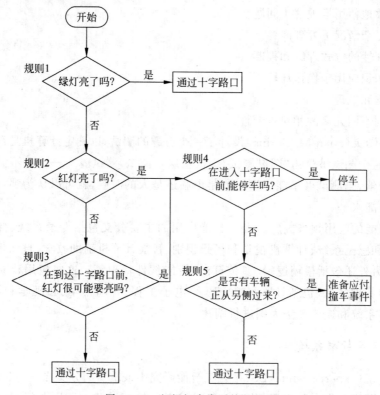

图 10.12　红绿灯专家系统的规则

专家系统中的规则是人的经验的汇集,因而存在先天的缺陷,其解也未必正确。对于复杂系统,专家系统作为一种表达知识的方法,很难表达其特性,解就更难。专家系统的维护很不容易,尤其对于快速发展的医学和信息领域,有时一年就要改变 30% 的规则。但上述所有问题并不妨碍专家系统在相对较窄的知识范围和一些定义完善的领域获得成功应用。

2. 专家系统结构

专家系统将专家的知识转换成计算机的知识库,并与问题形成对应,通过人-机交互解决用户问题,其结构如图 10.13 所示。

专家系统的核心是知识库和推理机。知识获取过程把专家的知识按一定的表示形式输入到专家系统的知识库中。知识工程师将专家的知识翻译和整理成计算机中专家系统需要的知识。人机接口将用户的咨询和专家系统提出的建议、结论进行人机间的翻译和转换。

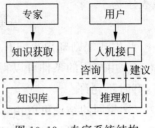

图 10.13 专家系统结构

专家系统可以概括为

$$专家系统 = 知识库 + 推理机$$

其中知识库是数百或数千条规则的集合。推理引擎是用于遍历知识库的策略。

3. 专家系统与决策支持系统的区别与联系

决策支持系统和专家系统处于不同的学科范畴,有着不同的解决问题的方法。决策支持系统主要运用数据和模型,专家系统主要运用知识和推理。

有关决策支持系统与专家系统的关系,主要看法如下。

- 运筹学的发展使决策更加科学化,在决策过程中同时使用模型与数据。决策支持系统为了强调数据与模型的有机结合、方便用户,引入了人工智能思想和技术,而专家系统则抽取专家的知识并加入组织,以提供专家水平的咨询。
- 决策支持系统强调在大范围内支持决策者工作,可按照人的思维规律引导用户解决问题,而不是侧重于将某一专门领域的知识装入知识库自动工作。决策支持系统强调的是通用型。专家系统是专业的,它强调在某个较窄范围内代替决策者工作。
- 管理领域问题复杂多变,决策支持系统不可能将解决问题的过程完全自动化,在解决问题的过程中对某些不能解决的仍需要人脑解决,人机是密切配合的;而专家系统除了要求用户回答问题、提供必要数据外,基本是自动独立工作的。可以说,使用专家系统的用户可以不是专家,但通过使用该系统能获得专家级的水平。使用决策支持系统的用户应该是专家,通过使用该系统获得支持,做出正确的决策。
- 对于涉及范围比较窄的问题,决策支持系统有可能模拟决策者的思维过程自动解答,决策者只在最后决定时起作用,这时可以说,决策支持系统与专家系统是类同的。

专家系统的决策支持功能在于利用专家的知识资源进行推理,达到专家解决实际问题的水平。知识推理是人工智能的主要技术,以定性方式辅助决策。专家系统是目前人工智能领域中最具有应用价值的技术之一。专家系统具有以下特点。

- 用定性方式辅助决策。
- 使用知识和推理机制。
- 知识获取比较困难。
- 知识包括确定知识和经验知识。
- 解决问题的能力受知识库内容的限制。

4. 知识库与推理机

1) 产生式规则

产生式规则知识一般表示为

$$\text{if } A \text{ then } B$$

或表示为

如果 A 成立则 B 成立,简化为 $A \rightarrow B$

产生式规则知识允许有如下特点:

① 由相同的条件可以得出不同的结论,如 $A \rightarrow B$,$A \rightarrow C$。说明:这种情况有时允许,有时不允许。

② 相同的结论可以由不同的条件得到,如 $A \rightarrow G$,$B \rightarrow G$。

③ 条件之间可以是"与"(and)连接和"或"(or)连接,逻辑符号分别为"$\wedge$"和"$\vee$"。如 $A \vee B \rightarrow G$(相当于 $A \rightarrow G$,$B \rightarrow G$)。

④ 一条规则中的结论,可以是另一条规则中的条件,如 $F \wedge B \rightarrow Z$,$C \wedge D \rightarrow F$。其中,F 在前一条规则中是条件,在后一条规则中是结论。

由于以上特点,产生式规则知识集能做到以下两点:①能描述和解决各种不同的、灵活的实际问题。②能把规则知识集中的所有规则连成一棵"与或"推理树(知识树),即在这些规则之间形成关联。

2) 推理树

规则库中的各条规则之间一般都是有联系的,即某条规则中的前提是另外一条规则中的结论。按逆向推理思想把知识库所含的总目标(它是某些规则的结论)作为根结点,按规则的前提和结论展开成一棵树的形式。这棵树一般称为推理树或知识树,它把知识库中的所有规则都连接起来。由于连接时有"与"关系和"或"关系,构成了"与或"推理树。

下面将一个例子用示意图形式画出。该推理树是逆向推理树,是以目标节点为根节点展开的。例如,若有知识库为

$$A \vee (B \wedge C) \rightarrow G$$
$$(I \wedge J) \vee K \rightarrow A$$
$$X \wedge F \rightarrow J$$
$$L \rightarrow B$$
$$M \vee E \rightarrow C$$
$$W \wedge Z \rightarrow M$$
$$P \wedge Q \rightarrow E$$

用规则的前提和结论形式画出一般的推理树形式,如图 10.14 所示。

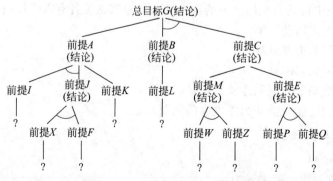

图 10.14 逆向推理树的一般形式

5. 专家系统应用

在化学、医学、地质学等领域中开发应用专家系统的实践证明,专家系统可以在一定程度上达到甚至超过领域专家的水平。下面介绍一些成功的专家系统的实例。

1）化学分析专家系统 DENDRAL

在有机化学的研究中,有一项重要但又困难的工作——确定有机化合物的分子结构。由于同构异形体的存在要根据有机化合物的分子式及其质谱图判断分子结构是很困难的事情。化学分析专家系统 DENDRAL 具有化学专家关于质谱鉴定的知识,能根据质谱仪数据推断未知有机化合物的分子结构。由于 DENDRAL 能够产生全部可能为真的结构,它甚至可以找出人类专家可能遗漏的分子结构。DENDRAL 的研制成功标志着人工智能领域一个新的分支的诞生。

2）医疗诊断系统 MYCIN

医疗诊断系统 MYCIN 是一个用于诊断和治疗细菌感染血液病的专家系统。该系统包含约 450 条关于细菌血液感染的诊疗规则,可以识别大约 100 种细菌。系统可以根据事先提供的数据和向内科医生询问得到的数据,利用系统中的诊断规则,给出诊断和治疗方面的咨询性建议。经测评,它的表现被评价为等同于人类专家。该系统足以作为临床医生的实际助手,应用到医学教学中。

3）地质勘探系统 PROSPECTOR

该系统由斯坦福大学于 1976 年研制,具有 12 种矿藏知识库,含有 100 多条规则以及 400 多种岩石和地质术语。它能帮助地质专家解释地质矿藏数据,提供硬岩石矿物勘探方面的咨询,如勘探评价、区域资源估计、钻井井位选择等。这套系统投入使用后取得了巨大的成功,基于该系统曾发现一个具有极高价值的钼矿,在矿业界引起一阵狂热。

当前,专家系统已经应用于很多商务和技术领域,支持决策制定。表 10.2 显示了一些代表性的专家系统及其应用领域。

表 10.2 专家系统应用实例

专家系统应用案例	组织或企业	应用领域
MYCIN	斯坦福大学	医疗诊断
XCON	美国数字设备公司	系统配置
Expert Tax	普华永道会计师事务所	税务计划
Loan Probe	毕马威会计师事务所	贷款评估
La-Courtier	认知系统公司	理财计划
PROSPECTOR	斯坦福研究所	新矿藏发现

10.4.3 遗传算法

遗传算法(genetic algorithm,GA,也称进化算法)是机器学习方法中一种常用的全局搜索技术。遗传算法和其他仿生算法一样,并不能保证得到求解问题的最优解,因此也被认为是一种启发式方法。遗传算法因为其良好的全局搜索能力,已经被广泛应用于解决复杂的现实问题,包括车辆路径问题、背包问题、选址问题、破产预测和 Web 搜索等。遗传算法仿照的是动物繁衍后代的过程,算法的基本过程模拟了自然界遗传机制和生物进化的基本操作。遗传算法基于这些仿生操作获得了较好的自组织和自适应能力，也把自然界"优胜劣汰，适者生存"的生物进化原理引入优化问题中。

遗传算法的基本思想是按照待解决的问题构造对应的适应度函数及种群个体（备选解决方案），通过遗传中的选择、交叉和变异对个体进行筛选，使适应度值高的个体被保留，适应度值低的个体被淘汰，并产生新的后代个体（即新的备选解决方案）。新的种群既有上一代的优良信息，又增加了新的信息。这样反复循环，直至满足条件。

1. 遗传算法的术语

遗传算法建立在生物进化的概念基础上，因此，如果熟悉进化的术语，可能会发现遗传算法中的术语有所重叠。这种领域间的相似性是因为遗传算法类比了自然界中生物进化的过程。遗传算法中用称为"染色体"的"基因序列"表示备选方案（即对应优化问题的决策变量）。这些"染色体"也可被称为"个体"，所有"个体"组成的集合即为"种群"。以适应度函数表示"种群"所处的自然环境，适应度函数值作为筛选"种群"中"个体"的标准。通过对"种群"不断实施选择、交叉、变异等遗传算子操作，不断筛选最优"个体"，以得到问题的最近解决方案。为更深入地学习遗传算法，我们先了解一些基本算法术语。

候选解：在算法运行过程中，给定问题的一个满足约束条件的解。每个候选解表示待解决问题的一种解决方法，由所有决策变量按照相应编码规则形成。

种群：所有候选解的集合，可满足遗传算法进行群体操作的需求。可以对种群进行选择、交叉及变异等遗传算子操作。

基因：组成染色体不可缺少的构建块。根据不同的编码规则，基因有不同的表现形式。传统遗传算法采用二进制编码规则，其基因包含 0 和 1；格雷编码规则与二进制编码类似，其基因也包含 0 和 1；而在浮点数编码规则中，基因则由实数表示。

染色体：染色体是一串基因。染色体定义了一个特定的候选解。用二进制编码的遗传算法中，典型的染色体可能包含"01101011"这样的数字串。

选择操作：模拟生物种群中"优胜劣汰"的自然选择的过程。从父代群体中以一定的概率选择个体到新的种群中，个体被选中的概率与其适应度值有关，适应度值越高，被选中的概率越大。但是如果只选择适应度值最高的个体，则很容易使整个种群在后续进化操作中停滞不前，而导致整个问题的求解陷入局部最优解。因此，在进行选择操作时，不仅需要考虑适应度值高的个体，也需要考虑适应度值低的个体。可以通过设置不同的选择规则和方法来解决这一问题。

交叉操作：在选择操作之后，被选中的个体组成了新的群体，即子代群体。但是选择的子代群体在基因上与父代群体相比并无变化。为产生新的基因，需要从子代群体中选择两个个体，通过两个个体对应染色体的交换组合，产生父代群体中不存在的染色体，以丰富种群的基因型。

变异操作：改变个体基因的第二个操作就是变异操作。自然界中生物的染色体以一定的概率发生变异，因此在遗传算法中变异操作也是以一定的概率从子代群体中选择个体，并随机确定该个体染色体中需要更改的基因位置，改变对应位置的基因，以产生新的个体。自然界中一个染色体发生变异的概率相对比较小，所以在遗传算法中变异操作对应的概率一般取值也较小。

2. 遗传算法的工作流程

图 10.15 是一个典型的遗传算法过程的流程图。待解决的问题必须被描述成一种适合遗传算法解决的数学模型。首先,需要根据问题的基本性质确定个体的基因编码方式,以满足对群体实施各种遗传操作的要求,即确定待解决问题中决策变量的表现形式,同时根据实际问题确定的约束条件,产生满足约束条件的初始种群。其次,需要确定待解决问题的目标函数,以此构造遗传算法的适应度函数。适应度函数值是算法迭代过程中筛选个体最主要的标准,一般可以大致分为两类:一类是最大化问题,即目标函数值越大越好,如企业利润、生产效率及投资组合收益等;另一类是最小化问题,即目标函数值越小越好,如生产成本、车辆路径及网络延时等。最后,在种群中实施各种遗传算子操作,逐步迭代。在迭代过程中要基于约束条件判断个体是否可行,如果不可行,则需要改变相应个体的基因,过滤掉不可行的解,保证种群中所有个体都能满足约束条件。

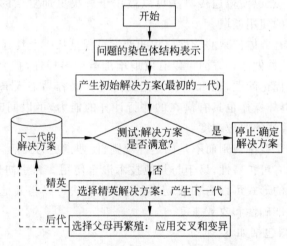

图 10.15　一种典型的遗传算法过程图

一旦待求解问题的染色体编码方式确定,可生成一组初始的解决方案(初始种群),并利用适应度函数计算可行方案的适应度;然后基于初始种群的适应函数值对解决方案进行排序,并据此选择若干个体进入下一代种群。遗传算法迭代过程中,总是以一定概率选择若干父代个体进入子代,并在选择后的种群中实施遗传算子(交叉和变异)操作,以产生新的种群。这个迭代过程一直持续到一个足够好的解决方案(不能保证最优)出现,或通过多次迭代后没有进一步的改进发生,或时间/迭代次数达到极限为止。具体结束条件需要根据实际问题的求解精度及时间要求而定。

在遗传算法开始之前,有若干参数需要提前进行设置,根据试验或个人经验决定:

① 生成初步解决方案的数量(即初始种群)。

② 生成子代的数量(即种群规模)。

③ 产生子代的父代数量。

④ 变异概率(通常是一个非常低的数字,如 0.1%)。

⑤ 交叉点发生的概率分布(通常等值加权)。

⑥ 停止标准。

⑦ 迭代的最大时间或次数(在停止标准基于时间/迭代次数的情况下)。

有时为了让算法具有更好的性能,在算法运行时也可以自适应地调整参数,这取决于问题的复杂程度及对应遗传算子的选择。

3. 遗传算法的优势和局限

遗传算法的优势包括如下。

- 遗传算法以决策变量的编码作为运算对象,可以直接对集合、序列、矩阵、树、图等结构对象进行操作。这样的方法有助于模拟生物的基因、染色体和遗传进化的过程,方便遗传算子的运用。
- 遗传算法直接以目标函数值作为搜索信息。它仅仅使用适应度函数值度量个体的优劣程度,不涉及目标函数值求导求微分的过程,因此对求解问题的数学性质并没有严格要求。在现实中很多目标函数是很难求导的,甚至是不存在导数的,所以这一点也使得遗传算法可以被用于解决更加复杂的现实问题,同时也扩展了算法的使用领域。
- 遗传算法具有群体搜索的特性。它的搜索过程是从一个具有多个个体的初始群体开始的,这种做法一方面可以有效地增加解的多样性,扩大算法的搜索空间,对于多峰值优化问题,也可以有效克服传统算法容易陷入局部最优值的缺点;另一方面,群体操作也具有潜在的并行计算的能力,可以同时对多个个体进行操作,增加算法的收敛速度。
- 遗传算法基于概率规则而不是确定性规则,使搜索更为灵活。
- 遗传算法具有可扩展性,易于与其他技术混合使用。算法初始解的构造以及各种遗传算子的形式可以自由设定,因此遗传算法可以与其他优化算法相结合,增强算法的准确性和收敛速度。

遗传算法的局限包括如下。

- 遗传算法应用中需要对待求解问题的决策变量进行染色体编码,然而并不是所有的问题都可以以遗传算法所需求的编码方式表达。
- 遗传算法与其他启发式算法一样,求解过程对初始群体的构造有一定的依赖性。初始解的质量可能会影响算法收敛速度及求解的准确性。
- 遗传算法以种群的适应度值为基础进行迭代,迭代中适应度值较高的个体进入下一代群体的概率会更大。一旦群体中适应度值较高的个体聚集,就会主导算法的搜索方向,削弱算法开辟新的搜索空间的能力,从而导致算法收敛到局部极值。
- 遗传算法初始解的构造依赖于算法产生的随机数,这使得在大规模问题求解中,可能每次求解的结果都不相同。
- 选择、交叉及变异等遗传算子相关参数的选择会影响算法的求解质量,而且这些参数往往都是依靠经验或者大量的试验来确定,并没有统一的标准。

10.4.4 智能代理

智能代理(intelligent agents,IA)是模拟人类行为和关系、具有一定智能而且能够自主运行和提供相应服务的程序的总称。IA是智能的,它应具有对环境的响应性、自主性和主动性等特性；IA 也具有社会性，多个 IA 可以协调完成任务。

代理和多代理系统（MAS）的概念来自于分布式人工智能的研究，而且吸取了许多不同领域的内容，如经济学、哲学、逻辑学和社会科学，并在许多领域中得到了广泛应用。代理是一种具有智能的实体。它的抽象模型是具有传感器和效用器、处于某一环境中的实体。它通过传感器感知环境，通过效用器作用于环境，能运用自己所拥有的知识进行问题求解，还与其他代理进行信息交流并协同工作。代理技术和决策支持系统的结合不仅能够提高决策支持系统的智能化水平和自动化处理能力，而且能够为大型分布式决策支持系统的构建提供有力的工具。代理的基本结构如图 10.16 所示。

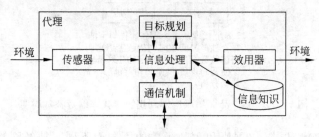

图 10.16　代理的基本结构

代理的研究是目前 AI 领域研究的热点，主要有智能型代理研究、多代理研究和面向代理的程序设计研究三个分支。知识、目标和能力是代理本身具有的三个要素，其中，知识是代理对其周围环境和要求解的问题的某种描述，目标是代理解决问题所能达到的程度，能力就是代理自身具有的解决问题的技能。基于代理的计算被认为是软件开发的下一个重要突破。

智能代理广泛应用于操作系统、应用软件、电子邮件系统、移动计算软件和网络工具。企业特别感兴趣的是能够在网上搜寻信息的智能代理。宝洁公司使用智能代理技术提高其供应链的效率（如图 10.17 所示）。它将复杂的供应链建模成一组半自动化的"代理器"，这些代理器代表供应链的某个组成部分，比如卡车、生产设施、分销商和零售店。智能代理对每个代理器的行为进行编程，使其遵守模拟真实行为的规则，例如"当某个物料项目出现缺货时立即进行采购"。仿真智能代理使得公司可对其库存水平、缺货和运输成本进行假设分析。例如，宝洁公司的某分销商应用智能代理模型发现，送货的卡车即使尚未满载，也应该被及时派遣出去。虽然卡车未满载会增加运输成本，但模拟显示，这会降低零售店发生缺货的可能性，减少销售损失，且减少的损失大大超过增加的运输成本。基于代理的模型每年可帮助宝洁公司节省 3 亿美元，而对它的投资还不到这一金额的 1%。

10.4.5　神经网络

人工神经网络（artificial neural network，ANN）是 20 世纪 80 年代以来人工智能领域兴起的研究热点。它从信息处理角度对人脑神经元网络进行抽象，建立某种简单模型，按不同的连接方式组成不同的网络。在工程与学术界也常直接简称为神经网络或类神经网络。神经网络是一种运算模型，由大量的节点（或称神经元）之间相互连接构成。每个节点代表一种特定的输出函数，称为激励函数。每两个节点间的连接都代表一个对于通过该连接信号的加权值，称为权重，这相当于人工神经网络的记忆。网络的

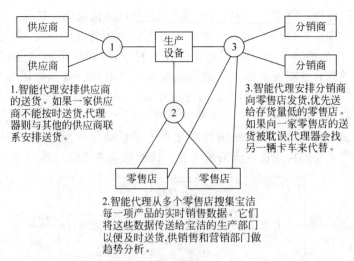

1.智能代理安排供应商的送货。如果一家供应商不能按时送货,代理器则与其他的供应商联系安排送货。

3.智能代理安排分销商向零售店发货,优先送给存货量低的零售店。如果向一家零售店的送货被耽误,代理器会找另一辆卡车来代替。

2.智能代理从多个零售店搜集宝洁每一项产品的实时销售数据。它们将这些数据传送给宝洁的生产部门以便及时送货,供销售和营销部门做趋势分析。

图 10.17　某产品分销供应链利用智能代理缩短补货周期

输出则因网络的连接方式、权重值和激励函数的不同而不同。神经网络自身通常都是对自然界某种算法或者函数的逼近,也可能是对一种逻辑策略的表达。

神经网络所具有的学习和适应能力、自组织、非线性和运算高度并行的能力,填补了传统人工智能对于直觉处理方面的缺陷,神经网络对非结构化信息的处理能力,使之成功应用于组合优化、智能控制、预测、模式识别等领域,是处理非线性系统的有力工具。最近十多年来,人工神经网络的研究工作不断深入,取得了很大的进展,在模式识别、自动控制、预测、经济管理等领域已成功地解决了现代计算机难以解决的许多实际问题,表现出了良好的智能特性。

作为一种旨在模仿人脑结构及其功能的信息处理系统,人工神经网络在功能上具有以下智能特点。

（1）联想记忆功能。神经网络具有分布存储信息和并行计算的性能,能够对外界刺激和输入信息进行联想记忆。神经网络通过预先存储信息和学习机制进行自适应训练,可以从不完整的信息和噪声干扰中恢复原始的完整信息。

（2）分类与识别功能。神经网络对外界输入的样本有很强的识别与分类能力。对输入样本的分类方法实际上是在样本空间找出符合分类要求的分割区域,每个区域内的样本属于一类。

（3）优化计算功能。优化计算是指在已知的约束条件下寻找一组参数组合,使该组合确定的目标函数达到最小。将优化约束信息(与目标函数有关)存储于神经网络的连接权矩阵之中,神经网络的工作状态以动态系统方程式描述。设置一组随机数据作为起始条件,当系统的状态趋于稳定时,神经网络方程的解作为输出优化结果。优化计算在"旅行推销员问题"[1]及生产调度问题上有重要应用。

（4）非线性映射功能。在过程控制、系统辨识、故障诊断、机器人控制等诸多实际问

1　旅行推销员问题(travelling salesman problem,TSP)是给定一系列城市和每对城市之间的距离,求解访问每一座城市一次并回到起始城市的最短回路。它是组合优化中的一个 NP 难问题,在运筹学和理论计算机科学中非常重要。

题中,系统的输入与输出之间存在复杂的非线性关系。这类系统往往难以用传统的数理方程建立其数学模型。神经网络在这方面有独到的优势,设计合理的神经网络通过对系统输入输出样本进行训练学习,理论上能够以任意精度逼近任意复杂的非线性函数。神经网络的这一优良性能使其可以作为多维非线性函数的通用数学模型。

10.4.6　机器学习

机器学习(machine learning,ML)研究计算机怎样模拟或实现人类的学习行为,以获取新的知识或技能,重新组织已有的知识结构,使之不断改善自身的性能。它是 AI 的核心,是使计算机具有智能的根本途径,其应用遍及 AI 的各个领域,主要使用归纳、综合,而不是演绎。机器学习通过在数据中搜集统计模式和关系,把记录聚集到特定的分类中,产生规则和规则树。这种方法的优势在于不仅能提供预测和分类模型,而且能从数据中产生明确的规则。常用的递归分类算法通过逐步减少数据子集的熵,把数据分离为更细的子集,从而产生决策树。决策树是对数据集的一种抽象描述,可以作为知识进行推理使用。

机器学习是一类算法的总称,这些算法企图从大量历史数据中挖掘出隐含的规律,并用于预测或者分类。更具体地说,机器学习可以看作寻找目标函数的过程,输入是样本数据,输出是期望的结果。只是这个函数过于复杂,难以形式化表达。需要注意的是,机器学习的目标是使学到的函数很好地适用于"新样本",而不仅仅是在训练样本上表现良好。通常,学习一个好的函数分为以下三步。

(1) 选择一个合适的模型。这通常需要依据实际问题而定。针对不同的问题和任务需要选取恰当的模型,模型就是一组函数的集合。

(2) 判断一个函数的好坏。这需要确定一个衡量标准,也就是我们通常说的损失函数。损失函数的确定也需要依据具体问题而定,如回归问题一般采用欧式距离,分类问题一般采用交叉熵代价函数。

(3) 找出"最好"的函数。如何从众多函数中最快的找出"最好"的那一个是最大的难点,做到又快又准往往并不容易。常用的方法有梯度下降算法,最小二乘法等。

得到"最好"的函数后,需要在新样本上进行测试。只有在新样本上表现很好,才算是一个"好"的函数。

10.5　智能决策支持系统

自从 AI 兴起,智能技术就以知识推理的定性方式辅助决策(不同于模型计算的定量方式)。如前所述,智能技术中有许多不同的分支:专家系统、神经网络、机器学习、代理技术和理论、遗传算法等。智能技术使得决策支持系统中定性分析和定量分析有机地结合,知识获得有效管理和利用,解决问题的能力和范围得到了重大发展。

10.5.1　智能决策支持系统的概念

智能决策支持系统(intelligent decision support systems,IDSS)是决策支持系统与人工智能技术相结合的系统。人工智能技术主要是以知识处理为主体,利用知识进行推理,完成定性分析的智能行为。人工智能技术融入决策支持系统后,决策支持系统在模型技术与数据处理技术的基础上,增加了知识推理技术。决策支持系统的定量分析和人工智能技术的定性分析结合起来,提高辅助决策和支持决策的能力。

传统的决策支持系统是以模型技术和数据处理技术为基础发展起来的,三部件结构是典型代表(详见 10.2.2 节)。在该系统中,模型部件(模型库与模型库管理系统)是主体。在该决策支持系统中加入知识部件(知识库、知识库管理系统与推理机)后,便形成了智能决策支持系统,这种观点已被大家普遍接受。

10.5.2 智能决策支持系统的结构

智能决策支持系统是决策支持系统与人工智能技术结合的系统。在智能决策支持系统的结构中,模型库系统(模型库与模型库管理系统)和数据库系统(数据库与数据库管理系统)是决策支持系统的基础。人工智能技术包括专家系统、神经网络、遗传算法、机器学习和自然语言理解等。其中,专家系统的核心是知识库和推理机;神经网络涉及样本库和网络权值库(知识库),神经网络的推理机是 MP 模型[1];遗传算法的核心是选择、交叉、突变 3 个算子,可以将算子看作遗传算法的推理机,它处理的对象是群体,这是一个动态库;机器学习包括各种算法库,算法可以看成一种推理,它对实例库进行算法操作以获取知识;自然语言理解需要语言文法库(知识库),处理对象是语言文本,对语言文本的推理通常采用推导和归约两种方式。可见这些人工智能技术可以概括为推理机＋知识库。智能决策支持系统的简化结构图如图 10.18 所示。

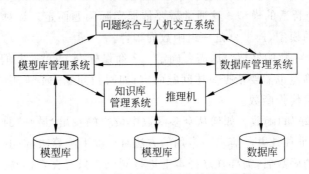

图 10.18 智能决策支持系统的简化结构图

智能决策支持系统中的人工智能技术种类较多。这些智能技术都是决策支持技术,它们可以独立开发出各自的智能系统,发挥各自的辅助决策作用。各种智能技术在智能决策支持系统中发挥的作用是不同的。一般的智能决策支持系统中只有一种或两种智能技术。

10.5.3 专家系统与决策支持系统的集成

专家系统与决策支持系统的集成充分发挥了专家系统以知识推理形式解决定性分

---

1 MP 模型其实就是神经元模型,其基本原理是接收到来自 n 个其他神经元传递过来的输入信号 x_i。这些输入信号通过带权重的连接 w_i 进行传递,神经元接收到的总输入值将与神经元的阈值进行比较,然后通过激活函数处理以产生神经元的输出。

析问题的特点,又发挥了决策支持系统以模型计算为核心的解决定量分析问题的特点,充分做到定性分析和定量分析的有机结合,使得解决问题的能力和范围得到较大的发展。专家系统与决策支持系统集成的结构形式如图10.19所示。

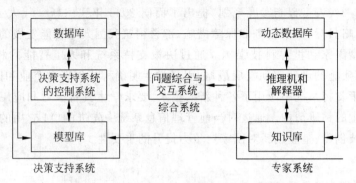

图 10.19 专家系统与决策支持系统集成结构图

决策支持系统和专家系统的结合主要体现在以下3方面。

(1) 决策支持系统和专家系统的总体结合。由集成系统把决策支持系统和专家系统有机结合起来(即将两者一体化)。

(2) 知识库和模型库的结合。模型库中的数学模型和数据处理模型作为知识的一种形式,即过程性知识,加入到知识推理过程中。

(3) 数据库和动态数据库的结合。决策支持系统中的数据库可以看作相对静态的数据库,它为专家系统中的动态数据库提供初始数据。专家系统推理结束后,动态数据库中的结果再送回到决策支持系统中的数据库中去。

下面以松毛虫智能预测系统为例介绍专家系统与决策支持系统的集成。

松毛虫智能预测系统是一个智能决策支持系统。该系统把模型库、数据库、知识推理、人机交互四者有机地结合起来,达到了定性的知识推理、定量的模型数值计算以及数据库处理的高度集成。

松毛虫是我国最主要的森林害虫,其分布遍及全国绝大多数省区。大发生年份的虫害发生面积达 3000~4000 万亩,占全国森林害虫发生面积的 1/3,严重地威胁着松林的生长,也直接影响国民经济建设。松毛虫的预测预报和松毛虫的防治都是我国的重点科研项目。松毛虫智能预测系统把分散在全国各地的松毛虫预测经验知识和研究成果汇集于一体,能对松毛虫的发生期、发生量、发生范围和危害程度进行定性预测咨询,利用预测模型做出发生级别和发生数量的定量预测。该系统能够对全国 11 个省(区)40 多个气象站的资料与松毛虫虫情资料数据库进行统计,打印 120 多种气象资料与虫情报表。

章节要点

本章首先介绍了决策的概念及特征,重点讲解了决策问题的类型,然后介绍了决策支持系统的概念,决策支持系统与管理科学及管理信息系统之间的关联,以及决策支持系统的类型。本章还介绍了人工智能概念及其典型应用——专家系统,并进一步结合智能技术介绍了智能决策支持系统。

课程思政融入点

国家《新一代人工智能发展规划》提出了面向 2030 年我国新一代人工智能发展的指导思想、战略目标、重点任务和保障措施,部署构筑我国人工智能发展的先发优势,加快建设创新型国家和世界科技强国。通过决策支持系统和人工智能的相关内容的学习,结合国家实施的创新驱动发展战略,引导学生明确科技创新对企业和国家的重要意义。智能决策支持系统中应用了各种新兴技术,要求学生具备学习和应用知识的能力,以此培养学生的钻研精神。通过对当前管理信息系统中先进的 AI 应用的分析讨论,让学生了解科技创新、企业创新对国家竞争力提升的重要性。

思考题

1. 什么是决策?决策类型有哪些?
2. 什么是决策支持系统?
3. 决策支持系统的五部件四库结构的核心组件有哪些?
4. 决策支持系统与管理科学和管理信息系统之间的关系是什么?
5. 什么是决策支持系统的三系统和六系统结构?两者之间有什么关系?
6. 简要介绍模型驱动决策支持系统的基本原理。
7. 简要介绍数据驱动决策支持系统的基本原理。
8. 智能决策支持系统中的人工智能技术有哪些?

第四篇

建 设 篇

第 11 章　信息系统规划

第 12 章　信息系统开发过程

第 13 章　信息系统维护与评价

第11章

信息系统规划

信息系统规划（information system planning，ISP）是一个组织发展和规划的重要组成部分，是关于管理信息系统长远发展的规划。信息系统规划是将组织目标、支持组织目标所必需的信息、提供这些必需信息的信息系统，以及这些信息系统的实施等诸要素进行集成的信息系统方案，是面向组织中信息系统发展远景的系统开发计划。信息系统规划是系统生命周期中的第一个阶段，其质量直接影响管理信息系统的成败。若没有适合企业业务需求的信息系统规划，企业的信息系统建设很难取得成功。

11.1 信息系统规划概述

11.1.1 几种信息技术规划之间的关系

对企业而言，信息技术不再仅仅停留在规范管理、提升效率的层次，而已成为逐渐强化和提升企业核心竞争力的强有力手段。信息技术的采纳或信息化建设需要有长远信息技术规划（IT 规划）做指导。IT 规划有广义和狭义之分。广义的 IT 规划包含三个层面：信息化规划、信息系统规划和信息技术规划，狭义的 IT 规划专指信息技术规划。

信息化规划是指在组织发展战略目标的指导下，对信息化目标和内容进行整体规划，全面系统地指导信息化的进程，优化企业业务流程，提出组织信息化建设的愿景、目标和战略，为组织的业务战略目标服务，也称为信息化战略规划。信息化规划是信息化建设的基本纲领和总体指向，是信息系统设计和实施的前提与依据。

信息系统规划是指在深入研究组织的发展愿景、业务策略和管理的基础上，根据组织业务战略的目标，制定信息系统的愿景及系统架构，确定信息系统各部分的逻辑关系、架构设计、选型和实施策略，以支撑企业达成业务规划的目标。

信息技术规划是指承接信息系统规划之后，对支撑信息系统各部分的硬件技术、软件技术、网络通信技术以及信息技术人员的业务能力提升等进行计划与安排。本章中的信息系统规划有时也泛指广义 IT 规划。

11.1.2 信息系统规划的作用

信息系统规划的作用主要体现在以下 4 方面。

1. 有助于明确企业信息化建设的总方向

信息系统规划首先指明企业建立信息系统的范围和目标，使信息系统与企业战略保持一致,并帮助管理人员树立以企业战略为导向、以外界环境为依据、以业务与信息系统整合为中心的观念,从而正确定位 IT 部门在整个组织中的作用,保证信息系统的战略目标能够和企业业务战略目标相协调。

2. 有助于企业明确信息系统建设的目标与重点

通过制订信息系统规划,可以找出存在的问题,正确地识别出管理信息系统必须完成的任务,促进信息系统应用。为了保障规划目标在企业内的成功推行,需要成立信息化领导小组来保证总体战略目标从上而下贯彻执行,使决策层的意图能够贯彻到企业的执行层,并通过执行层提供决策和评估活动所需要的信息。下层信息系统在应用过程中要和企业总体目标采用相同的原则,提供评估绩效的衡量方法,从而保证信息系统目标的实现。

3. 有助于管理者把控信息化建设的关键因素和成效

信息化项目开始于规划和组织过程。该过程主要根据组织战略目标进行信息化战略规划、组织和流程的重新设计,以及从不同的角度对信息化项目进行计划、沟通和管理。项目的规划与组织工作对于整个项目的成功具有十分重要的作用。仓促地开展规划与组织工作会产生一些有缺陷或者不完整的需求,这是导致项目失败的主要原因。

4. 有助于指导企业信息系统开发的全过程

信息系统规划形成由各部门共同确认的系统规划报告。该报告详细阐述了信息系统建设的背景及意义,详细分析了企业性质、经营规模、企业发展战略、现行管理状况及现有管理信息系统的应用情况,解析现有业务流程状况,明确指出存在的主要问题及薄弱环节,并提出相应改进意见。在此基础上,规划者能够明确管理信息系统在实现企业发展战略目标中的作用,确定信息系统建设的战略目标,并对管理信息系统的功能结构提出明确要求,同时说明系统总体框架的实施方案、子系统优先级别与时间计划、资源计划、人员培训计划及财务预算等情况。

11.2 信息系统规划的工作内容

信息系统规划是一项耗资大、历时长、技术复杂且涉及面广的系统工程。因此,应当明确信息系统规划的内涵和工作内容,然后才能有规划、有步骤地进行系统开发。

11.2.1 信息系统规划的组织

信息系统规划的组织和系统调查是进行信息系统规划的基础,本节将对信息系统规划的组织和系统调查两部分进行介绍。制订信息系统战略规划需要一个领导小组,对有关人员进行培训,同时明确战略规划工作的进度。

1) 规划领导小组

规划领导小组应由单位(企业、部门)的主要决策者之一负责。领导小组的其他成员最好是本单位各部门中的业务骨干,他们的任务是完成有关数据及业务的调研和分析工作。

2）人员培训

制订战略规划需要掌握一套科学的方法，为此应对高层管理人员、分析员和规划领导小组的成员进行培训，使他们掌握制订管理信息系统战略规划的方法。

3）规定进度

规定进度是为了对规划过程进行严格管理，避免因过分拖延而丧失信用或被迫放弃。

11.2.2　系统调查

系统调查是企业根据新系统开发的请求，组织专门的人员和专家开展初步的调查研究，以便决定项目开发是否合理有效，是否可行。系统初步调查的内容包括以下几方面。

- 组织结构、业务范围、业务流程。
- 计算机应用现状、计算机应用人员的水平。
- 用户对系统的功能需求和资源需求（软件资源、硬件资源的需求）。

初步调查的涉及面较广，但并不一定很详细（详细调查是系统分析阶段的任务）。初步调查的方式可以是查阅资料和面谈，面谈对象包括企业的领导、管理人员和当前的计算机应用人员。初步调查时企业的需求一般较为概括和简单，因此需要调查人员分析和引导，真正将管理现状和需要解决的问题调查清楚。初步调查完成后，调查人员应针对调查结果进行分析和总结，分析组织结构、业务流程和企业需求的合理性，提出意见和建议。系统初步调查完成后应拟定合作开发单位，并初步确定应用软件开发费用。

作为调查成果，系统初步调查人员应向系统开发委员会提交一份初步调查报告。调查报告的内容包括：①调查的内容，包括组织结构、业务流程和企业需求；②存在的问题和解决问题的意见与建议；③新系统的目标、主要功能以及与现有系统的关系；④新系统的总体逻辑结构（主要是总体数据流程）和总体物理结构；⑤需要购买的硬件和系统软件的预算，应用软件的开发预算；⑥系统开发的进度计划。系统初步调查报告是系统可行性研究的主要依据，对系统开发有重要影响，因此应有理有据。

11.2.3　信息系统规划可行性分析报告

对于管理信息系统开发而言，可行性研究的目的是解决新系统开发"是否可能"的问题。可行性研究是在对现行系统初步调查的基础上，根据组织当前的实际情况和环境条件，从各个方面对建立管理信息系统的可行性进行详细完整的分析讨论。信息系统的可行性分析主要包含三方面的内容。

经济可行性分析。经济可行性分析根据用户提出的系统功能、性能及实现系统的各项约束条件，从经济的角度研究实现系统的可能性。它用于评估管理信息系统的经济合理性，给出系统开发的成本论证，并将估算的成本与预期的收益进行对比。

技术可行性分析。技术可行性分析根据用户提出的系统功能、性能及实现系统的各项约束条件，从技术角度研究实现系统的可能性。技术可行性分析往往是系统开发过程中难度最大的工作，涵盖风险分析、资源分析和技术分析。

环境可行性分析。环境可行性分析评估建立的管理信息系统能否在该组织实现，在当前操作环境下能否很好地开发和运行,即组织内外是否具备接受和使用新系统的条件。环境可行性包括的因素很多,例如领导是否支持,管理是否科学,组织机构是否健全,基础数据是否齐全,外部单位是否接受等。

可行性分析完成后需要提供可行性分析报告。可行性分析的结果一般分为三种:结论一是条件成熟,可以立即进行新系统的研制开发工作;结论二是暂缓开发新系统,原因之一是需要追加投资资金或等到某些条件成熟后才能开始开发工作,原因之二是要对系统目标做某些修改后再进行系统开发;结论三是因条件不具备,或经济上不合算,或技术条件不成熟,或上级领导不支持,或现行系统还可以使用,而不能或没有必要进行新系统的开发工作。

11.2.4 信息系统规划报告

1. 信息系统规划需要明确的问题

在信息系统规划阶段,企业需要思考的问题有很多。比如,新系统该覆盖哪些领域,新的应用从哪里起步比较好,哪些项目是必需的,具体项目能否使服务获得改善,采用新技术会引发哪些后果,该花费多少投资,等等。这些问题大致可归纳为以下四个方面。

企业需要哪些信息系统。需要确定信息系统要支持的主要领域,业务覆盖面,能够支持企业实现哪些目标,企业期望达到的状态,系统应用的条件及满足企业需求的程度,等等。

如何获得这些系统。需要分析企业的业务、组织、人员和资源状况,确定获得系统服务的时间和方式,系统或系统服务的质量如何评价,等等。

现有系统和管理环境的变化。需要明确各种信息系统的适应性和影响范围,与其他系统的接口关系,系统服务内容是否需要调整,企业的流程和环境是否需要调整,等等。

系统应急计划。指保护系统免遭灾难损害的措施及危机防范预案,需要根据系统的重要程度确定防护需求。周密的安全计划可将风险和潜在的危机损失降到最低。

2. 信息系统规划书

信息系统规划书是帮助企业制订信息系统规划的模板工具。表 11.1 是一份信息系统规划书的内容示例。

表 11.1　信息系统规划书的框架

1. 企业远景与战略
 公司向何处发展
 组织目标
 业务战略
2. 信息技术对企业战略的支持
 技术如何支持企业目标
 业务与技术的协调
 信息技术规划如何推进

3. 现有的信息系统
　现有的或待开发的系统
　系统和资源的适用性
　业务和组织需要做出哪些改变
4. 打算建立的新系统
　选择了哪些系统
　这些系统支持哪些业务过程
　如何对这些系统进行评价
　系统如何获取和管理
5. 信息系统应急计划
　系统可能面临的风险
　保护系统的计划
6. 信息系统预算
　系统成本
　系统效益
7. 系统可行性分析
8. 系统项目的开发计划

　　信息系统规划书有比较具体的结构和格式,对保证规划内容的完整性和逻辑性,规划文字和内容的组织等都有所帮助。上例中的模板只提供了规划的框架结构,企业需根据自身情况对规划中的内容进行深入分析,才能做出有助于企业的信息系统规划。对企业来说,模板无法代替自主性思考,规划更不宜简单地照搬他人。

11.3　信息系统规划框架

　　管理信息系统的发展具有一定的规律性,对规律性的把握和理解有助于深刻地理解管理信息系统及其应用。在信息系统规划的宏观战略层次中,最著名的理论模型包括诺兰阶段模型和 Zachman 框架模型。诺兰阶段模型总结企业及地区信息系统的发展规律,并将其归纳为 6 个阶段,用于指导企业信息化建设。Zachman 框架提供了一种对组织架构进行分类的方法,可用于对组织的现有功能、元素和流程进行建模,并帮助管理业务变更;在信息系统规划中则可以用于描述企业信息基础设施,并为企业未来信息基础设施建设提供参考和思路。

11.3.1　诺兰阶段模型

　　将计算机应用到一个单位(企业、部门)的管理中去,一般要经历从萌芽到成熟的成长过程。此外,企业在运行过程中也会涉及很多的活动和其价值关系。

　　哈佛商学院诺兰(Richard L. Nolan)教授于 1973 年首次提出了信息系统发展的阶段理论,被称为诺兰阶段模型。1980 年,诺兰进一步完善该模型,把信息系统的成长过程划分为从低级到高级的六个不同阶段(如图 11.1 所示),各个阶段相互衔接,形成客观的、循序渐进的发展过程。企业需要根据自身所处的阶段对信息技术进行管理,以促进其成长。在第三、第四阶段之间有一个转折点，在此处，企业管理的焦点将从信息技术管理转向数据资源管理。

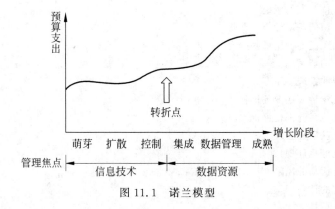

图 11.1　诺兰模型

诺兰模型的六个阶段分别如下。

（1）萌芽。人们出于各种各样的原因开始配置计算机设备，通过部门内部的办公自动化和批处理方式来降低成本。这一阶段基本没有规划和管理。

（2）扩散。最初的成功促使计算机应用向更多部门普及，应用系统遍地开花，用户数量激增，出现人们争相学习的热潮；信息技术支出急剧增长，技术人员疲于奔命，缺乏管理控制。

（3）控制。单项应用的大量涌现带来种种矛盾，企业会采取措施抑制 IT 支出的无序增长。对项目进行控制，制定统一的管理标准，对数据处理活动进行规划等，容易导致开发延误和用户不满。在这一阶段，组织管理的焦点开始转向数据资源管理。

（4）集成。企业开始重视集成数据库的建设和高层规划与控制，在统一管理的基础上开发应用系统。技术应用出现新的增长，联机数据库的应用需求提升迅速，用户责任和 IT 标准化水平有所提高。

（5）数据管理。数据资源具备了统一管理的基础，企业开始重视数据在整个组织中的应用处理和共享，提高系统对各项业务的支持水平。数据成为企业的重要资源。

（6）成熟。信息系统对企业各级业务和决策提供全面支持。企业关注数据资源和信息系统的战略性规划，数据处理支出逐渐趋于稳定。信息技术成为支持组织运行的有力工具。

诺兰阶段模型总结了管理信息系统发展的经验和规律，其在信息系统规划中有两方面的重要应用：一是诊断管理信息系统当前所处的阶段，有利于选择管理信息系统开发的时机；二是对系统的规划作出安排，控制系统发展的方向，对处于不同阶段的系统提出限制条件，制定针对性的发展策略。在系统规划过程中，伴随着各阶段的转换和各种特性的逐渐出现，运用诺兰阶段模型辅助规划的制定是十分有益的。从 20 世纪 70 年代末到现在，诺兰模型一直都是信息技术管理领域最具影响力的模型之一。人们充分肯定了诺兰模型对信息技术在组织中演进规律的描述。诺兰模型中关于"管理焦点转移"的思想，以及对 IT 支出长期增长与阶段性波动的认识，对企业信息系统规划具有指导意义。同时，人们也指出了该模型的局限性，如对发展阶段的划分过于简单，无法反映复杂的现实；没有反映数据资源管理对系统集成的影响，没有看到战略性信息系统的作用等。

11.3.2 Zachman 信息系统规划框架

1. Zachman 框架概述

Zachman 框架是由约翰•扎科曼(John Zachman)在 1987 年创立的全球第一个企业架构理论，全称为企业架构和企业信息系统结构架构(Zachman framework for enterprise architecture and information systems architecture)。扎科曼曾表示："为了避免企业分崩离析，信息系统架构已经不再是一个可有可无的选择，而是企业的必需"。此后，扎科曼的企业架构理论得到了不断发展，成为很多组织理解、表述企业信息基础设施的一个直观模型，并为组织当前以及未来的信息基础设施建设提供了可供参考的蓝图和架构思路。

Zachman 框架是一种逻辑结构，目的是为企业提供一种可以理解的信息表述。它把企业信息按照特定的要求进行分类，从不同的角度进行描述。Zachman 框架提炼和吸收了传统方法中的精髓，独立于企业所使用的信息平台。根据抽象规则，它定义企业信息的框架包括 6 行 6 列，其中的 6 行分别为范围模型、企业模型、系统模型、技术模型、详细模型和功能模型，相对应的 6 列分别为做什么(What)、如何做(How)、在哪里做(Where)、什么时间(When)、谁来做(Who)、为什么做(Why)。

Zachman 框架是目前国际上最为权威的企业信息系统架构规划模型。美国国防部、财政部等政府部门于 20 世纪 90 年代率先基于这个框架进行了信息系统架构的规划工作并细化和制定了相应的标准，使政府部门在规范的框架指导下进行工作。20 世纪 90 年代中后期，很多企业都把信息系统架构规划作为信息系统部门的核心工作，并且为评估企业的信息系统架构规划能力而制定了分级别的信息系统架构能力的评估模型。近年来，国内企业也逐渐认识到 IT 架构规划才是企业信息化工作应围绕的核心。部分企业已引入 Zachman 架构规划框架模型，并结合企业信息化的实际情况，较好地开展了信息系统架构规划工作。

2. Zachman 框架的主要内容

Zachman 框架模型分两个维度，横向维度从做什么、如何做、在哪里做、什么时间、谁来做、为什么做 6 方面进行组织(也可称为 6W)，纵向维度反映了信息系统的架构层次，从上到下分别为范围模型、企业模型、系统模型、技术模型、详细模型、功能模型，如图 11.2 所示。

横向维度上，Zachman 框架分别用数据、功能、网络、人员、时间、动机对应回答 What、How、Where、Who、When 与 Why 六个问题。

纵向维度上，按企业中不同角色的关注点进行划分。

- 规划人员关注范围模型，能够看到企业的发展方向、业务宗旨和系统边界范围。
- 系统所有者关注企业模型，能够用企业术语定义企业的本质，看到的是企业的结构、处理及组织等。

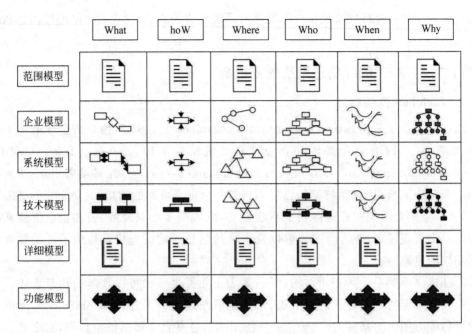

	What	hoW	Where	Who	When	Why
范围模型						
企业模型						
系统模型						
技术模型						
详细模型						
功能模型						

图 11.2　Zachman 框架模型

- 体系结构设计人员关注系统模型,能够用更严格的术语定义企业业务,看到的是每项业务处理所要完成的功能。
- 系统开发人员关注技术模型,使用技术模型来解决企业业务的信息处理需求。
- 系统集成人员关注详细模型,需要解决关于特定语言、数据库存储表格及网络状况等具体细节。
- 使用人员也是系统的最终用户,关注的是功能模型,考虑系统能否支持自身的工作。

从横纵两个维度将所有信息系统构件进行分割,可以划分成更小的相对独立的模块,便于独立管理,如图 11.3 所示。

		数据	功能	网络	人员	时间	动机
规划者	范围模型	业务事项	业务过程	业务地点	组织	重要事件	目标战略
所有者	企业模型	语义模型	过程模型	逻辑系统	工作流模型	主进度	业务计划
设计者	系统模型	逻辑数据模型	应用架构	系统架构	接口架构	处理结构	业务规划模型
构造者	技术模型	物理数据模型	系统设计	技术架构	屏幕架构	控制架构	规划设计
集成者	详细模型	数据定义	程序	网络架构	安全架构	时间定义	规划实现
使用者	功能模型	数据	功能	网络	组织	进度	战略

图 11.3　扩展的 Zachman 模型

3. Zachman 框架的实施步骤

采用 Zachman 框架进行信息系统规划的一般步骤如下。

1）确定组织的愿景和原则

确定信息系统架构业务、组织与信息系统范围，识别业务驱动力。

确定信息系统架构愿景和目标。

制定信息系统架构定义的原则。

识别信息系统架构相关需求。

研究与学习业界信息系统架构最佳实践。

2）现状描述分析

搜集现有信息系统现状资料。

业务现状分析，识别现有信息系统在业务支撑方面存在的问题。

3）目标架构定义

引入最佳实践，并结合企业实际定义目标信息系统架构，包括数据、应用和基础设施架构。

4）差距与改进点分析

分析目标架构与现状的差距与改进点。

把具体信息系统需求纳入目标架构框架。

5）改进点优先级排序

对信息系统架构的改进点和具体需求进行优先级排序。

6）制订信息系统架构的实施计划

确定向目标信息系统架构迁移的具体实施计划。

确定目标信息系统架构实施的推行组织。

7）持续改进优化

在信息系统架构规划过程中，不断优化各个环节。

制订目标架构的持续改进计划。

制定信息系统架构的管理维护机制。

11.4 信息系统规划常用方法

信息系统规划常用的方法有关键成功因素法、战略目标集转化法以及企业系统规划法。这些方法都从某个侧面帮助管理者对企业信息系统开发进行正确的思考和分析，但没有哪一种方法能够直接得到企业信息系统发展的解决方案，需要根据实际情况灵活运用。

11.4.1 企业系统规划法

企业系统规划法（business system planning，BSP）是由 IBM 公司于 20 世纪 70 年代提出的企业管理信息系统规划的一种结构化方法论，其目的在于帮助企业制定信息系统的规划，以满足企业短期和长期的信息需求。它较早运用于面向过程的管理思想，是现阶段影响最广的系统规划方法。它与关键成功因素法相似，首先自上而下识别系统的目标、业务流程和数据,然后自下而上设计系统,以支持系统目标的实现。

1. BSP方法的主要内容

企业系统规划法从企业目标入手,逐步将企业目标转化为管理信息系统的目标和架构,从而更好地支持企业目标的实现。它摆脱了管理信息系统对原组织结构的依附性,从企业最基本的活动过程出发,分析决策所需数据,然后自下而上设计系统。BSP的工作原理如图11.4所示。

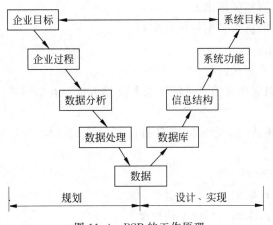

图 11.4　BSP 的工作原理

企业系统规划法是一种能够帮助规划人员根据企业目标制订信息系统战略规划的结构化方法。通过这种方法,首先可以确定未来信息系统的总体结构,明确系统的子系统组成和开发子系统的先后顺序;其次可以对数据进行统一规划、管理和控制,明确各子系统之间的数据交换关系,保证信息的一致性。

企业系统规划法的优点在于利用它能保证信息系统独立于企业的组织机构,使信息系统具有对环境变更的适应性。即使将来企业的组织机构或管理体制发生变化,信息系统的结构体系也不会受到太大的冲击。

2. BSP方法的实施步骤

BSP的实施框架如图11.5所示,其中有7个步骤直接与信息系统开发密切相关,具体如下。

规划开始阶段。成立规划小组,进行系统初步调查。分析企业的现状,了解企业有关决策过程、组织职能、部门的主要活动、存在的主要问题以及各类人员对信息系统的看法。通过这些分析,可以使企业各级管理部门取得一致的看法,明确企业的发展方向,从而利用信息系统支持企业实现目标。

定义业务过程。定义业务过程是BSP方法的核心。所谓业务过程就是逻辑相关的一组决策或活动的集合,如订货服务、库存控制等业务处理活动或决策活动。业务过程构成了整个企业的管理活动,通过识别业务过程,可对企业如何实现其目标形成较深的了解,识别结果也可以作为建立信息系统的基础。按照业务过程所建造的信息系统,其功能与企业的组织机构相对独立。因此,组织结构的变动不会引起管理信息系统结构的变动。

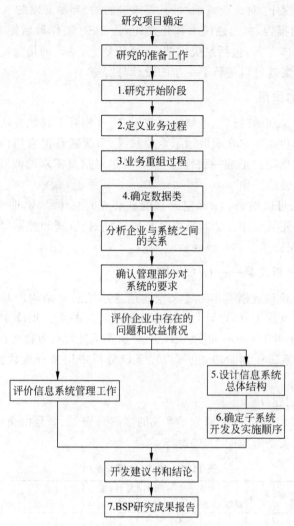

图 11.5 BSP 方法的实施框架

业务过程重组。在定义业务过程的基础上,分析哪些过程是正确高效的;哪些过程是低效的,需要在信息技术支持下进行优化处理;哪些过程不适合计算机信息处理,应当取消。

确定数据类。定义数据类是 BSP 方法的另一个核心。数据类是指支持业务过程所必需的逻辑相关的一组数据。例如,记账凭证数据包括了凭证号、借方科目、贷方科目及金额等。一个系统中存在着许多数据类,如顾客、产品、合同及库存等。数据类是根据业务过程来划分的,分别从各项业务过程的角度,将与它有关的输入/输出数据按逻辑相关性排列出来归纳成数据类。

设计信息系统总体结构。功能和数据类都定义好之后,可以得到一张功能/数据类表格,该表格又可称为功能/数据类矩阵或 U/C 矩阵。本步骤的主要工作就是利用 U/C 矩阵来划分子系统,构建出新的信息系统的框架和相应的数据类。

确定子系统开发及实施顺序。受资源的限制,信息的总体结构一般不能同时开发和实施,存在先后次序。划分子系统之后,根据企业目标和技术约束确定子系统实现的优先顺序。通常情况下,对企业贡献大的、需求迫切的、容易开发的系统优先开发。

完成 BSP 规划报告,提出建议书和开发计划。BSP 工作最后提交的报告就是管理信息系统建设的具体方案,包括系统构架、子系统划分、系统的信息需求和数据结构、开发计划。根据此方案就可以进行下一步的设计与实施。

3. BSP 方法的作用

BSP 方法是最易理解的信息系统规划技术之一,相对于其他方法,它的优势在于强大的数据结构规划功能。它全面展示了企业状况、系统或数据应用情况及差距,可以帮助众多管理者和数据用户形成一致性意见,并通过对信息需求的调查,帮助企业找出在信息处理方面应该做的工作。

通过 BSP 方法可以做到:①确定未来信息系统的总体结构,明确系统的子系统组成和开发子系统的先后顺序。②对数据进行统一规划、管理和控制,明确各子系统之间的数据交换关系,保证信息的一致性。

4. BSP 方法分析工具——U/C 矩阵

BSP 方法将过程和数据类作为定义企业信息系统总体结构的基础,具体做法是利用过程/数据矩阵(也称 U/C 矩阵)来表达两者之间的关系。矩阵中的行表示数据类,列表示过程,并以字母 U(Use)和 C(Create)分别表示过程对数据类的使用和产生。U/C 矩阵不但适用于系统规划阶段,也可以在系统分析中用来分析数据的合理性和完备性等问题。

1) U/C 矩阵的建立

下面介绍用 U/C 矩阵方法划分子系统的步骤。表 11.2 是由企业内各项管理功能组和数据类之间的关系形成的 U/C 矩阵。

表 11.2　功能/数据关系(1)

数据类 \ 功能	客户	订货	产品	加工路线	材料表	成本	零件规格	原料库存	成品库存	职工	销售区域	财务	计划	设备负荷	材料供应	生产任务
经营计划						U						U	C			
财务规划						U				U		C	U			
市场预测	U		U									U	U			
产品设计开发	U		C	U			C									
产品工艺			U	C			U	U								
库存管理								C	C						U	U
工作安排			U												U	C
生产能力计划				U											U	
物料需求计划			U				U								C	
生产过程控制						C								U	U	U
销售区域管理	C		U													
销售过程管理	U		U								C					
订单跟踪	U		U													
出库			U						U							
财务核算	U		U									U				
会计		U				C										
人力管理										C						
人员招聘考核										U						

　　表 11.2 中,用功能与数据类交叉点上的符号 C 表示相应的数据由相应功能产生,用交叉点上的符号 U 表示相应的功能使用相应的数据类。例如,经营计划功能需要使用有关财务和成本数据,则在这些数据下面的"经营计划"一行上画 U。最后该功能产生的是计划数据,则在"计划数据"下面画 C。同理,销售功能需要使用有关产品、客户和订货方面的数据,则在对应位置画 U,而销售区域数据由销售功能产生,因而在对应位置画 C。

　　系统功能和数据类的所有关系在矩阵中标示出来以后,再对表 11.2 作重新排列,即把"功能"这一列按功能组分组,每个功能组内按功能发生的先后次序排列。然后调换"数据类"的横向位置,使得矩阵中的 C 最靠近对角线,如表 11.3 所示。在表 11.3 上将 U 和 C 最密集的区域框起来,给"框"起个名字,就构成子系统。框外的 U 说明了子系统之间的数据流向。需要注意的是"框"应沿对角线一个接一个地画,既不能重叠,也不能漏掉任何一个数据和功能。方框的划分是任意的,但必须将所有的符号"C"都包含在方框之内。按照这种划分,整个系统被划分为经营计划、技术准备、生产制造、销售、财会和人事 6 个子系统。值得一提的是,对同一个 U/C 矩阵调整出来的结果,方框的划分不是唯一的。具体如何划分为好,要根据实际情况以及分析者个人经验来定,同时需要与相关企业管理者进行充分沟通。

表 11.3　功能/数据关系(2)

功能	数据类	计划	财务	产品	零件规格	材料表	原料库存	成品库存	生产任务	设备负荷	加工路线	客户	销售区域	订货	成本	职工
经营计划	经营计划	C	U												U	
	财务规划	U	C												U	
技术准备	市场预测	U		U												U
	产品设计开发			C	C	U						U	U			
	产品工艺			U	U	C	U					U				
生产制造	库存管理						C	C	U							
	工作安排			U					C	U						
	生产能力计划									C	U					
	物料需求计划			U			U									
	生产过程控制								U	U	C					
销售	销售区域管理			U								C		U		
	销售过程管理			U								U	C	U		
	物流跟踪			U								U		C		
	产品出库			U				U						U		
财会	财务核算			U								U			U	
	会计													U	C	
人事	员工管理															C
	人员招聘考核															U

　　2) U/C 矩阵正确性检验

　　建立 U/C 矩阵后要根据"数据守恒"原则进行正确性检验。这项检验可以使我们及时判定表中的功能或数据项的划分是否合理,以及符号 U、C 有无错填或漏填的现象发生。具体说来,U/C 矩阵的正确性检验可以从如下三方面进行。

　　(1) 完备性检验。完备性是指具体的数据项(或类)必须有一个产生者(即 C)和至少一个使用者(即 U)。功能则必须有产生或使用(U 或 C)发生,否则这个 U/C 矩阵是不完备的。

(2) 一致性检验。一致性是指具体的数据项/类必有且仅有一个产生者(C)。如果有多个产生者出现,则产生了不一致的现象,将会给后续开发工作带来混乱。这种不一致现象的产生可能有如下两个原因:

没有产生者—漏填 C 或者是功能、数据的划分不当;

多个产生者—错填 C 或者是功能、数据的划分不独立。

(3) 无冗余性检验。无冗余性检验即表中不允许有空行空列。如果有空行空列出现,则可能是因为漏填了符号 C 或 U,或者功能和数据项的划分是冗余的、没有必要的。

11.4.2 关键成功因素法

关键成功因素法(critical success factors,CSF)是一种以关键因素为依据进行信息系统规划的方法。实践表明,通常决定大部分企业成败与否的因素只有三至六个。关键成功因素法是一个有效地帮助高层管理人员(如总经理)确定关键需求的方法,它被融入并应用到管理信息系统的战略规划中。企业根据自身的整体目标,通过目标分解,识别企业的关键成功因素与核心竞争力,以及这些因素的性能指标,然后根据这些因素确定企业分配资源的优先级别,并帮助企业利用信息技术发掘新的机遇。

关键成功因素法认为一个组织或企业的信息需求是由少数的几个关键成功因素决定的。关键成功因素是帮助企业达到一定的目标所不可缺少的业务、技术、资金以及人力因素,是由工业、企业、管理者和外部环境因素所构成的。一般来说,关键成功因素可定义为:某个产业中的某些活动,其资源与能力对成功的影响超过其他的活动,因此资源与能力就是关键成功因素。在信息系统中,关系系统实施成败的重要因素,包括企业核心管理层的重视程度、咨询顾问的技术水平、进度可靠性和明确的实施目标与计划,都可以作为关键成功因素。

1. CSF 的主要内容

关键成功因素法设计的目的是为管理者提供一个结构化的分析方法,帮助企业确定其关键成功因素和信息需求。CSF 通过与管理者,尤其是高层管理者的交流,根据企业战略确定的企业目标,识别出与这些目标相关的关键成功因素及关键性能指标。CSF 方法能够直观地引导高层管理者分析企业战略与信息化战略和企业流程之间的关系。

CSF 方法把关键成功因素的重要性置于企业的所有目标和策略之上,明确管理决策层所需的信息内容和信息层次,并指出管理者应特别注意的业务范围。若能掌握几项影响企业战略的关键因素,便能确保组织的核心竞争力。如果企业想要保持持续成长,就必须对这些关键因素加以管理,否则将无法达到预期的目标。企业的关键成功因素有 4 个主要来源。

- 企业所在行业的产业结构。不同产业因其自身的特质和结构的不同,存在着不同的关键成功因素。此因素决定于产业本身的经营特性,该产业内的每一个企业都必须注重这些因素。

- 竞争策略、产业中的地位及地理位置。企业的产业地位是由其发展历史与现在的竞争策略所决定的,产业中的每一个组织因其竞争地位不同,关键成功因素也会有所不同。对于由一两家大企业为主导的产业而言,主导厂商的行为常为产业内的小企业带来重大的影响。所以对小企业而言,大企业竞争者的策略可能就是其在生存中竞争的关键成功因素。

- 环境因素。企业外在因素(总体环境)的变动,会影响每个企业的关键成功因素。如在市场需求波动大时,存货控制可能就会被高阶主管视为关键成功因素之一。
- 暂时因素。暂时因素大部分是由企业内部特殊的原因引起的,存在于某一特定时期对企业的成功产生重大影响的活动领域。

2. CSF 的实施步骤

关键成功因素法的实施步骤如下。

- 确定组织的战略目标。
- 识别组织的所有成功因素。可以采用逐层分解的方法导出影响组织战略目标的各种因素以及影响这些因素的子因素。
- 确定组织的关键成功因素。对所有成功因素进行评价,根据组织的现状和目标确定关键成功因素,可以采用德尔菲法或模糊综合评价法等。
- 识别各关键成功因素的绩效指标和标准以及测量绩效的数据,即给出每个关键成功因素的绩效指标与衡量标准,以及用以衡量相应指标的数据。例如,某企业战略目标对应的 CSF 和关键绩效指标(key performance indicator,KPI)如图 11.6 所示。

范围	战略目标	CSF	KPI
财务方面	提高利用资金创造财富的能力	常用功效	费用收益率
		增加收入 降低成本 降低风险	收入增长率 储蓄服务成本 付费业务覆盖率
客户方面	以客户为中心,转换客户/利润组合,增加可获利客户数量和比重	客户满意度 市场份额	客户满意度 市场占有率
		客户保持能力 新客户获得能力 顾客获利能力 服务质量	客户留住率 新客户获得率 顾客获利能力 客户投诉次数
内部经营方面	提高经营和效率收益	人均销售 人均利润	人均销售收入 人均销售利润
		新产品收入 目标客户群 分配和服务效率	新产品收入比重、人均销售收入 有效市场开发 分配渠道组合、服务方式、服务时间
学习与成长方面	创造一个有能力的组织	雇员满意度 雇员能力	雇员满意度 雇员工作效率
		信息系统 雇员培训 奖励系统	信息处理和响应时间、信息覆盖比率 雇员培训天数 责权利对称系数

图 11.6　战略目标、CSF 与 KPI

CSF 应用的四个步骤可以用图 11.7 表示。

关键成功因素法源自企业目标,通过目标分解和识别、关键成功因素识别、绩效指

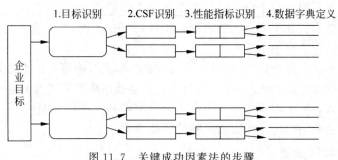

图 11.7 关键成功因素法的步骤

标及标准的测定,一直到产生衡量相应指标的数据。在识别关键因素的具体过程中,可以使用树枝因素图这种工具。例如,企业要扩大产品的市场占有率,能够产生影响的关键因素有产品的质量性能、产品的制造成本、产品的广告力度和产品的售后服务等。每个因素可以继续划分成更多因素,比如针对产品制造成本,可以通过降低库存、减少人员、实行信息化等办法来降低产品成本。该例子的树枝因素图如图 11.8 所示。

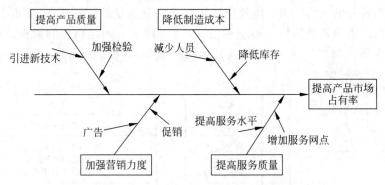

图 11.8 识别关键成功因素的树枝图

关键成功因素与企业或组织战略规划密切相关。组织战略规划描述组织期望的目标,关键成功因素则提供达到目标所需要的测量标准。关键成功因素是组织和处理过程中可观察、可测量的特性,分布于企业的战略层、战术层、应用层及组织层的各个方面。在具体的系统规划中,企业需要对关键成功因素进行认真选择和度量,并对关键成功因素之间的关系进行动态调整。

关键成功因素法的特点是能抓住主要矛盾,使得目标识别重点突出,主次分明。该方法简便可行,应用范围广,是企业信息系统规划最常用的方法。但是,该方法一般应用于确定管理目标。在信息系统规划中,该方法只考虑目标怎么分解,很少涉及如何利用信息技术来支持目标的实现,以及如何利用和实施信息系统。

关键成功因素法的优点是它能使目标的识别突出重点,集中于获取高层领导的信息需求,并且进行信息需求调查所需的时间较少。该方法适用于为不同竞争战略而建立不同管理信息系统的各种产业结构,特别适合企业对管理报表系统、决策支持系统和经理支持系统的开发。它的不足在于数据的汇总过程和数据分析方式都较为随意,缺乏严格的方法将诸多关键成功因素进行汇总。另外,也难以解决个人和组织的关键成功因素不一致问题。

评价哪些因素是关键成功因素的方法很多,不同的企业会根据各自不同的文化采用不同的方法。等级区分严格的企业一般由高层领导人员选择关键因素,而习惯于群体决策的企业则会采取群体共同讨论的方法。可选的方法具体有头脑风暴法及德尔菲法等。此外,小型企业可能更倾向于选择聘用专业咨询公司的专家、顾问为企业分析关键成功因素。关键成功因素法是一种战略规划方法,适用于信息系统的规划。该方法一般在高层的应用效果比较好,能够直观地引导高级管理者纵观整个企业与信息技术之间的关系。

11.4.3　战略目标集转化法

战略目标集转化法(strategy set transformation,SST)把组织[1]的整个战略目标看成一个"信息集合",由使命、目标、战略和其他战略变量(如管理的复杂性、改革习惯以及重要的环境约束)等组成。信息系统的战略规划过程是把组织的战略目标转变成系统的战略目标的过程,而后者由信息系统的系统目标、环境约束和战略规划组成,如图11.9所示。

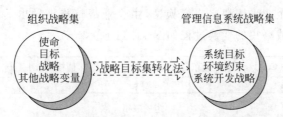

图 11.9　战略目标集转化法信息系统战略制定

SST 方法的应用包括以下两个步骤。

1. 识别和阐明组织战略集

考察是否有书面的战略规划。如果企业或组织已有战略性的长期规划,则把它表示为规范的形式;如果还没有这类战略规划,就应当构造这样一个战略集。构造战略集的步骤如下。

- 勾画出企业的利益相关者。企业的要求、目标和战略必然与企业的不同客户或对系统有要求的组织和个人相关。这些人或组织称为利益相关者。
- 确定每个利益相关者的目标和要求。对利益相关者要求的特性作定性描述,并对这些要求被满足程度的直接与间接度量给予说明。然后,定义组织相对于每个利益相关者的使命和战略。在每个利益相关者要求的特性确定以后,组织在综合评价各利益相关者要求的基础上,确定相对于这些利益相关者的任务和战略。
- 初步识别组织战略后,送交管理层审阅,收集反馈信息,经修改后进行下一步工作。

2. 将组织战略集转化为信息系统战略集

这个转换过程包括为组织的战略集合的每一个元素确定对应的信息系统战略元

1　本书中的组织主要指企业,有时也指非企业的其他社会经济实体。

素。信息系统战略集由系统目标、系统约束及系统设计原则组成。在此基础上，制定整个信息系统的结构。战略目标集的转化方法实施步骤如图11.10所示。

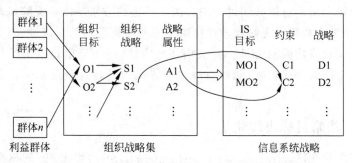

图11.10 战略目标集转换方法实施步骤示意图

战略目标集转化法所描述的过程是从组织的基本宗旨出发，得到对系统开发阶段的输入，其目的是产生一个与组织的战略与能力紧密相关的信息系统。但是，因为不同组织的战略目标集的内容差别很大，所以转化过程还不能形成算法的形式。

以下是某大型企业采用战略集变换法，由企业战略集推导出其信息系统战略集的举例。其信息系统战略集的变换过程如图11.11所示。

图11.11 信息系统战略集的变换过程

具体步骤：①列出企业战略集。②把企业的战略集转换成信息系统战略集。图11.11说明了组织战略集和MIS战略集的关系。例如，MIS目标中的主动检测市场信息（MO_3）是由组织的研发新产品并扩展新销售渠道（S_1）的战略导出的，这一战略又是组织目标中的年利润增长10%（O_1）和保证安全生产（O_6）所要求的，其中年利润增长

$10\%(O_1)$是利益相关者中的股东、债券人和管理者要求的反映,保证安全生产(O_6)是关联集团股票股东和债权人要求的反映。又如,MIS 设计战略中的使用模块设计方法(D_1)是由 MIS 约束中的缩减 MIS 开发资金(C_1)导出的,缩减 MIS 开发资金(C_1)与组织属性中的改善当前经营状况,提高对组织重构的要求(A_2)有关,而这条组织属性又是关联集团股票股东和管理者的要求。要说明的是,在使用战略目标集转化法确定 MIS 的战略和目标时,把两个战略目标集之间的关系完全表达出来是非常困难的。

11.4.4 三种系统规划方法的比较

企业系统规划法虽然首先强调目标,但没有明显的目标导引过程。它通过识别企业"过程"引出了系统目标,企业目标到系统目标的转化是通过业务过程/数据类等矩阵的分析得到的。由于数据类也是在业务过程基础上归纳出的,所以可以说识别业务过程是企业系统规划法战略规划的中心,而不能把企业系统规划法的中心内容当成 U/C 矩阵。

关键成功因素法能抓住主要问题,使目标的识别突出重点。因为高层领导比较熟悉这种方法,所以他们乐于努力实现使用这种方法所确定的目标。这种方法最有利于确定企业的管理目标。

战略目标集转化法从另一个角度识别管理目标,反映了各种利益相关者的要求,给出了按这种要求的分层,然后转化为信息系统目标的结构化方法。它能保证目标比较全面,疏漏较少,但它在突出重点方面不如关键成功因素法。

以上三种规划方法各有优缺点,在信息系统规划实践中常常综合使用,即用关键成功因素法确定企业目标,用战略目标集转化法补充完善企业目标,然后将这些目标转化为信息系统目标,再用企业系统规划法校核企业目标和信息系统目标,确定信息系统结构。这种方法可以弥补单个方法的不足,较好地完成规划,但同时它会因过于复杂而削弱单个方法的灵活性。

11.5 基于业务流程再造的信息系统规划

信息系统规划是管理信息系统领域中的一个重要内容。如何针对企业的实际情况,开发并实施有效的信息系统规划,指导企业的信息系统建设,一直是企业的信息系统/信息技术(IS/IT)人员和管理人员所关心的问题。自从 20 世纪 70 年代诺兰模型提出以来,业界已经提出了许多信息系统规划的方法和框架。企业可以结合自己的情况选择或借鉴上述方法,进行信息系统规划。业务流程再造(BPR)会对企业的经营方式和组织模式产生巨大的影响,也会对信息系统规划带来冲击。传统的信息系统规划方法大多数是面向职能或面向数据的,它们基于企业的组织结构,显然无法适应 BPR 所产生的过程环境。因此,有必要对传统的信息系统规划方法进行再思考,使之能与业务过程环境相一致。基于 BPR 的信息规划方法通过一个集成框架将 BPR 和信息系统规划有机结合。

11.5.1 BPR 与信息系统规划的关系

在 BPR 的思想中,IS/IT 起着非常重要的作用。没有 IS/IT 的支持,BPR 的实施是非常困难的。BPR 的核心思想是过程管理,它要求打破部门间的界限,从过程的角度而不是职能部门的角度来看问题。这种跨部门的过程思考观念对企业多年来赖以存在的基本状态提出了巨大的挑战。因此,虽然 BPR 能为企业带来巨大的收益,使企业发生根本性的变革,但是实施的风险也很大。从目前企业实施 BPR 的情况来看,失败率是很高的。造成这种现象的原因很多,其中一个重要原因就是没有合理地利用 IS/IT。而如何合理有效地利用 IS/IT 正是 IS 规划所要解决的问题。

信息系统规划是关于企业信息系统建设的长期规划,是企业战略规划的一个重要部分。它的主要目的是合理规划信息系统,但是现有的信息系统规划方法大多是针对职能化的组织环境。现有方法的出发点是企业职能部门,而 BPR 则要求从过程出发来进行信息系统规划。这两种观念上的差别必然会对信息规划产生巨大的冲击,主要体现在如何获取信息需求上,可以将其归纳为下列三方面。

(1) 信息需求的创新性。在基于 BPR 的信息系统规划中,首先要对过程进行再思考,在过程优化中提出信息需求。这种信息需求将是创造性的。

(2) 信息需求的来源。面向职能的信息系统规划主要按职能部门来收集企业的内部信息需求,并通过部门之间的信息接口实现信息一体化;但是在基于 BPR 的信息系统规划中,内部信息需求应当来源于过程,而不是职能部门。

(3) 信息需求的一致性。基于 BPR 的信息系统规划从过程出发,忽略了职能部门之间的界限,因此能够较为完整地找出合理的信息需求。显然,这些问题都是面向职能的信息系统规划方法所无法克服的。只有在信息系统规划是从企业过程而不是从职能部门出发,并对过程进行彻底再思考的条件下,才能解决这些问题。

11.5.2　基于 BPR 的信息系统规划方法

很多企业在进行业务流程再造时,发现有必要对企业的信息系统重新规划,以适应新的运营模式和组织环境,而传统的面向职能的信息系统规划方法又无法达到这一要求。因此,将传统方法与 BPR 规划结合起来,制订了一种基于 BPR 的信息系统规划方法。这种方法与传统方法的本质区别在于它是从过程优化中而不是通过职能分析获取信息系统需求。它强调从企业的战略目标和运行模式出发,通过优化核心过程来分析支持过程运营的信息需求,并制定符合企业战略的 IS/IT 战略。基于 BPR 的信息系统规划方法如图 11.12 所示。

1. 企业战略分析阶段

该阶段通过分析企业战略确定关键成功因素,使信息系统战略与企业战略保持一致;同时,根据企业战略和关键成功因素确定企业的核心过程。这是下一步过程分析和信息系统规划的重点。这一阶段包括以下三个活动。

(1) 分析企业发展战略。企业战略受到外部环境中的政治、经济和技术等因素以及竞争压力的影响,同时也要符合企业自身的实际情况。企业战略确定了企业未来的发展方向,这直接影响到企业 IT 投资重点。因此,分析企业战略能使信息系统战略与企业战略保持一致。

(2) 确定关键成功因素。关键成功因素是确保实现企业战略目标的必要条件,是影响企业成功的关键因素。通过分析企业战略目标和运营模式,可以得到关键成功因素。

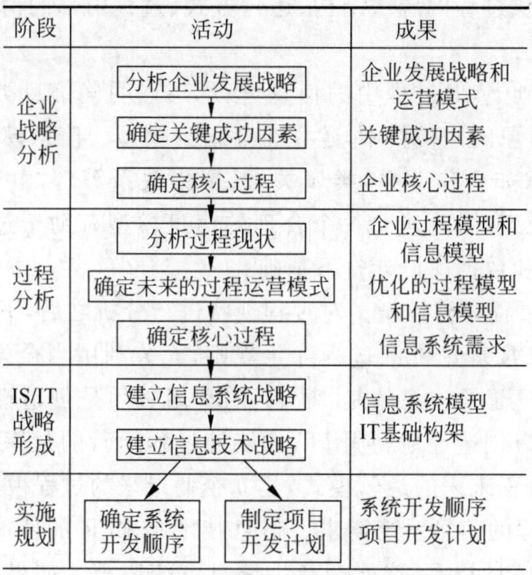

阶段	活动	成果
企业 战略 分析	分析企业发展战略 确定关键成功因素 确定核心过程	企业发展战略和 运营模式 关键成功因素 企业核心过程
过程 分析	分析过程现状 确定未来的过程运营模式 确定核心过程	企业过程模型和 信息模型 优化的过程模型 和信息模型 信息系统需求
IS/IT 战略 形成	建立信息系统战略 建立信息技术战略	信息系统模型 IT基础构架
实施 规划	确定系统 开发顺序　制定项目 开发计划	系统开发顺序 项目开发计划

图 11.12　基于 BPR 的 IS 规划方法

企业应当利用其所有资源(包括信息资源)确保关键成功因素。如果"使顾客满意"是企业的关键成功因素之一,那么就要分析与之有关的过程(如售后服务过程)是否能切实地达到这一目标,如果无法达到,就应该进行优化。同时,要充分利用 IT 提供的服务,比如建立顾客投诉管理系统。可以看出,关键成功因素是连接企业战略和企业过程的桥梁,它将企业战略具体化,指明了企业过程运营和优化的目标。

(3) 确定核心过程。在实施 BPR 时,正确识别企业过程是十分重要的。作为战略性的信息系统规划,我们无法也没有必要对所有的过程都进行分析,因此必须识别企业中的核心过程。核心过程直接为企业产生价值,或为产生直接价值的过程提供必要的支持,例如订单获取与完成过程、产品研究与开发过程、售后服务过程等,都是核心过程。核心过程是实施 BPR 的重点,也是信息系统需求的主要来源。要将关键成功因素与核心过程对应,并作为过程的运营目标。

2. 过程分析阶段

这一阶段的主要目的是全面了解核心过程现行的运营方式,对其进行必要的分析和优化,保证其运营方式符合企业战略、满足关键成功因素,同时确定信息系统需求。这一阶段是信息系统规划中最重要的阶段,它包括以下三个活动。

(1) 分析过程现状。要进行过程优化,首先要了解过程现状。通过详尽的调查,全面了解过程及其子过程的运营方式,过程运营中信息如何流动,过程之间是如何连接的,目前有哪些信息系统支持过程运营,目前的过程运营模式是否符合企业战略,是否满足关键成功因素,还存在哪些不足之处。根据这些信息,建立企业过程模型和信息模型。

建立过程模型能使我们对企业核心过程有全局性的了解,为以后的信息系统规划活动打下基础。目前有多种过程建模的方法,包括图形建模、数学建模以及语法建模等方法。由于图形建模方法能比较清晰、直观地反映过程全貌,一般采用这种方法。企业过程模型应当能够反映过程的层次结构、运营方式、过程内部的信息流以及过程之间的接口关系。

在过程模型的基础上，对过程中的信息进行分析，明确信息类之间的关系，利用信息建模技术(如面向对象的建模技术)建立企业信息模型。信息模型反映了信息类之间可能存在的各种关联(如合作关系、类属关系、聚集关系等)。由于企业过程会经常变化，而信息则相对较稳定，因此建立一个合理的信息模型有助于过程优化活动的进行，也为以后的信息集成和数据库设计打下基础。

(2) 确定未来的过程运营模型。对过程现状进行分析之后，下一步要对不合理的过程进行优化。遵循 BPR 理论中的过程优化规则，充分利用当今先进的信息技术，对业务过程进行再设计。这里要注意的是，对 IT 的利用必须是创造性的，而不仅仅是将过程简单地自动化。只有创造性地利用 IT，才能使过程运营的效率出现质的飞跃。通过过程优化，可以提出过程未来的运营模式，建立企业未来的过程模型和信息模型。

(3) 确定未来过程的信息系统需求。信息技术是 BPR 的使能器之一，在过程优化活动中会大量地利用信息技术，这就会产生信息系统需求。如果优化后的过程是合理的，这些信息系统需求将有效地支持过程运营，因此也就能支持企业战略和关键成功因素。应当将这些信息系统需求综合起来，明确这些需求所要达到的功能以及产生和利用的信息，这些信息系统需求是制定 IS/IT 战略的基础。

3. IS/IT 战略形成阶段

本阶段主要是制订合理的 IS/IT 战略，满足上一阶段所提出的信息系统需求。首先要合理划分信息系统，并将它们集成起来，形成企业的信息系统战略。同时充分理解当前信息技术的发展状况和未来发展趋势，确定实施这些信息系统的技术框架，建立企业的信息技术战略。本阶段包括以下两个活动。

(1) 建立信息系统战略。制订信息系统战略的目的是合理规划信息系统，满足过程运营和优化中所产生的信息系统需求。使用一些系统划分技术(如 U/C 矩阵法)，按照信息的聚集关系，划分出合理的子信息系统。确定各个子信息系统所支持的过程、完成的功能和处理的信息，同时确定各个信息系统之间的信息流和控制流，从而将各个信息系统联系起来，建立信息系统模型。

(2) 建立信息技术战略。信息系统要利用信息技术来实现，既要充分利用现有的信息资源，又要了解当前先进的信息技术以及未来发展趋势，在企业现有的资源状况下，选用最适当的、相对稳定的信息技术来实施这些信息系统。因此，要确定各个信息系统属于哪种类型(如数据库系统、专家系统、决策支持系统等)，采用什么软件来完成，需要哪些硬件支持，在何种网络上运行。将这些 IT 需求综合起来，制订相应的规划，形成完整的 IT 基础构架。

4. 实施规划阶段

本阶段制订信息系统规划的实施计划，保证信息系统战略和信息技术战略能够顺利实施。在企业有限的资源状况下，要确定各个信息系统开发的优先次序，保证那些最关键的信息系统能优先开发。同时，要制订各个信息系统开发的计划，保证 IS/IT 战略有序实施。

从上面四个阶段的活动来看,基于 BPR 的信息系统规划主要围绕着一系列的模型展开。但是建立这些模型不是最终目的,有效地从企业战略和过程运营中提取信息系统需求,合理地规划并实现这些需求才是信息系统规划的最终目的。

11.5.3 BPR 规划与信息系统规划的集成

信息系统规划与 BPR 规划是密切相关的,而且这种关系会一直延续到 BPR 项目与信息系统项目的实施过程中。BPR 规划同信息系统规划一样,都要对企业的战略进行分析,以保证过程优化与企业战略保持一致。过程优化也是 BPR 规划的主要内容,通过对过程的分析,产生过程的未来运营模式。IS/IT 战略的主要目标是满足过程分析和优化中所产生的信息系统需求,由此产生各个信息系统项目;BPR 战略的主要目标是如何合理有效地实施过程未来运营模式,由此产生各个 BPR 项目。BPR 项目的实施也要与其相关的信息系统项目实施结合在一起进行,以保证能完全贯彻规划的意图,并对规划进行细化和相应的调整。BPR 规划与信息系统规划的这种关系如图 11.13 所示。

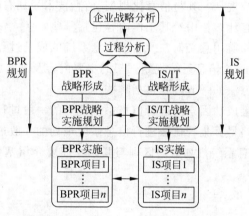

图 11.13 BPR 规划与 IS 规划的集成框架

信息系统规划很难形成一个统一的方法,因为规划本身就应当具有一定的柔性,以适应不同的企业环境。基于 BPR 的信息系统规划方法还需要在实践中加以改进,在信息系统规划的各个步骤中可能采用多种技术,企业必须按照自身的实际情况,制订合理的信息系统规划策略,才能在 BPR 实施过程中更有效地利用信息系统和信息技术,实施企业战略,为企业带来竞争优势。

章节要点

本章首先介绍了信息系统规划的几个基本概念和信息系统规划的作用。从信息系统规划的组织、系统调查、可行性分析、信息系统规划报告几方面介绍了信息系统规划的工作内容。其次,本章介绍了诺兰阶段模型和 Zachman 模型这两个信息系统规划框架,并对企业系统规划法、关键成功因素法及战略目标集转化法等三个具体的信息系统规划方法进行详细说明。最后,本章对信息系统规划与业务流程再造之间的关系进行分析,介绍了基于 BPR 的信息系统规划方法的基本步骤。

课程思政融入点

当前信息化建设取得了巨大成就。这些成就的取得离不开国家在信息技术创新及应用领域的战略规划。通过对国家若干大型项目规划的案例的介绍,引导学生理解在信息系统建设中做好规划的重要性。要做好大型信息系统项目的规划工作,不但需要有分析和解决问题的能力,更要有着眼工作全局的大局意识,要有严谨的工作态度,要有责任担当。通过课程的学习,引导学生对未来的职业发展做好规划,明确个人的社会责任,树立爱岗敬业的精神,形成正确的职业道德观。在数字经济时代,引导学生以高度的责任感积极投身于我国数字化转型的伟大建设事业。

思考题

1. 什么是信息系统规划?其与信息化规划、信息技术规划有何区别与联系?
2. 信息系统规划有什么作用?其工作内容包括哪些?
3. 诺兰阶段模型的实用意义何在?它把信息系统的成长过程划分为哪几个阶段?
4. 简要介绍 Zachman 信息系统规划框架的主要内容及其实施过程。
5. 企业系统规划方法的一般过程包括哪些步骤?
6. 简要介绍用关键成功因素法进行信息系统规划的一般过程。
7. 简要介绍用战略目标集转化法进行信息系统规划的一般过程。
8. BPR 规划与信息系统规划有何区别与联系?简要介绍基于 BPR 的信息系统规划一般过程。

第12章
信息系统开发过程

企业信息系统的规划方案确定以后，就可以开始进行信息系统开发。信息系统开发是一项涉及面广、投资规模大、建设周期长且存在一定风险的系统性工程。信息系统开发一般包括系统分析、系统设计、系统实施等几个主要阶段，整个开发过程也需要作为一个复杂项目进行管理。

12.1 信息系统的开发方法与开发方式

12.1.1 信息系统的开发方法

信息系统的开发方法主要包括结构化方法、原型法和面向对象方法。

1. 结构化方法

结构化系统开发方法是用系统的思想和系统工程的方法，按照用户至上的原则，结构化、模块化、自顶向下地对系统进行分析与设计。结构化方法按软件生命周期划分，包括结构化分析（structured analysis，SA）、结构化设计（structured design，SD）、结构化实现（structured programming，SP）。采用这种方法开发信息系统的时候，从对问题的抽象逻辑分析开始，一个阶段接一个阶段地进行开发。前一个阶段任务的完成是开始后一个阶段工作的前提和基础，而后一阶段任务的完成通常使前一阶段提出的解法进一步具体化，增加了更多的实现细节。结构化方法的优点包括如下几方面。

- 强调系统开发过程的整体性和局部性，在整体优化的前提下考虑具体的分析设计问题，即自顶向下的观点。
- 强调开发过程各阶段的完整性和顺序性，严格地区分开发阶段，严格地进行系统分析和设计，及时总结，及时反馈和纠正问题，从而避免了开发过程的混乱状态。
- 开发过程工程化，要求开发过程的每一步都按工程标准规范化，工作文体或文档资料标准化。

结构化开发方法的缺点包括如下。

- 开发周期较长，难以适应环境的变化。
- 仅在系统开发初期与用户进行沟通。
- 难以满足用户对于系统的后期需求。

由于存在上述优缺点，结构化方法普遍适用于大型系统的开发和建设，不适用于小型的信息系统开发。

2. 原型法

原型法是指系统开发人员在获取一定的基本需求定义后,利用系统开发辅助设计工具,快速地建立一个目标系统的最初版本(即系统原型),并把它交给用户试用,根据用户反馈的意见进行反复补充和修改,直到完全搞清用户的需求,开发出用户满意的系统为止。原型法的优点包括如下几方面。

- 符合人们认识世界的规律。用户在通过原型法不断认识和理解信息系统的过程中,对系统不断地提出改进意见。
- 系统开发周期短,开发费用低。用户全程参与系统的开发工作,有利于系统开发人员快速掌握用户的需求,缩短开发周期,降低开发成本。
- 原型提供了具体的、可视的模型,能够减少误解,有效降低信息需求的不确定性,使信息系统的原型描述比较准确。
- 系统易于被用户接受,减少培训时间。

原型法的缺点包括如下。

- 开发的原型受限于功能种类、技术等因素的复杂程度,不适合大型系统开发。
- 开发过程对管理要求高。
- 对开发工具要求高。
- 要求用户有较高的信息化知识。

3. 面向对象方法

面向对象方法(object-oriented,OO)是尽可能模拟人类习惯的思维方式,使开发信息系统的方法与过程尽可能接近人类认识世界、解决问题的方法与过程。它以对象为出发点,以类为依据,以继承为手段,提出一种系统开发的新思路。

面向对象方法认为系统是由若干相互联系的对象构成的。对象就是由数据和操作组成的封装体,与客观实体有直接对应关系,一个对象类定义了具有相似性质的一组对象。应用面向对象方法开发信息系统时,系统的分析与设计应以对象为中心,以类和继承为构造机制,来认识、理解、反映客观世界,并把面向对象程序设计的思想应用于系统开发过程中,指导开发活动。面向对象方法是建立在对象概念基础上的系统开发方法。面向对象方法的优点包括如下几方面。

- 符合人们认识客观世界从具体(现实世界)到抽象(概念世界),再从抽象(概念世界)到具体(信息世界)的一般规律。
- 系统有较好的可维护性和稳定性。
- 可重用性好,便于二次开发。

面向对象方法的缺点包括如下。

- 需要较高级的软件环境和开发工具支持。
- 初学者不易接受。

12.1.2 信息系统的开发方式

在信息系统规划通过可行性分析后,用户单位根据自身的技术力量、资金情况、外部环境等各种因素进行综合考虑,选择合理的开发方式,对于系统的成功开发是非常重要的。管理信息系统的开发方式主要有自行开发、委托开发、合作开发、购买商品化软件四种。

1. 自行开发方式

自行开发方式指用户依靠自己的力量独立完成系统开发的全部任务。这种开发方式要求用户所在组织的信息管理部门(信息中心)拥有水平较高的计算机技术专业开发队伍,对管理信息系统的分析与设计以及组织的工作业务较为熟悉。选用此种开发方式的用户主要有大型企事业单位和计算机公司等。

2. 委托开发方式

委托开发方式是指由用户(使用方)委托具有一定资质或开发经验的软件公司、科研院所(开发方)开发管理信息系统。通常采用这种方式的情况是开发方具有较丰富的计算机信息系统开发经验,到使用方调研后,按照用户的需求承担系统开发的任务。双方应签订系统开发项目协议,明确新系统的目标与功能、开发时间与费用、系统标准与验收方式、人员培训方案等内容。

3. 合作开发方式

合作开发方式指用户与开发组织联合组建开发团队,联合开发本企业的信息系统。合作开发方式适合于使用单位有一定数量的系统分析、设计及开发人员,但开发队伍比较薄弱,希望通过系统的开发,建立完善的技术队伍,以便于开展系统维护工作的情况。但在开发过程中需要双方及时达成共识,进行协调和检查。

4. 购买商品化软件

购买商品化软件指用户根据自身的需求,购买成熟的商品化软件。目前,针对某些领域的应用,一批专门从事系统开发的公司已经开发出了很多使用方便、功能强大的商品化软件,如人力资源管理系统、财务管理系统等。

不同的信息系统开发方式有各自的优点和缺点,需要根据使用单位的实际情况来进行选择,也可以综合使用多种开发方式。如表 12.1 所示,对上述 4 种开发方式做了简单的比较。

表 12.1　各种开发方式比较

特点比较	方式			
	自行开发	委托开发	合作开发	商品化软件
系统分析和设计能力	较高	低	较低	低
编程能力	较高	不需要	较低	较低
系统维护	容易	较困难	较容易	较困难

12.2　系统分析阶段

系统分析又称管理或业务分析,其主要任务是将在系统详细调查中所得到的文档资料集中到一起,对组织内部整体管理状况和信息处理过程进行分析,其主要侧重点在于具体业务的全过程。系统分析的主要内容包括：业务和数据的流程是否通畅，是否合理；数据、业务过程和实现管理功能之间的关系；旧系统管理模式的改革和新系统管理方法的实现是否具有可行性；等等。系统分析所确定的内容是系统设计、系统实施的基础。

12.2.1 系统详细调查

系统详细调查是系统分析的基础，只有获得了组织的翔实调查资料，才能进行信息系统的分析、抽象、归纳。

1. 系统详细调查的方式

在系统详细调查过程中应始终坚持正确的方法，以确保调查工作的客观性、正确性。系统调查的工作应该遵循如下几点要求。

1）自顶向下全面展开

系统调查工作应严格按照自顶向下的系统化观点全面展开。首先从最顶层开始，然后调查保证最顶层工作能够顺利完成的下一层管理工作，并以此类推，直至摸清组织的全部管理工作。

2）深入细致地调查研究

组织内部的每一个管理部门和每一项管理工作都是根据组织的具体情况和管理需要而设置的。调查工作的目的正是要搞清这些管理工作存在的原因、工作环境条件以及工作的详细过程，然后通过系统分析讨论其在新的信息系统支持下有无优化的可行性。

3）工程化的工作方式

按工程化的方法组织调查可以避免调查工作中一些可能出现的问题。所谓工程化的方法就是将工作中的每一步都事先计划好。对于需要多人协同工作的项目，必须用规范统一的表述形式。

4）全面铺开与重点调查结合

如果开发整个组织的管理信息系统，应开展全面的调查工作。如果近期内只需开发组织内部某一局部的信息系统，必须坚持全面铺开与重点调查相结合的方法，即自顶向下全面展开，但每次都只侧重于与局部相关的分支。

2. 系统详细调查的范围

系统详细调查的范围应该是组织内部信息流所涉及领域的各个方面，包括企业的生产、经营、管理等，具体内容包括组织机构和功能业务、组织目标和发展战略、工艺流程和产品构成、管理方式和具体业务的管理方法、业务流程与工作形式、数据与数据流程、决策方式和决策过程、可用资源和限制条件、现存问题和改进意见等。这些内容只是一种大致的划分，实际工作时应视具体情况而增减或修改。我们可根据具体情况设计调查问卷的问题或问卷调查表的栏目，目的只有一个，就是真正弄清处理对象现阶段工作的详细情况，为后面的分析设计工作做准备。

3. 系统详细调查的方法

系统详细调查的方法多种多样，主要包括问卷调查法、召开调查相关会议、调查人员直接参加业务实践、查阅企业的有关资料、对有关业务人员作专题访问、由用户方管理人员向开发者介绍情况等。

4. 系统详细调查应注意的问题

系统详细调查是一项繁重和重要的工作,且涉及业务面很广。调查时应注意以下问题。

调查前要做好计划和用户培训。根据系统需要,明确调查任务的划分和规划,列出必要的调查大纲,规定每一步调查的内容、时间、地点、方式和方法等。对用户进行培训或发放说明材料,让用户了解调查过程、目的等,并参与调查的整个过程。这样不但便于开发者和用户的协调,而且可以使调查有序、高效。

调查要从系统的现状出发,避免先入为主。要结合组织的实际管理现状,了解实际问题,得到客观资料。

调查与分析整理相结合。应及时反映并解决调查中出现的问题。

分析与综合相结合。调查过程中要深入了解现行组织各部分的细节,然后根据相互之间的关系进行综合,从而对组织形成完整的了解。

为便于开发者和用户对调查中得到的结果和问题进行交流和分析,调查中需要简单易懂的图表工具。

12.2.2 组织结构与功能分析

组织结构与功能分析主要包含三部分内容:组织结构分析、业务过程与组织结构之间的联系分析、业务功能一览表。组织结构分析通常是通过组织结构图来实现的,将调查中所了解的组织结构具体地描绘在图上,作为后续分析和设计之参考。业务过程与组织结构之间的联系分析通常也通过业务与组织关系图实现,利用系统调查中所掌握的资料着重反映业务过程与组织结构之间的关系,作为后续分析和设计新系统的基础。业务功能一览表把组织内部各项管理业务功能都用一张表的方式罗列出来,是今后进行功能/数据分析的基础。

1. 组织结构图

组织结构图是一张反映组织内部之间隶属关系的树状结构图。在绘制组织结构图时应注意,除后勤等与企业生产、经营、管理环节无直接关系的部门外,其他部门一定要反映全面、准确。图12.1给出了某企业的组织结构图。

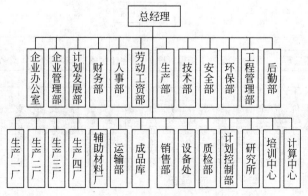

图12.1 某企业的组织结构图

2. 组织/业务关系分析

组织结构图反映了组织内部和上下级的关系,但不能反映组织内部各部分之间的联系程度、组织各部分的主要业务职能和它们在业务过程中所承担的工作等,这会给后续的业务、数据流程分析和过程/数据分析等带来困难。为了弥补这方面的不足,通常增设组织/业务关系表以反映组织各部分在承担业务时的关系。我们以组织/业务关系表中的列标题表示各组织名称,行标题表示业务过程名,中间栏填写组织在执行业务过程中的作用。根据系统详细调查获取的资料,某企业的组织/业务关系可绘制成表12.2的形式。

表 12.2　组织/业务关系表

| 业务 | 组织 | | | | | | | | | | |
---	计划部	质量部	设计部	工艺部	总工室	生产部	供应部	人事部	总务部	销售部	仓库
计划	*				√	×	×			×	
生产	√	×	×	×	*	*	×				√
供应	√						*				√
销售		√				√				*	×
人事								*	√	√	
...											

注:"*"表示该项业务是对应组织的主要业务(即主持工作的单位);

"×"表示该单位是参加协调该项业务的辅助单位;

"√"表示该单位是该项业务的相关单位(或称有关单位);

空格表示该单位与对应业务无关。

3. 业务功能一览表

在企业或组织中,常常有这种情况:各个部门的名称并不能完整地反映该部门包含的业务和功能。随着生产水平、生产规模及管理水平等方面的提升,部门负责的业务和功能也可能随之发生变化,甚至脱离现有部门并独立形成一个新的部门。对于这类变化,我们事先是无法全部考虑到的,但对于业务功能本身的可能改变是可以提前预估的。

如果我们以功能为准绳设计系统,那么系统将会相对于组织结构的变化有一定的独立性,具有较强的生命力。在分析组织情况时还应该画出其业务功能一览表,它是一个完全以业务功能为主体的树形表,其目的是描述组织内部各部分的业务和功能。下面我们仅列举某厂业务功能一览表中的一部分,用以说明其具体的画法(如图12.2所示)。

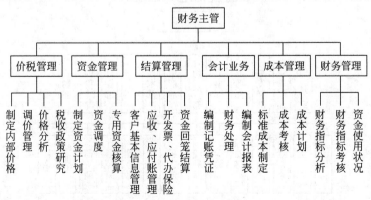

图 12.2　业务功能一览表

12.2.3 业务流程分析

对业务流程进行分析的目的是发现现行系统中存在的问题和不合理的地方,优化业务处理过程,以便在新系统建设中予以克服或改进。对业务流程进行分析是掌握现行系统状况,确立新系统逻辑模型不可缺少的一个环节。业务流程分析的步骤一般包括:

- 通过调查掌握基本情况;
- 描述现有业务流程;
- 确认现有业务流程;
- 对业务流程进行分析;
- 发现问题并提出解决方案;
- 提出优化后的业务流程。

确定新的业务流程,也就是画出新系统的业务流程图。在绘制业务流程图时,可以采用2.1.4节中的BPMN建模符号,也可以采用主要用于表达"数据载体"处理流程的6种业务流程图基本符号,如图12.3所示,其中"业务处理单位"表示参与某项业务的人或部门;"业务处理功能"的名称一般用一个简单的动词或动宾词组表示;"表格/报表"表明数据的载体;"收集/统计数据"表示数据统计汇总的结果;"数据/文档存储"表明数据是作为档案来存储或保存的;"信息传递过程"表明业务数据的流动方向。

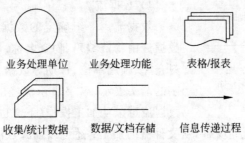

图 12.3 业务流程图的基本图形符号

以企业财务部门发放员工工资的业务流程为例,企业财务部在核算员工工资前将汇总员工考勤信息表、职工基本信息表以及职工房租、水电费代扣数据,并将计算后的工资汇总表发放给企业员工,由企业员工自行审核。若员工审核发现错误,则将出错的工资表返还给财务部门重新进行审核。企业员工对工资汇总信息审核无误后生成工资账单,并通过系统发送给银行,银行根据工资账单信息将工资发给相应的企业员工,业务流程图如图12.4所示。

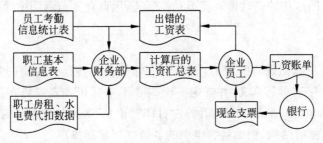

图 12.4 企业发放工资业务流程图

12.2.4 数据流图

通过系统详细调查,我们可以收集各类数据载体(如报表、统计表文件格式等)和数据调查表。这些原始资料是由每个调查人员按组织结构或业务过程收集的,它们往往只是局部地反映了某项管理业务对数据的需求和现有的数据管理状况,必须分析清楚这些数据被加工和处理的详细流程,以便理清不同数据之间的关系。

数据流图(data flow diagram,DFD)是一种能全面描述系统数据流程的主要工具,它用一组符号来描述整个系统中数据的全貌,综合地反映数据在系统中的流动、处理和存储情况。数据流图有两个特征:抽象性和概括性。抽象性指的是数据流图把具体的组织机构、工作场所、物质流都去掉,只剩下数据和数据存储、流动、使用以及加工情况。概括性则是指数据流图把系统对各种业务的处理过程联系起来考虑,形成一个总体。

1. 数据流图的基本符号

数据流图的基本元素包括数据流、数据处理、外部实体和数据存储。一般以方框、连线及其变形为基本图例符号来表示数据流动过程。数据流图的元素符号如图 12.5 所示。

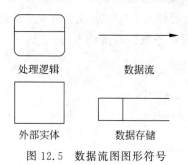

处理逻辑　　　数据流

外部实体　　　数据存储

图 12.5　数据流图图形符号

1) 数据流

数据流由一组确定的数据组成。例如,"领料单"数据流由物资编码、物资名称、规格型号、领用数量、出料仓库、领用单位、日期等数据组成。数据流用带有名字的箭头表示,名字表示流经的数据,箭头表示流向。数据流可以从加工操作(下文也称为"加工")流向加工操作;也可以从加工流向文件,从文件流向加工;还可以从源点流向加工或从加工流向终点。

对数据流的表示通常有以下约定。

(1) 名字最好能反映数据流的含义,不同的数据流不能同名。

(2) 对流进或流出文件的数据流不需标注名称,因为文件名本身就足以说明数据流了。而其他的数据流则必须标出名称。

(3) 两个加工之间可以有多个不同的数据流,这是由于它们的用途不同,相互之间没有联系,或者流动时间不同。

(4) 数据流图描述的是数据流而不是控制流,因此业务流程图中的控制流应从数据流图中删去。

2) 处理逻辑

处理逻辑是对数据进行的加工,它把流入的数据流转换为流出的数据流。每个处理逻辑都应用名字表示其含义,并规定一个编号用来标识处理逻辑在层次分解中的位置。名字中必须包含一个动词,如"计算""打印""汇总"等。处理逻辑的作用主要如下。

(1) 改变数据的结构,例如将数组中的各数据项重新排序。

(2) 产生新的数据,例如对原来的数据汇总、求平均值等。

3）数据存储

数据存储表示数据保存的地方。数据存储的名字应与数据的内容一致，写在开口长方形内。数据流从数据存储流入或流出时，方向是很重要的。如果是读数据存储，则数据流的方向应从数据存储流出，写数据存储时则相反。如果是又读又写，则数据流是双向的。在修改数据存储时，虽然必须首先读数据存储，但其本质是写数据存储，因此数据流应流向数据存储，而不是双向的。

4）外部实体

外部实体指系统以外与系统有联系的人或事物，例如顾客、职工、供货单位等。它表达了该系统数据的外部来源或去处。外部实体也可以是另外一个信息系统。为了避免在数据流图上出现线条交叉，同一个外部实体或文件均可在不同位置多次出现。这时要在外部实体符号的右下方画小斜线或在文件符号左边画竖线，以示重复。

从以上内容可以看出，数据流图可通过基本符号直观地表示系统的数据流程和加工、存储等过程，但它不能表达每个数据和加工的具体含义。这些信息需要在"数据字典"和"加工说明"中表达。图12.6为市场营销系统的一个数据流图示例。

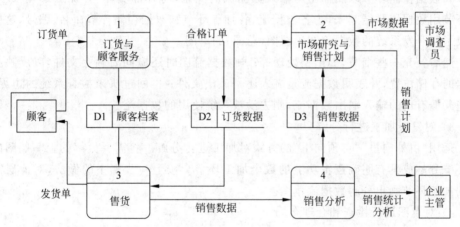

图12.6　市场营销系统的数据流图示例

采用数据流图进行数据流分析一般应遵循以下原则。

（1）明确系统边界。一张数据流图表示某个系统或子系统的逻辑模型。系统分析人员要根据调查材料，首先识别出那些不受所描述的系统控制，但又影响系统运行的外部环境，这就是系统数据输入的来源和输出的去处。把这些因素都作为外部实体确定下来。确定了系统和外部环境的边界，就可集中力量分析和确定系统本身的功能。

（2）在总体上遵循自顶向下逐层分解的原则，即按照结构化方法的思想，采用分层的数据流图，把大问题、复杂的问题分解成若干小问题，然后分别解决。

（3）在局部上遵循由外向里的原则，即先确定每一层数据流图的边界或范围，再考虑流图的内部，先画加工的输入和输出，再画加工的内部。

分层的数据流图一般由顶层、中间层和底层组成。顶层抽象地描述了整个系统的情况，包括系统的范围、系统与外界实体间的关系（输入输出流）；底层具体画出了系统的细节部分；中间层则是从抽象到具体的逐步过渡。

2. 数据流图的绘制与检验

对于不同的问题,数据流图可以有不同的画法。具体操作时可按下述步骤进行。

1) 识别系统的输入和输出

在系统分析初期,系统的功能需求还不明确,为了防止遗漏,不妨先将范围定大一些。系统边界确定后,越过边界的数据流就是系统的输入或输出。

可以首先确定所开发的系统的外部实体,即系统的数据来源和去处。然后确定整个系统的输出数据流和输入数据流,把系统作为一个加工环节,画出关联图。一般应把数据来源置于图的左侧,数据去处置于图的右侧。

2) 绘制系统内部数据流

从系统输入端到输出端(也可反之),逐步把数据流和加工连接起来。当数据流的组成或数据发生变化时,就在该处画一个"加工"。

首先确定系统的主要信息处理功能,按此将整个系统分解成几个加工环节。其次确定每个加工的输出与输入数据流以及与这些加工有关的数据存储。最后根据各加工环节和数据存储环节以及输出与输入数据流的关系,将外部实体、各加工处理、数据存储环节用数据流联结起来,为各数据流、各加工环节和数据存储环节命名、编号,这样就形成了所开发系统的数据流图顶层图(总图)的草图。

然后补充一些细节,如出错处理等;画数据流图时还应同时画上文件,以反映各种数据的存储位置,并表明数据流是流入还是流出文件;再回过头来检查系统的边界,补上遗漏但有用的输入输出数据流,删去没被系统使用的数据流。

3) 对复杂加工进行分解

运用"由外向里""自顶向下"的方式对加工进行分解。将需要分解的上一层图的加工环节分解成具有明确逻辑功能的数个加工环节。按上一步骤中的做法,对上层需分解的加工环节画出分解数据流草图。

4) 对草图进行检查和合理布局

本步骤主要检查分解是否恰当、彻底,数据流图中各成分是否有遗漏、重复、冲突之处,各层数据流图及同层数据流图之间关系是否正确及命名、编号是否确切、合理等,对错误与不当之处进行修改。

5) 和用户交流

和用户讨论的主要问题是:系统逻辑功能的设置和描述是否合理,能否满足用户的信息需求,数据流和数据存储的内容以及数据来源和去处(外部项)是否符合实际,描述是否准确、合理;用户在了解数据流图的全部内容后对系统逻辑功能有什么进一步的意见与要求。系统分析人员根据与用户讨论的结果,对数据流图的草图进行修订。

6) 检查、修改、完善

系统分析负责人对数据流图进行复审。检查数据流图是否全面、准确地反映了系统调查以及用户的意见,能否勾画出现行系统的数据处理逻辑。如果有不太明确之处,应重新调查,并进行修改完善。否则通过复审,数据流图绘制过程结束。

一个规模较大且结构复杂的信息系统的数据流图可能包括几千个加工环节,要把它们都画在同一张纸上是不可能的。为了控制复杂性,通常按照"自顶向下,逐层分解"

的技术分层处理,因此在多数情况下,这样的数据流图被称作分层数据流图。

3. 绘制数据流图应注意的事项

1）自顶向下逐层分解

使系统逻辑模型遵循由系统外部至系统内部、由总体到局部、由抽象到具体的建立过程。为了使数据流图简洁、清晰、功能明确、方便交流,分解的层次和每张图的内容要适当。

2）数据流必须经过加工环节

必须进入加工环节或从加工环节流出。不经过加工环节的数据流(如外部项之间的数据交换)不在数据流图上表示,因这类数据流与所描述的系统无直接关系。

3）数据存储环节一般作为两个加工环节的界面来安排

只与一个加工环节有关的数据存储,如果不是公用的或特别重要的,可不在数据流图上画出。直接从外部项来与直接到外部项去的数据流应直接与加工环节相连,不应通过数据存储环节相连。

4）编号科学合理

每个数据加工环节和每张数据流图都要编号。按逐层分解的原则,父图与子图的编号要有一致性。一般子图的图号是父图上对应的加工的编号。

数据流与数据存储环节也要进行编号以便于编写、分析与维护。编号方法原则上与加工环节的编号方法相同。

5）只绘制所描述的系统稳定工作情况下的数据流图

不描述系统启动或结束工作时功能和数据流运动规律处于变动状态的情况。对于一个大型企业信息系统,由于在系统分析初期,开发人员对问题的理解深度不够,数据流图也不可避免会存在某些缺陷或错误,此时就需要进行检查、修改和完善。

4. 数据流图的正确性检查

1）数据守恒

一个加工环节的输出数据流仅由它的输入数据流确定,这个规则绝不能违背。数据不守恒的错误有两种:一是漏掉某些输入数据流;二是某些输入数据流在加工环节内部没有被使用。

2）正确标注数据流

在数据流图中,文件与加工环节之间数据流的方向应按规定认真标注,这样有利于对文件使用正确性的检查。例如,如果发现某个文件只有输入流而没有输出流,则要么是画错了,要么是系统分析出现了问题,因为一个不产生任何输出流的文件是没有意义的。

3）子图和父图平衡

子图和父图的平衡是指子图的输入和输出应当和父图保持一致。造成子图与父图不平衡的一个常见原因是在增加或删除一个加工环节时,忽视了对父图或子图的修改。在检查数据流图时应特别注意这一点。

5. 数据流图举例

某公司针对其库房日常的管理业务,设置了以下库房管理系统。此系统的数据来源是生产部、车间和物资采购员,数据去处项是主管领导。由此得到此系统的最高层数据流图——关联图,如图 12.7 所示。

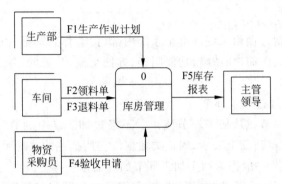

图 12.7　库房管理系统关联图

关联图给出了系统的总概念,明确了系统的外部项和整个系统的界面。实际上,库房管理系统必须具备四个最基本的功能,即入库管理、出库管理、限额管理和统计,如图 12.8 所示为系统顶层图。

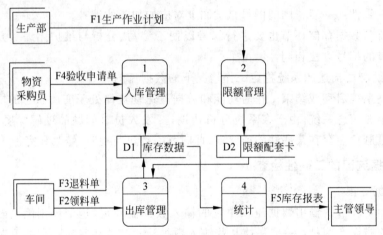

图 12.8　库房管理系统的顶层图

在顶层数据流图中,入库管理还可进一步分解成为三部分:正常入库、接收退料单和退料处理。出库管理可分解为接收限额领料单、限额核对、接收物资领料单和出库处理四部分。这样,就可以得到系统的第一层数据流图,如图 12.9 所示。

此例较为简单,第一层数据流图已提供了系统的所有具体功能。分层扩展到此止步。当然,绘制数据流图要经过系统开发人员的认真分析、与用户多次讨论和反复修改才能完成。最后得到的数据流图就是系统的逻辑模型,是系统设计的重要依据。

12.2.5　数据字典

数据流图描述了现行系统的总体框架结构。在数据流图的基础上,需要对其中的每个数据流、数据存储等元素加以描述,将这些定义所组成的集合称为数据字典。数据字典的作用是对数据流上的每个元素给以定义和说明,目的是进行数据分析和归档,同时也作为数据库/数据文件设计的依据。除此之外,数据字典还要对系统分析中其他需

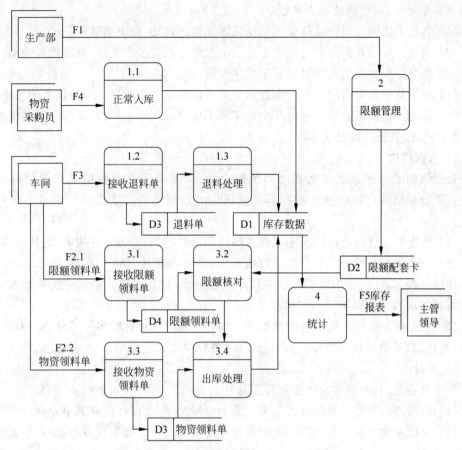

图 12.9 库房管理系统第一层数据流图

要说明的问题进行定义和说明。

1. 编写数据字典的基本要求

对数据流图上各种元素的定义必须明确、易理解、唯一。

命名、编号与数据流图一致，必要时可增加编码，方便查询搜索、维护和统计报表制作。

符合一致性与完整性的要求，对数据流图上的成分定义与说明无遗漏项。数据字典中无内容重复或内容相互矛盾的条目。

格式规范、风格统一、文字精练，数字与符号正确。

数据字典可以用人工方式建立，事先印好表格，填好后按一定顺序排列，就是一本字典；也可以建立在计算机内。数据字典实际上是关于数据的数据库。

2. 数据字典项的类目

数据字典中有 6 类条目：数据元素、数据结构、数据流、数据存储、外部实体和处理逻辑。不同类型的条目有不同的属性，现分别说明如下。

1）数据元素

数据元素是最小的数据组成单位，也就是不可再分的数据单位，如学号、姓名等。

对每个数据元素,需要描述以下属性。

(1) 名称。数据元素的名称要尽量反映该元素的含义,便于理解和记忆。

(2) 别名。一个数据元素可能有不止一个名称。若有多个名称,则需加以说明。

(3) 类型。说明取值是字符型还是数字型等。

(4) 取值范围和取值的含义。指数据元素可能取什么值或每一个值代表的意思。

(5) 长度。指出该数据元素由几个数字或字母组成。如学号,按某校现在的编法由 7 个数字组成,其长度就是 7 字节。

2) 数据结构

数据结构的描述重点是数据之间的组合关系,即说明这个数据结构包括哪些成分。一个数据结构可以包括若干数据元素或(和)数据结构。这些成分中有三种特殊情况。

(1) 任选项。这是可以出现也可以省略的项,用"[]"表示,如[曾用名]是任选项。

(2) 必选项。在两个或多个候选数据项中,必须出现其中的一个,所对应的成分称为必选项。例如,任何一门课程都是必修课或选修课,二者必居其一。必选项的表示办法是将候选的多个数据项用"{}"括起来。

(3) 重复项。可以多次出现的数据项。例如一张订单可订购多种零件,每种零件有品名、规格、数量等属性,用"零件细节"表示。在订单中,"零件细节"可重复多次。

3) 数据流

关于数据流,在数据字典中描述以下属性。

(1) 数据流的来源。数据流可以来自某个外部实体、数据存储或某个处理。

(2) 数据流的去处。某些数据流的去处可能不止一个。如果有多个,则每个去处都要说明。

(3) 数据流的组成。一个数据流可包含一个或多个数据结构。若只含一个数据结构,应注意名称的统一,以免产生二义性。

(4) 数据流的流通量。指单位时间(每日、每小时等)内的传输次数。流通量可以用于估计平均数或最高、最低流量各是多少。

(5) 高峰时的流通量。

4) 数据存储

数据存储的条目主要描写该数据存储的结构及有关的数据流、查询要求。有些数据存储的结构可能很复杂,如"学籍表",包括学生的基本情况、学生动态、奖惩记录、学习成绩、毕业论文成绩等,其中每一项又是数据结构。这些数据结构有各自的条目分别加以说明,因此在"学籍表"的条目中只需列出这些数据结构,而不要列出其内部构成。数据流图是分层的,下层图是上层图的具体化。同一个数据存储可能在不同层次的图中出现。为描述这样的数据存储,应列出最低层图中的数据流。

5) 外部实体

外部实体是数据的来源或去向。因此,在数据字典中,关于外部实体的条目主要说明外部实体产生的数据流和传给该外部实体的数据流,以及该外部实体的数量。外部实体(尤其是关系密切的主要外部实体)的数量对于估计本系统的业务量有参考作用。

6）处理逻辑

需要在数据字典中描述处理框的编号、名称、功能的简要说明及有关的输入、输出。关于功能的描述能使用户产生较明确的概念，知道这一框的主要功能。功能的详细描述，还要用"小说明"进一步补充。

12.2.6 描述处理逻辑的方法

数据流图中比较简单的处理逻辑可以在数据字典中给出定义，但还有不少比较复杂的处理逻辑需要运用一些描述处理逻辑的工具说明。描述处理逻辑的工具主要包括判断树、判断表和结构化语言方法。

1. 判断树

我们以某企业销售策略为例构造判断树和判断表。某企业对不同交易额、不同信用的新老客户采取不同的优惠待遇，具体策略是：每年交易额小于或等于5万的客户不给优惠；每年的交易额大于5万的客户，如无欠款，给15％的折扣率；如果有欠款，还应考虑客户与本企业的交易时间。交易时间大于或等于20年，折扣率10％；小于20年，折扣率5％。

图12.10是销售策略判断树。判断树比较直观，容易理解，但当条件多时，不容易清楚地表达出整个判别过程。

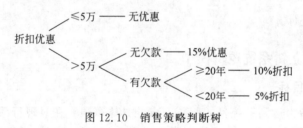

图 12.10 销售策略判断树

2. 判断表

判断表是采用表格方式来描述处理逻辑的一种工具。

例如某库存采购策略如下：若库存量大于或等于库存上限，则发出库存上限警报；若库存量未超过库存上限，但库存量大于订货点，则不做任何行动；当库存量小于或等于订货点时开始订货；当库存量低于库存下限时发出下限警报。该业务处理逻辑的判断表如表12.3所示。

表 12.3 库存控制处理的判定表

	决策规则号	1	2	3	4
条件	库存量≥库存上限	Y	N	N	N
	库存量≤订货点	N	N	Y	Y
	库存量＜库存下限	N	N	N	Y
行动	上限警报	√			
	不行动		√		
	订货			√	
	下限警报				√

3. 结构化程序语言

结构化程序语言是一种模仿计算机语言的处理逻辑描述方法。它使用了由"IF""THEN""ELSE"等词组成的规范化语言。

例如,某仓库发货方案如下:①客户欠款时间不大于 30 天,如果需求量不大于库存量,则立即发货;否则先按库存量发货,进货后再补发。②客户欠款时间不大于 100 天,如果需求量不大于库存量,则先付款再发货;否则不发货。③客户欠款大于 100 天,要求客户先付欠款。

下面是处理订货单逻辑过程的结构语言表示。

```
IF 欠款时间≤30 天
    IF 需求量≤库存量
        THEN 立即发货
    ELSE
        先按库存量发货,进货后再补发
ELSE
    IF 欠款时间≤100 天
        IF 需求量≤库存量
            THEN 先付款再发货
        ELSE
            不发货
    ELSE
        要求先付款
```

12.2.7 建立新系统逻辑模型

1. 确定系统目标

系统目标是指为达到系统目的所要完成的具体事项。在对现行系统做详细调查的基础上,根据详细调查结果对系统规划报告中提出的系统目标进行再次考察,对项目的可行性和必要性进行重新考虑,并根据对系统建设的环境和条件的调查修正系统目标,使系统目标适应组织的管理需求和战略目标。系统目标主要包括系统功能目标、系统技术目标和系统经济目标。

1)系统功能目标

系统功能目标是指系统所能处理的特定业务和这些业务的处理质量。管理信息系统为管理者所提供信息的数量和质量,管理者对管理信息系统所提供信息的满意程度,管理信息系统能为管理者提供哪些先前所不具备的便利等,都是衡量系统功能目标的依据。

2)系统技术目标

系统技术目标是指系统应具有的技术性能和应达到的技术水平。常用的衡量技术的指标有运行效率、响应速度、吞吐量、可靠性、灵活性、可维护性、审核能力、操作使用方便性等。

3)系统经济目标

系统经济目标是指系统开发的预期投资费用和预期经济效益。预期投资费用可分别从研制阶段和运行维护投资两方面进行估算。预期经济效益则应从直接经济效益和间接经济效益两方面进行预测。直接经济效益可以用货币额来度量,而间接经济效益不容易量化,主要从提高管理水平、优化管理方法、提高客户的满意度等方面考虑。

2. 确定新系统的业务流程

新系统的业务流程不仅对企业业务过程进行描述,还包括了企业业务过程的重组与优化的过程。在业务流程分析的过程中,已经对原系统的业务流程进行了分析与优化,但在确定新系统的逻辑模型时,还应再次分析讨论。

确定新系统业务流程的具体步骤包括如下。

- 对企业的业务流程进行分析讨论,找出业务流程中仍不合理的地方。
- 对业务流程中不合理的过程进行优化,分析优化后将带来的益处。
- 确定新系统的业务流程。

3. 确定新系统的数据和数据流程

新系统的数据流程图是系统"做什么"的逻辑基础。在数据流程分析的过程中,已经对原系统的数据流程进行了分析与优化,但在确定新系统的逻辑模型时,还应再次分析讨论。

确定新系统的数据和数据流程,具体步骤包括如下。

- 与用户讨论数据指标体系是否全面合理,数据精度是否满足要求等有关内容,确认最终的数据指标体系和数据字典。
- 对数据流程进行分析讨论,找出数据流程中仍不合理的地方。
- 对数据流程中不合理的过程进行优化,分析优化后将带来的益处。
- 确定新系统的数据流程。

4. 确定新系统的功能模型

确定新系统的功能模型就是对新系统进行子系统的划分。在进行组织结构与功能分析时,对系统必须具有的功能做了详细的调查和分析。通过对子系统的划分,建立了系统的功能模型。在确定新系统逻辑模型时,必须再次进行分析讨论,最后确定新系统总的功能模型。

5. 确定新系统的数据资源分布

在系统功能分析和子系统划分之后,应该确定数据资源在新系统中的存放位置,即哪些数据资源存储在本系统的内部设备上,哪些存储在网络或主机上。

6. 确定新系统中的管理模型

管理模型是系统在每个具体管理环节上所采用的管理方法的抽象。在计算机技术的支持下,一些较复杂的现代管理方法具有了投入应用的可能。系统分析中,要根据数据流程图对每个处理过程进行认真分析,研究每个管理过程的信息处理特点,找出相适应的管理模型。

12.2.8　系统分析报告

完成整个系统分析阶段的工作后,应提交一份完整的系统分析报告作为工作成果。系统分析报告一经确认,就成为具有约束力的指导性文件,成为下一阶段系统设计工作的依据和今后验收目标系统的检验标准。系统分析报告形成后,必须组织各方面的人员(包括组织的领导、管理人员、专业技术人员、系统分析人员等)一起对已经形成的方案进行论证,尽可能发现其中的问题和不足。对于有争论的问题,要重新核实当初的原始调查资料或进一步地深入调查研究;对于重大的问题甚至可能需要调整或修改系统目标,重新进行系统分析。

在系统分析报告中,数据流图、数据字典和加工说明这 3 部分是主体,是系统分析报告中必不可少的组成部分。而其他各部分内容则应根据所开发目标系统的规模、性质等具体情况酌情选用,不必生搬硬套。总之,系统分析报告必须简明扼要、抓住本质,反映出目标系统的全貌和开发人员的设想。

系统分析报告主要有以下 3 个作用。

- 描述了目标系统的逻辑模型,作为开发人员进行系统设计和实施的基础。
- 作为用户和开发人员之间的协议或合同,为双方的交流和监督提供基础。
- 作为目标系统验收和评价的依据。

因此,系统分析报告是系统开发过程中的一份重要文档,必须完整、一致、精确且简明易懂。

一份完整的系统分析报告应该包括下述内容。

(1) 组织情况概述。

- 对分析对象的基本情况作概括性的描述,包括组织的结构、组织的目标、组织的工作过程和性质、业务功能。
- 系统与外部实体(其他系统或机构)间有哪些物质以及信息的交换关系和联系。
- 参考资料和专门术语说明。

(2) 现行系统概述。

- 现行系统现状调查说明。通过现行系统的组织结构图、数据流图、概况表等,说明现行系统的目标、规模、主要功能、组织机构、业务流程、数据存储和数据流,以及存在的薄弱环节。
- 系统需求说明。包括用户要求以及现行系统主要存在的问题等。
- 系统逻辑模型。
- 新系统拟定的业务流程及业务处理工作方式。提出明确的功能目标,并与现行系统进行比较分析,重点要突出计算机处理的优越性。
- 新系统拟定的数据指标体系和分析优化后的数据流程,各个层次的数据流图、数据字典和加工说明,以及计算机系统将完成的工作部分。
- 出错处理要求。
- 其他特性要求。例如系统的输入输出格式、启动和退出等。
- 遗留问题。梳理根据目前条件,暂时不能满足的一些用户要求或设想,并提出今后解决的措施和途径。

(3) 新系统在各个业务处理环节拟采用的管理方法、算法或模型。

(4) 与新的系统相配套的管理制度和运行体制的建立。

(5) 系统设计与实施的初步计划。

- 工作任务的分解。根据资源及其他条件确定各子系统开发的先后次序,在此基础上分解工作任务,落实到具体组织或个人。
- 根据系统开发资源与时间进度估计,制订进度安排计划。
- 预算。对开发费用的进一步估计。

12.3　系统设计

系统分析的主要目标是建立新系统的逻辑模型,解决"系统应该做什么"的问题。但是系统的各项功能在未来的信息系统中是靠计算机应用程序模块来实现的,这些功能应该由哪些程序模块来实现,并没有在系统分析阶段中给出答案。这正是系统设计所要解决的。

12.3.1　总体设计过程

系统总体设计根据系统分析的要求和组织的实际情况,对新系统的总体结构形式进行大致设计。这是一种宏观、总体上的设计和规划。

1. 系统总体布局

系统总体设计的任务是指确定整个系统的各项信息资源的配置、系统各部分的结构,以及计算机与网络系统的选择等。其中系统的总体布局是指系统的硬、软件资源以及数据资源在空间上的配置方案。系统总体布局一般应考虑以下几个问题。
- 系统类型——采用集中式还是分布式;
- 处理方式——既可采用一种,也可混合使用,例如批处理方式、联机处理方式;
- 数据存储——分布存储还是集中存储,数据量的多少、对存储方式的要求;
- 硬件配置——机器类型、工作方式;
- 软件配置——购买或自行开发。

根据以上要考虑的问题,可以给出以下系统布局方案的选择原则。
- 处理功能、存储能力应满足系统要求;
- 使用方便;
- 可维护性、可扩展性、可变更性好;
- 安全性、可靠性高;
- 经济实用。

2. 软件系统总体结构设计

软件系统是实现整个系统各项功能与目标的中心环节,软件系统的设计与实施是系统建设的重点与关键所在。现代信息系统的软件系统由具有明确逻辑功能的计算机程序模块和相应的文档组成。软件系统总体结构设计的主要任务就是根据系统的总体目标和功能将整个系统合理划分成若干功能模块,正确地处理模块之间的调用关系和数据联系,定义各模块的内部结构等。

系统设计工作技术性强、涉及面广、内容复杂,必须由科学的方法和工具做指导。在 20 世纪 70 年代中期出现了 HIPO(hierarchy plus input/process/output)技术,即用图形方法表达一个系统的输入和输出功能以及模块的层次。HIPO 技术包含两方面的内容。

（1）H 图。用此图表示自顶向下分解所得系统的模块层次结构，H 图又可称为模块层次图。

（2）IPO 图（输入—处理—输出图）。此图描述分层图中一个模块的输入、输出和处理内容。

应用 HIPO 技术可以进行系统设计、评价，在系统实施之前加工、修改已设计的系统。HIPO 图清晰易懂，可以使用户、管理人员和其他系统建设者很方便地理解软件系统的结构，也有利于程序的编写和系统的维护。

现以一个库存管理系统为例，对其中的数据加工"修改库存数据"这一功能应用 HIPO 技术进行模块结构设计。

首先绘制 H 图。H 图中用一个正方形的方块代表一个模块，方块内可写出标识此模块的处理功能或模块名。模块之间的调用关系用连接两模块的直线表示。采用自顶向下扩展的方法先画出综合度较高、层次较少的模块结构，然后根据需要一步一步扩充，直到每个模块的处理功能和规模符合上一节提出的系统分解的原则为止。首先把修改库存数据这一处理逻辑看成由一个模块来实现，画出第一层的一个模块。此时系统需具备以下几种数据处理过程。

- 提取库房收发数据；
- 提取原有库存数据；
- 处理收发数据；
- 刷新库存记录。

以上几种数据处理过程若用一个模块实现则规模过大，内部结构不合理。可将第一个模块的功能分解成第二层的 4 个模块。第一个模块作为第二层 4 个模块的总控制模块，负责调用它们，得到第一轮 H 图，如图 12.11 所示。

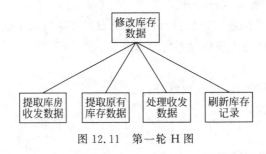

图 12.11　第一轮 H 图

图 12.11 所示分层图还可进一步分解，因为模块结构要求每个模块的数据处理功能尽可能单一、明确、完整。例如，"处理收发数据"模块对收发数据有以下四种处理方式。

- 当库房收货时要增加在库数；
- 当库房发货时要减少在库数；
- 在库存文件中增加一条新记录；
- 从库存文件中删除一条旧记录。

根据以上分解，得到本例中的第二轮 H 图，如图 12.12 所示。此图就是实现修改库存数据这一处理逻辑的模块结构图。整个系统的总体结构可以按此法逐步推出。

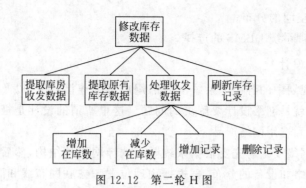

图 12.12　第二轮 H 图

IPO 图实际上是一张图形化的表格。它描述了分层图中每一个模块的输入/输出关系、处理内容、本模块的内部数据和模块间的调用关系,是系统设计的重要成果,也是系统实施阶段编制程序设计任务书和进行程序设计的出发点和依据。例如,表 12.4 为教务管理系统中学生选课模块的 IPO 图。

表 12.4　学生选课模块 IPO 图

系统名:教务管理系统	
模块名:学生选课	IPO 图编号:2.3
上层模块:选课管理	下层模块:无
编制者:张三	
输入:学号、课程号	输出:选课结果

算法说明:

　　计算学生本学期所选学分;

　　if 本学期所选学分超出限制

　　then 返回本学期选课已满,不能再选课;

　　else

　　从排课表中查找本学期开设的、选课人数<限定人数的课程,显示给学生,学生选择某一门课程提交选课;

　　　　if 选课人数未超出限制

　　　　then 在选课记录表中添加该生选课记录,返回选课成功提示;

　　　　else 返回选课人数已满,选课失败;

　　　　end if

　　end if

3. 数据存储总体结构设计

从系统设计的角度出发来考虑数据的组织和存储时,应该清楚的是,它既不同于系统分析中对数据的需求描述,又不同于系统详细设计中对数据存储结构的设计。这里应着眼于全局,即从系统的观点出发,为数据存储的总体结构提出一个较为合理的逻辑框架,以保证在详细设计阶段数据的完整性与一致性。数据存储总体结构设计主要涉及以下内容。

- 数据的分类;
- 数据存储规模的确定;

- 数据存储空间的分布；
- 数据库管理系统 DBMS 的选择。

4. 系统网络设计

如何将总体规划中的各个子系统从内部用局域网连接起来，以及今后系统如何与外部系统相连接，就是网络设计要解决的问题。这里所谓的设计是根据实际系统的需求，考虑如何配置和选用网络产品。

信息系统的网络设计首先要根据系统要求选择网络的结构，然后根据系统结构划分的结果，安排网络和设备的分布，再根据物理位置考虑联网布线和配件，最后就是根据实际业务的要求划定网络各节点的级别、管理方式、数据读写的权限，选择相应的软件系统等。

12.3.2　总体设计原理

1. 分治的思想

当我们求解某些问题时，由于这些问题要处理的数据相当多，或求解过程相当复杂，因此使得直接求解法占用的时间相当长，或者根本无法直接求出。对于这类问题，我们往往先把它分解成几个子问题，找到这几个子问题的解法后，再找到合适的方法，把它们组合形成求整问题的解法。这就是分治策略的基本思想。

2. 模块化

模块是由边界元素限定的相邻程序元素（例如，可执行的程序语句）组成的序列，而且有一个总体标识符代表它。按照模块的定义，过程、函数、子程序和宏等，都可作为模块。面向对象方法学中的每一个类是模块，类内的方法（或称为服务）也是模块。模块是构成程序的基本构件。

模块化就是把程序划分成独立命名且可独立访问的模块，每个模块完成一个子功能。把这些模块集成起来构成一个整体，可以完成指定的功能，满足用户的需求。模块化的目的是使复杂的大型程序便于人工管理。如果一个大型程序仅由一个模块组成，它将很难被人理解。

采用模块化原理可以使信息系统的软件结构更加清晰，不仅容易设计，也容易阅读和理解。因为程序错误通常局限在有关的模块及它们之间的接口中，所以模块化使软件容易测试和调试，因而有助于提高软件的可靠性。因为变动往往只涉及少数几个模块，所以模块化能够提高软件的可修改性。模块化也有助于软件开发工程的组织管理。对于一个复杂的大型程序，可以由许多程序员分工编写不同的模块，还可以进一步分配技术熟练的程序员编写困难的模块。

3. 模块独立性

开发具有独立功能而且和其他模块之间没有过多相互作用的模块，就可以做到模块独立。换句话说，设计软件结构时需让每个模块完成一个相对独立的特定子功能，并且和其他模块之间的关系很简单。

模块独立性的优点包括：①有效模块化的软件比较容易开发。这是由于功能能够分割而且接口可以简化。当许多人分工合作开发同一个软件时,这个优点尤其重要。②独立的模块比较容易测试和维护。这是因为修改设计和程序需要的工作量相对比较小,错误传播范围小,需要扩充功能时能够"插入"模块。模块独立程度的定性度量标准是内聚和耦合。

4. 模块之间的耦合

耦合衡量不同模块彼此间互相依赖(连接)的紧密程度,是对一个软件结构内不同模块之间互联程度的度量。耦合的强弱取决于模块间接口的复杂程度进入或访问一个模块的点,以及通过接口的数据。

在软件设计中应该追求尽可能松散耦合(耦合度低)的系统。在这样的系统中可以研究、测试或维护任何一个模块,而不需对其他模块有很多了解。由于模块间联系简单,发生在一处的错误传播到整个系统的可能性很小。因此,模块间的耦合程度影响系统的可理解性、可测试性、可靠性和可维护性。

系统耦合的类型非常多样,例如模块间仅仅通过数据交换信息的数据耦合,传递信息包含控制信息的控制耦合,仅调用传输的数据结构中部分数据元素的特征耦合,两个或多个模块通过一个公共数据环境相互作用的公共环境耦合,以及不经调用直接使用另一个模块的程序代码或内部数据的、模块之间的内容耦合。耦合是影响软件复杂程度的一个重要因素。应该采取下述设计原则:尽量使用数据耦合,少用控制耦合和特征耦合,限制公共环境耦合的范围,避免内容耦合。

5. 模块内聚

内聚衡量一个模块内部各个元素彼此结合的紧密程度,它是信息隐藏和局部化概念的自然扩展。

设计时应该力求做到高内聚,中等程度的内聚通常也可以采用,而且效果和高内聚相差不多;但是,低内聚说明模块内部各个元素聚集和关联的程度很低,尽量不要使用。

内聚和耦合是密切相关的,模块内的高内聚往往意味着模块间的松耦合。内聚和耦合都是进行模块化设计的有力工具,但是实践表明内聚更重要,应该把更多注意力集中到提高模块的内聚程度上。

12.3.3 模块结构图的导出

结构化系统设计阶段的模块结构图来源于结构化系统分析阶段的数据流图。这样一来,就将结构化系统设计和结构化系统分析所做的工作衔接起来。但两者是有区别的:结构图表现的是上下层模块之间层次化的调用和控制关系;数据流图表示的是逻辑处理功能的顺序和数据在系统内的流向,而不表示各级控制关系和调用关系。从数据流图导出结构图的策略有两种,分别是以变换为中心的策略和以事务为中心的策略。

1. 以变换为中心的策略

找出数据流图的主要功能(即中心变换部分);找出实现该功能所需的主要输入数据流和经变换产生的主要输出数据流;以中心变换部分为上层模块,以数据传送部分作为下层模块,逐层扩展而产生一套完善的系统结构。以变换为中心的策略的实施步骤为：①确定数据流图的中心变换的位置；②绘制结构图（包括建立结构图的最高层模块、画出初始结构图、对初始结构图进行优化）；③为每个模块撰写说明。

图12.13在给定的数据流图上分别确定出变换中心、输入、输出三部分所在区域，变换后得到的模块结构图如图12.14所示。

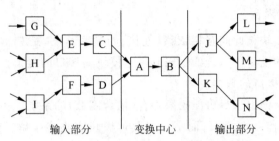

图12.13　确定变换中心的数据流图

2. 以事务为中心的策略

所谓事务，是指一个信号、一起事件或一组数据，它们能够在系统中引起一组处理动作。数据流图的事务中心具有以下功能：①获得原始的事务记录；②分析每一个事务，从而确定事务类型；③为每个事务选择相应的逻辑处理路径；④确保每个事务得到完全处理。

事务中心具有分析事务类型和调度的功能，对事务起着分派和控制的作用。信息如果存在多种类型的事务处理，就必须找出事务中心和事务。如果数据流图的某处理操作能够根据输入的数据流确定事务类型，而且产生了不同的操作路径，那么这个处理就可以被确定为这些事务的事务中心。在结构图中，事务中心表现为结构图的最高层级。以事务为中心的基本思想是：把一个复杂的数据流图分割成若干较小的数据片段，每个数据流片段只反映同一类型事务处理模块的功能，这些数据流片段比较简单，可以采用以变换为中心的策略生成若干较小的结构图。这些小的结构图可以合并起来，形成一幅大的结构图来描述整个系统。

以事务为中心的策略实施步骤为：①分析数据流图，确定它的事务中心；②绘制出事务中心所对应的结构图；③为每个模块撰写说明。图12.15中"确定事务类型"处理逻辑就是信息系统的事务中心，可以据此产生较高层的结构图。在给定的数据流图上分别确定转换中心、输入、输出三部分的所在区域，转换后得到的结构图如图12.16所示。

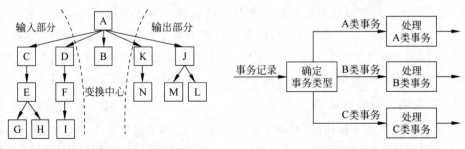

图12.14　由数据流图转换得到的模块结构图　　图12.15　以事务为中心的数据流图

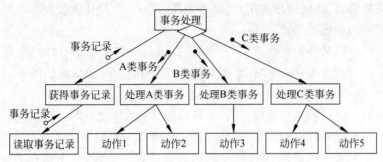

图 12.16 数据流图转换得到的模块结构图

12.3.4 系统详细设计

系统详细设计阶段为各个具体任务选择适当的技术手段和处理方法,包括代码设计、数据库设计、用户界面设计(包括输入设计、输出设计、人-机对话设计)、处理过程设计。

1. 代码设计

代码是用来表征客观事物的一组有序的符号,以便计算机和人工识别与处理。代码的类型指代码符号的表示形式,一般有数字型、字母型、数字字母混合型等。3种类型的代码各有所长,应根据使用者的要求、信息量的多少、信息交换的频度、使用者的习惯等方面综合考虑。

1) 代码设计应遵循的基本原则

- 唯一性。一个对象可能有多个名称,也可按不同的方式对它进行描述。但在一个编码体系中,只能为一个对象赋予唯一的代码。最简单的就是职工编号、学生的编号等。
- 合理性。代码结构应与相应的分类体系相对应。
- 可扩充性。应留有充分的余地,以备将来不断扩充的需要。
- 简单性。结构应尽可能简单,以减少各种差错。
- 适用性。代码应尽可能反映对象的特点,以助记忆,便于填写。
- 规范性。国家有关编码标准是代码设计的重要依据,必须遵循已有标准。在一个代码体系中,代码结构、类型、编写格式必须统一。
- 系统性。有一定的分组规则,从而在整个系统中具有通用性。例如,在会计领域中,一级会计科目由国家财政部进行标准分类,二级科目由各部委或行业协会统一进行标准分类,并且这个分类还必须参照一、二级科目的规律进行。

2) 代码设计的步骤

- 确定代码对象。
- 考察是否已有标准代码。如果已有国家标准,或某个部门对某些事物已规定了标准代码,那么应遵循这些标准代码。
- 考虑代码的使用范围、使用时间,根据实际情况选择代码的种类与类型。
- 考虑检错纠错功能。

- 编写代码表,并做详细说明,组织有关部门学习,以便正确使用。

3）目前常用的编码形式

- 顺序码。以某种顺序形式编码。如以我国人口多少对城市进行编码,则可采用的编码形式为北京 001,上海 002,天津 003……。这种编码的优点是简单、易追加,缺点是可识别性差。

- 区间码。区间码也称作层次码,是将代码分成若干个区间,每个区间代表不同的含义。我国邮政编码就是典型的区间码,邮政编码的第 1、2 位代表省份或直辖市;第 3、4 位代表地、市、州。第 5、6 位代表一个县、一个镇或者一个居住的小区。

- 特征组合码。也称作多面码,它是将分类对象按其特征或属性分成若干个"面",每个"面"内的诸类目按其规律分别进行编码。因此,"面"与"面"之间的代码没有层次和隶属关系。使用时,根据需要选用各"面"中的代码,并按预先确定的"面"的排列顺序将代码组合起来,以表示这个组合类目。

以表 12.5 中的螺钉编码为例,代码 1234 表示:不锈钢 ϕ1 六角形头上漆螺钉。

表 12.5　螺钉的特征组合编码

材　料	螺钉直径(ϕ)	螺钉头形状	表 面 处 理
1-不锈钢	1-ϕ0.5	1-平头	1-未处理
2-黄铜	2-ϕ1	2-圆头	2-镀铬
3-钢	3-ϕ1.5	3-六角形头	3-镀锌
	4-ϕ2	4-方形头	4-上漆

4）代码的校验

在代码的录入过程中,经常会出现一些人为的错误,例如将代码数值错填、漏填或代码位置颠倒等。通过添加校验码,可以保证代码输入的正确性。校验码通常添加在原有代码的最后一位,是源代码各位数字按照某种运算方式计算得出。关于校验码的计算,有多种不同的方法可供选择。下面介绍一种代码校验的方法,其基本步骤如下。

- 将代码各位进行加权求和计算,得到结果 S;
- 将 S 除以模 M,得出余数 R;
- 将余数 R 作为校验位,或将 $M-R$ 作为校验位。

权因子通常可以选择下列方式。

- 算术级数:1,2,3,4,5,6,……
- 几何级数:1,2,4,8,16,32,……
- 质数:1,3,5,7,11,13,……

模可以取 10,11,13 等。

当模减去余数的值大于或等于 10 时,可以选择字符 A～Z 进行替代。例如当模减去余数为 10 时校验码为 A,为 11 时校验码为 B。

例如,假设源代码为 2351,采用模与余数的差作为校验码。其中权因子为 8,4,2,1;模为 11,则加权求和的结果为 $S=2\times8+3\times4+5\times2+1\times1=39$,余数 $R=\mathrm{mod}(S, M)=6$,校验码为 $11-6=5$,新代码为 23515。

2. 数据库设计

数据库设计(database design)是指根据用户的需求,在某一具体的数据库管理系统上,设计数据库的结构和建立数据库的过程。数据库设计是建立数据库及其应用系统的技术,是信息系统开发和建设中的核心技术。数据库系统需要操作系统的支持。由于数据库应用系统的复杂性,为了支持相关程序运行,数据库设计也极为复杂,因此最佳设计不可能一蹴而就,而只能是一种"反复探寻,逐步求精"的过程,也就是规划和结构化数据库中的数据对象以及这些数据对象之间关系的过程需要经过多轮迭代和反复研究。

有了数据库管理系统(DBMS)的支持,数据库设计相对比较容易。其重点在于必须根据用户的具体要求进行分析和设计,其核心问题是如何从系统的观点出发建立一个数据模型,使其满足下面几个条件。

- 符合用户的要求,即能正确地反映用户的工作环境。该环境包括用户需处理的所有数据并支持用户需进行的所有加工操作。
- 与所选用的 DBMS 所支持的数据模型相匹配。
- 数据组织合理,易操作、易维护、易理解。

修改一个处理逻辑要比修改一个数据存储结构容易,因此,在设计数据存储结构时通常遵守的一个基本原则是:要尽可能提高数据组织的相对独立性,简化其结构,以降低数据的维护成本。这就需要用规范化方法设计数据库结构,提高数据的可维护性、完整性和一致性。关于关系数据库设计规范化的具体理论可参见本书第 6 章或数据库领域的相关参考书。

3. 用户界面设计

用户界面是指信息系统与用户交互的接口,通常包括输出、输入、人-机对话的界面与方式等。

1) 输出设计

从系统开发的角度看,输出决定输入,即输入信息只有根据输出要求才能确定。输出设计包括以下几方面内容。

(1) 确定输出内容。首先要确定用户在使用信息方面的要求。根据用户的要求设计输出信息的内容,包括信息形式(表格、图形、文字)、输出项目及数据结构、数据类型、位数及取值范围、数据的生成途径、完整性及一致性的考虑等。

(2) 选择输出设备与介质。常用的输出设备有显示终端、打印机、磁带机、绘图仪、缩微胶卷输出器、多媒体设备。输出介质有纸张、磁带、磁盘、光盘、多媒体介质等。

(3) 确定输出格式。输出格式要满足使用者的要求和习惯,做到格式清晰、美观、易于阅读和理解。

(4) 确定合适的输出方式。常用的最终输出方式有两种:一种是报表输出,另一种是图形输出。一般来说,对于基层和具体事务的管理者,应用报表方式给出详细的记录数据为宜;而对于高层领导或宏观、综合管理部门,则应该使用图形方式显示综合数据或发展趋势等信息。

2) 输入设计

输入设计的目的是保证向系统输入正确的数据。在此前提下,尽可能使输入方法简单、迅速、经济、方便。输入设计方案应保证满足在处理要求的前提下使输入量最小。输入量越少,出错机会越少,花费时间越短,数据一致性越好。输入过程应尽量简便,以减少错误的发生。对输入数据的检验应尽量接近原数据发生点,使错误能及时得到改正。

输入设计的内容主要包括如下几方面。

(1)确定输入数据内容。包括输入数据项名称、数据内容、精度、数值范围的确定。

(2)输入方式设计。主要是根据总体设计和数据库设计的要求来确定数据输入的具体形式。通常在设计新系统的输入方式时,应尽量利用已有的设备和资源,避免大批量的数据通过键盘输入。

(3)输入格式设计。实际输入设计数据时(特别是大批量的数据统计报表输入时),常常会遇到统计报表(或文件)结构与数据库文件结构不完全一致的情况。如有可能,应尽量改变统计报表或数据库关系表这二者之一的结构,使其一致,以减少输入格式设计的难度。

(4)校对方式设计。数字、金额等字段如果没有适当的校对措施作保证,是很危险的。对一些重要的报表,输入设计一定要考虑适当的校对措施,以减少出错的可能性。

3)人-机对话设计

人-机对话主要是指在计算机程序运行中,用户与计算机系统之间通过终端屏幕或其他装置进行一系列交替的询问与回答。对话设计的任务是与用户共同确定对话方式、内容与具体格式。

4. 处理逻辑设计

在详细设计阶段,处理逻辑设计的任务是按照软件系统总体设计对各模块功能的要求,结合系统开发环境与开发工具的特点,编制出每个模块的计算机处理流程图,确定其数据存取需求,为系统实施中的编程与测试提供依据。

处理逻辑设计的关键是用一种合适的表达方法来描述每个模块的执行过程。这种表示方法应该简明、精确,并由此能直接导出用编程语言表示的程序。常用的描述方式有程序流程图、盒图(NS图)、形式语言、决策树、决策表等。其中程序流程图是历史最久、流行最广的一种图形表示方法。程序流程图包括三种基本成分:加工步骤,用方框表示;逻辑条件,用菱形表示;控制流,用箭头表示。图形表示的优点是直观、形象、容易理解。例如,以在系统分析与系统总体设计部分讨论过的库存管理系统中"处理收发数据"模块的处理过程设计为例,其流程图如图12.17所示。

12.3.5 系统设计报告

系统设计阶段的最终结果是系统设计报告。系统设计报告是下一步系统实施的基础。系统调查、系统分析和系统设计是信息系统开发的主要工作。这3个阶段的工作量几乎占总开发工作量的70%,而且这3个阶段所用的工作图表较多,涉及面广,较为复杂。

系统设计报告主要包括引言和系统总体技术方案两部分。引言包括项目摘要、背景、工作条件/限制、参考和引用资料、专门术语定义等。系统总体技术方案包括模块结构设计、代码设计、输入设计、输出设计、数据库设计说明、网络设计、安全设计以及实施方案说明等。

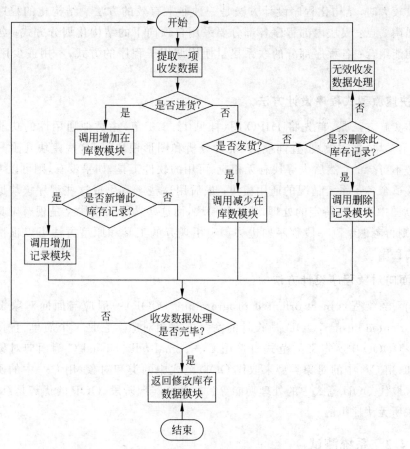

图 12.17　收发数据处理流程图

12.4　系统实施

系统实施是新系统开发工作的最后一个阶段。所谓实施，指的是将系统设计阶段的结果在计算机上实现，将原来纸面上的、类似于设计图式的新系统方案转换成可执行的应用软件系统。系统实施阶段的主要内容和步骤是：按总体设计方案购置和安装计算机网络系统；建立数据库系统；进行程序设计；输入基础数据，进行系统测试；进行人员培训；系统转换和试运行。

12.4.1　程序设计

目前，程序设计的方法包括结构化方法、原型化方法、面向对象的方法等。编程的目的是实现开发者在系统分析和系统设计中提出的管理方法和处理构想。所以，在编程和实现中建议尽量借用已有的程序和各种开发工具，尽快尽好地实现系统，而不要在具体的编程和调试工作中花费过多的精力和时间。

1. 结构化程序设计方法

当遇到某些开发过程不规范，模块划分不细，或者是因特殊业务处理的需要导致模块程序量较大时,结构化程序设计方法是一种非常有效的方法。结构化的程序设计方法主要强调 3 点:模块内部程序各部分要采用自顶向下的结构化划分方式;各程序部分应按功能组合;各程序部分的联系尽量使用调用子程序的方式,不用或少用 GOTO 语句。

2. 快速原型式程序设计方法

具体实施方法是,首先将 HIPO 图(详见 12.3.1 节)中类似通用性的功能模块集中,如菜单模块、报表模块、查询模块、统计分析和图形模块等,这些模块几乎是每个子系统都必不可少的;然后去寻找有无相应、可用的软件工具,如果没有,则可以考虑开发一个能够适合各子系统情况的通用模块;最后用这些工具生成这些程序模块原型。如果 HIPO 图中有一些特定的处理、功能和模块,而这些功能和模块又是现有工具不可能生成的,则再考虑编制一段程序加进去。利用现有的工具和原型方法可以很快地开发出所要的程序。

3. 面向对象程序设计方法

面向对象编程(object-oriented programming,OOP)一般应与面向对象设计方法(object-oriented design,OOD)所设计的系统方案相对应。它是一个简单、直接的映射过程,即将 OOD 中所定义的范式直接用 C++、Smalltalk、Visual C 等面向对象程序取代。例如,用 C++ 中的对象类型来取代 OOD 范式中的类和对象,用 C++ 中的函数和计算功能来取代 OOD 范式中的处理功能等。在系统实现阶段,OOP 的优势是巨大的,是其他方法所无法比拟的。

12.4.2 系统测试

系统测试是为了发现错误而执行程序的过程。成功的测试是发现了至今尚未发现的错误的测试。测试的目的就是以最少的人力和时间发现潜在的各种错误和缺陷。应根据开发各阶段的需求、设计等文档或程序的内部结构精心设计测试实例,并利用这些实例来运行程序,以便发现错误。

信息系统测试应包括软件测试、硬件测试和网络测试。硬件测试、网络测试可以针对具体的性能指标进行,本节所说的测试更多是指软件测试。系统测试是保证系统质量和可靠性的关键步骤,是对系统开发过程中的系统分析、系统设计和实施阶段的最后复查。

1. 系统测试的基本原则

- 测试工作应避免由原开发软件的个人和小组承担。
- 设计测试用例不仅要包括合理有效的数据,还要包括无效或不合理的输入数据。
- 不仅要检查程序是否漏做了该做的事,还要检查程序是否多做了不该做的事。
- 保留测试用例,以便于重新测试和追加测试。
- 多种测试方法相结合,以尽可能查出更多的错误。

2. 系统测试的方法

软件测试的主要方法有两种:人工测试和机器测试。一般程序通过编译后,首先经过人工测试,然后进行机器测试。

　　人工测试采用人工方式进行,目的在于检查程序的静态结构,找出编译不能发现的错误。经验表明,人工测试可以发现程序中 30%～70%的编码错误和逻辑错误,从而可以减少机器测试的负担,提高整个测试工作的效率。

　　机器测试运用事先设计的测试用例执行被测程序,对比运行结果与预期结果的差别以发现错误。对于某些类型的错误,机器测试的效率比人工测试的要高;但是对于其他错误,人工测试比机器测试的效率要高。机器测试只能发现程序中有错误以及错误的表现,不能进行问题的定位;人工测试不仅能够发现错误,也能够确定错误的位置和性质。机器测试又可分为黑盒测试和白盒测试两种方法。

- 黑盒测试。也称功能测试,将软件看成一个黑盒子,完全不考虑程序的内部结构和特征,只研究软件的外部特性。根据软件的功能说明书设计测试用例,从程序的输入、输出特性上检查是否满足设计的功能。
- 白盒测试。也称结构测试,将软件看成一个透明的盒子,按照程序的内部结构和处理逻辑来选取测试用例,对软件的逻辑路径及过程进行测试,检查与设计是否相符。

3. 系统测试步骤

　　系统测试工作一般按四个步骤进行:单元测试、组装测试、确认测试、系统测试。每一个步骤都是在前一步的基础上进行的,其过程如图 12.18 所示。

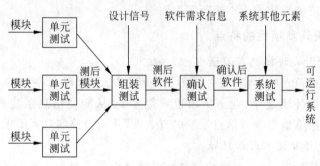

图 12.18　系统测试的步骤

　　1) 单元测试

　　单元是指程序的一个模块或一个子程序,是程序设计中最小的独立编译单元。单元测试也称模块测试,其目的是保证每个模块作为一个单元能够独立运行。在单元测试中可以发现编程和详细设计的错误,例如数据流的输入、输出不能正常进行,局部数据结构出错,算术运算的优先次序不正确或理解错误等。

　　2) 组装测试

　　组装测试也称为集成测试,就是把模块按系统说明书的要求组合起来进行测试。即使所有模块都通过了测试,但组装在一起之后,仍有可能出现问题,例如各模块组合起来未能达到预期功能;单个模块的误差可以接受,但模块组合后的累积误差达到不能接受的程度等。

　　3) 确认测试

　　确认测试的任务是进一步测试软件的有效性,即检查软件的功能和性能是否与用户的要求一致。根据系统分析说明书中用户对软件的要求,检验软件是否满足用户的要求。

4)系统测试

系统是将已经确认的软件、计算机硬件、外设、网络等结合在一起,进行信息系统的各种组装测试和确认测试。其目的是通过与系统的需求相比较,发现所开发的系统与用户需求不一致的地方。

12.5 信息系统开发项目管理

12.5.1 信息系统开发项目管理的特点

1. 信息系统开发项目管理的概念

项目管理是指在一定资源(如时间、资金、人力、设备、材料、能源、动力等)约束条件下,为了高效率地实现项目的既定目标(即到项目竣工时计划达到的质量、投资、进度),按照项目的内在规律和程序,对项目的全过程进行有效的计划、组织、协调、领导和控制的系统管理活动。

信息系统开发项目管理是根据管理科学的理论,联系信息系统开发的实际,保证工程化系统开发方法顺利实施的管理实践。它包括信息系统开发中的项目评估及可行性分析、人员管理、进度管理及成本控制等方面。

2. 信息系统开发项目的特点

1)信息系统开发环境具有复杂性

信息系统不是孤立的对象,它必须和业务流程相结合,满足一定的业务需求;而业务流程处于复杂的环境之中,业务需求也繁复多变,从而使信息系统面临双重的复杂性。这种复杂性严重地影响着信息系统的有效性,甚至导致信息系统无效。

2)信息系统开发技术日新月异

信息技术的快速发展,一方面给信息系统项目提供了更加丰富的工具,增强了信息系统的能力,另一方面也使信息系统项目处于复杂的信息技术环境之中,对信息技术的选择和驾驭能力成了影响信息系统项目成功的关键因素。

3)信息系统可预览性较弱

信息系统开发往往不能在实施前给出明确的信息系统描述。很多信息系统是在项目实施的进程中不断地明确和定型的,这使得它的可预览性较差。但信息系统的质量要求又很严格,导致项目管理者较难对信息系统开发的全过程进行有效把握。

12.5.2 信息系统开发项目管理的内容

1. 项目整体管理

项目整体管理工作由项目计划编制、计划实施、综合变更控制等过程组成,是用于进行项目各要素综合调整和控制的工作,是使项目管理各阶段、各过程、各种资源、各项目标得以有机整合的管理工作。因此,正确的项目管理首先是项目的整体管理。

2. 项目范围管理

根据项目的目标准确定义和核准项目的工作范围,并在必要时调整和变更项目范围。需要强调的是,范围管理应保证"只做该做的工作"。多做工作会增加成本,造成工期的拖延;少做工作将不能完成任务,不能实现其目标。

3. 项目时间管理

根据项目的工作范围对项目进行分解,分解成若干活动。定义活动的内容,估算活动的时间,安排活动的先后顺序,并进行相应的进度计划编制和控制。

4. 项目费用管理

项目费用管理的目的是保证在预算范围内完成项目任务,包括:估算每项活动的成本,进而对项目的总成本进行预算;进行资金的分配;在项目进行过程中进行费用控制;等等。

5. 项目质量管理

项目质量管理主要指为使项目能达到用户满意的预先规定的质量要求和标准所进行的一系列管理与控制工作,包括进行质量规划,安排质量保证措施,设定质量控制点,对每项活动进行质量检查和控制等。

6. 项目人力资源管理

项目人力资源管理的目的是使参加项目的人员均能最有效地发挥作用。在项目进行过程中,具有各种不同专业背景、工作习惯、工作方式的人聚集在一起工作,而且项目的组织机构多为临时设置,许多人又是身兼多职的,所以人力资源的管理在项目管理中也尤为重要。

7. 项目沟通管理

项目进行过程中的信息沟通同样不可忽视。必须定期、不定期地在项目团队成员、直接上级主管、用户等各种与项目相关的人员之间进行沟通和协调。

8. 项目风险管理

项目风险管理包括风险识别、风险分析(定量分析和定性分析)、制定相应的对策,进行风险控制,使项目的风险隐患得以避免,或最大限度地减少风险所带来的损失。

9. 项目采购管理

项目采购管理指为了保证项目顺利执行所需要的物资、服务或信息的获取过程,通常包括制订采购计划、选择供应商及相应资源、进行合同管理等内容。

10. 项目知识管理

项目管理中知识的地位和作用显而易见。如果知识得以有效管理并发挥作用,可减少项目开发时间,提高质量和客户满意度。项目知识管理包括项目知识需求分析、人员及组织的知识结构调查、知识获取、知识学习、知识传播和共享、知识应用、知识创造等知识管理活动。

12.5.3 信息系统开发项目管理的关键因素

1. 对信息系统开发项目应注重沟通

信息系统项目的成功离不开项目组成员之间的有效沟通。信息系统开发过程中一般存在几种相当重要的关系：用户方与开发方的关系；用户方项目管理人员与使用人员（业务人员）及决策层的关系；项目管理人员与软件编程人员的关系；硬件与软件的关系；性能与灵活的关系。其中前三种属于人员之间的关系，后面两种则属于项目产品的质量问题。处理好各方面关系在信息系统的成功开发中起到了关键作用。

2. 对信息项目实施计划和目标进行把关

通常情况下，可以从以下几方面进行考虑。

1）确立明确的信息系统开发目标

没有明确的系统目标，就没有办法制订合理的计划和进程。往往由用户方在项目的进行过程中不断提出要求并不断更新项目。这样会使项目开发人员缺乏统一的行动，往往造成项目的失败。

2）严格执行信息系统开发计划

有些用户方在项目结束的时候又增加要求。结果导致开发方经费的不足甚至项目的延期。作为项目管理人员，在项目的开发初期就应要求用户方给出确切的目标，由项目开发方做出合理的计划，并要求在项目开发过程中严格按照计划和既定目标执行。

3）充分考虑项目执行过程中的不确定性

在制订开发计划时需要注意项目在执行过程中的不确定性，将项目中非常微小的事情考虑清楚。在执行中会发现计划与实际很难一致，继而不得不频繁地进行调整。这对信息系统开发项目管理提出了较高要求，要求项目管理具有较高的柔性以适应各类不确定性。

章节要点

本章首先介绍了信息系统的开发方法与开发方式，接着从信息系统开发的三个关键阶段入手详细介绍了信息系统开发过程。在系统分析阶段，介绍了系统详细调查、组织结构与功能分析、业务流程分析、数据流图、数据字典、描述处理逻辑的方法、建立新系统逻辑模型等内容；在系统设计阶段，主要围绕信息系统总体设计、系统模块结构图设计、系统详细设计等内容展开；在系统实施阶段，介绍了程序设计、系统测试等内容。另外，本章对信息系统开发的项目管理的主要内容与关键因素进行了探讨。

课程思政融入点

信息系统开发过程与大型工程项目的建设类似，是一个非常复杂的系统工程，需要精益求精与追求卓越的精神。通过对信息系统开发各个阶段的介绍，要求学生掌握信息系统建设的基本方法与技术，强调工匠精神和严谨求实的学习工作态度，激励培养学生坚韧不拔的精神品格、精益求精的工匠精神。本章可以通过介绍金山软件等国产著名软件系统的发展历程,引导学生理解我国信息系统在不同发展阶段取得的进步和成就,以及这些成就背后的榜样人员,将他们身上所呈现出的敬业精神、钻研精神等融入教学环节,让学生在学习过程中树立自信、感受力量、传承精神,从而形成内在动力,进而转化为学习的主动行为,树立爱岗敬业的精神,形成正确的职业道德观。

思考题

1. 信息系统的开发方法有哪些?这些方法分别有哪些优缺点?
2. 简要介绍信息系统详细调查的主要范围。
3. 什么是数据流图?如何绘制数据流图?
4. 业务流程分析在信息系统开发中的作用是什么?
5. 系统分析阶段的主要工作内容包括哪些?
6. 如何从数据流程图得到信息系统的模块结构图?
7. 系统测试有哪些方法?系统测试是为了证明信息系统的正确性吗?
8. 结合信息系统开发项目的特点及管理上的关键因素,谈一谈信息系统开发项目管理应当注意哪些问题。

第13章

信息系统维护与评价

信息系统正式投入运行以后,在企业的日常运营中发挥了重要作用。要保证信息系统的正常平稳运行,对信息系统进行有效的运行管理,确保信息系统的可靠性和安全性,并建立相应的组织结构来保障。对于拥有庞大网络并提供多种信息服务的运营商或者拥有大规模基础设施和复杂信息系统的企业,信息系统的运行与管理尤其重要。

13.1 信息系统的切换方法

系统实施完成以后,首先要进行的是系统切换,即老系统向新系统的转换。信息系统的切换一般有三种方法。

1. 直接切换

直接切换是指在确定新系统运行无误以后,在某一个特定的时间节点,新系统完全取代老系统,老系统停止运行,新系统投入运行。这种切换方法比较适合老系统已完全不能满足需求,或者处理过程不太复杂、数据不太重要的场合,如图 13.1 所示。

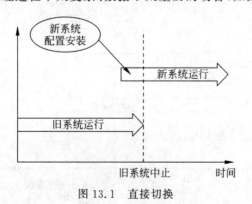

图 13.1　直接切换

直接切换是成本最低的一种切换方法,因为用户在任何时刻只需要运行和维护一个系统。但它的风险比较大,因为无论新系统经过了多么完备和细致的测试,都可能会出现有一些测试中没有遇到过的情况。一旦新系统投入运行后遇到问题,就可能会使工作趋于混乱或停滞。

2. 并行切换

并行切换是指新旧系统同时运行一段时间,确定新系统运行无误以后,停用老系统,新系统正式替代老系统,如图 13.2 所示。

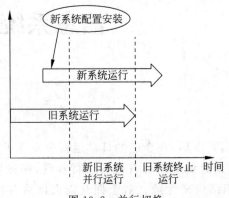

图 13.2　并行切换

并行切换是一种常用的切换方法,其优点是安全、可靠、风险低。如果新系统无法正常运行,还有老系统作为备用系统使用。同时,这种切换方法也给了操作人员一定的缓冲期,以消除或减轻他们熟悉新系统前的不确定性。但是并行切换的缺点也是显而易见的,那就是在新旧两个系统并行运行的一段时期,需要支付两个系统的运行成本。当新旧系统在技术上不兼容,或者运行环境无法同时支持两个系统时,并行切换就不适合。

3. 逐步切换

逐步切换又称为分步切换,是将系统切换工作划分为几个阶段,每个阶段切换一个子系统,直到最终整个旧系统全部被新系统替换的方法,如图 13.3 所示。

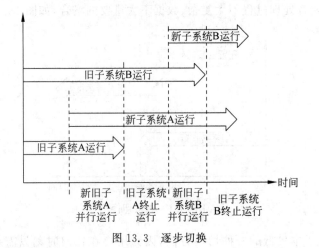

图 13.3　逐步切换

与前两种方法相比,逐步切换一方面降低了整套系统直接切换带来的风险,另一方面在很大程度上降低了新旧系统并行运行对人力和物力的大量需求。逐步切换实际上是前述两种方法的结合,它是指在新系统正式运行前,按阶段或模块,一部分一部分地替代老系统。还没有正式运行的部分仍然在模拟环境中进行考验。逐步切换与直接切换相比保证了可靠性,与并行切换相比又不至于成本太高。但是要采用逐步切换,在系统设计和实现时就有一定的要求;同时如果新系统不容易划分逻辑模块,这种方法也不适合。

逐步切换比较适合包含若干子系统的大型管理信息系统。它能确保新旧系统实现平稳过渡,可以显著降低系统切换的风险。需要注意一点,在这个切换过程中,一定要确保前一对新旧子系统的切换效果。前一对子系统切换效果的好坏,将直接影响以后其他子系统的切换工作。

13.2 信息系统的运行维护

在信息系统的生命周期中,系统的运行与维护是历时最长的阶段。信息系统开发工作结束,投入使用,并不意味着系统建设的结束,而是意味着系统运行与维护管理工作的延续。只有这些工作做好了,信息系统才能正常、可靠、高效地运行,信息系统的最大效益才能发挥出来。

13.2.1 信息系统组织结构

要对信息系统进行有效的运行管理,需要建立相应的组织结构,并将信息系统的运行纳入整个企业组织的日常工作。信息系统运行组织的建立是与信息系统在企业中的地位密不可分的。目前,企业组织中负责信息系统运行的大多是信息中心、计算中心、信息处等信息管理职能部门。随着信息系统的广泛应用和人们认识的不断提高,信息系统在企业组织中的地位逐步提高。如图 13.4 所示,企业常见的信息系统运行组织结构主要有三种形式。

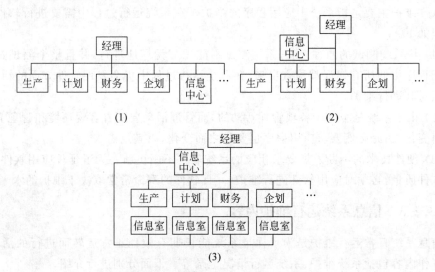

图 13.4 信息系统部门在企业中的地位

图 13.4 中,方式(1)表示信息系统部门与其他职能部门平行,信息资源可以被整个企业共享,但信息系统部门的决策能力较弱,信息系统运行相关工作的协调和决策将受

到一定影响。方式(2)表示信息系统部门在企业经理之下、其他职能部门之上,成为企业的参谋中心。这种方式不仅有利于信息资源的共享,而且在系统运行过程中便于向领导提供决策支持,但是容易造成系统管理脱节、服务质量较差的现象。方式(3)表示信息系统部门不但设置在其他职能部门之上,还在这些部门内设立了信息室,信息室隶属于信息中心。这样,信息系统部门既能从企业的发展战略高度把握信息系统的发展,又能深入了解各部门对信息系统的需求。

设置信息系统运行组织机构是保证系统正常运转的基本条件之一。在信息系统部门内部还存在硬件维护、软件维护、信息维护和行政管理等不同的分工,运行管理人员包括系统运行管理负责人、软件维护人员、硬件维护人员、操作人员、行政管理人员。管理信息系统的运行管理是一项需要多方协调、上下配合的系统性工作,需要信息系统部门牢固树立为用户服务的观点。

13.2.2 信息系统运行环境维护

信息系统运行环境是指信息系统运行所依托的软件和硬件载体。软件载体是指信息系统应用软件运行的操作系统平台。硬件载体是指支撑信息系统运行的相关硬件设施。

1. 硬件维护

硬件维护主要有两种类型:一种是定期的设备保养性维护,保养周期可以从一周至一个月不等,维护的主要内容是进行例行的设备检查与保养;另一种是突发性的故障维修,即当设备出现突发性故障时,由专职的维修人员或请厂商来排除故障,这种维修活动所花时间不能过长,以免影响系统的正常运行。

2. 软件维护

软件维护主要是指系统中应用程序的维护。在系统运行过程中需要进行软件维护的原因如下。

(1)从系统测试的原理来看,系统测试不能无穷无尽地进行,并且整个测试过程并不能把程序中的所有错误都检查出来,在系统运行过程中仍会发现软件方面的错误,因此必须对其进行维护。

(2)由于系统是服务于各项管理活动的,而管理活动要随着客观环境和管理需求的变化而变化,因此必然要求应用程序也要随之而变化,以满足需求。

(3)硬件技术的不断发展要求相应的系统软件不断更新。为了延长应用软件寿命,保证软件质量,必须对应用软件进行维护,并且软件的寿命常常取决于维护的水平。

13.2.3 信息系统运行维护内容

信息系统日常运行维护是为了保证系统能长期有效地正常运转而进行的活动,其具体工作内容包括系统维护、系统运行情况记录等。下面分别进行介绍。

1. 系统维护

系统维护的目的是要保证信息系统正常、可靠地运行,其任务是有计划、有组织地对系统进行必要的改动,以保证系统中的各个要素随着环境的变化始终处于最新的、正确的工作状态。

1）系统维护的特点

系统维护工作的对象是整个信息系统。由于问题可能来源于系统的各个组成部分，产生于系统开发的各个阶段，因此，系统维护工作不仅针对源程序代码，而且包括系统开发过程中的全部开发文档。实际上，系统维护中程序编码本身造成的错误比例并不高，仅占4％左右，而绝大部分问题源于系统分析和设计阶段。这可能是因为绝大多数系统在设计和开发时并没有很好地考虑到将来可能的修改，比如有些模块不够独立，牵一发而动全身。

2）系统维护的类别

系统维护的重点是系统应用软件的维护工作，按照软件维护的不同性质，划分为下述4种类型。

（1）正确性维护。指诊断和改正在系统开发阶段已经存在且在系统测试过程中尚未发现的错误。这些错误有的不太严重，不影响系统正常运行，其维护工作可随时进行；而有的错误非常严重，甚至会影响整个系统的正常运行，其维护工作必须制订计划，马上进行修改，并且要加以复查和控制。

（2）适应性维护。指为适应用户外部环境、内部条件的变化，对系统提出新的要求而进行的修改。这方面的维护工作要有计划、有步骤地进行。

（3）完善性维护。指为扩充功能和改善性能进行的修改。主要是针对已有软件系统增加功能与性能特征，另外还包括对处理效率和编写程序的改进。

（4）预防性维护。指为了改进应用软件的可靠性和可维护性，为适应未来的软、硬件环境变化，主动增加预防性的新功能，以使应用系统适应各种变化而不被淘汰。

2. 系统运行情况记录

系统运行情况对于信息系统管理和评价是十分重要的资料。需要按照管理要求认真记录系统软硬件及信息数据的运行情况，特别要详细记录系统异常与无法运行所发生的时间、现象及位置等。信息系统运行情况的记载主要依靠人工方式。虽然一些大型系统具有记载自身运行情况的日志功能，但是也需要由手工记录作为补充。系统运行情况无论是自动记载还是由人工记录，都应作为基本的系统文档长期保管，以备维护系统时作为分析和参考的资料。

在信息系统运行过程中，需要收集和积累的资料主要包括五方面。

（1）工作数量信息。包括开机的时间、每天（周、月）提供的报表数量、每天（周、月）录入数据的数量、系统中积累的数据量、修改程序的数量、数据使用的频率等。这些是反映系统工作负担、信息服务规模以及系统应用功能的基本数据。

（2）工作效率。指系统为了完成所规定的工作，占用了多少人力、物力及时间。

（3）系统信息服务的质量。信息系统提供服务的质量包括生成的报表是否满足管理工作的需要，管理人员使用起来是否方便，使用者对于提供服务的方式是否满意，所提供信息的准确程度是否符合要求，信息传输是否及时，信息需求能否得到满足等。

（4）系统维护和修改情况。系统中的数据、软件和硬件都有一定的更新、维护和检修的工作规程。这些工作都要有详细、及时的记载，包括维护工作的内容、情况、时间、执行人员等。这不仅是为了保证系统的安全和正常运行，而且有利于系统的评价和扩充。

（5）系统故障情况。无论系统故障大小，都应及时地记录故障的相关内容，包括故障的发生时间、故障的现象、故障发生时的工作环境、处理的方法、处理的结果、处理人员、善后措施、原因分析等。故障种类涵盖计算机硬件系统、操作系统和信息系统等各个部分。

通常情况下，人们往往比较重视系统出现故障时有关情况的记载，而系统正常运行时的信息则容易被忽视。要全面地掌握系统的情况，就必须重视正常运行时的情况记录。如果缺乏平时的工作记录，就无从了解系统工作的历史情况。记录信息时，一方面要强调记录的真实性，另一方面应尽量采用固定的表格或登记簿进行登记。总之，应通过各种手段，尽量详尽、准确地记录信息系统运行的各类情况。

13.3 信息系统的安全维护

大多数与信息系统相关的安全问题，与其说是技术上的原因，不如说是由于管理不善而造成的，所以加强信息系统安全管理尤其重要。保证信息系统的安全，一是要建立信息系统安全管理保证体系，二是要制定完备的信息系统安全管理策略。

13.3.1 信息系统可靠性与安全性

1. 信息系统可靠性

系统可靠性一般是指在规定的时间内和规定的工况下，系统完成规定功能的能力或概率。由于科学技术的进步，系统的组成越来越复杂，系统可靠性问题也日益突出。系统越复杂，意味着其承载的信息量越大，重要性越高、功能越强，适用范围也就越广。系统一旦失效，所造成的损失将是巨大的，甚至是灾难性的。如何快速、有效、准确地对系统的可靠性进行评估与分析，正确估计系统的实际性能，减轻系统风险，具有极其重要的现实意义。

2. 信息系统安全性

很多企业不愿意在系统安全与可靠性上花费资金，因为它与销售收入无直接关联。但是，保护信息系统与商业运营息息相关，信息系统安全性至关重要。系统通常储存机密信息，如个人税务、金融资产、医疗记录以及工作表现记录等；系统同样也会储存业务信息，如交易机密、新产品开发计划、营销策略等。政府部门系统可能会存储武器信息、情报行动、军事目标等信息。这些信息异常保贵，一旦丢失、毁坏或落入不法分子手中，后果将不堪设想。

安全和监管上的不足会导致承担重大的法律责任。企业不仅仅要保护的信息，还要保护客户、员工和合作伙伴的信息。如果企业没有采取一定的措施防止机密信息泄露、数据毁损、隐私侵犯，企业将长期处于纠纷之中。

信息系统的安全性评估就是运用系统工程的方法，对各种信息系统的安全防护措施、管理机制以及二者结合所产生的客观效果，按照统一的、规范的安全等级标准，做出是否安全的结论。安全性评估实质上是对信息系统在各种威胁下，是否具有足够的抗攻击能力的一种评价和测度。

13.3.2 信息系统安全保证体系

近年来,网络与信息安全出现了新的发展趋势:一方面,黑客工具随处可得,对攻击者的技术要求越来越低,实施攻击的成本越来越小,吸引越来越多的人加入这支大军;另一方面,系统漏洞数量发布的频次更密,从主机操作系统到网络协议、应用软件都发现了更多的安全漏洞,从漏洞发布到利用该漏洞的病毒出现的时间间隔也越来越短,这些都给安全管理工作带来了空前的压力。构建有效的信息系统安全管理保障体系是应对挑战的必由之路。如图 13.5 所示,信息系统安全管理需要公司高层、安全人员、普通员工的密切协同以及技术与管理的紧密结合。信息系统安全管理工作是一项复杂的社会工程,需要通过特殊的方式,将不同的人员、不同的技术要素、不同的标准、不同的工作内容有机地融合。企业应以风险管理为核心,围绕信息及信息系统的生命周期,通过对安全运营流程的梳理,确定在各个流程环节中的安全工作内容、岗位职责要求、安全技术能力要求以及安全手段要求,从而逐步形成紧密关联的信息系统安全管理标准体系、运行维护体系、技术防护体系。

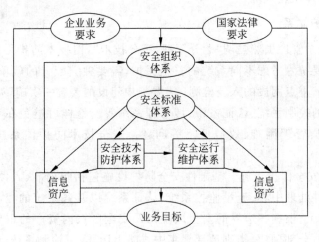

图 13.5　信息系统安全管理保障体系各要素关系图

1. 标准体系

信息系统安全管理标准体系包括企业安全维护、安全策略、安全技术指南以及操作手册、管理与考核等标准,回答为什么做、做什么、如何做、谁做的问题;明确信息系统安全管理与公司使命的关系等。

一个既有宏观的指导作用,又可以与具体业务有机结合的信息系统安全管理标准体系应该包括至少两个层面。其一是从宏观的角度说明企业信息系统安全管理工作的意义、关注的重点以及具体内容。在制定标准时可以参考信息系统安全管理的国际标准,吸收国内外的实践经验,充分考虑国内的管理机制和法制环境,并结合企业的实际情况。其二是从技术、组织、管理三方面落实安全管理策略细化的文档,结合具体应用环境的安全操作手册和流程规范,指导公司人员贯彻安全管理策略的要求,满足各业务系统维护人员进行安全加固和维护的需求。

2. 运行维护体系

无论什么样的信息系统技术,都只是实现信息系统管理的手段。信息系统的有效运行源于有效的维护,即建立组织、明确责任、制定流程、形成闭环的维护体系。通过系统风险分析和评估等手段确定企业的信息系统安全管理需求和目标,围绕"积极预防、及时发现、迅速响应、确保恢复"的方针进行运行维护,控制风险。

(1)预防环节。重点考虑安全预警、认证管理、服务端口管理、系统补丁管理、终端管理等基础性和日常性工作。在威胁到来之前,消除网络内部所有可能被攻击者利用的安全隐患,如管理的薄弱环节、系统漏洞、脆弱口令等。

(2)发现环节。主要通过业务系统中部署的防火墙、入侵检测系统、日志分析系统、安全应急响应组织的信息、投诉信息以及流量监控系统等,建立安全日常监控制度,及时发现网络入侵并采取措施,将损失降到最低。

(3)响应环节。按照业务连续性要求,制定数据备份和应急响应预案,并定期演练。同时,还需要与专业的安全服务公司建立密切联系,确保在出现紧急安全事件时能够迅速确定事件性质并恢复系统。

3. 技术防护体系

信息系统安全管理虽然强调"七分管理,三分技术",但技术防护手段不可或缺。在多业务环境中,要统筹考虑不同系统的安全保护,需要独立配置的就单独设置,如防病毒系统的客户端、重点网段的入侵检测;需要集中建设的要统一实施,如防火墙、入侵检测系统、防病毒的控制系统、认证系统、域管理系统等。这样可避免在系统安全建设中出现的投资浪费、管理困难、效益低下等问题。安全技术防护体系应包括以下两个层次。

(1)基础性安全保护设施。基础性安全防护设施包括防火墙、入侵检测系统、防病毒系统、垃圾邮件处理中心、流量监控系统、认证系统以及各系统的控制终端。在安全区域划分的基础上,根据各边界的安全风险以及安全区域内资产的重要性等因素确定边界的安全需求,分部门、分类别地部署集中式防火墙、入侵检测系统、防病毒的控制系统、认证系统、域管理系统等,实现对业务系统的安全保护。

(2)安全运行管理平台。目前针对信息系统的攻击手法已经融合了多种技术,单纯依赖某种安全产品或者分散地应用几种产品,不可能有效地保护企业的整体网络安全。为此,应在"统一管理与控制"概念的基础上,构建支撑系统安全管理体系有效运转的安全运行管理平台,把各种安全人员、安全技术、安全产品、安全策略联系在一起,共同形成一套坚实的防护体系,有效保护信息资源。

13.3.3 信息系统安全维护措施

信息系统安全的内容不仅包括信息的保密性、完整性、可用性、可控性、信息行为的不可否认性等信息安全需求,还包括信息系统保护、信息系统的安全检测评估、检测报警和攻击后的系统恢复等方面。在制定信息安全保护措施时,可以从技术、法律、规范、道德、管理等方面着手,全面考虑。其中技术是最为客观和基本的,也是最具有可控性的。从对信息系统安全的描述来看,安全保护包含两方面的内容:一是防止实体和信息遭受破坏而导致系统不能正常运行；二是防止机密信息被泄露和窃取。因此，信息系统的安全保护措施主要分为非技术性和技术性两大类。非技术性安全措施是指利用法制保证、行政管理和其他措施防止信息系统安全事故发生；技术性安全措施是指通过采取与系统直接相关的技术手段防止信息系统安全事故发生。

1. 管理措施

信息系统安全方面的行政管理基础是依据系统的实践活动，为维护系统安全而制定和建立的规章制度和职能机构。规章制度包括组织及人员制度、运行维护和管理制度、计算机处理的控制与管理制度、机房保卫制度、凭证账表的保管制度等。例如，制定信息系统损害恢复规程，明确在信息系统遇到自然的或人为的破坏而遭受损害时应采取的各种应急方案与具体步骤；加强用户管理和授权管理，设置切实可靠的系统访问控制机制，包括系统功能的选用与数据读写的权限、用户身份的确认等，建立安全审计和跟踪体系等。

2. 法律措施

法律措施包括社会规范和技术规范两类。社会规范要定义合法的信息应用活动，限制和惩罚违法的信息操作活动，明确用户和系统人员应履行的权利和义务。法律措施包括保密法、数据保护法、计算机安全法、计算机犯罪法等。技术规范包括各种技术标准和规程，如计算机安全标准、网络安全标准、操作系统安全标准、数据和信息安全标准等。这些标准是保证信息系统安全的依据和主要保障。

3. 技术措施

技术措施是信息系统安全的重要保证。实施安全技术，不仅涉及计算机和外部设备及其通信和网络等实体，还涉及数据安全、软件安全、网络安全、运行安全和防病毒技术。安全技术措施应贯穿于系统分析、设计、运行和维护及管理的各个阶段。例如，用户应选用先进的网络安全技术，选择合适的安全服务种类及安全机制，融合成熟的网络技术，形成一个全方位的安全体系；建立防火墙，在网络对外连接通道上建立控制点，对网络进行监控；进行失效保护，一旦系统运行错误、发生故障时，就拒绝访问。

上述措施必须完整、严格地贯彻执行。尤其是安全保密意识方面，必须强调人员的自觉性，要求全员认真参与，承担各自的责任，只有这样才可能从根本上解决信息系统的安全保密问题。

13.4　信息系统的评价

信息系统的评价具有其特殊性：①信息系统的建设属于高新技术领域范畴，具有较强的科研色彩，存在较大的风险性。②信息系统建设与其他的建设项目工程不同，除了硬件投资外，还包括开发费用、软件费用、维护费用、运行费用等比重较大的软件投资。③信息系统的效益有着较强的滞后性和隐性，一般要在系统投入使用相当长一段时间之后才能体现出来。④信息系统的作用与管理基础、管理体制以及用户水平和学习能力都有直接关系。

13.4.1　信息系统评价的目的和内容

1. 信息系统评价的目的

信息系统在运行过程中需要不断地进行大量的管理和维护工作,还要在高层管理者的直接领导下,由系统分析员或专门的审计人员会同各类开发人员和业务部门经理,定期对系统的运行状况进行审核和评价,为系统的改进和扩充提供依据。系统评价一般包括以下三方面。

- 系统是否达到预定目标,目标是否需要修改。
- 系统的适应性、安全性评价。
- 系统的社会经济效益评价。

对系统定期进行各方面的审计与评价,实际上是为了确认系统是否仍处于有效适用状态。如果审计结果表明系统基本适用但需要做一些改进,则要做好系统的维护工作;一旦审计结果确认系统已经不能够满足各项管理需求和决策需求,不能适应企业或组织未来的发展,就说明该信息系统已经走完了它的生命周期,必须提出新的开发需求,开始另外一个新系统的生命周期。整个开发过程又回到系统开发的最初阶段。

2. 信息系统评价的内容

1）系统是否达到预定目标,目标是否需要修改

系统的目标常常随着时间的推移、客观环境和管理需求的变化而变化。对系统的评价要检查系统能否满足这些目标,同时要检查目标的合理性、有效性。评价可以通过现场观察、面谈、审计运行日志、统计分析等方式进行。如果发现系统目标与实际管理需求不符,则要提出修改意见,或者提出重新开发新的信息系统的需求。

2）系统的适应性、安全性评价

系统的适应性包括系统运行是否稳定可靠,系统使用与维护是否方便,运行效率能否满足管理人员的管理需求等。随着计算机技术的不断发展和信息系统的广泛应用,系统的安全性和可靠性越来越受到人们的重视。防止信息盗窃、舞弊等犯罪行为,是任何一个信息系统必须认真考虑的问题,否则一旦发生事故,就会给整个系统带来重大的混乱和损失,甚至给社会造成极其严重的影响,因此应该对系统信息定期检查和审计。

3）系统的效益评价

信息系统的价值实际包括经济和社会两方面。社会效益与人们对系统的认识、使用直接相关,例如使用信息系统可以提高信息的使用质量,提高数据的准确性,减轻人们的劳动强度,提高信息处理的能力,为领导决策提供有力的信息支持等。这方面的效益不直接与企业或组织的经济效益相关,但会对企业或组织的各项管理活动产生重大影响。经济效益是指通过投资于信息系统的开发与运行,使得企业收入增加、成本下降,进而为企业带来更大的效益。当总效益大于系统的投入时,这个系统便是一个成功的、有益的系统。如果系统运行了一段时间以后,其投入与产出的比例不合适,投入大于或等于产出,则要考虑重新开发新的信息系统。

13.4.2　信息系统评价指标体系

在评价一个信息系统时,首要任务是建立评价指标体系。评价指标体系既包括信

息系统开发运行者(也就是信息系统的主体),也包括信息系统的直接用户(即信息系统的客体),更包括对外部社会(即环境)的影响。下面我们从三个维度来介绍信息系统的评价指标体系。

1. 系统应用维度

系统的应用评价分为系统利用率和用户满意度两方面。

系统利用率是用来衡量信息系统开发之后的实际应用情况,依据每个工作日内的使用时间来划分等级并打分。

用户满意度从界面是否友好、文档是否完备、操作是否方便可行等角度进行评价。界面友好是指所设计的系统界面布局情况与颜色搭配是否合理、归类是否清晰等;文档完备性指开发文档(包含可行性报告、需求分析、设计文档、测试文档、用户使用手册等)和帮助文件是否齐全;操作便易性指在操作时是否出现了简单友好的提示语言指导操作,整个系统的可操控性强不强,如在进行一些操作后,能否直接返回某一主页面等。

2. 系统性能维度

系统的性能评价分为安全性、稳定性和适用性三方面。

1) 安全性

安全性包括数据安全性和操作安全性,其中数据安全性又细分为数据库安全性和网络安全性;操作安全性包括角色控制和误操作控制,其中角色控制主要衡量系统的权限划分及角色管理,误操作控制是反映在进行关键操作时,有没有相应的错误提醒机制。

2) 稳定性

由系统可靠性及系统可维护性两个分指标反映系统的稳定性。可靠性是由硬件可靠性及软件可靠性共同决定的,通常是用户关心的首要问题,特别为交通、金融、安全系统等所重点关注。通过平均无故障时间(mean time between failure,MTBF)和平均失效前时间(mean time to failure,MTTF)来衡量。可维护性是指因外部条件发生变化而对系统进行修改所花精力的大小,从人员代价和时间代价两方面衡量。

3) 适用性

包括系统可扩充性和系统可移植性。可扩充性指系统结构、硬件设备、软件功能等的可扩充性;可移植性是指系统从一种软硬件配置或环境移植到另一种软硬件配置或环境下的能力。

3. 系统费用维度

系统的费用评价包括基本费用及特殊费用两方面。

基本费用包括开发费用、购买费用、维护费用。

特殊费用包括管理费用、培训费用。

根据上述三个维度建立由 20 个指标构成的信息系统评价指标体系,如图 13.6 所示。

13.4.3　信息系统评价方法

信息系统的评价方法包含三大类别:定性评价方法、定量评价方法和综合评价方法。其中,定性评价方法有同行评议法、专家评价法、德尔菲法、调查研究法等;定量评价方法有成本效益分析法、边际成本效益分析法等;综合评价方法有加权平均法、层次分析法、模糊数学法、统计分析法等。多维效用合并评价法是一种综合评价方法,它将信息系统评价指标细化,并能够根据不同的信息系统自行设置其合并规则及权重,通过合并规则的灵活设置,能够更好、更准确地凸显关键因素的作用,具有简单、容易实施的优点。

1. 指标体系评分规则

指标体系如图 13.6 所示。

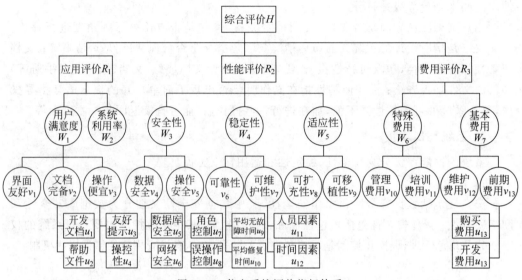

图 13.6　信息系统评价指标体系

(1) 界面友好(v_1)。根据界面的布局、色彩、界面流转等因素,将其得分分为 5 个档次:很差($0\sim0.2$);较差($0.2\sim0.4$);一般($0.4\sim0.6$);较好($0.6\sim0.8$);很好($0.8\sim1.0$)。

(2) 开发文档(u_1)。根据开发文档的完备性,将其得分分为 5 个档次:无开发文档($0\sim0.2$);文档大部分缺失,不易懂、没有具体作用($0.2\sim0.4$);文档部分缺失、编写不规范、包含错误信息($0.4\sim0.6$);文档较完整,基本符合规范,无错误信息($0.6\sim0.8$);文档完整、符合编写规范,描述清晰,能作为以后人员使用维护的保障($0.8\sim1.0$)。

(3) 帮助文件(u_2)。将得分分为 5 个档次:无帮助文件或只有简单的提示($0\sim0.2$);帮助文件较少,内容不详细($0.2\sim0.4$);帮助文档基本能够解决用户疑问但使用不方便($0.4\sim0.6$);帮助文件较完整,基本符合规范,无错误信息($0.6\sim0.8$);帮助文档完整、符合规范、易读易懂,并能快捷有效地方便查阅($0.8\sim1.0$)。

(4) 友好提示(u_3)。根据方便易用性将得分分为 3 个档次:友好提示较少,内容简单,不能起到很好的帮助作用($0\sim0.3$);友好提示基本完善,能根据提示使用户使用系统更加快捷($0.3\sim0.7$);有良好的提示机制,提示内容明确,表现方式易用,能够灵活地给用户带来指导($0.7\sim1.0$)。

(5) 操控性(u_4)。主要评估系统的链接是否易用,用户能否很快找到想要进行的操作,相关操作是否被链接,新用户的学习时间等要素。据此将操控性得分分为 3 个档次:系统较难操控,完成相关工作步骤繁多,链接性不强等($0\sim0.3$);能满足操控要求,比较容易地完成相关工作(0.3～0.7)；操控性强，能简单地完成相关工作，系统具有完善的自动跳转、自动链接等辅助功能(0.7～1.0)。

(6) 数据库安全(u_5)。可将得分分为 5 个档次：安全性较差(0～0.2)；安全性一般(0.2～0.4)；安全性适中(0.4～0.6)；安全性较好(0.6～0.8)；安全性很好(0.8～1.0)。

(7) 网络安全(u_6)。评分方法同数据库安全。

(8) 角色控制(u_7)。可将得分分为 5 个档次：未分角色(0～0.2)；3 个以下角色(0.2～0.4)；3～5 个角色(0.4～0.6)；5～7 个角色(0.6～0.8)；7 个以上角色(0.8～1.0)。

(9) 误操作控制(u_8)。主要评估系统的表意是否清晰，是否易误操作，是否有误操作提示。得分可分为 5 个档次：系统表意不清，没有误操作提示，经常造成误操作甚至较大失误(0～0.2)；误操作提示不完全，表意较清晰(0.2～0.4)；误操作易发处基本都有提示，基本能够避免一定误操作，不会引起大型事故(0.4～0.6)；系统表意清晰，误操作提示完备但仍无法避免二次误操作(0.6～0.8)；系统表意清晰，误操作提示完备，可以避免二次误操作(0.8～1.0)。

(10) 平均无故障时间(u_9)。以小时计，得分可分为 5 个档次：小于 100(0～0.2)；100～500(0.2～0.4)；500～800(0.4～0.6)；800～2000(0.6～0.8)；2000 以上(0.8～1.0)。

(11) 平均修复时间(u_{10})。以小时计，得分可分为 5 个档次：300 以上(0～0.2)；200～300(0.2～0.4)；100～200(0.4～0.6)；30～100(0.6～0.8)；小于 30(0.8～1.0)。

(12) 可维护性的人员因素(u_{11})。得分可分为 3 个档次：维护困难、要由第三方完成且人数较多(0～0.3)；难度适中、由专业人员完成、人数适中(0.3～0.7)；维护较易实现，由企业信息技术人员完成即可(0.7～1.0)。

(13) 可维护性的时间因素(u_{12})。得分可分为 3 个档次：维护时间占整个生命周期的 60%～70%(0～0.3)；维护时间占整个生命周期的 30%～60%(0.3～0.7)；维护时间占整个生命周期的 10%～30%(0.7～1.0)。

(14) 可扩充性(v_8)。根据软件的技术架构等因素，可将得分分为 5 个档次：很差(0～0.2)；较差(0.2～0.4)；一般(0.4～0.6)；较好(0.6～0.8)；很好(0.8～1.0)。

(15) 可移植性(v_9)。根据编写语言等因素分为 5 个档次，评分方法同可扩充性。

(16) 管理费用(v_{10})。需要考虑项目大小、地区差异等，可将得分分为 3 个档次：100 元/天/人以上(0～0.3)；50～100 元/天/人(0.3～0.7)；50 元/天/人以下(0.7～1.0)。

(17) 培训费用(v_{11})。需要考虑项目意义、大小、地区差异等，可将得分分为 3 个档次：200 元/天/人以上(0～0.3)；50～200 元/天/人(0.3～0.7)；50 元/天/人以下(0.7～1.0)。

(18) 维护费用(v_{12})。评分方法同培训费用。

(19) 购买费用(u_{13})。需要考虑项目意义、大小、地区差异等，可将得分分为 3 个档次：5 万元以上(0～0.3)；1～5 万元(0.3～0.7)；1 万元以下(0.7～1.0)。

(20) 开发费用(u_{14})。需要考虑项目重要程度、投资大小等。可将得分分为 3 个档次：30 万元以上(0～0.3)；30 万到 10 万元(0.3～0.7)；10 万元以下(0.7～1.0)。

2. 多维效用合并模型

设多目标决策问题有 s 个评价准则,有 n 个可行方案。测定和计算 s 个评价准则相应的效用函数为 $u_1,u_2,\cdots,u_s$;得到 n 个可行方案 $a_1,a_2,\cdots,a_n$。在 s 个评价准则下的效用值分别为 $u_1(a_i),u_2(a_i),\cdots,u_s(a_i)$,$(i=1,2,\cdots,n)$。为了从总体上表示可行方案的总效用和总价值,需要通过某种特定的方法和逻辑程序,将 s 个分效用合并为总效用,并依据总效用对可行方案进行排序。这种多目标决策方法称为多维效用合并方法。多维效用合并方法主要解决序列型多层次目标准则体系问题。

采用多维效用合并规则能够灵活地将各个下一层指标的效用值向上合并,不同指标之间根据实际情况采用不同的合并规则,不会削弱重要指标的关键性。设二维效用函数 $W=W(u_1,u_2)$,当二效用值同时达到最大时,合并效用才达到最大值,即 $W(1,1)=1$;当二效用值同时取最小时,合并效用取零效用值,即 $W(0,0)=0$。在此基础上运用距离规则、代换规则、加法规则、乘法规则及混合规则等。

(1) 距离规则。二维效用平面上各点的效用值,与该点到合并效用最大的点的距离成正比例。

(2) 代换规则。两个效用对决策主体具有同等重要性,只要其中一个目标的效用值取得最大值,无论其他效用取何值,合并效用均达到最高水平,即 $W(1,u_2)=1$ 或 $W(u_1,1)=1$。其他情况下的效用合并公式为 $W(u_1,u_2)=u_1+u_2-u_1u_2$。

(3) 加法规则。两个效用的变化具有相关性,对合并贡献并没有本质差异,并且可以相互线性的补偿,即一目标效用的减少可以由另一目标效用值的增加得到补偿。即

$$W(u_1,u_2)=\rho_1 u_1+\rho_2 u_2,\text{其中 } \rho_1+\rho_2=1$$

(4) 乘法规则。二目标效用对于合并效用具有同等重要性,相互之间不能替代。只要其中任意一个目标效用值为 0,无论另一个目标效用取值多大,合并效用均为 0,即

$$W(u_1,u_2)=u_1 u_2$$

(5) 混合规则。适用于各目标效用之间关系较为复杂时,代换、加法和乘法三种规则更为一般的情况。

3. 合并规则的使用

(1) 开发文件及帮助文件具有同等重要性,必须两要素同取最大值,总效用才能达到最大值,故采用代换规则:

$$v_2=u_1+u_2-u_1\times u_2$$

(2) 友好提示与操控性同时可实现系统的操作便易性,友好提示的增多能够增强操控性,且两者具有相关性并可相互补偿,故两者之间使用加法规则:

$$v_3=0.4u_3+0.6u_4$$

(3) 数据库安全与网络安全同等重要,且两者缺一不可,应采用乘法规则:

$$v_4=u_5\times u_6$$

(4) 角色控制与误操作控制从两个不同的角度来衡量操作安全性,采用距离规则:

$$v_5=1-\sqrt{\frac{1}{2}\left[(1-u_7)^2+(1-u_8)^2\right]}$$

(5) MTTF 与 MTBF 是衡量系统可靠性的两个重要指标,两者具有相关性,采用

加法规则：

$$v_6 = 0.5u_9 + 0.5u_{10}$$

（6）人员和时间是维护时考虑的两个重要因素，两者采用加法规则：

$$v_7 = 0.5u_{11} + 0.5u_{12}$$

（7）前期费用（v_{13}）：购买费用（u_{13}）与开发费用（u_{14}）两者二选一进行衡量。

（8）界面友好、文档完备及操作方便性三者在一定程度上互补，故用加法规则：

$$W_1 = 0.3v_1 + 0.3v_2 + 0.4v_3$$

（9）数据安全性与操作安全性同等重要且缺一不可，采用乘法规则：

$$W_3 = v_4 \times v_5$$

（10）可靠性与可维护性之间，可靠性的提高可以弥补可维护性的不足，反之亦然，故采用加法规则：

$$W_4 = 0.6v_6 + 0.4v_7$$

（11）可移植性与可扩充性都很重要且不能相互弥补、替代，采用距离规则：

$$W_5 = 1 - \sqrt{\frac{1}{2} - \left[(1-v_8)^2 + (1-v_9)^2\right]}$$

（12）管理费用与培训费用间采用距离规则：

$$W_6 = 1 - \sqrt{\frac{1}{2} - \left[(1-v_{10})^2 + (1-v_{11})^2\right]}$$

（13）维护费用与前期费用应综合考虑，具有相关性，采用加法规则：

$$W_7 = 0.5v_{12} + 0.5v_{13}$$

（14）用户满意度与系统利用率同样重要，采用距离规则：

$$R_1 = 1 - \sqrt{\frac{1}{2} - \left[(1-W_1)^2 + (1-W_2)^2\right]}$$

（15）安全性、稳定性及适用性间，前两者较为重要且缺一不可，采用混合规则；安全性与稳定性间采用乘法规则，然后再与适用性采用距离规则：

$$R_2 = 1 - \sqrt{\frac{1}{3} - \left[(1-W_3)^2 + (1-W_4)^2 + (1-W_5)^2\right]}$$

（16）特殊费用与基本费用间采用加法规则：

$$R_3 = 0.5W_6 + 0.5W_7$$

（17）应用评价、性能评价及费用评价3个指标对于系统评价具有同等重要性，相互之间完全不能替代，故采用乘法规则：

$$H = R_1 \times R_2 \times R_3$$

综上所述，得到信息系统综合评价满意度 H 的计算公式为

$$H = \left(1 - \sqrt{\frac{1}{2}\left[(1-(0.3v_1+0.3v_2+0.4v_3))^2 + (1-W_2)^2\right]}\right) \times$$

$$\left(1 - \sqrt{\frac{1}{3}\left\{(1-v_4 \cdot v_5)^2 + \left[1-(0.6v_6+0.4v_7)\right]^2 + \left[1-\left[1-\sqrt{\frac{1}{2}\left[(1-v_8)^2+(1-v_9)^2\right]}\right]\right]^2\right\}}\right) \times$$

$$\left\{0.5\left[1-\sqrt{\frac{1}{2}\left[(1-v_{10})^2+(1-v_{11})^2\right]}\right] + 0.5(v_{12}+v_{13})\right\}$$

章节要点

　　信息系统的有效运行和管理对于充分发挥信息系统的功能和作用至关重要。本章首先介绍了信息系统的三种切换方法：直接切换、并行切换和逐步切换。然后从系统运行的组织结构、系统运行环境维护、系统运行的具体维护内容等三方面解析了信息系统维护。信息系统安全取决于安全维护的成效，本章从可靠性和安全性、安全保障体系、安全保障措施等三方面介绍了系统安全维护。最后从评价目的和内容、评价指标体系、具体评价方法等方面讨论了信息系统评价的相关内容。

课程思政融入点

　　学习信息系统运行维护的相关知识，使学生认识到信息资源是企业重要的资产，保障信息资源不被非法窃取是信息系统运行维护的主要职责，进而引导学生树立信息系统安全意识和责任意识。信息系统安全与互联网安全密不可分，中央明确提出了"依法管理网络"理念，加快完善互联网管理体制，确保国家网络和信息安全，强调了数据安全是数字中国重要战略举措的根本保障，体现了国家对保障数字经济安全的决心与信心。引导学生充分理解：建立健康安全的互联网信息环境是每个公民的义务，应自觉遵守网络安全法律法规，共建和谐网络环境，维护信息系统的安全运行。

思考题

1. 信息系统运行前需要做好哪些准备工作？
2. 常用的信息系统切换方式有哪些？各有什么优缺点？
3. 信息系统运行维护主要包括哪些内容？
4. 信息系统评价指标体系包括哪些维度？
5. 简述信息系统的多维效用综合评价方法。
6. 信息系统安全管理措施的主要内容是什么？

第五篇

拓展篇

第 14 章　信息系统驱动的商业模式创新
第 15 章　管理信息系统研究基础
第 16 章　管理信息系统的发展趋势

第**14**章

信息系统驱动的商业模式创新

　　成功的商业模式是企业生存和发展的必备条件,企业需要不断地调整、改进甚至重建自身的商业模式,提升自身产品及服务价值以适应外部环境的发展和变化。在全球范围的企业信息化浪潮下,信息系统在企业商业模式创新过程中产生着愈发重要和深远的影响。

14.1　商业模式概述

14.1.1　商业模式的定义

　　简单地讲,商业模式就是一种能够为企业带来收益的模式。从企业价值链的角度看,商业模式规定了企业在价值链中的位置,并指导其如何盈利。换句话讲,企业的盈利来源于企业活动创造的价值,因而商业模式包含了企业选择什么样的合作伙伴及客户,以何种方式或类型进行商业活动等一系列能够为企业产生利润的要素集合。进一步,如果将与生产经营相关的一切要素视为企业资源,商业模式则是企业运作的秩序。企业依据它使用企业资源,超越竞争者,向客户提供更大的价值,并依据它获利。

　　企业组织的商业模式至少要满足两个必要条件:①企业的商业模式必须是一个由各种要素组成的整体,它必须是一个结构,而不仅仅是一个单一的因素;②企业商业模式的组成部分之间必须有内在联系。这个内在联系把各组成部分有机地串联起来,使它们互相支持,共同作用,形成一个良性的循环。商业模式应具备以下特征。

- 商业模式是对企业价值创造活动的一种高度的抽象和概括,它从理论上构建了以价值创造活动为核心的企业生存及发展的知识体系。
- 商业模式整合了与企业价值创造活动相关的一切要素。
- 商业模式揭示了诸要素之间的内在关联和作用机理。

　　由此可以认为,商业模式是企业价值创造活动的内在逻辑和基本规律。它一方面静态地反映了企业组织架构、经营行为、资源配置以及外部环境等诸要素间的结构关系,另一方面动态地揭示了企业在创造价值行为过程中上述诸要素间的互动机理。

　　商业模式包括了三个层面的逻辑,即经济层逻辑、运营层逻辑、战略层逻辑。经济层逻辑把商业模式描述为"企业的经济模式或盈利模式",其本质内涵是企业获取利润的逻辑;运营层逻辑把商业模式描述为"企业的运营结构",重点说明企业通过何种内部流程和基本构造来创造价值;战略层逻辑把商业模式描述为"对不同企业战略方向的总体考察",包括市场主张、组织行为、增长机会、竞争优势、可持续性等方面。

14.1.2 商业模式的六要素

构建或完善一套成功的商业模式需要考虑以下要素。

1. 定位

定位就是企业应该做什么。它决定了企业应该提供什么样的产品和服务来实现客户的价值。定位是企业战略选择的结果,也是商业模式体系中其他有机组成部分的起点。定位需要考虑三方面,即长期发展、利润增长、独特价值。商业模式中的"定位"更多地是作为整个商业模式的支撑点。同样的定位可以有不一样的商业模式,同样的商业模式也可以实现不一样的定位。

2. 业务系统

业务系统是指企业达到战略定位所需要的业务环节、各合作方扮演的角色以及利益相关者的合作方式。企业围绕战略定位所建立起来的业务系统将形成一个价值网络,明确了客户、供应商/其他合作方在通过商业模式获得价值的过程中扮演的角色。

3. 关键资源能力

关键资源能力是指业务系统运转所需要的重要资源和能力。任何商业模式构建的重点工作之一就是了解业务系统所需要的重要资源和能力有哪些,如何分布,以及如何获取资源和建立能力。不是所有的资源和能力都同等重要,也不是每一种资源和能力都为企业所需要。只有和战略定位、业务系统、盈利模式相契合,并能互相强化的资源和能力才是企业真正需要的。

4. 盈利模式

盈利模式是指企业获得收入、分配成本、赚取利润的方式。盈利模式是在给定业务系统价值链所有权和价值链结构的前提下,相关方之间利益的分配方式。良好的盈利模式不仅能够为企业带来利益,还能为企业编织一张稳定、共赢的价值网。传统盈利模式的成本结构往往和收入结构一一对应,而现代盈利模式中的成本结构和收入结构则不一定完全对应。同样是制造、销售手机,那些通过专卖店、零售终端销售手机的企业,其销售成本结构主要包括销售部门的管理费用、销售人员的人工成本等,而与运营商提供的服务捆绑,直接给用户送手机的制造商的销售成本结构则完全不一样。

5. 现金流结构

现金流结构是企业经营过程中产生的现金收入扣除现金投资后的状况,其贴现值反映了采用该商业模式的企业的投资价值。不同的现金流结构反映企业在定位、业务系统、关键资源能力以及盈利模式等方面的差异,体现企业商业模式的不同特征,影响企业的成长速度,决定企业投资价值的高低、企业投资价值的递增速度以及受资本市场青睐的程度。

6. 企业价值

企业价值亦即企业的投资价值,是企业预期未来可以产生的自由现金流的贴现值,是评判企业商业模式优劣的标准。企业的价值由其成长空间、成长能力、成长效率和成长速度等因素共同决定。

商业模式的这六个要素是互相作用、互相决定的：相同的企业定位可以通过不一样的业务系统实现；同样的业务系统也可以有不同的关键资源能力、不同的盈利模式和不一样的现金流结构。六个要素的运行机制如图 14.1 所示。

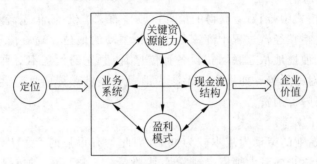

图 14.1　商业模式六要素的运行机制

14.1.3　传统商业模式的问题与挑战

传统的商业模式主要关注企业与用户、供应商及其他合作伙伴的关系，尤其关注的是彼此间的物流、信息流和资金流。在传统商业模式中，批发商和零售商是实现流通必不可少的环节，商品从生产商到消费者的手中，必然要经过批发商和零售商。批发商在商品流通过程中起到承上启下的作用，各级批发商从上级进货，买断上级的商品所有权，然后卖给消费者，从中赚取差价。在传统的商业模式中，商品通常是从企业向批发商、零售商一层一层地逐级销售，消费者最终通过商店、百货店、市场、专营店等实体交易场所购买商品，因此传统商业也变为实体商业，或有形市场。

1. 传统商业模式的弊端

1）制造环节

传统商业模式下，厂家的产品一般需要经历代理商、零售商等多个环节才能到达消费者手中。因为传统商业模式中制造商直接面对的并不是消费者而是中间商、零售商，所以生产商并不能第一时间了解到消费者对于产品的评价及建议、要求，具有一定的滞后性。

2）运输环节

商品从生产商到中间商，再到零售商，最后到消费者的售货模式明显不能满足现代生活的需要，这种传统的模式与生产商直接到消费者的无店铺模式相比较，造成了很多人力物力和财力上的浪费。以水果销售为例，传统的销售模式中，水果从产地运到中间商再运送到零售商，运输时间过长，不仅增加了交易的成本，而且会因为许多水果在搬运过程中腐坏而造成巨大的浪费。

3）成本方面

生产运输环节存在不足，致使交易成本增加，最终导致产品价格高，竞争力下降，不利于企业发展。

4）销售方面

随着人们时间观念的增强，社会老龄化加剧，越来越多的人不愿意采用传统的购物方式买东西,因为传统的购物方式既花费时间又花费精力,而且并不一定能够买到中意的商品。传统的销售方式不仅在消费者方面不讨好,而且还要雇佣一大批销售人员,无疑又增加了销售成本。因此在销售方面传统商业有着无法避免的弱点。

2.传统商业模式面临的挑战

1)信息更加通畅

在传统商业模式中,消费者获得的信息一般是商家提供的,消费者不具备获取消息的渠道和方法,使得在经营过程中商家处于比较主动的地位。随着信息技术的广泛应用,人们可以更加便捷地从互联网获得各种信息,使原先的信息不对称性发生了变化,形成了新的信息对称形势。如果商家无法为消费者提供对称信息,就会失去消费者的信任和支持,最终降低消费。

2)从制造转向定制

中国传统制造业的劳动力成本较为低廉,因此具有很强的竞争力。随着互联网时代的来临,制造业逐步向着大规模定制发展,大批量、大规模生产的情况可能被改变;每个消费者都可以定制商品的型号,生产难度加大,成本提升,需要企业寻找其他的竞争力。

3)以消费者为中心

商家的绝对优势和地位受到了挑战。当前的商业模式多以消费者为中心,以企业为中心的市场不复存在。消费者可以在网络上寻找需要的产品,具有较强的议价能力,企业优势已经一再削弱。企业如果无法认识到形势的变化而做出改变,就将被市场淘汰。

14.1.4 传统商业模式的变革措施

1. 改变经营方式

电子商务是一种典型的改变经营方式的路径,它以电子交易方式进行交易活动并提供相关服务,是传统商业活动各环节的电子化、网络化。电子商务让消费者通过网络在线购物、支付,既节省了客户与企业的时间,显著提高了交易效率,又允许客户通过足不出户的网络渠道享受现场购物乐趣。当前很多企业已经开展了电子商务运行模式,我国最大的电子商务网站——淘宝网的成功,也证明了电子商务与当前消费趋势的契合程度和被消费者接受的程度。网络是连接企业与消费者的桥梁,能够帮助消费者做出消费决策,满足消费者对产品的需求,并且帮助商家掌握消费者的心理动态,从而有针对性地研制产品。同时,电子商务还能降低经营过程中的商铺租赁、劳动力等方面的成本,使销售渠道更加单一,提升价格上的竞争力。

拼多多是新型经营方式的一个典型案例。2015年9月,拼多多正式上线,凭借独创的社交拼团购物模式,成为规模最大、成长最快的电商平台之一,成长速度超过淘宝、京东等大型电商平台。拼多多利用低价爆款来引导用户下单,只要低价的引诱力足够强,商品推荐精准化欠佳的缺点就变得很小,即跨过用户的价格"阈值"后,满足用户兴趣偏好就足够简单。拼多多通过品类标签做简单的用户需求筛选,再通过低价的推荐商品促销激发用户购买欲望。

2. 重塑竞争优势

在信息爆炸时代,传统商业模式中的竞争优势已经不复存在,获得竞争优势的途径也有所改变。在传统的商业模式中,企业仅注重内部管理,即加强对企业员工的管理、加强对货品的管理等,认为通过对内部科学、合理的管理就能够获得竞争优势,在市场上立于不败之地。但是当前的市场竞争形势告诉我们,传统的连锁经营、扩大规模等方式已经不适应当前的情况。我们应在传统商业链条中加入网络这一要素,通过网络技术将产品、商品、消费者、销售这几个环节紧密连接在一起,形成快速反应系统,缩短企业的运转周期,从而达到最佳的竞争状态。

3. 加强对组织模式和管理模式的变革

在网络技术加速发展的同时,社会关系也发生了巨大的变革,信息系统对传统商业模式带来了较大冲击。只有创新组织模式和管理模式,才能使传统商业模式中的弊端得到改善,并且将各种资源和要素连接起来。互联网为传统商业中的业务员提供了渠道和平台,让人与人之间的距离拉近,使高层领导能够倾听下属的情况,下层员工能够直接与最高领导对话,削弱了中层管理人员的作用,企业内部管理模式向扁平化转变。由此可以看出,互联网的广泛使用使得企业内部的管理更加公开、民主、平等,传统商业模式中的组织形式受到了深刻影响,原有的金字塔式信息传递方式受到了动摇。这种扁平化的商业模式能够使信息接收和传递更加便捷,使企业高层对市场变动情况迅速作出反应,从而使产品更加符合消费者的需求。

小米公司商业模式的变革和升级值得借鉴和学习。小米成立于 2014 年,是一家主要专注于研发电子产品及智能硬件的移动互联网公司。为了准确把握消费需求,小米建设了大数据平台,打造了小米大数据整体架构,把所有数据汇总起来,避免产生数据孤岛。小米运用大数据平台实现了对市场的实时洞察,建设了供应链和生态链。小米的供应链能够有效减少中间环节,帮助合作伙伴降低成本、提高效率。生态链的核心是"硬件+软件+服务"的模式,不仅优化了运作流程,提高了供应商的盈利空间,而且增加了消费者的购买频次,为客户提供了高性价比、高满意度的小米产品。小米商业模式的核心是专注于研发高质量的产品,运用大数据技术和设施系统性地降低整个价值网络中的成本,而不是降低制造成本。小米运用互联网思维,基于大数据进行决策分析,明确其消费市场和产品需求,搭建线上、线下销售平台。网上有小米商城和有品商城,线下有小米之家和小米小店,全方位为客户提供优质便捷的购物环境。

14.2　商业模式创新

14.2.1　商业模式创新的定义及特性

经济学者和管理学者对商业模式创新的概念进行了深入系统的研究,大都认为,商业模式创新在为最终客户提供产品与服务方面提供了前所未有的改变和提升。信息技术及互联网的迅猛发展使得技术创新已不再是企业赢得竞争优势的唯一要素。在企业持续发展过程中,商业模式创新成为不可或缺的因素,但商业模式创新的内在逻辑关系到底是什么,还未形成统一共识。总的来说,商业模式创新有以下特性。

从创新的要素来看,要求企业在原有的商业模式要素上做出新的突破,最终彻底使得构成要素改变。

从创新的行为来看,商业模式创新是开放性的,并不是封闭的系统。企业要通过商业模式上的创新,建立系统层面的竞争优势。商业模式创新就是"突破现有的规则壁垒,将可获取利润的商业模式带入进去",即商业模式创新会打破当前商业模式的运行规则,引入可获取利润的商业模式,并对顾客的现有与潜在的各类需求和类别进行重新定义及划分。生产的产品、生产方式和交易流程也都需要重新定位。

从创新的目标来看,商业模式创新将打破竞争对手的地位,打破行业壁垒,新建全新的商业模式,以便为客户创造其所需的价值并为参与经营的利益相关者提供利润。这种商业模式创新可以帮助企业更快速地获取价值。

从创新的效果来看,商业模式创新是企业对现有操作系统的改革和完善,它通过跨越边界来改变各个利益相关者之间的交易模式。在充分满足客户现有需求的同时,不断发掘客户的未来需求,为其提供及时的响应和高质量的服务。

14.2.2 商业模式创新的关键要素

商业模式的关键要素既相互独立又彼此联系,共同决定着企业的商业模式是否成功。而变革和创新的现实需求要求企业对商业模式创新要素和原有模式要素进行交叉对比,发掘两者之间的共性和差异,并加以升级和突破,保证自己能紧跟时代潮流,及时占据市场优势地位。商业模式创新的关键要素包括:

1. 客户细分

谁是企业最重要的客户? 客户细分构造模块用来描绘一个企业想要接触和服务的不同人群或组织。客户是任何商业模式的核心,没有客户,就不可能有长久存活的企业。为了更好地满足客户,企业可能把客户分成不同的群体,每个细分群体中的客户具有共同的需求、共同的行为和其他共同的属性。商业模式可以定义一个或多个或大或小的客户细分群体。企业必须合理决策究竟该服务哪些客户细分群体。一旦作出决策,就可以凭借对特定客户群体需求的深刻理解,设计相应的商业模式。

2. 价值主张

企业正在满足客户细分群体的哪些需求? 价值主张是指对客户来说有意义的事物。价值主张是对客户真实需求的深入描述,它解决了客户痛点,满足了客户需求。每个价值主张都包含可选的产品或服务,以迎合特定客户细分群体的需求。从这个角度来看,价值主张是企业提供给客户的收益集合。价值主张是可以定量或定性的,可以通过新颖的产品创新满足顾客的潜在需求;或者通过改善产品的服务性能增加用户的黏性;或者通过定制化的产品和服务为个别客户的特定需求创造价值,还可以通过亲民的价格满足对价格敏感的客户细分群体。

3. 分销渠道

通过哪些渠道可以接触到企业的客户? 分销渠道是企业与客户的接触点,它在提升客户满意度及用户体验中扮演着重要的角色。利用分销渠道不仅能够提升公司产品和服务在客户中的认知,协助客户购买产品与服务,还能够通过提供售后服务等形式增加与客户的互动与黏性,从而向客户宣传公司的价值主张。渠道可以是直接的,企业通过这种渠道开展直销,如销售团队、公司网站、线下实体店、体验店;也可以是间接的,如与合作伙伴的分销批发、零售或者合作伙伴的网站等。

4. 客户关系

企业应与客户之间建立和保持怎样的关系？企业应弄清楚希望与每个客户细分群体建立怎样的联系与关系，因为这种客户关系对全面的客户体验有重要的影响。这种客户关系可以是基于人与人之间的互动，通过微信、电子邮件或电话回访等方式沟通的个人助理形式，也可以是像华为公司一样利用用户社区与客户/潜在客户建立更为深入的联系，并促进社区成员之间互动的形式，还可以是像小米公司一样与客户一起设计与优化产品，像亚马逊书店一样邀请顾客来撰写书评为其他图书爱好者提供价值的形式，后者已经超越了与客户之间传统的客户—供应商关系，与客户一起共同创造价值。

5. 盈利模式

什么样的价值能让客户更愿意付费？如果把企业的商业模式比作一辆汽车，那么客户就是发动机，而盈利模式就是燃油。企业必须清楚地知道，什么样的价值能够让客户群体愿意付费，他们现在付费买什么，他们更愿意用何种方式付费，他们愿意为这件产品向服务商支付多少费用。一种商业模式一般包括以下两种不同类型的收入来源：通过客户一次性支付获得的交易收入；通过客户为获得价值主张与售后服务持续支付费用获得的经常性收入。

6. 核心资源

企业需要什么样的核心资源？每一家企业，每一种商业模式都需要核心资源，这些资源使得企业或组织能够创造和提供价值主张、接触市场、与客户细分群体建立关系并赚取收入。不同的商业模式需要的核心资源不同，轻资产的企业需要关注人力资本，重资产的传统制造型企业更注重资本集约型的设备或原材料。企业的核心资源可以是实体资产、人力资本、知识资产、金融资源等。

7. 关键业务

企业的关键业务是什么？企业的核心竞争力是什么？企业的关键业务是企业得以运营成功最重要的依靠，是企业获取收入来源、维持客户关系、实现价值主张的重要基石。所以，不同的企业有不同的商业模式，不同的商业模式又有不同的关键业务。例如手机、电脑制造商的关键业务是研发新产品及优化功能，教育、培训等知识性企业的关键业务是提供服务或解决问题，腾讯、淘宝这样的平台商的关键业务是持续地发展和维护平台。

8. 合作伙伴

谁是企业的重要合作伙伴？企业能为合作伙伴提供什么样的价值主张？随着互联网的发展，商业模式中的合作伙伴日益成为企业发展的重要推进力。企业与合作伙伴之间的关系可能是非竞争者之间的联盟，也可能是竞争者之间的合作。众多行业都在进行跨界与整合，各行各业也从竞争走向竞合，很多企业通过整合相关的合作伙伴来优化自己的商业模式。

9. 成本结构

什么是企业商业模式中最重要的成本支出？企业的商业模式中，不管是实现价值主张,还是维护客户关系,都需要成本投入,而关键业务、重要资源、核心业务则需要更多的成本投入,涉及成本结构。很明显,任何商业模式都应该尽量实现成本的最优化。

商业模式创新的关键要素之间的关系如图 14.2 所示。

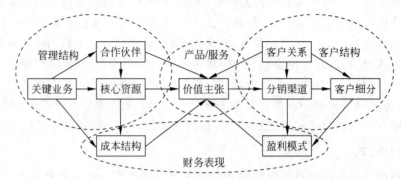

图 14.2　商业模式创新"九要素"之间的关系

14.2.3　大数据时代的商业模式创新

大数据时代的企业价值链在不断延伸,数据将指导其向着更符合客户需求的方向发展,企业的盈利一定要依靠为客户提供更多的价值而实现。大数据的应用不仅为企业财务战略的执行奠定了客观依据,还用于相应的商业模式创新,让客户更愿意参与到企业的改变和创新中来。企业在不断创新中与客户携手享受大数据的便利,让企业得到更多的利益,让客户享受到更多的实惠,实现企业的良性循环,让客户的需求得到最大程度的满足。

企业应用大数据的方式主要是通过大量数据获取相应的信息,从而分析和发现问题,指导决策。企业如何利用大数据对商业模式进行创新以获取持久盈利能力,已成为落实企业既定战略的最关键问题之一。商业模式的内涵也正由经济、运营层面向战略层面延伸,强调商业模式要能在特定的市场上创造可持续竞争优势。信息时代,各种新的商业模式不断涌现,商业模式的概念在不断完善和提升,其内容也越来越复杂,包括产品、服务、市场、供应链等诸多要素。商业模式正逐步形成一个市场需求与资源紧密相连的系统。伴随大数据影响的不断深入,在大数据和商业模式有效结合的背景下,系统研究和分析大数据对商业模式的影响及大数据背景下的商业模式创新问题,具有重要的现实意义。

1. 大数据给商业模式创新带来的机遇

随着企业信息化和智能化水平的提升,当数据积累到一定程度后,需要从大量存在的数据中挖掘出对人们更有价值的信息来获得对客户需求的全面了解,及时发现和捕捉客户需求的新变化。这就需要企业加快商业模式的创新,以客户需求为导向,从过去的以生产为核心的盈利模式加速向以客户需求为核心的盈利模式加快转型。因此,大数据为新常态下的企业商业模式创新提供了机遇。

大数据时代的企业商业模式变革将围绕大数据的获取、存储、分析、使用等过程展开。如何有效开发利用以海量、高速和多样性为特征的大数据,成为企业商业模式变革的关键。在商业模式中利用数据的方式有三种:一是将数据作为一种竞争优势,二是利用数据改进现有的产品和服务,三是将数据作为产品本身。当大数据被正确使用时,企业可对诸多活动产生新的认识,发现运营活动中的障碍以促进供应链合理化,并更好地理解客户以便开发新的产品、服务和商业模式。在整个行业中,率先使用大数据的企业将会创造新的运营效率、新的收入流、差异化的竞争优势和全新的商业模式。

由于企业生产方式的变化,大数据时代的企业获取利润的条件和空间都随之发生了变化,企业可以近似精确地了解到市场主体的消费需求和习惯,能够预测到客户的需求及其变化,甚至做到比客户更了解他们的需求,从而有助于促进企业在提供标准化服务的能力和条件的基础上创造个性化的新附加值,这是大数据时代企业利润最重要的源泉。如图 14.3 所示,传统创新活动主要局限在企业内部,而开放性、网络化的创新方式提供了大量的在产品市场化之前进行互动设计的可能性。随着社会化媒体和移动互联网的日益普及,这种创新方式将逐渐成为大数据时代产品创新活动的一个新的典型特征。大数据时代产品及服务创新的另一个典型特征就是实时化、个性化的产品及服务设计。在零售领域,电子商务中的实时价格比较服务也为顾客提供了更大的价格透明度,同时为顾客和企业创造了价值;企业借助大数据设计差别化的产品和服务以满足不同细分市场需求,建立合适的运营系统以有效地提供新型产品和服务,制定运营系统中所涉及的管理决策,以有效地实现供给和需求的匹配。

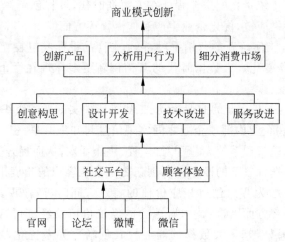

图 14.3　大数据背景下新型商业模式的运行框架

2. 大数据时代商业模式创新的特点

当前,数据已经渗透到多种行业的多个职能领域,并逐渐成为和劳动力、资本等同样重要的生产要素。商业模式的发展势必会受到大数据的影响,进而引起商业模式的变革或创新。大数据能够使企业改善、创新产品及服务,创造全新的商业模式。这是大数据创造价值的方式之一,也将成为未来企业竞争的关键。数据已经成为企业的重要资产和新商业模式的基石,甚至大数据本身也被定义为一种全新的商业模式。大数据具有创造性颠覆目前商业模式的潜能,大数据背景下商业模式创新的视角包括大数据资源与技术的工具化运用、商品化推动大数据产业链的形成、大数据所引发的商业跨界与融合。有大数据参与的新型商业模式基本可以分为以下四类。

(1)大数据自有企业商业模式创新。例如,亚马逊、谷歌和 Facebook 等拥有大量的用户信息的公司,通过对用户信息的大数据分析实现精准营销和个性化广告推介,改变传统的营销模式。

(2)基于大数据整合的商业模式创新。例如,IBM 和 Oracle 等公司通过整合大数据的信息和应用,为其他公司提供"硬件+软件+数据"的整体解决方案。这类公司将改变管理理念和策略制定方法。

(3)基于数据驱动战略的商业模式创新。企业开始意识到数据是企业的核心竞争力和最有价值的资产,希望能够对企业内部和外部的海量非结构化数据进行及时的分析处理,以帮助企业进行决策,产生了基于数据驱动的商业模式创新。

(4)新兴创业公司出售数据和服务。这些公司有针对性地提供解决方案,更接近于把大数据商业化、商品化的模式。这些新型商业模式的成功实现,促使越来越多的企业深刻思考如何获得大数据带来的商业价值,最终赢得独特的竞争优势。

大数据时代商业模式创新的目标主要包含四方面。

(1)产品创新。指引入新的或显著改善的产品与服务,包括在产品技术特性、构成要素等方面的显著改进。在大数据时代,产品或服务创新更多体现在利用数据仓库、数据挖掘等技术推进新产品的研发和新服务的提供等方面。

(2)过程创新。指实施新的或显著改善的生产和配送方法,如条码或无线射频识别技术的使用,改变了传统货物配送流程。在大数据时代,过程创新体现在利用数据科学和大数据,重新设计供应链,优化企业生产运作流程等方面。

(3)营销创新。指实施新的营销手段,包括在产品设计或包装、产品渠道、产品促销或定价等方面的显著变化。大数据时代的营销创新更多体现在微市场细分、精准广告投放、差别定价等方面。

(4)组织创新。指在企业的商业活动、工作场所中实施新的组织方法。大数据时代的组织创新体现为在企业内部或企业之间实现信息与知识共享,引入供应链管理、清洁生产、质量管理等先进管理系统,实现并行工程、协作开发,从而提升企业绩效。

总体来看,大数据背景下的商业模式创新更注重从客户的角度出发看问题,角度更为宽泛,具有着重考虑为客户创造相应价值的特点。同时,商业模式创新即使涉及技术,也多与技术的经济方面因素、技术所蕴含的经济价值及经济可行性有关,而不关联纯粹的技术特点。另外,基于大数据的商业模式创新更为系统化,不受单一因素的影响。它的改变通常是大量数据分析的结果,需要企业做出大的调整。它是一种集成创新,包含公益、产品及组织等多方面的改变和创新。

3. 大数据时代商业模式创新的机制

在管理实践中利用大数据对商业模式进行分析的过程,就是利用大数据对现有的繁杂信息进行二次处理的过程。产品(或价值主张)、目标客户、供应链(或伙伴关系)及成本与收益模式是商业模式的核心构成要素。针对商业模式中的市场提供、企业、客户和盈利模式四个界面,其创新框架机理从价值和战略两个维度考察。在价值维度上,商业模式的创新就是企业对自身所处的价值系统的不同环节进行的直接调整或整合。大数据能够对价值发现、价值实现、价值创造三个阶段产生直接的影响,从而引发商业模式创新。在战略维度上,商业模式是战略的具体反映,战略是商业模式的组成部分,商业模式和企业战略形成互补关系。企业战略是商业模式的具体实施,其阐释了商业模式应用市场的方式,以此区别于竞争对手。利用大数据技术可以对现有数据进行重组和整合,根据大数据的实际运用价值,对企业的战略及价值系统进行改造调整。

商业模式创新可分为渐进式创新、创造性创新和商业模式变革三种类型,结合此分类可总结出大数据时代商业模式的创新机制。

(1) 渐进式创新。采用传统方法进行商业决策时,需对结构化数据进行线性分析,传统结构化数据的重要性由此凸显出来。此时商业模式转型的重点在于通过内部管理信息系统整合内部数据,并分析挖掘其潜在价值,提高企业在新产品和服务开发等方面的管理决策能力。

(2) 创造性探索。采用新方法(数据挖掘、智能商务等)和新技术(分布式系统等)分析大数据,探索新的理念,揭示新的模式。此时,多元数据类型(而非单纯的结构化数据)获得充分重视,企业处理数据的技术也实现了变革。该阶段商业模式转型的重点在于增强企业信息处理能力,融合企业内外部数据,通过数据挖掘重新设计和管理供应链,深入分析用户行为模式,探索营销创新。

(3) 商业模式变革。在前两个阶段的基础上,将非技术创新引入组织中,产生新的价值源和收入流,颠覆传统商业模式,创造新的市场。此阶段商业模式转型的重点在于通过数据驱动进行以消费者为中心的企业组织变革。

渐进式创新和创造性探索更多体现的是技术型创新,即围绕大数据的获取、分析等技术,创新产品或服务,优化运营流程;而商业模式变革则体现的是非技术型创新,即变革围绕营销创新和组织变革重点展开。

14.3　互联网商业模式创新相关理论

14.3.1　网络效应

网络效应是网络所具有的、随着用户数量增多而价值提高的特性,即某种产品对一名用户的价值取决于该产品其他用户的数量。网络效应可分为直接网络效应和间接网络效应两种。直接网络效应是指同一市场内消费者之间的相互依赖性,即使用同一产品的消费者可以直接增加其他消费者的效用,如电话、传真以及互联网等。间接网络效应主要产生于基础产品和辅助产品之间技术上的互补性,这种互补性导致了产品需求上的相互依赖性,即一种产品对用户的价值取决于其互补产品的数量和质量。一种产品的互补性产品越多,那么该产品的市场需求也就越大。

1. 直接网络效应

直接网络效应出现于直接网络中,后者由使用水平兼容的产品用户构成。在直接网络效应的作用下,一位用户的收益直接受到相同或者相似产品的其他用户总数的影响。如果用 U_i 表示用户 i 从网络中得到的收益,a_i 表示用户 i 获得的与网络无关的收益($a_i \geqslant 0$),N 表示网络的规模,b 表示直接网络效应的强度($0 \leqslant b \leqslant 1$),那么,用户 i 的收益函数可以表示为 $U_i = a_i + N^b$。a_i 的大小与网络无关,是产品给用户带来的内在价值,甚至可以为零。N^b 表示网络收益,由于 $0 \leqslant b \leqslant 1$,所以通常网络收益为正,同时意味着边际用户带来的收益是递减的。以移动电话网络为例,当一名用户购买了手机之后,手机本身给用户带来了独立的收益 a_i(比如,手机内置了游戏功能)。当该用户的手机入网之后,其他用户的加入可以为自己带来潜在的通话机会,因此该用户还获得了网络收益。随着网络用户的日益增加,边际用户给该用户带来的收益增量是不断下降的。

2. 间接网络效应

间接网络效应存在于间接网络中。间接网络是由使用垂直兼容的产品的用户构成的。在间接网络效应的作用下,对于一位购买了基本产品的用户,其收益并没有直接受到该产品的其他用户 i 的总数的影响,但是基本产品的用户总数影响了该基本产品的互补产品种类的供给,从而间接地影响了该用户的收益。以硬件/软件产业为例,如果用 U_i 表示用户从网络中得到的收益,用 h_i 表示硬件带给用户的与网络无关的收益,用 S 表示与硬件相兼容的软件的品种的数量,N 表示网络的规模,d 表示对与硬件相兼容的软件种类的数量的需求强度($0 \leqslant d \leqslant 1$),那么,用户 i 的网络收益函数可以表示为 $U_i = h_i + S^d$。h_i 的大小与网络无关,是硬件带给用户的内在价值。S^d 表示与硬件相兼容的软件品种数量所带来的收益,它取决于硬件的用户人数,并且随着用户人数的增加而增加,即 $S = f(N)$,$\dfrac{\mathrm{d}S}{\mathrm{d}N} > 0$。因此,$\dfrac{\partial U_i}{\partial N} > 0$。也就是说,用户 i 的收益也是网络规模的增函数。以操作系统网络为例,操作系统是计算机用户购买的"硬件",而运行于特定操作系统之上的应用程序则是"软件"。假设一位新的计算机用户安装了某种操作系统,他可以从操作系统内置的功能中得到某种与网络无关的收益,并且从垂直兼容的应用程序中得到某种收益,后者间接地取决于操作系统的用户规模。这是因为,随着其他用户的加入,兼容的应用程序的种类和数量会不断增加,从而使得该用户获得的网络收益增多。

14.3.2 网络外部性

网络外部性是新经济中的重要概念,是指连接到一个网络的价值取决于已经连接到该网络的其他人的数量。通俗地说,就是每个用户使用某产品得到的效用与用户的总数量正相关。用户人数越多,每个用户得到的效用就越高,网络中每个人的价值与网络中其他人的数量成正比。这也就意味着网络用户数量的增长将会带动用户总所得效用呈几何级数增长。

网络外部性分为直接外部性和间接外部性。直接网络外部性是通过消费相同产品的用户数量变化所导致的经济收益的变化,即由于消费某一产品的用户数量增加而直接导致商品价值升高;间接网络外部性是随着某一产品使用者数量的增加,该产品的互补品数量增多、价格降低而产生的价值变化。以固定电话网络为例,用户的数量决定了网络连接线路的数量。增加了新用户,就增加了新的网络连接线路,也就增加了原有使用者的连接价值,因而给网络中的所有其他使用者提供了直接外部性。在双向通信网络中,无论是有形的(如传真机、电话网)还是无形的(如电子邮件使用者网络、即时通信系统构成的网络),都是具有直接网络外部性的典型产品和服务。再例如,计算机软硬件作为互补商品,当某种特定类型的计算机用户数量提高时,就会有更多的厂家生产该种计算机所使用的软件,这将导致这种计算机的用户可得到的相关软件数量增加、质量提高、价格下降,因而获得了额外的利益。

需要注意的是,网络效应同网络外部性虽然在很多情况下没有加以区分,但它们并不是一回事。只有当市场参与者不能把网络效应内化(internalize),即网络效应不能通过价格机制进入收益或成本函数的时候,网络效应才可以被称为网络外部性。虽然个体消费者在加入网络时,由于网络中已经存在大量消费者的分散决策,而且信息不够完备,很难做到把该个体对网络中其他成员的影响内化,但是网络的所有者拥有比较完备的信息,可以集中决策,进而把这种效应很好地内化。当网络(或技术)的所有者可以内化网络效应的时候,网络效应就不再是外部性。这时,我们说,网络效应已经被内化了,产品已经被正确定价,市场中不存在外部性问题。

14.3.3 双边市场理论

随着经济社会的快速发展,传统的市场发生了翻天覆地的变化,双边市场理论应运而生。双边市场理论是网络经济学和产业组织理论近十年兴起的前沿领域。现实生活中存在着这样一类"平台企业",它们同时向双边用户销售具有相互依赖性和互补性的产品或服务,并且将双边用户——买方(B)和卖方(S)吸引到市场中,促使双方达成交易。通常,具有这种结构的产业市场被称作双边市场,它是指该市场中存在一个平台企业,该企业同时向具有截然不同诉求的终端用户提供产品或者服务(且该产品或服务依赖于不同类型终端用户之间的相互作用),并试图通过对每一类终端用户的合理定价来促使截然不同的终端用户都采用其网络平台发生相互作用,从而获得利润,或者至少保持盈亏平衡。而且一类终端用户通过平台获得的收益,随着参与该平台的另一类终端用户的数量的增加而增加。双边市场以平台企业为核心,通过实现两种顾客之间的接触获取利润。其主要关注的是"平台"企业的行为和决策。双边市场具有典型的"哑铃型"市场结构。

不同于传统的单边市场,双边市场不再遵循边际成本定价法则,其价格结构存在不对称性,并且定价时平台企业可能会产生交叉补贴的行为。由于定价法则不再遵循边际成本定价,因此在反垄断问题的审查上也与传统的单边市场存在很大差异,在一定程度上加大了反垄断审查的难度。银行卡业具有典型的双边市场特征。持卡人与商户作为两种类型的市场参与者,通过银行卡组织这个交易平台完成货币的支付。持卡人希望自己持有的银行卡可以被尽可能多的商户接受作为支付的工具,而商户也希望持有他自己可以接受的银行卡的持卡人越多越好。因此,持卡人与商户两类群体彼此之间会产生网络外部性。银行卡组织这个双边平台的目标就是要将尽可能多的持卡人与商户接入自己的平台。

14.3.4 长尾理论

长尾理论是网络时代兴起的一种新理论。由于成本和效率的因素,当商品储存、流通、展示的场地和渠道足够宽广,商品生产成本急剧下降以至于生产可以由个人实施,并且销售成本急剧降低时,几乎任何以前看似需求极低的产品,只要有卖,都会有人买。这些需求和销量不高的产品所占据的共同市场份额,可以和主流产品的市场份额相当,甚至更大。

长尾理论中的"头"（head）和"尾"（tail）是两个统计学名词，正态曲线中间的突起部分叫"头"，右边相对平缓的部分叫"尾"，其模型如图 14.4 所示。人们通常只关注重要的人或重要的事，如果用正态分布曲线来描绘这些人或事，则关注的是曲线的"头部"，而忽略的是曲线的"尾部"，因为后者需要更多的精力和成本才能关注到。但在网络时代，由于关注的成本大大降低，人们有可能以很低的成本关注正态分布曲线的"尾部"，而且关注"尾部"产生的总体效益甚至会超过"头部"。这里的长尾有两个特点：一是细，这是因为长尾是份额很少、在以前不被重视的市场；二是长，即市场虽小，但数量众多。所有非流行的市场累加起来，在网络上可以形成比流行市场还大的市场。

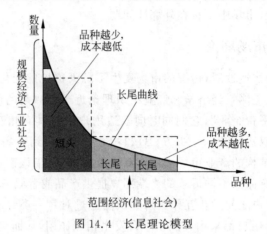

图 14.4　长尾理论模型

长尾理论同样适用于互联网传播。一家传统的大型书店通常可摆放 10 万本书，但电子商务平台亚马逊（Amazon）则不受货架空间和租金等因素限制，可以出售近乎无数的图书。亚马逊的图书销售额中，有四分之一来自销量排名 10 万名以后的书籍。这些"冷门"书籍的销售比例正高速增长。这意味着消费者面对无限的选择时，真正想要的商品和想要取得或购买该商品的渠道都出现了重大的变化，一套崭新的商业模式也随之崛起。

Google 是一家最典型的"长尾"公司，其成长历程就是把广告商和出版商的"长尾"商业化的过程。数以百万计的小企业和个人此前从未打过广告或从未大规模地打过广告，甚至连他们自己都不曾想过可以打广告。但 Google 的 AdSense 大幅降低了广告发布的门槛：广告不再高不可攀，它是自助的、价廉的、谁都可以做的；另一方面，对成千上万的 Blog 站点和小规模的商业网站来说，在自己的站点放上广告已成举手之劳。Google 目前有一半的生意来自这些小网站而不是搜索结果中放置的广告。数以百万计的中小企业形成了一个巨大的长尾广告市场。这条"长尾"能有多长，恐怕谁也无法预知。

14.4　信息系统驱动下的新型商业模式

14.4.1　"互联网＋"新型商业模式

"互联网＋"简单地说就是"互联网＋传统行业"，通过互联网自身的优势，对传统行业进行优化升级转型，使得传统行业能够适应当下的新发展，最终推动社会发展。

1. "互联网＋"及其应用

"互联网＋"是指在创新 2.0(信息时代、知识社会的创新形态)推动下由互联网发展的新业态,也是在知识社会创新 2.0 推动下由互联网形态演进、催生的经济社会发展新形态。

"互联网＋"是互联网思维的进一步实践成果,推动经济形态不断地发生演变,从而带动社会经济实体的生命力,为改革、创新、发展提供广阔的网络平台。"互联网＋各个传统行业"并不是简单的相加,而是利用信息技术以及互联网平台,让互联网与传统行业进行深度融合,创造新的发展生态。它代表一种新的社会形态,即充分发挥互联网在社会资源配置中的优化和集成作用,将互联网的创新成果深度融合于经济、社会各域之中,提升全社会的创新力和生产力,形成更广泛的以互联网为基础设施和实现工具的经济发展新形态。

"新农宝"移动互联网农业信息服务平台是"互联网＋农业"的成功案例。"新农宝"由深圳超群高科技有限公司开发,是集农资 O2O(线上交易/线下展与服务)、农业信息服务、农业物联网、农村金融四位一体的农业服务平台,是为农民、农村市场和政府量身打造的移动互联网农业信息平台。"新农宝"以全国万家服务点、移动手机客户端 App 为依托,以服务农村、服务农民为出发点和落脚点,全力推动农业信息化建设,驱动农村产业链创新升级、降低成本、提高收入、对接时代,把农民从体力劳动中解放出来,打造农资正品直销交易平台,服务于农资、农产品双向供应链,将科技成果商用,对接厂家及用户。

苏宁云商是互联网和零售行业深度融合的典型代表。2013 年,苏宁寻求发展转型,9 月 12 日,苏宁开放平台"苏宁云台"正式上线。苏宁云台致力于打造基于商品的线上线下销售、由开放型物流和金融支持的多元互动平台。作为互联网零售企业的苏宁,依托网络平台,通过平台的开放和资源的共享,凝聚人气,分享价值,打造充满活力与生机的商业生态圈。

互联网的应用有效升级和创新了房地产行业的营销方式。万科是房企中最早拥抱互联网的企业之一,2013 年,由万科总裁郁亮带队的中高层管理团队访问了阿里巴巴、腾讯、小米等公司。随后,万科将互联网思维逐步集中到营销方面,采取联手淘宝网卖房、引入百度基于位置的服务(LBS)技术等方法深入渗透互联网,取得了良好的成果。万科的互联网营销抓住互联网思维的核心要素,在实践中取得巨大成绩,成为了当前房地产市场上互联网营销思维的典范。

阿里巴巴小额信贷的快速发展离不开"互联网＋"这一新业态的支撑和推动。2010年 6 月,阿里巴巴集团联合复星集团、万向集团和银泰集团在杭州成立了浙江阿里巴巴小额贷款股份有限公司。该公司是第一家主要面向网商的小额信贷公司,同时也是我国电子商务领域第一家获得小额贷款营业执照的企业。该公司主要面向小微企业和个人创业者,提供小额信贷等业务。

2. "互联网＋"五大商业模式

1)"工具＋社群＋电商"模式

互联网的发展使信息交流越来越便捷,使得具有共同兴趣的人更容易聚在一起形成社群。互联网将散落在各地的分散需求聚拢在一个平台上,形成新的共同需求和规模效应。

如今互联网正在催熟新的商业模式,即"工具＋社群＋电商"的混合模式。工具在此处特定的语境中主要指社交方面的范畴,也就是互联网环境中人与人交流沟通的手段。其次是对社群的特定概念理解。这里所讲的社群特指互联网上的各类社群团体。移动互联网时代,信息的传递和交流呈现出极大的便捷性和活跃特质,天南海北的人们都可以通过一根小小的网线实现沟通串联的目的。在这样的基础上,有着共同理想目标追求的人士便能够聚合到一起,组建属于自己的社群团体,在这个平台上实现互通有无的目的。

有了工具、社群,我们就可以将其和电商有机地结合起来,从而形成"工具＋社群＋电商"这一高效、独特的商业模式。在这一商业模式中,工具、社群以及电商都可以发挥出各自的优势,以便推动其他两者发展前进。从深层次上理解,三者之间既有分工协作,又可以取长补短。例如从工具的角度看,工具好比一把锋利的刀刃,借助工具这一社交手段能够准确地寻找到客户需求的最佳切入点;但是工具也有着自身的不足之处,那就是它不能有效地沉淀粉丝用户,需要借助社群这一关系属性来对粉丝客户进行充分的沉淀,从而使得目标客户群更加精准到位;而具体到电商,它们通过商业交易的属性,可以实现价值的有效传递。

不难看出,"工具＋社群＋电商"这一高效、独特的商业模式如果能够做到有机融合,在内在逻辑上理顺彼此之间的顺承关系,就能够在蓬勃发展的移动互联网浪潮中绽放出夺目的光芒。微信就是这一模式的典型代表。微信提供公众平台、朋友圈、消息推送等功能,用户可以通过"摇一摇""搜索号码""附近的人"、扫二维码的方式添加好友和关注公众平台,也可以通过微信将用户看到的精彩内容分享给好友或分享到微信朋友圈。微信最开始只是一个社交工具,先是通过其工具属性、社交属性、价值内容的核心功能过滤到海量的目标用户,加入了朋友圈点赞与评论等社区功能,继而添加了微信支付、微信语音、微信公众号、精选商品、电影票、手机话费充值、城市服务等商业功能。

2) 长尾型商业模式

长尾型商业模式的关键在于少量多种地销售自己的产品。这种商业模式提供相当多种类的小众产品,而其中的每一种卖出量相对很少。将这些小众产品的销售汇总,所得收入可以像传统模式销售所得一样可观。长尾型商业模式不同于传统模式,不以销售少数的明星产品负担起绝大部分的收益。长尾商业模式要求库存成本低,配备强大的平台,以保证小众商品能够及时被感兴趣的买家获得。

简单来说,只要覆盖的渠道足够广,在生产产品的边界成本可以忽略不计的情况下,长尾模式是可以兼容一切企业发展战略的。对于传统企业来说,渠道建设和生产成本(人员工资、生产原料、固定费用等)是两块极大的费用,所以长尾模式在传统企业中是无法孕育而出的,而互联网的出现完全契合了长尾型商业模式的这两个基础条件。首先,互联网企业通过免费或低价的方式获取客户后,通过用户之间的自传播,可以很好地进行人群覆盖;其次,互联网的边际成本更多的仅仅是服务器存储费用,因此长尾商业模式更容易在互联网大公司中产生。

余额宝把长尾理论的优点发挥到极佳。余额宝是商务平台,因为交易产生支付机会,进而进行沉淀资金的管理。一方面,余额宝等互联网金融平台给传统银行带来了冲击,分流了一部分银行的客户,但是二者定位不同。银行的服务重点是 VIP、金卡和银卡客户,重视"长尾理论"的头部,而余额宝这样的互联网平台则重视"长尾理论"的尾部,把分散的海量小用户集中起来。另一方面,银行应该改变其传统"躺着赚钱"的优势地位,时刻保持警醒。因为如果不能很好地进行创新以跟上时代的发展,只依靠传统优势可能很难满足用户的需求。

3）跨界商业模式

作为一种开放式商业创新模式,跨界商业模式最早可追溯到 20 世纪末计算机互联网在商业领域的初步应用。由于互联网的出现及其相关技术的广泛应用,传统的商业模式与竞争格局发生了翻天覆地的变化,数字经济时代伴随着新技术在商业领域的应用而到来。跨界商业模式的出发点在于组织内部与外界创新资源的流动和交换,归宿点在于获取超额利润和竞争优势,并实现价值创新的目标。新经济时代的技术与市场导致了创新资源的全球化分布,以互联网为代表的信息技术运用使得交易成本显著降低,二级市场的出现加速了企业边界内外创新资源的流动和交换。同时,社会学习的频率显著加快,知识的价值悖论对创新企业的威胁大于信息披露的悖论。解决知识的价值悖论问题,最根本的办法不是"阻止"而是"疏导",应将关注焦点从如何增加知识的存量转移到如何改善知识的流动性上。因此,企业面临的主要挑战和任务是如何通过跨界模式、利用创新资源获取竞争优势,进而实现商业价值。

喜茶与百雀羚的跨界联名是茶饮行业中的经典案例。另一个是茶饮品牌新兴的"网红",另一个是国货美妆行业的"老师傅",潮流与传统的碰撞产生出新的火花。推出的产品包括联名款喜雀礼盒、喜茶会员卡,在产品的外包装上也做了改变。值得一提的是,百雀羚虽然是个传统的"老字号",近几年在营销上做出的动作却大有掀起潮流的意味,其营销活动包括与"网红"喜茶联名、与故宫合作出彩妆、推出母亲节"一镜到底"长屏广告等。无论是产品还是广告,百雀羚的画风都展现出中国古典美的韵味,打破了人们对国货的传统印象。

跨界营销的亮点在于不同的行业也能找到融合点,网易云音乐和亚朵轻居就是这样奇妙的组合。2018 年 4 月,网易云音乐联合亚朵轻居在成都开设了"睡音乐"主题酒店,将音乐和睡眠结合在一起,和很多人睡前喜欢听音乐的习惯呼应。典雅的环境是这次跨界的亮点,营造了轻松的氛围。同时还把网易云广受好评的"乐评"功能放到了细节设计上,温暖而走心的评论引起了不少听众的共鸣。

4）免费商业模式

如果有一种商业模式既可以统摄未来的市场,也可以挤垮当前的市场,那就是免费的模式。"互联网＋"时代是一个"信息过剩"的时代,也是一个"注意力稀缺"的时代。怎样在"无限的信息中"获取"有限的注意力",便成为"互联网＋"时代的核心命题。注意力稀缺导致众多互联网创业者开始想尽办法去争夺注意力资源,而互联网产品最重要的就是流量,有了流量,才能以此为基础构建自己的商业模式。所以说,互联网经济就是以吸引大众注意力为基础,去创造价值,然后转化成盈利。

很多互联网企业都是以免费、优质的产品吸引大量用户,然后将新的产品或服务提供给不同的用户,再在此基础上构建商业模式,如 360 安全卫士、QQ 等。互联网颠覆传统企业的常用做法就是在传统企业用来赚钱的领域免费,从而彻底把传统企业的客户群带走,继而转化成流量,然后利用延伸价值链或增值服务实现盈利。

5) O2O 商业模式

O2O 指通过互联网提供商家的销售信息,在线上聚集有效的购买群体,并在线支付相应的费用,再凭借各种形式的凭据,去线下的商品或服务供应商那里完成消费,让互联网成为线下交易的前台。这样,线下服务就可以在线上揽客,消费者可以在线上筛选服务,成交后可以在线结算,业务很快便达到较大规模。该模式低投入高盈利,其盈利模式也相对清晰,佣金、广告都是常见的收费形式。在掌握用户数据的基础上,还可以为商家提供一系列增值业务。O2O 的主要特点是"生活在线上,享受在线下",能够为商家和企业带来真实的客流,能够较好地实现线上虚拟经济与线下实体经济的融合。所以,提供商品和服务的商家是平台的主导者。

中国 O2O 模式市场容量巨大,仅以本地生活服务为代表的市场容量就达到上千亿元的规模。当前,O2O 正呈现出与移动互联网相互结合、共同促进的趋势。与传统互联网电子商务相比,移动互联网具有用户基础更庞大、更贴近市场和消费者的显著优势。在移动商务时代,商家和企业能以更低成本接触和赢得更多客户,把生意"做到消费者的手掌上"。因此,移动商务更适合 O2O 商业应用,将成为推动 O2O 模式融入更广泛商业生活的主导力量。

O2O 模式使线上线下成为一体,把原本单一的商品业务和其他增值服务业务联系起来。生活消费服务领域的很多产业是无法在线上完成交易的。对于那些无法通过快递送达的有形产品和服务,以及汽车、房地产等不易在网上交易的传统大产业,切入互联网和电子商务的角度就在于采用线上线下结合的模式,通过在线上提供差异化的信息和服务(增值服务),把消费者成功引入线下的消费中。

美团网就是 O2O 模式的最佳代表,其运作特点是通过交易平台减少寻找交易对象的时间和提高交易双方匹配成功的可能性,从而降低交易成本,助力双方需求的实现。具体而言,团购网站促使商家和消费者在网络团购平台进行交易,商家可以通过网络团购平台获得更多的客流量,通过规模效应降低成本,通过薄利多销实现盈利;而且这些客源大多与商家在同一区域,有利于商家提升自己的知名度。对于消费者而言,价格、收入水平及个人爱好都会对消费行为产生影响,其中价格是最重要的影响因素。参与团购提高了单个消费者的议价地位,使消费者享受了更低的价格和更多的优惠。

14.4.2　自媒体新型商业模式

互联网的发展使得人们对于简单、快捷、趣味性的需求随之增加,在这种背景下,自媒体飞速发展起来。相较传统媒体和其他网络媒体,自媒体的形态丰富多样,运营管理更加灵活,在与商业模式的结合上也更加富有想象和创新。

1. 自媒体的定义和特征

自媒体是指普通大众通过网络等途径向外发布相关信息、观点和新闻的传播方式。自媒体的英文为"We Media",是普通大众经由数字科技与全球知识体系相连之后,一种提供与分享信息的途径,是私人化、平民化、普泛化、自主化的传播者以现代化、电子化的手段,向不特定的大多数或者特定的单个人传递规范性及非规范性信息的新媒体的总称。

个性化是自媒体最显著的一个特性。无论是内容还是形式,创业者在创办自媒体平台时一定要给用户提供充足的个性化选择的空间。碎片化是整个社会信息传播的趋势,受众越来越习惯和乐于接受简短的、直观的信息,创业者在创办自媒体平台时应该顺应这种趋势。交互性也是自媒体的根本属性之一,因为受众使用自媒体的核心目的是满足沟通和交流的需求。创业者要在自己的平台上给用户提供充分的分享、探讨、交流、互动等多元化体验。群体性是自媒体的另一个重要特点。自媒体的受众是以小群体不断聚集和传播信息的,创业者可以针对不同的群体创办专业化的自媒体平台,如针对游戏爱好者、音乐爱好者、影视爱好者、汽车爱好者、学生群体创办游戏、音乐、影视、汽车、教育领域的平台等。最后,如果无法有效快速传播,自媒体就没有价值和意义,因此创业者在创办自媒体平台时一定要注意自媒体的传播性,要为平台使用者提供充足的传播手段和推广渠道。

2. 自媒体商业模式

1)用户付费订阅

关于付费阅读,目前仍有争议。好的内容是否应无门槛传播,是争议的焦点。在互联网时代,习惯了享受免费资源的用户能否接受内容付费,还有待观察,但依旧有成功案例,豆瓣阅读就是其中之一。

2)平台佣金

企业选择自媒体进行品牌传播,自媒体通过发布企业的推广信息赚取佣金。采用这种商业模式的平台逐步得到企业与微信自媒体的认可。

3)会员付费

这一模式的典型为罗振宇的《罗辑思维》[1],通过招募付费会员盈利。会员付费模式的前提是好内容和好模式被受众广泛认可。

4)卖广告

影响力较大的知名微信自媒体运营者明码标价,售卖微信中的广告位,包括单图文、多图文头条、末尾、其他位置等。广告形式为硬广告,或在文章中植入软广告,单价从几百元到上万元不等。这是目前自媒体最直接的盈利方式。

5)电子商务

当自媒体平台的人气足够大时,借助微信支付和微店的功能,从事电子商务便成为可行。

6)自媒体联盟分单

来自各个行业、各个领域的自媒体创建者组成了联盟,选出负责人,负责人统一接受企业的广告需求,再依据不同自媒体的特点,把广告派发到自媒体个体。

14.4.3 平台型商业模式

越来越多的互联网平台企业凭借其创新的商业模式迅速替代传统行业的龙头老大,成为新时代的宠儿。平台企业及其所代表的平台商业模式在社会经济中的地位和作用日益凸显。平台型商业模式就是通过搭建一个信息互动的平台,让用户之间互相提供服务。平台模式被认为是互联网经济下最经典的,也是最强有力的商业模式。

---

1 网络视频脱口秀节目,同时以"罗辑思维"微信公众账号进行自媒体运营。

1. 平台与平台企业

关于平台的定义,大多从业务生态系统的视角将平台定义为一系列企业,本质上也可认为平台是提供相应技术、产品以及服务的业务生态系统模块的组合。网络效应是平台的重要特征,简单来说,就是有新用户进入使用该平台时,之前的老用户本身的价值就会对应提高。在这个过程中,平台的价值也会相应提高。平台企业可以定义为具有跨网络效应的第三方经济体,它们制定与之相关的价格策略,为产品或服务的买卖双方提供相应服务,通过促进双方的交易获得收入。

2. 平台经济

互联网使得收集和处理中小市场参与者的交易信息变得更为容易。这些被忽视的"长尾市场"上存在着数量可观的交易需求,构成互联网时代企业竞争的"蓝海市场"和利润收益的重要来源。而且当互联网把市场交易信息、物流运输信息、商品展示信息的成本降低到足够小,而中小市场参与者的数量又相对庞大时,"长尾市场"的规模就足以和大企业的主体市场相比拟。平台经济就是这样一类旨在将隐藏在"长尾市场"中的潜在需求充分挖掘出来的新经济形态。

平台经济为促成双方或多方客户之间的交易提供了一种现实或虚拟的空间。在平台经济模式下,交易双方不再以原子方式随机碰撞,而是在平台提供者或平台企业的组织下,通过信息纽带缔结在一起。平台企业为供求双方提供信息空间、撮合市场交易、降低交易成本、提升交易效率。从平台经济的基本组成来看,一般涉及四方,即需求方用户、供给方用户、平台企业(或平台提供者)和平台支撑者,如图 14.5 所示。其中,平台企业是这个虚拟的四方组织结构的灵魂与中心。大量相异但又相容、处于市场不同位置的客户群体,形成平台的网络规模,成为反映平台质量的重要参数。

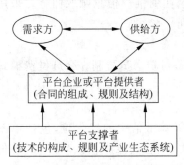

图 14.5 平台经济运作基本模式

从表面上看,平台经济的产生是互联网尤其是信息技术在产业边界促使产业融合的结果;但在本质上,平台经济诞生的前提是互联网技术打破了传统意义上价值链和产业链的运行规则,剔除了多余的中间环节,实现了价值链和产业链的分裂与再整合,重新划定了效率导向的"市场势能"。因此从这个意义上讲,以大数据和云计算等新一代信息技术为支撑的平台企业,以及由此衍生出来的平台经济模式,代表了互联网时代商业模式的创新方向,在重塑现代市场经济体系的微观基础的同时,也为落实我国"互联网+"战略提供了抓手。

3. 平台型商业模式面临的问题

平台经济开创了互联网时代新的商业形态,同时也对传统政府管制模式带来了冲击与挑战。平台企业依托技术、规模、商业模式和市场影响力,成为传统秩序的"麻烦制造者",导致传统制度秩序部分"失效",干扰着市场的正常运行。

(1)海量多态交易带来挑战。市场主体和新产品、新服务数量剧增,导致市场交易量巨大。同时,新交易类型不断出现,交易类型创新频繁。由于支撑创新的算法等技术门槛很高,加之各平台的模式各异,统一的监管原则难以实施,例如搜索平台、电子商务平台、社交平台、网约车平台等，交易类型、盈利或获益模式差异显著。在错综复杂的市场交易中，制度秩序的形成速度跟不上交易规模变化的速度，统一的监管原则难以实施；应该监管什么、如何监管更需深入观察和讨论。

（2）网络外部效应带来挑战。网络外部性是指当一个网络的使用者数量增加时，市场出现更多的互补产品。使用某个数字平台的用户越多，愿意为这个平台提供应用程序的开发者就越多。为了最大化平台用户数量，平台可能采取差异收费和交叉补贴的行为，这已经成为几乎所有平台（而不仅仅是有垄断嫌疑的大型平台）所共有的商业模式。由此，大平台除了传统的规模经济外，再叠加网络外部性效应，有可能为消费者和商户双方带来更大利益。然而，平台可能不认可因规模大而侵害消费者利益的指控，不认可由于所谓的"低价""补贴"等行为而存在垄断或不正当竞争的指控。

（3）多栖性、易模仿和快迭代带来挑战。"多栖性"为用户提供了多重选择，"易模仿"抑制了排斥进入行为，"快迭代"抑制了优势叠加。数字技术创新迅速，可能导致市场份额在较短时间内出现明显变化。

（4）市场交易各方关系改变带来挑战。平台具有市场主体和局部市场规制者双重身份，使传统市场上的"交易双方"变为了"交易 N 方"，交易形态从"一手交钱，一手交货"变为"货、钱、数据、广告"等多种形态的组合嵌套，原有的市场自发秩序不能满足平台企业对交易秩序的需要。

（5）数据确权和交易带来挑战。数据市场与普通商品和服务市场性质差别很大，例如具有后者所不具备的多权属、可复制、交易形态隐蔽等特点。数据作为数字时代最重要的生产要素和社会基本元素，可以认为其具有一定的半公共品性质。数据市场的正当秩序是什么？什么样的权属界定和交易行为既符合其自身特点又合规合法？在哪类数据市场上允许自发秩序形成和发挥作用？有哪些数据市场需要政府制定规则和监管？这些都需要相关各方深入探讨。

大型互联网平台出现后，双边市场理论受到高度关注。双边市场理论认为平台上存在直接和间接网络效应，形成了更为复杂的交易关系；平台作为局部市场秩序的提供者，通过平台协议、规则等，为平台各方提供交易秩序。随着我国数字经济和平台企业的发展，在已有的自发秩序、监管秩序和法治秩序之外，"技术秩序"随之出现。对平台企业监管的本质是构建、维持一种良好的秩序，并在一定秩序之内实现各主体之间的利益。

4. 平台经济的法律规则措施

1）通过制度和法律手段营造公平竞争环境，减轻垄断行为副作用

对于平台经济领域存在的竞争短板、垄断现象，我国先后出台了一系列政策法规。2019 年实施的《中华人民共和国电子商务法》规定，经营者不得滥用市场支配地位，不得附加不合理条件限制经营者的交易价格，应避免恶性竞争。国务院办公厅《关于促进平台经济规范健康发展的指导意见》规定，对于不正当竞争等违法行为，相关部门应依法查处；应确保相关市场主体公平竞争。2020 年 11 月 10 日，为了促进平台经济经营者依法合规经营，市场监管总局针对互联网平台企业、平台经济治理，颁布了《关于平台经济领域的反垄断指南（征求意见稿）》（以下简称《征求意见稿》）。《征求意见稿》首次规定了滥用行政权力排除、限制竞争行为的范围，按照国务院指导意见要求，明确了经营

者的申报标准、未达申报标准的查处、算法共谋和轴辐协议等垄断协议。同时依据《电子商务法》的有关规定,明确将电商平台"二选一"行为定义为滥用市场支配地位、构成限定交易的行为,将"大数据杀熟"定义为滥用市场支配地位、实施差别待遇的行为。《征求意见稿》体现了我国政府引导平台经济规范发展的政策方向,将有效遏制上述有碍公平竞争的垄断性行为,从而通过制度和法律手段营造平台经济的公平竞争环境,减弱垄断行为副作用。

2) 加强信用体系建设,为平台经济发展创造良好信用环境

平台经济发展与社会信用体系建设密不可分,建立平台经济领域信用体系能够促进平台经济规范健康发展。第一,应坚持"政府+市场"模式,加快互联互通,健全信用评价体系、信息共享和查询等机制,将进出口、医疗保障基金、交通运输等领域的信息,依照有关规定纳入相关信用记录,完善金融信用信息基础数据库。第二,应加快完善社会信用体系,包括信用数据平台、严格失信惩罚、平台市场主体信用缺位侵权法律制度,并充分运用大数据技术,全面、准确地将平台企业、商家、消费者信用登记在册。第三,为了避免陷入"信息孤岛",政府部门应加强与平台间的数据共享,为企业、商家和消费者提供数据信用平台,根据相关法律核验平台市场和消费个体的信用信息;应增强平台信用体系建设力度,建立守信激励和失信惩戒机制,健全主体信用缺位侵权法律制度。第四,相关部门应将不正当竞争违法行为记入信用记录中,根据信用记录和公共信用综合评价结果,开展综合评价,实施差异化监管。

3) 加快推进平台经济税制体系创新,提高税收管理水平

加快推进税制体系创新,明确规定平台经济相关税收法律法规,并根据收入性质结合税法税目划分辨析个人缴纳的所得税,从而提高税收管理水平。一方面,应健全税制体系,明确税制要素规定,准确划分平台经济所得性质,统一平台经济税收管辖权。另一方面,应利用数字技术、现代化技术提升税收征管、监管税源水平,加强税收数据共享,推进"互联网+税务稽查"。运用大数据、人工智能等现代化技术手段,实现"数据"管税;运用大数据追踪企业的税收不遵从行为;运用数字技术建立税收信息数据库,完善平台经济税收信息登记制度,实现多方信息共享,以适应平台经济发展的需要,解决平台税收问题。

4) 健全平台经济从业者法律权益保障体系,确保从业者权益

平台经济中隐藏着雇佣与模糊雇佣关系。为了逃避社会保障缴款或劳动保护责任,平台企业经常将从业者错误划分为自雇者或独立合同工。这充分反映了平台经济灵活用工背后的劳动关系缺失问题。因此,应健全平台经济从业者法律权益保障制度,理清平台经济劳动关系,完善社会保障制度,逐步实现用工规范化,确保从业者权益。

从最新制定的社区团购"九不得"新规可以看出国家十分重视对平台经济的治理。市场监管总局联合商务部于 2020 年 12 月 22 日召开规范社区团购秩序行政指导会,阿里、腾讯、京东、美团、拼多多、滴滴 6 家互联网平台企业参加。为严格规范社区团购经营行为,会议要求互联网平台企业严格遵守"九不得":一是不得通过低价倾销、价格串通、哄抬价格、价格欺诈等方式滥用自主定价权;二是不得违法达成、实施固定价格、限制商品生产或销售数量、分割市场等任何形式的垄断协议;三是不得实施没有正当理由的掠夺性定价、拒绝交易、搭售等滥用市场支配地位行为;四是不得违法实施经营者集

中,排除、限制竞争；五是不得实施商业混淆、虚假宣传、商业诋毁等不正当竞争行为,危害公平竞争市场环境；六是不得利用数据优势"杀熟",损害消费者合法权益；七是不得利用技术手段损害竞争秩序,妨碍其他市场主体正常经营；八是不得非法收集、使用消费者个人信息,给消费者带来安全隐患；九是不得销售假冒伪劣商品,危害安全放心的消费环境。

章节要点

本章首先对商业模式的相关内容进行了具体阐述,包括商业模式的定义、基本要素、传统商业模式面临的挑战等。随后介绍了商业模式创新的相关概念,详细阐述了大数据时代下商业模式创新的特点和创新机制,通过与传统商业模式的种种现状进行对比,突出了信息系统驱动下商业模式创新的潜力和优势。在此基础上,梳理了网络效应、网络外部性、双边市场理论和长尾理论等与商业模式创新相关的新理论。最后从基本原理和典型应用等方面介绍了"互联网＋"、自媒体、平台经济三种新商业模式。

课程思政融入点

本章的教学与党的十八大提出的"实施创新驱动发展战略"相联系,结合信息技术理论与实践,培养创新意识和创造精神。引导学生从国家战略层面深入理解信息系统驱动下的全球商业模式创新,使学生能够通过本章的学习认识到企业创新对国家竞争力提升的重要性,激发学生的创新意识,培养良好的创新精神。同时,让学生在了解和熟悉各种新型商业模式的同时,深刻体会到商业模式创新与国家高质量发展的密切联系,特别是我国平台经济发展正处在关键时期,国家要加强监管,引导大型平台企业将自身发展目标与国家战略紧密结合,让他们把更多的精力放到科技创新上来,使之成为我们国家科技竞争的主要力量,让互联网大平台能为社会服务,为国家服务。

思考题

1. 简述商业模式的概念及其基本要素。
2. 传统商业模式面临着哪些问题和挑战？如何应对？
3. 商业模式创新有哪些关键要素？
4. 大数据对商业模式创新有哪些支持作用？
5. 简要介绍互联网商业模式创新的相关理论。
6. "互联网＋"商业模式有哪些类型？
7. 自媒体商业模式有哪些类型？试举例说明。
8. 平台型商业模式面临着哪些问题？试简要分析。

第15章

管理信息系统研究基础

管理信息系统作为一门交叉学科或课程,很容易与计算机学科或课程相混淆。实际上,前者强调的首先是管理,然后是信息技术,即利用信息技术如何解决管理问题,并且突出了系统概念,在解决管理问题时引入一系列工程的理论方法、评价方案以及方案的选定和方案的规划实施等操作。从本质上讲,管理信息系统研究的目的是帮助个人、组织针对周围环境带来的变化而做出基于信息技术的解决问题方案,如图 15.1 所示。

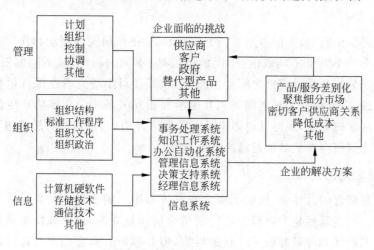

图 15.1　基于信息系统解决管理问题的分析框架

15.1　研究相关概念与研究问题

15.1.1　研究相关概念

理论是以一种系统化的方式将经验世界中某些被挑选的方面概念化并组织起来的一组内在相关的命题。理论作为研究的基础和背景,为研究提供特定的视野和概念框架。

1. 概念与变量

如果把作为研究成果的理论比作一台机器,那么概念就好比零件。把若干概念按一定的关系组织起来就成为命题,而理论乃是若干命题按一定关系组成的体系。在研究方法论中,与概念/语词和命题/陈述相对应的是变量和假设。一切研究都始于变量,研究者依据变量提出关于变量之间关系的假设,围绕假设进行检验,随后拒绝或接受假设,最终推进理论创新。清晰地定义所用概念/语词,严密地确定概念/语词所对应的变量,是达成研究目的所需的基础工作。

1)概念

人们在认识过程中,把所感觉到的事物的共同特点抽象出来加以概括,便形成了概念。概念反映了客观事物一般的、本质的特征。内涵和外延是概念所具有的逻辑特征。内涵是概念对事物的本质的反映,例如,"市场"这个概念是对市场的本质,即一定时间、一定空间条件下商品的交换的反映。外延是概念对事物涵盖范围的反映,例如市场的概念范围包括以交换商品类别划分的商品市场、劳动力市场、金融市场、外汇市场、资本市场,以及以交割方式划分的现货市场和期货市场等。内涵越明确、丰富,所表达的事物的特征就越清楚,但同时外延就越狭小,即涵盖面越窄。概念具有不同的抽象层次,抽象层次越高,概念内涵越不明确,涵盖外延越广,外延的界限也越模糊。例如,"家庭财富""物质财富""用于消费的财富""耐用消费品""电视机"这五个概念就分属不同层次。

2)变量

在社会科学研究中,人们借用了一个数学术语,把所研究的概念称作"变量"。所谓变量就是具有一个以上不同取值(不同的子范畴、不同的属性,或不同的亚概念)的概念。为了便于分析和探讨现象之间的因果关系,社会科学研究者也像其他科学家一样采用变量的语言,即根据变量之间的相互影响和相互关系来分析事物产生的原因和结果。在社会科学研究中,也可以说理论是由变量语言构成的,其目的是描述不同变量及其不同属性之间所存在的某种逻辑的关系。

2. 变量之间的关系

变量就是概念的具体化,反映了概念在具体形态上的变异性。变异性可由量值和差异来体现。变量既然是为对概念进行定量分析而设立的,就应该便于测度。尽管概念的定义对其内涵和外延都做了严格的界定,但并非所有概念的定义都方便测度。因为测度时需要由人使用具体的工具来操作,如果不加以明确而只凭对概念的理解操作,就会出现因人而异、因时而异的情况,最终造成测度的数据不准。根据变量之间的数量关系,可以把变量关系分为正相关关系,负相关关系或者无相关关系。因果关系是科学研究最关心的变量关系,我们主要关注因果关系的如下关键特征。

- 两个变量间要存在相关关系。
- 时间上原因一般先于结果,但有时结果也会出现在原因之前。
- 两个变量间的关系不因第三变量的存在而消失。

假设有两个变量 x 和 y,它们之间可能存在下述关系: x 导致 y ; y 导致 x ; x 和 y 互为因果; x 和 y 无因果关系。在因果关系中,我们可以把变量分为自变量、因变量及中介变量。我们把引起其他变量变化的变量叫作"自变量";而把由于其他变量的变化而导致自身发生变化的变量叫作"因变量"。当一个变量影响另一个变量,或者说一个变量的变化"引起"或"导致"另一个变量的变化时,就形成了某种因果关系。比如,"高的受教育程度导向低的生育率""工业化导致人际关系疏远""酒后开车会造成交通事故"等说法都是用一种因果关系把两个变量联系起来。在实验研究中,自变量是实验者主动操纵其变动的变量,即实验刺激;而因变量则是受实验刺激影响而变动的变量。在社会科学研究中,研究者往往无法操纵自变量,通常先是通过观察,然后利用统计和计量等数量分析手段保持其他因素不变来观察变量间的关系。

一项基本的因果关系只需要一个自变量和一个因变量。中介变量则是出现在更为复杂一些的因果关系链中的第三个变量。它在自变量与因变量的联系中处于二者之间的位置,起到连接二者的作用,表明自变量影响因变量的一种方式或途径。在同一条因果关系链中,中介变量既是相对于自变量而言的因变量,又是相对于因变量而言的自变量。原来两个变量之间的因果关系是通过中介变量相连接的。在分析两变量间的因果关系时,我们需要排除其他可能的原因,但绝不可以排除中介变量。

3. 命题与假设

1）命题

在研究时,人们对两个或两个以上的概念之间的关系进行思考,这就是判断。在形式逻辑中,判断的结果体现为一个命题。例如,研究者对"四天工作周"和"单位工时生产率"这两个概念的关系进行思考,认为在工作日制度中如果把现行的五天工作周改为四天,就能提高每一天中每小时的生产效率,这就是判断。研究者可以使用"引入四天工作周将导致单位工时生产率的提高"这个陈述句来准确表达其判断。这个判断尚未经过经验数据的检验,只能作为一条假设提出。于是围绕这一假设的证实或证伪,就成为一项研究主题。假设是有待验证的命题,而命题是人们对观察资料经过思考做出判断的结果。命题的语言表达形式是一个非真即伪的陈述句。陈述句是句子的最普通形式,它表达了人们对事物特征或性质的肯定或否定的判断。疑问句、命令句和一些感叹句不能表达肯定或否定的意思,而另外一些能够表达肯定或否定含义的感叹句只不过是对陈述语气的加重。在理论层面上,命题具有不同的层次和类型,包括公理、定理、设定、假设、经验概括等。

2）假设

假设是对未知客观事物所做的尚未经过实践检验的假定性设想或说明。换言之,假设是有待检验的尝试性判断。它采取的形式可以是对一个预期结果的简单判断或对一种关系或多个关系的断言。它表现为在研究开始时提出的待检验的命题,可以构成研究主题。假设必须以现有理论为基础,是现有理论的扩展和延续。假设需要明确地表述变量之间的关系,包括清晰地界定自变量、因变量,明确因变量与自变量之间的关系。另外,假设必须是可以验证的,也就是假设必须可以被实践证实或证伪,而不能是一个无法被实践检验的虚幻的设想或说明。在提出假设时,对于变量的测度、数据的采集和分析方法与技术都应该是事先有设定的。在方法和技术上不能验证的假设对于研究没有意义。

假设的提出和验证是研究工作的主线,是设计研究方案的指南,任何研究方案的设计,特别是变量的设计,在客观上都是以一定的研究假设为指南的。假设是采集资料的向导。无论是采集经验资料,还是查阅各种文献资料,假设都具有导向作用。在研究过程中,研究者通过调查所掌握的客观事实是检验假设最重要的依据。在检验过程中,原有的假设可能被证实，也可能被证伪，在更多的情况下则是被修改完善。随着调查逐步深入，原有假设不断地完善，人们的认识也就越来越接近实际，直到最后发现真理或进一步发展真理。

15.1.2 研究问题与选题

"科研选题"是科研工作中带有方向性的关键决策活动，由研究者选择、确定和形成需要研究和解决的具体"问题"（课题和内容）。解决一个问题也许仅需要数据上或实验上的技能，而提出一个新的问题、新的可能性，从新的角度去看旧的问题，则需要有创造性的想象力。

恰当选择研究问题是科学研究最为关键的第一步。现在有些同学在选题时，往往因为担忧题目内容不够做成项目或论文而贪大。这些题目看上去比较好写，也容易举出许多资料，但往往会出现严重的问题，原因是题目太宽、太泛，而初级研究者不具备足够的宏观驾驭能力。选题不恰当的结果或是研究文章洋洋数万言却没有主旨，或是研究者虽挖空心思提出了新理论、新模式，却说不透、论不清。

1. 研究问题

研究问题是研究人员发现的科研过程中存在的难点，比较难以解决的问题。根据研究问题可以被解决的真实性，可将其分为真实问题和虚假问题两大类。并非所有"真实问题"都能进行研究。科研中的真实问题，根据研究人员对其背景知识和技术手段的把握程度，可进一步区分为能解待解问题、知识性问题和无法解决的问题。应该将后两者排除在选题域之外。

可研究的问题是一个非常具体的问题，是科研人员为了达到某个特定目的，在某一科学领域或技术应用领域所能够解决的一个或一组科学问题或技术问题。可研究的问题一般包含三部分：一是研究领域，是研究者发现存在待研究和解决问题的整个区域，是研究问题的背景和环境；二是研究的目标；三是求解的应答域。"应答域"是指在问题的解释、说明、论述中所确定的域限，并假定了所提问题及其研究的解也必定在域中。确认真正的研究主题时，要确认所找到的因素是前因还是结果，而不要将方法或症状等作为研究问题。

2. 研究选题过程

科研选题本身就是一种科研工作和过程，是指研究人员提出和确认要研究的问题或现象，明确研究意义、性质和任务的过程。科研选题不存在僵硬不变的固定模式，一般来说，科研选题的过程、步骤包括以下几方面（如图 15.2 所示）。在这个过程中，科研人员可能往往最初选择一种或几种选题方法形成一些初步的研究假设，进而带着简单的想法广泛查阅有关资料，了解前人在这方面的研究成果、研究方法以及该问题目前被关注的程度。随着思考的深入，原来模糊的想法逐渐变得集中、清晰和明确，不仅能对研究问题的大致情况有总体把握，而且形成了如何进一步研究该问题的初步思路，这时就可以确定课题了。

1) 选题准备

研究人员开始选题工作之前，必须具有一些最基本的研究能力、专业知识和研究技

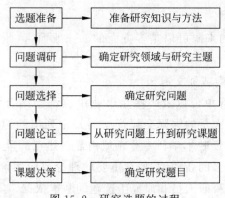

图 15.2　研究选题的过程

能准备,拥有文献检索、管理信息系统方面的基本知识。研究领域背景准备是许多科研人员易于忽视的,有些研究者往往因为忽视了对所研究的领域背景与知识的掌握,导致研究难以在理论层面拔高。应把握本学科走向或趋势,详细了解信息系统学科发展的情况,例如新的信息技术对信息系统开发的影响,新的软件建模方法等;还需要关注信息系统领域的数量化、模型化、实证化等趋势;了解其他学科领域有哪些知识正在向本专业渗透。

2) 问题调研

管理信息系统是一个交叉型的研究领域,涉及经济学、管理学、计算机技术、行为学等多个领域。要想选择一个明确的问题领域,确定研究方向是首要任务。问题调研则是选题的准备阶段,研究人员根据科技发展需要、社会经济发展需要和自身的知识背景,首先确定自己的研究方向;然后明确自己的研究领域、研究范围及研究层次;再对国内外在同一科技领域/学科领域/应用领域的情况进行全面的调查研究,坚持跟踪,不间断地大量搜集这一领域有关科技问题的历史、现状、进展、趋势等信息和资料,为最后选定具体的课题和科研内容做准备。

3) 问题选择

问题选择是提出并确定拟研究的具体课题与科研内容的阶段。研究人员根据问题的调研结果及选题的原则与方法,从在调研中所拟定的问题中择优选出备选课题,然后设计科研工作方案,并写出开题报告/项目申请书。开题报告内容一般包括课题来源、研究的目的和意义、国内外现状和发展趋势、所采用的研究方法、完成任务的主客观条件、研究时间、所需经费、成果应用推广及预期经济社会效益等。

4) 问题论证

问题论证是为了确保课题选择正确而对课题及其方案进行的论证和全面评审。根据选题的基本原则,在问题论证环节对课题的依据、实施条件、社会与经济效益及对科技发展的潜在价值依次逐项剖析、审议;一般采取同行专家评议、领导参与决策、管理部门决策结合的方式进行。

5) 课题决策

课题决策就是最终确定课题的取舍。经过论证与评议,最后做出决策。课题若通过论证则可确定为待研究课题或立即立项实施,否则被淘汰出局而另选课题。

3. 研究问题来源

管理信息系统选题的来源可以是多方面的。一般而言,研究课题的来源主要分为以下几种。

1) 各级各类课题指南或征文通知

每年,国家、省级主管单位以及一些企事业单位都会结合学科发展与实际需求情况,公布项目申请指南。大量的国际会议征文通知中列出的选题都是由相关专家悉心研讨后确定出来的、能够反映本学科专业领域内最新热点的重要课题,反映了学科领域的实际需求情况,具有较强的新颖性,拥有重要的理论或应用价值。这些选题保证了研究的正确方向,可以作为科研人员和研究生选题的基本依据。例如,2008年国家自然科学基金委员会公布的管理学部申报指南中"信息系统的采纳、扩散与价值机理研究"项目需求,主要研究我国企业环境下个体及组织的信息系统采纳行为及技术扩散现象的内部机理,分析信息技术在组织内部和组织间的扩散过程规律及其驱动力,考察信息技术扩散与组织信息化就绪度、竞争力及绩效之间的联系。研究内容包括:个体及组织信息系统采纳行为的影响因素和模式,信息系统采纳过程及其阶段特征,信息系统采纳与技术扩散对组织行为的影响,信息系统管理的关键成功因素,不同类型组织间的信息技术扩散机理,信息技术市场价值的产生机理。这就为信息系统相关研究者提供了基本的指导方向。

2) 文献研读

文献资料记载了前人创造、积累的科学研究成果,反映了人们对客观世界的科学认识或改造水平。有关信息管理研究的文献资料种类很多,特别是学术期刊、图书、论文集等,都不同程度地记载了本领域的理论、观点、方法、数据、经验事实及信息管理工作发展的脉络。通过对文献资料的查阅,既可以较快地了解有关问题的历史、现状及前沿动态,开阔视野,启发思路,借鉴他人的成果与方法,也能从资料中发现他人研究的薄弱环节、空白点、错误之处或争议部分,从中寻找研究的突破口,提炼出研究问题。

3) 实践中选题

管理信息系统是一个实践性较强的领域。当今信息技术的发展给信息管理实践领域带来了一系列亟待解决的新问题。这就要求研究人员善于捕捉实践领域中出现的热点问题,了解新信息、新动态,从中寻找课题。例如,携程网作为国内在线旅行社(online travel agency,OTA)行业的领头羊,积累了海量的旅游酒店数据。携程网面临着如何将这些历史数据应用到酒店产品的营销中,如何更好地处理现有的海量酒店数据和用户信息,如何优化原有的酒店产品营销方案等问题。因此,采用机器学习、大数据相关技术对酒店产品推荐策略进行优化分析就是一个可行的研究选题。这种选题方法要求研究人员平时注意细心观察,勤于思考,在体验较深又感兴趣的问题点上加以提炼,将其上升到一定的理论高度,就能成功发掘出有意义的研究选题。

另外,现实生活中发生的与管理信息系统研究领域有关的事件,总是要通过新闻媒体、内部文件或口头的方式传播。研究人员需要留心这方面的动态,善于获取相关信息,为选题提供参考。企业管理层提出的以解决管理实践为导向的问题,也可以作为研究选题的参考。

4）学术交流

学术交流包括向专家学者请教或与同行同学交流等多种形式。本学科领域权威人士和机构在一些学术报告会和讲座中可能会提出一些有待论证的新设想和有待回答的新问题，或者直接建议对什么问题开展研究。初涉研究的新手可以向他们求教，听取其意见和建议，这样，可以更深入地了解学科的发展趋势，并获得灵感，选出好的课题。另外，各种学术会议是交流科学研究信息、寻求研究课题的重要场所。经常参加学术会议，可以及时向他人学习，了解最新动态，受到他人研究的启示，从而启迪思维，引发研究课题。

15.2 信息系统的两个研究视角

管理信息系统研究的视角分为技术视角和行为视角。其中技术视角下的研究主要是利用计算机科学、管理科学和运筹学等学科解决问题，强调数学模型的应用。行为视角下的研究主要关注信息系统与用户行为之间的关系，主要利用心理学、经济学、社会学等学科研究相关问题。

15.2.1 技术视角下的研究

基于技术视角的管理信息系统研究的主要内容包括优化、模拟、预测、决策等方面的原理、模型、方法、技术、工具及其应用，也包括管理信息系统中相关计算机技术的研究。除了计算机相关信息技术的研究外，技术视角的信息系统研究也与基于数学模型的管理科学研究吻合度较高。

1. 管理科学

管理科学从正式出现至今不过几十年的历史，但其发展势头非常迅猛，目前已形成了以确定型运筹学决策为核心，包括随机不确定型的统计决策以及模糊不确定型的模糊决策等在内的庞大的知识体系。在应用上，管理科学几乎涉足了社会、经济与管理等一切领域，并且取得了较好的社会与经济效益。

科学管理运动已经开展了一个多世纪，"管理科学"一词问世也有数十年。尽管我们每天可能都会用到管理科学的术语，但要想真正讲清楚什么是管理科学，还有一定的难度。

管理科学的名称同其实际研究的内容不完全吻合。管理科学本身既不讨论管理活动的本质特征和规律，也不研究管理知识的一般性理论，它只是积极探索和推广在管理活动中如何应用各种数量分析的科学方法。

管理科学的指向不太明确。例如，一讲到管理运筹学，人们就知道这是一门研究在给定目标和约束条件的情况下怎样实现管理系统最优化运行的科学。然而，就管理科学这个范畴来说，它远没有像管理运筹学、管理决策学、管理信息系统、管理数学等学科那样，拥有显而易见的主题。

管理科学的学科边界不够清晰。管理科学过于宽泛而且不够具体，因而它难免会被认为是泛指包括管理学原理、市场营销、人力资源、组织行为、生产运作、企业战略、广告策划、企业经营学等学科在内的大管理学。

管理科学的体系比较庞杂。从方法论的角度看,管理科学的分析技术包括数学规划技术、图与网络分析技术、决策分析技术、博弈分析技术、系统仿真技术、成本分析技术、统计分析技术等。这些方法虽然都被归纳到了管理科学的体系中,但每一类分析方法在数理性质上的差别并没有抹平。管理科学作为一门科学,其内在的理论体系的逻辑性确实比较松散。

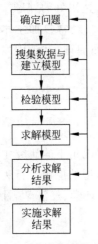

图 15.3 管理科学的研究步骤

管理科学方法需要解决特征与功能问题。管理科学是一门知识非常广泛的学科,它主张综合运用各门学科的科学方法,尤其是数学方法和计算机工具,对与定量因素有关的管理问题提供决策制定的辅助性帮助。

应用管理科学理论与方法解决实际问题的步骤一般包括确定问题、搜集数据与建立模型、检验模型、求解模型、分析求解结果、实施求解结果,共六个步骤,具体如图 15.3 所示。

1) 确定问题

为了解决一个实际问题,必须清楚地了解并确定该问题。这是决策制定中的首要步骤。具体实施中要分析问题的性质和环境,确定目标,弄清有关因素及其变化范围和相互关系,并将可控制因素与不可控制因素分开。提出问题后,还要分析解决该问题的可能性和可行性。

2) 搜集数据与建立模型

搜集数据与建立模型的工作是紧密关联的。根据拟采用的模型的工作步骤搜集和整理有关数据时,必须强调所使用数据的精确性。因为即使所用模型能正确表述实际现象,不正确的数据也将导致错误的结果。建立模型是管理科学研究的关键工作步骤,其模型一般是数学模型或仿真模型,并以数学模型为主。实际问题通常比较复杂,而模型只是根据一些理论和假设条件对现实世界的简化表述。因此,建立的模型往往要经过多次修改才能在允许的限度内符合实际情况。

3) 检验模型

模型建立以后,必须通过试验来检验其合理性和正确性。一般可通过特殊的、众所周知的例子或通过使用历史数据对模型进行运算,并把运算结果与实际情况对照来检验模型。若发现有较大的差异,则有必要返回到前面的工作步骤。

4) 求解模型

求解模型就是研究人员借助模型获得解决问题有效办法的过程。求解模型的方法包括数值法和解析法,其中,数值法一般是通过某种模式逐步寻找并不断改进解的过程;解析法则是按照数学公式一步到位求出具体解。求解模型的途径完全取决于模型的性质和数学复杂性。

5) 分析求解结果

由于模型只能包含实际问题的主要方面,而许多因素如政策因素、社会因素等都不能包含在内,因而要对求解结果进行全面评价,分析求解结果是否符合现实问题。

6) 实施求解结果

管理科学研究工作的最后一步是将求解结果付诸实施。这是反映工作成果最重要的一步,也可能是最困难的一步。我们必须将求解结果表示为管理决策人员能理解和执行的一种方案,最后形成管理科学研究和分析报告。

2. 计算机科学

广义上,所有计算机技术的相关内容都是管理信息系统的基础。但从研究的角度而言,与管理信息系统较为相关的计算机研究领域包括算法设计与分析、程序设计语言与方法、数据库与数据挖掘、大数据分析、软件工程、信息系统安全技术等,但这些研究方向习惯上仍归属于计算机学科,管理学科仅研究相关技术在应用中的若干问题。下面仅针对大数据相关技术进行简要介绍。

按照大数据处理的基本流程,可将大数据处理的技术分为大数据采集技术、大数据集成与处理技术、大数据分析与挖掘技术、大数据展示技术四种,其中最为核心的就是大数据的集成处理和分析挖掘技术。这些技术的实现都离不开"云计算"技术。云计算为大数据提供了基础平台,是大数据存储、管理、处理、分析的支撑技术,因而成为大数据处理的关键技术。四种技术的可研究内容如下。

1）大数据的存储技术

数据存储是为数据处理和计算,特别是为数据应用服务的。大数据时代下的数据增长速度远远超过存储空间的增长速度。必须研究高效的去重去冗机制和方法、高效的压缩浓缩机制和方法、高效的遗忘与删除机制和方法,将那些重复、冗余、无用和过时的数据及时地从数据存储设备中清理掉,尽可能大地提升存储空间利用率。

2）大数据的数据管理技术

现有数据管理和调度方法不能适应多源海量异构数据在多种存储设备之间的频繁密集流动,也无法满足不同应用对灵活性、便捷性和快速性等的要求。必须协同优化和配置各种数据存取资源,研发高效的数据存储模型、存取技术与交换算法,尽可能大地提升数据存取的速度、效率以及存储管理的灵活性和适应性。

3）大数据的处理技术

面对大规模复杂系统所具有的特征多变、难于准确描述与预测的动态行为,以及来源广泛、形式混杂、层次多样和持续涌现的系统大数据,亟需研究面向系统决策、控制和故障诊断的高速、高精度、低成本的大数据处理、融合与知识获取方法,复杂大系统行为描述、建模、预测与评估方法,高效、安全与高可信的复杂大系统决策、控制和故障诊断新方法及实现技术。这些技术能够为优化系统结构,提高系统运行效益和安全性指标,进而为推动社会经济快速发展提供崭新的理论依据和技术保障。

4）大数据的分析技术

移动互联网的蓬勃兴起开辟了大数据研究的新战场。与传统互联网相比,移动互联网从时间和空间上拓展了人与网络的交互机会,因此表现出数据量更大,数据维度更高,数据社会性与个性化更明显的特点。因为移动互联网的核心节点是具有社会性的人,所以移动大数据研究的核心在于利用群体智慧与资源进行数据采集与知识获取,发现现实社会中人群的行为模式,并以此为出发点进行具有差异性的信息服务和其他应用创新研究。移动大数据亟需解决的科学问题包括可靠群智计算;社会群体的资源分享模式提取;数据时空性与人的情感关联模式提取;碎片化多维数据交叉分析与个体行为模式提取,以及跨平台数据共享与隐私保护。基于大数据分析的移动互联网将成为人类数字化生存的重要平台,在舆情监测、实体经济增长以及网络基础设施创新方面都具有重要而深远的意义。

15.2.2　行为视角下的研究

管理信息系统的成功应用能为企业带来竞争优势,提升企业运作效率或组织绩效。然而,信息系统应用能否为企业带来绩效提升的一个关键因素在于用户对信息系统的采纳和实际使用行为。信息系统用户行为研究成为历年来理论研究重点关注的领域之一。本节借鉴工作行为理论,对信息系统用户行为研究进行理论梳理。根据工作行为理论,工作绩效是由角色内行为和角色外行为决定的,类似地,在信息系统背景下,信息系统用户行为可以分为角色内行为和角色外行为。其中,角色内行为指与工作描述直接相关,在角色界定和期望的基础上完成日常工作和职责的行为;角色外行为指在工作描述以外的、不属于工作职责范围的,对工作绩效有影响的自发行为。

1. 信息系统用户角色内行为

针对信息系统应用工作,信息系统采纳与初始使用、持续使用是典型的用户角色内行为。信息系统采纳与初始使用是指用户对信息系统的接受与执行。具体而言,信息系统采纳指用户对信息系统的使用意愿,信息系统初始使用是采纳的直接行为体现。用户对信息系统的采纳与初始使用是信息系统成功应用的前提,因此,信息系统采纳与初始使用成为历年来信息系统领域的研究重点之一。然而,随着信息系统采纳与初始使用研究的逐渐深入,以及信息系统应用的逐步开展,一些学者发现用户对信息系统的接受与初始使用并不能有效保障其持续使用。理论研究自此开始关注采纳后的持续使用行为。

1) 信息系统采纳与初始使用

相关研究通过借鉴心理学和组织行为学等相关理论,并拓展应用于信息系统领域,认为信息系统采纳直接决定信息系统初始使用,并对信息系统采纳的前因开展系统而深入的研究,涌现出大量研究成果。主要研究视角包括如下几方面。

(1) 个体感知。基于感知视角的信息系统采纳研究,其主要理论基础包括理性行为理论(theory of reasoned action,TRA)、计划行为理论(theory of planned behavior,TPB)和技术接受模型(technology acceptance model,TAM)。相关研究认为影响信息系统采纳的因素主要包括感知易用性、感知有用性、感知行为控制、主观标准等感知因素。不少学者在 TRA、TAM、TPB 的基础上,对信息系统采纳的前因进行了检验和拓展。

(2) 个体特征。基于该视角的研究通过借鉴相关组织行为理论并应用于信息系统领域,认为个体特征将影响信息系统采纳,主要影响因素包括教育程度、性格特质、性别等。

(3) TOE 视角。TOE,即技术(technology)、组织(organization)、环境(environment)。此视角主要从个体外部出发,探索影响信息系统采纳的因素,认为高管支持、竞争压力、技术可行性等个体外部因素将影响用户对信息系统的采纳。

2) 信息系统持续使用

信息系统持续使用是指用户在采纳与初始使用后一段时间内持续使用某种或某个

信息系统的行为。用户持续使用对信息系统应用能否最终获得成功具有关键性影响。因为对信息系统的采纳与初始使用是持续使用的前提,所以,持续使用与采纳的影响因素在一定程度上具有共同性,如个体某些因素如人格特征等将影响其信息系统采纳与持续使用行为。两者影响因素的差异主要体现在对初始使用的体验结果将影响持续使用。现有信息系统持续使用的前因研究视角主要体现在如下几方面。

(1) 个体特征因素。通过借鉴组织行为理论并应用于信息系统领域,认为个人习惯、人格特征如情绪稳定性、尽责、外向等将影响信息系统持续使用。

(2) 对初始使用的体验结果。通过拓展已有信息系统采纳与初始使用理论,认为初始使用后的感知有用性、感知服务质量、感知满意度、感知趣味性等将影响对信息系统的持续使用。

(3) 个体外部因素。如基于已有组织行为相关理论,认为对用户的忠诚激励措施等将影响用户对信息系统的持续使用。

2. 信息系统用户角色外行为

角色外行为可能是有益于工作绩效的积极行为,也可能是对工作绩效产生阻碍作用的消极行为。具体包括:组织公民行为(organizational citizenship behavior,OCB),即一种有利于组织的角色外行为,既不由劳动报酬所激发,也不是正式工作角色内的行为,是完全取决于个人意愿的积极行为;反生产工作行为(counterproductive work behavior,CWB),即个体对组织作出的一种破坏性行为。在现有对信息系统用户角色外行为的研究中,OCB 主要体现为信息系统创新使用,而 CWB 主要体现为信息系统抵制。

1) 信息系统创新使用

信息系统创新使用是指用户以创新的方式利用信息系统功能和特点的使用行为。信息系统创新使用强调用户对信息系统的自主创新使用,是积极主动的行为。用户对信息系统的创新使用对信息系统绩效的提升具有重要的积极影响,因此,近年来逐渐受到理论界和实践界的关注。在现有对信息系统创新使用前因的研究中,主要研究视角包括如下方面。

(1) 个体特征。基于该视角的研究认为性别、性格等个体特征因素将影响信息系统创新使用。

(2) 心理感知。基于该视角的研究认为信息系统用户的自我效能、感知有用性等心理感知因素将影响信息系统创新使用。

(3) 组织视角。基于该视角的研究认为组织创新氛围、组织战略等组织因素将影响用户对信息系统的创新使用。

2) 信息系统抵制

信息系统抵制是指阻止信息系统实施、使用,或者阻止组织实现信息系统预定目标的行为。在信息系统行为领域,信息系统抵制属于典型的反生产工作行为。因为用户对信息系统的抵制行为严重阻碍信息系统的成功实施和应用,所以受到了理论界的高度重视。相关学者基于不同视角,分别研究导致用户抵制行为的原因。现有对信息系统抵制的前因研究,主要视角有如下几方面。

(1) 感知视角。信息系统应用会给个体带来利益变化,这些变化对个人可能是有利的,也可能是不利的。个体会根据他们感知到的变化的利弊,决定是否采取信息系统抵制行为。基于本视角的研究认为感知转换成本、感知价值、感知威胁等个体感知因素将影响用户的信息系统抵制行为。

(2)情绪。情绪可以分为积极情绪和消极情绪。面对新信息系统的应用,大多数人会有情绪反应,或许是高兴、期待等积极情绪,或许是伤心、厌恶等消极情绪。基于该视角的研究认为消极情绪将促进用户的信息系统抵制行为。

(3)组织视角。企业实施新的信息系统需要投入一定的人力、物力和财力,因而组织支持是新的信息系统能否成功实施的决定性因素,也是影响用户信息系统抵制行为的重要因素。基于该视角的研究认为组织对变化的支持、组织文化等组织因素将影响用户的信息系统抵制行为。

综上所述,信息系统用户行为研究分析框架如图 15.4 所示。

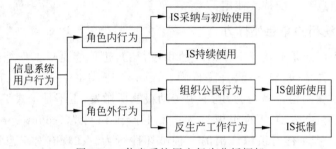

图 15.4　信息系统用户行为分析框架

15.3　信息系统研究主题与范式

管理信息系统是一门新兴的学科。从最早的强调计算机的应用,到逐步强调"人"与"机"的并重,再到企业基于 IT 技术的组织与管理,以及当前的绿色信息技术的管理与应用,管理信息系统的发展势头迅猛。它一方面不断吸收其他学科的思想精华,另一方面努力建立自身的学科核心价值体系,整个学科的外延和内核都在不断完善中。这样一个动态过程也使得对管理信息系统的历史发展和未来趋势的研究分析显得格外重要。

15.3.1　管理信息系统研究主题

管理信息系统的研究主题主要是表达"该领域在研究什么问题"。一般来说,信息系统研究的主题主要包括 6 方面:信息系统管理(IS management)、信息系统开发(IS development/IS life-circle)、信息系统应用(IS usage)、信息技术(information technology)、基于信息技术/信息系统的决策(IT/IS-based decision)、其他信息系统研究(others IS research)。

1. 信息系统管理

"信息系统管理"主题主要指的是信息系统从规划建设到投入使用过程中需要解决的系列管理问题,包括信息系统战略规划、信息系统评估、人力资源管理、信息系统职能和运营管理、数据资源管理、硬件资源管理、软件资源管理、信息系统战略对应与管理、信息系统规划、信息系统治理、信息系统价值与评价、信息系统安全与隐私、信息系统信任、虚拟社区与身份识别、版权、IT 学习、业务里程重组(BRP)、信息系统采纳与扩散、IT 外包、信息系统基础设施与法律道德、工作/技术适配、绿色信息系统、信息系统与环境的可持续性发展,以及其他管理问题。

2. 信息系统开发

"信息系统开发"主题主要指的是信息系统建设过程中的若干开发技术问题,包括信息系统系统开发、信息系统生命周期活动、信息系统开发方法与工具、信息系统配置、信息系统运行、界面设计、网站设计、开放源代码、面向对象系统(分析、设计)、人机界面,以及其他开发问题。

3. 信息系统应用

"信息系统应用"主题主要指的是若干具体系统应用实施过程中的相关问题研究,包括知识管理、专家系统、系统管理、微支付、远程办公和分布式工作系统、企业资源规划系统组织内和跨组织系统、虚拟团队、医疗信息系统、工作流、移动商务、电子政务、供应链管理系统(SCM)、客户关系管理系统(CRM)、电子商务系统(EC/EB)、商务智能(BI)、紧急反应系统、服务质量、培训系统、智能卡、ERP、企业系统、会计信息系统、文档管理、媒体选择、数字图书馆、时间管理、企业信息门户,以及其他应用问题。

4. 信息技术

信息技术是人们用来和信息一起工作并支持组织的信息和信息处理需求的基于计算机的工具。从专业的角度看,信息技术是指能够扩展人的信息相关功能,完成信息的获取、传递、处理、利用等功能的一种技术。该研究主题包括计算机间通信(如网络、分布式系统)、数据库、知识库、软件复用、推荐系统、本体、语义网、Agent 技术、UML、GIS、移动技术、信息通信技术、存贮、检索和传输技术、Web 技术、XML、中间件、应用集成技术、数据挖掘、网格计算、Intranet/Internet、组件、专家系统、RFID、DSS/GDSS、云计算,以及其他技术问题。

5. 基于 IT/IS 的决策支持系统

决策支持系统运用管理科学、运筹学、计算机科学、信息论、人工智能、行为科学等多学科理论方法研究决策问题。多学科理论的融合以及信息技术与智能技术的综合应用,是提高决策支持系统智能化水平的根本途径。该研究主题包括决策支持系统的体系结构、模型驱动的决策支持系统、数据驱动的决策支持系统、知识驱动的决策支持系统、群体决策支持系统、智能决策支持系统、分布式决策支持系统、自适应决策支持系统、决策支持系统的应用研究以及其他问题。

6. 其他信息系统研究

主要包括信息系统方法论、信息系统教育、信息系统基本概念、信息系统知识核心、信息系统身份构建、信息系统文献研究,以及其他关于信息系统学科本身历史与发展的问题。

从研究对象的分析层次来看,信息系统研究可划分为 9 个层次:社会、行业、组织之间、组织内部、团队、个体、抽象概念、系统和组件等。抽象概念层次关注信息系统的概念以及数据，而系统和组件分析层次关注信息系统的算法和具体过程。对于同一个研究主题，如信息系统管理中的"信息系统采纳"，既有个体层面上的研究，也有团队和组织层面的研究，其研究的内容和结果是不同的。

15.3.2 管理信息系统研究趋势

经过六十多年的发展，管理信息系统的研究领域也在不断扩大。这一学科从开始仅仅强调对系统和技术的研究，扩大到从管理的角度，用系统的思想认识和理解信息、信息系统与信息技术，讨论信息化进程中涉及的管理、系统、技术等各个方面的问题，并通过不断整合新技术，对现有的系统进行更新和升级，建立了相当成熟的理论体系。

管理信息系统拥有管理科学、信息科学、系统科学、行为科学、计算机科学和通信技术等多学科背景，具有系统性、交叉性、边缘性等学科特点。在研究主题上，信息系统管理、信息系统应用一直都是管理信息系统研究的重点；在研究层次上，偏向于组织内部与个人层次上的研究；在研究方法上，实证研究占较大比重。相关学者更加重视信息系统中的管理问题和应用问题，对 IT 技术和信息系统开发则关注较少。这表明信息系统领域的知识核心不断明晰，信息技术的讨论逐渐归向计算机技术领域的研究范围，从信息系统研究中分离出去；即使是研究 IT 技术问题，信息系统研究者们也往往是从管理学的角度进行研究分析，关注的多是涉及技术的一些管理细节问题。而信息系统开发的技术和开发生命周期已经趋于成熟和稳定，其中尚待解决的难点不多。因此，IT 技术和信息系统开发的研究在信息系统领域中逐渐减少，信息系统管理和信息系统应用的研究成为主流。

管理信息系统研究不断发展成熟，相关研究从基础组件层面逐渐上升到管理战略层面。电子商务、知识管理、信息安全与隐私、信息系统采纳与扩散、信息系统创新、IT外包（特别是离岸外包与外包中的关系管理）等，成为近年管理信息系统的研究热点。有学者选择 *MIS Quarterly* 等 9 本具有代表性的 MIS 领域国际顶尖级期刊作为研究范围，通过文献计量分析研究，将当前管理信息系统领域的研究分为 12 个研究方向：①信息系统成功与测度研究；②知识管理与团队共享；③信息系统投资与收效；④数据挖掘；⑤组织内系统与供应链；⑥基于 TAM 的电子商务、电子政务、IT 等用户接受研究；⑦电子市场与成本外包；⑧信息系统开发与项目管理；⑨信息系统与 DSS 的理论研究；⑩企业信息系统实施与组织学习创新；⑪开源与软件开发；⑫绩效与社会网络。

1. MIS 核心研究方向

MIS 研究的核心领域主要包含了知识管理与团队共享、信息系统投资和收效两个方向。这两个方向与 MIS 的其他研究领域之间的联系非常密切，是 MIS 研究领域的核心方向内容。根据相关文献资料的研究内容来看，2005—2006 年是知识管理研究的高峰期。自从 2008 年开始，针对知识管理的研究逐步深入。知识管理被称为第五代管理模式和理论，是一个非常重要的组织职能。管理组织现有知识，建立知识管理平台，并在更大的范围内实现知识的交流沟通，是知识管理不断发展的方向。得益于信息技术的发展，虚拟技术开始应用于知识管理，支持以平台的形式进行管理。虚拟团队在扩大知识资源可利用方面起到了重要作用。当然，新技术与知识管理的融合，也成为研究的新课题。

信息系统投资与收效方向的研究紧密结合着实际应用情况,从公司(或企业)的实际情况出发,评估信息技术投资对公司产生的实际效果,合理模拟信息技术投入、公司生产力、竞争优势、公司绩效等指标之间的关系,使得公司进行信息技术管理和规划时有可靠的参考依据。20世纪90年代以来,学者们指出技术形成效益存在时滞现象,利润分配、投入和产出测度等因素对信息系统投资收效会产生影响,证实了信息技术投资与企业生产力和绩效间的相互促进关系,并建立模型揭示信息技术投资对企业价值的影响。信息技术与企业其他资源融合、补充,有助于企业形成竞争优势。如果这种优势可以不断保持甚至加强,就能成为推动企业不断前进的动力。对于企业而言,是否选择进行信息技术投资、如何投资、投资多少等问题依旧需要进一步研究。

2. MIS成熟研究方向

MIS的成熟研究领域包含基于技术接受模型(technology acceptance model,TAM)的电子商务、电子政务、IT等诸多满足用户需求的研究方向,其聚合度较高,可见该方向内部研究的体系化较强,发展的成熟度较高。技术接受模型在其发展过程中形成多个理论模型,诸如TAM/TAM2、UTAUT(unified theory of acceptance and use of technology,整合型技术接受模式)等,形成了较成熟的理论体系,其中TAM是使用最广泛的一个。20世纪90年代中后期,电子商务蓬勃发展。电子商务进程中的企业信息管理系统不仅要集成企业内部资源信息和企业环境信息,而且要维护建立在企业电子商务平台上的企业产品、资源、服务经营管理系统,使企业管理信息系统的重点由内部管理转化为外部经营。电子政务则是在20世纪80年代政府进行信息化建设的背景下应运而生的。电子政务设立的目的是实现政府组织结构和工作流程的重组优化,建成一套精简、高效、廉洁、公平的政府运作模式。但是在实际应用中往往存在用户不愿意使用建成的网站的问题,导致电子政务系统建立的功效与预期相差甚远。随着研究的不断深入,研究者们发现,作为电子商务和电子政务的使用者,用户的接受程度成为系统能否实现的关键因素,从用户接受的角度利用技术接受理论和模型对电子商务、电子政务进行的研究和分析,可以更加真实地再现实际情形。

3. MIS新兴研究方向

MIS的新兴研究领域主要包括数据挖掘、开源与软件开发、信息系统成功与测度研究三个方向。这几个方向发展成熟度不高,处于MIS研究的新兴阶段。数据挖掘又称数据库中的知识发现(knowledge discovery in database,KDD),主要应用于客户关系管理系统/客户服务系统和决策支持系统中。开源软件是一个较新的研究领域。这两个方向并不是MIS研究的主要研究领域,在整体研究范围内分布于边缘地带。

信息系统成功与测度研究方向的成熟度相对处于中等水平,但也位于MIS研究的边缘。针对信息系统成功的评价最早源于关键成功因素概念。在关键领域取得特殊、持续的成效是企业管理者提高并保持企业绩效的必要条件。信息系统成功测度的研究者们将信息系统的成功作为影响整个企业绩效的关键因素,从管理的角度对信息系统进行战略规划。但是,就目前的研究来看,大多集中于个人层面,企业/组织层面的研究比较少。在未来的研究中,组织层面的测度研究也会不断增多。

4. MIS 研究的未来趋势

MIS 研究的未来趋势一共包含六个方向,分别是企业信息系统实施与组织学习创新、电子市场与成本外包、信息系统开发与项目管理、信息系统与决策支持系统的理论研究、组织内系统与供应链、绩效与社会网络等。这些研究将管理领域的新思想,技术方面的先进技术和实际应用出现的新现象与传统的 MIS 相融合,作为交叉主题,从多个角度对管理信息系统进行跨领域研究,呈现出如下两个较为显著的特点。

① MIS 与经济学相结合,其研究关注的是 MIS 开发过程中的成本控制和 MIS 的实施为企业带来的收益问题。信息系统开发与项目管理、电子市场与成本外包、组织内系统与供应链三个方向就是从这个角度对 MIS 进行研究的。

② MIS 与社会学理论等相结合,主要研究 MIS 开发过程中的绩效和 MIS 的实施对企业效能的影响等问题。绩效与社会网络、企业信息系统实施与组织学习创新两个方向就是从这个方面对 MIS 进行研究的。

上述对管理信息系统研究方向的分类仅仅是基于当前相关 MIS 文献,并参考了若干学者的归纳结果得到的,与当前的 MIS 研究方向并不一定完全吻合。随着新思想、新技术和新理论的引入,特别是人工智能、大数据技术在管理领域的广泛应用,拓宽了 MIS 领域的研究边界,丰富了 MIS 领域的研究内容,并且在研究过程中不断发现新的研究问题,成为 MIS 领域未来的发展方向。

15.3.3 管理信息系统研究范式

管理信息系统作为日趋活跃的概念和领域,相关研究已经改变了以往"技术至上"的倾向。技术与人文并重成为研究发展的综合作用力,其中技术发展是推动力、外驱力,人文因素是研究发展的牵引力、内驱力。而管理信息系统研究的焦点是探索技术、人文、伦理的最佳匹配模式,它是一个具有多维特征、涉及多学科、多领域的综合性交叉学科。管理信息系统研究的学科基础如图 15.5 所示。

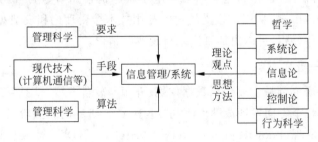

图 15.5　管理信息系统研究的学科基础

1. 逻辑研究范式

管理信息系统研究范式从广义上可以分为解释学、实证研究与设计研究范式。实证主义是出现最早的范式,被称为研究自然科学的"科学方法"。但实证主义并不经常适用于社会科学。实证主义有两个基本的前提假设:一是世界是有序的、规律的、非随机的;二是世界能够被客观调研。20 世纪后期,人们又提出其他可供选择的研究范式——解释学范式。解释学范式并不证明假设,但试图识别、解释特定社会环境下,所有因素是如何相关或独立的。

随着信息技术对管理世界的影响，设计研究已经成为另外一种视角或分析与研究手段，用于弥补实证主义和解释学在进行信息系统研究时的不足。设计研究涉及分析信息系统产品（包括但不限于算法、人机交互界面、系统设计方法、开发语言）绩效，理解与提高信息系统行为特征。因此，能够在不同学科领域中发现设计研究者的身影，特别是工程与计算机学科。

2. 学科研究范式

管理信息系统学科研究范式的构建与发展充分显示了学科研究的视野与成熟度，反映了学科研究视角与进展。根据以上分析，信息系统研究除了具有基本的研究范式之外，还具有从不同学科继承下来的研究范式，又具有自身的研究特色。而且对于相同的问题，如果研究视角不一样，也有可能采取不同的研究范式。

1）信息学研究范式

从根本上讲，信息管理就是为了解决用户信息需求和利用方面的问题而展开的理论、方法与规律角度的研究。对信息动态规律的研究是信息管理或信息系统的主要研究内容。信息学范式关注信息本身的动态规律，即信息的生产、传播与利用的全过程，包括信息的生产、传播和利用中的各种问题及规律，如谁是生产的主体、生产规律、生产者的责任；信息传播主体及其运行机制、传播的渠道、传播中的法律问题、传播中信息的组织与传播的效率；信息用户对信息利用的关系。

2）管理学范式

从信息系统产生及发展的背景可以看出，信息是管理决策的前提和基本要素。换言之，信息管理研究的实践意义就在于解决组织面临的决策问题，最终影响和优化决策行为。因此，信息管理的管理学范式就是指在研究中，应关注信息与决策行为间的关系，重点研究信息对决策行为的影响，特定的经济决策需要什么样的信息，进行决策所需信息的生产地、集散地，信息系统的使用、信息系统和信息技术的接纳以及如何从项目管理的视角正确解决信息技术应用等问题。

3）技术学范式

计算机技术突破了人类生产、处理和存储信息的能力在数量、时间和智力等方面的限制，通信技术的进步，突破了人类传递信息的能力在距离和时间两方面的限制。从技术角度来讲，信息管理研究致力于发展各种先进、高效的信息系统和信息技术应用以解决组织所面临的问题。技术学研究范式更多关注开发中的信息系统技术，在分析与综合、现实与抽象的二维空间内，研究系统设计的规范、方法、约束条件、目标、流程等内容。但不论使用何种技术与解决方案，都必须遵循技术与方案本身的研究范式。

4）经济学范式

信息学与经济学的联系早期仅为通过引入经济学中的效用、效益等概念，评价信息服务与信息管理的成本与效率。随后，信息传递的成本与效益以及信息管理工作的效率等也成为信息管理经济学的主要议题。信息管理研究的经济学范式更多关注信息消费主体的知识结构和心理状态在查询、分析和利用信息进行决策的过程中产生的至关重要的作用。正确理解信息系统可能带来的连锁反应，是有效利用经济信息的关键。经济学范式研究人们如何解读和解释信息系统与组织、信息系统效应中的各种关系、系统目标与组织目标的一致性、系统战略与组织商业战略的匹配度、系统的经济性评价、系统加值评估等。

5）系统学范式

系统是一系列相互作用以完成某个目标的元素或组成部分的集合。系统科学强调将研究对象视为一个整体，分析整体性、集合性、层次性与相关性。信息系统也具有系统的相关特点，必须从系统的角度处理好内部相关结构之间以及系统内部与外部之间的关系。

6）领域学范式

不同领域的信息与知识的组织、结构、协作模式、语言和通信形式以及相关准则有着重大差异。在不同研究领域中，个人心理、知识、信息需求、主观标准等都应秉持不同知识领域的观点看待。因此管理信息系统的研究更应关注每个领域的信息及其属性结构的特殊性，对于各领域的信息及信息活动，应从不同领域的角度观察与研究。例如，研究教育信息化中的在线教育，就必须遵循教育科学的基本研究范式。

15.4　信息系统研究过程

15.4.1　研究方案设计

研究人员在研究一个课题之前，应该设计一套详尽、明确的研究方案，确保研究顺利进行。研究方案是解决研究课题中核心问题的一项完整的策略。它为研究人员提供了实施步骤、数据采集及数据分析等过程的整体框架。

1. 研究方案设计的作用和原则

1）研究方案设计的作用

研究方案是研究者对研究项目总体设想的概括和详细说明。在研究的准备阶段，研究者在初步探索之后，必须确定具体的研究课题，阐述研究项目的意义和作用，提出自己的研究设想或研究假设，其中包括有关概念或术语的操作化定义、调查项目和测量指标，以及调查问卷或调查提纲，还要具体说明研究步骤、研究方法等。

研究方案不仅包括对研究项目总体构想的说明，还包括具体的工作计划。提供研究经费的有关部门要依据研究方案对研究项目实施监督，并评估研究成果的实际意义和作用，研究者也必须按照研究方案对研究过程实施监督、管理和控制。

2）研究方案设计的原则

研究方案的设计要遵循系统性、规划性、可行性和灵活性的原则。

研究方案的系统性是指在方案设计过程中应该以系统论的思想为指导。大规模的经验研究本身就是一项系统工程，因此在设计研究方案时首先要确定研究所要达到的目标，然后分析为达到此目标所需要的各种条件或环境因素。

研究方案的规划性是指在设计研究方案时，要详细阐述每个阶段的任务、方法和目标，并要注意每个阶段的联系和衔接及研究时间的总体安排。同时还必须建立统一组织，统一指挥和安排项目成员或各研究单位的研究活动，督促和检查研究方案的实施。

研究方案的可行性是指方案设计时，应该充分注意方案的操作性和方案实施的具体条件。要具体分析研究的主观条件和客观条件。研究方案应该是可操作的,因此方案中的目标采取的各种措施都应该是具体的、详细的。

研究方案的灵活性是指设计方案时留有一定的余地。保持一定的灵活性可以使研究适应周围环境或条件的变化,有的时候甚至可以使研究水平、研究构想达到更高的层次。

2. 研究方案设计的主要内容

方案撰写的基本要求是文理通顺、重点突出、逻辑清楚、简明扼要。不同的研究方案虽然可以有自己的特点,但通常有一定的格式。这种格式固然不是一成不变的,但是大多数研究方案的结构基本是相似的。归纳起来,方案的文体结构和每一部分的撰写要点如下。

1) 研究的主要目的

说明为什么要进行这项研究,这项研究在理论上或在应用上的价值是怎样的。需要以简洁明了的语句提出研究的主要问题;界定主要的研究范围;提出所要检验的假设或要研究的具体问题;说明研究课题的重要性和意义。写作一般使用观察者的视角,使用的语句必须简单、清晰,以便引起评阅者的注意。

2) 文献资料整理和评价

整理和评价文献资料的主要目的是向评阅者表明研究者在有关领域的研究水平,以及对该领域最新研究动态的认识;揭示本研究将取得的突破,本研究如何改善、修正或扩展以前的知识,即本研究的理论或实际贡献是什么。

3) 研究问题与假设

应详细介绍本研究的假设或问题,其中包括概括程度较高的理论假设和经过概念操作化后得到的经验假设,或者本课题研究的具体问题,以及这些问题间的相互关系及产生这些问题的原因分析;解释研究假设或具体问题的理论基础和经验事实,并对研究的可能结果进行尝试性解答;如果是以研究假设的形式提出本课题所要研究的具体问题,则应说明假设中主要概念的测量指标,并具体说明哪些是说明变量(自变量),哪些是被说明变量(因变量)及变量之间的逻辑关系。

4) 研究方法的说明

研究方法的说明主要包括对抽样方法的说明,其中包括样本或个案的意义、抽样的精确度、样本数量、具体的抽样方法;对调查方法或收集方法的说明,包括怎样保证资料的准确性和真实性等;统计方法说明,其中包括具体的统计程序、统计技术和统计采用的设备状况;还应概要地介绍研究中使用的各种测量工具,如问卷、调查表格、量表、测验表、观察表等。

5) 研究步骤或研究计划

需要指出研究中的具体步骤,分几个阶段进行;说明每个阶段应该完成的任务和应该达到的目标;具体规定每个阶段所必需的时间,建立工作流程图。

15.4.2　一般研究过程

信息系统相关实证研究一般遵循假设演绎法的基本研究过程,如图 15.6 所示。

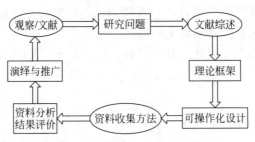

图 15.6　管理信息系统研究过程

1. 观察与问题辨析

观察是假设演绎法的第一阶段,始于研究者察觉到环境中出现某种变化,或出现一些新的行为、态度及感觉的时刻。当观察到将产生重要的结果的迹象时,就必须进行问题辨析,对所研究的问题进行陈述,提供研究的背景信息,用于识别和确定拟研究的问题。这是研究工作中最重要和最具创新性的过程。确定研究题目的前提是识别出有待研究的问题并了解解决问题所面临的限制条件。

2. 资料收集与文献综述

初步的资料收集包括寻找深层次信息,观察现象,通过专业的文献综述,获取与问题相关的理论与经验,从而可以提高研究人员对各种条件下存在的各种相关因素可能性的认识。然后,可以通过非正式地对工作场合的一些人员、顾客或其他相关信息来源进行访谈或信息收集,进而收集所发生的事情及其原因的相关信息。

3. 研究目标确定与理论形成

研究目标的确定回答研究活动要实现什么,即确定研究的范围、研究所需的手段、预期的研究结果及其用途,建立起隐含在假设内的理论关系与研究所用分析方法选择的关系。研究目标必须针对所研究的问题确定。研究目标需要具有可操作性,研究活动的规模必须在资源允许的范围之内。

理论形成是指以一种逻辑方式将所有信息加以整合,以便将问题的成因进行概念化和检验。理论框架通常是由经验或直觉引导形成的,这一过程中会检查关键变量,主要用于解释"为什么问题会发生"以及"如何解决"。理论框架形成后,变量间组成的关系网络被理论性地加以组合,就可以合理地解释这些因素为什么会影响所研究的问题。

4. 可操作化设计

操作化是指将抽象的概念转化为可观察和测量的具体指标的过程。操作化是科学研究中常用的方法,也是研究过程中较为困难、最为关键的步骤之一。研究的操作化主要是通过对研究中涉及的关键概念的操作化来完成的,对于涉及假设的研究来说,还需要对假设进行操作化处理。在信息系统研究领域,人们对于许多概念都有不同的理解。为了避免在一些关键概念的理解上产生歧义,就要对研究中涉及的关键概念做出明确的定义。

从变量间的理论化关系网络中,即可产生特定的可供检验的假设或推论。假设检验是一种演绎的研究方法。有时研究之初并未建立假设,通过归纳却产生了假设;也就是说，在资料收集后，某些有创意的思想可能会因此产生，根据这些想法，可能会得到新的假设，然后加以检验。一般而言，在研究过程中，演绎法产生的假设检验和归纳法产生假设的情形都很普遍。

5. 数据收集与整理

在提出假设之后，就需要收集假设中所有与变量相关的资料。也就是说，需要进一步收集科学资料来检验研究中所产生的假设。例如，要检验用户对网站功能变更或修改时的满意度，研究人员必须先测量目前顾客的满意水平，并且进一步收集功能修正时顾客的满意度资料。此外，还应该收集产生假设的理论框架中所有变量的资料。这些资料都是将来进行资料分析的基础。

6. 数据处理与结果评价

在数据处理与结果评价阶段，可以运用定性与定量、系统工程、数理统计等方法分析所获得的数据，以确认是否支持在研究初期或可操作化设计阶段产生的假设。例如，想要评价网站功能与顾客满意度之间的关系，研究人员可能会做相关性分析，以确定两个因素间的关系。数据处理完毕后，必须对数据处理的结果进行合理的解释与分析。一般研究人员常犯的错误是用计算机处理得到的图表代替最终研究结果。

15.5 信息系统研究相关理论

15.5.1 管理学相关理论

1. 核心竞争力理论

核心竞争力是一个组织内部经过整合的知识和技能，尤其与怎样协调多种生产技能和整合不同技术的知识和技能有关。传统的自外而内战略（如波特的五力模型）总是将市场、竞争对手、消费者置于战略设计流程的出发点，核心竞争力理论则恰好相反，它是一种自内而外的战略，认为从长远来看，企业的竞争优势取决于企业能否以低成本并以超过对手的速度构建核心竞争力。核心竞争力主要包括以下四层含义。

（1）企业核心竞争力是一种不断创新的能力，这种创新能力包括产品的创新能力、独特技术的创新能力、营销手段的创新能力。

（2）企业核心竞争力是企业通过对创新能力进行长期的综合应用，逐渐培养出来的具有市场竞争优势的综合能力。这种能力很难被竞争者在短时间内复制，必须经过长期的、有意识的打造。

（3）企业核心竞争力是相对稳定的，但并不是完全不变的。从短期的角度看，具有核心竞争力的企业会保持与竞争对手的相对优势；从长期的角度看，核心竞争力需要不断地更新。随着产品、技术、营销等不断创新发展，核心竞争力也要与时俱进，才能使企业始终保持竞争优势。

（4）企业的核心竞争力不是企业在某一方面的能力，而是企业拥有的各种技能的有机组合，是相对于竞争对手具有明显优势的综合能力。

2. 资源观理论

资源观理论从企业内部和内在发展角度出发来分析企业和市场，将企业看作一组资源和能力的集合。任何企业都拥有区别于其他企业的独特资源,无论是有形资产、无形资产,还是企业的组织能力。一般来说,资源观研究包含两个最基本的假设,即关于"企业是什么"和"企业的长期竞争优势从何而来"这两个问题的假设。企业是资源的独特集合体,而企业的长期竞争优势来自企业所拥有和控制的具有难以模仿、难以交易等特征的特殊资源和战略资产。

对于企业而言,并不是所有的物质、人力和组织资源都是战略相关资源,只有那些能够促使企业创造和实施战略并改善其效率和效果的资源才是战略相关资源。也就是说,只有能够促进企业实现持续竞争优势的资源才是企业的战略性资源。资源观理论依托于两个潜在的条件成立:①资源异质性,即竞争中的每个企业所拥有的资源和能力是不同的;②资源的不完全流动性,即企业之间的这种资源和能力上的差异可以长期延续。创造和保持企业持续竞争优势的资源(战略性资源)必须具有四个性质,即价值性、稀缺性、不可模仿性和不可替代性。

3. 资源依赖理论

资源依赖理论是研究组织变迁活动的一种重要理论,广泛应用于组织关系的研究。资源依赖理论强调组织体的生存需要从周围环境中吸取资源,需要与周围环境相互依存、相互作用才能达到目的。它包括三层含义:①组织与周围环境处于相互依存之中;②除了服从于环境,组织还可以通过其他选择调整对环境的依赖程度;③环境不应被视为客观现实,对环境的认识通常是一个行为过程。

资源依赖理论提出了四个重要假设:①组织最重要的是关注生存;②为了生存,组织需要资源,而组织自己通常不能生产这些资源;③组织必须与它所依赖的环境中的因素互动,而这些因素通常包含其他组织;④组织的生存建立在控制它与其他组织关系的能力基础之上。资源依赖理论的核心假设是组织需要通过获取环境中的资源来维持生存。没有组织是自给自足的,都要与环境进行资源交换。

资源依赖理论认为各企业之间的资源具有极大的差异性,而且不能完全自由流动,很多资源无法在市场上通过定价进行交易。与此同时,相对于企业不断提升的发展目标,任何企业都不可能完全拥有所需要的一切资源,在资源与目标之间总存在着某种战略差距。因此,为了获得这些资源,企业就会同它所处环境中控制着这些资源的其他组织化实体进行互动,从而导致组织对资源的依赖性。资源依赖理论的一个重要特点是,依赖可以是相互的。正如一个组织依赖于另一个组织一样,两个组织也可以同时相互依赖。当一个组织的依赖性大于另一个组织时,权力就变得不平等。

15.5.2 经济学相关理论

1. 交易成本理论

交易成本理论用比较制度分析方法研究经济组织制度,其基本思路是:围绕节约交易成本这一中心,把交易作为分析单位,找出区分不同交易的特征因素,然后分析什么样的交易应该用什么样的体制组织来协调。交易成本是获得准确市场信息所需要的费用,以及谈判和经常性契约的费用。交易成本由信息收集成本、谈判成本、缔约成本、监督履约情况的成本、可能发生的处理违约行为的成本构成。在企业的生产成本之外,交易成本扮演着十分重要的角色。在人性因素与交易环境因素交互影响下所产生的市场失灵现象造成交易困难,从而出现了交易成本。交易成本的来源包括如下几方面。

(1) 有限理性。指参与交易的人因为身心、智能、情绪等限制,在追求效益极大化时所产生的限制约束。

(2) 投机主义。指参与交易的各方为寻求自我利益而采取欺诈的手法,同时增加彼此的不信任与怀疑,因而导致交易过程监督成本的增加而降低经济效率。

(3) 不确定性与复杂性。由于环境因素中充满不可预期性和各种变化,交易双方均将未来的不确定性及复杂性纳入契约,使得交易过程增加了不少订立契约时的议价成本,并使交易困难度上升。

(4) 信息不对称。因为环境的不确定性和逐利行为产生的机会主义,交易双方往往握有不同程度的信息,使得市场的先行者拥有较多的有利信息而获益,并形成少数交易。

(5) 气氛。指交易双方互不信任且处于对立立场,无法建立令人满意的交易关系,使得交易过程过于重视形式,增加不必要的交易困难及成本。

2. 委托代理理论

委托代理理论是制度经济学契约理论的主要内容之一,其主要研究的委托代理关系是指一个或多个行为主体根据一种明示或隐含的契约,指定、雇用另一些行为主体为其服务,同时授予后者一定的决策权,并根据后者提供的服务数量和质量对其支付相应的报酬。授权者就是委托人,被授权者就是代理人。委托代理理论的中心任务是研究在利益冲突和信息不对称的环境下,委托人如何设计最优契约激励代理人。

委托代理理论的主要观点认为,委托代理关系是随着生产力大发展和规模化大生产的出现而产生的。其原因一方面是生产力发展使得分工进一步细化,权利的所有者由于知识、能力和精力的原因不能行使所有权利;另一方面,专业化分工产生了一大批具有专业知识的代理人,他们有精力、有能力代理行使好被委托的权利。在委托代理的关系当中,由于委托人与代理人的效用函数不一样,即,委托人追求的是财富的增长,而代理人追求的是工资津贴收入、奢侈消费和闲暇时间最大化,必然导致两者发生利益冲突。没有有效的制度安排,代理人的行为很可能最终损害委托人的利益。

在对称信息情况下,代理人的行为可以被观察到,委托人可以根据观察到的代理人行为对其实行奖惩。在非对称信息情况下,委托人不能观察到代理人的行为,只能观测到相关变量,这些变量由代理人的行动和其他外生的随机因素共同决定。因此,委托人不能使用强制合同来迫使代理人选择委托人希望的行动,此时激励兼容约束是起作用的。在后一种情况下,委托人的问题是选择满足代理人参与约束和激励兼容约束要求的激励合同以使自己的期望效用最大化。

3. 博弈论

博弈论主要研究决策主体的行为在直接相互作用时,人们如何进行决策以及这种决策如何达到均衡。任何博弈都有三部分:①一组参与者;②参与者可以采取的行动;③参与者可能得到的好处。每个参与者都会选择最佳的行动,以获取最大的好处,而且每个参与者总是会认为,其他参与者也在设法争取最好的结果。

经济学家们所谈的博弈论一般是指非合作博弈。由于合作博弈论比非合作博弈论复杂,在理论上的成熟度远远不如非合作博弈论。非合作博弈又分为完全信息静态博弈、完全信息动态博弈、不完全信息静态博弈、不完全信息动态博弈。

15.5.3 社会学相关理论

1. 社会交换理论

社会交换理论在社会学理论中具有相当高的地位。由于它强调人类行为中的心理因素,也称为行为主义社会心理学理论。社会交换理论认为人际交往、社会交换的最终目的是交换的双方获得最大利益。利己主义、趋利避害是人类行为的基本原则。由于每个人都想在交换中获取最大利益,结果会使交换行为本身变成一种相对的得与失。这种趋利避害不仅是物质的,还包括社会的、情感的以及价值的"利"与"害",即包括义务、声望、权力、友情等方面。社会交换理论包括如下基本命题。

(1) 成功命题。如果一个人的某种行为能得到相应的奖赏,他就会重复这一行为;某一活动获得的奖赏越多,重复活动的频率也会随之增多;获得奖赏越快,重复活动的可能性就越大。

(2) 刺激命题。相同的刺激可能会带来相同或相似的行为。如果一个人过去在某种情况下的活动得到了奖赏或惩罚,在出现相同的情况时,他就会重复或不再重复此种活动。

(3) 价值命题。某种行为的后果对一个人越有价值,他就越有可能去重复同样的行动。所谓价值,是指某一资源使人得益的大小。各种资源具有大小不同的价值。

(4) 剥夺与满足命题。一个人(或团体)重复获得相同奖赏的次数越多,这一奖赏对该人(或团体)的价值就越小。这个命题对成功命题加以限制。

(5) 攻击与赞同命题。包括两方面,一方面是当个人的行动没有得到期待的奖赏或者受到了未曾预料的惩罚时,就可能产生攻击性行为;另一方面是当个人的行动得到预期的奖赏,甚至超过期待值,或者没有遭到预期的惩罚时,就会赞同这种行为。

(6) 理性命题。个体行动与否取决于成功与价值这两个因素。如果报酬的价值大但成功率小,就会降低采取这种行为的可能性;相反,如果价值小但成功率大,就会增强采取这种行为的可能性。

2. 权力与政治理论

权力理论大致可划分为两个主要的流派:以马克思为代表的结构主义中心论和以马克斯·韦伯(Max Weber)为代表的能力中心论。前者强调社会结构在权力中的作用,认为权力在根本上是由结构所赋予的;后者强调权力的意向性,认为权力源于个体的行动。

在一个层级化的组织中,某个管理岗位上的管理者必然对整个组织或所辖单位及其人员具有某种潜在或显在的影响力,这种影响力就是组织权力。无论何种类型的组织,都有其上下等级结构,组织成员在行为上都有其一致性。隐藏在这种等级和一致性背后的本质因素就是权力。权力是组织的本质特征,组织之所以是组织而不是松散的人的结合体,就是因为组织中的成员拥有权力。权力问题构成了一切组织理论的核心问题。权力是一种类似于经济资源的、可以无限扩张的资源,能够交换、积累、分配和积聚,而且可以通过不同方式增值。

组织政治行为是理性的必然结果。人在工作时扮演着多重角色,作为员工,他的行为要与组织的目标保持一致,以增加团体利益;作为消费者和社会的一分子,他要追求个人利益最大化。组织的资源往往是有限的,人的目标和组织的目标往往相互冲突。人的理性可能会使他抛开组织的利益,通过各种政治策略达到个人目的,获得个人利益。组织政治行为是组织中的一个重要现象,对于组织的运行及组织的效率有重要影响。

15.5.4　行为学相关理论

1. 理性行为理论

理性行为理论(theory of reasoned action,TRA)主要用于分析态度如何有意识地影响个体行为,关注基于认知信息的态度形成过程。其基本假设是:人是理性的,在做出某一行为前会综合各种信息考虑自身行为的意义和后果。

理性行为理论的理论模型如图 15.7 所示。该理论认为个体的行为在某种程度上可以由行为意向合理地推断,而个体的行为意向又是由对行为的态度和主观准则决定的。人的行为意向是人们打算从事某一特定行为的量度,而态度是人们对从事某一目标行为所持有的正面或负面的情感,它是由对行为结果的主要信念以及对这种结果重要程度的估计所决定的。主观准则(主观规范)指的是人们感知到对其有重要影响的人希望自己使用新系统的程度,是由个体对"他人认为应该如何做"的信任程度以及自己对"与他人意见保持一致"的动机水平所决定的。这些因素结合起来,便产生了行为意向(倾向),最终导致了行为改变。

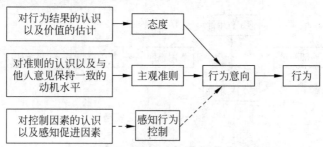

未加虚线箭头所指的关系,模型为理性行为理论;
加入虚线箭头所指的关系后,模型为计划行为理论。

图 15.7　理性行为理论(TRA)及计划行为理论(TPB)

理性行为理论是一个通用模型,它提出任何因素只能通过态度和主观准则来间接地影响使用行为,这使得人们对行为的合理产生了清晰的认识。该理论有一个重要的隐含假设:人有完全控制自己行为的能力。但是,在组织环境下,个体的行为要受到管理干预以及外部环境的制约。因此需要引入一些外在变量,如情境变量和自我控制变量等,以适应研究的需要。

2. 计划行为理论

计划行为理论(theory of planned behavior,TPB)是理性行为理论的继承者。计划行为理论能够帮助我们理解人是如何改变自己的行为模式的。TPB认为人的行为是经过深思熟虑的计划的结果。计划行为理论认为行为态度决定行为意向,预期的行为结果及结果评估又决定行为态度。

计划行为理论有以下几个主要观点：①不受个人意志完全控制的行为不仅受行为意向的影响，还受执行行为的个人能力、机会以及资源等实际控制条件的制约，在实际控制条件充分的情况下，行为意向直接决定行为；②准确的知觉行为控制反映了实际控制条件的状况，因此它可作为实际控制条件的替代测量指标，直接预测行为发生的可能性，预测的准确性依赖于知觉行为控制的真实程度；③行为态度、主观规范和知觉行为控制是决定行为意向的3个主要变量，态度越积极、他人重要支持越多、知觉行为控制越强，行为意向就越强，反之就越弱；④个体拥有大量有关行为的信念，但在特定的时间和环境下只有相当少量的行为信念能被获取，这些可获取的信念也叫突显信念，它们是行为态度、主观规范和知觉行为控制的认知与情绪基础；⑤个人以及社会文化等因素（如人格、智力、经验、年龄、性别、文化背景等）通过影响行为信念间接影响行为态度、主观规范和知觉行为控制，并最终影响行为意向和行为；⑥行为态度、主观规范和知觉行为控制从概念上可完全区分开来，但有时它们可能拥有共同的信念基础，因此它们既彼此独立，又两两相关。

3. 技术接受模型

技术接受模型（technology acceptance model，TAM）最初的建立目的是对计算机获得广泛接受的决定性因素进行解释说明。技术接受模型提出了两个主要的决定因素：①感知的有用性，反映一个人认为使用某个具体的系统对其工作业绩提高的程度；②感知的易用性，反映一个人认为使用某个具体系统的容易程度，如图15.8所示。

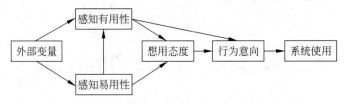

图 15.8　技术接受模型

技术接受模型认为系统使用是由用户的行为意向决定的，而行为意向由想用态度和感知有用性共同决定；想用态度由感知有用性和易用性共同决定；感知有用性由感知易用性和外部变量共同决定；感知的易用性则是由外部变量决定的。外部变量包括系统设计特征、用户特征（包括感知形式和其他个性特征）、任务特征、开发或执行过程的本质、政策影响、组织结构等，为技术接受模型中存在的内部信念、态度、意向和不同个体之间的差异、环境约束、可控制的干扰因素之间建立起联系。

15.5.5　认知心理学相关理论

1. 感知价值理论

顾客感知价值（customer perceived value，CPV）是顾客对所能感知到的利益与其在获取产品或服务中所付出的成本进行权衡后，对产品或服务效用的整体评价。感知价值理论认为，在企业为顾客设计、创造、提供价值时应该从顾客导向出发，把顾客对价值的感知作为决定因素。顾客价值是由顾客而不是由供应企业决定的，顾客价值实际上就是顾客感知价值。感知价值的含义包括如下内容。

（1）价值就是低廉的价格。一些顾客将价值等同于低廉的价格，表明在其价值感受中所要付出的货币是最重要的。

（2）价值就是顾客想从产品中所获取的东西。与关注付出的金钱不同，一些顾客将从服务或产品中所得到的利益看作最重要的价值因素。这实际上和经济学中对效用的定义是一样的，是对从消费产品中所获得价值满意程度的主观衡量。

（3）价值就是顾客付钱买回的质量。有的顾客将价值定义为"付出的金钱"与获得的"质量"之间的权衡。

（4）价值就是顾客的全部付出所能得到的全部。一些顾客描述价值时考虑的既有其付出的因素（时间、金钱、努力），也有其得到的利益。

2. 期望确认理论

期望确认理论（expectation confirmation theory，ECT）是研究消费者满意度的基本理论，主要的概念为：消费者凭借购前期望与购后绩效的比较结果，判断是否对产品或服务满意，而满意度成为下次再度购买或使用的参考。由 ECT 模型可知（如图 15.9 所示），继续购买意愿受满意度影响，而满意度由期望、绩效及确认等因素所影响。分别说明如下。

图 15.9　期望确认理论模型

（1）期望。期望是影响满意度的因素之一，因为期望对消费者形成有关产品或服务评价的判断提供了参考标准。期望建立在顾客先前的购买经验或亲朋好友的转述或营销人员提供的信息与承诺事项的基础上，是顾客对产品或服务将会发生之情况的预测。

（2）绩效。绩效是一种比较的标准。消费者以此与期望相比较，用以评量确认程度。购买之后，顾客会以所感知的产品绩效与之前的期望做比较，产生正向或负向的确认，进而影响顾客的满意程度。

（3）确认。确认是影响满意度的重要因素。确认由实际绩效和预期的差距决定。确认的概念化可分成三种：客观确认、推论确认、知觉确认。客观确认是预期与产品绩效间的客观性差异，亦即客观的绩效表现与预期间的差异。客观的绩效表现通常被研究者视为已存在。推论确认是研究者从消费者购前与购后的反应推论而得。知觉确认以消费者主观的角度评估绩效表现与比较基准的差异，是直接感受，其中包括了心理因素。

（4）满意度。满意度是一种概括的心理状态，与不确认的期望和消费者先前有关消费经验的感觉有关。

3. 自我效能理论

基于社会学习理论的自我效能理论（self-efficacy theory，SET），主要用于解释在特殊情景下动机产生的原因。自我效能感是个人对自己完成某方面工作能力的主观评估。评估的结果将直接影响个人的行为动机。自我效能理论模型如图 15.10 所示，该理论认为,人类的行为不仅受行为结果的影响,而且受通过人的认知形成的对自身行为能力与行为结果的期望的影响。即使个体知道某种行为会导致何种结果,也不一定去从事这种行为或开展某项活动,而是首先要推测一下自己行不行,有没有实施这一行为的能力与信心。这种推测和估计的过程,实际上就是自我效能的表现。人的行为受结果期望的影响,更受自我效能期望的左右。自我效能是人类行为的决定性因素。结果期望属于传统期望的概念范畴,是人们对自己的某一行为会导致什么样结果的推测;而效能期望则是个体对自己实施某一行为的能力的主观判断,即对自身行为能力的推测。

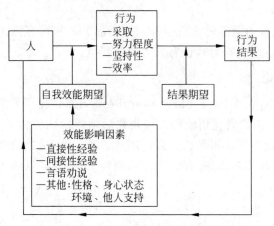

图 15.10　自我效能理论模型

4. S-O-R 理论

刺激—机体—反应(stimulus-organism-response,S-O-R)理论起源于心理学研究,是从刺激—反应(stimulus-response,S-R)理论模型优化而来的,目前也是研究消费者行为领域的重要理论基础。刺激(S)是指个体受到的身体内部刺激和外部环境刺激,而反应(R)是指受到身体内部刺激或外部环境刺激之后,个体在情感或认知方面的改变。S-R模型认为个体行为的改变是刺激直接作用的结果,从而将人类复杂的行为过程单纯地概括为"刺激—反应"的步骤。

基于环境心理学视角对"S-R"理论模型进行了完善,正视了有机体的情感变化所发挥的作用,形成了"刺激—机体—反应"(S-O-R)理论模型。该模型认为个体在受到外部环境的刺激后,首先会引起内在情感和认知的变化,然后在行为上产生趋近或者趋避的反应,具体过程如图15.11所示。可以看出在该理论下,"刺激"是引起个体采取某种行为的外部环境因素,"机体"是个体受到环境刺激之后的内在心理活动,包括认知和情感等层面的活动状态,是连接刺激和最终行为反应的桥梁。外部环境因素的刺激影响个体的认知和情感,进而促使个体产生某种行为反应,包括行为或态度上的趋近或趋避。若个体受到的外部环境刺激是正面的,就会产生趋近的行为,即停留、探索或产生情感归属;若个体受到的外部刺激是负面的,就会产生规避行为,即逃避、反对或产生情感厌恶。

图 15.11　S-O-R 理论模型

刺激—机体—反应(S-O-R)理论模型描述了外部环境刺激、个体情感认知以及行为反应之间的关系。个体在面对外部环境刺激时,会产生相应的心理反应,然后做出行为决策。因此,S-O-R理论模型能较好地说明外部环境刺激对个体行为态度的影响。

15.6 研究案例:移动新闻 App 持续使用的影响因素研究

在移动互联网时代,移动新闻 App 获得了长足发展,成为人们获取信息的重要渠道。但与此同时,用户的间歇性使用成为移动新闻 App 可持续发展的瓶颈。持续性使用是移动新闻 App 发展的关键。本研究结合技术接受模型(TAM),在对信息系统持续使用的期望确认模型进行拓展的基础上,构建了移动新闻 App 持续使用意向模型并对其进行检验。研究发现,用户对移动新闻 App 的营销感知度、感知易用性和期望确认度与感知有用性正相关,感知有用性、期望确认度与满意度正相关,满意度与持续使用意向正相关。在理论贡献上,本研究丰富和拓展了信息系统持续使用的期望确认模型的理论框架和应用领域;在实践层面上,本研究对于移动新闻 App 的可持续发展具有重要的现实参考价值。

15.6.1 研究背景

在移动互联网时代,针对移动终端的新闻类应用程序——移动新闻 App 应运而生。在互联网信息技术的推动下,我国网络媒体迅速发展,媒体融合进程加快,已经由 Web 1.0 时代发展至如今的 Web 3.0 时代,并在新闻信息传播方面发挥更加重要的作用。截至 2021 年 6 月,我国网络新闻用户规模达 7.6 亿,较 2020 年 12 月增长 1712 万,占网民总数的 75.2%。手机移动新闻用户的数量占据了全部网络新闻用户的 95% 以上。在人们生活和工作节奏快、时间碎片化程度高以及社会群体流动性强的背景下,移动新闻 App 凭借便捷性和易于安装等特点,优化了用户体验;但移动新闻媒体之间的竞争也日益激烈,大多数用户对于特定的移动新闻媒体呈现出间歇性使用的状态,因此如何提高用户对于移动新闻媒体的持续使用意愿是一个值得研究的问题。

15.6.2 研究设计

1. 信息系统持续使用的期望确认模型

期望确认的定义为:用户在购买和使用物品之后将实际的使用效果与购买之前的期望进行对比,从而得到"期望大于确认""期望等于确认""期望小于确认"这几种相应的确认程度。基于期望确认理论,详见图 15.9,用户持续使用信息系统的决策和消费者重复购买或使用商品或服务的决策相似。把信息系统持续使用的期望确认模型运用于移动新闻 App,本研究提出如下假设。

H1:用户对移动新闻 App 的期望确认度正向影响其感知有用性;

H2:用户对移动新闻 App 的期望确认度正向影响其满意度;

H3:用户对移动新闻 App 的感知有用性正向影响其满意度;

H4:用户对移动新闻 App 的感知有用性正向影响其持续使用意向;

H5:用户对移动新闻 App 的满意度正向影响其持续使用意向。

2. 技术接受模型

技术接受模型详见图 15.8。移动新闻 App 的出现是网络传播技术不断发展的结果。对用户而言，移动新闻 App 的使用也是信息传播技术的接受、采纳和使用过程。本研究提出如下两个针对移动新闻 App 用户的研究假设。

H6：用户对移动新闻 App 的感知易用性正向影响其满意度；

H7：用户对移动新闻 App 的感知易用性正向影响其感知有用性。

在 TAM 模型中，外部变量会影响"感知有用性"和"感知易用性"。对于移动新闻 App 而言，运营商为了在激烈的市场中获得竞争优势，必然会针对已有的和潜在的客户展开各种营销活动。从运营商的角度而言，这些营销活动的本质是劝服，目的之一是让用户感到移动新闻 App 的有用性和易用性；从用户的角度而言，这些营销信息是他们获得的关于移动新闻 App 相关知识和信息的重要组成部分，也是影响他们使用移动新闻 App 的外部变量。基于此，本研究将 TAM 模型中的外部变量具体化为营销感知度，测量其对移动新闻 App 用户"感知有用性"和"感知易用性"的影响。

基于此，本研究提出如下研究假设。

H8：用户对移动新闻 App 的营销感知度正向影响其感知有用性；

H9：用户对移动新闻 App 的营销感知度正向影响其感知易用性。

3. 理论模型

基于以上 9 个研究假设，本研究对 TAM 模型和期望确认理论（ECT）模型进行整合，提出移动新闻 App 持续使用意向的理论模型（如图 15.12 所示）。具体而言，本研究在将 TAM 模型中的外部变量具体化为营销感知度纳入理论模型的同时，将感知易用性整合纳入 ECT 模型进行拓展。

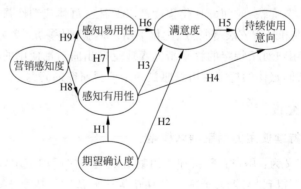

图 15.12　移动新闻 App 持续使用意向的理论模型

15.6.3　数据收集

1. 数据收集

大学生是移动新闻 App 的主要使用群体之一，因此本研究选取大学生为研究对象。研究人员通过付费收集方式，从问卷星的全国大学生数据库中随机抽样进行问卷调查，使收集到的数据更具有代表性。调查时间为 2018 年 1 月。本次调查共发放问卷 550 份，回收有效问卷 504 份，有效回收率为 91.6%。

2. 变量测量

变量测量均参考相关文献测量方法,采用李克特 5 分量表(1＝非常不同意,5＝非常同意)测量。

15.6.4　数据分析

本研究采用 SmartPLS 2.0 软件对结构模型进行验证。首先通过软件对路径系数进行估计,然后采用 Bootstrapping 对原始数据选取容量为 2000 的重抽样样本,分析检验路径系数的显著性。模型分析结果如图 15.13 所示。假设 H4、H6、H9 不成立,其余假设均成立。

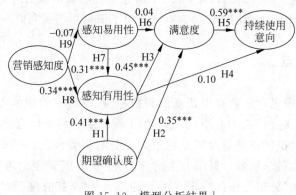

图 15.13　模型分析结果[1]

15.6.5　结论与讨论

本研究拓展了信息系统持续使用模型,并运用该模型对大学生移动新闻 App 的持续使用意向进行分析,得出了一些在理论和实践上具有启发性的结论。新闻信息系统的经营者主要满足用户的精神需求。为了说服新用户采纳或者老用户持续使用移动新闻 App,移动新闻 App 运营商在推广的过程中会使用或不断开发新的营销手段(如设置话题讨论专区和有奖答题环节),使用户觉得移动新闻 App 有趣且有用。但本研究的数据显示,大学生移动新闻 App 用户的营销感知度均值为 2.06 分,这说明大学生用户不喜欢参与也很少参与官方营销活动,他们很难感受到移动新闻 App 官方营销活动的价值。因此,提高用户的营销感知度或许是运营商提高市场营销效果的重要途径。

本研究发现,如果移动新闻 App 没有满足用户期望(如快速准确地获取新闻资讯),将会影响他们对移动新闻 App 的感知有用性。在碎片化的有限日常时间里,新闻页面的清晰度、便捷的导航等功能是用户选择某款移动新闻 App 的重要原因,这体现了易用性的重要性。若用户在使用过程中感到其信息系统便利易用,便会增加用户的有用性感知。感知有用性和期望确认度是提升用户满意度的必要条件。这就要求移动新闻 App 运营商在内容生产和系统设计等方面要符合用户的期望,并通过市场营销活动使

---

[1]　*** 表示假设成立的概率 p＜0.001;实线表示该路径显著,即假设成立;虚线表示该路径不显著,即假设不成立。

用户感知其价值,进而提高用户对移动新闻 App 的满意度。最终目标是使移动新闻 App 无论是在系统稳定性还是在信息质量和更新速度方面的提升都能够更好地满足用户需要,达成他们的期望,增加他们的满意度。

章节要点

本章首先介绍了信息系统研究的相关概念以及如何选择研究问题,结合管理信息系统相关理论,从技术和行为视角介绍了信息系统的研究领域和内容。随后详细介绍了信息系统领域的研究主题与研究范式,针对研究方案设计和一般研究过程进行阐述。然后,结合当前信息系统方面的研究,介绍了信息系统领域的核心理论。最后,以《移动新闻 App 持续使用的影响因素研究》为案例介绍了信息系统研究的一般过程。

课程思政融入点

本章涉及的课程思政元素有创新意识和精神、科学研究的学术规范等。通过对信息系统研究方法和研究范式的介绍,引导学生了解创新是科学研究的灵魂,培养学生的科研意识和能力,认识科技创新对国家竞争力提升的重要性。科学研究的内涵包括科学方法、科学精神和科学素养。科学方法的核心是"从实践到理论再到实践(从实践中来,到实践中去)"和"分析与综合";科学精神的重点是"坚持真理"和"热爱科学";科学素养以"科学判断"和"科学应用"为主。在科学研究过程中,必须遵守学术道德和学术规范。课程教学中将引导学生建立正确的学术规范意识。

思考题

1. 简要说明理论和研究的关系。
2. 信息系统领域研究如何选择研究问题?
3. 信息系统技术视角的研究与行为视角的研究有什么区别?
4. 信息系统的研究主题有哪些? 包括哪些研究内容?
5. 信息系统研究的一般过程包括哪些步骤?
6. 简要介绍信息系统研究的相关理论。

第16章

管理信息系统的发展趋势

以云计算、物联网、区块链、人工智能等为代表的新兴技术为管理信息系统的应用发展提供了强大的支撑。云计算颠覆了人类社会获取信息和数据资源的方式,有效地降低了企业信息化门槛,推动了管理信息系统的实践应用。物联网利用互联网等相关技术把传感器、控制器、机器、人员或其他物品通过新的方式连在一起,形成人与物、物与物相连,实现信息化和远程管理控制。区块链技术是一种基于互联网的全新的分布式基础架构与计算范式,利用有序的链式数据结构存储数据,利用共识算法更新数据,利用密码学技术保障数据安全,有效提高信息系统内部数据的安全性和隐私性。人工智能技术的快速发展使得运用人工智能的管理信息系统在处理数据时会更加智能化与信息化。新兴信息技术的不断突破升级,共同推动大数据时代下管理信息系统的应用发展。

16.1 基于云计算的管理信息系统

云计算(cloud computing)是通过网络以服务的方式为政府、企业和个人用户提供廉价的互联网技术资源的技术。使用新信息技术的云计算也代表着一种全新的获取 IT 资源的商业模式,它颠覆了信息和数据资源的获取方式,降低了企业部署信息系统的成本,有效降低了企业信息化门槛。云计算的服务模式有:将计算资源、存储设备等出租的"基础设施即服务"(infrastructure as a service,IaaS),将数据分析、人工智能等平台出租的"平台即服务"(platform as a service,PaaS),以及将管理型、业务型或行业型应用软件出租的"软件即服务"(software as a service,SaaS)3 种。这三种云服务模式通常采用外包方式,提供功能、服务,具备扩展能力和商业价值。云计算的部署模式包括 3 种,即面向所有用户的"公有云"、面向特定用户的"私有云"和"混合云"。云计算的服务类型和模式如图 16.1 所示。

16.1.1 云计算环境下的管理信息系统

伴随着云计算技术的发展,云计算环境下的管理信息系统也在企业、教育、医疗、政务等各个领域不断得到应用,使得各行各业的信息化门槛大为降低,为提高政务水平、促进产业升级以及推动企业信息化起到了积极的作用。通过政务云平台,政府部署城市管理、应急管理、公共安全管理、智慧交通等管理信息系统,实现信息资源的整合和政

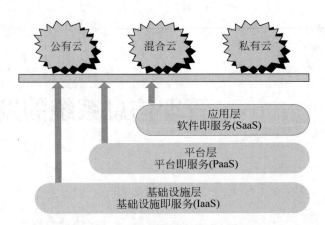

图 16.1 云计算的服务模式和类型

务资源的共享,推进服务型政府转型。通过教育云平台,教育机构有效整合了优质教育资源,例如中小学教育、高等教育和继续教育等,推动了教育信息共享。通过企业云平台,中小型企业可以实现低成本建立管理信息系统,有效地提升了企业的市场竞争力。通过医疗云平台,医院构建医疗健康服务系统,实现医院、社区、家庭之间的医疗服务信息共享,提高了全民医疗保障。不同云平台的管理信息系统的特征和适用范围存在差异,具体如下。

1. 基于私有云的管理信息系统

基于私有云的管理信息系统是指企业建立私有云平台,并与其管理信息系统深度融合,全面支持企业的生产经营、资源配置和信息管理等业务。基于私有云的管理信息系统更适用于大中型企业,可以为高度机密性的商业数据提供更高级别的安全保障。较高的构建成本和技术门槛使其难以适用于一般小型企业。以 Oracle、SAP、IBM、Microsoft、华为为代表的知名 IT 公司正着力打造基于私有云的管理信息系统,并相继推出了私有云产品,角逐庞大的管理信息系统市场,给传统管理信息系统带来强烈的冲击。

2. 基于公有云的管理信息系统

基于公有云的管理信息系统是指组织的管理信息系统通过网络标准化接口,直接使用公有云提供的云计算服务。基于公有云的管理信息系统所需成本最低,改造幅度最小,应用最普遍。企业不需要建立任何云计算基础设施,只需要在使用公有云平台时按服务使用情况付费,因此企业只需付出较低的成本即可获得优质的服务,有利于企业将有限的资源投向核心业务。目前市场上的公有云平台产品和服务十分丰富,例如谷歌公司的超大型云计算平台提供 App Engine 云服务,Amazon 公司的弹性云 EC2 等公有云服务,阿里巴巴集团的"飞天"公有云平台服务等。公有云典型的例子是 SaaS 产品,把 SaaS 打造在公有云上,可以为企业节省大量的成本。作为全新的软件或 MIS 的销售模式,SaaS 得到快速发展,客户通过互联网使用,按使用时间付费。这些软件大多都是企业管理软件,可集成在企业内部的管理信息系统之中。当 SaaS 的客户快速增加时,会迫使 SaaS 供应商提供更多的硬件资源。当 SaaS 供应商不想花费大量资金购买硬件或带宽资源时,云计算可为 SaaS 提供解决途径,这节省了供应商的管理信息系统的成本,轻量化的设计也更容易推广。

3. 基于混合云的管理信息系统

基于混合云的管理信息系统是指企业在原有的管理信息系统基础上,构建自己的私有云平台,同时也使用云计算服务商提供的公有云服务。基于混合云的管理信息系统可以对组织结构庞大、多业务的大型企业提供全方位的支持,对于非核心业务,可以直接使用云计算服务商提供的公有云服务;对于服务质量和安全等级要求较高的业务,可以由私有云平台提供更专业化和安全的服务。基于混合云的管理信息系统在技术和管理上具有复杂性,使之成为应用的难点。业界也纷纷开展了相应的理论和技术研究,并推出各自的产品,例如,Microsoft 集团推出集成了 Windows Azure 和 Windows Server 的混合云解决方案,着力为企业打造基于混合云的管理信息系统。

16.1.2　云环境下管理信息系统的趋势与挑战

云计算技术的发展和完善,促进了管理信息系统的发展。基于云的管理信息系统已成为提升信息化水平的必要步骤,基于云的管理信息系统的趋势及相应的挑战主要有以下几方面。

1. 基于云的创新要素集聚和资源共享

云环境下的企业更需要从产业链资源整合和价值链协同创新的战略高度来创新其商业模式,需要从创新要素集聚和资源共享角度进行本质分析。基于云的产业和企业创新要素集聚机理与资源共享模式能从本质上解释产业链资源整合和价值链协同创新机制,以及对企业战略和商业模式变革的影响,也能为基于云的管理信息系统再造模式提供需求分析手段。

2. 基于云的多维度业务流程优化重组

企业业务流程是企业生产经营过程中一系列创造价值的活动。管理信息系统就是基于业务流程管理而实现的。业务流程管理水平影响管理信息系统开发的成败。企业既需要为适应市场竞争等外部环境而开展新业务,又需要对企业内部的管理模式、工艺革新、信息化应用等进行变革。企业有各种维度和层次的业务流程,这些业务流程需要不断进行优化设计和再造。在云环境下,如何建立企业多维度业务流程模型,并进行优化或再造设计,是一个关键的技术问题。特别地,由于在云环境下业务需求随机性和信息不确定性,基于业务流程的系统建设和运营维护面临许多难题。

3. 云环境下信息系统多主体协同创新

云环境下管理信息系统是开放、多主体协同完成信息服务的,一家企业难以独立完成其建设和维护工作。管理信息系统主体之间大多采用平台协同方式,构建需长期共同协作维系的共生体系,协作双方是共荣共损的。因此云协同着眼于客户方和供应方的长期均衡,是信息系统运维期间的长期共生过程。云环境下管理信息系统多主体的协同互利共生机制是一个趋势和挑战,也是一个关键问题,对系统建设和重构、运维和安全管理具有重要的价值。

4. 业务功能单元的云服务构建体系

基于云的管理信息系统通过云服务单元,在流程和逻辑控制下,协同完成用户需求。传统的管理信息系统重构和迁移到云服务平台中,必须研究如何建立有效的业务功能单元的云服务构建模型和技术,将现有的业务功能部署到云端,也必须开发出特定的云服务单元来匹配。管理信息系统的业务功能单元的云服务构建匹配是云端部署的一个趋势。

5. 基于云的数据动态管理方法

随着企业业务拓展和信息系统应用的深入,基于云的管理信息系统面对着海量、多源、异构以及实时变化的数据环境。实现云端海量数据融合和应用是管理信息系统发展的趋势之一。如何实现多源异构数据的融合,如何从海量数据中提取有用信息,如何对实时变化的大数据进行动态可视化管理以及如何解决云中海量用户数据的安全等问题,是基于云的管理信息系统再造过程中必须要解决的问题。这就要求提升数据处理技术及应用水平,也是一大挑战。

16.2 基于物联网的管理信息系统

16.2.1 物联网技术

物联网通过为物体加装二维码、RFID[1] 标签、传感器等实现物体身份的唯一标识和各种信息的采集,再结合各种类型的网络连接来实现人和物、物和物之间的信息交换。物联网的关键技术主要包括识别与感知技术、网络与通信技术、数据挖掘与融合技术等。

识别与感知技术包括二维码、RFID、传感器等。二维码包括堆叠式/行排式二维码和矩阵式二维码,目前在各行业中得到了广泛应用。RFID 技术由 RFID 读写器和RFID 标签组成,可视作简单的无线通信系统,具有全天候、无接触、可同时识别多个物体等特点。传感器能够感受规定的被测量件,并按照特定规律将测量值转换成可用信号,实现信息采集,有微型化、数字化、智能化、网络化等特点。

网络与通信技术包括短距离无线通信技术和远程通信技术。其中,短距离无线通信技术包括 ZigBee、NFC、蓝牙、Wi-Fi、RFID 等。远程通信技术包括互联网、2G/3G/4G/5G 移动通信网络、卫星通信网络等。

数据挖掘与融合技术主要实现大量多种类型数据的有效整合、处理和挖掘,是物联网处理层需要解决的关键技术问题。物联网数据可以借助云计算实现廉价存储,并利用大数据技术实现快速处理和分析,以满足各种实际应用需求。

16.2.2 物联网应用

物联网环境下的管理信息系统广泛应用于智慧城市的建设,改变了城市管理的模式与手段。在智能交通、智慧医疗、智能物流、智慧农业等领域,基于物联网的管理信息系统起到了重要的推动作用。

在智能交通方面,利用 RFID、摄像头、图像识别、导航设备等构建智能交通系统。

1　射频识别技术,是 radio frequency identification 的缩写。

智能交通系统通过有效地利用交通设施,提高城市交通工具的效率,提高安全性和可持续性,日益受到世界各国的重视,是未来交通系统的发展方向。

在智慧医疗方面,医疗卫生机构建立基于物联网的管理信息系统。该系统一般包括挂号管理、诊疗管理和随访管理等子系统,集挂号、筛查、诊疗、随访、综合管理等功能于一体,实现患者诊疗信息的科学化、电子化、全程化管理。

在智能物流方面,通过对立库、分拣配送及仓储管理信息系统的信息数据进行集成,在此基础上运用集成智能化技术,使物流系统能模仿人的智能,具有自行推理判断和解决物流中某些问题的能力。智能物流可实现物流的资源优化调度和有效决策,提升物流系统效率。

在智慧农业方面,以计算机网络为基础,以数据库为核心建立集传感和测量技术、网络和通信技术、智能技术及自动控制技术于一体的农业管理信息系统。该系统集农业信息采集、动态监测、分析、管理、决策与空间信息管理于一体,能够直观、形象、动态地显示各种农业资源状况及变化趋势。

16.3　基于区块链的管理信息系统

16.3.1　区块链技术概述

目前区块链并没有官方公认的定义。维基百科上给出的"Block Chain"定义,直译过来就是"由比特币衍生出的一种加密货币序列交易的数据库技术"。区块链技术主要让参与系统中的任意节点,使用密码学方法产生相关联的数据块(Block)。每个数据块中包含了一定时间内的系统全部交易数据,并且生成秘钥用于验证其数据的有效性和链接下一个数据块。因此,我们认为区块链是指以去中心化和去信任的方式,借助数学算法集体生成一系列有序数据块,并由其构成一个可靠数据库的技术。

区块链技术以加密算法为基础,通过去中心化的链条相通、构造时序,构建起记录和更新交易信息的全球分布式可信网络数据库。区块链就是互联网上基于共识机制建立起来的,由集体维护的公开大账簿,其核心特征主要包括以下三点。

1. 去中心化

现有的主流数据库技术架构都是私密且中心化的,解决互信问题为难点。区块链设想由大量节点组成一个点对点网络,不存在中心化的硬件或管理机构,任一节点的权利和义务都是均等的。系统中的所有节点都参与数据的记录和验证,将计算结果通过分布式传播发送给各个节点;部分节点受损时,整个系统的运作并不会受到影响;每个节点都可视为"中心"。

2. 基于共识建立信任

区块链理论最大的颠覆性在于新的信用形成机制。在传统的互联网中,陌生人之间通过可信任的第三方机构(如银行、清算组织等)来建立信用和交易。而区块链技术改变了中心化的信用创建方式,通过技术背书来建立信用。参与方不必知道交易的对象是谁,也不需要借助第三方机构来进行交易背书或者担保验证,而只需要信任共同的算法就可以建立互信。区块链技术通过算法为参与者创造信用、产生信任和达成共识。

3. 信息不可篡改

区块链基于时间戳形成不可篡改、不可伪造的数据库。区块（完整历史）与链（完整验证）相加便形成了时间戳（可追溯完整历史）。时间戳存储了网络中所执行的所有交易历史，可为数据提供检索，并可借助区块链追本溯源。参与者在记账并生成区块时都加盖时间戳，并广播到全网，让每个节点都能获得一份完整数据库的副本。一旦信息经过验证添加到区块链上，就会永久存储。要篡改历史信息，必须同时控制整个系统中超过 50% 的节点。系统可靠性越高，且节点越多，计算能力越强，数据安全性就越高。

16.3.2 区块链下的管理信息系统

区块链技术具有去中心化特征，系统内的信息得以被广泛地共享。区块链基于共识建立信任的机制，能够供信息系统内各方独立建立信任；信息的不可篡改性，使得信息存储更为安全。这些特征对管理信息系统都产生了一些影响，当前区块链使得信息系统应用取得如下进展。

1. 基于区块链的信息溯源系统

基于区块链的溯源信息可防篡改，在强调对产品信息溯源的某些行业、企业或政府部门的监督及预警中尤为重要。区块链技术为这类管理信息系统提供了可靠的信息溯源支持。例如，政府监管部门针对农产品的质量安全问题，尤其需要利用基于区块链的数据防篡改技术提高食用农产品追溯体系的水平；一些食品企业也特别重视食品物流溯源问题等。

在区块链技术支撑下，由交易主体、金融机构和政府部门共同构成物流系统的参与主体，将基础信息录入物流系统中。通过共享、溯源信息等技术手段，实时分析物流现况，合理分配物流资源，规划适宜的运输路线，以非对称加密等技术完成客户的实名签收，最后以智能合约技术实现售后保价赔偿服务的自动执行。由此，各方都可以对产品溯源和监督管理。

例如，新冠肺炎疫情期间的物流系统基于区块链技术，不仅做到了对快递品的溯源，也实现了对发件商、客户信息的溯源，有利于疫情防控监督。在产品下单前，基于区块链技术提示发件人授权健康码等健康信息，并通过加密技术保证客户信息安全，保障疫情期间双方的健康安全；授权完成后，发件人完成线上与线下两种操作，以区块链技术实现产品物流信息共享与溯源；下单完成后，由企业基于区块链进行物流资源调度和疫情信息溯源，并指派已验证健康信息的揽件员前往揽件；揽件完成时，物流信息将自动更新至区块，实现物流信息共享。在运输阶段，由物流企业依据区块链的共享信息进行调度运输，实现特殊时期的特殊通道的开放；分拣时主要通过联盟链实现分拣人员的健康情况的溯源。在配送阶段，企业将通过区块链向收件人申请获取健康码等信息，同时确定配送方式。人工配送的订单将在投递前上传投递员健康信息。由此可见，基于区块链的信息共享在物流中的各个阶段都有具体应用。

2. 基于区块链的信用管理系统

在区块链中，参与成员的信任机制不需要通过第三方机构认证。按照技术背书建立信任，信任区块链的算法就可以建立互信。成员基于区块链在信息系统中自我建立信任,在某些领域中具有特定的应用场景,例如金融行业等极为重视客户信用的行业。比如,互联网金融企业迫切得到客户信用数据。如果借贷黑名单数据无法共享,即使某企业或者个人上了一家企业的黑名单,他也能够从其他公司借到资金。中国第一家P2P企业"陆金所"联合中国当前最大的 10 家互联网金融企业组成了"网络信贷服务企业联盟",其目的是进行黑名单信用共享。该联盟的信用数据共享属于传统型数据共享,联盟中的各企业组成一个巨大的数据中心,成员可以在数据中心进行查询,进而规避风险。

传统数据共享往往通过建立联盟来实现,成员可以去信息系统中查询以规避信用风险。但这种做法存在三种安全风险:第一,中心化的数据容易被窃取与篡改;第二,数据更新速度有延迟;第三,构建数据共享系统复杂度较高,且数据的查询速度伴随数据量增大而减慢。基于区块链的信息系统可以有效解决这些弊端:一是分布式存储的数据不可篡改,并且即使有虚假数据,也可追溯到数据源头;二是数据采用节点同步,保证了数据共享的及时性;三是采用 P2P 方式查询数据,且只有正确的秘钥才能访问信用数据。信息系统中的黑名单数据在区块链中以分布式账本形式储存并加密,由此,可提供有效可信的客户数据。

通常,基于区块链的信用系统有以下三大特征:一是使用密钥加密与解密。将加密文件副本统一提交,确保数据不会被篡改。解密时,按照区块链 ID 设置权限,进行身份验证。二是一次交易。查询为一次性且不可逆,查询源头可被追查。三是积分获取与消耗。成员消耗一个积分可查询一条征信数据,积分用完后,成员可通过提供有价值的征信数据以及付费给相应查询机构的方式重新获得查询积分。例如,一家互联网金融机构提供 10 万条数据,那么它相应获得 10 万积分,这也是该企业能够在区块链上查询数据的数量。

3. 去中心化的管理信息系统

区块链的去中心化特性,使得去中心化的管理信息系统得到应用。这种去中心化的方式主要体现在用户访问管理、数据存储及安全和信息可识别性方面。

1)基于区块链去中心化的用户访问管理

基于区块链技术的信息管理系统若想要自由配置数据访问的权限,可使用区块链的多重签名技术。例如,可指定必须获得 7 名用户中至少 4 名的私钥授权才能获得权限。即区块链成员访问信息系统中的数据的权利由用户掌握,这使得信息系统中的数据更为安全,信息系统的权限分配也更灵活。一旦数据进入区块链中,基于区块链的特性,数据便不可篡改。因此个人信息掌握在用户手中,能够实现自主安全管理。

2)基于区块链去中心化的数据存储和安全

基于区块链技术的系统的每个节点都可存储一份数据,特别适合存储个人信息数据。而对于信息数据存储的保护,区块链技术的去中心化、隐私保护和高安全性可避免因中介机构不当管理或黑客攻击而导致的信息泄露或丢失。任意数据在记入区块链时,可通过哈希运算生成相应的 Merkle 树打包记入,由系统内共识节点的算力和非对称加密算法保证信息的安全性。

3)基于区块链技术的信息可识别性

当个人信息以区块链技术存储在分布式的节点中时,由于区块链数据带有时间戳、由共识节点共同验证和记录、不可篡改和伪造,使得个人信息保证了一定的存在性和真实性。例如,政府机构核发的各类许可证、登记表、证明、执照、认证和记录等信息若是由区块链存储,可永久安全存储,即可在任何时间点方便地证明某项数据的存在性和一定程度上的真实性,保证了个人信息的可识别性。

16.4　人工智能背景下的管理信息系统

人工智能技术的突破使得管理信息系统朝着智能化方向发展。人工智能技术在图像识别、语音识别、文本识别等领域的突破,使之在管理信息系统中得到更多应用。近几十年,管理信息系统的智能化水平一直在提高。图像、语音、文本的识别技术进一步提高了管理信息系统的智能化水平,提高了信息采集与处理的速度。以往由手工采集信息的方式,被语音、图像、文本的自动识别方式所替代。这种自动识别技术与数据处理关联,使得信息系统的智能化水平大为提高。以下将介绍人工智能技术对管理信息系统变革的影响。

16.4.1　图像识别

图像识别技术是人工智能的重要领域。图像识别技术根据观测到的图像,分辨其中物体的类别,做出有意义的判断。图像识别系统主要由五部分的功能组成,如图 16.2 所示,分别是图像预处理、图像分割、特征提取、判断匹配以及输出结果。图像识别技术是立体视觉、运动分析、数据融合等实用技术的基础,在导航、地图与地形配准、自然资源分析、天气预报、环境监测、生理病变研究等领域有重要的应用。

图 16.2　图像识别系统主要功能

(1) 遥感图像识别。航空遥感和卫星遥感图像通常用图像识别技术进行加工以便提取有用的信息。该技术主要用于地形地质探查,森林、水利、海洋、农业等资源调查,灾害预测,环境污染监测,气象卫星云图处理以及地面军事目标识别等。

(2) 通信领域的应用。包括图像传输、电视电话、电视会议等。

(3) 军事、公安刑侦等领域的应用。图像识别技术在军事、公安刑侦方面的应用很广泛,例如针对军事目标的侦察、制导和警戒系统;自行火炮的控制及反伪装;公安部门对现场照片、指纹、手迹、印章、人像等的处理和辨识;历史文字和图片档案的修复和管理等。

(4) 生物医学图像识别。图像识别在现代医学中的应用非常广泛,它具有直观、无创伤、安全方便等特点。在临床诊断和病理研究中广泛借助图像识别技术,例如 CT(computed tomography)技术等。

(5) 机器视觉领域的应用。作为智能机器人的重要技术,机器视觉主要进行 3D 图像的理解和识别。机器视觉的应用领域也十分广泛,例如用于军事侦察、在危险环境中工作的自主机器人,从事邮政、医院和家庭服务的智能机器人。机器视觉还可用于工业生产中的工件识别和定位,太空机器人的自动操作等。

显然,在上述应用领域,管理信息系统的数据输入较依赖于图像识别。在这些领域应用的信息系统中,对电子图像的处理及存储是其核心问题。结合信息系统里存储的数据,借助人工智能的其他技术,如深度学习、机器学习等,更深入地对数据挖掘进行应用。图像识别技术改变了这些领域数据收集及处理的方式,提高了这些领域的管理信息系统的智能化水平。

16.4.2　智能语音

智能语音技术实现人机语言的沟通,包括语音识别技术和语音合成技术。语音识别技术是让计算机能接受、识别和理解人的言语信息,将语音信息自动转换成相应文本信息或命令的技术,实现人机交互的输入;语音合成技术是让计算机像人一样能够说话,将文本信息自动转换成语言信息,实现人机交互输出的一种技术。随着信息技术的发展,智能语音技术已经成为人们获取信息和沟通最便捷、最有效的手段,其应用已经深入社会生活的方方面面,由此也带来了管理信息系统的相关变革。

语音识别技术目前发展较为成熟,在深度学习推动下,近场语音的识别率可达98%。2017年的统计报告显示,语音识别被46%的手机网民选为人工智能技术发展水平较高的领域之一。小到手机上的语音助手、汽车上的语音导航,大到AI合成主播、机器人记者、智能客服,从个人服务到产业运用,智能语音逐渐融入生活各方面,打造出新的音频生态。智能语音技术在音频处理与制作方面的独特优势,促使有声读物领域得到快速发展。有声读物向着内容生产、内容审核、用户服务等的智能化方向发展。通过人机协同,在文本转换、内容分析、智能配音等方面提高信息系统处理语音产品的效率;借助语音识别进行智能审核,将人力从枯燥且庞杂的工作任务中解放,在提高效率、节约成本的同时,提升用户生成内容的质量;利用相应的信息系统,实现有声读物内容与用户间的智能连接,为用户提供精准定制化、个性化的服务,提升用户体验。由此,相应的管理信息系统需要深度嵌入语音识别技术与人工智能的数据处理技术(如深度学习、神经网络、机器学习等),改变以后的数据输入输出方式,提升系统数据挖掘水平,使得在特定领域里,语音交互成为用户与信息系统的主要交互模式。

16.4.3　文本识别

文本识别方向是计算机视觉领域下的重要分支,它是利用计算机自动识别字符的技术,也是模式识别应用的一个重要领域。文本识别及相应的机器学习等技术,使得管理信息系统对于文本的智能化水平大为提升。

文本识别使得管理信息系统中可以嵌入"智能客服",如众多电商平台的智能客服,改变了服务的模式,节省了人力成本,也提升了服务的响应速度。对于客服企业来说,无论是电话销售还是客服中心,智能客服机器人都可以帮助企业降低人力成本,同时能大幅度地提升工作效率,是客服人员的最佳助手。智能客服机器人的原理是,预先准备包含大量客户服务相关信息问题和答案的知识库,当客服机器人接收到用户提出的问题后,再通过自然语言处理技术和算法模型理解用户所表达的意思,然后找出问题匹配的答案并发送给用户。在完成问答后,信息系统通过深度学习自动扩充知识库。相应的管理信息系统需要深度嵌入知识库、语义理解、问答匹配和数据挖掘等相关内容和技术。这样的信息系统要结合自然语言处理、深度学习、神经网络等人工智能技术进行优化。在一些高客单价、强转化需求的场景下,智能客服机器人的表现还不能达到预期效果;但是在常规的售前咨询、售后服务中,智能客服机器人目前能够帮助人工客服处理80%及以上的问题。

文本识别的另一大应用为机器翻译,也就是使用计算机把一种语言符号转换成另一种语言符号。机器翻译使得管理信息系统的全球化应用得到深入发展。结合文本识别技术,对一种语言识别,并在 MIS 系统里通过机器翻译模块输出成另一种语言。这种方式为跨国公司的使用不同语言的客户与系统、客户与客户之间的交流提供了便利,在提升效率的同时也降低了人力成本。

综合上述四大部分,"云计算"改变了管理信息系统的基础设施能力,"云"可以允许 MIS 使用云上的 IT 基础设施,节省了信息系统的 IT 设置成本;同时,MIS 也可以租赁"云"的计算能力,提升了自身系统的运算处理能力;使用"云"上的 SasS 产品,也扩展了 MIS 的服务能力和范围。在"数据为资源"的大数据时代,企业千方百计地收集数据,而物联网技术使得数据的收集自动化。传感器网络的发展和智能手机的普及使得管理信息系统需要深度嵌入物联网网络,配置大量的终端传感设备,也使得管理信息系统存储的数据量随之增加。由此,企业可基于数据确立竞争优势,这将大大提升企业的核心能力,并可能朝着数据型企业转变,这也使得管理信息系统对物联网技术的应用提出了更高的要求。区块链为管理信息系统的信息安全、信息可溯源、点对点信用机制提供了解决思路。基于区块链,可打造"数据安全""用户交易安全"的管理信息系统。图像识别、智能语音、文本识别等人工智能技术,不但使得管理信息系统的数据采集更加智能,也有助于提升管理信息系统对声音、文本、图像、视频等异构数据的处理能力,最终提升了管理信息系统整体的智能化水平,这也是信息系统智能化的趋势。

章节要点

本章基于云计算、物联网、区块链、人工智能等技术的新进展,介绍了这些技术对管理信息系统的影响及管理信息系统的发展趋势。首先,介绍了云计算环境下的管理信息系统,并分析了云环境下管理信息系统的发展趋势。其次,介绍了物联网技术,列举了物联网在各领域的应用,对物联网环境下相关行业管理信息系统的进展进行了分析。随后,阐述了区块链技术及其特征,并根据区块链的特征介绍了区块链技术在管理信息系统中的新应用。最后,解释了人工智能背景下图像识别、智能语音和文本识别技术的基本状况。

课程思政融入点

新兴信息技术的快速发展引领管理信息系统的发展趋势。结合习近平总书记在两院院士大会上提出的"科学技术是世界性的、时代性的,发展科学技术必须具有全球视野"的论断,引导学生密切关注国内外信息系统或信息技术最新进展,拓展相关领域的国际视野,将自身的专业学习与国家的数字化战略结合起来。通过本章的教学培养学生严谨的治学态度和科学精神,使之热爱科技,拥抱科技。教育学生要坚定信心,攻坚克难,努力融入全球科技创新网络,提高我国在全球科技治理中的影响力和规则制定能力,早日把我国建设成为世界科技强国。

思考题

1. 什么是云计算?什么是物联网?什么是区块链?
2. 云计算正在面临什么样的挑战和困难?该如何应对?
3. 物联网技术可以与哪些领域相结合?
4. 区块链技术有哪些特征?
5. 人工智能技术的发展对管理信息系统有何影响?
6. 试论述在新技术背景下管理信息系统未来的发展趋势。

参 考 文 献

[1] 郑俊生.企业战略管理[M].2 版.北京：北京理工大学出版社,2020.

[2] 柯平,高洁.信息管理概论[M].2 版.北京：科学出版社,2020.

[3] 埃弗雷姆·特班,朱迪·怀特塞德,戴维·金,等.电子商务与社交商务导论(原书第 4 版)[M].凌鸿,赵付春,钱学胜,等译.北京：机械工业出版社,2020.

[4] 拉姆什·沙尔达,杜尔森·德伦,埃弗雷姆·特班.商务智能与分析：决策支持系统(原书第 10 版)[M].叶强,徐敏,方斌,译.北京：机械工业出版社,2018.

[5] 马刚,杨兴凯,姜明.客户关系管理[M].4 版.大连：东北财经大学出版社,2018.

[6] 田玲.客户关系管理[M].北京：清华大学出版社,2018.

[7] 肖芳,张良均.Spark 大数据技术与应用[M].北京：人民邮电出版社,2018.

[8] 梅宏.大数据导论[M].北京：高等教育出版社,2018.

[9] 肯尼斯 C.劳顿,简 P.劳顿.管理信息系统(原书第 13 版)[M].黄丽华,等译.北京：机械工业出版社,2018.

[10] 姚乐,朱启明.赋能大数据教育全国高校大数据教育教学经验谈[M].北京：电子工业出版社,2018.

[11] 戴维 M.克伦克,兰德尔 J.博伊尔.管理信息系统：技术与应用(原书第 10 版)[M].袁勤俭,张一涵,孟祥莉,等译.北京：机械工业出版社,2018.

[12] 周苏,王硕苹.大数据时代·管理信息系统[M].北京：中国铁道出版社,2017.

[13] 李海芹,周寅.客户关系管理[M].2 版.北京：北京大学出版社,2017.

[14] 林子雨.大数据技术：原理与应用[M].北京：人民邮电出版社,2017.

[15] 刘仲英,王洪伟,吴冰.管理信息系统[M].3 版.北京：高等教育出版社,2017.

[16] 郭东强,傅东锦.现代管理信息系统[M].4 版.北京：清华大学出版社,2017.

[17] 斯蒂芬·哈格,梅芙·卡明斯.信息时代的管理信息系统(原书第 9 版)[M].颜志军,贾琳,尹秋菊,等译.北京：机械工业出版社,2017.

[18] 王汉生.数据思维从数据分析到商业价值[M].北京：中国人民大学出版社,2017.

[19] 李敏,周明红.管理信息系统[M].北京：人民邮电出版社,2017.

[20] 周玉清,刘伯莹,周强.ERP 原理与应用教程[M].北京：清华大学出版社,2017.

[21] 朱福喜.人工智能[M].北京：清华大学出版社,2017.

[22] 凯西·施瓦尔贝.IT 项目管理(原书第 8 版)[M].孙新波,朱珠,贾建锋,译.北京：机械工业出版社,2017.

[23] 陈伟文.决策支持系统教程[M].北京：清华大学出版社,2017.

[24] 张浩.管理科学研究模型与方法[M].北京：清华大学出版社,2016.

[25] 黄梯云,李一军.管理信息系统[M].6 版.北京：高等教育出版社,2016.

[26] 张奇.大数据财务管理[M].北京：人民邮电出版社,2016.

[27] 王超,龙飞,张国,等.人工智能技术及其军事应用[M].北京：国防工业出版社,2016.

[28] 巴特·贝森斯.大数据分析：数据科学应用场景与实践精髓[M].柯晓燕,张纪元,译.北京：人民邮电出版社,2016.

[29] 马士华,林勇.供应链管理[M].北京：机械工业出版社,2016.

[30] 魏炜,朱武祥.商业模式案例与公案教学[M].北京：机械工业出版社,2016.

[31] 林伟伟,刘波.分布式计算、云计算与大数据[M].北京：机械工业出版社,2015.

[32] 邹欣.构建之法：现代软件工程[M].2 版.北京：人民邮电出版社,2015.

[33] 谭跃进,黄金才,朱承.决策支持系统[M].北京：电子工业出版社,2015.

[34] 李亚.互联网时代的新商业模式[M].北京：中国经济出版社,2015.

[35] BONCZEK R H,HOLSAPPLE C W,WHINSTON A B. Foundations of decision support systems[M].Pittsburgh：Academic Press,2014.

[36] 戴维·M.克伦克.管理信息系统[M].冯玉强,路杨,邵真,等译.2版.北京：中国人民大学出版社,2014.

[37] 王珊,萨师煊.数据库系统概论[M].5版.北京：高等教育出版社,2014.

[38] 张海藩,牟永敏.软件工程导论[M].6版.北京：清华大学出版社,2013.

[39] 陈佳.管理信息系统[M].北京：中国人民大学出版社,2013.

[40] 西安美林电子有限责任公司.大话数据挖掘[M].北京：清华大学出版社,2013.

[41] 詹姆斯·A.奥布赖恩,乔治·A.马拉卡斯.管理信息系统(英文版第15版)[M].北京：中国人民大学出版社,2013.

[42] 曼纽尔·G.贝拉斯克斯.商业伦理：概念与案例(英文版第7版)[M].北京：中国人民大学出版社,2013.

[43] 林良均,陈俊德,刘名军,等.数据挖掘实用案例分析[M].北京：机械工业出版社,2013.

[44] 陈又星,徐辉,吴金椿.管理科学研究方法：数据·模型·决策[M].上海：同济大学出版社,2013.

[45] 胡仁昱.会计信息化研究与案例讲解[M].大连：东北财经大学出版社,2013.

[46] 薛华成.管理信息系统[M].6版.北京：清华大学出版社,2012.

[47] 贺盛瑜,孙艳玲.管理信息系统[M].北京：中国人民大学出版社,2012.

[48] 维克托·迈尔-舍恩伯格,肯尼思·库克耶.大数据时代[M].盛杨燕,周涛,译.杭州：浙江人民出版社,2012.

[49] 罗超理,高云辉.管理信息系统原理与应用[M].3版.北京：清华大学出版社,2012.

[50] 阿纳德·拉贾拉曼,杰弗里·大卫·厄尔曼.大数据互联网大规模数据挖掘与分布式处理[M].王斌,译.北京：人民邮电出版社,2012.

[51] 张金隆,张千帆,韦司滢,等.管理信息系统[M].2版.北京：高等教育出版社,2012.

[52] 程控,革扬.MRPⅡ/ERP原理与应用[M].北京：清华大学出版社,2012.

[53] 孟秀转,于秀艳,郝晓玲,等.IT治理：标准,框架与案例分析[M].北京：清华大学出版社,2012.

[54] 郑文礼,周红刚,钟锃光.管理信息系统原理与应用[M].厦门：厦门大学出版社,2012.

[55] 章宁.信息系统原理与研究方法[M].北京：中国人民大学出版社,2012.

[56] 陈平,张淑平,褚华.信息技术导论[M].北京：清华大学出版社,2011.

[57] 毛基业,郭迅华,朱岩.管理信息系统——基础、应用与方法[M].北京：清华大学出版社,2011.

[58] 马费成,宋恩梅.信息管理学基础[M].2版.武汉：武汉大学出版社,2011.

[59] 何军.研究设计与论文写作：经济管理类大学生科研训练指导[M].北京：科学出版社,2011.

[60] 陈文伟,陈晟.知识工程与知识管理[M].北京：清华大学出版社,2010.

[61] 徐志坚,王翔.管理信息系统案例精选[M].北京：北京师范大学出版社,2010.

[62] 李兴国.管理信息系统案例[M].北京：清华大学出版社,2010.

[63] 郭东强.现代管理信息系统[M].2版.北京：清华大学出版社,2010.

[64] 韩万江,姜立新.软件项目管理案例教程[M].北京：机械工业出版社,2010

[65] 蔡淑琴.管理信息系统[M].北京：科学出版社,2010.

[66] 于本海.管理信息系统[M].北京：高等教育出版社,2009.

[67] 张新兰.管理信息系统[M].北京：清华大学出版社,2009.

[68] 斯蒂芬·哈格,梅芙·卡明斯·哈格.管理信息系统[M].严建援,刘云福,王克聪,等译.北京：中国人民大学出版社,2009.

[69] 周山芙,赵苹,李骐.管理信息系统[M].北京：中国人民大学出版社,2009.

[70]　陶宏才.数据库原理及设计[M].北京:清华大学出版社,2009.

[71]　尹朝庆.人工智能与专家系统[M].2版.北京:中国水利水电出版社,2009.

[72]　张小栓,张健,穆维松.信息管理与信息系统研究方法论[M].北京:社会科学文献出版社,2008.

[73]　尚晓航,郭正昊.网络管理基础[M].2版.北京:清华大学出版社,2008.

[74]　罗超理,封宏观,杨强.管理信息系统原理与应用[M].2版.北京:清华大学出版社,2008.

[75]　徐君,李冰,李莉,等.企业战略管理[M].北京:清华大学出版社,2008.

[76]　何彪.企业战略管理[M].武汉:华中科技大学出版社,2008.

[77]　谢希仁.计算机网络[M].5版.北京:电子工业出版社,2008.

[78]　马庆国.管理科学研究方法[M].北京:高等教育出版社,2008.

[79]　李劲东,吕辉,姜遇姬.管理信息系统原理[M].西安:西安电子科技大学出版社,2007.

[80]　戚桂杰,彭志忠.管理信息系统[M].济南:山东人民出版社,2007.

[81]　徐志坚,王翔.管理信息系统[M].北京:北京师范大学出版社,2007.

[82]　宋希仁.社会伦理学[M].太原:山西教育出版社,2007.

[83]　白中英.计算机组成原理[M].4版.北京:科学出版社,2007.

[84]　瞿中,熊安萍,杨德刚,等.计算机科学导论[M].2版.北京:清华大学出版社,2007.

[85]　杨明福.计算机网络原理[M].北京:经济科学出版社,2007.

[86]　揭廷红,边芮,卞静.数据库系统原理与设计[M].北京:冶金工业出版社,2007.

[87]　鲁耀斌.项目管理[M].北京:科学出版社,2007.

[88]　劳伦斯·纽曼.社会研究方法:定性和定量的取向[M].郝大海,译.5版.北京:中国人民大学出版社,2007.

[89]　郭东强.现代管理信息系统[M].北京:清华大学出版社,2006.

[90]　林杰斌,刘明德.管理信息系统[M].北京:清华大学出版社,2006.

[91]　程宏.管理信息系统[M].杭州:浙江大学出版社,2006.

[92]　杨一平,马慧.管理信息系统[M].北京:经济科学出版社,2006.

[93]　彼得·德鲁克.管理的实践[M].齐若兰,译.北京:机械工业出版社,2006.

[94]　孙延明,敕朝安.现代制造信息系统[M].北京:机械工业出版社,2005.

[95]　常晋义.信息系统开发与管理[M].北京:机械工业出版社,2004.

[96]　汪星明,周山芙.管理系统中计算机应用[M].武汉:武汉大学出版社,2004.

[97]　朱顺泉.管理信息系统理论与实务[M].北京:人民邮电出版社,2004.

[98]　黄榆祥,尤建新,蒋景楠,等.企业管理概论[M].北京:高等教育出版社,2003.

[99]　苏选良.管理信息系统[M].北京:电子工业出版社,2003.

[100]　罗珉.组织管理学[M].成都:西南财经大学出版社,2003.

[101]　周振华.信息化与产业融合[M].上海:上海三联书店,上海人民出版社,2003.

[102]　李东.管理信息系统的理论与应用[M].北京:北京大学出版社,2001.

[103]　陈晓红.决策支持系统理论与应用[M].北京:清华大学出版社,2000.

[104]　理查德·史蒂文斯.TCP/IP详解卷1:协议[M].范建华,等译.北京:机械工业出版社,2000.

[105]　吴健安.市场营销学[M].合肥:安徽人民出版社,1998.

[106]　刘云生,卢正鼎,卢炎生.数据库系统概论[M].武汉:华中科技大学出版社,1997.

[107]　莫正坤,高建生.计算机组成原理[M].2版.武汉:华中理工大学出版社,1996.

[108]　MICHAEL J. E. Management strategies for information technology[M]. Upper Saddle River: Prentice Hall,1989.

[109]　李文,张珍珍,梅蕾.企业网络、大数据能力与商业模式创新机制研究——基于 fsQCA 方法的实证分析[J].科技进步与对策,2022,39(01):121-131.

[110]　王立夏,程子琦,王沅芝.共情视角下大数据赋能商业模式创新的研究[J].科学学研究,2022,

40(03)：525-533.

[111] 贾若凡,妥建清.平台经济的治理难点与法律规制[J].人民论坛·学术前沿,2021(4)：100-103.

[112] 柳小文."互联网＋"时代的个人隐私保护探析[J].网络安全技术与应用,2021,(5)：156-157.

[113] 董明星.大数据时代个人隐私数据泄露问题调查[J].电脑知识与技术,2021,17(16)：34-35＋45.

[114] 郭洪平."大数据杀熟",消费者如何应对[J].方圆,2021,(9)：58-61.

[115] 李康.网络环境下个人信息保护策略探讨[J].网络安全技术与应用,2021,(8)：150-151.

[116] 罗丹丹,孙凌晨,朱麟奇.大数据时代个人信息的法律保护[J].科学咨询(科技·管理),2021,(3)：102-103.

[117] 郭星光,陈曦.数据赋能与我国制造企业创新：前沿探析与未来展望[J].科技进步与对策,2021,38(15)：151-160.

[118] 陆文星,曾燕,李克卿.突发公共卫生事件下基于区块链的快递物流系统设计[J].管理现代化,2021,41(03)：95-98.

[119] 王惠明,陈德豪,张元新.数字技术驱动的物业管理商业模式创新：案例及启示[J].工程管理学报,2021,35(3)：153-158.

[120] 周锦阳.互联网平台企业商业模式创新研究[J].财经界,2021(18)：32-35.

[121] 李文举,杨楠.基于知识工程的航空制造业知识管理系统的研究和实现[J].飞机设计,2020,40(5)：76-80.

[122] 李治,孙锐.跨界商业模式的源起、内涵解析与认知性框架——基于价值创新视角[J].资源开发与市场,2020,36(3)：283-290.

[123] 刘毅,张庭松.移动新闻 App 持续使用意向的影响因素研究——基于信息系统持续使用的期望确认模型之拓展[J].西南民族大学学报(人文社科版),2020,41(03)：151-156.

[124] 杨洋,杨晔.科研机构知识管理与协同创新平台构建研究[J].情报科学,2020,38(9)：101-106.

[125] 梁宇,郑易平.大数据时代信息伦理问题与治理研究[J].图书馆,2020(5)：64-68＋80.

[126] 贺建风.新形势下数字经济的发展与治理[J].人民论坛·学术前沿,2020(17)：40-47.

[127] 尹雪婷.商业模式创新与企业绩效关系的实证研究[D].长春：吉林大学,2020.

[128] 何冰薇.基于客户体验视角的互联网保险客户关系管理研究[D].贵阳：贵州财经大学,2019.

[129] 王志勇,王建宇.数据挖掘在知识管理系统中的研究与应用[J].航天工业管理,2019,3：38-41.

[130] 刘一鸣,高玥.人工智能语音在有声读物中的应用研究[J].出版发行研究,2019(11)：35-39.

[131] 孙天伟."互联网＋政务服务"系统方案设计[J].江苏通信,2019,35(2)：79-81.

[132] 徐晓明.构建和完善政府决策支持系统的价值内涵[N].光明日报,2019-10-28(16).

[133] 相丽玲,陈梦婕.试析中外信息安全保障体系的演化路径[J].中国图书馆学报,2018,44(2)：113-131.

[134] 鲍小平.大数据在企业战略管理中的应用思考[J].企业改革与管理,2018(6)：60＋66.

[135] 王爱清.升级"互联网＋税务"助推税收治理现代化探析[J].税收经济研究,2018,23(6)：26-30＋40.

[136] 王静.浅析网络信息安全中的信息泄露问题[J].新闻研究导刊,2017,8(11)：54-55.

[137] 李雨明,聂圣歌,西楠.大数据隐私侵权界定及其应对策略研究[J].图书馆工作与研究,2017,(S1)：5-10.

[138] 李恩泽,李丹.网站用户信息管理系统设计[J].内燃机与配件,2017(1)：107-108..

[139] CLAUSS T, KESTING T. How businesses should govern knowledge-intensive collaborations with universities: an empirical investigation of university professors[J]. Industrial Marketing

Management,2017(62)：185-191.

[140] 刘冲.基于互联网的企业战略创新研究[D].兰州：甘肃政法学院,2016.

[141] 胡开宝,李翼.机器翻译特征及其与人工翻译关系的研究[J].中国翻译,2016,37(5)：10-14.

[142] 李政道,任晓聪.区块链对互联网金融的影响探析及未来展望[J].技术经济与管理研究,2016 (10)：75-78.

[143] 林晓轩.区块链技术在金融业的应用[J].中国金融,2016(8)：17-18.

[144] 刘焱.网络社会背景下个人信息安全伦理问题研究[D].秦皇岛：燕山大学,2015.

[145] 罗珉,李亮宇.互联网时代的商业模式创新：价值创造视角[J].中国工业经济,2015,4(1)：95-107.

[146] 李凌.平台经济发展与政府管制模式变革[J].经济学家,2015(7)：27-34.

[147] 贾利民,林帅.系统可靠性方法研究现状与展望[J].系统工程与电子技术,2015,37(12)：2887-2893.

[148] 陈志婷,张莉.大数据呼唤顾客参与的商业模式[J].企业研究,2014,4(17)：22-25.

[149] 王成红,陈伟能,张军,等.大数据技术与应用中的挑战性科学问题[J].中国科学基金,2014,28 (2)：92-98.

[150] 陈力丹,霍仟.互联网传播中的长尾理论与小众传播[J].西南民族大学学报(人文社会科学 版),2013,34(4)：148-152+246.

[151] 陈传红.感知网站风险控制对消费者行为的影响研究[J].工业工程与管理,2013,18(6)：91-97.

[152] 李凌."平台经济"视野下的业态创新与企业发展[J].国际市场,2013(4)：11-15.

[153] 李文莲,夏健明.基于"大数据"的商业模式创新[J].中国工业经济,2013(5)：83-95.

[154] 章以金,宗乾进,袁勤俭.国际管理信息系统研究热点及趋势[J].情报杂志,2013,32(4)：80-84+90.

[155] 陈传红,赵学锋,张金隆.在线信誉系统的应用现状及问题应对[J].情报杂志,2012,31(8)：171-176.

[156] 刘勘,郭洋,潘演.基于多维效用合并的信息系统评价研究[J].情报理论与实践,2012,35(3)：103-108.

[157] 魏江,刘洋,应瑛.商业模式内涵与研究框架建构[J].科研管理,2012,33(5)：107-114.

[158] 郭水文,肖文静.网络效应的作用机制研究[J].经济评论,2011(4)：14-22.

[159] 张筱兰,王保论.智能语音技术在教学中的应用研究[J].现代教育技术,2011,21(11)：91-94+90.

[160] GEORGE G, BOCK A J. The business model in practice and its implications for entrepreneurship research[J]. Entrepreneurship Theory and Practice,2011,35(1)：83-111.

[161] 杨璐,王明明.信息系统研究的主题、分析层次和研究方法演变趋势[J].中国信息界,2010(6)：8-11.

[162] 张劲松,刘文.基于模糊综合评价的企业危机评价及决策研究[J].华东经济管理,2010(2)：112-117.

[163] ASPARA J, HIETANEN J, TIKKANEN H. Business model innovation vs replication： financial performance implications of strategic emphases[J]. Journal of Strategic Marketing,2010,18(1)：39-56.

[164] DAVIS G F, COBB J A. Resource dependence theory：past and future[J]. Research in the Sociology of Organizations,2010,28(2010)：21-42.

[165] WILLIAMSON O E. Transaction cost economics：the natural progression[J]. American Economic Review,2010,100.

[166] 李珺,查先进.基于信息资源整合技术的网络信息资源配置研究——以"信息孤岛"现象为例

[C].信息资源配置理论与模型研究——2009信息化与信息资源管理学术研讨会专集,2009：108-111.

[167] 刘欣.基于业务流程重组的信息系统规划方法及实证研究[D].保定：华北电力大学(河北),2008.

[168] 李阳晖,罗贤春.国外电子商务服务研究综述[J].公共管理学报,2008,5(4)：116-128.

[169] 杨蕙馨,李峰,吴炜峰.互联网条件下企业边界及其战略选择[J].中国工业经济,2008(11)：88-97.

[170] SINGH A K,SAHU R. Integrating Internet,telephones,and call centers for delivering better quality e-governance to all citizens[J]. Government Information Quarterly,2008,25(3)：477-490.

[171] 王钰.和谐伦理的现代需求与组织伦理[J].道德与文明,2007(6)：29-32.

[172] 李桂荣,郭芳.信息系统建设中的企业文化变革管理[J].商场现代化,2007(12)：344-345.

[173] 陈飞.企业文化对信息化的推动作用探讨[J].现代情报,2007(12)：196-198.

[174] 徐晋,张祥建.平台经济学初探[J].中国工业经济,2006(5)：40-47.

[175] 程贵孙,陈宏民,孙武军.双边市场视角下的平台企业行为研究[J].经济理论与经济管理,2006(9)：55-60.

[176] 岳中刚.双边市场的定价策略及反垄断问题研究[J].财经问题研究,2006(8)：30-35.

[177] 安红昌,甘仞初,倪晓茹.信息系统项目管理研究[J].计算机工程与研究,2005,26(3)：619-622

[178] 徐作宁,李涛,武振业.基于核心能力的战略信息系统规划方法[J].西南交通大学学报,2005,40(2)：259-259.

[179] 罗珉,曾涛,周思伟.企业商业模式创新：基于租金理论的解释[J].中国工业经济,2005,6(7)：73-81.

[180] 余卫东,龚天平.组织伦理略论[J].伦理学研究,2005(3)：17-21.

[181] 单友成.信息系统建设中的项目管理方法与应用研究[J].计算机应用研究,2004(02)：40-43.

[182] 王妍.应用战略信息系统,提高企业竞争力[J].管理现代化,2004(04)：51-53.

[183] VOELPEL S C,LEIBOLD M,TEKIE E B. The wheel of business model reinvention：how to reshape your business model to leapfrog competitors[J]. Journal of Change Management,2004,4(3)：259-276.

[184] 徐旭光.论网络时代个人数据及保护[J].图书情报工作,2003(5)：87-90＋104.

[185] MITCHELL D,COLES C. The ultimate competitive advantage of continuing business model innovation[J]. Journal of Business Strategy,2003,24(5)：15-21.

[186] LEE K J,HONG J H. Development of an e-government service model：a business model approach[J]. International Review of Public Administration,2002,7(2)：109-118.

[187] LAYEN K,LEE J. Developing fully functional e-government：a four stage model[J]. Government Information Quarterly,2001,18(2)：122-136.

[188] 项保华,李庆华.企业战略理论综述[J].经济学动态,2000(7)：70-74.

[189] 熊伟,黄丽华,潘自强,等.基于BPR的信息系统规划方法[J].系统工程理论方法应用,1999(1)：29-34.

[190] 惠韶文,徐礼坤.信息系统总体规划方法[J].山西大学学报(自然科学版),1990,13(4)：384-387.